Bauer, Dohmel, Schimke RECHT UND FAMILIE

STUDIENBÜCHER FÜR SOZIALE BERUFE

RECHT UND FAMILIE

Rechtsgrundlagen der Sozialisation

Jost Bauer, Wolfgang Dohmel, Hans-Jürgen Schimke

LUCHTERHAND

Die Deutsche Bibliothek - CIP-Einheitsaufnahme

Studienbücher für soziale Berufe.-
Neuwied; Kriftel; Berlin; Luchterhand
Recht und Familie: Rechtsgrundlagen der
Sozialisation/Jost Bauer; Wolfgang Dohmel;
Hans-Jürgen Schimke – 1995
ISBN 3-472-00327-8
NE: Dohmel, Wolfgang; Schimke, Hans-Jürgen

Satz: Fotosatz Otto Gutfreund GmbH, Darmstadt
Druck: Bercker Graphischer Betrieb GmbH, Kevelaer
Printed in Germany, Januar 1995

Gedruckt auf säurefreiem, alterungsbeständigem und chlorfreiem Papier

Inhaltsverzeichnis

Vorwort

Sozialpädagogen/innen, Sozialarbeiter/innen und andere Fachkräfte in sozialen Berufen stehen dem RECHT und den Menschen, die Gesetze machen und Recht anwenden, oft skeptisch gegenüber.
Sowohl in der Ausbildung als auch in der beruflichen Tätigkeit gelten die rechtlichen Bezüge der sozialen Arbeit als schwierig bis unangenehm, langweilig und zu abstrakt. Soweit RECHT überhaupt positiv gesehen wird, wird es als »notwendige Ergänzung« der sozialen Handlungskompetenz oder als »nützliches Instrumentarium« beschrieben.
Immer aber scheint RECHT außerhalb oder im Gegensatz zum Kern sozialer Berufe, der persönlichen, helfenden Beziehung zu stehen. Diese Distanz zur SACHE RECHT wird von vielen Mitgliedern sozialer Berufe auch auf Juristen bezogen bzw. aus deren Erscheinungsbild abgeleitet. Juristen gelten demnach als verschlossen, autoritär, pedantisch und ordnungsliebend. Sie werden gesehen als Vertreter rigider Regelungssysteme, denen das Gespür für soziale Probleme weitgehend fehlt. Diese verbreitete Einstellung führte in der Vergangenheit zu nicht unerheblicher Kritik an der Qualifikation der in sozialen Berufen tätigen Mitarbeiter/innen. Am deutlichsten artikulierten die kommunalen Spitzenverbände 1976 das Defizit in den Rechtsfächern und forderten »gediegene Rechtskenntnisse« als unverzichtbare Voraussetzung für die Ausübung sozialer Berufe. Diese Forderung hat zu einer lebhaften Diskussion in Verbänden und Fachhochschulen geführt. Das Thema dieser Diskussion war jedoch beschränkt auf Umfang und Notwendigkeit von rechtlichen Kenntnissen in der sozialen Arbeit. Unberücksichtigt blieb weitgehend die Frage der Einstellung der sozialen Fachkräfte zum Recht. Letztlich endete die Diskussion mit einem Konsens über die Bedeutung der Rechtsanteile in der Ausbildung und mit Appellen, das Notwendige einzusehen und (gewollt oder ungewollt) die »Kröte Recht« zu schlucken.
Diese Appelle werden trotz ausgewogener Curricula für Recht nach unserer Auffassung jedoch weitgehend fruchtlos bleiben, wenn nicht die distanzierte Haltung sozialer Fachkräfte zur Bedeutung des Rechts für die sozialpädagogische Handlungskompetenz aufgehoben oder relativiert wird. Dies kann nicht mit Hinweisen auf die Notwendigkeit von Rechtswissen erreicht werden, sondern die Juristen haben die Aufgabe, den Gegenstand Recht im interdisziplinären Kontext für soziale Fachkräfte transparent zu machen. So müßte auch offengelegt werden, daß Recht in seiner Entstehungsgeschichte und der heutigen Erscheinungsform nicht einförmig als geschlossenes System gesehen werden kann. Dazu müssen auch die geschichtlichen Auseinandersetzungen, der »Kampf ums Recht«, die unterschiedlichen geistigen Entwicklungslinien zwischen Freirechtslehre und Positivismus herangezogen werden.
Rechtswissenschaft sollte als Erfahrungswissenschaft dargestellt werden, die von Menschen geprägt und verändert wird. Die Subjektivität des Rechtsanwendungsprozesses müßte über das Individualisierungsgebot des Sozialrechts hinaus analysiert werden. Schließlich ist es notwendig, Klischees vom konservativen, obrigkeitlichen Juristen zu relativieren und auf die freiheitlichen reformerischen Traditionen des juristischen Berufes hinzuweisen.

In der besseren Darstellung des Gegenstandes Recht, in der Betonung seiner individuellen, humanen Dimension, im Freilegen der verschütteten Bilder von fortschrittlichen, emanzipatorisch denkenden Juristen liegt für uns der Weg, das Verhältnis der sozialen Fachkräfte zum Recht zu verbessern. Damit würde für diese die Möglichkeit geschaffen, über Recht nachzudenken und den Bezug zu sozialen Berufen und zur eigenen Person zu erkennen.
Die Veränderbarkeit von Recht beginnt in der konkreten Praxis, in der professionelle Fachkräfte der sozialen Arbeit ständig die Diskrepanz zwischen Anspruch und Wirklichkeit einer »sozialen Gerechtigkeit« erleben.
Im 1. Teil dieser Einführung soll versucht werden, Vorurteile über das Recht abzubauen und die Bedeutung und Funktion des Rechtswissens als wichtigen Teilaspekt sozialberuflicher Handlungskompetenz zu entwickeln. Schwerpunkt ist die Beschreibung der Rechtsanwendungskompetenz in der sozialen Beratung.
Auf der Basis der Bestimmung von Begriff und Wesen des Rechts über die Bedeutung des individuellen Aspekts der Rolle des Juristen in diesem Zusammenhang soll dann der Leitgedanke für die Thematik des 2. Teils der Einführung eröffnet werden: »Sozialwissenschaftliche Dimensionen des Rechts in der Praxis der sozialen Arbeit«.
Der Schwerpunkt der exemplarischen Darstellung der Rechtsgebiete ergibt sich aus der Praxis der Arbeit mit Familien und ihren Erziehungsproblemen und wirtschaftlichen Problemen. Im Zentrum stehen Grundbegriffe des Familienrechts, eine Einführung in das neue Gesetz über die Kinder- und Jugendhilfe und die Sicherung der Familienerziehung durch Sozialleistungsansprüche.
Die Entscheidung, diesen Aspekt als Leitlinie für eine Einführung in das Recht für soziale Berufe zu wählen, erfordert nicht zuletzt wegen des beschränkten Rahmens eine exemplarische Behandlung des Gegenstands.
In der sozialberuflichen Praxis sind Probleme der Sozialisation, der Erziehung, der Familie und der sozialen Sicherheit von zentraler Bedeutung. Die Ausbildungsinhalte auf allen Ebenen (Fachschul-, Fachhochschul-, Universitätsstudiengänge) entsprechen diesen Anforderungen und sind weitgehend generalistisch orientiert, d. h., es wird versucht, ein an den Aufgaben der Praxis orientiertes breites Rechtswissen zu vermitteln, das mehr auf die Zusammenhänge (interdisziplinär) auch zu anderen Wissensgebieten der Sozialwissenschaft ausgerichtet ist.
In vielen Praxisfeldern hat sich neben der generalistischen eine spezielle Handlungskompetenz mit hochgradig spezialisiertem Rechtswissen herausgebildet, etwa auf den Gebieten der Schuldnerberatung, der Rehabilitationsberatung, der forensischen Sozialarbeit (Gerichtshilfe/Bewährungshilfe) etc. Daraus folgt, daß für die Auswahl des Gegenstandes aus didaktischen Gründen versucht wird, die allgemeinen Probleme der Erziehung, der Familie und der sozialen Sicherung der Familie in den Mittelpunkt zu stellen, die auch in den Arbeitsfeldern mit weiter gehenden speziellen Rechtskenntnissen zum Grundlagenwissen gehören.

Zu den Autoren

Jost Bauer – geb. 1939 in Wurzen/Sachsen –
Professor, lehrt Recht und Verwaltung / Sozialarbeit an der Ev. Fachhochschule für Sozialwesen in Reutlingen; Lehrbeauftragter am Institut für Erziehungswissenschaften der Universität Tübingen; Gründungsmitglied des Fachbereichs Sozialwesen und Lehrbeauftragter an der Hochschule für Technik und Wirtschaft in Zittau/Görlitz; Vorstandsmitglied beim Deutschen Verein für öffentliche und private Fürsorge/Frankfurt am Main (Arbeitsschwerpunkt im Fachausschuß für soziale Berufe); Studium der Rechtswissenschaften, Pädagogik, Soziologie und Theaterwissenschaften in Heidelberg, Köln, Erlangen und Paris.

(*Allgemeiner Teil:* Kapitel 1 und 2.4.2 – *Besonderer Teil:* Kapitel 3, 4, 5 und 6)

Wolfgang Dohmel – geb. 1939 in Berlin –
Richter am Sozialgericht Reutlingen mit dem Schwerpunkt Kranken- und Arbeitslosenversicherung; Lehrbeauftragter an der Ev. Fachhochschule für Sozialwesen in Reutlingen im Sozialrecht und Berufs- und Arbeitsrecht; Studium der Rechtswissenschaften in Erlangen.

(*Besonderer Teil:* Kapitel 8)

Hans-Jürgen Schimke – geb. in Zwickau/Sachsen –
Dr. jur., Professor, lehrt im Fachbereich Sozialpädagogik an der ev. Fachhochschule für Sozialwesen in Bochum die Schwerpunkte Jugendhilferecht und Betreuungsrecht; Lehrbeauftragter am Institut für Sozialpädagogik der Universität Dortmund; Studium der Rechtswissenschaften in Tübingen, Genf und Münster.

(*Allgemeiner Teil:* Kapitel 2 – *Besonderer Teil:* Kapitel 7)

Allgemeiner Teil: Die Bedeutung des Rechtswissens für soziale Berufe

1. Rechtswissen in Theorie und Praxis der sozialen Berufe

1.1 Recht und Sozialwissenschaften

Handlungskompetenz

Sozialberufliche Handlungskompetenz ist das Ziel jeder Ausbildung oder Fort- und Weiterbildung. – Der Begriff bedeutet, daß je nach Ausbildungsebene mit entsprechendem berufsqualifizierendem Abschluß und der beruflichen Funktion eine umfassende Handlungskompetenz erwartet wird, deren Elemente jedoch unterschiedlich gewichtet sein können. Das Rechtswissen ist in unterschiedlicher Gewichtung einmal »konkretes Handlungswissen«, einmal »Kontaktwissen« in arbeitsteilig oder kooperativ organisierten Berufsvollzügen, immer aber integraler Bestandteil eines »ganzheitlich« verstandenen Arbeitsansatzes in den Arbeitsfeldern der sozialen Arbeit. Sozialberufliche Handlungskompetenz ist aber keine mit einem Examen einmalig und abschließend festgestellte berufliche Qualifikation, sondern eine ständig zu erweiternde, zu vertiefende, zu aktualisierende Fachkompetenz. Dies bedingt, daß der Erwerb solcher Kompetenzen nur in einem Modell lebenslangen Lernens verwirklicht werden kann, bestehend aus Ausbildung/Studium/Fort- und Weiterbildung.

Funktionen des Rechtswissens

Bezogen auf detailgenaues Rechtswissen, das vor allem aus den sich schnell ändernden unteren Regelungsebenen (Verordnungen, Richtlinien auf Länder- oder kommunaler Ebene) herzuleiten ist, gilt die alte Erfahrung der Juristen: Ein Strich des Gesetzgebers, und ganze Bibliotheken sind Makulatur! Bezogen auf die Grundlagen der Rechtswissenschaft ist dem Basiswissen eine außerordentliche Langlebigkeit zu attestieren, d. h., das Rechtswissen ist nicht nach jeweils einem Jahr vollständig überholt wie in den detailgenauen Regelungsebenen z. B. des Sozialrechts.

Grundlagen des Rechts als Gegenstand wissenschaftlicher Reflexion sollen als gleichwertiger Bestandteil der sozialwissenschaftlich orientierten Basiswissenschaften der sozialberuflichen Ausbildung und damit als Erfahrungswissenschaft verstanden werden.

»Das Leben des Rechts ist nicht Logik, sondern Erfahrung« (*Oliver Holmes,* ehem. amerik. Bundesrichter)

»Recht hat kein Dasein für sich, sein Wesen ist viel mehr das Leben der Menschen selbst, von einer besonderen Seite gesehen« *(Savigny)*

Lernziele

Recht und Rechtswissen soll nicht nur als Rahmenbedingung oder Begrenzung sozialer Arbeit verstehbar gemacht werden, sondern als Handlungschance.

Recht und Rechtswissen läßt sich aus den Zielen und Aufgaben der Grundfunktionen sozialer Arbeit in unserem Gesellschaftssystem bestimmen und ist gleichzeitig Indikator für die Bestimmung von Grundfunktionen sozialer Arbeit.

Recht und Rechtswissen soll verstehbar gemacht werden als Teilaspekt einer allgemeinen generalistischen Handlungskompetenz in sozialen Berufen und als ausgefeiltes Spezialwissen in bestimmten Arbeitsfeldern und Funktionen der sozialen Arbeit.

1.1.1 Recht und Rechtswissen in der Praxis sozialer Berufe

Leitbilder für soziale Berufe

Professionelles Handeln in sozialen Berufen ist gekennzeichnet durch die »Arbeit mit und für Menschen« in vielfältigen Problemlagen. Naheliegend ist daher, daß sich im Selbstverständnis der sozialen – helfenden – Berufe eher Leitbilder der etablierten Bezugsberufsgruppen wie Ärzten, Therapeuten, Psychologen oder Pädagogen als die der Juristen und Verwaltungsfachleute spiegeln. Eine sozialberufliche Handlungsorientierung wird daher auch eher aus einer sozialwissenschaftlichen Grundlegung von denen erwartet, die eine grundständige Ausbildung oder ein Studium beginnen. Ganz anders ist die Situation im Bereich der Fortbildung, wenn aus den Erfahrungen der beruflichen Praxis gezielte Fortbildungen zu fast allen Rechtsgebieten nachgefragt werden (z. B. Sozialhilfe und Sozialleistungsrecht, Organisation und Planung, Recht der Schuldenregulierung). Ein weiteres Merkmal oder besser gesagt Problem der sozialen Berufe ist der ständige Legitimationszwang im arbeitsteiligen Kontext, d. h., sozialpädagogische Fachkräfte müssen ihre »Fachlichkeit« und Kompetenz gegenüber den etablierten Bezugsgruppen im arbeitsteiligen Vorgehen ständig legitimieren, nicht umgekehrt. Hier wird die Frage nach dem Profil des Berufsbildes und nach den Qualifikationsmerkmalen oft zu einer schmerzlichen Erfahrung, bezogen auf die obengenannten Bezugsberufsgruppen zu wenig »Kontaktwissen« zu haben. Es kann so ein Insuffizienzgefühl der Unterlegenheit entstehen, daß in der Ausbildung von allem etwas, aber nicht richtig (vertieft) gelernt wurde. Dies führt dazu, daß sozialpädagogische Fachkräfte in der Zusammenarbeit mit Ärzten, Therapeuten und Psychologen sich nicht auf die

Fachlichkeit der sozialen Arbeit

Legitimationszwang

Definition ihrer »eigenständigen« generalistischen Handlungskompetenz besinnen, sondern das entsprechende Fachwissen der jeweiligen Arbeitsfelder (Medizin, Psychologie u. a.) bunkern und benutzen. Die administrativen oder gerichtsbezogenen Arbeitsfelder verlangen ähnliche »Anpassungsleistungen« der sozialpädagogischen Fachkräfte. Ziel einer sozialberuflichen Ausbildung oder eines Studiums ist es aber, der Praxis nicht Minipädagogen, Minipsychologen oder Minijuristen, sondern eine eigenständig definierbare Fachkraft zu liefern.

»Theorie sozialpäd. Handelns?«

Daß dieses Ziel noch nicht überall in der Praxis umsetzbar ist, liegt auch an dem beklagenswerten Scheitern im deutschen Raum, etwa in Anlehnung an die angloamerikanische oder holländische Entwicklung eine allgemein gültige »Theorie sozialpädagogischen Handelns« mit entsprechenden Berufsbildern, die auch berufsständisch abgesichert sind, zu entwickeln (vgl. *Bock,* 1993, S. 835 ff./S. 838 ff., *Reinicke*, 1993, S. 846 ff. und *Thiersch, H./Rauschenbach, Th.,* 1987, S. 984 ff.).

1.1.2 Das schwierige Thema Recht in der Aus- und Fortbildung sozialer Fachkräfte

Rechtsanteile in Ausbildung und Studium

Das Thema Recht ist heute nach der oft zitierten »Wende zum Pragmatismus« in seiner curricularen Bedeutung in der Aus- und Fortbildung für Fachkräfte in allen sozialen Berufen im Prinzip weitgehend unbestritten (*Knapp,* 1980, S. 65 ff.). In den Fachschulen für Erzieher, Altenpfleger, Heilerziehungspfleger, Sozialdiakone ist die Vermittlung von Rechtskenntnissen im Fach »Rechts- und Verwaltungskunde« ebenso Pflichtfach wie in den Studiengängen der Sozialarbeit/Sozialpädagogik an Fachhochschulen bzw. Universitäten und Gesamthochschulen. In den Hochschulstudiengängen haben sich rechts- und verwaltungswissenschaftliche Anteile über die Vermittlung von praxisbezogenem Anwendungswissen (Rechtskunde) hinaus zu einem gleichwertigen Pflichtfach im Fächerkanon der sogenannten Basiswissenschaften gemausert, d. h., rechtswissenschaftliche Anteile des Gesamtcurriculums dienen auch der Erklärung von gesellschaftlich bedingten Problemlagen und der Entwicklung von Lösungsansätzen für die daraus resultierenden individuellen Probleme und Nöte von einzelnen Menschen. Man kann sogar feststellen, daß sich eine eigenständige Systematik der Rechtsanteile in den Curricula der sozialpädagogischen Studiengänge entwickelt, die nicht der Rechtssystematik der etablierten juristischen Fakultäten folgt, sondern eine eigenständige Theorie des Rechts der Sozialarbeit/Sozialpädagogik in Umrissen entstehen läßt.

Theorie des Rechts der sozialen Arbeit

Trotz dieser positiven Bewertung des Rechts durch diejenigen, die Ausbildungsziele und -inhalte entwickeln und durchführen, und einer entsprechenden Akzeptanz durch die Anstellungsträger sozialberuflicher Fachkräfte ist eine nicht zu unterschätzende Schwierigkeit geblieben, den Gegenstand Recht angemessen zu behandeln. Was macht nun die Vermittlung »notwendiger Rechtskenntnisse« als konkretes Handlungswissen und als Teil einer »reflexiven Handlungskompetenz« so schwierig?

Interdisziplinäre Integration des Rechts

Antworten sind einerseits im Bemühen um eine interdisziplinäre Integration des Rechts in die sozialwissenschaftlichen Basisfächer (Studienreform und Aspekte der Theoriebildung eines Rechts für soziale Berufe) und andererseits in strukturellen Aspekten unseres Gesellschaftssystems sowie der Herausbildung der sozialberuflichen Qualifikationsprofile zu suchen. Ein zentraler Ansatzpunkt der kritischen Betrachtung der Bedeutung des Rechts und der Schwierigkeiten, dieses in den sozialberuflichen Ausbildungen zu vermitteln, folgt aus der Analyse der Funktion und Wirkungen des »sozialen Rechtsstaats«.

Wirkungen des sozialen Rechtsstaates

Rundrechtsgarantien Rechtssicherheit

Ziel des Rechtsstaatsprinzips ist eine Verpflichtung des Staates, alles staatliche Handeln dem Primat der Grundrechte (Art. 1 ff. GG) und der »Gesetzmäßigkeit von Verwaltung und Rechtsprechung« unterzuordnen (Art. 20 GG), um so für Rechtssicherheit, Transparenz und eine Gewährleistung der Umsetzung der Grundrechte chancengleich für alle zu sorgen, mit einem Wort, eine »umfassende Gerechtigkeit« anzustreben. Daraus folgt auch das Primat staatlichen Handelns durch den Gesetzgeber. Dies hat zu einer wahren, auch von Fachleuten nicht mehr überschaubaren Gesetzes- bzw. Normenflut geführt. Da gleichbedeutend mit der hohen Regelungsdichte aller gesellschaftlichen, technischen, wirtschaftlichen und ökologischen Bereiche unseres Lebens und Lebensumfeldes auch die Rechtssicherheit und der Rechtsschutz tragende Elemente des Rechtsstaates sind, droht der Rechtsstaat zum Rechtswegestaat zu pervertieren. Ein deutlicher Hinweis ist die Klageschwemme und Überlastung der Gerichte (*Münder*, 1982, S. 23).

positives Förderungsgebot

Ziel des Sozialstaatsprinzips (Art. 20/28 GG) ist es, für die Umsetzung der materiellen Werteordnung des Grundrechtssystems Sorge zu tragen. Dies soll erreicht werden durch ein positives Förderungsgebot an den Gesetzgeber, Chancengleichheit durch die Sozialgesetzgebung herzustellen. Im sozialstaatlichen Bemühen um die »Verteilungsgerechtigkeit« liegt auch eine der Ursachen für eine sehr hohe Regelungsdichte und für einen sehr kritisch zu bewertenden Effekt, nämlich die »Verrechtlichung sozialer Beziehungen«. Die in den siebziger Jahren stark ausgebauten Sozialleistungsgesetze, die in den

Verteilungsgerechtigkeit

Verrechtlichung sozialer Beziehungen

Strukturkrisen und der »Armut der öffentlichen Haushalte« Anfang der achtziger Jahre durch die Reduktionsgesetzgebung *(Giese)* wieder beschnitten wurden und die Anfang der neunziger Jahre im Zuge der Wirtschafts- und Sozialunion der deutsch-deutschen Vereinigungsprozesse ausgebaut und differenziert wurden, haben zu einer Unübersichtlichkeit geführt, die selbst von Fachleuten der Sozialverwaltung nicht mehr durchschaubar ist. Dazu kommen eine gewollte oder unbewußte Asynchronität mangelhaft abgestimmter Sozialrechtssysteme. Diesen Effekt beschreibt *Habermas* mit der These, daß das »Sozialrecht« im Kontext mit der »Kolonisierung der Lebenswelt« eine zentrale Rolle spiele, so: »Die sozialrechtlichen Verbürgungen, die dem Ziel der sozialen Integration dienen sollen, fördern gleichwohl die Desintegration derjenigen Lebenszusammenhänge, die durch eine rechtsförmige Sozialintervention vom handlungsorientierenden Verständigungsmechanismus abgelöst und auf Medien wie Macht und Geld umgestellt werden« (Theorie des kommunikativen Handelns II, 534).

Kolonisierung der Lebenswelt

Habermas beschreibt den Regelungsbereich des Sozialrechts als Systembestandteil, der von »außen« soziale Beziehungen mitgestaltet. Die Rolle der Juristen und der Verwaltungsfachleute als »Rechtsanwender« ist geprägt von der Arbeitsweise, abstrakte Rechtsnormen auf konkrete Lebensverhältnisse zu übersetzen. Die Rechtsanwendung geschieht nach der Theorie der Subsumtion, d. h., der »Rechtsanwender« beschränkt sich auf die Reduktion der Fülle der Lebensweltereignisse und Zusammenhänge auf rechtlich relevante Tatsachen, um so Rechtsfolgen auszulösen und Rechtssicherheit zu vermitteln.

Sozialrecht als Systembestandteil sozialer Beziehungen

Die Arbeitsweise sozialberuflicher Fachkräfte im Umgang mit den Aufgabenbereichen des Sozialrechts verfolgt einen grundsätzlich anderen Ansatz. Sozialberufliche Fachkräfte müssen in ihren Berufsvollzügen vornehmlich im Beratungskontext die Eigenheit der lebensweltlichen Bezüge des Klienten ernst nehmen und mit ihm gemeinsam zu erfassen suchen, aber nicht von »außen« nach rechtlich relevanten oder irrelevanten Daten selektieren. In einem dermaßen inquisitorisch angelegten Beratungsgespräch liegt die Gefahr von Kommunikationsstörungen bis zum völligen Scheitern von Interaktionsversuchen. Die Verrechtlichung beinhaltet damit »die Gefahr einer bürokratischen Austrocknung kommunikativer Beziehungen« (*Habermas*, 1979, S. 28).

Gefahren der Verrechtlichung im Beratungskontext

Soziale Arbeit ist damit auch durch zwei Sprachebenen geprägt, die Alltagssprache der Lebenswelt, auf der Kommunikation und Interaktion aufbauen, und die Sprache des Rechtssystems. Die »Kunst« in der sozialberuflichen Praxis besteht nun darin, beide Sprachen zu beherrschen und integrieren zu

Sprachebenen Alltagssprache der Lebenswelt Fachsprache des Rechtssystems

können, d. h., Beratung, Hilfe und Kontrolle mit einer spezifisch sozialpädagogisch geprägten ganzheitlichen Rechtsanwendung zu verbinden und nicht das eine gegen das andere auszuspielen.

Recht als Hilfsmittel zur Lebensgestaltung

Recht, Rechtsanwendungsprozesse und Rechtsfolgen, sei es in der Verwirklichung eines Sozialleistungsanspruches, sei es in einer Verhaltensanweisung oder gar Sanktion, können vom Berater als Hilfsmittel zur Lebensgestaltung verstanden und eingesetzt werden, wenn es gelingt, diese unter der Dominanz sozialpädagogisch motivierter Beratungsprozesse zu integrieren.

Lähmendes Dilemma für den Berater?

Auch hier kann der oben beschriebene Befund der »Kolonisierung der Lebenswelt« den Berater in ein lähmendes Dilemma bringen: Einerseits muß der Berater die Interventionsfülle bewältigen, mit der ihn die Verrechtlichung der sozialen Beziehungen konfrontiert, und er muß versuchen, über die Vermittlung dieser Information »Chancengleichheit« zu realisieren, andererseits ist er aber damit gleichzeitig am Kolonisierungsprozeß beteiligt. *Claus Reis* diagnostiziert aus seinen Erfahrungen mit der Fortbildung beim Deutschen Verein für öffentliche und private Fürsorge im Hinblick auf diese Problemstellung folgende Reaktionsformen aus der Praxis: »Der

Beraterverhalten im Umgang mit Recht

Berater spart rechtliche Fragestellungen aus, verlagert seinen Kompetenzbereich ganz auf die Sozialpädagogik und grenzt sein Professionalisierungsfeld entsprechend ab.

Der Berater reduziert die Komplexität der Lebenswelt des Klienten auf die Komponenten ›rechtlich-relevant‹ und ›psycho-sozial‹ und spaltet letztere aus dem eigenen Beratungsprozeß ab. Den Juristen nicht unähnlich, wird der Kompetenzbereich so abgesteckt, daß die Bearbeitung rechtlicher Feststellungen eindeutig im Vordergrund steht, psycho-soziale Komponenten nur so weit ins Blickfeld geraten, als die Kommunikation nicht durch deren Mißachtung allzusehr gestört wird (= Beratungskomponente im Verwaltungshandeln).

Spezialisierungen in der Praxis der Berater

Der Berater beont zwar die Präferenz für sozialpädagogisches Handeln, sieht aber auch die Relevanz der rechtlichen Regelungen. Er versucht,

- sich zu spezialisieren. (Hier schlägt die Stunde der Sozialarbeiter, die sich ein spezielles Professionalisierungsfeld suchen, beispielsweise in der Schuldnerberatung.) Dies kann dazu führen, daß die Sozialpädagogik doch wieder ins Hintertreffen gerät, wenn die juristische Frage zu komplex, ihre Bearbeitung zu arbeitsintensiv wird.
- alles zu »überblicken« und sich einen Fundus konkreter Rechtskenntnisse zu verschaffen, auf den er bei Bedarf zurückgreifen kann. Dieser Fundus ist zwangsläufig unvollkommen und bedarf dauernder Ergänzung.

- sich die für die jeweilige Verwaltung ›geltenden‹ Regeln zu eigen zu machen. An die Stelle des abstrakten Rechts treten die – bereits übersetzten – Verwaltungsvorschriften bzw. ungeschriebenen Interpretationsregeln. Rechtsberatung wird dann zur Beratung im Hinblick auf die jeweilige Verwaltungspraxis.

Eine integrative Lösung könnte darin bestehen, daß der Berater versucht, die Lebenswelt zu ihrem ›Recht‹ kommen zu lassen, Interaktionsprozesse nicht der Logik rechtlicher Strukturen zu opfern. Ein Schritt in diese Richtung wäre beispielsweise dann getan, wenn Betroffene nicht nur punktuell informiert, sondern ihrerseits vom Berater ›fortgebildet‹ würden, ihre Rechtsangelegenheiten selbst zu verfolgen.

integrative Lösung Recht und soziale Beratung

Gerade aber an der hierfür nötigen Zeit mangelt es im Alltagsgeschäft der sozialen Arbeit, und angesichts hohen Problemdrucks liegt eine Selektion des für notwendig erachteten Wissens entlang der Linie Theorie/Praxis nahe, auch wenn diese die Komplexität des Zusammenhangs verfehlt« (unveröffentlichtes Arbeitspapier *Claus Reis,* 1987).

1.2 Das Rechtswissen als Teilaspekt sozialberuflicher Handlungskompetenz

Nach der problematisierenden Annäherung an das Thema Recht in Theorie und Praxis sozialberuflicher Ausbildung/Fortbildung soll nun eine Bestimmung des Rechtswissens als Teilaspekt sozialberuflicher Handlungskompetenz aus der Beschreibung der Ziele und Funktionen des beruflichen Handelns erfolgen.

1.2.1 Grundfunktionen sozialer Arbeit

Rechtsnormen

Sozialnormen

Wir haben das Recht schon als Systembestandteil und als Gestaltungsfaktor von Lebenswirklichkeit kennengelernt. Es bleibt nun zu fragen, welche Funktion der sozialen Arbeit zukommt, wenn es darum geht, mit dem Medium des Rechts gesellschaftliche Veränderungen zu beeinflussen, individuelle und gesellschaftliche Problemlagen zu lösen. Hier gilt es zunächst festzuhalten, daß dies weniger über das Regelungswerk der Gesetze, also der Rechtsnormen im engeren Sinn, als über die Sozialnormen geschieht. »Sozialnormen sind im Wesentlichen auf den Einfluß von Sozialisation, Erziehung, moralischen Wertvorstellungen, verinnerlichten Verhaltensmustern, wertgebundenen Handlungsweisen, gesellschaftlichen Wertvorstellungen, Ideologien usw. zurückzuführen« (*Münder,* 1990, S. 15).

Bezogen auf das Rechtswissen kann nun folgende Hypothese gebildet werden: Im Rahmen des gesetzten Rechts (de lege lata) ist das Rechtswissen individualisierende Rechtsanwendungskompetenz und zugleich eine Kompetenz, Gestaltungs-, Organisations- und Entscheidungsprozesse der Verwaltung und Gerichte zu beeinflussen sowie in die politischen Planungs- und Entscheidungsprozesse (de lege ferenda) sich einzumischen.

Rechtswissen als individualisierende Handlungskompetenz

Funktionen sozialer Arbeit

Soziale Arbeit ist keine Tätigkeit an sich, d. h. für sich allein definierbar; sie ist vielmehr nur denkbar und vollziehbar im unmittelbaren Bezug zu einer konkreten gesellschaftlichen Situation, zu Problemen einzelner oder Gruppen und zu bestimmten institutionellen Bedingungen.

- Soziale Arbeit ist bezogen auf einen Adressaten, dem sie gilt, bezogen auf bestimmte Verhältnisse (strukturelle Bedingungen und aktuelle Situationen) in der Umwelt des Betroffenen und auf die entsprechenden »institutionalisierten Antworten« zu definierten Problemlagen.
- Soziale Arbeit ist zielgerichtet, d. h., sie entwickelt jeweils im Einzelfall im Interaktionsprozeß mit dem Betroffenen und mit Institutionen bestimmte gesetzte Ziele sowie neu zu definierende Ziele und Wege des Handelns und Helfens.
- Soziale Arbeit ist ambivalent, da sie sowohl dem Schutz der bestehenden Verhältnisse als auch zu deren Veränderung dienen kann. Soziale Arbeit kann in ihrer kompensatorischen Funktion sowohl konservativ mit einer Tendenz zur Beharrung als auch in ihrer Entwicklungsfunktion progressiv mit einer Tendenz zur Veränderung sein. Im Gesamtzusammenhang ist sie jedoch niemals nur eindimensional.
- Soziale Arbeit hat damit ihren Standort in der Vegetationszone des gesellschaftlichen Wandels und dem entsprechenden Bezugsrahmen der institutionalisierten Antworten (Gesetze, Verwaltungspraxis) auf die sich durch den gesellschaftlichen Wandel ergebenden Problemlagen.

Gesellschaftliche Perspektiven sozialer Arbeit

- Diese gesellschaftliche Perspektive der sozialen Arbeit macht deutlich, daß selbst im Vollzug der individuellen Hilfen ein gesellschaftspolitisches Wirken sichtbar wird, das zumindest darin besteht, daß die im unmittelbaren Vollzug tätigen Fachkräfte in den sozialen Diensten die Anpassungsschwierigkeiten deutlich markieren können, die dadurch entstehen, daß die institutionalisierten Antworten auf die sozialen Probleme der Gegenwart nicht mit der Geschwindigkeit des sozialen Wandels Schritt halten können und nur hinterherhinkend Problemlösungen ermöglichen. Aus diesem Widerspruch zwischen Anspruch und Wirklichkeit im täglichen Vollzug der sozialen Arbeit auf der untersten Ebene werden die Reformansätze für eine Veränderung des rechtlichen Bezugsrahmens geboren, die dann in der Regel »von oben« betrieben werden. Die an den politischen Entscheidungsprozessen beteiligten Parteien, Verbände, Ministerialbürokratien u. a. können eine Reform des rechtlichen Bezugsrahmens aber nicht ausschließlich im Labor wissenschaftlicher Untersuchungen entwickeln, sondern sind alle angewiesen auf die Daten und Erfahrungen der sozialen Arbeit im unmittelbaren Vollzug auf der untersten Ebene. Und so darf man sagen, daß zumindest der Beruf des Sozialarbeiters/Sozialpädagogen immer auch ein politischer Beruf ist.

Sozialarbeit ein politischer Beruf

Der Deutsche Verein für öffentliche und private Fürsorge definiert die Grundfunktionen sozialer Arbeit mit dem Schwerpunkt auf Sozialarbeit/Sozialpädagogik so:

Definition (Grundfunktionen sozialer Arbeit)

»Das Ziel des beruflichen Handelns von Sozialarbeitern/Sozialpädagogen ist es, einen Beitrag zur Verbesserung der Lebenschancen von Menschen zu leisten und mit die Voraussetzungen zu schaffen, die es den Mitgliedern der Gesellschaft, insbesondere den in irgendeiner Weise Benachteiligten, gestatten, ihre Anlagen und Fähigkeiten so gut wie möglich zu entwickeln, ihre Freiheit verantwortungsbewußt zu gebrauchen und am Leben der Gemeinschaft teilzuhaben.

Ziele

Die Aufgaben, die Sozialarbeiter/Sozialpädagogen hierzu übernehmen, stehen in engem Bezug zu der gesellschaftlichen Wirklichkeit als einem Gefüge sozialer, politischer, wirtschaftlicher, rechtlicher, technischer und kultureller Bedürfnisse und Fähigkeiten andererseits.

Aufgaben

Sie finden ihren Ausdruck in Rechtsvorschriften sowie politischen und fachlichen Leitlinien des Trägers sozialer Arbeit, in dessen Diensten der Sozialarbeiter/Sozialpädagoge jeweils steht« (DV, 1987, S. 5).

In dieser Ziel- und Aufgabenbeschreibung wird deutlich, daß Recht gleichzeitig integraler Bestandteil, aber auch Rahmenbedingung sozialer Arbeit ist. (Soziale Arbeit über Institutionen und in Diensten der Institution.) Die Aufgabe sozialer Arbeit ist also im weitesten Sinne eine Unterstützung der Menschen, eine Balance zu finden zwischen ihren jeweiligen Bedürfnissen und ihren persönlichen und gesellschaftlichen Ressourcen. Diese Aufgabe ist auf zwei Ebenen zu präzisieren:

Aufgabenbeschreibung

Einmal wird sie verstanden als »Hilfe zur Selbsthilfe«, d. h. Förderung und Stärkung der Selbstkompetenz und Vernetzung der persönlichen Ressourcen, um so zu selbständiger und selbstverantworteter Gestaltung des Lebens zu befähigen (individualisierender Aspekt/1. Ebene).

1. Ebene: Hilfe zur Selbsthilfe

Zum anderen wird sie verstanden als Gestaltungsaufgabe von Lebensbedingungen und Umwelt für Klienten/Betroffene, um

2. Ebene: Gestaltungsaufgabe von Lebensbedingungen
berufliches Handeln

so die notwendigen Voraussetzungen und Bedingungen für eine menschenwürdige Existenz zu schaffen (gesellschaftlicher, politischer und ökologischer Aspekt/2. Ebene).
Das berufliche Handeln in dieser Aufgabenbeschreibung besteht also in der persönlichen Hilfe und der Gestaltung der Bedingungen des Lebensumfeldes, insbesondere in der Hilfe
- für Kinder und junge Menschen beim Hineinwachsen in ihre Lebensbezüge (Sozialisationshilfen für Kinder und deren Familien)
- für Erwachsene in schwierigen Übergangsphasen des Lebens
- für Menschen in inneren und äußeren Konfliktlagen und Krisensituationen
- bei Beziehungskonflikten in den sozialen Bezügen der Familie, mit Lebenspartnern, im Berufs- und Arbeitsleben u. a.

Diese Hilfe kann als kurzfristige Krisenintervention, langfristig oder ständig erforderlich sein.

Funktionen im Hilfeprozeß

Im Rahmen der skizzierten Hilfeprozesse übernehmen die sozialberuflichen Fachkräfte insbesondere folgende Funktionen:
- Sie klären gemeinsam mit den Betroffenen ihre Problemlage und treten für die Verwirklichung der sichtbar gewordenen Bedürfnisse ein.
- Sie fördern, unterstützen und stabilisieren Menschen in ihrer persönlichen Entwicklung und selbständigen Lebensgestaltung.
- Sie vermitteln oder leisten direkte materielle Hilfen,
- Sie vernetzen Ressourcen im persönlichen und zwischenmenschlichen Bereich und deren Bezug zur Lebensumwelt.
- Sie üben in vielen Problemsituationen Kontrolle vornehmlich zum Schutz der Klienten aus oder vermitteln zwischen den Instanzen der sozialen Kontrolle und den Betroffenen.
- Sie tragen durch ihre spezifische Fachlichkeit zur Leistungsfähigkeit und humaneren Gestaltung der Sozialen Dienste und Einrichtungen und im Rahmen der Verwaltungs- und Entscheidungsprozesse bei.
- Sie initiieren notwendige Veränderungen struktureller und institutioneller Bedingungen oder beteiligen sich durch Mitwirkung oder Einmischung an solchen Veränderungsprozessen.

Tätigkeiten

Die im Rahmen dieser beschriebenen Funktionen ausgeübten Tätigkeiten der sozialberuflichen Fachkräfte bestehen vor allem darin, »daß sie erziehen und bilden, informieren und beraten, aktivieren und befähigen, begleiten und versorgen, vermitteln und vertreten, organisieren und koordinieren, planen und verwalten« (DV, S. 6).

1.2.2 Sozialberufliche Handlungskompetenzen

Die kurze Beschreibung der Ziele, Aufgaben, Funktionen und Tätigkeitsmerkmale sozialberuflichen Handelns macht deutlich, daß eine Bestimmung der beruflichen Kompetenz aus außerordentlich komplexen Zusammenhängen erfolgen muß.

In der Praxis der sozialen Berufe hat sich die oben zitierte ganzheitliche – lebensweltorientierte – Betrachtungsweise durchgesetzt, die nicht auf spezialisierte, sondern auf eine generalistische Handlungsorientierung setzt. Die Ansätze sozialer Arbeit sind daher auch überwiegend ganzheitlich, situations- und alltagsorientiert mit ökologischen, politischen und gesellschaftlichen Dimensionen.

generalistische Handlungsorientierung

Die Herausbildung der beruflichen Kompetenz muß daher auch zwangsläufig auf viele Wissenschaftsgebiete aufgebaut werden und in einem interdisziplinären Zusammenhang definiert werden. Die Anforderungen an eine berufliche Kompetenz der Soz.Arb./Soz.Päd/innen beschreibt der DV zusammenfassend:

Anforderungen an die berufliche Kompetenz

Erwartungen an die Berufsausübung

»Vom Sozialarbeiter/Sozialpädagogen wird daher erwartet, daß er bei der Ausübung seines Berufes in der Lage ist,

- individuelle und soziale Situationen und Probleme in ihrem jeweiligen Zusammenhang zu erfassen und zu verstehen
- die sich für ihn daraus ergebenden Aufgaben zu erkennen und bei ihrer Lösung die Einmaligkeit von Lebenssituationen ebenso zu berücksichtigen wie deren jeweiligen sozialen Zusammenhang
- die jeweils erheblichen rechtlichen Bezüge zutreffend zu würdigen
- daraus Folgerungen zu ziehen hinsichtlich der Entwicklung von Arbeitszielen, der Wahl angemessener Mittel und des Einsatzes entsprechender Arbeitsformen/Verfahrenstechniken
- das gegenwärtig Nötige und Mögliche zu tun, ohne dabei die Zukunftsperspektiven, die zur Lösung der Aufgaben und Probleme erforderlich sind, aus dem Auge zu verlieren
- vertrauensvolle Beziehungen zu Menschen aufzubauen, durchzutragen und zur rechten Zeit zu lösen
- sich mit Zielen, Funktionen, Strukturen und Arbeitsweisen von Organisationen und Institutionen, die soziale Dienstleistungen anbieten, so vertraut zu machen, daß er seinen eigenen Standort realistisch einschätzt und sein berufliches Handeln danach richtet

- kooperative Arbeitsprozesse – mit Klienten/Betroffenen, Berufskollegen, Vertretern anderer Berufsgruppen und ehrenamtlichen Mitarbeitern – zu entwickeln und sich an ihnen verantwortlich zu beteiligen.

benötigte Fachkenntnisse

Hierzu benötigt der Sozialarbeiter/Sozialpädagoge

- Kenntnisse über geschichtliche Grundlagen gegenwärtiger Gegebenheiten kultureller, sozialer, politischer, rechtlicher, technischer und wirtschaftlicher Bedingungen im Hinblick auf ihre Einflüsse auf Lebenschancen und Belastungen für einzelne und Bevölkerungsgruppen
- Kenntnis des Berufs, seiner Entstehung und Entwicklung
- Kenntnis der für Sozialarbeit/Sozialpädagogik relevanten Rechtsmaterie und der Verwaltungs- und Organisationsstrukturen öffentlicher und freier Träger der sozialen Arbeit
- Überblick über zentrale Theorien von Sozialarbeit/Sozialpädagogik und ihren jeweiligen Entwicklungsstand
- Kenntnisse neuer Ansätze zur Lösung von Aufgaben und zum Umgang mit Problemen in Arbeitsfeldern der Sozialarbeit/Sozialpädagogik
- Kenntnis der grundlegenden Arbeitsformen und didaktischen Konzepte, die der Sozialarbeit/Sozialpädagogik zur Verfügung stehen
- Können und Fertigkeiten, die an den grundlegenden Arbeitsformen und didaktischen Konzepten der Sozialarbeit/Sozialpädagogik orientiert sind
- Vertrautheit mit dem Grundinstrumentarium der Sozialforschung, um deren Basisdaten und Ergebnisse kritisch nutzen und mit den erforderlichen Fertigkeiten an Forschungsvorhaben im Arbeitsfeld teilnehmen zu können
- eine Haltung, die mit den grundlegenden Werten und Normen seines Berufes übereinstimmt« (DV, 1987, S. 9).

Rechtsanwendungskompetenz

In der ganzheitlichen Betrachtung der beruflichen Kompetenz wird so das Rechtswissen teilweise ein integraler Baustein für eine diagnostische Kompetenz bei der Analyse einer Problemlage, teilweise als Rechtsanwendungskompetenz ein integraler Baustein allgemeiner sozialberuflicher Handlungskompetenz zur Problemlösung, teilweise Strukturierungshilfe für Planung, Organisation und Verwaltung sowie für die Bearbeitung schwieriger Problemlagen in kooperativen Arbeitsprozessen (Teamentscheidungen). Immer aber werden Rechtskenntnisse des aktuell geltenden Rechts und der Grundlagen von Recht als Bestandteil der Gesellschaftsordnung als zwingend notwendig beschrieben.

2. Grundprobleme des Rechts

2.1 Begriff und Funktion des Rechts

2.1.1 Begriff des Rechts

Eine Einführung in das Recht für soziale Berufe kann nicht auf eine Klärung ihres Erkenntnisgegenstands, des Rechts, verzichten. Dies ist allerdings im Bereich des Rechts noch schwieriger als in anderen Wissenschaftsdisziplinen.

Es gibt trotz jahrhundertelanger Bemühungen keine allgemein anerkannte oder auch nur begrenzt konsensfähige Definition des Begriffs Recht. Dafür gibt es verschiedene Gründe. Zum einen liegt die Problematik darin, daß das Recht sich mit der geschichtlichen Situation wandelt. Es ist ein Unterschied, ob das Leben in einer bäuerlichen Agrargesellschaft oder in einer modernen Industriegesellschaft rechtlich geregelt wird. »Recht ist etwas ›Veränderliches‹, das keiner allgemeingültigen, für alle Zeiten feststehenden Definition zugänglich ist. Der Begriff des Rechts läßt sich... nur darstellen als die Geschichte dieses Begriffs« (*Kausch* in: *Grimm,* Einführung in das Recht, Heidelberg, 1985, S. 1). Neben dieser mit dem historischen Wandel des Rechts argumentierenden Einschätzung wird darauf hingewiesen, daß Recht ohne eine Vorstellung, ein Vorverständnis von dem gewollten Ergebnis nicht erfaßbar sei. »Die Bedeutung des Wortes ›Recht‹... muß immer schon verstanden sein, wenn man über Recht und Unrecht im konkreten Fall reden will« (*Ellscheid* in: *Kaufmann* (Hg.), Rechtstheorie, 1971, S. 7). Damit ist die fundamentale Frage nach dem Maßstab aufgeworfen, an dem der Gedanke dessen, was Recht ist, gemessen wird. Wer will den Inhalt von Gerechtigkeit bestimmen, entscheiden, was im Streitfall geschehen soll, wenn er nicht bereits Kriterien für diese Entscheidungen zur Verfügung hat? Der Begriff des Rechts liefert diese Kriterien im grundsätzlichen nicht, er setzt sie voraus. Deshalb konnten und können sich innerstaatliche Rechtsordnungen gleichermaßen auf fundamentale Rechtssätze berufen, obwohl ihre Handlungen unterschiedlich, ja gegensätzlich sind. So kann das ehemalige Staatsoberhaupt der DDR, *Erich Honecker,* argumentieren, daß der gegen ihn nach der Vereinigung erlassene Haftbefehl der Bundesrepublik ungesetzlich sei, da er – Honecker – als Staatsoberhaupt die gültigen innerstaatlichen Regeln der DDR angewandt habe. Dasselbe gelte selbstverständlich für diejenigen Soldaten, die an der ehemaligen Staatsgrenze mit Waffengewalt »Grenzübertritte« verhinderten.

keine Definition von Recht

Recht ist veränderlich

Inhalt der Gerechtigkeit

Auch sie hätten lediglich in Ausführung ihrer gesetzlichen Pflichten gehandelt und könnten sich damit nicht strafbar gemacht haben. Es ist rechtstheoretisch unmöglich, dieses Argument zu widerlegen, wenn man sich nicht auf übergeordnete, fundamentale Rechtsgrundsätze beruft. Im konkreten Fall ist dies die Überzeugung, daß es Unrecht ist, Menschen, die ihren Staat verlassen wollen, mit dem Tode zu bedrohen. Dieses Argument ist aber eine normative Setzung und läßt sich nicht aus dem Begriff des Rechts ableiten.

Bedeutung von Rechtsgrundsätzen

Das Recht als Ganzes ist also nicht bestimmbar. Die Auseinandersetzung mit dem Recht muß »detaillierter beginnen, etwa mit der Frage nach dem Zweck und Ziel des Rechts, nach der Bedeutung des Rechtspositivismus, nach dem Verhältnis von Recht und Sittlichkeit, nach der Funktion der Rechtsnorm, nach dem Moment der Geschichtlichkeit des Rechts, nach dem ›Methodendualismus‹ von Sein und Sollen, nach der Denkform der ›Natur der Sache‹...« (*Kaufmann* in *Kaufmann/Hassemer* (Hg.), Einführung in Rechtsphilosophie und Rechtstheorie der Gegenwart, 1994, S. 6).

Im Rahmen dieser Einführung kann nicht allen hier aufgeworfenen Fragen nachgegangen werden. Im folgenden soll deshalb der Schwerpunkt darauf gelegt werden, welche Funktion das Recht in der heutigen modernen Gesellschaft hat und in welchem Verhältnis es zur sozialen Arbeit als einem Ausschnitt aus dieser Gesellschaft steht.

2.1.2 Funktion des Rechts

Verhaltenssteuerung

Die Grundfunktion des Rechts ist es, bestimmte Verhaltensweisen zu erreichen (*Kreft/Münder*, Soziale Arbeit und Recht, 1990, S. 14). Verhaltenssteuerung ist aber nicht ausschließlich rechtlichen Normen zuzuschreiben, sondern erfolgt mindestens auch (wenn nicht überwiegend) aufgrund sozialer Normen, wie Sitte, Moral, Religion etc. Rechtsnormen sind auch Sozialnormen, aber nicht mit diesen identisch. Sie unterscheiden sich dadurch, daß sie mit staatlichem Zwang durchgesetzt werden können, also den verbindlichen Anspruch auf Befolgung erheben können. Dieser Charakter von Recht ist auch schon im Wortlaut enthalten. »Recht« enthält sowohl den inhaltlichen Begriff der Gerechtigkeit als auch das formale Element des ›Richtens‹ und der Gerichtsbarkeit, also der Rechtsverwirklichung (vgl. dazu *Rehbinder*, Einführung in die Rechtswissenschaft, 8. Aufl., 1988, S. 13). Die Abgrenzung zwischen Rechtsnormen und Sozialnormen nach ihrer Durchsetzbarkeit erklärt aber noch nicht, ob und warum Menschen sich in ihrem Verhalten von ihnen beeinflussen lassen. Bevor also gefragt werden kann, in welchen Bereichen Rechtsnormen

Rechtsnormen und Sozialnormen

verhaltenssteuernde Wirkung haben, muß erläutert werden, unter welchen Bedingungen sie diese überhaupt erreichen können. Wann lassen sich Menschen von Werten wie Sitte, Brauchtum etc. leiten, und wann benötigen sie das Recht, um ihr Verhalten zu beeinflussen? Prinzipiell läßt sich sagen, daß Recht immer dann zur Anwendung kommt, wenn Konflikte auftreten, die mit sozialer Distanz verbunden sind (*Kreft/Münder*, 1990, S. 15 f.). Wenn es den Menschen nicht mehr gelingt, Dinge, Vereinbarungen, Verhaltensweisen im konsensualen Verfahren zu regeln, wenn z. B. nicht mehr das Gespräch in der Nachbarschaft die Konfliktlösung im Nachbarstreit bringt, dann greifen sie zum Recht, berufen sich auf ihre Rechtsposition und bringen den Streit in das formalisierte Gerichtsverfahren.

Anwendung der Rechtsnormen bei Konflikten mit sozialer Distanz

Dieser Aspekt ist für den Umang mit Recht in sozialen Arbeitsfeldern von besonderer Bedeutung. Die soziale Fachkraft muß im Beratungskontext entscheiden können, ob die Konflikte in den menschlichen Beziehungen noch mit Sozialnormen zu bewältigen sind oder ob das rechtliche Regulierungsverfahren notwendig ist. Beispiele sind die Frage der Herausnahme von Kindern aus der Familie (§ 1666, § 1666a BGB) und die Problematik, ob Eltern sich über das Sorgerecht für ihre Kinder nach Scheidung einigen können (§ 1671 BGB).

2.1.2.1 Gesellschaftliche Funktionsbereiche des Rechts

Neben der Steuerung von Individualkonflikten mit sozialer Distanz hat das Recht auch Funktionen, die sich als gesellschaftliche Aufgaben begreifen lassen. Hier sind zu nennen (nach *Kausch* in *Grimm*, 1985, S. 20):
- die Sicherung von Frieden und Freiheit;
- der Ausgleich sozialer Unterschiede und
- die Steuerung gesellschaftlicher Prozesse.

Diese Funktionen haben in der modernen Gesellschaft fundamentale Bedeutung. Die Sicherung von Frieden und Freiheit realisiert sich im Gewaltmonopol des Staats, in der Vorbeugung von Konflikten durch regulierende Normen und in justizförmigen, gewaltfreien gerichtlichen Verfahren zur Lösung von Konflikten. Freiheitssichernd wirkt zudem der Schutz des Bürgers vor unverhältnismäßigen staatlichen Eingriffen in seine Rechte sowie der Rechtsschutz gegenüber solchen Eingriffen. Der Funktion des sozialen Ausgleichs versucht das Recht durch das moderne Sozialrecht als Instrument des Sozialstaats gerecht zu werden. Die Steuerung gesellschaftlicher Prozesse erfolgt im Individualbereich ebenso (z. B. § 1 STVG: Verhalten im Staßenverkehr) wie in kleineren gesellschaftlichen (Regelungen für einzelne Berufsgruppen, z. B. Land-

Frieden und Freiheit

sozialer Ausgleich

Steuerung gesellschaftlicher Prozesse

wirte) als auch in makropolitischen Zusammenhängen (globale Wirtschaftssteuerung, § 1 StabG).
Das Recht kann diesen Funktionen nur gerecht werden, wenn es eine Entsprechung in der Wirklichkeit hat. Rechtsnormen, die mit dem Verhalten der Menschen nichts mehr zu tun haben, sind zwar rechtlich verbindlich, ihre faktische Geltung besteht aber nur noch beschränkt (vgl. Schadensersatz für den Verlust der Unbescholtenheit nach Auflösung einer Verlobung, § 1300 BGB).

Anpassung von Lebenswelt und Rechtssystem

Die normative Kraft des Rechtssystems und seine Funktionsweise sind also letztlich wieder auf die Realität menschlichen Verhaltens zurückbezogen, seine Geltung auch von den sich entwickelnden Lebenssituationen abhängig. Es ist danach ein ständiger Prozeß der Anpassung zwischen Lebenswelten und Rechtssystem erforderlich. Erfaßt das Recht die Strukturen und Prozesse gesellschaftlichen Lebens nicht mehr, erstarrt es in Dogmen und verliert seine regelnde Kraft. Eilt es gesellschaftlichen Prozessen zu weit voraus, setzt es sich einem Abschleifungsprozeß in seiner Umsetzungspraxis aus.

2.1.2.2 Das Verhältnis von Recht und sozialer Arbeit

Recht als Gegenteil sozialer Arbeit

Soziale Fachkräfte stehen dem Recht oft abwartend bis skeptisch gegenüber. Sie sehen in den Rechtsvorschriften Schranken für sozialpädagogisches Handeln, sie empfinden sie als distanzbewirkend, objektivierend und formal. In dieser Sichtweise ist Recht geradezu das Gegenteil von sozialer Arbeit, denn diese ist subjektiv an der Beziehung zwischen Menschen interessiert, schafft Nähe und bewirkt Prozesse.
Mit zunehmender Berufserfahrung verändert sich oft diese Perspektive oder schlägt sogar in ihr Gegenteil um. Berufserfahrene soziale Fachkräfte haben gelernt, die Möglichkeiten des Rechts für ihre Ziele einzusetzen, sie haben sich durch Rechtsanwendung Erfolge verschafft, teilweise übernehmen sie in ihrer Berufsausübung bürokratische Verfahrensweisen. Dann kann Recht zum Inhalt sozialer Arbeit werden.

keine allgemeingültige Beschreibung

Da der Begriff des Rechts nicht eindeutig zu fassen ist, kann es auch keine allgemeingültige Beschreibung für die Bedeutung des Rechts in der sozialen Arbeit geben, schon gar nicht in der plakativen Form dieser Ansätze. Welche Rolle das Recht spielen kann, ergibt sich vielmehr aus seinen verschiedenen Funktionen. Entsprechend vielfältig stellt sich das Verhältnis von Recht und sozialer Arbeit dar.
Zunehmend wird im Rahmen der modernen Leistungsgesetzgebung deutlich, daß Recht neu in Beziehung zur Hilfeleistung gesetzt werden muß. In den professionellen Formen der Hilfe in einer komplexen Gesellschaft kann Hilfe nicht mehr (nur)

als Sozialleistung gesehen werden, sondern ist immer auch ein Eingriff in die Freiheit der Hilfeempfänger. Diese werden in der freien Gestaltung ihrer Lebenswelt durch die Fremddefinition der Hilfeleistung beeinträchtigt. Das Recht hat in diesem Geschehen die immer wichtiger werdende Funktion, den Hilfeprozeß zu begrenzen und zu steuern. Dadurch trägt es in einem ausdifferenzierten Sozialleistungssystem zur Freiheitssicherung bei. Der Prozeß der Hilfeleistung ist so nicht ausschließlich ein pädagogisches, sondern zugleich auch ein rechtliches Geschehen. Fachliche Standards sozialer Arbeit, wie Respektierung der Individualität der Betroffenen, Beteiligung an der Entscheidung, Transparenz in der Rollendefinition des Helfers, sind in dieser Sichtweise rechtlich abgesichert, aber auch gefordert. Recht trägt zur Definition sozialer Arbeit bei.

Recht als Freiheitssicherung

2.2 Grundlagen der Rechtsordnung

Die Bedeutung des Rechts in unserer heutigen Gesellschaftsordnung läßt sich nur einordnen, wenn man sich den Funktionswandel des Rechts von frühen Gemeinschaften bis zur modernen Industriegesellschaft wenigstens im Überblick vergegenwärtigt. Die Komplexität und Unübersichtlichkeit der Rechtsordnung im Verfassungsstaat wird dann verständlicher und auch akzeptabler, wenn sie mit Rechtsordnungen einfach strukturierter Gesellschaften verglichen wird. Im folgenden soll deshalb kursorisch das frühe Gewohnheitsrecht betrachtet und mit dem heutigen Recht verglichen werden (dazu 2.2.1). Die im 19. Jahrhundert herausgebildeten großen Gesetzbücher sollen daraufhin als Kernbestandteile unserer Rechtsordnung vorgestellt werden (dazu 2.2.2), bevor die unser heutiges Recht prägenden grundlegenden Rechtsideen und Gedankensysteme diesen Teil abrunden (dazu 2.2.3). Ziel dieser Betrachtung ist es, die Rechtsordnung der BRD für soziale Fachkräfte als ein gewachsenes, sich aus historischen Notwendigkeiten ergebendes System transparent zu machen. Dabei sollen nur die grundlegenden Entwicklungslinien verdeutlicht werden. Die Geschichte des Rechts im Nationalsozialismus oder die – anderen Gesetzmäßigkeiten folgende – Rechtssystematik in der ehemaligen DDR, aber auch in den angelsächsischen Rechtsordnungen werden deshalb nicht dargestellt.

Funktionswandel des Rechts

2.2.1 Vom Gewohnheitsrecht zum positiven Recht

Recht als Verhaltensordnung

Recht ist sowohl Voraussetzung für ein gemeinschaftliches Zusammenleben von Menschen als auch dessen Konsequenz. »Die Menschen brauchen vor allem Verhaltensnormen, nach denen sie gegenseitig ihr Handeln in voraussehbarer, verläßlicher Weise aufeinander einstellen können, schon in der Familie, in der Gemeinde, bei gemeinschaftlicher Produktion, im Handelsverkehr, wie in allen gesellschaftlichen Lebensbereichen... Friedliches Zusammenleben setzt eine klare, für die Mitglieder der Gemeinschaft faßliche und verläßliche Verhaltensordnung voraus« (*Zippelius*, 1978, S. 139).
Diese Verhaltensordnung folgt zum einen aus dem Charakter der jeweiligen Gemeinschaft oder Gesellschaftsordnung, zum anderen beeinflußt sie sie, sie ist also zeitbedingt und situationsbedingt.

2.2.1.1 Recht als Gewohnheitsrecht

Für Menschen, die in den bäuerlich geprägten Gemeinschaften der Frühzeit lebten, war das Recht etwas aus ihrem Zusammenleben und dessen Notwendigkeiten Gewachsenes. Die Regeln waren nicht von Menschen erfunden, sondern ergaben sich aus ihrem gewohnten Verhalten über lange Zeit hinweg.

Rechtsbildung durch langdauernde Übung

Es handelte sich dabei um eine Form von Rechtsbildung, die »auf langdauernder Übung in der Bevölkerung beruht und sich allmählich zur Überzeugung von rechtlicher Gebotenheit verdichtet. Recht solcher Art wird als traditionales Recht oder Gewohnheitsrecht bezeichnet« (*Grimm*, 1985, S. 42).
Da die Gesellschaften der Frühzeit sich sehr langsam entwickelten, herrschte die Vorstellung vor, daß dieses Recht ewiger und unveränderlicher Natur sei (*Strömholm*, 1976, S. 16). Der einzelne Mensch erlebte in seinem Bewußtsein keine wesentliche Veränderung der Lebensverhältnisse, also erschienen ihm auch die Rechtsverhältnisse vorgegeben und statisch.

Wasser- und Wegerecht

Gewohnheitsrecht funktioniert in bäuerlich strukturierten und regional beschränkten Gesellschaften, denn hier können sich ungestört durch Einflüsse von außen Rechtsregeln entwickeln, verfestigen und Gültigkeit beanspruchen. Bis heute gültige Beispiele für Materien, die gewohnheitsrechtlich geregelt sind, sind das Wasser- und Wegerecht. Sowohl die Benutzungsrechte von Wasser als auch von Wegen entstanden seit jeher nicht durch förmliche Rechtsakte, sondern durch die Tatsache der Nutzung. Wurde diese Nutzung lange geduldet, ohne daß irgend jemand dagegen Einspruch erhob, dann verdichtete sich die Rechtsposition des Nutzers bis hin zu einer sich aus dem Gebrauch ergebenden, nicht mehr bestreitbaren Berechtigung.

Schriftliche Gesetze waren in gewohnheitsrechtlich geprägten Gesellschaften nicht Ausdruck eines normativen Willens des Gesetzgebers, sondern nur schriftliche, oft private Aufzeichnungen des bereits als gültig gedachten Rechts. Sie hatten also keine eigenständige Regelungskraft, das Recht war bereits vorhanden. Deshalb hießen Gesetzbücher des Mittelalters »Spiegel«, denn sie hielten dem Volk wie ein Spiegel seine gewohnheitsrechtlich entstandenen Regeln vor: »Dieses Recht habe ich nicht selbst erdacht; unsere guten Vorfahren haben es aus älterer Zeit an uns überliefert« (*Sachsenspiegel*, hier zitiert nach *Grimm*, 1985, S. 41). Gewohnheitsrecht ist wegen dieser Entstehung

Gesetze zeichnen nur bestehende Regeln auf

- verständlich,
- beschreibend,
- konkret und
- anschaulich.

Als Beispiel einige Vorschriften aus dem Kodex Hammurabi, einem der ältesten Gesetzbücher der Welt (zitiert nach »Recht«, Informationen zur politischen Bildung, Heft 216, 3. Quartal 1987, Hg. Bundeszentrale für politische Bildung, S. 7):

Kodex Hammurabi

§ 1: Gesetzt, ein Mann hat einen anderen bezichtigt und ihm Mordtat vorgeworfen, hat ihn aber nicht überführt, so wird derjenige, der ihn bezichtigt hat, getötet.

§ 22: Gesetzt, ein Mann hat geraubt und ist dabei gefaßt worden, so wird selbiger Mann getötet.

§ 200: Gesetzt, ein Mann hat einem anderen, ihm gleichstehenden Mann einen Zahn ausgeschlagen, so wird man ihm einen Zahn ausschlagen.

§ 233: Gesetzt, ein Baumeister hat für einen Mann ein Haus gebaut, sein Werk aber nicht haltbar gemacht und eine Wand ist eingefallen, so wird selbiger Baumeister von seinem eigenen Gelde selbige Wand befestigen.

Gewohnheitsrecht ist aber nicht verkehrsfreundlich in dem Sinne, daß es sich wandelnde Verhältnisse effektiv und funktionell regelt. So kann eine detaillierte Regelung wie § 233 Kodex Hammurabi einer sich entwickelnden handwerklichen Produktion nicht gerecht werden. Insbesondere Gesellschaften mit vielfältigen kulturellen Einflüssen und dynamischen wirtschaftlichen Entwicklungen kamen daher mit gewohnheitsrechtlichen Regeln nicht aus.

mangelnde Verkehrsfreundlichkeit des Gewohnheitsrechts

2.2.1.2 *Recht als »positives« Recht*

komplexe Gesellschaften brauchen abstraktes Recht

In komplexen Gesellschaftsordnungen ist Gewohnheitsrecht nicht geeignet zur Bewältigung der Realität und der gesellschaftlichen Konflikte. Dabei ist Komplexität keine Erfindung der Neuzeit, sondern schon in alten Gesellschaften vorhanden. »Wo sich eine starke Staatsmacht entwickelt, findet man schon früh auch eine umfangreiche Gesetzgebung, sei es durch Herrschergebot oder durch beschlußfassende Körperschaften« (*Strömholm*, 1976, S. 16). Beispiele hierfür sind die Stadtstaaten in Griechenland und das Römische Reich, die schon früh abstrakte Rechtsordnungen formulierten. In diesen Gesellschaftsordnungen ist der Geltungsgrund des Rechts »im Gegensatz zum Recht... traditionalen Ursprungs ein Recht, das von einer weltlichen Instanz im Weg politischer Entscheidung gesetzt (positum) wird... Galt das Recht vordem, weil es... andauernder Übung in der Bevölkerung entstammte, so verlagerte sich der Geltungsgrund des Rechts nunmehr in den Willen des Herrschers« (*Grimm*, 1985, S. 43). Das Recht ist in diesem Sinne untrennbar verbunden mit dem souveränen Staat, der nicht an bestehende Gewohnheiten gebunden ist, sondern die Befugnis hat, eine neue Ordnung durchzusetzen. Zu nennen sind hier das Kaiserrecht im Römischen Reich, das später zum corpus juris civilis wurde. Aber auch das Preußische Allgemeine Landrecht, das von seinem Stil her noch ganz der gewohnheitsrechtlichen Einzelfallorientierung verhaftet ist, findet seinen Geltungsgrund im gesetzgeberischen Willen Friedrichs des Zweiten und ist Ausdruck der modernen Staatslehre.

Recht und Staat

Gesetz

Das Mittel zur Formulierung und Durchsetzung des staatlichen Willens ist das Gesetz. Positives Recht ist notwendig in Gesellschaften

- mit überregionaler Warenwirtschaft und Verkehr,
- mit entwickelter Technik und Produktion,
- mit sich rasch verändernden sozialen Verhältnissen,
- ohne gemeinsames wertorientiertes Fundament.

Solche Gesellschaften hat es schon immer gegeben, aber seit der industriellen Revolution sind sie die tendenziell dominierende Gesellschaftsform, die sich in einem oft widersprüchlichen, schmerzhaften Prozeß weltweit durchsetzt.

Mit der Entwicklung dieser Gesellschaftsform verändert sich auch schrittweise das Recht. Es wird abstrakt, arbeitet mit unbestimmten, offenen Begriffen (»Stand der Technik«) und kann so vielfältigen, wandelbaren Anforderungen gerecht werden.

Beispiel: § 631 BGB (Wesen des Werkvertrags) Durch den Werkvertrag wird der Unternehmer zur Herstellung des versprochenen Werkes, der Besteller zur Entrichtung der vereinbarten Vergütung verpflichtet.

Mit dieser Vorschrift können unterschiedliche technische Herstellungen normativ erfaßt werden. Der Preis für diese Leistung des Rechts in der modernen Gesellschaft ist Lebensfremdheit und Unverständlichkeit.

2.2.2 Die großen Gesetzbücher am Ende des 19. Jahrhunderts

Die ständisch orientierten Gesellschaften des Mittelalters hatten noch so viel eigene Regelungskraft, daß nicht das gesamte Leben normiert werden mußte. Bauern und Handwerker kamen z. B. ohne Sozialversicherung aus, weil in der Gemeinschaft die entsprechende Vorsorge getroffen wurde. Der Bedarf an positivem, staatlichem Recht wurde erst durch die industrielle Revolution entscheidend in die Höhe getrieben.

Regelungsbedarf nach der industriellen Revolution

Grundbedürfnisse des Menschen wie Kommunikation, Verkehr, Ernährung und Gesundheit konnten nicht mehr ohne staatliche Verwaltung und ohne rechtliche Regelungen erfüllt werden.

Deshalb wurden die großen, heute das Recht immer noch in weiten Teilen bestimmenden Gesetzgebungsvorhaben am Ende des 19. Jahrhunderts diskutiert und verabschiedet. In ihnen werden auch schon die Strukturen der heutigen Rechtsordnung mit Privatrecht, öffentlichem Recht und Strafrecht deutlich:

Öffentliches Recht	Privatrecht und Zivilgerichtsbarkeit	Strafrecht und Strafgerichtsbarkeit
1839 Verbot der Kinderarbeit in Preußen	1877 Zivilprozeßordnung (ZPO)	1871 Strafgesetzbuch (StGB)
1869 Gewerbeordnung (GewO)	1900 Bürgerliches Gesetzbuch (BGB)	1877 Strafprozeßordnung (StPO)
1883 Krankenversicherung	1900 Handelsgesetzbuch (HGB)	
1884 Unfallversicherung	Gerichtsverfassungsgesetz	
1889 Alters- und Invaliditätssicherung		

BGB

Von diesen Gesetzen ist das BGB besonders wichtig. In ihm sind die Grundelemente bürgerlichen Lebens geregelt. Für soziale Berufe von großer Bedeutung sind das Ehe- und Familienrecht, aber auch die Regelungen über Aufsichtspflicht und Haftung. Deshalb sollen im folgenden kurz die Grundstrukturen des BGB vorgestellt werden.

Grundstrukturen des BGB

Das BGB ist in fünf Bücher aufgeteilt:

1. Buch: Allgemeiner Teil (§§ 1–240)

Geregelt sind hier die Grundsätze, die für das gesamte BGB gelten; insbesondere die Bedeutung der juristischen und natürlichen Person, die Behandlung der Sachen, allgemeine Regeln über Rechtsgeschäfte, Fristen, Verjährung etc.

2. Buch: Recht der Schuldverhältnisse (§§ 241–853)

Hier werden die Verträge in ihren Grundzügen, aber auch einzelne Vertragsarten wie Kauf, Miete, Pacht, Leihe, Dienstvertrag und Werkvertrag geregelt, ebenso andere Schuldverhältnisse wie die Gesellschaft, die Gemeinschaft und die Bürgschaft für andere. Eine weitere wichtige Rolle spielt das Recht der unerlaubten Handlungen mit der Folge des Schadensersatzes.

Das zweite Buch ist für den Geschäftsverkehr und den Warenaustausch, Dienstleistungen und Unternehmen, also für die gesamte Wirtschaft unersetzbar.

3. Buch: Sachenrecht (§§ 854–1296)

Für eine liberale Wirtschafts- und Gesellschaftsordnung fundamental ist das Sachenrecht, in dem die Befugnisse von Menschen über Dinge, also insbesondere Besitz und Eigentum, geregelt werden. In diesem Buch ist auch das gesamte private Grundstücksrecht enthalten.

4. Buch: Familienrecht (§§ 1297–1921)

Dieses Buch spielt in der sozialen Arbeit eine besondere Rolle. Ehe und Familie, Verwandtschaft und Abstammung, die Rechtsverhältnisse zwischen Eltern und Kindern, die Betreuung Volljähriger sind hier Regelungsgegenstand.

5. Buch: Erbrecht (§§ 1922–2385)

Wie das Sachenrecht ist das Erbrecht für die marktwirtschaftliche Ordnung konstitutiv. Vermögen müssen übertragbar sein, wenn Wirtschaften attraktiv sein soll. Die Rechtsordnung muß Regelungen zur Erbfolge zur Verfügung halten.

Das BGB entstand nach langwierigen Vorarbeiten in verschiedenen Kommissionen in der Zeit ab 1874. Im Jahre 1900 trat es in Kraft. In seinen Grundaussagen ist es seitdem gleichgeblieben, nur im Familienrecht haben fundamentale Änderungen die Beziehungen innerhalb der Familien völlig neu geregelt.

Bewertung des BGB

Das patriarchalisch-autoritäre Familienbild des 19. Jahrhunderts wurde durch ein partnerschaftliches Verständnis von den Beziehungen zwischen den Beteiligten abgelöst. Außerhalb dieses Gebietes war und ist das BGB Grundlage und Reflex einer liberalen Wirtschaftsordnung. Vertragsfreiheit, Privateigentum und Erbrecht waren ihm selbstverständlich. Dagegen wurde auf soziale Probleme (die »soziale Frage« des 19. Jhs.) nicht eingegangen, die Arbeitsverhältnisse nur dürftig geregelt. Das Gesetz ist im Stil abstrakt und wenig volksnah. Dennoch ist es eine systematisch und dogmatisch gelungene Zusammenfassung des geltenden Rechts. Dies zeigt sich auch daran, daß es sich in allen wesentlichen Teilen als Grundlage der privaten Wirtschaftsordnung bewährt hat.

Gesetze der Weimarer Republik

Ergänzt und in wesentlicher Hinsicht sozialstaatlichen Bedürfnissen angepaßt wurde das Rechtssystem des 19. Jhs. in der Weimarer Republik durch das Betriebsrätegesetz von 1920, das Jugendwohlfahrtsgesetz von 1922 und das Arbeitsgerichtsgesetz von 1927.

2.2.3 Grundlegende Ideen

So wie die Rechtsordnung in Deutschland aus historischen Strukturen gewachsen ist, so beruht sie auch ideengeschichtlich auf einer langen Tradition. Die wichtigsten dieser Anschauungen vom Recht und seiner Erscheinungsform, die auch heute noch bestimmend sind, sollen im folgenden dargestellt werden.

2.2.3.1 Naturrecht

»Zum ältesten und zählebigsten abendländischen Ideengut gehört die Vorstellung von einer im Prinzip unveränderlichen, in der Natur selbst begründeten, für alle Völker verbindlichen Rechtsordnung: das Naturrecht« (*Strömholm*, 1976, S. 17). So gilt der Grundsatz, daß Recht die »Gerechtigkeit« zu verwirklichen habe, im Bewußtsein vieler Menschen als unveränderliches, nicht an Zeitvorstellungen gebundenes Prinzip.

Legitimation des Naturrechts

Woraus sich naturrechtliche Prinzipien legitimieren, ist allerdings an bestimmte Wertvorstellungen gebunden. Nach den Vorstellungen des Mittelalters ist der Geltungsgrund dieses Rechts das göttliche Recht, aus dem sich die Prinzipien Frieden und Gerechtigkeit sowie eine »gottgewollte« Ordnung in der Gesellschaft herleiten lassen. In der Aufklärung legitimierte sich das Naturrecht nicht mehr aus dem göttlichen Willen, sondern aus der Natur des Menschen als eines vernunftbegabten Wesens. Naturrecht wurde zum Vernunftrecht. Auf dieser Grundlage entstanden die Menschenrechtserklärung und die Verfassung der USA, in Europa die Gedanken der Gewaltenteilung und das Preußische Allgemeine Landrecht.

Prinzipien des Naturrechts

Naturrechtliche Prinzipien sind Gerechtigkeit, Rechtsfrieden, Jedem das Seine, »Was Du nicht willst, das man Dir tu', das füg' auch keinem andern zu« etc. (vgl. *Ellscheid* in: Rechtsphilosophie, 1994, S. 198). Diese Prinzipien stehen nach allen Naturrechtslehren über dem gesetzten (»positiven«) Recht, also über den geschriebenen Gesetzen. Naturrecht wird immer dann besonders aktuell, wenn die geschriebene Rechtsordnung in der Gefahr steht, gegen grundlegende Gerechtigkeits- oder Humanitätsvorstellungen zu verstoßen. Darin liegt die Bedeutung des Naturrechts als eines »moralischen« Korrektivs geschriebenen Rechts, aber auch seine Problematik. Ist das geschriebene Recht in seiner Anwendung relativ unproblematisch, so sind die Prinzipien des Naturrechts so abstrakt, daß sie ihre hohe »Evidenz, die in der allgemeinen Überzeugung von einer irgendwie gearteten Gerechtigkeit, Moralität oder Sittlichkeit gründet, mit einem fast absoluten Mangel an Verhaltensinformationen bezahlen. Damit sind die(se)... Ausdrücke nicht subsumtionsfähig« (*Ellscheid*, 1994, S. 200).

Probleme des Naturrechts

Sobald Naturrechtsprinzipien konkretisiert werden, müssen sie sich mit der jeweils gültigen Gesellschaftsordnung und ihren Werten vereinbaren lassen und verlieren dann ihre normative Kraft. So ist sowohl die Polygamie als auch die Einehe in verschiedenen Gesellschaftsordnungen jeweils aus der Natur des Menschen abgeleitet worden. *Dreier* zitiert in *Grimm* (1985, S. 109) ein Urteil des Bundesgerichtshofs, in dem es wörtlich heißt: »Die Natur des Menschen ist derart, daß Mann und Frau darauf angelegt sind, in eine eheliche Lebensgemeinschaft zu treten, und daß der Mann in dieser Gemeinschaft der bestimmende Teil ist. Daher steht dem Mann in allen das eheliche Leben betreffenden Angelegenheiten die Entscheidung zu« (vgl. auch § 1354 BGB von 1957).

In diesem Beispiel wird deutlich, daß die naturrechtliche Argumentation bestimmte ethische Maßstäbe wertend in die natürliche Ordnung hineinlegt, um sie dann wieder aus der »wahren Natur« des Menschen herauszulesen. Es handelt sich dabei aber um einen Zirkelschluß, der das voraussetzt, was er zu beweisen vorgibt (vgl. auch *Zippelius*, 1978, S. 85 f.).

Bedeutung des Naturrechts

Dennoch ist das Naturrecht in der Rechtsgeschichte und bis heute von hoher Bedeutung. Es hat das Recht im Glauben an die Persönlichkeit des Menschen und seine prinzipielle Vernunft humanisiert und rationalisiert. Es war Grundlage der großen Gesetzeswerke in Frankreich und Preußen, die unsere heutige Rechtsordnung stark beeinflußen.

Heute wird der Gedanke eines allgemeingültigen Naturrechts wissenschaftlich nicht mehr vertreten. Das Naturrecht ist nur noch als konkretes, geschichtlich geprägtes Recht vorhanden.

Naturrecht als Ausdruck des Gerechtigkeitsbedürfnisses

Trotz dieses Verzichts auf die Formulierung grundlegender, immer gültiger Rechtsgrundsätze ist das naturrechtliche Denken Ausdruck eines elementaren Gerechtigkeitsbedürfnisses des Menschen. Dies wird immer dann deutlich, wenn es um die

Auseinandersetzung mit Unrechtsregimen geht. Wenn etwa der Nationalsozialismus in den Formen des Gesetzes das Recht pervertiert, dann kann dies nur von einem Bezugspunkt außerhalb dieser Rechtsordnung kritisiert werden. Das Bundesverfassungsgericht hat das so ausgedrückt:
»Nationalsozialistischen ›Rechts‹vorschriften kann die Geltung als Recht abgesprochen werden, wenn sie fundamentalen Prinzipien der Gerechtigkeit so evident widersprechen, daß der Richter, der sie anwenden oder ihre Rechtsfolgen anerkennen wollte, Unrecht statt Recht sprechen würde« (Bundesverfassungsgericht, Urteil vom 14. 2. 1964, BVerfGE 23, S. 98 mit Bezug auf *Radbruch*, s. auch *Strömholm*, 1976, S. 18).

2.2.3.2 Gesetzespositivismus

»Im Gegensatz zum Naturrecht erkennt der Positivismus nur die faktische, geltende Rechtsordnung (meist die geschriebene: Gesetzespositivismus) als Recht an. Die Geltung von Rechtssätzen hängt (also)... allein davon ab, ob sie in einer korrekten Prozedur erzeugt worden sind« (*Mayer-Maly* in JURA, Das Jura-Studium, 1987, S. 1).

Begründung des Positivismus

Das bedeutet, daß eine positive Rechtsordnung immer Rechtsgeltung hat, unabhängig von ihrem Inhalt und dem Gehalt ihrer Normen. Der Rechtspositivismus entstand im 19. Jh. im Zuge von Wissenschaftstheorien, die die Neutralität und Wertfreiheit von Wissenschaft postulierten. Er unterscheidet demnach zwischen Rechtspolitik (Gesetzgeber) und dem Rechtswissenschaftler, der geltendes Recht umzusetzen hat. Aus den Grundannahmen des Positivismus folgt, daß der Rechtsanwender das Gesetz ohne eigene Wertung und Urteile anwenden muß und daß dieses in einem logischen, den prinzipiell feststehenden Gesetzesinhalt lediglich auslegenden Erkenntnisverfahren geschieht.

Probleme des Positivismus

Die Probleme des Positivismus liegen in seiner rein formalen Auffassung von Recht. Wenn die jeweiligen Machthaber Folter und Völkermord als Recht gesetzt haben, dann kann das nach Meinung der Positivisten nicht Unrecht sein. So hat der ehemalige Ministerpräsident von Baden-Württemberg seine Beteiligung an Kriegsgerichtsverfahren mit Todesstrafen für Deserteure in den letzten Tagen des Zweiten Weltkrieges mit den Worten gerechtfertigt: »Was damals Recht war, kann heute nicht Unrecht sein« (hier zitiert nach *Ingo Müller*, Furchtbare Juristen; vgl. zum grundsätzlichen Problem auch *Kriele* in: *Grimm*, 1985, S. 132 und *Mayer-Maly*, 1987, S. 1).

Wertungsnotwendigkeiten bei der Rechtsanwendung

Außerdem hält die Vorstellung, das Gesetz könnte ohne persönliche Anteile des Rechtsanwenders umgesetzt werden, näherer Nachprüfung nicht stand. Beispiele für Wertungsnotwendigkeiten sind Generalklauseln wie diejenige des Kindeswohls im Familienrecht. Zu bestimmen, was das Wohl eines Kindes ist, ist nur vor dem Hintergrund eigener Erfahrungen möglich. Wertneutralität ist hier nicht denkbar.

Positivismus als »unreflektierte Handlungstheorie«

Dennoch hat der Positivismus gerade durch die Behauptung der Wertneutralität der Rechtsanwendung eine Grundlage geschaffen für eine Juristen-Mentalität ohne Verantwortungsethik. Die Verantwortung wird dem Gesetzgeber zugeschoben, der Richter ist »unpolitisches« Ausführungsorgan. Diese Haltung führt bei vielen Juristen zu Theorielosigkeit und fehlender Reflexion eigenen Handelns. Die Bedeutung des Positivismus ist nach wie vor sehr groß, auch wenn positivistische Anschauungen nur selten ausgedrückt werden, sondern eher aufgrund von Handlungen erkennbar sind. Der Positivismus ist damit für viele Rechtsanwender eine unreflektierte Handlungstheorie.

2.2.3.3 Interessenjurisprudenz, Freirechtslehre und Hermeneutik

Sowohl Positivismus als auch eingeschränkt Naturrechtsvorstellungen versuchten das Recht vor allem aus der Norm und ihrer Geltung zu erklären. Der Rechtsanwender spielte in den begrifflichen Systemen keine Rolle. Gegen diesen ›Kultus des Logischen‹ *(Jhering)* machte eine pragmatisch ausgerichtete Jurisprudenz Front:

soziale Bezüge des Rechts

Interessenjurisprudenz und – radikaler – die Freirechtslehre lösten sich von der Vorstellung des Rechts als eines abstrakten Begriffsgebäudes und lenkten die Aufmerksamkeit auf seine sozialen Grundlagen und Bezüge … Einbruchstelle für derart veränderte Anschauungen war die … Erkenntnis, daß Rechtsanwendung mehr und anderes bedeutet denn einen als formallogische Operation verstandenen Subsumtionsvorgang (vgl. dazu *Kaufmann*, Rechtsphilosophie, 1994, S. 144 f.).

Interessenjurisprudenz

Dabei ging die Interessenjurisprudenz noch davon aus, daß der Rechtsanwender an das Gesetz gebunden sei, seine Aufgabe aber darin bestehe, die im Gesetz zum Ausdruck gekommenen Interessen zur Geltung zu bringen. So sei es bei der Entscheidung von Mietstreitigkeiten wichtig, die hinter dem Gesetz stehende Interessenverteilung herauszufinden und danach zu entscheiden.

Freirechtslehre

Die Freirechtslehre ging noch darüber hinaus. Sie bezweifelte grundsätzlich, daß der Rechtsanwender an das Gesetz gebunden sei. An die Stelle der Gesetzesbindung stellte sie die Rechtsfindung als schöpferischen Akt. In den Augen der Freirechtler stellt sich die Rechtsordnung nicht als geschlossenes Ganzes dar, sondern als eine Summe von Lücken, die der Richter in jedem Einzelfall zu schließen habe. Die Freirechtslehre ist in ihrer überspitzten Kritik der Lückenhaftigkeit des Gesetzes nur zu verstehen vor dem Hintergrund einer polemischen Auseinandersetzung mit den Gesetzespositivisten. Durch die Überspitzung hat sie aber auch ihre berechtigten gedanklichen Ansätze diskreditiert.

Hermeneutik

Die Hermeneutik schließlich versteht Rechtsanwendung und die Entstehung von Recht als einen Verstehensakt von Texten. Die Analyse dieses Verstehensaktes zeigt, daß das Verständnis eines Textes immer schon geprägt ist vom »Vorverständnis« des Rechtsanwenders. Im hermeneutischen Prozeß des Verstehens wird dann Recht gefunden. Daraus folgt eine veränderte Auffassung von Recht: Recht ist kein vorgegebenes, statisches Ideengebäude, sondern es entsteht immer wieder neu in der geschichtlichen Situation seiner Anwendung (vgl. *Esser*, Vorverständnis und Methodenwahl in der Rechtsfindung, 1972, S. 297). Damit ist das Denkmodell der wertneutralen Subsumtion widerlegt und eine Einbruchstelle geschaffen für die Einbeziehung der Sozialwissenschaften in die Juristerei. Die Bedeutung der Normen wird in Beziehung gesetzt zur Wirklichkeit, auf die sie wirken sollen und von der sie beeinflußt sind. Normen beschreiben Verhalten, an das Rechtsfolgen geknüpft sind, in den seltensten Fällen durch eine Anzahl präzise abgrenzender Begriffe, sondern Normen sind Typen, die offen sind gegenüber der Realität. Die Bedeutung der Hermeneutik wird bei der Analyse des Rechtsanwendungsprozesses deutlich werden.

2.3 Recht und Gesetz im modernen Verfassungsstaat der BRD

Nach den Grundlagen unserer heutigen Rechtsordnung sollen im folgenden wesentliche Prinzipien dieser Ordnung dargestellt werden. Zu beginnen ist dabei mit dem Rechtsstaatsprinzip als der fundamentalen Orientierung im Umgang mit Recht im Verfassungsstaat. Dabei ist auch die Bedeutung der Bindung an das Gesetz näher darzulegen. Erst dann kann über die Quellen des Rechts und die Systematik der Rechtsordnung in der BRD etwas ausgesagt werden. Abschließend soll in diesem Teil versucht werden, durch Hinweise auf die Fachliteratur die Orientierung in dem komplexen Rechtssystem eines modernen Staates zu erleichtern.

2.3.1 Rechtsstaatsprinzip

Wesen des Rechtsstaats ist die Begrenzung der Machtausübung durch Recht und Gesetz sowie die Gewährleistung von Freiheit und Gerechtigkeit.

formelles Rechtsstaatsprinzip

Machtbegrenzung als **formelle** Ausprägung des Rechtsstaatsprinzips ist konkretisiert in den Elementen der Gewaltenteilung (Art. 20 GG), der Gesetzmäßigkeit der Verwaltung (Art. 20 Abs. 3 GG), dem Rechtsschutz gegen öffentliche Gewalt (Art. 19 Abs. 4 GG) und dem Prinzip der Rechtssicherheit und des Rechtsfriedens.

materielles Rechtsstaatsprinzip

In **materieller** Hinsicht verwirklicht sich der Rechtsstaat dadurch, daß alle staatliche Gewalt an die Grundrechte gebunden ist (Art. 1 Abs. 3 GG), daß insbesondere jeder Eingriff in Grundrechte dem Prinzip der Verhältnismäßigkeit unterworfen ist und daß jeder sich auf ein faires Verfahren verlassen kann, wenn in seine Freiheit eingegriffen wird (Art. 103 ff. GG »Justizgrundrechte«). Diese Regelungen sind nicht wertfrei, sondern dem Gerechtigkeitsprinzip und dem Glauben an die personale Würde des Menschen verpflichtet.

2.3.1.1 Formelles Rechtsstaatsprinzip

Einer der berühmtesten Prozesse der Weltgeschichte ist der Fall des Müllers Arnold gegen den Grafen Schmettau. Der Müller hatte dagegen aufbegehrt, daß der Graf ihm das für den Mühlenbetrieb notwendige Wasser entzogen hatte. Es kam zu einem Gerichtsverfahren, in dem der Müller unterlag und seine Mühle verlor. Als Friedrich der II. von dieser Sache erfuhr, hob er das Urteil auf und setzte die an dem Verfahren beteiligten Richter in Festungshaft (hier zitiert nach *Sembdner*, Deutsches Staatsrecht, S. 36; s. auch *Fritjof Haft*, Aus der Waagschale der Justitia, S. 47).

Gewaltenteilung

Diese Vorgehensweise ist mit wesentlichen Rechtsstaatsprinzipien nicht vereinbar. Nach dem Grundsatz der **Gewaltenteilung** ist die Rechtsprechung unabhängig von staatlicher Einflußnahme durch die anderen Gewalten. Urteile von Gerichten können nur wieder durch Gerichte aufgehoben werden. Der Müller Arnold könnte sich nur im Gerichtsverfahren gegen den Prozeßgegner wehren, wobei ihm als letzte Instanz das Bundesverfassungsgericht bliebe. Neben der Rechtsprechung sind Gesetzgebung und Verwaltung die staatlichen Gewalten. Gewaltenteilung bedeutet, daß die einheitliche staatliche Macht diesen verschiedenen Organen in ihrer Ausübung übertragen wird. Die gesamte Staatsgewalt kann nie durch ein einziges Organ ausgeübt werden. Dabei werden die drei Bereiche Exekutive, Legislative und Judikative nicht bis in Einzelheiten hinein getrennt, sondern nur in ihrem Kernbereich vor Übergriffen durch andere Gewalten geschützt. Die getrennten Gewalten sollen sich durch ihre unterschiedlichen Funktionen hemmen und kontrollieren.

Gesetzmäßigkeit der Verwaltung

Das Prinzip der **Gesetzmäßigkeit der Verwaltung** bindet die Exekutive an die Entscheidungen des Gesetzgebers, der wiederum an die Verfassung gebunden ist. Damit ist der Vorrang des Gesetzes in unserem Staat normiert. Kein Handeln staatlicher Gewalt darf gegen Gesetze verstoßen. Wenn der Staat in Rechte seiner Bürger eingreift, darf er dies nur auf der Grundlage eines Gesetzes tun.

Mit diesem Prinzip sind die gesellschaftlichen Leitentscheidungen beim parlamentarischen Gesetzgeber konzentriert. Historisch gesehen ist damit der Sieg der demokratischen Bürgerbewegung über die absolute Macht der Monarchen ausgedrückt. Die Bürger behielten sich vor, durch ihre Repräsentanten in den Parlamenten die Monarchie von ungerechtfertigten Eingriffen in Freiheit und Eigentum abzuhalten. Das Mittel dazu war das förmliche, vom Parlament beschlossene Gesetz, ohne das die monarchische Exekutive nicht zum Handeln ermächtigt war.

Rechtsschutz gegen staatliche Eingriffe

Schließlich war der einzelne durch unabhängige Richter davor zu schützen, daß die staatliche Gewalt in Ausführung der Gesetze fehlerhafte Entscheidungen zu seinen Lasten traf. In der Garantie des **Rechtsschutzes** gegen jeden Akt öffentlicher Gewalt verwirklicht sich das Individualinteresse an einer unabhängigen Überprüfung der Maßnahmen der Exekutive. Gerichtliche Verfahren dienen jedoch nicht nur dem einzelnen, sondern auch dazu, Rechtsfrieden und Rechtssicherheit herzustellen. Deshalb werden (im Prinzip) auch unrichtige und ungerechte Urteile rechtskräftig. Dies kann zwar im Einzelfall im Gegensatz zum Gerechtigkeitsprinzip stehen, die Gesellschaft ist aber darauf angewiesen, durch die Gerichte beständige Entscheidungen herbeizuführen. Der einzelne muß sich auf die Gültigkeit gerichtlicher Entscheidungen verlassen können.

2.3.1.2 Materielles Rechtsstaatsprinzip

Ein Junge wird über lange Zeit hinweg von der Mutter mißhandelt. Regelmäßige Besuche der Sozialarbeiterin können nichts ändern, andere Hilfsangebote werden nicht angenommen. Das Jugendamt beantragt den Sorgerechtsentzug. Bei der Anhörung vor dem Vormundschaftsrichter sitzt das Kind brav neben seiner Mutter. Die beteuert, daß alles nicht so schlimm sei und daß sie auch ihre Alkoholprobleme im Griff habe. Der Vormundschaftsrichter ermahnt die Mutter und schickt sie mit ihrem Sohn wieder nach Hause (aus: Die Zeit Nr. 46 vom 8. 11. 1991, S. 18).

Grundrechtsbindung des Staates

Sowohl das Jugendamt als auch der Vormundschaftsrichter sind gem. Art. 1 Abs. 3 GG an die **Grundrechte gebunden.** In diesem einfachen Satz liegt einer der Grundwerte moderner Gesellschaften: Der Mensch hat das Recht, sich frei und würdig zu entfalten, er bestimmt über sich und seine Angelegenheiten in eigener Verantwortung. Wenn der Staat in diese Freiheit eingreift, dann braucht er dafür eine Legitimation. In der klassischen Begründung Kants bestand diese Legitimation nur dann, wenn in der Ausübung der Freiheit des einen die Freiheit des anderen beschränkt würde. Es ist heute anerkannt, daß es auch andere Staatszwecke gibt, die Freiheitsbeschränkungen legitimieren können (z. B. der Schutz der Umwelt, vgl. *Kriele* in: *Grimm*, Einführung..., S. 150 f.). Dennoch bleibt das Strukturprinzip unverändert. Die Einschränkung der Freiheit durch den Staat muß durch legitime Zwecke begründbar sein.

Legitimation bei Freiheitsbeschränkungen

Im Fallbeispiel greift der Staat (Jugendamt und Vormundschaftsgericht) in ein bedeutsames Freiheitsrecht ein: das Recht der Eltern auf Pflege und Erziehung ihrer Kinder aus Art. 6 Abs. 2 GG.

Dazu hat er grundsätzlich das Recht, wenn er zum Wohl des Kindes das Wächteramt der staatlichen Gemeinschaft wahrnimmt. Dies ist immer dann der Fall, wenn das Kindeswohl gefährdet ist (§ 1666 BGB). Aber auch, wenn der Eingriff im Prinzip möglich wäre, steht das staatliche Handeln unter einer weiteren Schranke. Auch der legitime Zweck entbindet den Staat nicht von der Beachtung des Grundsatzes der **Verhältnismäßigkeit.** Die Freiheitsbeschränkung darf nicht außer Verhältnis zum Zweck stehen und muß zu seiner Erreichung geeignet und notwendig sein. Der Sorgerechtsentzug muß also das Kind vor Schaden bewahren, und er muß ein notwendiges und geeignetes Mittel sein, um dieses Ziel zu erreichen.

Verhältnismäßigkeit

Hier liegt die entscheidende Hürde, die es den Vormundschaftsrichtern so schwer macht, die elterliche Sorge zu entziehen. Der Sorgerechtsentzug ist nämlich nach der gesetzlichen Ausformung des Verhältnismäßigkeitsgrundsatzes in § 1666 a BGB nur dann das notwendige Mittel, wenn »andere Hilfen« versagt haben. Das Jugendamt müßte in einem Fall wie dem vorliegenden sehr gründlich prüfen, ob andere Hilfen in Betracht kommen, bevor die elterliche Sorge entzogen werden kann.

Sorgerechtsentzug geeignetes Mittel?

Aus sozialwissenschaftlicher Sicht wird zudem (z. B. im Rahmen des KJHG) zunehmend bezweifelt, ob der Sorgerechtsentzug ein geeignetes Mittel zur Verwirklichung des Kindeswohls ist. Nicht die Trennung des Kindes von seinen Eltern ist nach dieser Auffassung die Problemlösung, sondern die Unterstützung der Familie. Ein Kind habe ein Recht auf eine eigene Biographie, es dürfe nicht von ihr abgeschnitten werden.

Unabhängig von der Entscheidung in der Sache muß das Vormundschaftsgericht ein weiteres rechtsstaatliches Gebot im Verfahren beachten: den Grundsatz des **rechtlichen Gehörs** (Art. 103 GG). Die Qualität einer Rechtsordnung läßt sich daran messen, wie sehr es ihr gelingt, den vom Verfahren Betroffenen die Wahrnehmung ihrer Rechte so zu ermöglichen, »daß sie eine wirkliche Einflußnahme auf das Verfahren und die Entscheidung realisieren können« (*Driehaus/Frank*, Allgemeines Verwaltungsrecht, S. 68). Deshalb ist es auch legitim, daß die betroffene Mutter sich und ihr Kind vor dem Vormundschaftsgericht so positiv wie möglich darstellt. Sie vertritt eine Interessenposition und wird darin vom Rechtsstaat geschützt. Der Richter kann die Anhörung nicht als Formalie behandeln, sondern muß ihr Gewicht für seine Entscheidungsfindung geben. Erst wenn in diesem schwierigen Prozeß unter Beachtung der rechtsstaatlichen Grundsätze festgestellt wird, daß die Gefährdung des Kindeswohls nicht anders abwendbar ist, kann die elterliche Sorge entzogen werden.

Rechtliches Gehör

Es hat sich erwiesen (vergleicht man dieses Verfahren mit anderen Rechtsordnungen), daß damit auch den Kindern gedient ist. Es liegt auch und an erster Stelle in ihrem Interesse, daß der Staat bis zur Grenze des Erziehungsmißbrauchs die Familie unterstützt. Der scheinbar so naheliegende Eingriff ins Sorgerecht hat sich in vielen Fällen als Scheinlösung erwiesen, die den Kindern nicht im geringsten weitergeholfen hat.

2.3.2 Gesetzmäßigkeit der Verwaltung

Von den Rechtsstaatsprinzipien ist für soziale Berufe insbesondere der Grundsatz der Gesetzmäßigkeit der Verwaltung von Bedeutung. Die materiellen Prinzipien (z. B. der Grundsatz der Verhältnismäßigkeit) verwirklichen sich zum großen Teil in der geschriebenen Rechtsordnung und beeinflussen dort die konkreten Handlungsvollzüge. Dagegen ist das formelle Gesetzmäßigkeitsprinzip von hoher Abstraktion und nur vor dem Hintergrund des Zusammenwirkens der verschiedenen Staatsgewalten zu verstehen. Dennoch ist die Gesetzesbindung auch für konkretes Handeln in sozialen Berufen grundlegend.

Gem. Art. 20 Abs. 3 GG sind die Gesetzgebung an die verfassungsmäßige Ordnung, die vollziehende Gewalt und die Rechtsprechung an Gesetz und Recht gebunden. Damit ist klargestellt, daß der demokratische Gesetzgeber an die Verfassung gebunden und insofern nicht unbeschränkt weisungsbefugt ist. Vor allen Dingen unterliegt er der verfassungsgericht-

Bindung der Staatsgewalten an Gesetz und Recht

lichen Kontrolle durch das Bundesverfassungsgericht. Dieses hat schon Gesetze aufgehoben, die der Bundestag und der Bundesrat fast einstimmig beschlossen hatten (z. B. das Volkszählungsgesetz, vgl. BVerfG, Urteil vom 15.12.83, BVerfGE 65,1). Aus demokratietheoretischer Sicht ist mit dieser Macht des Bundesverfassungsgerichts der Vorrang des Rechts vor dem Volkswillen, der sich in den Gesetzgebungsorganen ausdrückt, normiert. Auch die gesetzesausführende Verwaltung ist an die Verfassung gebunden. Für die Grundrechte ergibt sich das aus Art. 1 Abs. 3 GG, für den Gesamtbestand der Verfassung aus Art. 20 Abs. 3 GG, denn das Grundgesetz ist selbstverständlich auch ein Gesetz im Sinne dieser Vorschrift.

Die öffentliche Verwaltung ist durch die Formel »Gesetz und Recht« nicht nur an die geschriebene Rechtsordnung gebunden. Sie hat auch die Aufgabe, diese »immer wieder auf ihre Übereinstimmung mit den Ideen von Recht und Gerechtigkeit zu befragen und dort, wo sich Differenzen zeigen, diese entweder ganz zu beseitigen oder zumindest soweit wie irgend möglich zu reduzieren« (*Driehaus/Frank*, Allgemeines Verwaltungsrecht, S. 27; vgl. auch oben 2.2.3.1). Unbefragter Gesetzesgehorsam im eng verstandenen positivistischen Sinn ist damit ausgeschlossen, die Verwaltung darf und soll ihre eigenen Wertungen von dem, was Recht und Unrecht ist, in den Rechtsanwendungsprozeß einbringen. Dies wird aber nicht der Regelfall, sondern eher als eine Korrekturmöglichkeit in wirklich schwierigen Situationen anzusehen sein. Im ganz überwiegenden Normalfall ist die Verwaltung an die Gesetze gebunden. Um die Reichweite dieses Satzes zu verstehen, ist es notwendig, sowohl zu definieren, was Verwaltung ist, als auch das Prinzip der Gesetzesindung näher zu erläutern.

Definition der Verwaltung

Unter Verwaltung ist diejenige Staatsgewalt zu verstehen, die nicht Gesetzgebung oder Rechtsprechung ist. Diese sog. Negativdefinition von Verwaltung ist deshalb sinnvoll, weil die Verwaltung im Gegensatz zu den beiden anderen Staatsgewalten nicht klar eingrenzbar ist. Rechtsprechung ist definiert als die verbindliche Entscheidung von Einzelfällen, Gesetzgebung als die Schaffung allgemeiner und abstrakter Regeln, jeweils durch die zuständigen Organe. Dagegen spannt sich der Bogen der Verwaltung von den Bundesministerien über Landes- und Kommunalbehörden bis hin zur Freiwilligen Feuerwehr. Das Genehmigen von Neubauten ist ebenso öffentliche Verwaltung wie das Zurverfügungstellen von Sozialleistungen, aber auch die Überwachung des ruhenden Verkehrs. Auch Private können im Auftrag der Verwaltung handeln und sind dann an das Gesetzmäßigkeitsprinzip gebunden. So können nach § 76 Abs. 2 KJHG Aufgaben des Jugendamts auf freie Träger delegiert werden.

Vielfalt der Verwaltungstätigkeiten

Der Grundsatz der Gesetzmäßigkeit verwirklicht sich in zwei Ausprägungen: den Grundsätzen von Vorrang und Vorbehalt des Gesetzes.

2.3.2.1 Vorrang des Gesetzes

Aus dem Vorrang des Gesetzes ergibt sich, daß die Verwaltung keine Maßnahmen treffen darf, die gegen bestehende Gesetze verstoßen würden. Wer in der Verwaltung handelt, ist stets an Recht und Gesetz gebunden. Dieser Grundsatz gilt uneingeschränkt für alle Bereiche der Verwaltung, weil es ein Grundanliegen des Rechtsstaats ist, willkürliches Verwaltungshandeln zu verhindern.

kein Handeln gegen Gesetz

Das Vorrangprinzip kann unter dem Schlagwort »Kein Handeln gegen Gesetz« zusammengefaßt werden. Auch da, wo die Verwaltung freiwillige Leistungen erbringt, z. B. Schwimmbäder oder Sportzentren baut, muß sie sich im gesetzlichen Rahmen bewegen. So muß das für solche Bauten notwendige Geld durch einen Haushaltsplan bereitgestellt werden. Dieser Haushaltsplan muß dem gesetzlichen Haushaltsrecht entsprechen. Es ist aber nicht notwendig, daß solche Leistungen der Daseinsvorsorge (wie auch Subventionen) sich ausdrücklich aus einem Gesetz ergeben. Dies ist Inhalt des Grundsatzes des Vorbehalts des Gesetzes.

2.3.2.2 Vorbehalt des Gesetzes

Handeln nur mit Gesetz

Vorbehalt des Gesetzes bedeutet, daß die Verwaltung nur tätig werden darf, wenn sie dazu durch ein Gesetz ermächtigt worden ist. Den Vorbehalt des Gesetzes kann man mit den Worten »Handeln nur mit Gesetz« beschreiben. Der »Gesetzgeber (muß) danach alle wesentlichen Fragen, die den Bürger unmittelbar betreffen, selbst entscheiden ... und nicht der Verwaltung zur Entscheidung überlassen« (*Papenheim/Baltes*, Verwaltungsrecht für die soziale Praxis, 10. Aufl., 1993, S. 85).

Bedeutung des parlamentarischen Gesetzes

Damit ist die grundlegende und schwierige Frage aufgeworfen, welche Sachentscheidungen und Sachbereiche die Verwaltung selbständig, d. h. ohne eine parlamentarische Ermächtigung, regeln kann und welche dem Parlament zur alleinigen Entscheidung vorbehalten sind. Den Vorbehalt kann man nur vor dem (oben bereits angedeuteten) Hintergrund des Gesetzesbegriffs verstehen. Im Zeitalter des Absolutismus war die Staatsgewalt beim Landesherrn konzentriert. Er entschied mehr oder weniger willkürlich über Steuererhöhungen, Enteignungen etc. Als das Bürgertum sich gegen den Absolutismus auflehnte (Franz. Revolution/deutsche Verfassungsbewegung), wollte es hauptsächlich eine Kontrolle dieser Macht erreichen.
Als Kontrollorgane dienten die Parlamente. Diese sollten nun in

wichtigen Bereichen ihre Zustimmung zu Handlungen der Staatsgewalt geben. Angesichts der vorherrschenden Willkür galt den Bürgern als wichtigstes die Sicherung ihrer **Individualsphäre.** Diese bestand vor allem aus **Eigentum** und **Freiheit.**

Schutz der Individualsphäre

Folgerichtig durfte der Monarch mit seiner Exekutive (= der Verwaltung) in Freiheit und Eigentum der Bürger nur eingreifen, wenn er durch einen parlamentarischen Beschluß (= Gesetz) dazu befugt gemacht wurde. Das Bürgertum und das Parlament hatten sich die Entscheidung über Eingriffe in Freiheit und Eigentum **vorbehalten.**

In der heutigen Zeit ist die Problemlage wesentlich komplizierter geworden. Es gibt keine konstitutionelle Monarchie mehr, sondern einen demokratischen Rechtsstaat. In diesem Staat hat das Parlament – als Volksvertretung – die Leitungs- und Lenkungsaufgaben des Gemeinwesens übernommen und ist das oberste Staatsorgan geworden. Daraus ist geschlossen worden, daß nun alle Entscheidungen der Verwaltung auf eine gesetzliche Grundlage gestellt werden müßten.

Wesentlichkeitstheorie

Dies würde jedoch die Verwaltungstätigkeit lähmen und freiwillige Leistungen der Verwaltung unmöglich machen. Deshalb ist die **Wesentlichkeitstheorie** entstanden, die dem Parlament die wesentlichen, in besonders starkem Maße Grundrechte berührenden Entscheidungen vorbehalten will. Grundlegend hierfür ist folgende These: Die Prinzipien von Rechtsstaat und Demokratie verpflichten den Gesetzgeber, die wesentlichen Entscheidungen selbst zu treffen und nicht der Verwaltung zu überlassen. Wesentlich sind insbesondere Regelungen im grundrechtsrelevanten Bereich, d.h., soweit es um die Verwirklichung der Grundrechte geht.

Gesetzesvorbehalt auch für Leistungen des Staates

Damit hat die traditionelle Unterscheidung zwischen Eingriff und Leistung an Bedeutung verloren. Auch »staatliches Handeln, durch das dem Einzelnen Leistungen und Chancen gewährt und angeboten werden« (BVerfG E 40, 237 [248 f.]), ist für die Verwirklichung der Grundrechte von erheblicher Relevanz. Dies kommt für alle Sozialleistungen in § 31 SGB-I zum Ausdruck: »Rechte und Pflichten in den Sozialleistungsbereichen dieses Gesetzbuchs dürfen nur begründet, festgestellt, geändert oder aufgehoben werden, soweit ein Gesetz es vorschreibt oder zuläßt.«

2.3.2.3 Bedeutung der Grundsätze vom Vorrang und Vorbehalt des Gesetzes

Für unbefangene Laien, die mit der komplizierten Funktionsweise der Verwaltung im Rechtsstaat nicht vertraut sind, mag es relativ unerheblich erscheinen, ob eine Verwaltungsentscheidung auf ein Gesetz gestützt wird oder nicht. Sie erleben

Gesetzgebung und Verwaltung als identisch in ihrer speziellen Verfahrensweise und ihrem sprachlichen Ausdruck. Im folgenden soll deshalb versucht werden, einige wesentliche Unterschiede zwischen einer gesetzgeberischen und einer Verwaltungsentscheidung stichwortartig herauszuarbeiten:

Unterschiede zwischen Gesetzgebung und Verwaltung

	gesetzliche Entscheidung	Verwaltungsentscheidung
Zustandekommen	drei Lesungen im Parlament und in den Ausschüssen; Dauer mind. ein halbes Jahr bis zu jahrelangen Entscheidungsprozessen	internes Entscheidungsverfahren ohne formelle Vorschriften
Beteiligung der Öffentlichkeit	Parteien, Parlamentsfraktionen, interessierte Fachleute in Anhörungen, Medien, Verkündung im Gesetzesblatt	nur die Verfahrensbeteiligten, nur interne Veröffentlichung, z. B. Amtsblatt
Legitimation	demokratischer Gesetzgeber	keine direkte Legitimation
Rechtsschutz	Bundesverfassungsgericht, Landesverfassungsgerichte	Gerichte, erst nach Ausschöpfung des Rechtswegs Bundesverfassungsgericht

Große Tragweite hat die Ausweitung des Gesetzesvorbehalts für gesellschaftliche Bereiche, in denen Menschen traditionell ohne rechtlichen Schutz willkürlichen Maßnahmen ausgesetzt waren, z. B. die Schulen, die Strafanstalten, aber auch das Beamtentum. Nach überlieferter Auffassung waren dies »besondere Gewaltverhältnisse«, in denen Eingriffe auch ohne gesetzliche Grundlage möglich waren und deshalb auch nicht rechtlich überprüft wurden. Deshalb konnten Schüler sich gegen Noten oder Versetzungsentscheidungen nicht wehren, die Post von Strafgefangenen konnte ohne weiteres kontrolliert werden, Beamte wurden ohne Beteiligung und Schutz auf andere Posten versetzt. Diese Verhältnisse sind verrechtlicht worden, Schulgesetze, das Strafvollzugsgesetz, ein modernes Beamtenrecht schafften rechtsfreie Räume ab.

»besondere Gewaltverhältnisse« sind überholt

Im sozialen Bereich spielt der Gesetzesvorbehalt eine große Rolle bei Eingriffen in die Rechte der Beteiligten. Insbesondere der Eingriff in elterliche Rechte bedarf einer gesetzlichen Ermächtigung. Ausfluß des Vorbehaltsprinzips ist aber auch das neue Kinder- und Jugendhilfegesetz, in dem die Leistungen des Staates gesetzlich normiert sind, um eine gesetzliche Handlungsgrundlage für die Träger der Jugendhilfe zu schaffen. So tendiert auch der soziale Bereich zu einer zunehmenden Ver-

Verrechtlichung auch im sozialen Bereich

rechtlichung der Verhältnisse zwischen Menschen. Dies bedingt zum einen größere Klarheit und Schutz vor Willkür, andererseits aber auch Bürokratisierung und komplizierte Verfahrensweisen.

2.3.3 Die Rechtsquellen

unterschiedliche Rechtsquellen

Mit dem Überblick über das Prinzip der Gesetzmäßigkeit der Verwaltung und dessen Bedeutung ist noch nicht geklärt, welche Rechtsvorschriften die Verwaltung binden. Die Rechtsordnung der Bundesrepublik Deutschland kennt eine große Zahl unterschiedlicher Rechtsnormen. Es gibt Gesetze, Rechtsverordnungen, Satzungen jeweils auf den verschiedenen staatlichen Ebenen, das Grundgesetz als Bundesverfassung, die Landesverfassungen, aber auch internationales Recht und die Entscheidung oberster Gerichte (vgl. *Driehaus/Frank*, Allgemeines Verwaltungsrecht, S. 32).

All diesen Vorschriften ist gemeinsam, daß aus ihnen und ihrer Geltung Recht entsteht. Deshalb werden sie »Rechtsquellen« genannt. Welches Recht konkret normiert ist, richtet sich nach dem Inhalt dieser verschiedenen Vorschriftenarten. Die Rechtsquellenlehre betrachtet also – bildlich gesprochen – die Speisekarte, während die Speisen die Rechtsnormen sind.

Es ist wichtig, die Unterschiede zwischen den Rechtsquellen und den Charakter der einzelnen Rechtsquelle herauszuarbeiten. Damit kann der Grad der Legitimation, der Verbindlichkeit für Verwaltung und Bürger sowie das Verhältnis der Rechtsquellen untereinander – ihre Hierarchie – festgestellt werden. Eine Rechtsquelle zutreffend einordnen zu können, ermöglicht also eine bessere Einschätzung ihrer Bedeutung für die Verwaltung und für den Rechtsschutz des Bürgers. Die für die Verwaltung wichtigsten Rechtsquellen sind die Verfassungen des Bundes und der Länder, Bundes- und Landesgesetze, Rechtsverordnungen des Bundes und der Länder, Satzungen (insbes. der Kommunen), Verwaltungsvorschriften und Richterrecht.

2.3.3.1 Verfassung

Verfassung als ranghöchstes Gesetz

Die Bundesverfassung, das Grundgesetz, ist das ranghöchste Gesetz. Sie beinhaltet die Grundordnung des Staates und hat Vorrang vor allen übrigen innerstaatlichen Rechtsquellen.

Infolge des bundesstaatlichen Aufbaus der Bundesrepublik Deutschland gibt es neben dem Grundgesetz noch die Verfassungen der einzelnen Bundesländer. Wegen ihrer Bedeutung genießt jede Verfassung einen besonderen Bestandsschutz, indem sie nur unter erschwerten Voraussetzungen abgeändert werden kann (vgl. Art. 79 GG und Art. 69 Landesverfassung NW).

2.3.3.2 Einfache Gesetze

Die einfachen Gesetze sind generell-abstrakte Regeln, die für eine unbestimmte Vielzahl von Menschen Verbindlichkeit beanspruchen. Sie stehen im Rang unterhalb der Verfassung. Sie dürfen daher nicht gegen die Verfassung verstoßen, andernfalls wären sie unwirksam. Ob dies der Fall ist, entscheidet das Bundesverfassungsgericht.

abstrakt-generelle Regeln

Die Gesetzgebungszuständigkeit obliegt in verschiedenen Sachbereichen dem Bund (Bundesgesetze) und in anderen Bereichen den Ländern (Landesgesetze). Bundesgesetze werden vom Bundestag im dafür vorgesehenen Verfahren beschlossen. Im Rahmen dieses Gesetzgebungsverfahrens wirken daneben auch noch weitere Organe (Bundesrat, Vermittlungsausschuß, Bundespräsident) bei der Gesetzgebung mit. Bundesgesetze werden im Bundesgesetzblatt (BGBl.) veröffentlicht.

Zuständigkeit

Landesgesetze werden vom Landtag beschlossen und im Gesetzes- und Verordnungsblatt (GVBl.) des betreffenden Landes veröffentlicht.

2.3.3.3 Rechtsverordnung

Rechtsverordnungen werden von Organen der Exekutive (z. B. Bundesregierung, einzelnen Bundesministern, Landesregierung) erlassen und enthalten Aus- und Durchführungsbestimmungen zu einzelnen Paragraphen eines Bundes- oder Landesgesetzes.

Exekutive als Verordnungsgeber

Die Rechtsverordnungen sind von der Regierung erlassene Rechtsnormen. Sie durchbrechen den Grundsatz der Gewaltenteilung. Der Gesetzgeber delegiert seine Kompetenz auf die Spitzen der Exekutive. Er tut dies aus guten Gründen. Die komplizierte Gesetzgebungsprozedur kann nicht für jede – auch nur technisch bedingte – Änderung eines Gesetzes in Anspruch genommen werden. Dies würde eine sinnvolle Gesetzgebung unmöglich machen. Die Parlamentarier könnten bei einer solchen Fülle von Vorhaben nicht mehr zwischen Wichtigem und Unwichtigem unterscheiden. Bestünde der Gesetzgeber auf der Regelungskompetenz für Einzelheiten, würde er entgegen seiner Absicht ebenfalls auf Macht verzichten.

Durchbrechung der Gewaltteilung

Deshalb ist es sinnvoll, der Exekutive Teile der Gesetzgebungskompetenz zu übertragen. Dies ist aber auch gefährlich, denn die Exekutive kann die Gesetzgebung umgehen, sogar ausschalten, wenn sie ohne Schranken ermächtigt würde, Rechtssätze zu erlassen. Das historisch berühmteste Beispiel für einen solchen Mißbrauch durch die Exekutive ist die Problematik der Notverordnungen in der Weimarer Republik.

Mißbrauch der Verordnungsmacht

In der Weimarer Verfassung war dem Reichspräsidenten durch

Art. 48 WRV die Gesetzgebungsbefugnis für den Fall übertragen worden, daß im »Deutschen Reich die öffentliche Sicherheit oder Ordnung erheblich gestört oder gefährdet« wurde. Von dieser pauschalen Ermächtigung wurde in der Weimarer Republik vor allem dann Gebrauch gemacht, als die radikalen Parteien anwuchsen und die demokratischen Parteien keine Mehrheitsentscheidungen mehr zustande brachten. Nach der Ernennung Hitlers wurde die Gesetzgebungskompetenz in vollem Umfang auf die Reichsregierung übertragen (vgl. zum ganzen *Grimm*, Einführung, S. 73).

Gesetzgebungsbefugnis der Exekutive beschränkt

Vor dem Hintergrund dieser geschichtlichen Erfahrung beschränkte das Grundgesetz die Möglichkeit der Übertragung von Gesetzgebungsbefugnissen durch Art. 80 GG. Danach muß im Gesetz »Inhalt, Zweck und Ausmaß der erteilten Ermächtigung« bestimmt werden. Ist dies nicht der Fall, ist die auf dieses Gesetz gestützte Rechtsverordnung unwirksam. In der Rechtsverordnung muß die Rechtsgrundlage im Gesetz angegeben werden.

Rechtsverordnungen stehen im Rang unter Gesetzen. Beispiele für wichtige Rechtsverordnungen sind die Straßenverkehrsordnung und die Durchführungsverordnungen zum Bundessozialhilfegesetz.

2.3.3.4 Satzung

Regelung der eigenen Angelegenheiten

Satzungen können von öffentlichen Selbstverwaltungsträgern (z. B. Kommunen, berufsständischen Kammern, Universitäten) zur Regelung ihrer Angelegenheiten erlassen werden. Voraussetzung ist dabei, daß sie durch ein Gesetz zum Erlaß derartiger Satzungen ermächtigt worden sind.

öffentlich-rechtliche Körperschaften als Rechtssetzungsorgane

Neben dem staatlichen Gesetzgeber (Bund, Länder) bestehen in der Bundesrepublik eine Reihe autonomer (Selbstverwaltungs-)Körperschaften. Diese haben das Recht, im Rahmen und aufgrund staatlicher Gesetze ihre eigenen Angelegenheiten selbst zu regeln. Dies tun sie durch Satzungen, die für die Kommunen auch plastisch »Ortsrecht« genannt werden. Der Unterschied zur Rechtsverordnung besteht darin, daß bei der Satzung der Gewaltenteilungsgrundsatz nicht durchbrochen, sondern ergänzt wird. Neben den staatlichen Gesetzgeber treten die Rechtssetzungsorgane der öffentlich-rechtlichen Körperschaften, die ihre Angelegenheiten aus eigenem Recht regeln.

Gemeinden, Hochschulen

Die wichtigsten Satzungsgeber sind die Gemeinden, wichtige Satzungen hier die Bebauungspläne, Gebührensatzungen etc. Aber auch Kammern wie die Handwerkskammer oder Industrie- und Handelskammer und Hochschulen haben das Satzungsrecht.

2.3.3.5 Verwaltungsvorschriften

Verwaltungsvorschriften sind »von übergeordneten an nachgeordnete Verwaltungsstellen oder von Vorgesetzten gegenüber weisungsgebundenen Mitarbeitern gerichtete allgemeine Anordnungen, die die Organisation und das Verfahren innerhalb der Behörde oder ihren sachlichen Handlungsspielraum näher regeln« (*Driehaus/Frank*, Allgemeines Verwaltungsrecht, S. 35). Sie werden als Erlasse, Richtlinien, Rundverfügungen, Dienstanweisungen u. ä. bezeichnet.

Erlasse, Richtlinien etc.

Es ist zweifelhaft, ob Verwaltungsvorschriften überhaupt zu den Rechtsquellen gerechnet werden können. Sie haben nämlich keine verbindliche Wirkung gegenüber dem Bürger, sondern besitzen nur verwaltungsinterne Verbindlichkeit. Sie werden deshalb auch als »Innenrecht« im Gegensatz zum »Außenrecht« bezeichnet.

Wirkungen der Verwaltungsvorschriften

Dennoch ist die Einordnung der Verwaltungsvorschriften in die Rechtsquellen gerechtfertigt. Sie haben für den Bürger zwar nicht unmittelbar rechtliche, aber hohe faktische Bedeutung. Die Verwaltung bindet sich oft mehr an Verwaltungsvorschriften als an die Gesetze, wenn sie konkrete Entscheidungen trifft.

Wichtige Verwaltungsvorschriften legen die Gesetze für die Verwaltung verbindlich aus und schaffen damit ein einheitliches Verwaltungshandeln.

Die Gerichte sind an diese Auslegung nicht gebunden. Sie messen das Verwaltungshandeln an Gesetzen, Verordnungen und Satzungen. Verstoßen Verwaltungsvorschriften gegen solche Rechtsquellen, können die Gerichte über sie hinweggehen.

2.3.3.6 Richterrecht

Zu den problematischen Rechtsquellen gehört auch das Richterrecht. Grundsätzlich gelten Gerichtsurteile nur für Einzelfälle, sind also nicht allgemeinverbindlich. Eine Ausnahme bilden hier lediglich Urteile des Bundesverfassungsgerichts, denen unter bestimmten Bedingungen (vgl. § 31 Abs. 2 BVerfGG) Gesetzeskraft zukommt. Trotz der prinzipiellen Einzelfallorientierung der Rechtsprechung ist jedoch allgemein anerkannt, daß die Urteile der obersten Gerichtshöfe (z. B. BVerwG, BGH) nicht nur Recht anwenden, sondern auch im Wege der Rechtsfortbildung neues Recht setzen. Ein Verwaltungsmitarbeiter, der das Urteil eines Bundesgerichtes nicht beachtet, muß dies zumindest begründen. Im allgemeinen wird er zwar nicht rechtlich, aber faktisch an ein solches Urteil gebunden sein.

Einzelfallorientierung der Rechtsprechung

faktische Bindung

2.3.3.7 Beispiel

Art. 1 GG: Schutz der Menschenwürde (1) Die Würde des Menschen ist unantastbar. Sie zu achten und zu schützen, ist Verpflichtung aller staatlichen Gewalt.	Verfassung (Grundgesetz)
§ 12 Bundessozialhilfegesetz: Notwendiger Lebensunterhalt (1) Der notwendige Lebensunterhalt umfaßt besonders Ernährung, Unterkunft, Kleidung, Körperpflege, Hausrat, Heizung und persönliche Bedürfnisse des täglichen Lebens. Zu den persönlichen Bedürfnissen des täglichen Lebens gehören in vertretbarem Umfange auch Beziehungen zur Umwelt und eine Teilnahme am kulturellen Leben.	Konkretisierung der Verfassung (Menschenwürde) im einfachen Gesetz: Was braucht ein Mensch zum Leben?
§ 22 Bundessozialhilfegesetz: Regelbedarf (1) Laufende Leistungen zum Lebensunterhalt... werden nach Regelsätzen gewährt... (2) Der Bundesminister für Jugend, Familie und Gesundheit erläßt im Einvernehmen mit dem Bundesminister für Arbeit und Sozialordnung und dem Bundesminister für Finanzen durch Rechtsverordnung... Vorschriften über Inhalt und Aufbau der Regelsätze...	Verordnungsermächtigung im Gesetz (Übertragung auf einen Bundesminister)
Verordnung zur Durchführung des § 22 BSHG (Regelsatzverordnung) § 1 (1) Die Regelsätze umfassen die laufenden Leistungen für Ernährung, Kochfeuerung, Beschaffung von Wäsche von geringem Anschaffungswert, Instandhaltung von Kleidung, Wäsche und Schuhen in kleinerem Umfang, Körperpflege, Beschaffung von Hausrat von geringem Anschaffungswert, kleinere Instandsetzung von Hausrat, Beleuchtung, Betrieb elektrischer Geräte, Reinigung und persönliche Bedürfnisse des täglichen Lebens.	gesetzesausfüllende Rechtsverordnung (auf der Basis dieser Angaben wird der Regelsatz berechnet: z. Zt. für eine Person ca. 500,–)
Hinweise zur Durchführung des BSHG einer westdeutschen Großstadt (gerichtet an die Sachbearbeiter im Sozialamt; Auszug): Als Faustregeln(!) sollten Sie sich merken: – Polstermöbel Gehören grundsätzlich nicht zum notwendigen Lebensunterhalt. Beihilfen können aber in besonders gelagerten Einzelfällen bei Behinderung oder wegen hohen Alters möglich sein. – Heißwassergeräte Gehören nicht zum notwendigen Lebensunterhalt. – Teppichböden Gehören nicht zum notwendigen Lebensunterhalt. Ihre Notwendigkeit kann aber in ganz außergewöhnlichen Einzelfällen denkbar sein.	Verwaltungsvorschrift: Hier wird für eine Großstadt einheitlich geklärt, was neben den Regelsätzen aus Sozialhilfe geleistet wird; nur für die Mitarbeiter verbindlich.

2.3.4 Die Rechtsordnung

Der Rechtsstaat bindet die Macht an das Recht. In der Rechtsquellenlehre wurde gezeigt, welche unterschiedlichen Rechtsnormen diese Bindung verwirklichen. Alle diese Normen sind Bestandteile der Rechtsordnung als der Gesamtheit des geschriebenen und ungeschriebenen Rechts der Bundesrepublik Deutschland. Um einen Überblick über die Rechtsordnung zu gewinnen, ist es nötig, diese zu systematisieren. Hierfür gibt es verschiedene Anknüpfungspunkte. Man kann die Rechtsordnung zunächst einteilen in materielles und formelles Recht (dazu 2.3.4.1) und in objektives und subjektives Recht (dazu 2.3.4.2). Von besonderer Bedeutung ist aber die Unterscheidung nach Rechtsgebieten, die wiederum dem öffentlichen oder dem privaten Recht zugeordnet werden (dazu 2.3.4.3). Schließlich soll der Grad der Ausdifferenzierung der heutigen Rechtsordnung an den für das Sozialwesen bedeutenden Rechtsnormen dargestellt werden (dazu 2.3.4.4), bevor Hinweise auf die Fachliteratur eine Hilfestellung bei der Orientierung in dem komplizierten Geflecht einer modernen Rechtsordnung geben sollen (dazu 2.3.4.5).

2.3.4.1 Materielles und formelles Recht

Die Unterteilung der Rechtsordnung in materielles und formelles Recht geht aus von dem Begriffspaar »Recht haben« und »Recht bekommen«. Das materielle Recht enthält diejenigen Regelungen, die den Inhalt von Rechtspositionen (also die Materie – die Sache) zum Gegenstand haben (vgl. *Münder/Kreft*, Soziale Arbeit und Recht, S. 105). Das materielle Recht bestimmt, was Recht sein soll, welche Voraussetzungen es gibt, um einen Anspruch geltend machen zu können und wie die rechtlichen Beziehungen zwischen Menschen aussehen sollen. Eine typisch materiell-rechtliche Vorschrift ist § 1 Abs. 2 BSHG, wonach es Aufgabe der Sozialhilfe ist, dem Empfänger der Hilfe die Führung eines Lebens zu ermöglichen, das der Würde des Menschen entspricht. Ein anderes Beispiel ist im Recht der Betreuung Volljähriger § 1896 BGB, der festlegt, wann und unter welchen Voraussetzungen die Bestellung eines Betreuers für Menschen erforderlich ist, die ihre eigenen Angelegenheiten nicht mehr besorgen können.

materielles Recht = Inhalte von Rechtspositionen

Demgegenüber ist Gegenstand des formellen Rechts, wie – also in welchem Verfahren – das materielle Recht Wirklichkeit wird. Dies kann sich einmal auf die Art beziehen, wie und auf welchem Weg private Ansprüche durchgesetzt werden können. Zum anderen gehören hierhin die Gesetze, die das Verfahren staatlicher Organisationen bei der Entscheidungsfin-

formelles Recht als Verfahrensrecht

dung regeln. Dabei geht es vor allem um den Schutz des Bürgers vor einem »unfairen« Verfahren, in dem er lediglich das Objekt staatlichen Handelns darstellt.

Sozialgesetzbuch-X

Für die Sozialverwaltung ist das wichtigste formelle Rechtsgebiet das Zehnte Buch des Sozialgesetzbuchs (SGB-X), in dem das Verfahren der Verwaltung geregelt ist. Im allgemeinen sind die gerichtlichen Verfahrensvorschriften Zivilprozeßordnung (für die Zivilgerichte), Freiwilliges Gerichtsgesetz (insbesondere für die Vormundschaftsgerichte), Strafprozeßordnung (für die Strafgerichte) und Verwaltungsgerichtsordnung (für die Verwaltungsgerichte) von großer Bedeutung (zum Gerichtsaufbau s. unten 2.5).

Bedeutung des Verfahrensrechts

Für den Bürger ist das materielle Recht einleuchtender und ansprechender als das formelle. Hier kann er erkennen, welche Rechte und Pflichten er hat, worauf er sich zu Recht berufen kann. Das formelle Recht ist dagegen abstrakt und unverständlich, es regelt das Geschehen in so anonymen und unnahbaren Organisationen wie der Justiz und der Verwaltung (vgl. dazu *Grimm*, Einführung..., S. 244). Dennoch ist das Verfahrensrecht mindestens genauso wichtig wie das materielle Recht. Im Verfahren verwirklicht sich der Rechtsstaat, denn hier werden die Berechtigungen und Verpflichtungen der Beteiligten verbindlich geklärt. An der Qualität des Verfahrensrechts kann man die Qualität einer Rechtsordnung erkennen.

2.3.4.2 Objektives und subjektives Recht

Die gesamte Rechtsordnung wird als objektives Recht bezeichnet. Nicht jede dem objektiven Recht zuzurechnende Vorschrift verschafft dem einzelnen aber auch subjektive Berechtigungen. Ein großer Teil der Rechtsordnung wendet sich mit seinen Regelungen nicht an einzelne Bürger, sondern richtet sich an die Verwaltung, die Justiz oder den Gesetzgeber.

Regelungen für die Verwaltung

Eine solche Norm ist z. B. § 8 SGB-X, die das Verwaltungsverfahren der Sozialverwaltung definiert. Die Vorschrift lautet (Auszug): »Das Verwaltungsverfahren... ist die nach außen wirkende Tätigkeit der Behörden, die auf die Prüfung der Voraussetzungen, die Vorbereitung und den Erlaß eines Verwaltungsaktes... gerichtet ist...«

Für Verwaltungsfachleute ist damit eine wichtige Grundlage ihres Handelns definiert, der Normalbürger, aber auch die meisten sozialen Fachkräfte werden diese Vorschrift weder kennen noch ohne ausführliche Erläuterung verstehen können.

Innerhalb der objektiven Rechtsordnung geben einzelne Vorschriftentypen subjektive Berechtigungen, die subjektiven

Rechte. Die wichtigsten subjektiven Rechte sind die Anspruchsnormen, die dem Bürger das Recht geben, von einem anderen ein Tun oder Unterlassen zu verlangen (s. § 194 BGB). Ansprüche sind erkennbar an der auf eine Person konzentrierten Formulierung, der Verwendung von Begriffen wie »muß«, »hat« oder des Begriffs »hat Anspruch auf« und der Benennung konkreter Voraussetzungen, von denen die Realisierung des Anspruchs abhängt (vgl. zur Bedeutung der Anspruchsnormen auch unten 7.2.1.1 zum Jugendhilferecht).

Anspruchsnormen

Neben den Ansprüchen sind wichtige subjekitive Rechte die Persönlichkeitsrechte, in denen den Menschen das Recht auf Verfügung über höchstpersönliche Rechtsgüter wie Leib, Leben oder körperliche Unversehrtheit zugebilligt wird (z. B. Art. 2 GG). Vor allem im bürgerlichen Recht spielen subjektive Rechte eine Rolle als Gestaltungsrechte, mit denen eine Rechtslage durch Erklärung verändert werden kann (z. B. Kündigung), und als Herrschaftsrechte, die die Beziehungen zu Sachen regeln (z. B. Eigentum; Besitz).

Persönlichkeitsrechte

Gestaltungsrechte

2.3.4.3 *Rechtsgebiete*

Die Rechtsordnung der Bundesrepublik läßt sich in zwei Gebiete unterteilen: das öffentliche Recht und das private Recht. Dieser grundsätzlichen Einteilung unterliegen alle weiteren Ausdifferenzierungen in kleinere Rechtsgebiete oder -komplexe. Es ist wichtig, zwischen den Rechtsgebieten zu unterscheiden, weil damit eine ganze Reihe von Konsequenzen verbunden sind. Die wohl bedeutsamste ist die Frage, welches Gericht für die Streitentscheidung zuständig ist, also der Rechtsweg. Die Zuständigkeit der Gerichte folgt der Charakteristik des jeweils anzuwendenden Rechts. Die wichtigsten Rechtswegzuweisungen sind § 40 VwGO und § 13 GVG. Nach § 40 VwGO sind alle öffentlich-rechtlichen Streitigkeiten nichtverfassungsrechtlicher Art den Verwaltungsgerichten zugewiesen. § 13 GVG bestimmt, daß das Privatrecht vor die ordentliche Gerichtsbarkeit, beginnend mit den Amts- und Landgerichten, gehört (vgl. *Münder/Kreft*, Soziale Arbeit..., S. 106).

öffentliches und privates Recht

Rechtswegzuweisungen

Öffentliches Recht ist dadurch gekennzeichnet, daß die Beteiligten, der Staat und der Bürger, in einem Verhältnis der Über- und Unterordnung stehen.

Über- und Unterordnung

Dagegen besteht das Wesen des Privatrechts darin, daß sich hier die Parteien gleichgeordnet und gleichberechtigt gegenüberstehen. Die wichtigsten Gebiete des öffentlichen und des Privatrechts zeigt die folgende Übersicht: (s. nächste Seite: Einteilung der Rechtsgebiete)

Gleichordnung

EINTEILUNG DER RECHTSGEBIETE

Öffentliches Recht

Das Recht der staatlichen Organisation und Rechtsbeziehungen des einzelnen Bürgers zum Staat und zu anderen Trägern der öffentlichen Gewalt im Wege der **Unterordnung**, sowie zwischen verschiedenen Trägern öffentlicher Gewalt.

Staatsrecht und Verfassungsrecht

- Völkerrecht
- Europarecht
- Allgemeine Staatslehre
- Staatsformenlehre
- Grundrechte
- Staatsorgane
- Gesetzgebung

Verwaltungsrecht

- Allgemeines Verwaltungsrecht
- Besonderes Verwaltungsrecht
- Sozialrecht
- Steuerrecht

Strafrecht

- Allgemeiner Teil
  Allgemeine Regeln für alle Straftaten; z. B. Versuch, Teilnahme, Anstiftung, Beihilfe etc.
- Besonderer Teil
  Einzelne Straftatbestände

Verfahrensrecht

- Gerichtsverfassungsrecht
- Prozeßrecht z. B. ZPO, StPO, VwGO, FGG etc.

Privatrecht

Rechtsbeziehungen zwischen Rechtssubjekten, insbesondere Bürgern und von ihnen gebildeten Vereinigungen, auf der Ebene der **Gleichordnung**. Auch Träger öffentlicher Gewalt können privatrechtlich handeln (z. B. Kauf von Büromaterial, Arbeitsverträge mit Angestellten und Arbeitern, Gründung einer Stadtwerke GmbH).

Bürgerliches Recht

- Für alle Personen geltendes Privatrecht; z. B. BGB

Arbeitsrecht

- Mit öffentlich-rechtlichen Elementen durchsetzt; kollektives Arbeitsrecht und individuelles Arbeitsrecht

Handelsrecht

- Sonderrecht der Kaufleute; z. B. Handelsfirma, Prokura, Handelskauf (HGB)
- Wertpapierrecht
- Bank- und Börsenrecht

Wirtschaftsrecht

- Gesellschaftsrecht
- Wettbewerbsrecht
- Kartellrecht

2.3.4.4 *Die Erschließung des Rechtswissens durch Fachliteratur*

Die Rechtsordnung ist ohne Orientierungshilfen durch die Fachliteratur nicht zu überschauen. Die Gesetzgebung produziert unaufhörlich neue Normen, wie sich gerade im sozialen Bereich zeigt. Jedes neue und jedes veränderte Gesetz aber zieht eine Fülle von Gerichtsurteilen, Kommentierungen und anderen Fachtexten nach sich.

Im folgenden sollen deshalb die wichtigsten Literaturgattungen im juristischen Bereich vorgestellt werden.

Gesetzessammlungen: Gesetzessammlungen sind systematische Zusammenfassungen verschiedener Gesetze unter einem bestimmten Bezugspunkt. So gibt es Sammlungen des Rechts eines Bundeslandes (z. B. *Hippel-Rehborn*, Gesetze des Landes Nordrhein-Westfalen), aber auch Sammlungen des Verfassungs- und Verwaltungsrechts (*Sartorius*, Verfassungs- und Verwaltungsgesetze) bzw. Sammlungen mit dem Schwerpunkt im Zivil- und Strafrecht (*Schönfelder*, Deutsche Gesetze).

Systematische Zusammenfassungen

Diese klassischen Sammlungen sind für juristische Nutzer bestimmt. Ihr Umfang und ihr Preis schließen andere Berufsgruppen praktisch aus. Im sozialen Bereich sind deshalb einige Gesetzessammlungen erschienen, die das Recht aus dem Blickwinkel sozialberuflichen Handelns systematisieren. Bevor die wichtigsten dieser Sammlungen vorgestellt werden, ist es erforderlich, einige Bemerkungen zur Problematik von Gesetzessammlungen voranzustellen.

Zunächst ist es wichtig zu wissen, daß eine Gesetzessammlung zwar die wichtigsten Informationen im rechtlichen Bereich, nämlich die Gesetzestexte, liefert, aber sich in dieser Funktion auch erschöpft. Der angemessene Umgang mit diesen Informationen ist nur möglich, wenn die Problematik des jeweiligen Gesetzes dem Leser vertraut ist. Allein durch den Gesetzestext wird z. B. die Bedeutung einer Vorschrift nicht deutlich. Ebenso ist es so gut wie unmöglich, sich in einem unbekannten Rechtsgebiet ausschließlich mit dem Gesetzestext zu orientieren. Wer eine Gesetzessammlung kauft, muß also wissen, daß damit nicht Problemlösungen möglich sind, sondern nur eine, allerdings unverzichtbare Informationsquelle vorliegt. Kenntnisse zu erwerben oder Einzelfälle zu lösen, ist allein damit nicht möglich.

Problematik von Gesetzessammlungen

Eine weitere Problematik liegt in der Form der Gesetzessammlungen. Da Gesetze sich ständig verändern, bietet es sich an, Loseblattsammlungen herauszugeben. Dies ist auch die übliche Form von Gesetzessammlungen. Dem Vorteil der Aktualität stehen jedoch auch gravierende Nachteile gegenüber.

Loseblattsammlungen

Bei einer Loseblattsammlung verpflichtet sich der Käufer im

allgemeinen auch zum Bezug der Nachlieferungen. Dies kann zu ganz erheblichen finanziellen Konsequenzen führen. Zudem müssen die Nachlieferungen jeweils einsortiert werden, was eine mühsame Prozedur ist. Hat man aber versäumt, eine Nachlieferung einzusortieren, ist das ganze Buch praktisch ohne Wert. Deshalb kann es sinnvoll sein, eine der gebundenen Gesetzessammlungen anzuschaffen und im regelmäßigen Rhythmus durch ein neues Buch zu ersetzen. Wofür man sich entscheidet, hängt ab von persönlichen Vorlieben, aber auch von der Bedeutung des Rechts in der jeweiligen Ausbildung und im beruflichen Handeln.

Ausbildungs- und Lehrbücher: Ziel der Ausbildungs- und Lehrbücher ist es, umfassend und systematisch in eines oder mehrere Rechtsgebiete einzuführen. Diese Literaturgattung ist also geeignet zur Einarbeitung in einen unbekannten Stoff. Lehrbücher verschaffen Überblick und ermöglichen das Verstehen von Zusammenhängen in einer rechtlichen Materie oder zwischen verschiedenen Rechtsgebieten. Sie sind im allgemeinen nicht dazu gedacht, einzelne Fälle zu lösen oder konkrete Problemstellungen zu bearbeiten. Deshalb sind sie eher für die Ausbildung geeignet und weniger für die Begleitung der praktischen Berufsvollzüge. Auch bei Lehrbüchern ist es wichtig, zwischen denen zu unterscheiden, die für die Juristenausbildung konzipiert sind, und denen, die sich an andere Berufsgruppen wenden. Die erste Gruppe kann für außerjuristische Berufe nicht empfohlen werden. In der zweiten Kategorie von Ausbildungs- und Lehrbüchern hat sich eine vielfältige Landschaft von Büchern entwickelt, die eine Vermittlungsfunktion zwischen der juristischen Kompetenz und sozialem Handeln übernommen haben.

Einführung in Rechtsgebiete

Arten von Lehrbüchern

Welches dieser Bücher für Ausbildung und Beruf im konkreten Fall geeignet ist, kann nur nach individueller Beratung entschieden werden.

Erläuterung des Gesetzestextes

Kommentare: Kommentare sind Erläuterungen des Gesetzestextes. Diese Bücher folgen in der Struktur einem Gesetz und kommentieren dieses in der Reihenfolge der Vorschriften. Abgedruckt wird zunächst der Gesetzestext und dann dessen Interpretation. Dabei wird sowohl die allgemeine Bedeutung der jeweiligen Vorschrift als auch die konkrete Bedeutung der in ihr enthaltenen Begriffe erläutert. Kommentare versuchen also, Einzelfragen in den Gesetzen zu lösen. Für ihre Benutzung ist es deshalb Voraussetzung, daß die zu klärende Problematik bereits bekannt ist. Mit einem Kommentar kann man sich nur schwer in ein Gebiet einarbeiten, durchaus aber einzelne Problemstellungen lösen.

Lösung von Einzelfragen

In manchen Arbeitsfeldern (z. B. BSHG-Beratung) ist die Benutzung von Kommentaren unverzichtbar, aber auch in der

Ausbildung können sie punktuell herangezogen werden. Dort stehen sie im allgemeinen in ihrer Bedeutung hinter den Lehrbüchern zurück.

Zeitschriften: Ohne das regelmäßige Studium von Fachzeitschriften kann juristischer Sachverstand nicht erworben und aufrechterhalten werden. In Fachzeitschriften werden aktuelle Streitfragen, Gesetzgebungsvorhaben und wichtige Gerichtsurteile besprochen und erläutert. Üblicherweise enthalten Fachzeitschriften themenbezogene Aufsätze, Gerichtsentscheidungen, Buchbesprechungen, Hinweise auf Tagungen, Kongresse u. ä. Sie sind ein unverzichtbares Informationsmedium, um auf dem aktuellen Stand zu bleiben. Auch bei Fachzeitschriften ist zwischen den juristischen und den außerjuristisch orientierten zu unterscheiden.

aktuelle Fachdiskussion

Zu den ersten gehört als traditionsreichste Zeitschrift die »Neue Juristische Wochenschrift« (NJW), die für Juristen die wichtigste Informationsquelle ist. Ihrer Bedeutung und ihrem Stellenwert entspricht für den Bereich des Familienrechts die »Zeitschrift für das gesamte Familienrecht« (FamRZ). Auch diese Zeitschrift wendet sich in Themenwahl und Diktion vor allem an Juristen, einzelne themenbezogene Aufsätze und Gerichtsentscheidungen sind aber auch für soziale Fachkräfte lesbar und von Bedeutung. In diesen Zusammenhang ist auch die Zeitschrift »Familie und Recht« (FuR) zu stellen, die erst seit 1990 herausgegeben wird. Für den Bereich des Jugendrechts von zentraler Bedeutung sind das »Zentralblatt für Jugendrecht« (ZfJ) und das »Recht der Jugend und des Bildungswesens« (RdJB), die zwar von juristischen Themen geprägt, aber dennoch schon sehr in der Fachlichkeit der sozialen Arbeit angesiedelt sind. Noch stärker gilt dies für Zeitschriften wie die »Blätter der Wohlfahrtspflege« und den »Nachrichtendienst des Deutschen Vereins« (NDV), die ihre Identität aus der sozialen Arbeit heraus definieren und das Rechtssystem von hier aus betrachten. Für Fragen des Sozialrechts – und hier insbesondere des Sozialversicherungsrechts – ist die »Zeitschrift für Sozialhilfe und Sozialgesetzbuch« (ZfSH/SGB) eine weitere wichtige Informationsquelle.

Beispiele

2.4 Rechtsanwendung

Nach der Betrachtung der Rechtsordnung der Bundesrepublik Deutschland in ihrer Gesamtheit, Herkunft sowie Systematik soll im folgenden die Anwendung des Rechts im konkreten Einzelfall genauer analysiert werden. Dabei werden zunächst Grundprobleme des Rechts behandelt, während in einem zweiten Teil die Bedeutung der Rechtsanwendung für sozialberufliches Handeln dargestellt wird.

2.4.1 Grundprobleme der Rechtsanwendung

In einem Sozialamt wird geprüft, ob im folgenden Fall die entstandenen Sozialhilfekosten zurückgefordert werden:

A, ein zu Aggressivität neigender Alkoholiker, hat zum wiederholten Male seine bei ihm lebende Frau B geschlagen. Daraufhin zieht die B mit ihren beiden minderjährigen Kindern in das Frauenhaus der Stadt. Nach sechswöchigem Aufenthalt im Frauenhaus versöhnen sich die Eheleute wieder. A nimmt eine Arbeit auf, sein Zustand ist aber nach wie vor sehr labil. Durch den Aufenthalt im Frauenhaus sind Sozialhilfekosten in Höhe von 3000,– DM entstanden.

Die in diesem Fall anzuwendende Vorschrift lautet:

»§ 92 a BSHG Kostenersatz bei schuldhaftem Verhalten
(1) Zum Ersatz der Kosten der Sozialhilfe ist verpflichtet, wer nach Vollendung des achtzehnten Lebensjahres die Voraussetzung für die Gewährung der Sozialhilfe an sich selbst oder an seine unterhaltsberechtigten Angehörigen durch vorsätzliches oder grob fahrlässiges Verhalten herbeigeführt hat. Von der Heranziehung zum Kostenersatz kann abgesehen werden, soweit sie eine Härte bedeuten würde; es ist davon abzusehen, soweit die Heranziehung die Fähigkeit des Ersatzpflichtigen beeinträchtigen würde, künftig unabhängig von Sozialhilfe am Leben in der Gemeinschaft teilzunehmen.«

Schritte der Rechtsanwendung

Wer Recht anwendet, hat es immer mit der Problematik zu tun, ein tatsächliches Geschehen unter den Voraussetzungen einer Rechtsnorm zu beurteilen. In der juristischen Begrifflichkeit handelt es sich dabei um einen **Sachverhalt** (= tatsächlicher Vorgang), der mit dem **Tatbestand** (= Voraussetzungen einer Rechtsnorm) verglichen wird, um feststellen zu können, ob die **Rechtsfolge** (= Konsequenz einer Rechtsnorm) eintritt.

Subsumtion

Logisch betrachtet handelt es sich bei dieser Zuordnung des Lebenssachverhalts zur Rechtsnorm um ein dreistufiges Verfahren, in dem zunächst das Gesetz den Obersatz bildet, unter dessen Tatbestand ein konkreter Sachverhalt untergeordnet wird. Erfüllt der Sachverhalt alle Merkmale des Tatbestands, gilt für ihn die im Rechtssatz genannte Rechtsfolge (vgl. *Büter/Schimke*, Anleitung zur Bescheidtechnik, 1993, S. 69 m. w. N.):

Obersatz	= Voraussetzungen der Rechtsnorm (hier: §92a BSHG)
Untersatz	= Sachverhalt (hier: Verhalten des A)
Schlußsatz	= Rechtsfolge (hier: evtl. Rückzahlungspflicht)

Die Zuordnung des Sachverhalts zum Tatbestand nennt man Subsumtion. Dabei handelt es sich der äußeren Struktur nach um einen logischen Vorgang: Wenn A (Sachverhalt) alle Merkmale von B (Tatbestand) erfüllt, tritt C (Rechtsfolge) ein. In diesem »syllogistischen Schluß« ist aber nur der äußere Rahmen der Rechtsanwendung zutreffend beschrieben. Der Rechtsanwendungsprozeß erschöpft sich nicht in der logischen Subsumtion, sondern enthält regelmäßig auch schöpferische, wertende Elemente (vgl. *Büter/Schimke*, Anleitung..., S. 71).

logischer Vorgang

Um dies und die damit zusammenhängenden Probleme genauer erkennen zu können, ist es nötig, sowohl das Zustandekommen des Obersatzes als auch die Erfassung und Darstellung des Sachverhalts anhand des Beispiels näher zu analysieren. Danach kann die Verknüpfung zwischen beiden besser eingeschätzt werden.

2.4.1.1 Rechtsnorm als Obersatz im Rechtsanwendungsprozeß

In der Rechtsanwendung wird deutlich, daß Rechtsnormen, um anwendbar zu sein, eine bestimmte Struktur haben müssen. Da es darum geht, von den Voraussetzungen auf die Folge zu schließen, müssen Rechtsnormen beide Elemente erhalten. Jede vollständige Rechtsnorm besteht deshalb aus dem Tatbestand und der Rechtsfolge. Man spricht in diesem Zusammenhang auch von den zwei Seiten einer Norm, der Tatbestandsseite und der Rechtsfolgeseite.

Tatbestand und Rechtsfolge

Nicht immer sind diese beiden Seiten in einer Norm enthalten. Die sog. unvollständigen Rechtsnormen enthalten nur einen der beiden Teile und verweisen bezüglich des anderen auf korrespondierende Vorschriften. Schließlich verwendet der moderne Gesetzgeber zunehmend Finalnormen, die eher Zielbeschreibungen darstellen, im Einzelfall aber kaum noch subsumtionsfähig sind.

Finalnorm

Tatbestand und Rechtsfolge werden in der Gesetzgebungstechnik nicht immer klar getrennt und sind daher manchmal schwer zu erkennen. Oft enthält auch eine Vorschrift mehrere Tatbestände und Rechtsfolgen, bei denen geklärt werden muß, welche Folge sich auf welchen Tatbestand bezieht. Ein gutes Beispiel für die mögliche Komplexität von Vorschriften ist § 92 a BSHG. Die Vorschrift ist nur zu subsumieren, wenn Tatbestände und Rechtsfolgen anders dargestellt werden. Im folgenden soll diese Struktur verdeutlicht werden:

Komplexität einer Vorschrift

§ 92a BSHG	
Tatbestände	Rechtsfolgen
1. a) Vollendung des achtzehnten Lebensjahres b) Herbeiführung der Voraussetzungen für die Gewährung von Sozialhilfeleistungen an sich selbst oder seine unterhaltsberechtigten Angehörigen c) durch vorsätzliches oder grobfahrlässiges Verhalten	Verpflichtung zum Ersatz der Kosten der Sozialhilfe
2. a) Härte	von der Heranziehung **kann** abgesehen werden
3. a) Fähigkeit der Ersatzpflichtigen wird beeinträchtigt, künftig unabhängig von Sozialhilfe am Leben in der Gemeinschaft teilzunehmen	es **ist** von der Heranziehung abzusehen.

Die Probleme, die sich auf der Tatbestandsseite dieser Vorschrift stellen, sind völlig unterschiedlich von denen auf der Rechtsfolgeseite.

Tatbestandsmerkmale

Der Tatbestand setzt sich aus einzelnen Begriffen zusammen, den sog. Tatbestandsmerkmalen. Jedes dieser Merkmale muß durch den Sachverhalt ausgefüllt (»erfüllt«) werden, wenn die Rechtsfolge eintreten soll. Betrachtet man die Tatbestandsmerkmale des § 92a BSHG, so stellt man fest, daß sie unterschiedlichen Kategorien angehören. Einige Begriffe sind ohne weiteres in ihrem Inhalt zu bestimmen oder bereits als Begriff bestimmt. So ist die Vollendung des achtzehnten Lebensjahres ein Tatbestandsmerkmal, das ohne weiteres verständlich ist. Ebenso ist leicht zu klären, ob die Voraussetzungen für die Gewährung von Sozialhilfeleistungen herbeigeführt wurden. Bestimmbar sind schließlich auch die Begriffe »Vorsatz« und »grobe Fahrlässigkeit«, wenn auch hier auf die juristischen Definitionsleistungen zurückgegriffen werden muß. Bei allen diesen Begriffen handelt es sich um die sog. bestimmten oder bestimmbaren Rechtsbegriffe.

Bestimmte und unbestimmte Rechtsbegriffe

Diesen gegenüber stehen die unbestimmten Rechtsbegriffe, die dadurch gekennzeichnet sind, daß sie in ihrem Inhalt vom Gesetzgeber nicht endgültig festgelegt sind. Um sie anwenden zu können, ist es nötig, sie auszulegen und im Hinblick auf den konkreten Fall zu bewerten. Unbestimmte Rechtsbegriffe sind also prinzipiell offen in ihrem Inhalt und auslegungsbedürftig. Ein klassischer unbestimmter Rechtsbegriff ist der der »Härte« in § 92 a BSHG. Andere Begriffe dieser Art sind »angemessen«, »zumutbar« und auch eine Formulierung wie die »Beeinträchtigung der Fähigkeit, künftig unabhängig von Sozialhilfe am Gemeinschaftsleben teilzunehmen« in § 92 a BSHG. Hier handelt es sich um einen Begriff, der eine prognostische Vorausschau erfordert.

Einschätzungsspielraum der Rechtsanwender

Der Gesetzgeber verwendet regelmäßig dann unbestimmte Rechtsbegriffe, wenn er den Rechtsanwendern einen Einschätzungsspielraum einräumen will, um dem Einzelfall gerecht zu werden. Wegen ihrer Unbestimmtheit stehen offene Rechtsbegriffe (z. B. »Kindeswohl«) oft im Verdacht, schwammig zu sein und letztlich willkürliche Entscheidungen zu ermöglichen. Daran ist richtig, daß die Auslegung und Anwendung unbestimmter Rechtsbegriffe nicht möglich ist ohne eine individuelle Wertung des Rechtsanwenders im Hinblick auf den konkreten Fall. Diese Wertungsnotwendigkeit ist jedoch nicht mit Willkür gleichzusetzen. Soll die Auslegung tragfähig sein, so muß sie mit den Auslegungsgrundsätzen begründbar sein, die die Rechtswissenschaft seit langem entwickelt hat. Sie muß sich im fachlichen Diskurs bewähren und die in diesem Diskurs anerkannten Methoden verwenden.

Wertungsnotwendigkeit

Auslegungsmethoden

Die Auslegungslehre kann hier nicht im einzelnen dargestellt werden (vgl. dazu *Wagner*, Einführung in das Recht für Sozialarbeiter und Sozialpädagogen, 3. Aufl., 1992, S. 50 ff.). Hinzuweisen ist aber auf die vier Auslegungsmethoden, die allgemein anerkannt sind. Danach können Begriffe ausgelegt werden

- nach dem Wortlaut der Norm,
- nach dem systematischen Zusammenhang, in dem die Norm steht,
- nach dem Sinn und Zweck der Norm und
- nach der Entstehungsgeschichte der Norm.

Bindung an Verwaltungsvorschriften

Verwaltungsmitarbeiter sind oft in der Auslegung unbestimmter Rechtsbegriffe an Verwaltungsvorschriften gebunden. So bestimmen die Empfehlungen des Landschaftsverbandes Westfalen-Lippe zum Sozialhilferecht in ihrer 3. Auflage, 1989, daß der Begriff der Härte in § 92 a BSHG nur wirtschaftlich zu verstehen ist. Persönliche Umstände können die Sachbearbeiter also nur dann berücksichtigen, wenn die finanzielle Lage der Betroffenen ungesichert ist. Unbestimmte Rechtsbegriffe werden in einem engen Geflecht von Rechtsprechung, Auslegungsmethoden und Verwaltungsanweisungen angewendet, willkürliche Entscheidungsfreiräume sind dadurch weitgehend ausgeschlossen.

Ja/Nein-Alternative

Für alle Tatbestandsmerkmale, bestimmte und unbestimmte, gilt, daß ihre Auslegung und Anwendung auf den Sachverhalt zu einem konkreten Ergebnis in einer Ja/Nein-Alternative führen muß. Es ist zu entscheiden, ob der Sachverhalt den Begriff erfüllt oder nicht. Entweder es liegt eine Härte vor, oder dies ist nicht der Fall. Der Rechtsanwender steht vor einer Entscheidungsalternative mit dem Zwang zur Wahl.

Struktur der Rechtsfolge

Dies unterscheidet die Problematik des gesetzlichen Tatbestands von der der Rechtsfolge. Während der Tatbestand eine Entscheidung darüber erfordert, ob ein Merkmal vorliegt oder nicht, ist die Rechtsfolgeseite prinzipiell anders strukturiert. Hier geht es nicht um die Wahl zwischen sich ausschließenden Alternativen. Die Rechtsfolge ist entweder zwingend ausgestaltet und läßt dem Anwender dann keine Wahlmöglichkeit, oder sie ist offener formuliert und läßt dann die Wahl zwischen mehreren rechtlich gleichwertigen Handlungsmöglichkeiten. Zwingende Rechtsfolgen sind in § 92 a Abs. 1 S. 1 und 3 BSHG angeordnet. Sie verpflichten zur Herbeiführung der gesetzlich gewollten Rechtsfolge.

Ermessen

Anders § 92 a Abs. 1 S. 2 BSHG: Danach kann von der Heranziehung abgesehen werden. Dabei handelt es sich um die Ermächtigung des Gesetzgebers an den Rechtsanwender, sein Ermessen auszuüben. Ermessen ist nur auf der Rechtsfolgeseite einer Norm möglich, denn es ermöglicht dem Rechtsanwender, nach Vorliegen der Tatbestandsvoraussetzungen festzustellen, welche von mehreren denkbaren Rechtsfolgen dem Einzelfall am besten gerecht wird. Ermessen wird eingeräumt durch »kann«-Vorschriften, dann bindet es den Rechtsanwender am geringsten. Verwendet der Gesetzgeber den Begriff »soll«, dann ist die Wahlmöglichkeit zugunsten eines Regel-Ausnahme-Prinzips eingeschränkt. In der Regel ist dann die angeordnete Rechtsfolge herbeizuführen, Ausnahmen sind nur in Einzelfällen möglich und müssen begründet werden (vgl. zur Bedeutung dieser Abstufungen unten Jugendhilferecht, 7.2.1.1).

Kann-/Soll-Vorschriften

Insgesamt ist festzustellen, daß weder die Tatbestandsseite noch die Rechtsfolgeseite einer Norm ohne weiteres auf einen konkreten Fall angewendet werden können. Die Tatbestandsmerkmale müssen im Hinblick auf den konkreten Fall ausgelegt werden, der Rechtsanwender muß sich zudem oft für eine von mehreren möglichen Rechtsfolgen entscheiden.

Dies alles ist jedoch nicht in einem formallogischen Erkenntnisverfahren möglich, sondern erfordert eine Wertung und Gewichtung des Normtatbestands (vgl. *Büter/Schimke*, Anleitung …, S. 72).

2.4.1.2 Sachverhalt als Untersatz im Rechtsanwendungsprozeß

Ermittlung des Sachverhalts

Ist der Inhalt der Rechtsnorm schon ohne persönliche Wertung der Rechtsanwender kaum zu erfassen, so gilt dies um so mehr für die Ermittlung des Sachverhaltes.

Die wenigen Sätze, die im Fallbeispiel als Sachverhalt dienen, enthalten nicht etwa ein Abbild der Lebenswirklichkeit des A und seiner Familie. Vielmehr ist hier ein minimaler Ausschnitt aus der prinzipiell unbegrenzten Komplexität des Lebens dieser Menschen herausgenommen worden. Man erfährt z. B. nichts über das Aussehen des A, nichts über die Wohnverhältnisse der Beteiligten, nichts über die Gründe des Alkoholismus des A und seiner Aggressivität.

Es sind nur einige Tatsachen ausgewählt und zu einem Sachverhalt gemacht worden. Die Komplexität der Lebenswelt des A ist reduziert worden. Kennzeichnend für die Anfertigung juristischer Sachverhalte (also solcher, die zu Rechtsanwendung führen sollen) ist nun der Blickwinkel, unter dem diese Reduktion stattfindet.

Reduktion von Komplexität

Nach einer berühmten Formulierung von Karl Engisch entsteht der Sachverhalt im »Hin- und Herwandern des Blicks« (*Engisch*, Einführung in das juristische Denken, 3. Aufl., 1989, S. 216; vgl. auch *Büter/Schimke*, Anleitung ..., S. 76) zwischen Rechtsnorm und Lebenswirklichkeit. Anders ausgedrückt ist der Sachverhalt die Konstruktion von Wirklichkeit in bezug auf eine Rechtsnorm. Aus der Fülle möglicher Informationen über einen Menschen oder eine Situation werden diejenigen herausgefiltert, die für die möglicherweise anzuwendende Rechtsnorm erheblich sind oder sein können. Die »Rechtserheblichkeit« ist das entscheidende Kriterium für die Selektion der Fakten. Aus diesem Gesichtspunkt folgt auch, daß die Fakten zu Begriffen umgeformt werden müssen, die zu den gesetzlichen Tatbeständen »passen«, also die subsumierende Entscheidung ermöglichen.

»Hin- und Herwandern des Blicks«

Rechtserheblichkeit von Fakten

In der juristischen Ausbildung wird im allgemeinen mit formulierten Sachverhalten gearbeitet und lediglich geübt, auf diese als feststehend geschilderten Tatsachen Rechtsnormen anzuwenden. Ganz anders ist die Problematik in sozialen Berufen. Soziale Fachkräfte sind an der Rechtsanwendung nur selten bei der Auswahl der zutreffenden Rechtsnorm und deren Untersuchung beteiligt. Eine dominierende Rolle kommt ihnen aber bei der Auswahl der entscheidungserheblichen Tatsachen, also bei der Herstellung des Lebenssachverhalts zu. Dies als begutachtende Fachkraft, in der Beratung oder auch bei Stellungnahmen für Verwaltungsfachkräfte.

Rolle der sozialen Fachkräfte bei der Sachverhaltsermittlung

Wenn sie dieser Rolle gerecht werden wollen, müssen sie erkennen, daß es bei der Anwendung von Recht nicht darum geht, die Wirklichkeit möglichst objektiv oder wahrheitsgetreu wiederzugeben. Die soziale Fachkraft muß die Kompetenz haben, einschätzen zu können, welche Tatsachen für welche Vorschriften erheblich sein können, und diese so darzustellen, daß der Rechtsanwender diese Tatsachen dann auch der entsprechenden Norm zuordnen kann.

Nachvollziehbarkeit

Auch hierbei handelt es sich um einen subjektiven Vorgang, der dann nicht illegitim ist, wenn nachvollziehbar ist, wie es zu der Auswahl der Fakten gekommen ist.

Die juristische Dogmatik kennt eine bestimmte Ordnung des Sachverhaltsaufbaus. Auf diese soll hier nicht näher eingegangen werden (vgl. dazu *Büter/Schimke*, Anleitung…, S. 78). Für soziale Fachkräfte stellt sich das Problem als eines der Begutachtungs- und Berichtspraxis dar (vgl. dazu *Arndt/Oberloskamp*, Die gutachtliche Stellungnahme in der sozialen Arbeit, 5. Aufl., 1993).

2.4.1.3 Verknüpfung von Tatbestand und Sachverhalt

Vergleich Tatbestand – Sachverhalt

Um entscheiden zu können, ob die entstandenen Sozialhilfekosten in Höhe von 3000,– DM zurückgefordert werden können oder auch müssen, ist zunächst der Tatbestand des § 92 a BSHG mit dem vorgegebenen Sachverhalt zu vergleichen.

Fraglich ist dabei zunächst, ob die Voraussetzungen des § 92 a BSHG erfüllt sind. Unproblematisch ist, daß A über 18 Jahre alt ist und den Tatbestand des § 92 a S. 1 BSHG insoweit erfüllt. Fraglich ist aber, ob A durch sein Verhalten die Voraussetzungen für die Gewährung von Sozialhilfeleistungen an seine Angehörigen herbeigeführt hat. Die Sozialhilfeleistungen sind dadurch entstanden, daß die B mit ihren Kindern ins Frauenhaus gezogen ist. Hat A – ist die Frage – dies durch seine Aggressivität herbeigeführt? Dafür spricht einiges, denn B konnte mit ihrem Mann offensichtlich nicht zusammenbleiben. Allerdings konnte A auch nicht unbedingt wissen, daß ihn seine Frau verlassen würde, wenn er sie schlägt. Es kann hier nicht Aufgabe sein, diese Frage endgültig zu klären. Dafür fehlen im Sachverhalt wesentliche Angaben. Im sozialberuflichen Handeln müßte die Fachkraft versuchen, mit den Beteiligten herauszufinden, was zu dem Aufenthalt im Frauenhaus geführt hat. Dabei wäre auch das nächste Tatbestandsmerkmal zu klären, ob nämlich A grob fahrlässig oder vorsätzlich gehandelt hat, als er seine Frau schlug. In einem Bericht für die rechtsanwendende Verwaltungskraft wäre es also nötig, die Motivation des A und der B aufzuklären und dafür sozialpädagogische Handlungskompetenz einzusetzen.

Erfüllung des Tatbestands zweifelhaft

Insgesamt ist festzustellen, daß es zweifelhaft ist, ob die Tatbestandsmerkmale des § 92 a S. 1 BSHG erfüllt sind. Es ist nicht erforderlich, die Zweifel an dieser Stelle zu beseitigen. Das Beispiel diente nicht dazu, ein bestimmtes Ergebnis zu produzieren, sondern die Strukturen der Rechtsanwendung deutlich zu machen. In der Praxis müßte eine umfangreiche Beratungs-

und Ermittlungstätigkeit stattfinden, um eine Entscheidung treffen zu können. Dies wird selten der Fall sein, denn die praktische Bedeutung des § 92 a BSHG ist angesichts der komplizierten Voraussetzungen nicht sehr hoch. Im Jahre 1983 wurden von ca. 20 Milliarden ausgegebenen Sozialhilfemitteln lediglich ca. 90 Millionen aufgrund des § 92 a BSHG wieder eingezogen (vgl. *Schulte-Trenk/Hinterberger*, Sozialhilfe 1986, S. 480).

Falls aber das Ergebnis wäre, daß A durch sein Verhalten die Gewährung von Sozialhilfe an seine Familie schuldhaft herbeigeführt hat, müßte noch geprüft werden, ob in der Rückforderung eine Härte läge oder ob sie sogar die Fähigkeit des A beeinträchtigen würde, künftig unabhängig von Sozialhilfe am Gemeinschaftsleben teilzunehmen. Beide Tatbestandsmerkmale ermöglichen es der sozialen Fachkraft, ihre Kompetenz in den Rechtsanwendungsprozeß einzubringen. Insbesondere das Abheben auf das weitere Schicksal der Familie erfordert eine fachlich begründete Prognose. Hier könnten sozialpolitische Theorien über den Kreislauf der Verarmung eingebracht, aber auch individualpsychologisches und familiensoziologisches Wissen über die Bewältigung von Krisen in Familien zur Geltung gebracht werden.

Rückforderung eine Härte?

Auch bei diesen Tatbestandsmerkmalen ist im Fallbeispiel keine endgültige Entscheidung möglich. So kann auch nicht gesagt werden, ob eine der drei Rechtsfolgen des § 92 a BSHG eintritt.

In der Realität nahm der Fall einen tragischen Verlauf: A wurde zur Rückzahlung verpflichtet, er trank wieder und verlor seinen Arbeitsplatz, einige Jahre später starb er, Sozialhilfegelder wurden nie eingenommen.

Um zu zeigen, welche Entscheidungen Verwaltungsfachkräfte u. U. fällen, wenn sozialpädagogisches Wissen nicht in die Rechtsanwendung einfließt, soll hier der Rückforderungsbescheid des Sozialamts in Auszügen abgedruckt werden (selbstverständlich sind alle Angaben, insbesondere alle Daten und Summen, gegenüber dem Original anonymisiert oder verändert):

Entscheidung der Verwaltung

»Leistungsbescheid gem. § 92 a Bundessozialhilfegesetz (BSHG)

Sehr geehrte Eheleute A,
für die Zeit Ihrer Unterbringung, Frau A, im X-Haus in Y, sowie der Kinder Peter und Florian in der Zeit vom 21.6. 1979 bis 12.7. 1979 sind an Gesamtkosten aus Mitteln der Sozialhilfe übernommen worden: 2200,– DM. Hinzu kommen Leistungen des Sozialamts der Stadt Y für die Einrichtung der Wohnung in Y einschließlich Umzugskosten in Höhe von 500,– DM.
Diese Kosten hat die Stadt Y im Wege eines Kostenerstattungsan-

spruchs geltend gemacht und sind auch von hier der Stadt Y erstattet worden. Die Gesamtsumme der Kosten stellt sich damit auf 3000,– DM.
Diese Kosten sind von Ihnen zu erstatten. Grundlage ist § 92 a BSHG, wonach zum Ersatz der Kosten verpflichtet ist, wer nach Vollendung ds 18. Lebensjahres die Voraussetzungen für die Gewährung der Sozialhilfe an sich selbst oder an seine unterhaltsberechtigten Angehörigen durch vorsätzliches oder grobfahrlässiges Verhalten herbeigeführt hat. Wenn nicht Vorsatz, so ist doch Ihr schuldhaftes und sozialwidriges Verhalten unter Berücksichtigung der Begleitumstände der Unterbringung wie auch der gesamten Familiensituation seinerzeit Ursache für die Sozialhilfegewährung gewesen.
Von der Heranziehung zum Kostenersatz aus Härtegründen kann nach den mir vorliegenden Einkommensunterlagen nicht abgesehen werden. Eine besondere Härte würde z. B. dann vorliegen, wenn durch den Kostenersatz Ihre Lebensgrundlage gefährdet würde und andererseits Ihre Fähigkeiten beeinträchtigt würden, künftig unabhängig von Sozialhilfe am Leben in der Gemeinschaft teilzunehmen. Das ist jedoch bei Ihnen nicht der Fall.
Wie oben festgestellt, stellt sich der Erstattungsbetrag auf insgesamt 3000,– DM. Da dieser Betrag nicht in einer Summe von Ihnen gezahlt werden kann, bin ich mit einer Ratenzahlung einverstanden, die jedoch monatlich 100,– DM nicht unterschreiten sollte, beginnend mit dem 1. April.«

2.4.2 Die Rechtsanwendung durch sozialberufliche Fachkräfte

Rechtsanwendungskompetenz ist Teil sozialberuflicher Handlungsorientierung, die in den verschiedenen Arbeitsfeldern mit unterschiedlicher Gewichtung je nach professioneller Funktion gefragt sind. Wenn nun sozialberufliche Fachkräfte als »Rechtsanwender« tätig werden, gelten für diesen Teilbereich der beruflichen Kompetenz die gleichen Regeln wie für die Juristen, da sie mit dem gleichen Instrumentarium arbeiten. D. h., die Rechtstechnik der Rechtsanwendung muß beherrscht werden und damit auch die Fachsprache.

2.4.2.1 Rechtsanwendungskompetenz in interdisziplinär orientierten Ansätzen sozialer Arbeit

Eine Analyse der Berufsvollzüge in der Praxis zeigt, daß in fast allen Ansätzen sozialer Arbeit ein vereinfachtes Schema deutlich wird, bei dem Rechtswissen und Rechtsanwendung in einer bestimmten Phase der prozeßorientierten Arbeit mit Klienten »dazugeschaltet wird«.
In einer einfach gelagerten Beratungssituation, z. B. Sozialberatung durch Soziale Dienste, wird Recht angewendet, indem

geprüft wird, welche Ansprüche (z. B. auf Sozialleistungen, persönliche und materielle Hilfen) möglich sind und durch Beratung und Unterstützung vermittelt werden können mit dem Ziele, dem Klienten zu »seinen Rechten« zu verhelfen oder ihn zu befähigen, seine Rechte zu erkennen, geltend zu machen und gegebenenfalls durchzusetzen. Das Rechtswissen ist in diesem Zusammenhang Beratungsgegenstand und muß von einer sozialberuflichen Fachkraft »richtig« vermittelt werden.

Rechtswissen als Beratungsgegenstand

In komplexen arbeitsteilig organisierten Problemlösungsansätzen, z. B. in der Jugendhilfe, wird durch sozialpädagogische Fachkräfte Recht angewendet, indem geprüft wird, wie juristische Entscheidungen z. B. der Gerichte (Vormundschaftsgericht, Familiengericht, Jugendstrafrichter) durch sozialwissenschaftlich orientierte Fachgutachten zu beeinflussen sind bzw. Verwaltungsentscheidungen im sozialpädagogisch orientierten Hilfeplan einbezogen und koordiniert werden können.

Das Rechtswissen ist in diesem Zusammenhang Kontaktwissen und dient der Koordination und Kooperation in arbeitsteilig organisierten Hilfe- und Entscheidungsprozessen.

Rechtswissen als Kontaktwissen

Die Fachlichkeit sozialer Arbeit ist schließlich dadurch gekennzeichnet, daß alle personenorientierten Ansätze Leitprinzipien der Verfassung einbeziehen. Dies sind die Grund- und Freiheitsrechte, die sozialen Grundrechte und das Grundrecht auf informationelle Selbstbestimmung mit dem Sozialdatenschutz.

Das Rechtswissen ist in diesem Zusammenhang Handlungswissen und dient der Legitimation sozialpädagogischer Ansätze durch gesetzlich definierte Aufgaben sowie der Definition von Handlungschancen und Handlungsgrenzen einschließlich der Absicherung personenorientierter Sozialarbeit durch den Sozialdatenschutz. Das Grundschema I soll diesen Ansatz verdeutlichen:

Rechtswissen als Handlungswissen

Grundschema I

Recht und Soziale Arbeit

Die Bedeutung des Rechtswissens für die sozialberufliche Handlungskompetenz

Das RECHT hat der sozialberuflichen Hochschulausbildung als Basisfach eine dienende Funktion. In einem vereinfachten Schema kann die BEDEUTUNG DES RECHTSWISSENS an der Grundstruktur professioneller Arbeitsansätze in der sozialen Arbeit dargestellt werden. Bezogen auf eine interdisziplinär begründete Handlungskompetenz wird bei prozeßorientierten Arbeitsansätzen deutlich, daß das RECHTSWISSEN »schrittweise dazugeschaltet« wird.

1. SCHRITT BESCHREIBUNG EINER PROBLEMSITUATION
Welche sozialen Probleme werden benannt und sind definiert?
Welche institutionalisierten Antworten gibt es?
(Ziele – Aufgaben der Institutionen – Ansätze sozialer Arbeit)
Welche Bedürfnisse – Ansprüche der Klienten können beschrieben werden?

2. SCHRITT SYSTEMATISIERUNG DER PROBLEME
Systematisierung der Problembeschreibung im ersten Schritt nach:
- BEDINGUNGEN DER INSTITUTION
- BEDÜRFNISSEN DER KLIENTEN
- ARBEITSANSÄTZEN DER SOZIALEN ARBEIT

3. SCHRITT INTERDISZIPLINÄRE ANALYSE DER PROBLEME
Welche Wissensgebiete helfen mir, eine Situation, eine Problemlage zu analysieren?
Sozialwissenschaftliche Erklärungsansätze und Handlungsmodelle im Hinblick auf die definierten Probleme, deren Ursachen und Interventionsmöglichkeiten (aus den sogenannten Basiswissenschaften: SOZIALARBEITSWISSENSCHAFTEN – PÄDAGOGIK – PSYCHOLOGIE – SOZIOLOGIE – POLITIKWISSENSCHAFTEN).

4. SCHRITT RECHTLICHER BEZUGSRAHMEN DER PROBLEME
Welches Rechtswissen hilft mir bei der Definition und Analyse einer sozialen Problemlage?
Welches Rechtswissen wird zur Bestimmung der Aufgaben und Zuständigkeiten der sozialen Institutionen und deren Möglichkeiten und Grenzen bei der Lösung sozialer Probleme benötigt?

5. SCHRITT SYSTEMATISIERUNG DES RECHTSWISSENS
Rechtswissen als
- KONTAKTWISSEN
- HANDLUNGSWISSEN
- BERATUNGSGEGENSTAND

zur Definition von Handlungschancen und Handlungsgrenzen in der Funktion als Teilaspekt der »lebensweltorientierten« (ganzheitlicher Ansatz) sozialberuflichen Handlungskompetenz.

6. SCHRITT FACHSYSTEMATIK DER RECHTSGEBIETE
System des PRIVATRECHTS (Familienrecht/Materie des Bürgerl. Gesetzbuchs)
System des ÖFFENTLICHEN RECHTS (Sozialrecht/Verwaltungsrecht/Strafrecht u.a.) mit dem entsprechenden Verfahrensrecht (ZPO/FGG/VwGO/StPO u.a.)
System des VERFASSUNGSRECHTS (Grundgesetz GG/Länderverfassungen) (SYSTEMATISCHES RECHTSWISSEN zur Orientierung und Herausbildung einer sozialberuflichen Rechtsanwendungskompetenz im Rahmen des geltenden Rechts und der weiterzuentwickelnden rechtlichen Rahmenbedingungen der sozialen Arbeit

2.4.2.2 Rechtsanwendung als Strukturierungshilfe zur Problemlösung in Situationen (Fällen)

Arbeitsform »Psychosoziale Diagnose«

Ein weiteres Grundschema wird in den Arbeitsformen sozialer Arbeit deutlich, die sich mit individualisierender Hilfe befassen. Hier hat sich in der Praxis ein Ansatz herausgebildet, der als psychosoziale Diagnose (PSD) beschrieben wird (vgl. *Arndt/Oberloskamp/Ballof*, 1993, S. 53ff./78, *Müllensiefen*, 1993, S. 752).

Die psychosoziale Diagnose (PSD) ist ein typischer Arbeitsvorgang in der sozialen Arbeit, der Vorarbeit und Voraussetzung für die Wahl adäquater Gesamtdienstleistungen materieller und beratender Art ist.

Die PSD macht es möglich, die Person nicht nur als subjektiv gestört, krank, ausgegrenzt zu definieren, sondern auch als Objekt gestörter Lebensverhältnisse, krankmachender Lebensbedingungen und ausgrenzender Faktoren zu sehen.

Hauptmerkmal ist die wechselbezügliche Sichtweise zwischen lebensweltlichen Bedingungen und Reaktionen des Individuums in diesen Zusammenhängen.

Dazuschalten von Rechtswissen

Auch in diesem Arbeitsansatz wird deutlich, daß im schrittweisen Vorgehen eines Beratungs- oder Hilfeprozesses Recht erst als Rahmenbedingung bzw. als Legitimation ganzheitlicher sozialpädagogisch orientierter Hilfeplanung »dazugeschaltet wird«. Die zwei folgenden vereinfachten Schemata (II und III) sollen dies verdeutlichen:

Grundschema II und III: Recht und Soziale Arbeit

psychosoziale Problemdefinition

Strukturierungshilfen zur Fallbearbeitung
»Psychosoziale Diagnose I und II«
(Anmerkung: In der gegenwärtigen Theoriebildung zur sozialen Arbeit wird der Begriff »Diagnose« langsam ersetzt durch den Begriff psychosoziale Problemdefinition, um den sozialarbeitsspezifischen Ansatz von therapeutischen Ansätzen der Psychiatrie und Medizin sowie der Defizitorientierung besser abgrenzen zu können. Die vorgestellte Strukturierung bleibt aber erhalten.)

Grundschema II

Recht und Soziale Arbeit
Stukturierungshilfe zur Fallbearbeitung
»Psychosoziale Diagnose I«

Ein ARBEITSANSATZ in der prozeßorientierten Beratungspraxis der sozialberuflichen Fachkräfte ist die sog. PSYCHOSOZIALE DIAGNOSE. Wenn in einer sozialen Beratung gemeinsam mit dem Klienten Probleme herausgefiltert werden, wird der Berater nach Lösungsmöglichkeiten suchen, die auch in der Vermittlung von Hilfen gesehen werden können, die im Rahmen der Sozialleistungsgesetze gewährt werden.

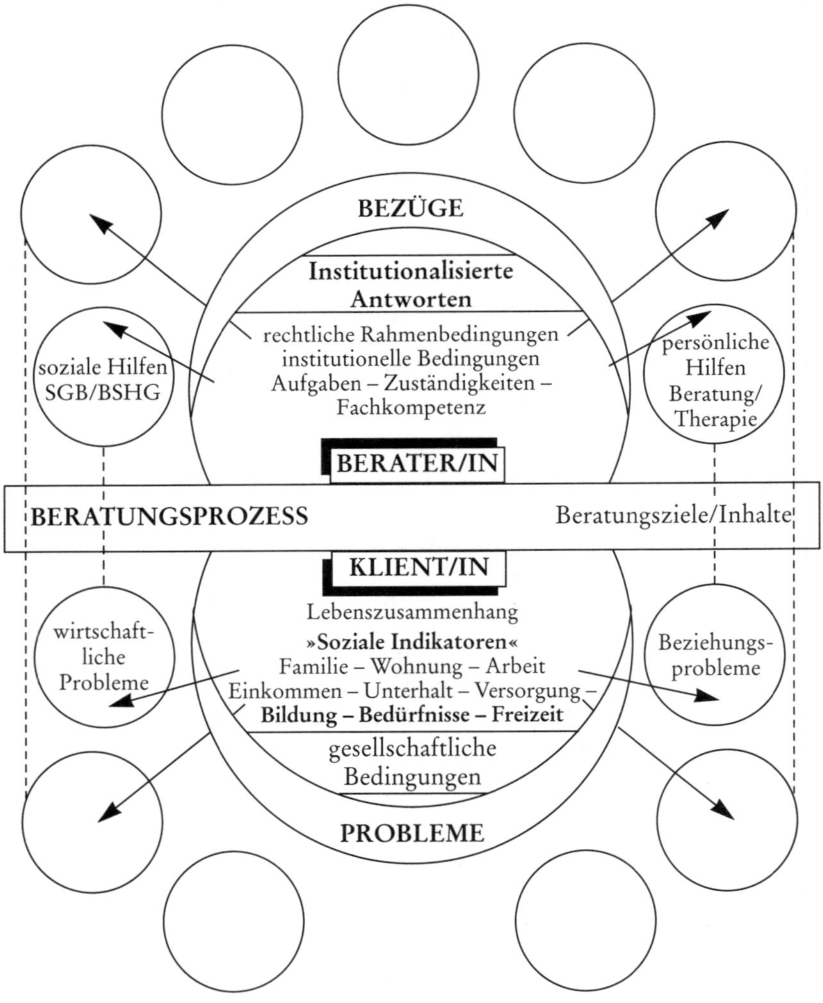

Grundschema III

Recht und Soziale Arbeit
Strukturierungshilfe zur Fallbearbeitung
»Psychosoziale Diagnose II«

Bei dem ARBEITSANSATZ der PSYCHOSOZIALEN DIAGNOSE leiten und strukturieren interdisziplinäre Fragestellungen den Prozeß einer sozialen Beratung. Für die praktische Fallarbeit hat sich die folgende Strukturierungshilfe als hilfreich erwiesen:

ERSTKONTAKT

Als Ausgangspunkt für eine Psychosoziale Diagnose im Rahmen eines zu bearbeitenden Einzelfalls sind denkbar: ein BERATUNGSGESPRÄCH – ein FAMILIENGESPRÄCH – ein HAUSBESUCH – die Aufforderung zu einem FACHGUTACHTEN/BERICHT oder die VERTRETUNG in einem laufenden Beratungsprozeß.
In diesem Zusammenhang ist es wichtig für die Fallbearbeitung den
Anlaß des Kontaktes (z.B. eine Pflichtaufgabe/Ermessensaufgabe/Freiwillige Leistung des Trägers, die auf Grund einer Anzeige, von Amts wegen oder auf Antrag eingeleitet wird) sowie die
Quellen der Fallbeurteilung genau zu benennen und der Fallbearbeitung voranzustellen. (Quellen der Fallbearbeitung können sein: DATEN AUS AKTEN, GUTACHTEN, eigene Wahrnehmungen aus GESPRÄCHEN – BEOBACHTUNGEN u.a.)
Alle Daten zur Beurteilung eines Falles und zur prozeßorientierten Fortschreibung der psychosozialen Diagnose sollten entsprechend den Grundsätzen der Mitwirkungspflichten des SGB und der Beachtung des bereichsspezifischen Datenschutzes geschehen (z.B.: §§ 61 ff. KJHG).

BEARBEITUNGSSCHRITTE

1. SCHRITT: SOZIALE DATEN (Erhebung des Sachverhaltes)
– ordnende Beschreibung der aktuellen Situation nach sozialen Faktoren
Soweit es für die gutachtliche Beurteilung der aktuellen Situation erforderlich ist, werden Daten nach psychosozialen Indikatoren und lebensweltlichen Zusammenhängen geordnet und beschrieben: SOZIALE BEZIEHUNGEN in der FAMILIE, VERWANDTSCHAFT, NACHBARSCHAFT, in anderen BEZUGSGRUPPEN, soziale Netze/
SOZIALE ABSICHERUNG durch Arbeit – Einkommen – Vermögen bzw. Nichtabsicherung verbunden mit Armut oder Verschuldung,
AUSBILDUNG – FORTBILDUNG – BERUF –
SOZIOKULTURELLE BEDÜRFNISSE – u.a. als Sammlung nicht bewerteter Fakten.

2. SCHRITT: PSYCHOSOZIALE DATEN (Einschätzung der aktuellen Situation)
– aus der Sicht des/der zu Beratenden
– professionelle diagnostische Einschätzung der aktuellen Situation
Im zweiten Schritt geht es um die Klärung der Bedürfnisse der Betroffenen, deren Einschätzung ihrer Probleme in der aktuellen Situation. Als Leitfragen dienen hier: Welche subjektiven Aussagen machen Betroffene zu Problemen – Belastungen – Wünschen? Wie schätzt der/die zu Beratende seine Probleme bzw. Belastungen und seine Kompetenzen ein, diese Situation zu verändern? Was möchte er/sie überhaupt verändern bzw. erreichen? Welche Hilfen sind angezeigt und wollen von der/dem zu Beratenden auch in Anspruch genommen werden?

In diesem zweiten Schritt geht es auch um die diagnostische Einschätzung durch den/die Berater/in. Sozialwissenschaftliche Erklärungsansätze zu Ursachen von Problemen- Beobachtungskriterien – zu psychosozialen Auswirkungen von sozialen Faktoren und persönlichen Lebenskrisen gehören zur diagnostischen Kompetenz in der sozialberuflichen Handlungsorientierung.

3. SCHRITT: DATEN zu den RECHTLICHEN RAHMENBEDINGUNGEN
In diesem Schritt geht es um das Herausfinden von institutionalisierten Antworten auf die mit den Klienten im 2. Schritt definierten SOZIALEN PROBLEME und den möglichen Hilfen/Alternativen, die geeignet sind, Probleme zu lindern oder zu lösen.
Als Leitfragen dienen hier: Welche Hilfen bzw. Alternativen sind indiziert und können im konkreten Fall realisiert werden? Was ist veranlaßt? (Hilfe und/oder Kontrolle). Können Ansprüche auf SOZIALLEISTUNGEN als persönliche oder materielle Hilfen beansprucht und realisiert werden? Welche Ansprüche sind bei welcher zuständigen Stelle zu beantragen oder von Amts wegen einzuleiten?

4. SCHRITT: SOZIALPÄDAGOGISCHE HILFEPLANUNG
in der psychosozialen Diagnose
In diesem letzten Schritt geht es im Rahmen der psychosozialen Diagnose um die Gesamtwürdigung der einzelnen Schritte mit dem Ziel, auf der Basis der gemeinsamen Problemerarbeitung und diagnostischen Einschätzung Ziele und Wege des Helfens und der Problemlösungsansätze zu erarbeiten und in einem gemeinsamen Hilfeplan festzulegen.
(NAHZIELE –MITTELFRISTIGE ZIELE – FERNZIELE, verbunden mit Maßnahmen und Hilfen, die selbständig zu beantragen und zu verwirklichen sind – Hilfe zur Selbsthilfe als Prinzip)
– Diese gemeinsame Hilfeplanung ist im Rahmen der Hilfen zur Erziehung nach §§27ff. KJHG mit Beteiligung aller Betroffenen (Eltern/Kinder/Fachkräfte des Jugendamtes/Fachkräfte der Einrichtungen, die Hilfen zur Erziehung anbieten) gemäß §§36f. KJHG gesetzlich vorgeschrieben. Dieses Prinzip kann auch in der Behandlung von Einzelfällen im Rahmen der sozialen Beratung als Strukturprinzip für den Abschluß der ersten Phase der psychosozialen Diagnose herangezogen werden. Auf der Basis dieser diagnostischen Einschätzung und Hilfeplanung wird die Beratung fortgesetzt und der Prozeß der psychosozialen Diagnose entsprechend dem Prüfungsschema der 4 Schritte fortgeschrieben.

2.4.3 Rechtstechnik – »Handwerkszeug« der Juristen und sozialberuflichen Fachkräfte

Praxisbeispiel

In der Familie A bespricht Frau B als Mitarbeiterin des ASD des Jugendamtes bei einem Hausbesuch die Schulprobleme des 16jährigen Frank A und deutet mögliche Hilfen zur Erziehung außerhalb der Familie an. Frank zerstört aus Wut über Frau B die Scheiben ihres vor der Wohnung geparkten Privatwagens. Frau A macht deutlich, daß sie sich wenig um Frank kümmern könne, da sie mit der Versorgung der drei kleinen Kinder (3 bis 6 Jahre) voll ausgelastet sei und zur Zeit auch zum Familienunterhalt beitragen müsse, da ihr Mann wegen unentschuldigter Fehlzeiten zur Vermeidung eines Rauswurfs in seinem Betrieb selbst gekündigt habe. Wegen der Sperrfrist für das Arbeitslosengeld sei die Familie zur Zeit ohne Einkommen, und die Ersparnisse seien nahezu aufgebraucht.

Fragen:
Kann Frau B Schadenersatz verlangen? Von wem?
Kann der 16jährige Frank bestraft werden?
Welche Sozialleistungsansprüche bestehen, welche Hilfen können in diesem Beratungsgespräch vermittelt werden?

Ansprüche und Anspruchsgrundlagen im Rechtssystem

Wenn es schon für Fachleute (Juristen) oft schwer ist, sich in dem fast unübersehbaren Rechtssystem zurechtzufinden, um so verständlicher ist es, daß es den sozialberuflichen Fachkräften in der Ausbildung oder Berufseinmündung oft schwer fällt, die richtigen Rechtsgrundlagen als Anspruchsgrundlagen zu finden und für den Klienten zu interpretieren. Als erste Orientierung im Rechtssystem ist zu unterscheiden in:

A: Subjektive Privatrechte
B: Öffentlich-rechtliche Ansprüche
»Strafanspruch des Staates« (StGB/JGG)
C: Subjektiv öffentliche Ansprüche

2.4.3.1 Subjektive Privatrechte

Definition subjektive Privatrechte

Subjektive Privatrechte: sind Rechtsbeziehungen zwischen natürlichen rechtsfähigen Personen und juristischen Personen und Rechtsbeziehungen zu Sachen auf der Ebene der Gleichordnung zueinander – Gegenstand des Privatrechts.

Subjektive Privatrechte sind:

Rechte an etwas
also Beherrschungsrechte, die die Einwirkung auf eine Sache erlauben und fremde Einwirkungen ausschließen (Beispiele: Eigentumsrecht § 903 BGB/Urheberrecht)

Rechte zu etwas
also Gestaltungsrechte, die die Möglichkeit eröffnen, durch einseitige Handlungen einen Rechtserfolg herbeizuführen (Beispiele: Kündigung §§ 542/553f. BGB/Anfechtung von Willenserklärungen § 119 ff. BGB)

Rechte auf etwas
also Anspruchsrechte, von einem anderen ein Tun oder Unterlassen zu verlangen (§ 194 BGB)
Diese legal definierten Ansprüche ergeben sich
- aus Verträgen (Kauf – Miete – Werkvertrag u. a.)
- aus unerlaubten Handlungen (§ 823 ff. BGB)
- aus Familienrecht (z. B. Unterhalt §§ 1360/1601 ff. BGB)
- aus Erbrecht (§§ 1922 ff. BGB)

Ein subjektives Privatrecht als Anspruch muß beim Anspruchsgegner geltend gemacht, notfalls gerichtlich durchgesetzt werden.

Kennzeichen für die privatrechtlichen Ansprüche sind auch die Gegenrechte des Anspruchsgegners, die, um berücksichtigt zu werden, auch von ihm geltend gemacht werden müssen. (Er kann z. B. Erfüllung einwenden, Anfechtung geltend machen oder die Einrede der Verjährung oder Stundung der Leistung erheben.)

Gegenrechte des Anspruchsgegners

Verfahrensregeln

Ziel ist es, daß ein Anspruchsberechtigter und ein Anspruchsgegner auf der Basis der Regeln des Privatrechts ihre Konflikte aushandeln und sich einigen (außergerichtlicher Vergleich) oder ihre Rechte mit gerichtlicher Hilfe durchsetzen.

Der **Anspruchsberechtigte** muß die Voraussetzungen seines Anspruchs beweisen, in dem er die rechtserheblichen Tatsachen belegt (z. B. durch Urkunden, Zeugen, Gutachten).

Der **Anspruchsgegner** wird versuchen, dem Anspruch die Grundlage zu entziehen,

- sei es durch Behauptung und Beweis, daß ein Anspruch nicht entstanden ist (Mängel im Vertragsabschluß, die zur Nichtigkeit führen, z. B. § 104 BGB)
- sei es durch Behauptung und Beweis, daß zwar eine Anspruchsgrundlage bestanden habe, aber diese durch Erfüllung (z. B. Bezahlung rückständiger Miete bei Kündigungsanspruch) untergegangen ist (§ 362 BGB)
- sei es durch Behauptung und Beweis, daß dem Anspruch eine Einrede z. B. der Verjährung oder Stundung entgegensteht.

Prüfung eines Schadenersatzanspruchs – als subjektives Privatrecht –

Anspruchsgrundlage Schadensersatzanspruch § 823 BGB

Bei unserem Ausgangsbeispiel geht es zunächst darum, Ansprüche und deren Anspruchsgrundlagen herauszufinden. Die Frage des Schadensersatzes ist ein Gegenstand des Zivilrechts (!). Die Sozialarbeiterin Frau B kann verlangen, daß ihr der Schaden ersetzt wird (subjektives Privatrecht), der durch Frank A verursacht wurde. Der Anspruch kann nicht auf einen Vertrag oder ein öffentlich-rechtliches Verhältnis in der Jugend- und Sozialhilfe begründet werden. Es bleibt die allgemeine Norm des § 823 BGB als zentrale Norm für Schadensersatzansprüche aus unerlaubten Handlungen. An dieser Norm soll nun die Grundlage der Rechtstechnik – Rechtsanwendung – verdeutlicht werden.

§ 823 BGB lautet:
»Wer vorsätzlich oder fahrlässig das Leben, den Körper, die Gesundheit, die Freiheit, das Eigentum oder ein sonstiges Recht eines anderen widerrechtlich verletzt, ist dem anderen zum Ersatz des daraus entstehenden Schadens verpflichtet.«

Der Normaufbau des § 823 Abs. 1 BGB als zu prüfende Anspruchsgrundlage für den Schadensersatzanspruch ist zweiteilig. Er ist zusammengesetzt aus

- *Tatbestand*
  - Wer vorsätzlich oder fahrlässig
  - das Leben, den Körper, die Gesundheit, die Freiheit, das Eigentum oder ein sonstiges Recht eines anderen
  - widerrechtlich verletzt,
- *Rechtsfolge*
  ist dem anderen zum Ersatz des daraus entstehenden Schadens verpflichtet.

Ergänzungen zur Anspruchsnorm

Kennzeichen für eine Anspruchsnorm ist immer diese Zweiteiligkeit bestehend aus Tatbestand (mit den präzise zu definierenden Anspruchsvoraussetzungen) und der Rechtsfolge. Nicht immer genügt eine Norm als Anspruchsgrundlage. Weitere Normen müssen zur Ergänzung und Präzisierung der Anspruchsvoraussetzungen herangezogen werden. Diese Normen stehen meistens im gleichen Gesetz im gleichen Abschnitt, aber auch in den Allgemeinen Teilen eines anzuwendenden Gesetzes (z. B. §§ 828/832/847 BGB/§§ 184 ff., 249ff. BGB). Neben diesen Ergänzungsnormen gibt es noch reine Definitionsnormen (z. B. § 90 BGB/§ 7 KJHG).
Der Tatbestand in der zu prüfenden Anspruchsnorm § 823 Abs. 1 BGB ist nun dreistufig:

Tatbestandselement 1	Rechtsgüterverletzung
Tatbestandselement 2	Widerrechtlichkeit
Tatbestandselement 3	Verschulden (Vorsatz/Fahrlässigkeit)

→ zu vertretende Verursachung einer Schadensfolge
→ daraus (Kausalität) → Rechtsfolge Schadensersatz

Rechtsanwendung – Subsumtion –

Die eigentliche Rechtsanwendung besteht nun im Herausfiltern der rechtserheblichen Tatsachen zur Begründung der Tatbestandselemente 1 und 2 und einer Prüfung der individuellen Verantwortlichkeit des Verursachers zur Begründung des Tatbestandselements 3. Dieser Vorgang wird Subsumtion genannt, d. h. die Zuordnung eines konkreten Lebenssachverhalts zu einer abstrakten Norm.

Kausalitätsnachweis – Rechtsfolge –

Die Rechtsfolge für den mit Kausalitätsnachweis festzustellenden Schaden in Form eines Schadensersatzanspruches kann nur eintreten, wenn alle 3 Tatbestandselemente erfüllt und nachgewiesen sind.

Im vorliegenden Fall sind die rechtserheblichen Tatsachen zum einen die zerstörten Scheiben des Privatwagens von Frau B. Mit dieser Zerstörung ist eine Verletzung des Rechtsgutes Eigentum und damit das Tatbestandselement 1 gegeben. Die

Widerrechtlichkeit

Rechtsgutverletzung ist auch widerrechtlich geschehen, denn weder war A befugt, die Scheiben zu zerstören, noch hatte er dafür einen Rechtfertigungsgrund. Insbesondere rechtfertigt seine Wut auf Frau B nicht die Schadenszufügung. Damit ist auch das Tatbestandselement 2 erfüllt.

Verschulden – Vorsatz –

Problematisch ist jedoch, ob A auch den von ihm vorsätzlich herbeigeführten Schaden zu vertreten hat. Zweifel könnten sich hier deshalb ergeben, weil A noch nicht 18 Jahre alt ist und deshalb für sein handeln noch nicht vollständig verantwortlich sein könnte. Zum Verständnis des Tatbestandselementes 3 ist es in einem solchen Fall erforderlich, eine weitere Norm heranzuziehen. Dies ist hier § 828 BGB, wonach derjenige für die Schadensverursachung verantwortlich ist, der die erforderliche Einsicht in das Unrechte seines Tuns besitzt. Dies kann bei einem 16jährigen ohne weiteres vorausgesetzt werden.

Schadensersatz als Rechtsfolge

Die 3 Tatbestandselemente des § 828 BGB sind also erfüllt, die Rechtsfolge der Verpflichtung zum Schadensersatz tritt ein. Die Höhe des Schadensersatzes richtet sich nach den Vorschriften im Allgemeinen Teil.

Schon in diesem kleinen Beispiel zeigt sich die Vielfalt von Normen, die im Zivilrecht zu berücksichtigen sind. Gegenstand der Ausbildung im juristischen Bereich ist es nun weniger, diese einzelnen Normen auswendig zu lernen. Es kommt vielmehr darauf an, sie in ihrer Verknüpfung zu verstehen.

2.4.3.2 Strafrecht

Definition – Strafrecht –

Strafrecht ist die Summe der Rechtsnormen, die an ein bestimmtes Verhalten, Tun oder Unterlassen mit exakt definierter Rechtsgutverletzung als Rechtsfolge eine Sanktion knüpft. Sanktionen sind Geldstrafe/Freiheitsstrafe/Maßregeln der Sicherung und Besserung (§§ 38 ff. StGB/§§ 5 ff. JGG/§§ 61 ff. StGB).

Ein Strafanspruch des Staates ist nur erfüllt, wenn die drei Elemente einer Straftat – **Tatbestand** – objektive Rechtsgutverletzung, subjektiver Vorsatz oder Fahrlässigkeit – **Rechtswidrigkeit** und **Schuld** = Vorwerfbarkeit gegeben sind. In diesem Fall kann der Richter ein Urteil mit Zumessung einer Strafe fällen.

Straftaten Jugendlicher

Bei Straftaten Jugendlicher (14 bis 18 Jahre) kann der Richter nun die Straffolgen des § 5 JGG (Erziehungsmaßregeln, Zuchtmittel, Jugendstrafe) wählen, wenn die Verantwortung eines Jugendlichen gemäß § 3 JGG gegeben ist. Bei Heranwachsenden (18 bis 21 Jahre) kann der Jugendrichter nach Überprüfung der Verantwortlichkeit gemäß § 105 JGG auch zu dem Ergebnis kommen, daß Erwachsenenstrafrecht anzuwenden ist.

Prüfung eines Straftatbestandes – als Strafanspruch des Staates –

Das Verhalten von Frank ist neben der zivilrechtlichen Haftung (Schadensersatzanspruch) auch im Sinne strafrechtlicher Normen zu prüfen. Hier geht es um den Strafanspruch des Staates (im öffentlichen Interesse) oder um den Strafanspruch bei sog. Privatklagedelikten. Das Verhalten von Frank könnte im strafrechtlichen Sinn eine Sachbeschädigung gem. § 303 StGB sein.

Die Rechtstechnik im Strafrecht orientiert sich an dem Grundprinzip des Aufbaus einer Straftat:
Tatbestand → **Rechtswidrigkeit** → **Schuld** → Strafe als Rechtsfolge.
Der **Tatbestand** des § 303 StGB ist erfüllt durch die objektive Rechtsverletzung (hier fremdes Eigentum), subjektiv: durch vorsätzliche Beschädigung einer fremden Sache,
die **Rechtswidrigkeit** ist gegeben, wenn kein Rechtfertigungsgrund vorliegt und
die **Schuld,** d. h. die Vorwerfbarkeit eines schuldhaften Tuns oder Unterlassens (hier ist die strafrechtliche Verantwortung gem. § 3 JGG – Straffähigkeit für einen Jugendlichen – zu prüfen), wenn kein Entschuldigungs- bzw. Schuldmilderungsgrund geltend gemacht werden kann.
Die **Rechtsfolge,** d. h. die Strafe, ist definiert durch den Strafrahmen der verletzten Norm. Für Jugendliche gilt dann der Strafrahmen des JGG. In § 5 JGG sind die Rechtsfolgen einer »Jugendstraftat« definiert. (Erziehungsmaßregeln – §§ 9 ff. JGG –, Zuchtmittel – §§ 13 ff. JGG –, Jugendstrafe – §§ 17 ff. JGG)

Als zweites Ergebnis zum Ausgangsfall kann festgestellt werden: Frank A hat sich gemäß § 303 StGB einer vorsätzlichen Sachbeschädigung strafbar gemacht, indem er vorsätzlich eine fremde Sache beschädigt hat und keinen Rechtfertigungsgrund (etwa Notwehr § 23 StGB) und keinen Entschuldigungsgrund (§§ 19 ff. StGB, § 3 JGG) einwenden kann. **Sachbeschädigung**
Ihn trifft nach § 3 JGG die strafrechtliche Verantwortung, so daß als Rechtsfolge des erfüllten Tatbestandes einer Sachbeschädigung nach § 303 StGB die Rechtsfolgen des § 5 JGG eingesetzt werden und eine Erziehungsmaßregel nach §§ 9 ff. JGG oder ein Zuchtmittel § 13 ff. JGG (z. B. Verwarnung) vom Jugendrichter als spez. Folge der Straftat eines Jugendlichen ausgesprochen werden könnte. Hier ist zu beachten, daß die Ver- **Rechtsfolge § 5 JGG** **Strafantrag**

folgung nur auf Antrag stattfindet, d.h., Frau B müßte einen Strafantrag stellen. Eine Verfolgung »von Amts wegen« durch den Staatsanwalt kann im »öffentlichen Interesse« liegen und auch ohne Strafantrag erfolgen. Dies ist hier jedoch nicht zu bejahen. Aus pädagogischem Interesse wird Frau B versuchen, den Konflikt ohne die üblichen strafrechtlichen Sanktionen (z.B. Geld- oder Haftstrafe) zu lösen. Dieses Ziel entspricht auch der Praxis, in der mit den Projekten im sog. »Täter-Opfer-Ausgleich« und anderen Diversionsmodellen (z.B. Projekt Handschlag in Reutlingen) versucht wird, solche Konfliktregulierungen aus dem Strafrecht herauszunehmen.

Täter-Opfer-Ausgleich als Diversionsmodell

2.4.3.3 Subjektiv öffentliche Rechte

Definition – subjektiv öffentliche Rechte –

Subjektiv öffentliche Rechte gewähren gerichtlich überprüfbare und durchsetzbare Ansprüche. Solche Rechte sind Grund- und Freiheitsrechte und die Ansprüche auf Sozialleistungen (§§ 12 ff. SGB), um die es im folgenden gehen wird.

Einsetzen der Sozialhilfe bei Notlage

Die im Ausgangsfall von Frau A angedeutete wirtschaftliche Lage (Einkommenssituation) kann als Notlage im Sinne von § 5 BSHG in Verb. mit § 9 SGB/§ 11 BSHG definiert werden, die zum Einsetzen der Sozialhilfe von Amts wegen führt. Dies ist dann der Fall, wenn dem Träger der Sozialhilfe (das ist das örtlich zuständige Sozialamt § 96 BSHG) oder den von ihm beauftragten Stellen, hier Frau B vom ASD des Jugendamtes, die den sog. »fürsorgerischen Außendienst« mit versorgen kann, eine Notlage im Sinne von § 5 BSHG bekannt wird.

Rechtsanspruch auf soziale Beratung

Dies bedeutet zunächst, daß die Sozialarbeiterin vom ASD des Jugendamtes legitimiert ist, über soziale Leistungsansprüche §§ 11 ff. SGB AT zu beraten (*Müller-Alten*, 1992, S. 37ff.). Auf diese Beratung besteht auch ein Rechtsanspruch (§ 14 SGB), den Familie A gegenüber dem Sozialleistungsträger geltend machen kann. Der Beratungsanfang ergibt sich aus § 8 Abs. 1 und 2 BSHG.

Damit ist über die persönliche Hilfe der Beratung (§ 14 SGB) als einem Teil eines öffentlich-rechtlichen Sozialleistungsanspruchs (§ 11 SGB) der Weg zu einem komplizierten Verfahren der Anspruchsprüfung über weitere subjektiv öffentliche Rechte eröffnet. Anspruchsgrundlage ist über die »Einweisungsnormen« der §§ 9, 11, 28 des SGB AT der § 11 BSHG.

§ 11 BSHG als Anspruchsgrundlage für die Hilfe zum Lebensunterhalt (Sozialhilfe) hat folgenden Wortlaut:

Abs. 1: Hilfe zum Lebensunterhalt ist dem zu gewähren, der seinen notwendigen Lebensunterhalt nicht oder nicht ausreichend aus eigenen Kräften und Mitteln, vor allem aus seinem Einkommen und Vermögen, beschaffen kann. Bei nicht getrennt lebenden Ehegatten sind das Einkommen und Vermögen beider Ehegatten zu berücksichtigen; soweit minderjährige unverheiratete Kinder, die dem Haushalt ihrer Eltern oder eines Elternteils angehören, den notwendigen Lebensunterhalt aus ihrem Einkommen und Vermögen nicht beschaffen können, sind auch das Einkommen und Vermögen der Eltern oder eines Elternteils zu berücksichtigen.

- **Tatbestand** (Anspruchsvoraussetzungen)
  - Wer seinen notwendigen Lebensunterhalt (1)
  - nicht aus eigenen Kräften (2)
  - vor allem aus Einkommen (3) und Vermögen (4)
  - bestreiten kann,
- **Rechtsfolge**
  - dem ist Hilfe zum Lebensunterhalt zu gewähren.

Unbestimmte Rechtsbegriffe

Der unbestimmte Rechtsbegriff notwendiger Lebensunterhalt (Tatbestandselement 1) wird durch den Gesetzgeber präzisiert in § 12 I BSHG mit der Beschreibung des Umfangs und mit den §§ 21 und 22 BSHG, die die Form und das Maß der Leistung definieren. Die Konkretisierung der individuell zu ermittelnden Leistung wird dann durch § 22 und eine Rechtsverordnung zu § 22 (Regelsatzverordnung) sowie landesrechtliche Bestimmungen – Erlasse, Richtlinien – näher definiert.

notwendiger Lebensunterhalt (Bedarf)

Durch Anwendung dieser Regeln kann der notwendige Lebensunterhalt (Bedarf) ermittelt werden (1. Anspruchsvoraussetzung).

Nachranggrundsatz

Das Tatbestandsmerkmal 2 aus eigenen Kräften wird durch den vom Gesetzgeber festgelegten Nachranggrundsatz § 2 BSHG konkretisiert. Dort heißt es: Sozialhilfe erhält nicht, »wer sich aus eigenen Kräften helfen kann«. Dies bedeutet auch Sicherung der Lebensgrundlage durch Leben in Wohngemeinschaften, tatsächliche Unterstützung durch nicht unterhaltspflichtige Angehörige, Freunde und die Verpflichtung, durch zumutbare Arbeit seinen Lebensunterhalt zu verdienen.

Einsatz von Arbeitskraft

Weiterhin bedeutet der Nachranggrundsatz, daß alle anderen Sozialleistungen, auf die gegebenenfalls ein Anspruch besteht, der Sozialhilfe vorgehen und als »Einkommen« von dem errechneten Bedarf (Tatbestandsmerkmal 1) wieder abgezogen werden müssen.

vorrangige andere Sozialleistungen

Eine Übersicht über diese vorrangigen Sozialleistungen kann aus §§ 18–29 SGB AT ersehen werden. Für die Praxis der Sozialhilfeansprüche sind insbesondere folgende Sozialleistungen wichtig, die vorrangig sind und zuerst vom Berechtigten zu beantragen sind, da diese nicht »von Amts wegen« gewährt werden. §§ 18 ff. SGB verweisen auf:

- *BAföG:* Leistungen der Ausbildungsförderung nach dem BAföG (§ 18 SGB)
- *Arbeitslosengeld, Arbeitslosenhilfe:* Leistungen der Arbeitsförderung nach dem AFG (§ 19 SGB)
- *Krankengeld:* Leistungen der Krankenversicherung nach der RVO (§ 21 SGB)
- *Rente:* Leistungen der Rentenversicherung nach der RVO (§ 23 SGB)
- *Kindergeld:* Leistungen des Kindergelds nach dem BKGG (§ 25 SGB)
- *Wohngeld:* Leistungen als Mietzuschuß oder Lastenzuschuß nach dem Wohngeldgesetz (§ 26 SGB)
- *Jugendhilfe:* Leistungen der wirtschaftlichen Jugendhilfe, sofern sie den notwendigen Lebensunterhalt mit abdecken, nach dem KJHG (§ 27 SGB)

Einsatz von Einkommen und Vermögen

Als letzte Anspruchsvoraussetzung (Tatbestandsmerkmal 3 und 4) ist der Einsatz des Einkommens und des Vermögens zu prüfen. Auch dieser in der Anspruchsgrundlage § 11 BSHG unbestimmte Begriff wird durch Normen im gleichen Gesetz ergänzt. Die §§ 76 ff. BSHG und die dazu ergangene Rechtsverordnung (vom 28. 10. 1962 in der Fassung vom 23. 1. 1976 BGBl. I 53234) bestimmen, welches Einkommen (Einkommensarten nach sog. Bereinigung, vergleichbar der Lohn- und Einkommensteuererklärung) im Sinne der Sozialhilfe anzurechnen ist. Von der Anrechnung auf die Sozialhilfe ausgenommen sind nur die durch Gesetz genannten zweckbestimmten Leistungen (§ 76 Abs. 1 BSHG), dies sind:

- die *Grundrente* nach dem Bundesversorgungsgesetz (Kriegsbeschädigte) *Renten oder Beihilfen* nach dem Bundesentschädigungsgesetz (für die Opfer nationalsozialistischer Verfolgung)
- das *Schmerzensgeld* als Rechtsfolge eines zivilrechtlichen Schadensersatzanspruches (§ 847 BGB)
- *öffentlich-rechtliche Leistungen,* die ausdrücklich zu einem anderen Zweck als der Hilfe zum Lebensunterhalt gewährt werden (z. B. Mutterschaftsgeld §§ 200, 200 a RVO, § 13 Mutterschutzgesetz)
- *Leistungen der Stiftung* »Mutter und Kind – Schutz des ungeborenen Lebens« (§ 5 des Gesetzes zur Errichtung der Stiftung)

Verwertbares Vermögen

Als letzte Anspruchsvoraussetzung ist zu prüfen, ob verwertbares Vermögen eingesetzt werden muß. Dieser im § 11 BSHG unbestimmte Begriff wird durch die §§ 80–88 BSHG ergänzt. Danach zählen zum verwertbaren Vermögen alle Gegenstände (Güter), die zur längerfristigen Anlage oder Nutzung bestimmt sind, insbes. Geld oder Geldeswerte, bebaute oder unbebaute Grundstücke, bewegliche Sachen, Forderungen und sonstige Rechte (Aktien, Bankguthaben, Urheberrechte). Hier gilt auch der Grundsatz, daß nur die Rechte Vermögen sind, die Erträge (Zinsen, Dividenden, Mieteinnahmen) werden als Einkommen gerechnet.

Grundsätzlich ist beim Sozialhilfeanspruch alles Vermögen

einzusetzen, es sei denn, es fällt unter die im § 88 BSHG abschließend geregelten Fälle des Schonvermögens. Dies sind:

Schonvermögen (§ 88 Abs. 2 BSHG)

- *Vermögensteile,* die aus öffentlichen Mitteln zum Aufbau und Sicherung der Lebensgrundlage oder zur Gründung eines Hausstandes gewährt wurden (z. B. Aufbaudarlehen nach dem LAG, Leistungen der Berufsfürsorge und Berufshilfe nach § 26 BVG, § 567 RVO u. a.)
- *angemessener Hausrat* (z. B. Möbel, notwendige Wohnungseinrichtungsgegenstände wie Haushaltsgeräte, Wäsche)
- *Gegenstände, die zur Aufnahme oder Fortsetzung der Berufsausbildung oder Erwerbstätigkeit unentbehrlich sind* (z. B. Arbeitsgeräte, Arbeitskleidung, Fachliteratur, ggf. Auto)
- *Familien- und Erbstücke* (bez. auf Schmuck, Kunstgegenstände, Sammlungen), soweit deren Veräußerung eine besondere Härte bedeutet
- *Gegenstände, die der geistigen bzw. wissenschaftlichen und künstlerischen Tätigkeit dienen und nicht Luxus sind* (z. B. Bücher, Musikinstrumente, Sportgeräte, audiovisuelle Anlagen)
- ein *kleines Hausgrundstück,* besonders Eigenheim oder Eigentumswohnung, die dem Berechtigten oder dessen Familie als Wohnung dient
- letztlich *kleinere Barbeträge* oder sonstiges Geldvermögen, deren Höhe bei dem Sozialhilfeanspruch gemäß § 1 Abs. I der RVO zu § 88 Abs. 4 BSHG auf DM 2500 + DM 500 Familienzuschlag für jede Person, die vom Hilfesuchenden unterhalten wird, festgesetzt ist.

Erst wenn alle 4 Tatbestandsmerkmale des § 11 BSHG im Sinne dieser durch Gesetze und Verordnungen präzisierten Tatbestandsauslegung im konkreten Fall nachgewiesen werden, kann die Rechtsfolge »ist Hilfe zu gewähren« als sogenannte Mußleistung vom Träger der Sozialhilfe gewährt werden.

Sozialhilfe als Mußleistung

In der Praxis wird über Form und Maß der Hilfe zum Lebensunterhalt (Geldleistung als laufende Leistung oder Darlehen bei nur vorübergehender Notlage) als Ermessensentscheidung § 15b BSHG und über die damit verbundenen einmaligen Leistungen (ggf. Übernahme der rückständigen Miete zur Sicherung der Wohnung § 15 a BSHG, Übernahme der Krankenkassenbeiträge § 13 BSHG, Bekleidungsbeihilfe und Heizkostenzuschuß § 21 BSHG) aus Gründen der Verwaltungspraxis pauschaliert entschieden. Die in den §§ 1–10 BSHG formulierten Grundsätze dienen vor allem der Interpretation der einzelnen Hilfen im BSHG. Danach kann über § 1 BSHG und § 3 BSHG unter Beachtung des Wunsch- und Wahlrechts (§ 3 Abs. 2 BSHG) und Vorrangs präventiver (§ 6 BSHG) und familienfördernder Hilfen (§ 7 BSHG) individualisiert entschieden werden.

Form und Maß der Hilfe

einmalige Leistungen

Individualisierungsgrundsatz

Diese genaue Prüfung der einzelnen Anspruchsvoraussetzungen (Tatbestandsmerkmale 1–4) des § 11 BSHG und vor allem des Nachranggrundsatzes macht deutlich, daß ein Sozialleistungsanspruch in einem komplizierten Systemzusammenhang des öffentlichen Rechts geprüft werden muß.

Verfahrensrecht

Eine Analyse des Verfahrensrechts, d.h., wie dieser Anspruch im Verwaltungsverfahren vom zuständigen Leistungsträger behandelt wird, würde ähnliche Verflechtungen mit dem System des Sozialrechts (SGB AT, BSHG, SGB X) und den Organisationsnormen des jeweiligen Kommunalrechts des Bundeslandes ergeben, in dem der Fall behandelt wird.

Als drittes Ergebnis in unserem Ausgangsfall kann festgestellt werden: Familie A hat einen Anspruch auf Sozialhilfe nach § 11 BSHG, da sie in der Familiengemeinschaft den notwendigen Lebensunterhalt zur Zeit nicht aus eigenen Kräften (z.B. kein Arbeitseinkommen) und aus eigenen Mitteln aufbringen kann. Der Einsatz von sonstigem Einkommen und Vermögen entfällt hier unter der Annahme, daß kein verwertbares Vermögen vorhanden ist und Wohnung und Gegenstände zum geschützten Vermögen gehören (§ 88 BSHG), die Ersparnisse bis auf DM 5000 aufgebraucht sind sowie keine Unterhaltsansprüche nach § 91 BSHG auf den Sozialhilfeträger übergegangen sind und eine zumutbare Arbeit oder gemeinnützige Arbeit nach § 19 BSHG trotz Vermittlungsfähigkeit von Herrn A nicht angeboten werden kann. Die Hilfe würde hier als Darlehen bei vorübergehender Notlage gewährt (§ 15 BSHG), und Familie A müßte alle vorrangigen Sozialleistungen beantragen (z.B. Wohngeld) (vgl. *Brühl*, 1993a und 1993b).

2.4.3.4 Zusammenfassung

1. Die Beschreibung der Grundlagen der Rechtstechnik am Fallbeispiel macht deutlich, daß die scheinbar einfachen Rechtsfragen im Fallbeispiel sich als Beratungsgegenstand für die Sozialarbeiterin dann als besonders schwierig erweisen, wenn sie nicht nur mit reduziertem »Kontaktwissen« beraten will und der Familie die Auskunft gibt, daß Ansprüche auf Sozialleistungen wahrscheinlich vom örtlich zuständigen Sozialamt gewährt werden und daß sie den Antrag unterstützend an den zuständigen Sachbearbeiter weiterleiten will, sondern Recht zum Gegenstand der Sozialberatung macht.
2. Auch wenn die Sozialarbeiterin des ASD beim Jugendamt keine Entscheidungsbefugnis über diese Ansprüche hat, muß sie im Rahmen der Sozialberatung »realistisch« beraten können. Dies bedingt ein antizipierendes Durchprüfen möglicher Ansprüche, um diese in die Beratung integrieren zu können. Es genügt nicht, in einem personenzentrierten Beratungsansatz über die Kunst der Gesprächsführung Vertrauen zu schaffen, um persönliche Probleme mit den Kli-

enten zu reflektieren, sondern die Sozialberatung ist über die kommunikative und diagnostische Kompetenz hinaus um die Rechtsanwendungskompetenz zu erweitern. Die Klienten erwarten von Fachkräften in der Beratung gerade diese institutionelle Kompetenz einer realistischen und anwaltlich orientierten Beratung.

3. Die Beratung über subjektiv öffentliche Rechte ist im Rahmen einer personenorientierten ganzheitlichen Beratung (Familienhilfe) integriert. In diesem Zusammenhang wird auch die übergreifende Dimension des Rechtswissens zur Handlungsorientierung der Sozialarbeiterin bedeutsam:
   - Legitimation der Beratungsansätze und -inhalte durch die Aufgaben des ASD im Rahmen der Jugend- und Sozialhilfe
   - Absicherung der professionellen Beratung, in der viele für die unmittelbare Anspruchsbegründung nicht relevante Daten der Sozialarbeiterin anvertraut werden können, durch den Sozialdatenschutz.

(Der Aspekt des Sozialdatenschutzes § 203 StGB, § 35 SGB, §§ 67 ff. SGB und der bereichsspezifischen Ausgestaltung in der Jugendhilfe §§ 61 ff. KJHG wird in Kap. 7 des II. Teils eingehend behandelt.)

2.5 Gerichte als streitentscheidende Instanz

Im Rechtsstaat ist die verbindliche Entscheidung von Rechtsstreitigkeiten der unabhängigen Gerichtsbarkeit übertragen (vgl. Art. 97 GG und oben 2.3).

Rechtsschutz und Rechtsordnung

Sie hat die Aufgabe, dem einzelnen Rechtsschutz zu verschaffen (Art. 19 Abs. 4 GG), aber auch die objektive Rechtsordnung zu verwirklichen und zur Geltung zu bringen (vgl. auch *Münder*, Soziale Arbeit und Recht, S. 162 f.).

Dies tut sie im gerichtlichen Verfahren, dem Prozeß. Nun gibt es nicht »den« Gerichtsprozeß, sondern – der Komplexität des Rechtssystems folgend – viele »und sehr unterschiedliche Arten von zivil-, strafverwaltungsprozessualen oder sonstigen Gerichtsverfahren« (*Gilles*, Der Prozeß als Mittel zur rechtlichen Konfliktlösung, in: *Grimm* [HG], Einführung..., S. 247).

Jedes dieser Verfahren folgt eigenen Regeln, kennt Besonderheiten (etwa vorläufige Entscheidungen, Zwischenentscheidungen etc.) und wird von unterschiedlichen Gerichten durchgeführt.

Komplexität der Justiz

Durch diese Komplexität ist die Justiz der Bevölkerung weitgehend entfremdet. Der Justizapparat wird als überbürokratisiert, unverständlich, zeitraubend und überteuert empfunden.

Gerichtszweige, Gerichtsaufbau und Instanzen

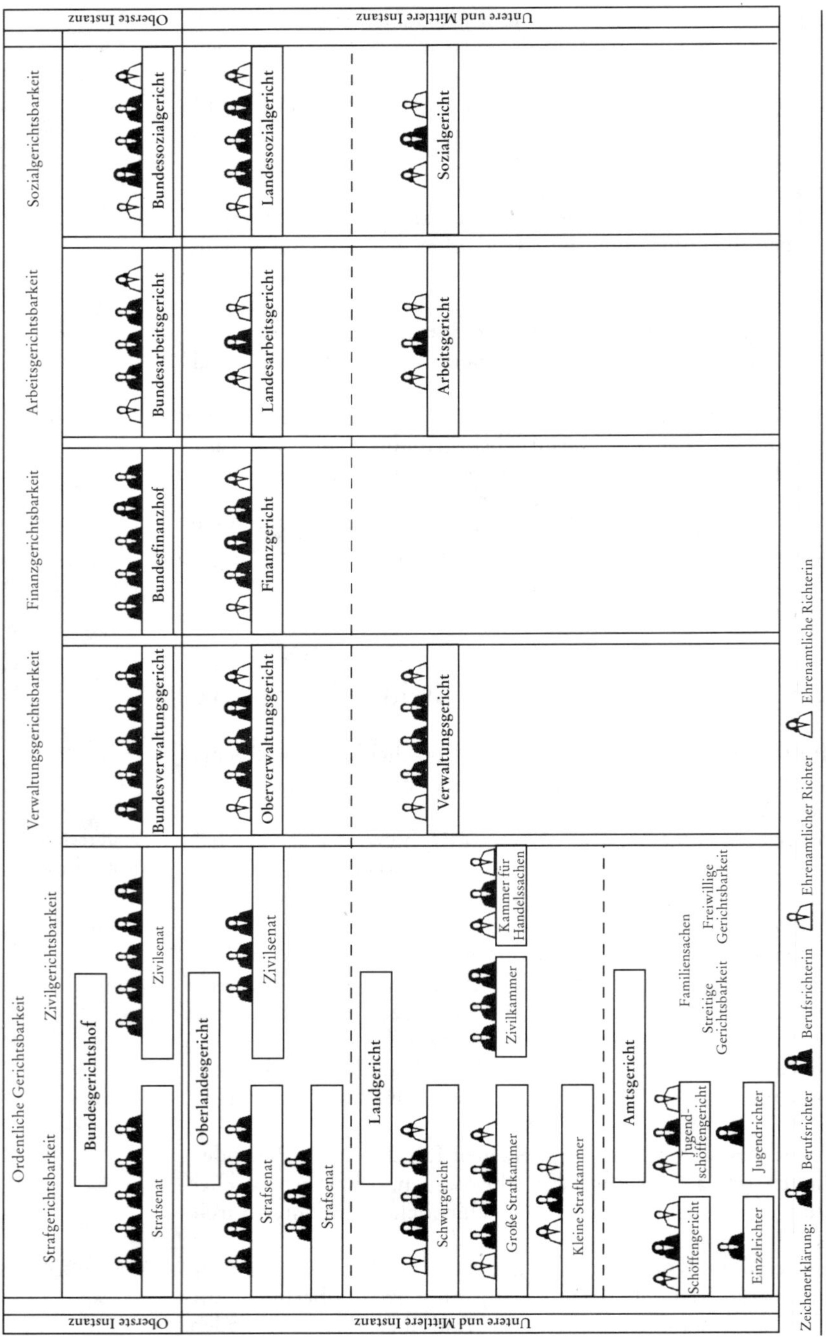

Dies gilt gerade dann, wenn Menschen mit Gerichten zu tun hatten. In den meisten Fällen fühlen sich die Beteiligten gegenüber den handelnden Justizpersonen (Anwälte, Richter etc.) ohnmächtig, sie empfinden das Ergebnis der Rechtsfindung als zufällig und können es nur selten nachvollziehen. Zwar ist die Komplexität des justizförmigen Verfahrens und seine Unübersichtlichkeit nicht allein und nicht in erster Linie dem Justizapparat zuzurechnen. Sie folgt vielmehr im wesentlichen nur der wachsenden Flut des materiellen Rechts. Dennoch muß die Justiz mehr als bisher tun, um sich gegenüber der Öffentlichkeit verständlich zu machen. Die nicht immer wünschenswerte Tendenz zur außergerichtlichen Konfliktlösung, die in der Gesellschaft festzustellen ist, kann nur so aufgehalten werden.

Unverständnis der Öffentlichkeit

Im hier vorliegenden Zusammenhang kann nur ein Teilbeitrag zur Transparenz der Gerichtsbarkeit geleistet werden. Er ist beschränkt auf eine Überblick-Darstellung des Gerichtsaufbaus, entnommen aus einer Broschüre der Landesregierung Nordrhein-Westfalen. Deutlich werden in ihr die Unterscheidung zwischen der ordentlichen Gerichtsbarkeit und den Spezial-Gerichtsbarkeiten und die differenzierten Instanzenzüge (vgl. näher zum Ganzen *Gilles,* in: *Grimm*, Einführung..., S. 243 ff.).

2.6 Rechtsanwender

Soweit ersichtlich, gibt es keine systematische Befragung über die Einstellung sozialer Fachkräfte zu Juristen.

Allerdings zeigt sich aus jahrelanger Erfahrung in Aus- und Weiterbildung nach unserer Ansicht eine spezifische Ausprägung des Urteils über juristische Berufe und die handelnden Juristen. Dominant ist das Bild vom konservativen Richter, der dem sozialen Bereich fremd bis ablehnend gegenübersteht. Beispielhaft ist dafür die häufig vorgebrachte These, Richter würden in familiären Krisen und Konflikten das Kindeswohl vernachlässigen und nur auf die rechtlichen Probleme eines Eingriffs in die Familie schauen. Der Richter wird hier als störend gegenüber sozialen Handlungszielen empfunden, das Verständnis für Kinder wird ihm abgesprochen. In seinem Verhalten in der Verhandlung wird er oft als autoritär geschildert, menschlich als distanziert.

Urteile über juristische Berufe und Juristen

Neben diesem Richterbild erscheint in Gesprächen der Anwalt als aggressiv auftretender Interessenvertreter seiner Mandanten. Ihm wird fachliche Unkenntnis zugeschrieben, verbunden mit ausgeprägten finanziellen Interessen. Auch ihm fehlt nach Ansicht sozialer Fachkräfte oft das Empfinden für soziale Problemlagen, er möchte ausschließlich seine Position durchsetzen.

Haltung sozialer Fachkräfte

Mit diesen wenigen Stichworten kann sicher nur ein Schlaglicht auf die Haltung sozialer Fachkräfte gegenüber Juristen geworfen werden. Die Palette möglicher Meinungen ist erheblich vielfältiger, viele Mitarbeiter haben beruflich und in der Ausbildung andere, positive Erfahrungen mit juristisch qualifizierten Kollegen gemacht.

Dennoch ist in dieser Darstellung ein argumentatives Grundmuster erkennbar, das durchaus als repräsentativ gelten kann. Für dieses Argumentationsmuster gibt es Gründe, die auch außerhalb des Bereichs sozialer Arbeit liegen. In ihm spiegelt sich zum einen eine allgemeine Skepsis in der Bevölkerung gegenüber Juristen wider. Wichtiger aber – und im weiteren genauer zu erläutern – ist, daß in dieser Haltung Entwicklungen abgebildet werden, die in der Justiz in Deutschland nach dem 2. Weltkrieg stattfanden.

mangelnde Aufarbeitung des Nationalsozialismus

Die Justiz im Nachkriegsdeutschland hat es nicht verstanden – und oft auch nicht versucht –, ihre nationalsozialistische Vergangenheit aufzuarbeiten. Personell vollzog sich der Übergang vom nationalsozialistischen Unrechtsregime zum Rechtsstaat der BRD relativ bruchlos, die Mitgliedschaft in der NSDAP galt als Akt der Anpassung und war kein Karrierehindernis in bundesdeutschen Gerichten. »Nazi-Richter und Beamte fanden Wiederverwendung in der Justiz, meist in ähnlicher Position, oft sogar um eine oder mehrere Stufen befördert« (*Ingo Müller,* Furchtbare Juristen, S. 211 ff., mit vielen Beispielen für diesen bedrückenden Vorgang, selbst Richter und Staatsanwälte des Volksgerichtshofs wurden in führende Positionen der Nachkriegsjustiz berufen).

Rechtsprechung konservativ geprägt

Auch wenn viele dieser Menschen 1991 nicht mehr im Beruf stehen, so haben sie doch im Nachkriegsdeutschland das Juristenbild nachhaltig geprägt. Sie haben dafür Sorge getragen, daß die Rechtsprechung von autoritären Elementen beeinflußt und in ihren Wertvorstellungen konservativ und starr ausgestaltet wurde (vgl. *Richard Schmid,* Das Unbehagen an der Justiz, S. 128 f.). Damit wurde angeknüpft an den »Regeltypus des deutschen beamteten Juristen. Er diente loyal im Kaiserreich, bekämpfte die Weimarer Republik, schuf, sprach und vollzog Unrecht im Recht im Namen des Führers und wahrte nach 1945 die Kontinuität, indem er jegliche Erinnerung und Aufarbeitung der Vergangenheit entschlossen verdrängte« (Kritische Justiz [HG], Streitbare Juristen, S. 11).

aufklärerische Tradition der Juristen

Dieser Juristentyp hat sich aber erst am Ende des 19. Jh. im Zuge der Bismarckschen Restauration herausgebildet. Ihm stand seit jeher auch eine andere Tradition juristischer Berufe und Persönlichkeiten gegenüber. In der ersten Hälfte des 19. Jh. bildeten Juristen das Rückgrat der Aufklärungsbewegung und des Widerstands gegen die fürstliche Gesellschaftsordnung. Sie kämpften für die bürgerlichen Freiheiten, gegen staatliche Willkür und Bevormundung (*Ingo Müller,* Furchtbare Juristen, S. 14).

Dieser Kampf für Selbstbestimmung der Menschen, Gleichberechtigung der Frauen und für die Einlösung sozialer Rechte war auch bestimmend für fortschrittliche Juristen in der Weimarer Zeit. Hier war es insbesondere die Anwaltschaft, die für freiheitliche Ideen und die Aufrechterhaltung der Republik eintrat.

Vernichtung von Rechtskultur im Dritten Reich

Viele dieser Anwälte waren Juden. Sie wurden im Dritten Reich entweder getötet oder vertrieben. Mit ihrer physischen Vernichtung wurde auch eine Rechtskultur weitgehend ausgerottet, die von reformerischen, auch sozialistischen Elementen geprägt war.

Es ist zu bedauern, daß durch die oben geschilderte Entwicklung nach dem Zweiten Weltkrieg diese Rechtskultur nicht wiederbelebt wurde. Erst in den 70er Jahren bildeten sich Vereinigungen wie der Republikanische Anwaltsverein und Zeitschriften wie die »Kritische Justiz«, die bewußt an diese Rechtskultur anknüpften. Sie haben jedoch nur wenige und zögernde Veränderungen im Juristenbild herbeiführen können, denn sie kamen erst spät und mußten wirkliches Neuland betreten.

zögernde Veränderungen im Juristenbild

Das alte Bild ist deshalb im Kern unangetastet geblieben. Die neue Juristengeneration hat zwar einige der Themen der 70er Jahre aufgegriffen und übernommen, oft bleibt das aber in Äußerlichkeiten stecken, hinter denen sich eine zunehmend unpolitische und nicht moralisierende, dennoch aber weitgehend technokratische Haltung verbirgt.

Persönlichkeiten

Im folgenden sollen in Auszügen aus dem Buch »Streitbare Juristen« (Nomos Verlag, Baden-Baden, 1988) zwei juristische Persönlichkeiten vorgestellt werden, die die Rechtskultur der Aufklärung beispielhaft repräsentieren: Elisabeth Selbert und Richard Schmid. Damit soll einkleiner Beitrag zur Revision eines eindimensionalen Urteils über den juristischen Beruf und diejenigen, die ihn ausüben, geleistet werden.

2.6.1 Elisabeth Selbert

(nach *Birgit Meyer,* Streitbare Juristen, S. 427)

Elisabeth Selbert lebt ein für ihre Zeit ganz ungewöhnliches Leben mit wenigen Rollenvorbildern, aber in der Hoffnung des großen zeitgeschichtlichen Umbruchs, der ihre Jugend bestimmt. Als zweite Tochter von insgesamt vier Mädchen im Hause des Justizoberwachtmeisters Georg Rhode und seiner

Frau 1896 in Kassel geboren, kann Elisabeth schon früh wesentliche Erfahrungen für ihr Leben sammeln.

Lebensweg

Zunächst bestimmt die gesetzliche Vormachtstellung des Ehemanns in keiner Form das Familienleben im Elternhaus. Sie erlebte ihre Mutter als selbständig denkende und handelnde Frau, die gemeinsam mit ihrem Mann alles dafür tat, den vier Töchtern eine Berufsausbildung zukommen zu lassen. Über den Vater lernte Elisabeth bereits früh die konkreten Probleme des Strafvollzugs kennen. Ihr beruflicher Weg führte sie jedoch keineswegs geradlinig in ein Jurastudium, war dies doch auch in jenen Jahren zunächst noch verboten, dann ganz ungewöhnlich für Frauen, sondern nach Abschluß der Höheren Handelsschule wurde sie zunächst als Auslandskorrespondentin in einer Exportfirma angestellt und suchte sich nach Kriegsbeginn eine Stelle als Beamten-Anwärterin bei der Post.

1918 tritt sie der Sozialdemokratischen Partei bei, und zwei Jahre später heiratete sie und bekam zwei Kinder. Mit ihrem Mann verband sie ein starkes politisches Engagement, Zeit und Verantwortung für die Familie teilte sie sich mit ihm.

Daß für politische Arbeit vor allem ein fundiertes Wissen vonnöten sei, war für Elisabeth Selbert frühzeitig klar. Sie faßte gemeinsam mit ihrem Mann den Entschluß, daß *sie* das Abitur nachholen solle, da ihr schulischer Abschluß ihr dies leichter ermöglichen würde. Und so begann sie 1926, dreißig Jahre alt und Mutter von zwei kleinen Kindern, ihr Jurastudium, das sie in der Mindeststudienzeit von nur sechs Semestern im Oktober 1929 mit dem Referendarexamen abschloß. In ihrer Dissertation behandelte sie das Thema: »Zerrüttung als Ehescheidungsgrund«, das erst 1977 in der Reform des Ehescheidungsrechts seinen juristischen Ausdruck fand.

Jurastudium

Nach dem Studium bestimmte der Nationalsozialismus ihren weiteren Lebensweg. Im Oktober 1934 legte sie das Assessorexamen beim Preußischen Prüfungsamt in Berlin ab und erhielt noch im Dezember 1934 als eine der letzten Juristinnen zu Beginn des Nationalsozialismus die Lizenz als Anwältin. Sämtliche weiblichen Richter waren bereits zu diesem Zeitpunkt in Deutschland entlassen, und einen Monat nach der Zulassung von Elisabeth Selbert zur Anwaltschaft, im Januar 1935, wurde auch der Zugang zum Anwaltsberuf für Frauen gesetzlich gesperrt. Ab 1935 kann Elisabeth Selbert als Anwältin und später auch als Notarin ihre Familie selbst unterhalten. Zu ehemaligen SPD-Genossen hält sie weiterhin vorsichtig Kontakt, ihre Plädoyers werden lange Zeit von der Gestapo überwacht. Von politischen Strafsachen ist sie bereits bei der Erteilung der Zulassung ausgeschlossen worden.

Wiederaufbau

Nach dem Krieg gehört sie zu den ersten, die sich am Wiederaufbau der SPD beteiligen. Neben der Arbeit in ihrer Kanzlei gehört sie 1946 der Verfassungsgebenden Landesversammlung von Hessen an und wird im Dezember 1946 in den Hessischen Landtag gewählt. 1948 kommt für sie die große Herausforderung, die sie im Rückblick als den »Höhepunkt ihrer Tätigkeit in Politik und Beruf« bezeichnet. Die erfahrene Verfassungsrechtlerin wird von der SPD in den Parlamentarischen Rat entsandt, der das Grundgesetz für die Bundesrepublik Deutschland formulieren soll. Sie ist in diesem Gremium von 65 Mitgliedern eine von vier Frauen. Im Parlamentarischen Rat spielt sie die entscheidende Rolle im Kampf um den Gleichberechtigungsartikel im Grundgesetz. Hier wurde das männliche Monopol auf Welterklärung und Rechtsetzung durch eine einzelne Frau gebrochen.

Parlamentarischer Rat

Allgemeiner Konsens im zuständigen Ausschuß schien zunächst, sich an die weiche Formulierung aus der Weimarer Verfassung zu erinnern. Und so buchstabierte man am 30. 11. 1948 auf Anregung des Bonner Staatsrechtlers Prof. *Richard Thoma* die Gleichberechtigung von Mann und Frau dergestalt: »Alle Menschen sind vor dem Gesetz gleich. Das Gesetz muß Gleiches gleich, es kann Verschiedenes nach seiner Eigenart behandeln. Jedoch dürfen die Grundrechte nicht angetastet werden.«

Art. 3 GG

Mit dieser Formulierung wäre in Gesetzgebung und Rechtsprechung eine Gleichbehandlung der Geschlechter wieder in weite historische Ferne gerückt.

Demgegenüber beantragte Elisabeth Selbert zweimal, die umfassende Formulierung »Männer und Frauen sind gleichberechtigt« in Art. 3 GG aufzunehmen. Beide Anträge wurden abgelehnt. Elisabeth Selbert nahm diese Ablehnungen nicht hin, sondern mobilisierte die gesamte politisch und gewerkschaftlich orientierte Frauenöffentlichkeit in Deutschland. Die Folge war, daß »körbeweise Protestschreiben« in Bonn eintrafen, die sich für die Annahme der von Elisabeth Selbert vorgeschlagenen Formulierung aussprachen. Am 18. Januar 1949 wurde der Art. 3 GG in seiner heutigen Fassung im Hauptausschuß des Parlamentarischen Rates angenommen. Elisabeth Selbert hatte gesiegt, und sie bezeichnete es als eine Sternstunde ihres Lebens, als die Gleichberechtigung der Frau damit zur Annahme kam.

Gleichberechtigung

Das Nachspiel war nicht gerade rühmlich für das »erste Geschlecht«, aber erwähnenswert. Keiner der Abgeordneten wollte im nachhinein gegen die Gleichberechtigung der Frauen gewesen sein und sich dem Druck der von Elisabeth Selbert mobilisierten Frauenöffentlichkeit gebeugt haben. Grotesk lesen sich die Erklärungen und Quasi-Entschuldigungen der Herren. So vermerkt der CDU-Abgeordnete *Walter Strauß* vor den Ohren seiner Frau, die auf der Zuschauertribüne Platz genommen hatte: »Ich glaube, daß ich für die überwiegende Anzahl aller deutschen Männer und insbesondere aller deutschen Ehemänner spreche, wenn ich sage, daß der Grundsatz der Gleichberechtigung von Mann und Frau uns zumindest seit 1918 bereits so in Fleisch und Blut übergegangen ist, daß uns die Debatte etwas überrascht hat.«

Konsequenz

Elisabeth Selbert hatte dazu beigetragen, daß die Forderung nach Einlösung der Menschenrechte auch für Frauen nicht mehr so leicht von der politischen Tagesordnung abzusetzen ist.

2.6.2 Richard Schmid

(nach *Hans-Ernst Böttcher,* Streitbare Juristen, S. 487 ff.)

Richard Schmid ist einer der wichtigsten schwäbischen Intellektuellen und einer der bedeutendsten demokratischen Juristen der Bundesrepublik Deutschland. Vor dem Dritten Reich führt er als Anwalt ein eher unpolitisches Leben, in der freien Zeit der Literatur zugewandt. Nach 1933 gerät er zunächst als Verteidiger mit Stuttgarter Sozialisten in Kontakt, die strafrechtlich verfolgt werden. Er entschließt sich, mit den Stuttgarter Genossen eine illegale Gruppe aufzubauen, und nutzt seinen Beruf als Anwalt zur Tarnung zahlreicher Kurierreisen ins Ausland, die er zur Aufrechterhaltung des Kontaktes der illegalen Gruppen im Reich mit den im Exil befindlichen Genossen und Parteileitungen unternimmt. 1938 wird er verhaftet. Er macht zwei Jahre Gestapo- und U-Haft durch, wird 1940 vom Volksgerichtshof wegen Vorbereitung zum Hochverrat zu drei Jahren Zuchthaus verurteilt. Durch eine Kombination von Glücksumständen und eigener List schafft er es bis Kriegsende, dem Konzentrationslager, der Einberufung in eine »Bewährungseinheit« und der anonymen Zwangsarbeit zu entgehen.

Lebensweg

1945 wird zu einem Wendepunkt in seinem Leben. Er wird Generalstaatsanwalt in Stuttgart, von 1953 bis 1964 dort Oberlandesgerichtspräsident. Während dieser Zeit und nach der Pensionierung ist er als Journalist und Schriftsteller tätig. Neben juristischen, rechtspolitischen und allgemeinpolitischen Themen ist die Literaturkritik sein Feld, der Essay bei allem seine bevorzugte literarische Gattung. Seine bevorzugten Medien waren die Rundfunksender, die ZEIT und andere liberale Zeitungen und seit ihrer Gründung 1968 die Kritische Justiz.

Kritik an der Justiz

In seinen Veröffentlichungen im juristischen Bereich setzt er sich kritisch mit der Justiz und ihrem Personal – den Richtern – auseinander. Zielscheibe seiner Kritik ist die traditionelle mehrheitliche deutsche Rechtslehre und -praxis, die durch Zwischenschieben von Quasi-Obersätzen zwischen Gesetzestext und Fall die Gewinnung des Ergebnisses zugleich steuert und kaschiert und die es dann noch fertigbringt, diese Methode für objektiv und diejenige der wissenschaftlichen oder praktischen Opponenten für neben dem Gesetz liegend zu erklären. Dagegen ist die von Richard Schmid bevorzugte Argumentationsweise offen, fallbezogen und orientiert an den Grundrechten der Bürger. Denken und Handeln von Richard Schmid wird zu Ende seines Lebens noch einmal deutlich in der Kontroverse um den Begriff der Gewalt in dem Nötigungsparagraphen § 240 StGB. Anlaß war die Verurteilung von Sitzblockierern vor dem US-Raketendepot in Mutlangen durch das Amtsgericht Mutlangen. Verurteilt wurden Demonstranten, unter ihnen auch Richter und Professoren, die als Rüstungsgegner durch demonstratives Sitzen vor Militäreinrichtungen gegen die Hochrüstung vorgingen. Richard Schmid stand politisch auf Seiten der Rüstungsgegner und juristisch auf Seiten derjenigen, die eine friedliche Sitzdemonstration nicht für strafbare Nötigung halten.

Sitzblockaden

Zur Begründung für diese Haltung bezieht er sich in einem Artikel in der ZEIT auf den ehemaligen amerikanischen Bundesrichter *Oliver Holmes.* Dieser hatte ausgeführt: »Was auch die Konsequenzen sein mögen: wir müssen die klare Bedeutung klarer Worte anerkennen.« Hätte der Amtsrichter in Schwäbisch-Gmünd sich an diesen Satz gehalten, so hätte er die Sitzblockierer nicht wegen Nötigung, begangen durch Gewalt, bestrafen dürfen.

Sie haben nicht Gewalt ausgeübt, sondern einen psychisch-moralischen Druck gegenüber den Fahrern der Militärfahrzeuge, um sie ihrerseits von Gewalt abzuhalten. Ein solcher Druck ist nicht nur keine Gewalt, sondern der Gegensatz von Gewalt.

Richard Schmid hat sich immer dafür ausgesprochen, die ursprünglich klaren Konturen in Gesetzestexten, insbesondere im Grundgesetz, herauszuarbeiten und der sprachlichen und inhaltlichen Verhunzung entgegenzuarbeiten. Die Dinge einfach und klar zu benennen, das hieß bei Richard Schmid vor allem,

Vorrang der Grundrechte

- immer wieder auf den unbedingten Vorrang der Grundrechte gegenüber dem einfachen Gesetzesrecht zu dringen, wie es in Art. 1 Abs. 3 GG gesagt ist;
- zu zeigen, daß die Gleichheit zugleich Voraussetzung und Ziel der übrigen Grundrechte ist, daß jedenfalls nicht der Gleichheitssatz zu den übrigen Grundrechten in einem Gegensatz steht;
- die besondere Bedeutung der Versammlungsfreiheit (Art. 8 GG) und der Vereinigungs- und Koalitionsfreiheit (Art. 9 GG) zu betonen. Diese Grundrechte sind für die vielen, die jeder für sich schwach und nur vereint stark sind, Voraussetzung für den Abbau der realen Ungleichheit, ein Schritt auf dem Weg zur Gleichheit.

Besonderer Teil:
Rechtsfragen der Sozialisation (Erziehung)

3. Sozialwissenschaftliche Grundfragen der Sozialisation (Erziehung)

3.1 Rechtsfragen der Erziehung im sozialisationstheoretischen Kontext

Eine exemplarische Darstellung von einzelnen Bausteinen des Rechts der Sozialisation (hier: rechtliche Grundlagen der Eltern-Kind-Beziehung im Familienrecht – 4. Buch BGB – und des »Rechtes auf Erziehung« nach den Regelungen des neuen KJHG) kann für alle, die dieses Recht in der Praxis anwenden, nicht ohne sozialwissenschaftliche Zusammenhänge beschrieben und verstanden werden. Kinder und Jugendliche in vielfältigen Problemlagen sowie die Familienstrukturen, in denen sie leben und aufwachsen, sind die häufigsten Zielgruppen und Ansatzpunkte für die Interventionen durch sozialberufliche Fachkräfte. Aufarbeitung oder Lösungen von konfligierenden Interessengegensätzen zwischen Eltern und Kindern oder eine gerechte Entscheidung im »Sinne des Kindeswohls« im Rahmen behördlicher oder gerichtlicher Entscheidungsprozesse können nicht ohne eine differenzierte Analyse der gesamten Konfliktsituation und Entwurf einer »angemessenen Hilfe«, d.h. einer aus diesem Zusammenhang abgeleiteten, indizierten Lösung erfolgen. Die Erkenntnisse der Sozialwissenschaften sind daher unverzichtbare Bestandteile einer interdisziplinär zu verstehenden Fachkompetenz der sozialen Berufe. Dies wurde schon in der Beschreibung der Rechtsanwendungskompetenz der sozialberuflichen Fachkräfte besonders betont (vgl. Kapitel 2.4.2 und *Münder*, 1993a, S. 11ff.).

Recht der Sozialisation

interdiziplinäre Fachkompetenz

Der Darstellung der »reinen Rechtsinstitute« der Sozialisationen sollen daher einige Grundbegriffe der Sozialwissenschaft vorangestellt werden, um so den interdisziplinären Zusammenhang, d.h. die Integration des Rechtswissen in eine sozialprofessionelle Handlungskompetenz zu verdeutlichen.

Grundbegriffe Sozialwissenschaften

Der Begriff der Sozialisation beschreibt den Sachverhalt der Herausbildung der menschlichen Persönlichkeit im Wirkungszusammenhang mit gesellschaftlichen, politischen, rechtlichen und ökologischen Bedingungen. Eine Beschränkung des Sozialisationsbegriffs etwa nur auf die Betrachtung bestimmter Ziele, etwa die Anpassung des Kindes an bestehende Normen und Werte (Enkulturation), oder die Analyse der »Institution

Sozialisation

Familie«, des Kindergartens, der Schule oder der lebensgeschichtlich wichtigen Entwicklungsphasen Kindheit und Jugend oder gar der theoretischen Ansätze der Rollentheorie und Kommunikationstheorie verbietet sich unter dieser Prämisse.

Sozialisationstheorie

Die Sozialisationstheorie ist eine auf die Komplexität der Lebenszusammenhänge aufgebaute umfassende ganzheitliche Betrachtung der Entwicklung der Persönlichkeit und geht von folgenden empirisch begründeten Annahmen aus (*Geulen*, 1987, S. 957 f.):

(1) »daß in der Genese der Persönlichkeit Umweltbedingungen notwendig und entscheidend mitwirken,
(2) daß sich die Wirkung auf alle Bereiche der Persönlichkeit, kognitive wie motivationale, bewußte wie unbewußte und auf allgemeine wie spezifische Merkmale erstreckt,
(3) daß die Umweltbedingungen über das erzieherisch intendierte Verhalten anderer Personen weit hinausgehen, d. h. auch nichtintendiertes und unbewußt motiviertes Verhalten anderer einschließen, darüber hinaus auch institutionelle und materielle Gegebenheiten in der Realität, die nicht mehr direkt durch das Verhalten anderer vermittelt sind,
(4) daß die Umweltbedingungen Bestandteile einer umfassenderen Lebenswelt sind, die historisch und durch gesellschaftliche Bedingungen geprägt ist und daher in verschiedenen Kulturen, Gesellschaften, subkulturellen Milieus, Gruppen, Institutionen usw. unterschiedlich ist.«

Für die Theoriebildung folgt daraus das Problem, ein Modell zu finden, das sowohl die Elemente der sozialisationstheoretischen Ansätze der Betrachtung der Persönlichkeitsentwicklung (etwa der wohl einflußreichste Ansatz der Psychoanalyse und seiner Varianten) als auch der gesellschaftlichen Bindungen miteinander verbindet. Einen guten systematischen Überblick über diese Theoriebildung und die zugrundeliegenden sozialwissenschaftlichen Ansätze geben *Geulen* (1987, S. 957 ff.), *Tillmann* (1989, S. 22 ff.) und *Nickel/Petzold* (1993, S. 79 ff.).

soz.-päd. Relevanz

Für die Praxis der sozialen Berufe bedeutet dies, eine Orientierung zu finden aus der Vielzahl der sozialwissenschaftlichen Erklärungsansätze, die helfen sollen, eine aktuelle Situation zu analysieren, um darauf Ansätze einer professionellen Intervention aufzubauen. Die praktische Arbeit sozialberuflicher Fachkräfte beginnt überwiegend bei einem Menschen in seiner unmittelbaren Lebenssituation. Eine ganzheitliche Analyse dieser Situation muß daher gestuft auf folgenden Ebenen ansetzen.

ganzheitliche Situationsanalyse

1. Bestandsaufnahme und Analyse der Sozialisationsprozesse z. B. bei einem Kind als einzelnem und einmaligem Individuum,

2. Herausarbeiten und Analyse der Wirkungszusammenhänge, die sich aus abgrenzbaren institutionellen Subsystemen, z. B. der Familie, der Kindergartengruppe, der Schule auf die individuelle Sozialisation ergeben oder mit ihren spezifischen Bedingungen beeinflussen,
3. Herausarbeiten und Analyse der Wirkungszusammenhänge, die sich aus eingrenzbaren subkulturellen Lebenswelten, z. B. bestimmten Bevölkerungsgruppen, sozialen Klassenschichten, Religionen für die individuelle Sozialisation ergeben, und letztlich
4. Analyse der gesamtgesellschaftlichen Struktur und Funktionszusammenhänge, die wiederum Determinanten für die 2. und 3. Ebene sind und damit in der Gesamtbetrachtung auch eine Relevanz für die individuellen Sozialisationsprozesse haben.

individualisierende Ansätze

Individualisierende Ansätze der sozialen Arbeit haben es daher vornehmlich mit Reaktionen des Individuums auf der ersten Ebene zu tun, um defizitäre individuelle Sozialisation auszugleichen bzw. zu besseren Verläufen zu verhelfen (reaktive, helfende, kontrollierende und kompensatorische Funktion).

strukturelle Ansätze

Generalisierende strukturelle Ansätze der sozialen Arbeit können auf allen drei weiteren Ebenen definiert werden mit dem Ziel, Sozialisationsbedingungen in den jeweiligen Wirkungszusammenhängen so zu verbessern, daß sich im Einzelfall günstigere Bedingungen für eine »gelungene Sozialisation« ergeben (präventive, strukturelle, planerische und gestalterische Funktion).

Recht und Sozialsationstheorie

Die Bedeutung des Rechts in diesem sozialisationstheoretischen Kontext kann wegen des hohen Abstraktionsgrades von Rechtsnormen auf der 4. Ebene angesiedelt werden mit der schon beschriebenen Tendenz zumindest des Sozialrechts (»Verrechtlichung von Lebenswelten«), sich auf die darunterliegenden Ebenen auszuweiten. Hier werden zwei Grundfunktionen des Rechtssystems sichtbar:

(1) **konservative Funktion:** über wertentscheidende Grundsatznormen z. B. des Verfassungsrechts und des Familienrechts eine Bestandssicherung (Rechtssicherheit erzeugt Verhaltens- und Orientierungssicherheit) von gesellschaftlichen Strukturen und Interessenlagen zu erreichen.
(2) **Gestaltungs-, Entwicklungs- und präventive Funktion:** über ein System von rechtlichen Regelungen z. B. im Sozialleistungsrecht gerechtere Verteilungschancen für eine gelungene individuelle Sozialisation zu gewährleisten durch Einflußnahme auf die Strukturen der 2. bis 4. Ebene.

3.2 Kindheit und Jugend als Sozialisationsphasen

Lebensphasen und Persönlichkeitsentwicklung

Die Betrachtung des Rechts der Sozialisation ist zugleich auch eine Beschäftigung mit den wichtigsten Lebensphasen der Persönlichkeitsentwicklung, nämlich der Kindheit (vom 1. bis 14. Lebensjahr) und der Jugend (vom 14. bis 18. und eingeschränkt vom 18. bis 27. Lebensjahr/gemäß der Legaldefinition §7 Abs. 1, Satz 1 u. 2 KJHG).

3.2.1 Kindheit als Sozialisationsphase

Kindheit als Forschungsgegenstand

Kindheit als Lebensphase ist als Abfolge der Lebensaltersstufen Säuglingsphase und frühe Kindheit, Vorschulalter, Schulalter bis zur Pubertät ausdifferenziert, heute sowohl ein Feld praktischer, ökonomischer und weltanschaulicher Auseinandersetzungen als auch ein Gegenstand wissenschaftlicher Forschung in nahezu allen Wissenschaftsbereichen. Zu der jeweiligen Bedeutung dieser Lebensabschnitte gibt es zwischen einzelnen wissenschaftlichen Ansätzen teilweise breiten Konsens, aber auch sehr gegensätzliche Positionen (vgl. *Markefka/Nauck*, 1993, S. IXff.). Einige Beispiele sollen dies verdeutlichen.

naturwissenschaftliche Fragestellungen

Die **Naturwissenschaften,** vor allem Biologie, Medizin und zum Teil die Psychologie, versuchen meist, mit den kausalen Ursache-Wirkung-Modellen Entstehungszusammenhänge von regelwidrigem Verhalten mit Krankheitswert bei Kindern zu erklären, und setzen demzufolge auch in der Therapie manchmal bedenkenlos pharmakologisch an (Pillen → für Bettnässen, → zur Leistungssteigerung → bei Konzentrationsschwächen und → bei Schulschwierigkeiten, → Psychopharmaka bei Streßsymptomen sind keine exotischen Ausnahmen!). Gesundheit und gesundem Aufwachsen von Kindern wird ein hoher Stellenwert in unserer Gesellschaft zugeschrieben (vgl. Art. 126 Abs. 1 Bayr. Verf.). Der sensible kindliche Organismus ist damit gleichzeitig Indikator und Forschungsgegenstand für die Wirkungszusammenhänge von Umweltbedingungen geworden. Umweltgifte in Holzschutzmitteln in Schulen und Kindergärten, in der Nahrungskette, in der Luft, die Zunahme von umweltbedingten Erkrankungen z.B. Allergien, bis hin zu Suchtabhängigkeit und Krebserkrankungen, schon im Kindesalter sind Themen, die nicht mehr nur die Forschung interessieren.

sozialwissenschaftliche Fragestellungen

Die **Sozial- und Verhaltenswissenschaften** versuchen die Entwicklung der Persönlichkeit in ihren kognitiven und emotionalen Dimensionen im Kontext zur Lebensumwelt und den Institutionen der Erziehung und Bildung zu erklären (vgl. oben

3.1.). Ein Schwerpunkt der jüngeren Kindheitsforschung der 60er und 70er Jahre war die Untersuchung der kognitiven und sozialen Qualität von Erziehung. Dabei hat sich herausgestellt, daß sich die soziale Benachteiligung, hervorgerufen durch Armut, unvollständige Familie, Zugehörigkeit zur sogenannten Unterschicht oder zu ethnischen Minderheiten, ganz wesentlich auf die Entwicklung und Bildungschance des Kindes auswirkt (*Flitner*, S. 631, weiterführend *Honig*, 1993, S. 207 ff.)

rechtswissenschaftliche Fargestellungen

Die **Rechtswissenschaft,** insbesondere die Rechtstatsachenforschung, und Rechtsanwendung sucht nach Lösungen in aktuellen Problemsituationen von Kindern, um im Rahmen des geltenden Rechts vor allem über die Auslegung der unbestimmten Rechtsbegriffe (z. B. Kindeswohl) eine kindgerechte Lösung oder Entscheidung zu ermöglichen. In der »lege ferenda«-Diskussion, d. h. im Zusammenhang mit der Rechts- und Sozialpolitik, wird die Schaffung einer kindgerechten Lebensumwelt durch Ausgleich sozialer Benachteiligung über die kompensatorische Wirkung der Sozialgesetzgebung angestrebt.

Sozialgeschichte der Kindheit

Historisch gesehen fand das Kind und damit die Lebensphase Kindheit erst seit dem 17. Jahrhundert Beachtung und führte zu dem Postulat, dem Kind einen besonders pädagogisch geschützten und angeleiteten Lebensraum zu eröffnen. In den Ansätzen der Sozialgeschichte der Kindheit beschreibt *Aries* (1978) eindrucksvoll die Entwicklungslinien der Neubewertung des Kindesalters. Es wird vor allem auf die Herauslösung des Kindes aus dem universell zuständigen Bereich der Familie durch die Vergesellschaftung der Erziehungsfunktion und auf die Bewertung der Kinderarbeit hingewiesen.

Neubewertung des Kindesalters

Die Idee des Kindergartens (Fröbels)

Mit Einführung der Schulpflicht wurden auch schon im frühen 19. Jahrhundert mit den »Kleinkinderschulen« (für Preußen ab 1877) und den englischen Kindertagesstätten spezielle Einrichtungen geschaffen, die auf kindgerechte Lebenswelt ausgerichtet sein sollten, die eigentliche »pädagogische Gestalt« erhielt sie aber erst in der von Fröbel begründeten und bis heute fortentwickelten Idee des »Kindergartens«. (*Fröbels* Spieltheorie ist bis heute Basis der Konzeption der Kindergärten z. B. für die Lernziele Aneignung, Entdeckung und Begreifen der Welt und soziales Lernen).

Kinderarbeit

In vorindustriellen Gesellschaften war die Mitarbeit von Kindern im häuslichen Erwerbsbereich der Eltern selbstverständlich, ohne daß Überforderungen der Kinder zu einer Neubewertung der Rolle als Kind führten. In dem beginnenden Industriezeitalter wurde die Arbeitskraft auch der kleinen Kinder von 10–12 Stunden täglich zum Broterwerb vor allem für große Familien der Unterschicht bedenkenlos eingesetzt. Kinder waren ein ökonomischer Faktor für Familieneinkommen und ein Faktor der sozialen Sicherung für die ältere Generation. Wohl keine Epoche hat Kinder einer derart quälenden Einschränkung unterworfen, sie quasi ihrer Kindheit beraubt. Erst die hohe Kindersterblichkeit und die radikale Verelendung haben das Bewußtsein für einen besonderen Schutz für die Kinder und deren Recht auf kindliches Leben hervorgerufen. Die Gesetze für den Kinderarbeitsschutz sind die Anfänge einer kinderrechtlichen Bewegung.

Kinderarbeit

»Jahrhundert des Kindes«

Jugendbewegung

Als im Jahre 1900 von der schwedischen Schriftstellerin *Key* »das Jahrhundert des Kindes« ausgerufen wurde, wurde begonnen, Erziehungseinrichtungen von den Bedürfnissen des Kindes her aufzubauen. Auch die Jugendbewegung der 20er Jahre zeigt an, daß sich jugendliches Selbstbewußtsein auf alle Lebenszusammenhänge ausdehnen kann und kulturgestaltend in der Architektur, Raumplanung, Umweltgestaltung und Kunst gewirkt hat. Im Kontrast dazu stand das traditionsbewußte patriarchalische Familienmodell des Großbürgertums, das sich noch aus den untergehenden Idealen des viktorianischen Zeitalters mit der bekannten »fin de siècle«-Stimmung hinübergerettet hatte. Diese teils dramatische »Wendezeit« ist auch der Hintergrund für die erste umfassende Gesetzgebung, die neben dem Kinderarbeitsschutz und Schulrecht ein eigenständiges Jugendrecht geschaffen hat (1920 RJWG/1923 JGG).

eigenständiges Jugendrecht 1920)

Erfahrungsdiskrepanzen zwischen den Generationen

Mit dem Begriff »Kindheit« wird nach allgemeinem Wortverständnis auch ein Traum beschrieben, der im Rückblick auf das eigene Leben eine Phase glücklicher Geborgenheit vorspiegelt. Bei realistischer Betrachtung äußert sich darin eher der Wunsch der älteren Generation, der jüngeren Generation Bedingungen zu schaffen, in denen es den Kindern bessergehen solle als ihnen selbst. Da unsere aktuellen Wahrnehmungen immer auch auf dem Hintergrund unserer eigenen Kindheitserfahrungen gespiegelt werden, zeichnen sich für viele Eltern und professionell Erziehende Erfahrungsdiskrepanzen zwischen der eigenen erlebten Kindheit und der Lebenswelt heutiger Kinder ab.

veränderte Kindheit heute

Die Kindheit heute wird als besondere Herausforderung für die Institutionen der Sozialisation (Familie, Schule, Kindergarten, Jugendhilfe) gesehen: Welche Merkmale kennzeichnen die veränderte Kindheit heute?

demographische Entwicklung

Die demographische Entwicklung zeigt einen deutlichen Geburtenrückgang und ein generatives Verhalten (z. Zt. ca. 1,3 %) in Richtung auf eine Einkindfamilie, d. h., 80 % der Kinder machen im Elternhaus keine Geschwistererfahrung, auch Erfahrungsmöglichkeiten mit andersgeschlechtlichen Kindern sind entsprechend gering (vgl. *Nauck*, 1989, S. 273 ff.).

Erwerbstätigkeit von Müttern

Durch die Erwerbstätigkeit von Müttern (bei Schulanfängern nahezu 40 %) werden andere Betreuungsformen schon in einer frühen Lebensphase notwendig (Krabbelgruppen, Krippen, Kindergärten, Kindertagesstätten, Horte).

Die vollständige Familie als Instanz der primären Sozialisation ist zwar der Regelfall, aber andere Lebensformen wie Einelternfamilien, Stieffamilien, Wohngemeinschaften bilden zunehmend den lebensweltlichen Erfahrungsbereich vieler Kinder.

unvollständige Familien

Die Lebenswelt im Wohnbereich ist zunehmend kinderfeindlich durch Verkehr, durch Bebauung, Baukonzeptionen, Eingrenzung und Reglementierung auf Kleinstkinderspielplätzen, d. h., der Lebensraum für spontane kindgemäße Lebensäußerungen wird eingeengt, Frustration und Aggressivität wachsen.

kinderfeindliche Wohnumwelt

Der Tagesablauf und damit die wichtigsten Teile lebensweltlicher Erfahrung sind reglementiert, verplant und zeichnen sich durch eine pädagogische Vollversorgung aus. Es beginnt schon mit den Öffnungszeiten der Kindergärten, Kindertagesstätten, Schulen und wird fortgesetzt durch geplante und professionell begleitete Freizeitangebote im Sport- und kreativen Bereich.

verplante Tagesabläufe

Die Medien, insbesondere die elektronischen Medien, vermitteln den Kindern zunehmend »Erfahrungen und Wirklichkeit aus zweiter Hand«, und sogar Kinderspiele und Spielzeug haben sich verändert. Spiele und Spielzeug werden zunehmend so konzipiert und vermarktet, daß Spielpartner und soziales Lernen nicht mehr im Vordergrund stehen. Die Computerspiele und die sich daraus ergebenden Folgen für die Entwicklung der Kinder (Spielsucht, Vereinsamung, soziale Anpassungsschwierigkeiten) sind nur ein erschreckendes Beispiel.

Medieneinflüsse

Diese skizzierten Merkmale zeigen, daß Kindheit heute als ein komplexer Zusammenhang sich gegenseitig bedingender Faktoren begriffen werden muß, in dem auch Widersprüche enthalten sind:

Widersprüche

Einmal wird von den Erwachsenen eine in vielen Lebensbereichen kinderfeindliche Welt geschaffen, in der schön abgegrenzt von den negativen »äußeren« Bedingungen eine kindgemäße Entwicklung stattfinden soll, durch Freistellung von Verpflichtungen in Haus und Familie, durch eine möglichst vollständig fachkompetente Erziehung, pädagogische Begleitung, nötigenfalls Therapie in allen Lebenslagen. Zum anderen nehmen Kinder aber an vielfältigen Bereichen des Erwachsenenlebens besonders in der Familie teil, so daß die Grenzen zwischen Kindheit und Erwachsenenwelt verschwimmen.

Durch Teilnahme (gewollt oder ungewollt, Kinder werden hier oft nicht gefragt) an der Selbstverwirklichung von Erwachsenen nach deren Bedürfnissen in Freizeit, Sport, Medienkonsum, Urlaubsgestaltung usw., durch Einbindung der Kinder in

Grenzen zwischen Kinderwelt und Erwachsenenwelt verschwimmen

Partnerkonflikte, durch zu frühes Alleinlassen wird der oben skizzierte »Schonraum« wieder aufgehoben. In dieser Aufhebung der Grenzen zwischen Erwachsenenwelt und Kinderwelt sehen »apokalyptische« Kritiker (*Postmann*, 1982) schon ein »Verschwinden der Kindheit« oder ein Aufwachsen der Kinder ohne Kindheit (*Winn*, 1985). Ein für die sozialberufliche Praxis besonders gravierender Befund ist die Aufdeckung der gesellschaftlichen Tabus, die bisher oft zu den bestgehüteten Geheimnissen einer Familie gehörten, für die biographische Entwicklung von Kindern aber lebenslange Lasten bedeutet. Dies ist einmal die gravierende Zunahme der offenen psychischen und physischen Gewalt in Familien, durch die Kinder als »Opfer der Erziehung« oder als erschreckte Teilnehmer von Partnerkonflikten betroffen sind. Zum anderen ist es der sexuelle Mißbrauch von Kindern, insbesondere von Mädchen. Die Angebote und Initiativen von Frauen- und Mädchenhäusern als Schutzraum sowie die speziellen Beratungsangebote müssen angesichts des gewichtigen Problems erst als Anfang gesellschaftlichen Reagierens bewertet werden, teils mit dem öffentlichen Akzent eines Alibis, um einer weiteren Tabuisierung das Wort zu reden, teils mit dem Akzent hilflosen Bedauerns über ein Phänomen, das es gar nicht geben dürfte.

Kinder als Opfer der Erziehung

Traum und Alptraum von einer glücklichen Kindheit

Kindheit ist auch und vor allem die eigene Wirklichkeit der Lebenswelten der Kinder, die sich trotz veränderter Lebensbedingungen von Kindern immer wieder ihre eigene Welt erobern und sich allen Interessen und Vereinnahmungen entziehen. Angesichts der Forschungsbefunde über Kinder und Kindheit heute, nicht nur in historischer Analyse, könnte der Traum von einer glücklichen Kindheit ein »Alptraum werden, aus dem wir gerade erst erwachen« (*Lloyd de Mause*, 1980, S. 12: »Die Geschichte der Kindheit ist ein Alptraum, aus dem wir gerade erst erwachen. Je weiter wir in der Geschichte zurückgehen, desto unzureichender wird die Pflege der Kinder, die Fürsorge für sie und desto größer die Wahrscheinlichkeit, daß Kinder getötet, ausgesetzt, geschlagen, gequält und sexuell mißbraucht wurden«). Eine Ermutigung zu pädagogischem Tun, über die lähmende Reflexion hinaus, gibt *A. Flitner* mit seinem Appell an alle pädagogisch Tätigen: »Wir können nicht dabei stehen bleiben, die Lebenswirklichkeit der Kinder kritisch zu reflektieren und Defizite zu skandalisieren, sondern wir können und müssen unermüdlich daran arbeiten, das Kinderleben vor der Zerstörung, vor der Abdrängung in Kinderghettos, vor funktioneller Vereinnahmung zu bewahren und unsere Gesellschaft für die Ansprüche und den Reichtum kindlichen Lebens zu öffnen« (*Flitner*, 1987, S. 634).

Ermutigung zu pädagogischem Tun

3.2.2 Jugend als Sozialisationsphase

Strukturwandel und Jugend

Formal definiert umfaßt die Lebensphase Jugend den Zeitraum vom 14. bis 18. und eingeschränkt bis zum 21. bzw. 27. Lebensjahr (§ 7 KJHG/§ 1 Abs. 2 JGG).
Die in der Lebensphase Kindheit skizzierten Merkmale eines Strukturwandels mit entsprechenden aktuellen Problemlagen einer veränderten Kindheit heute sind auch für die Ausprägung spezifischer Problemlagen der Jugend ursächlich.
In der pädagogischen Praxis und in der öffentlichen Diskussion haben sich Entwicklungen angedeutet, die ein qualitativ neues Verhältnis zwischen den Generationen signalisieren. In gegenseitiger Hilflosigkeit und Sprachlosigkeit zwischen den Generationen werden einerseits vielfältige Formen des eher passiven Ausstiegs großer Teile der jungen Generation in Drogen, Alkohol bzw. in religiöse Bewegungen oder mehr aktiv in vielfältige soziale, politische, ökologische Bewegungen als besondere Formen des Protests geprobt, während andererseits Motivationsmangel, apathische Perspektivlosigkeit oder ritualisierte Überanpassung an familiale oder gesellschaftliche Anforderungen ohne innere Beteiligung diagnostiziert werden. Diese skizzierten Phänomene werden mit dem oben angedeuteten grundlegenden Strukturwandel von Jugend im gesamtgesellschaftlichen Kontext erklärt. Die sich daraus ergebenden charakteristischen Problemlagen zeigen an, daß es um eine Zerstörung der bisher geltenden gesellschaftlichen und individuellen Sinnzusammenhänge des Jugendalters geht (vgl. *Kreutz*, 1989, S. 169ff., *Hurlemann* u. a., 1985, S. 17ff.).

qualitativ neues Verhältnis zwischen den Generationen

Sinnzusammenhänge

Die **Phase des Jugendalters** hatte bisher den gesellschaftlichen und individuell (seit Ende der 60er Jahre zwar mit abnehmender Tendenz) anerkannten Sinnzusammenhang, über die schulischen und beruflichen Bildungsinstanzen eine Vorbereitung auf das Leben, das Hereinwachsen in die Erwachsenenwelt und die Zuteilung bestimmter sozialer Chancen (Beruf – soziale Position) unter Aufschub aktueller Bedürfnisse und Selbstverwirklichung zu vermitteln. Die Aussicht, nach individuellen Anstrengungen in Schule und beruflicher Bildung ein gutes Einkommen, einen halbwegs befriedigenden Job zu erreichen, reicht heute nicht mehr aus, um Jugendliche für ein Leben in dieser Gesellschaft, in diesem Staatsgefüge zu motivieren. Die Erfahrungen vieler Jugendlicher heute zeigen, daß noch so große individuelle Anstrengungen nicht die objektiven Bedingungen für die beruflichen und sozialen Lebensperspektiven wegräumen können. Die »enge Lage« im Ausbildungs- und Arbeitsmarktbereich führt nicht selten zu Erfahrungen einer beruflichen Perspektivlosigkeit, zumindest aber zu Enttäuschungen nicht realisierbarer Berufs- und Arbeitswünsche mit daraus resultierenden Verhaltensweisen und Einstellungen, die eher als resignativ, ent-

Schule, Beruf, soziale Position

mutigt und interessenlos (»no future« – »Null-Bock«) beschrieben werden (vgl. *Herz*, 1989, S. 591 ff.).

Motivationskrise

Ein weiteres Merkmal für den Strukturwandel wird in der »Motivationskrise« gesehen, die über veränderte Kindheitserfahrungen zu dem von Ziehe so bezeichneten »neuen Sozialisationstyp« führt, der sich durch Gegenwartsbezogenheit statt durch zukunftsbezogenes Planen und Handeln, durch Empfindsamkeit, Selbstbezogenheit und Rückzug auf innere Erlebnisse beschreiben läßt. Diese Entwicklung wird dem Wandel frühkindlicher Sozialisationserfahrungen vor allem als Folge einer ambivalenten Mutter-Kind-Beziehung zugeschrieben (*Ziehe*, 1975; *Bohleber*, 1989, S. 93).

neuer Sozialisationstyp

Ausstiegsphänomene

Sozialisationstheorie

Diese beiden theoretischen Annahmen reichen jedoch nicht aus, um die veränderte Bewußtseinslage der Jugend und der jungen Erwachsenen einschließlich der genannten Ausstiegsphänomene (Sucht und Protest) zu erklären. Es müssen die schon in der Sozialisationstheorie aufgezeigten Zusammenhänge gesamtgesellschaftlicher Wandlungsprozesse mit einbezogen werden. Für die Erklärungsansätze der aktuellen Problemlagen der Jugendphase wird von *Hornstein* (1987, S. 519 f.) den folgenden Entwicklungen eine besondere Relevanz zugeschrieben:

aktuelle Problemlagen

- Zunahme vergesellschafteter Sozialisation im Verhältnis zu privaten Bereichen,
- Tatsache eines epochalen Wertewandels mit der Folge, daß im Verhältnis der Generationen unterschiedliche Wertesysteme konkurrieren und bisweilen mit schmerzlichen Erfahrungen für Jung und Alt aufeinanderprallen,
- Art der gesellschaftlichen Reaktionen auf die aus dieser Lage entstehenden Konflikte.

Ausstieg und Protest

Die Heranwachsenden selbst reagieren nicht unbedingt nur in den Formen des Ausstiegs oder Protests auf diesen Strukturwandel, sondern sie finden vielmehr weniger dramatische oder äußerlich spektakuläre Antworten auf die geschilderte Situation. Die Reaktionen der großen Mehrzahl der jungen Generation sind eher gekennzeichnet durch »stille Wege« des Rückzugs, durch einen strategisch berechnenden Umgang mit den Anforderungen der Sozialisationsinstanzen der Erwachsenenwelt, ohne sich im Übermaß zu engagieren, durch die Suche nach der wirklichen Existenz, nach Bedürfnisbefriedigung und Selbstverwirklichung in den jugendlichen Subkulturen (Cliquen, Discos, Jugendzentren u. a.) im Hier und Jetzt und im Gegensatz zu den Frustrationen und Sinnlosigkeiten der gesellschaftlichen Institutionen.

»stille Wege« (Rückzug)

Herausforderung für die soz.-päd. Praxis

Die weitreichenden Konsequenzen dieses Strukturwandels sind eine besondere Herausforderung für alle Bereiche pädagogischen Handelns, sei es in der sozialpädagogischen Begleitung oder Ergänzung von Familienerziehung, sei es in Schule und beruflicher Bildung oder in den vielen Formen der Jugendarbeit. In diesem Zusammenhang muß auch gefragt werden, ob der sogenannte »Defizitansatz« als Anspruchsvoraussetzung für Sozialleistungen, dazu gehören auch die pädagogischen Hilfen, die aufgezeigten Probleme überwindet oder verstärkt. Viele sozialpädagogische Fördermaßnahmen und Erziehungshilfen sind an negative, stigmatisierende und ausgrenzende Bewertungen geknüpft, d.h., erst eine attestierte »Berufsunreife«, »Verhaltensauffälligkeit«, »Gefährdung« usw. bringt einen Jugendlichen in den Genuß einer sozialpädagogischen Hilfe. Dieser Ansatz soll zwar mit der Neuformulierung des KJHG ersetzt werden, ob die Fortschreibung der Jugendhilfepraxis des JWG dies allmählich überwindet, bleibt abzuwarten.

etikettierende Begriffe

Der Umgang mit dieser Problematik bringt die sozialberuflichen Fachkräfte in der Praxis oft in eine sehr schwierige Lage, da sie im Anwendungszusammenhang von Recht durch fachliche Beurteilungen (Definitionen) diese etikettierenden Begriffe inhaltlich ausfüllen müssen, um so eine Verwaltungs- oder Gerichtsentscheidung über einen Anspruch auf eine sozialpädagogische Hilfe begründen zu können.

Ausgrenzungsprozesse

Gelingt eine Problemlösung für ein Kind oder einen Jugendlichen über diese Hilfeprozesse nicht, so ist durch das perfekte systematische Zusammenwirken von vier Prozessen die Hilfegewährung oft mit ursächlich für eine weitere soziale Benachteiligung oder gar Ausgrenzung, die ja gerade durch diese Hilfe überwunden werden sollte.

»Definitionsprozeß«

In einem »Definitionsprozeß« (»psychosoziale Diagnose«) werden z.B. Defizite eines Kindes herausgefiltert, das den Anforderungen in Familie und Schule nicht mehr gerecht wird und mit »Schulschwierigkeiten« reagiert,

»Etikettierungsprozesse«

in einem »Etikettierungsprozeß« werden diese Befunde aktenmäßig erfaßt und als »Verhaltensstörung« festgeschrieben, möglicherweise ergänzt durch hinzugezogene Akten mit gleichen Befunden auch fortgeschrieben. Diese Befunde können dann Grundlage für nach außen wirkende Verwaltungs- oder Gerichtsentscheidungen sein.

»administrative« Prozesse

Im Rahmen dieser administrativen Prozesse wird nicht nur Hilfe gewährt, sondern auch Verhalten kontrolliert.

»Lernprozesse«

Damit korrespondieren Lernprozesse, in denen das Kind die Erfahrung macht, wie es mit der Bewertung und Kontrolle (Fremdbestimmung) im Rahmen der beschriebenen Prozesse umgeht und sein Verhalten darauf einstellt. Fallstudien über biographische Verläufe von Kindern und Jugendlichen anhand der Aktenanalyse vom Kindergarten bis zum Jugendgerichtshilfebericht zeigen eindrücklich den Wirkungszusammenhang dieser vier Prozesse, so daß auch von einer »organisierten Verfestigung abweichenden Verhaltens« gesprochen werden kann

(*Bonstedt*, 1972; *Colla*, 1973; vgl. auch *Hurrlemann* u.a., 1985 und *Kreutz*, 1989).

Herausforderung für die Praxis

Für die Praxis ergibt sich daraus die Herausforderung, bei den Aufgaben der Sozialisation im Umgang mit Kindern und Jugendlichen und den Sozialisationsinstanzen (Familie, Schule, Jugendhilfeeinrichtungen) nicht nur die stigmatisierenden Defizite einer sozialen Benachteiligung herauszuarbeiten und entsprechende Maßnahmen einzuleiten, sondern nach positiven Entwicklungsmöglichkeiten unter Einbeziehung der Selbstdefinition von Kindern und Jugendlichen zu suchen, die dann im Zentrum der Hilfe stehen sollten.

3.3 Die Familie als Sozialisationsinstanz

3.3.1 Grundfunktionen der Familie im sozialen Wandel

Familienstrukturen

Die Sozialisationsphase der Kindheit ist trotz der zunehmenden Vergesellschaftung und Institutionalisierung der Erziehung und der damit von außen einwirkenden Zusammenhänge weitgehend in der Familie verankert. Die historische Familienforschung hat zwar herausgearbeitet, daß sich seit dem 18. Jahrhundert (historische Krise der Familie mit Entstehen der Industrialisierung) die Strukturen und Aufgaben der Familie stark gewandelt haben. Die dem sozialen Wandel unterliegenden Strukturen der Familie werden in diesem Zusammenhang mit folgenden Begriffen beschrieben: »Auflösung des ganzen Hauses«, Reduktion der Großfamilie (Mehrgenerationenfamilie) auf die heutige »Kern- oder Kleinfamilie« (Zweigenerationenfamilie), Funktionsverlust einer ursprünglich universellen Lebens- und Erziehungsgemeinschaft, einer Produktions-, Versorgungs- und Konsumgemeinschaft.

Großfamilie Kleinfamilie

Funktionen der Familie

Die heutige Funktion der Familie wird hier vor allem in einer ständig neu zu definierenden Funktionsteilung zwischen Familie und Gesellschaft gesehen.

Diesen vermeintlichen Zerfallserscheinungen der Familie sind dann auch Staat und Gesellschaft mit verfassungsrechtlichen, sozialpolitischen und pädagogischen Maßnahmen entgegengetreten, um der Familie durch Schutz und Unterstützung das Primat z. B. der Erziehungsfunktion zu sichern (Schutz durch Art. 6 GG, durch Ehe- und Elternrecht und durch familienpolitisch orientierte Sozialgesetze).

Erziehungsfunktion

Grundfunktionen

Es haben sich daher vier Grundfunktionen der Familie trotz eines dynamischen sozialen Wandels unabhängig von der jeweiligen historischen Ausprägung der Familie erhalten:

- Legitimation sexueller Beziehungen in der geschützten Institution der Ehe
- Erzeugung des Nachwuchses, in der Regel in dieser geschützten Beziehung
- Versorgung im Rahmen eines gemeinsamen Haushalts
- Sozialisation der Kinder in der verfassungsrechtlich geschützten Institution Familie.

Funktionswandel

Diese Grundfunktionen sind nicht naturgegeben, sondern Ergebnis gesellschaftlicher und politischer Prozesse mit Zuschreibungen von Aufgaben bzw. Aufgabenteilungen zwischen Familie und Gesellschaft. Die Bundesregierung spricht daher auch im 2. Familienbericht (1975) und im 8. Jugendbericht nicht von Funktionsverlust, sondern von Funktionswandel in der Aufteilung zwischen Familie, Staat und Gesellschaft und räumt der Familie hinsichtlich der Sozialisationsfunktion einen Vorrang ein, der sich auch auf die Kinder- und Jugendhilfe auswirkt.

Aufgaben der Familie

Wesentliche Aufgaben der Familie sind demnach:
»– die Regeneration der Gesellschaft,
- die Erziehung der Kinder insbesondere in der frühkindlichen Phase,
- die wirtschaftliche Versorgung der Familienmitglieder durch Sicherung der Wohnung und durch Führung des Haushalts,
- die Befriedigung der Bedürfnisse, in der Familie Halt in einer Umwelt zu finden, die durch Technisierung, Automation und Rationalisierung geprägt ist und hohe Anforderungen an die psychische und physische Leistungskraft des Menschen stellt, ferner Chancen zu bieten, in der Freizeit schöpferische Fähigkeiten zu entfalten, aber auch in der Familie Ruhe und Abgeschiedenheit zu finden« (II. Familienbericht 1975 S. VII).

Familie als Gegenstruktur zur Gesellschaft

In dieser Aufgabenzuweisung des II. Familienberichts von 1975 wird die Nähe und Wärme der Familie als »Gegenstruktur zur Gesellschaft« beschworen, die als familiensoziologische und familienpolitische Prämisse die Entwicklungen der letzten beiden Jahrzehnte stark beeinflußte. Es wird eine Trennung vorgenommen zwischen »Familienleben« und »Erwerbsleben«, zwischen primären Netzen des Privaten und den sekundären Systemen moderner Organisationsgesellschaft. Die moderne Familie ist damit die »Insel«, die das Überleben in einer differenzierten, rationalisierten und anonymen Gesellschaft sichern soll. *Rosenbaum* kritisiert diese Annahmen der Familiensoziologie und weist auf die Abhängigkeit der Familie in ihrer Gestalt und ihren Funktionen von der Gesellschaftsstruktur hin (*Rosenbaum*, 1973, S. 106ff.; vgl. auch *Bertram*, 1991, S. Iff., *Nave-Herz*, 1988 und *Textor*, 1991, S. 79ff.).

3.3.2 Aktuelle Problemlagen der Familie

Leitbild Kernfamilie

Dieses Leitbild der »Kernfamilie« (*Claessens*, 1973), die sich im Rückzug auf den »familialen Kern« ihre Lebenswelt schafft und sich gleichzeitig von den Außenbeziehungen sozialer Vernetzungen auch zur unmittelbaren Nachbarschaft und Verwandtschaft abgrenzt und isoliert, ist auch eine Erklärung für eine ganze Reihe von neuen Problemlagen der Familie. Bezogen auf die Sozialisationsprozesse der Kinder und Jugend in ihren familialen Zusammenhängen muß gefragt werden, welche Wirkungen die Familienstrukturen, die skizzierten Aufgabenzuweisungen an die Familie als gesellschaftlich beeinflußte Umwelt und die innerfamilialen Beziehungen und Prozesse auf die Persönlichkeitsentwicklung der Kinder entfalten.

Zusammenhänge Familienstruktur Sozialisation

Wirkungsforschung

Auf diese Fragen kann auch die umfangreiche Wirkungsforschung keine eindeutigen Antworten geben, da zu oft nur einzelne Einflußfaktoren auf und in der Familie mit bestimmten Verhaltensmerkmalen bei Kindern korreliert wurden. Bezogen auf die komplexen Zusammenhänge ergab dieser Ansatz oft widersprechende Ergebnisse. Unstreitig kann jedoch festgehalten werden, daß das Lebensschicksal von Kindern nachhaltig von den Lebensverhältnissen und Strukturen der Herkunftsfamilie beeinflußt wird. Eine Isolierung auf einzelne Faktoren verbietet sich daher, zumal nachgewiesen werden konnte, daß nicht die strukturelle Unvollständigkeit der Familie (Fehlen eines Elternteils, Alleinerziehende) allein, sondern auch die funktionelle Unvollständigkeit der Familie (Spannungen der Ehepartner mit Aufwirkungen auf die Rollenverteilung in der Familie, die Uneinigkeit in Erziehungsfragen u. a., Trennung und Scheidung) im Zusammenwirken mit allen anderen Einflußfaktoren erst eine Tendenz zu abweichendem Verhalten der Kinder fördert (*Liegle*, 1987, S. 330; *Textor*, 1991, S. 189ff.; *Bertram*, 1991, S. 429ff.).

Herkunftsfamilie und Lebensschicksal von Kindern

Gleichwohl hat sich in der Praxis eine Sichtweise herausgebildet, die Familienprobleme entsprechend den sozialpolitischen Problemlagen und den Ansätzen der sozialen Arbeit zu systematisieren: In diesem Zusammenhang sind folgende aktuelle Problemlagen der Familie als Sozialisationsinstanz besonders zu beachten:

- Erziehungsprobleme oft hervorgerufen durch die Hilflosigkeit junger Familien, eigene Emanzipationswünsche mit den Interessen der gemeinsamen Kinder zu koordinieren und im Vakuum von diffusen Erziehungs- und Bildungsleitbildern erzieherische Verantwortung zu definieren und auszuüben.
- Beziehungsprobleme, die durch Schwierigkeiten der Abstimmung individueller und gemeinsamer Lebensplanung in der Partnerschaft entstehen und sich auch belastend auf das Verhältnis der

Generationen zueinander auswirkt. Es entstehen Legitimationsprobleme im Verhältnis zur Großelterngeneration und Identifikationsprobleme im Verhältnis der Kinder zu ihren Eltern.
- Integrations- und Vernetzungsprobleme signalisieren eine Schwächung der tragenden Lebenszusammenhänge im Verhältnis zur Nachbarschaft, Verwandtschaft und Natur und Einbettung in sozialräumliche und sozialkulturelle Strukturen.
- Vermittlungs- und Interpretationsprobleme (Familienleben und Erwerbsleben) zwischen der »Familie als universelle Lebenswelt« und den sekundären Systemen der modernen Organisationsgesellschaft, die auf alle Lebensbereiche der Familie durch professionelle Leistungen des Sozial- und Gesundheitswesens und der Bildungseinrichtungen Einfluß nimmt.
- Steuerungsprobleme der sogenannten familialen Kompetenzen, wenn die Kräfte der Familie aus strukturellen Bedingungen heraus nicht ausreichen, etwa wenn bei Einkommensarmut der Familien Alleinerziehende oder Problemfamilien mit chronisch Kranken, Suchtkranken oder behinderten Mitgliedern den Alltag meistens müssen.

3.3.3 Familie als Gegenstand der Politik

3.3.3.1 Rahmenbedingungen für die Familienpolitik

Familienpolitik im Rahmen von Art. 6 GG

Familienpolitik im engeren Sinn ist bezogen auf die Umsetzung der wertentscheidenden Verfassungsnormen des Art. 6 GG, verbunden mit den anderen wertentscheidenden Verfassungsnormen,
- das Recht auf Freiheit und freie Entfaltung der Persönlichkeit,
- das Gebot der Gleichberechtigung von Männern und Frauen,
- die Beachtung des Kindes als Grundrechtsträger.

Familienberichte der Bundesregierung

Schon im ersten Familienbericht der Bundesregierung vom 25. 1. 1968 (Drucksache V 2532) über Problemlagen der Familien mit dem Schwerpunktthema »Leistungen und Leistungsgrenzen der Familie im Erziehungs- und Bildungsprozeß der nachwachsenden Generation« wird eine grundlegende Konzeption des Bezugsrahmens für die Familienpolitik vorgestellt, an dem sich die Politikbereiche auf allen Ebenen (Europapolitik – Bundespolitik – Landes- und Kommunalpolitik) bis heute orientieren (vgl. II. Familienbericht 1975 S. V ff.). Neben dem zentralen Aspekt der Bedeutung der Familie für die Sozialisation und dem sich daraus ergebenden sozialstaatlichen Förderungsgebot (z. B. Familienlastenausgleichssysteme) wird Familienpolitik nicht nur verengt auf die materielle Absicherung der Familie, sondern als umfassende strukturgestaltende Gesellschaftspolitik verstanden.

Familienberichte der Bundesregierung

Ziele der Familienpolitik

> Familienpolitik muß daher auch weitergehende Ziele verfolgen, z. B.:
> - schichtenspezifische Benachteiligungen abzubauen,
> - gleiche Voraussetzungen und Gleichheit der Chancen zu sichern, d. h., Familienpolitik muß auch dazu beitragen, daß die Rechte und Freiheiten des GG tatsächlich von allen in Anspruch genommen werden können.
> - Familienpolitik im weiteren Sinn enthält damit auch einen ressortübergreifenden Querschnittsaspekt, der alle Politikbereiche tangiert und letztlich auch Thema der sozialpolitischen Entwicklungen im deutsch-deutschen Einigungsprozeß nach der Wende (1989) und der europäischen Entwicklung in der EG von 1992 ist.

Ausgangspunkt für die Familienpolitik der Bundesregierung war schon 1975 »die Familie in ihrer heutigen Struktur, mit ihrem derzeitigen Selbstverständnis und den Funktionen, die sie in der sozialen und gesellschaftlichen Wirklichkeit wahrnimmt. Eine Familienpolitik, die sich an einer idealisierten Familienpolitik orientieren würde, hätte für die Familien keinen Nutzen« (II. Fam.Bericht 1975, S. VII).

ideologische Kontroversen

Die ideologischen Auseinandersetzungen um die Ziele der Gesellschaftspolitik, genauer gesagt der Familienpolitik, wurden in der partei- und fachpolitischen Diskussion (der Kirchen und Verbände) immer kontrovers geführt und bewegen sich zwischen Ideal und Wirklichkeitsnähe. In bestimmten Themenbereichen der Familienpolitik, z. B. der Frage der Schwangerschaftsunterbrechung (§ 218 BGB), der Legitimation der Elternverantwortung in einer Eltern-Kind-Beziehung ohne Trauschein, stehen sich besonders unversöhnliche Positionen gegenüber.

Familienpolitik in Wahlprogrammen der politischen Parteien

Eine Analyse der Programmaussagen zur Familienpolitik der politischen Parteien in ihren Wahlprogrammen, z. B. denen zu den Landtagswahlen 1992 in Baden-Württemberg, macht deutlich, daß ein unaufhaltsamer Abschied vom traditionellen Ideal des Leitbildes der Familie bevorsteht.

In den Wahlprogrammen aller Parteien wird familienpolitischen Themen ein breiter Raum gewidmet. Auffällig ist aber, daß viele Einzelthemen ideologisch besetzte Grundsatzfragen verdrängen. Die traditionelle Familie ist nur noch der zentrale Bezugspunkt für die konservative Politik. Der realen Entwicklung der Problemlagen der Familie wird durch eine gezielte und differenzierte Programmatik begegnet.

Forderungen

Eine Forderung nach Gleichstellung und Schutz aller Lebensformen einschließlich des Alleinlebens (Grüne) wird ergänzt durch die Forderung nach einer Entscheidungsfreiheit für verschiedene Formen des Zusammenlebens, sei es als Partner oder sei es als Eltern mit Kindern, mit einem sozial- und steuerrechtlich ausgestalteten Diskriminierungsverbot (SPD). Das bedeutet, daß die finanzielle Ausstattung von Eltern-Kind-Beziehungen (Familien) nicht vom Trauschein abhängig sein darf (SPD/FDP). Um die Vereinbarkeit von Familie, Erziehung und Beruf besser herstellen zu können, haben alle Parteien Vorstellungen programmatisch formuliert:

- flächendeckende Kinderbetreuungseinrichtungen und ausreichende Angebote an Ganztageseinrichtungen (FDP)
- bedarfsorientiertes Kindergeld mit Flexibilisierung der Arbeitszeit (Voll- und Teilzeit) verbunden mit Rückkehrgarantie in Vollbeschäftigung (Grüne)
- »existenzsicherndes Erziehungsgeld« bei dreijährigem Erziehungsurlaub mit Rückkehrgarantie an den Arbeitsplatz und eigenständige soziale Absicherung der Familienarbeit (SPD)
- gerechter Familienlastenausgleich, z.B. durch Verdoppelung des Kinderfreibetrags, Erweiterung der Hilfen für Alleinerziehende und Anerkennung der Kindererziehungszeiten in der Sozialversicherung (CDU).

Darüber hinaus werden viele neue Themen in die familienpolitische Diskussion eingeführt, die den Bereich der Landes- bzw. kommunalen Verantwortung betreffen. *Markefka* analysiert diese programmatischen Aussagen der Interessenverbände und Parteien im Hinblick auf die Programmpolitik für Kinder und begründet die Forderungen nach »Etablierung« von Kinderbeauftragten (-kommissionen) mit den Ergebnissen der neueren Kindheitsforschung (*Markefka*, 1993, S. 511ff.). Kinderpolitik und Jugendhilfe werden als Querschnittspolitik und als Instrument zur Gestaltung von Lebenswelten beschrieben (*Wawrziezny*, 1993, S. 18ff. und *Mielenz*, 1992, S. 18ff.). Der kinderpolitische Aspekt dieser Querschnittspolitik wird anschaulich in dem Positionspapier »Kinderpolitik« des Deutschen Bundesjugendringes (vgl. *Blanke* u.a., 1993, S. 40ff.) dargelegt. (Weiterführende Literatur: AGJ, 1991 und 1992; *Bertram*, 1991; *Büchner* u.a., 1990; *Biermann*, 1992; *Döhlemann*, 1992; *Kaufmann*, F.X., FuR 1992, S. 70ff.; *Markefka/Nave-Herz*, 1989; *Nave-Herz*, 1988, *Textor*, 1991 und Zentrum für Kindheitsforschung (Hrsg.), 1993).

3.3.3.2 Aktuelle Familienpolitik im deutschen Einigungsprozeß

Familienpolitik – Gutachten 1991 –

Eine gute Übersicht über Themen der Familienpolitik gibt das Gutachten des Wissenschaftlichen Beirats für Familienfragen 1991, das in der EAF im Oktober 1991 veröffentlicht wurde.

Zur Konzeption einer Familienpolitik im vereinigten Deutschland
Gutachten des Wissenschaftlichen Beirates für Familienfragen

Der Wissenschaftliche Beirat für Familienfragen beim Bundesministerium für Jugend, Familie, Frauen und Gesundheit (jetzt: Bundesministerium für Familie und Senioren) hat ein Gutachten zur Familienpolitik im vereinigten Deutschland vorgelegt.* Grundsätzlich wird davon ausgegangen, daß die für die Familienpolitik der Bundesrepublik geltenden Grundrechte, insbesondere Art. 6 GG für den Schutz der Familie, Art. 2 Abs. 1 GG als Recht auf freie Entfaltung der Persönlichkeit und Art. 4 Abs. 1 GG als Garantie der Freiheit des Glaubens, des Gewissens und des religiösen und weltanschaulichen Bekenntnisses sowie die Gleichberechtigung nach Art. 3 Abs. 2 GG, selbst im Falle einer Grundgesetzänderung in Einzelbereichen Richtschnur für eine gemeinsame familienpolitische Konzeption bleiben.
Diese unabdingbaren, leitbildbegründeten Grundrechte beinhalten auch, daß Ordnungsprinzipien, die bei der Ausgestaltung der Familienpolitik grundlegend sind – Pluralität, Subsidiarität und Solidarität – Geltung haben müssen: Pluralität für Ziele und Lebensentwürfe und auch für das System der Träger und Organe der Familienpolitik im staatlichen und nichtstaatlichen Bereich, Subsidiarität zwischen Trägern und Organen, Solidarität bei der Kompensation der von der Familie geleisteten Aufwendungen für Kinder und pflegebedürftige Angehörige in Form staatlicher Hilfen.
Zu prüfen ist auch, welche der in beiden deutschen Staaten zur Erreichung von bestimmten Zielen (wie gleichzeitige Vereinbarkeit von Erwerbs- und Familientätigkeit) eingesetzten Instrumente sich bewährt haben und daher auch in Zukunft eingesetzt werden sollten.
Unterstrichen wird die Bedeutung der Kommunen, insbesondere bei der Verankerung der Zusammenarbeit aller öffentlichen und privaten Träger und der Konzeption familienpolitischer Instrumente.
Ausdrücklich wird betont, daß das Zusammenwirken zahlreicher politischer Handlungsfelder im Blick auf eine umfassende Förderung der Familie notwendig ist (insbesondere bei Arbeitswelt, Transferleistungen, Wohnungs- und Bildungswesen, Umwelt, Gesundheit, Betreuung, Bildung und Beratung).
Nach eingehender Analyse der familienpolitischen Situation in den deutschen Staaten zum Zeitpunkt der Vereinigung gibt der Wissenschaftliche Beirat u. a. folgende Empfehlungen zu ausgewählten Handlungsfeldern ab:

I. Transferleistungen und steuerliche Behandlung der Familie

Nachdem sich das Niveau öffentlicher Leistungen in der ehemaligen DDR nun zugunsten größerer privat verfügbarer Einkommen verschiebt, erhält die steuerliche Behandlung der Familie besondere Bedeutung für die Sicherung des Lebensstandards.

1. Familienlastenausgleich

- Wünschenswert ist der Einstieg in ein erweitertes **Familiensplittingsystem,** also die Anbindung des Splitting-Divisors an Existenz und Anzahl von Kindern.
- Der Familienlastenausgleich (**Kindergeld und kinderbedingte Steuerentlastungen**) sollen sich an den Mindestkinderkosten orientieren und diese wenigstens teilweise (mindestens zu 50 %) ausgleichen, um den Leistungen der Familie für die Gesellschaft Rechnung zu tragen; auch sollte – schon aus Gründen der Verwaltungsvereinfachung

* Leitsätze und Empfehlungen zur Familienpolitik im vereinigten Deutschland, Gutachten des Wissenschaftlichen Beirats für Familienfragen beim Bundesminister für Familie und Senioren, 1991.

- keine Staffelung nach Alter und Ordnungszahl der Kinder erfolgen. In der gegenwärtigen Situation des Vereinigungsprozesses fordert der Wissenschaftliche Beirat eine Erhöhung des Kindergeldes.
- Der **Kindesunterhalt** sollte von der Besteuerung freigestellt werden (vgl. Beschlüsse des Bundesverfassungsgerichtes zur steuerlichen Behandlung der Unterhaltsleistungen für Kinder vom 29. 5. und 12. 6. 1990).
- Für **Alleinerziehende** sollte aus sozialpolitischen Gründen der Familienlastenausgleich über dem der (nicht dauernd getrennt lebenden) Ehepaare mit Kindern liegen.

2. Phasenspezifische Transferleistungen

Für Familien in ihrer Früh- und Spätphase (u. a. während der Berufsausbildung der Kinder) werden besondere Maßnahmen zur Unterstützung vorgeschlagen:

- **Familiengründungsdarlehen**, die in den alten Bundesländern aufgrund von Länderregelungen, in den neuen hingegen nach einheitlichen Kriterien gewährt wurden, sollten nunmehr einheitlich vergeben werden.
- Befürwortet wird eine einheitliche **Geburtsbeihilfe**, die mit der Inanspruchnahme von Vorsorgeuntersuchungen vor der Entbindung und Beratung nach der Geburt verknüpft wird.
- Begrüßt werden die von der Koalition angekündigten (und nunmehr auch durchgeführten) Verbesserungen hinsichtlich der Anspruchsdauer des **Erziehungsurlaubs und -geldes**, wonach bis zum Ende des dritten Lebensjahres eines Kindes die Erwerbstätigkeit (bei Möglichkeit von zweijährigem Bezug des Erziehungsgeldes) unterbrochen werden kann. Der Wissenschaftliche Beirat plädiert darüber hinaus für eine Anpassung des Erziehungsgeldes an die heutigen Realeinkommensverhältnisse, um die Wahlfreiheit der Eltern und eine ständige Betreuung und Erziehung der Kinder in den ersten Lebensjahren zu fördern sowie die Familientätigkeit in angemessener Weise anzuerkennen. Es wird eine Dynamisierung des Erziehungsgeldes favorisiert.

3. Ergänzende Transferleistungen

- Bei der **Kranken- und Hinterbliebenenversicherung** spricht sich der Wissenschaftliche Beirat für eine beitragsfreie Mitversicherung nicht erwerbstätiger Familienmitglieder aus.
- Für das vereinigte Deutschland ist bedeutsam, daß die sozialversicherungsrechtliche Benachteiligung der kindererziehenden Mütter und Väter durch die ab 1992 vorgesehene Anrechnung von drei Erziehungsjahren je Kind weiter reduziert wird.

II. Familienorientierte Arbeitsmarktpolitik

Der Wissenschaftliche Beirat sieht bei vielen Maßnahmen einer familienorientierten Arbeitsmarktpolitik innerhalb unserer marktwirtschaftlichen Ordnung die Gefahr, daß die Wettbewerbschancen derjenigen, zu deren Gunsten eingegriffen wird, auf dem Arbeitsmarkt verschlechtert werden. Daher ist unter anderem die Finanzierung der entstehenden Zusatzkosten durch Staat und Sozialversicherung in Erwägung zu ziehen.

1. Verkürzung und Flexibilisierung der Arbeitszeit:

- Geschlechtsspezifische Differenzierung bei der Wochenarbeitszeit für Vollzeitbeschäftigte – wie in der ehemaligen DDR – sollten nicht erhalten werden, vielmehr allgemeine Arbeitszeitverkürzungen die Rahmenbedingungen für die Vereinbarkeit von Familientätigkeit und Erwerbstätigkeit verbessern.
- Arbeitszeitflexibilisierung, insbesondere gleitende Arbeitszeiten und Teilzeitarbeit, erscheinen als geeignete Maßnahmen für familienpolitische Zielsetzungen.

2. Spezifische Arbeitszeitverkürzungen

Einige spezifische Arbeitszeitregelungen sind allerdings über allgemeine Arbeitszeitverkürzung und -flexibilisierung hinaus für erwerbstätige Mütter und Väter empfehlenswert, unabhängig davon, ob eine Vollzeit- oder Teilzeitbeschäftigung vorliegt:

- Sollte beispielsweise der Besuch von Beratungsstellen (Schwangeren- und Elternberatung) außerhalb der Arbeitszeit nicht möglich sein, ist an kurzfristige bezahlte Freistellung von der Erwerbsarbeit zu denken.
- Für erwerbstätige Mütter und Väter mit Kindern bis zu einem bestimmten Alter wird ein monatlich bezahlter Hausarbeitstag empfohlen.
- Für erwerbstätige Mütter und Väter ist eine vorübergehende **Freistellung von der Erwerbsarbeit zur Pflege eines erkrankten Kindes** erforderlich. Die aus der Pflicht zur Erwerbsarbeit resultierende Möglichkeit zur Freistellung bis zu 13 Wochen im Jahr, wie es die ehemalige DDR-Regelung vorsah, kann mit dem Wegfall der Pflicht zur Erwerbsarbeit verkürzt werden. Allerdings ist die in der bisherigen Bundesrepublik geltende Regelung, die maximal fünf Tage pro Jahr und Kind vorsieht, zu kurz. Insofern wird die von der Koalition versprochene Verlängerung auf zehn Tage pro Elternteil und Kind – für Alleinerziehende 20 Tage – begrüßt und eine Ausdehnung auf das Kindesalter bis zum vollendeten 15. Lebensjahr empfohlen.
- Zusätzlich zu der bereits oben angesprochenen Verlängerung des Erziehungsurlaubs regt der Wissenschaftliche Beirat ein **gemeinsames Arbeitszeitbudget für erwerbstätige Eltern** an und spricht sich dafür aus, für beide Eltern gemeinsam ein nach oben begrenztes Arbeitszeitbudget festzulegen, »das die maximale Zahl der zulässigen Wochenarbeitsstunden definiert, die Mütter und Väter insgesamt erwerbstätig sein dürfen, ohne den Anspruch auf Erziehungsgeld zu verlieren. Es bleibt den Eltern überlassen, wie sie dies Zeitbudget untereinander aufteilen«.

III. Familienbildung und -beratung

Angesichts des staatlichen Monopols, das in der Vergangenheit in der DDR alle Bildungs- und Beratungsangebote beherrschte, sind nunmehr die Pluralität der Träger von Familienbildung und -beratung, die partnerschaftliche Zusammenarbeit von Staat und Kommune zum einen und von Wohlfahrtsverbänden, gesellschaftlichen Gruppen und Privatinitiativen zum anderen von besonderer Bedeutung.
Im Verlaufe des Einigungsprozesses werden die Entscheidungs- und Gestaltungsspielräume für die Familie, die Vielfalt der Lebensformen und -verhältnisse zunehmen, aber auch die zu bewältigenden Aufgaben in der Familie wachsen und anspruchsvoller werden, so daß dementsprechend die Nachfrage nach Familienbildung und -beratung ansteigen wird.

1. Familienbildung

- Der Wissenschaftliche Beirat fordert für alle Länder im vereinigten Deutschland ein annähernd gleiches **Angebot institutionalisierter, pluraler Familienbildung**, das durch Kommunen, freie Träger und Eigeninitiative gewährleistet wird.
- Die finanzielle Förderung soll sowohl maßnahmen- als auch institutionenbezogen geleistet werden und beide Förderungsarten in einem ausgewogenen Verhältnis zueinander stehen. Für die Aufbauphase in den neuen Bundesländern wird der gezielte Einsatz von Bundesmitteln gewünscht.

2. Familienberatung

- Auch die Familienberatung soll in **pluraler Trägerschaft** erfolgen und mit Personal- und Sachmitteln **finanziell gefördert** werden mit dem Ziel, infrastrukturelle Unterschiede bei den Lebensverhältnissen in den neuen Bundesländern auszugleichen.
- Der Aufbau eines integrierten Beratungsangebotes (Erziehungs- und Familienberatung wie Partnerschafts-, Ehe- und Lebensberatung) ist nach Meinung des Wissenschaftlichen Beirates zu unterstützen, um der Unübersichtlichkeit des Beratungsangebotes in der Bundesrepublik entgegenzuwirken.
  Sowohl für Familienbildung als auch für Familienberatung werden mehrjährige, wissenschaftlich begleitete **Modellmaßnahmen** empfohlen.

3. Schwangerenberatung

- Bei der Schwangerenberatung betont der Wissenschaftliche Beirat in bezug auf die Lebensrechte für die Geborenen und Ungeborenen, daß das **Leben eines ungeborenen Kindes** nicht gegen, sondern nur **mit der Mutter geschützt** werden kann und daß zweifellos der wirksamste Schutz der Ungeborenen mit einer überzeugenden **Lebensförderung der Geborenen** zu bewirken ist.
- Angesichts der Tatsache, daß der Erfolg strafrechtlicher Sanktionen bei der Minderung der Abbruchszahlen sehr umstritten ist, stellt der Wissenschaftliche Beirat die Frage, ob das ungeborene Leben nicht wesentlich wirkungsvoller mittels einer wesentlich **verbesserten Familien- und Frauenpolitik** zu schützen sei, die den Hintergrund für die Freigabe des Abbruchs innerhalb bestimmter Fristen in Kombination mit einer umfassenden Beratung darstellt.
- Der Wissenschaftliche Beirat fordert – unabhängig von der rechtlichen Regelung des Schwangerschaftsabbruchs – einen **Rechtsanspruch der Schwangeren auf Beratung**, für die ein plurales Angebot geschaffen werden soll.
- Eine **Anschubfinanzierung** für die neuen Bundesländer sowie gezielte finanzielle Zuwendungen des Bundes und der Länder sollen den Aufbau der integrierten Familienberatung fördern.

IV. Familienergänzende Betreuung und Erziehung von Kindern

- Hervorgehoben wird die Bedeutung einer **Pluralisierung der Trägerschaft** im Rahmen der Jugendhilfe. Besonders wichtig erscheint es auch im Hinblick auf die Gewährleistung der Vereinbarkeit von Familientätigkeit und Erwerbstätigkeit, die in der ehemaligen DDR bestehenden **Betreuungseinrichtungen** nicht zu zerstören, sondern – bei gleichzeitiger Verbesserung der pädagogischen Qualität – im Umfang des tatsächlichen Bedarfs zu **erhalten** und zu sichern.
- In den alten Bundesländern sollten wesentliche Schritte zu einem bedarfsgerechten **Ausbau** von Betreuungseinrichtungen unternommen werden, da dem Bedarf von erwerbstätigen Eltern an Betreuungseinrichtungen für Kleinkinder bis zu drei Jahren nicht nachgekommen wird. Erforderlich scheint daher eine Verzehnfachung des Platzangebotes in Kindertagesstätten, eine Verdoppelung der Ganztagsplätze in Kindergärten und eine Verfünffachung der Hortplätze bzw. der Plätze in Ganztagsschulen, um einen Versorgungsgrad von ca. 15–20 % der Kinder der entsprechenden Altersstufen zu gewährleisten.
- In den neuen Bundesländern muß insbesondere die **pädagogische Qualität** der Kinderkrippen verbessert werden, damit diese den Charakter von »Bewahrungsanstalten« verlieren. In den Kindergärten sind offene Bildungsangebote, individualisierende Förderung und ganzheitliche Bildung und Erziehung erforderlich.

- Das derzeit in der Bundesrepublik angewandte Modell der Mischfinanzierung (Länderzuschüsse, Mittel der Träger und Elternbeiträge) kann die vorgenannten Forderungen nur schwer finanzieren. Daher ist der bedarfsgerechten, familienergänzenden Betreuung und Erziehung eine hohe Priorität anzuerkennen, so daß sich der **Bund an den Kosten** für diesen Bereich der Kinder- und Jugendhilfe **beteiligt**; dies mittels entsprechender Umschichtung im Finanzausgleich zwischen Bund, Ländern und Gemeinden.
- Insbesondere für die vorschulpädagogischen Berufe ist eine **Weiterbildungskampagne** notwendig, an der sich der Bund, die Länder und die freien Träger konzeptionell und finanziell in den neuen Bundesländern beteiligen sollten.
- Die Vereinigung der beiden deutschen Staaten kann dazu genutzt werden, innovative Ansätze mittels wissenschaftlich begleiteter, aus Bundesmitteln finanzierter **Modellvorhaben** anzuregen und zu unterstützen (z. B. Modell »Kinderhaus«, Modell »Eltern-Kind-Initiativen«).

Entschließung des Deutschen Bundestages vom 12. Dezember 1991 anläßlich der Debatte zum Achten Jugendbericht

I.

Die Vereinigung Deutschlands und der Prozeß der Einigung Europas haben für junge Menschen eine neue Zukunft eröffnet. Für junge Menschen in Deutschland, insbesondere in den neuen Bundesländern, gibt es neue Freiheiten und vielfältige neue Lebenschancen.

Viele junge Menschen im Osten Deutschlands haben dazu beigetragen, das totalitäre Herrschaftssystem der SED abzuschütteln. Mit ihrem Einsatz für Freiheit und soziale Gerechtigkeit, Demokratie und Einheit haben sie eindrucksvoll eine grundlegende Änderung bewirkt.

Die Mehrheit der jungen Menschen in der Bundesrepublik Deutschland sieht optimistisch in die Zukunft. Diese Zuversicht ist begründet. Sie bejahen die Vereinigung, weil sie die Zukunft auf eine friedliche Grundlage stellt. Für die jungen Menschen in den neuen Bundesländern bedeutet die Vereinigung das Ende ihrer auferzwungenen Isolation. Erstmals können sie sich frei bewegen und arbeiten, studieren und engagieren, wo sie wollen. Die jungen Menschen sind froh, Teil eines gemeinsamen Europas zu sein und die sich daraus ergebenden Perspektiven nutzen zu können.

Für alle Bürgerinnen und Bürger hat die Einheit Deutschlands grundlegende Veränderungen gebracht. Insbesondere von jungen Menschen in den neuen Bundesländern verlangt der Umbruch eine Neuorientierung in fast allen Lebensbereichen. Sie sind aufgewachsen in einem Staat, der Individualität systematisch unterdrückte und dessen Erziehung auf Anpassung an die Vorgaben von Ideologie, Staat und Einheitspartei ausgerichtet war. Dieser Staat hat seiner jungen Generation zutiefst mißtraut und hat Spuren im Denken und in den Seelen der jungen Menschen hinterlassen. Um so wichtiger ist es, daß die demokratisch gewählten Repräsentanten der Bundesrepublik Deutschland zeigen, daß sie Vertrauen in die junge Generation haben. Vertrauensbildung ist ein langwieriger Prozeß. Er muß berücksichtigen, daß der Übergang von einer Gesellschaft der organisierten Verantwortungslosigkeit, der Gängelung und Bevormundung zu einer offenen, auf Selbstverantwortung und Eigeninitiative beruhenden, freiheitlichen, den Menschenrechten verpflichteten Gesellschaft ohne Vorbereitung und ohne Übergänge erfolgt ist. Diese radikalen Umwälzungen führen bei manchen zu Resignation, bei einigen aber auch zur Aggression.

In dieser schwierigen Situation sind die meisten jungen Menschen bereit, in der Demokratie am Aufbau einer neuen Gesellschaft mitzuarbeiten und ihre Chancen durch Mitwirkung zu verbessern. Sie erkennen, daß es vielfältige neue Möglichkeiten gibt, daß eigene Leistung lohnt und sich aussichtsreiche Perspektiven auftun. Die jungen Menschen in den neuen Ländern nehmen diese Chance bereits im großen Umfang wahr.

Junge Menschen in ganz Deutschland wachsen heute in dem Bewußtsein auf, daß Gerechtigkeit, Frieden und die Bewahrung der Schöpfung im Blick auf die eine Welt verstanden werden müssen. Sie wissen, daß die meisten Gleichaltrigen noch in Armut und Unterdrückung leben. Wohlstand und Demokratie empfinden sie daher als Verpflichtung, für eine gerechtere Welt einzutreten. Aber sie erwarten auch zu Recht von Politikern, ihre Sorgen ernst zu nehmen und ihr Handeln an diesen Zielen auszurichten.

Unsere Demokratie ist auf die Mitarbeit der jungen Menschen angewiesen. Sie müssen hierbei wirkungsvoll unterstützt werden von den Kommunen, den Ländern und dem Bund, aber auch von den gesellschaftlichen Kräften und Trägern der verbandlichen und offenen Jugendarbeit.

II.

Der Deutsche Bundestag begrüßt die zahlreichen Initiativen der Bundesregierung, um den jungen Menschen in den neuen Ländern in dieser schwierigen Situation zur Seite zu stehen:

- Durch gemeinsame Anstrengungen von Staat und Wirtschaft ist es gelungen, in den neuen Ländern allen Jugendlichen einen Ausbildungsplatz anzubieten. Die von vielen vorhergesagte Lehrstellenkatastrophe ist ausgeblieben.
- Mit Einführung der Sozialen Marktwirtschaft können die Jugendlichen in den neuen Bundesländern erstmals von dem Grundrecht auf freie Wahl von Ausbildung und Beruf Gebrauch machen. Die Schwierigkeiten beim Übergang zur Sozialen Marktwirtschaft mildert die Bundesregierung durch ihre aktive Arbeitsmarktpolitik, die auch jungen Menschen am Anfang ihres beruflichen Lebens zugute kommt. Maßgebend für eine positive Entwicklung in diesem Bereich ist die hohe Weiterbildungsbereitschaft der jungen Arbeitnehmer und ihre größere Mobilität.
- Die Umstrukturierung und inhaltliche Umgestaltung des Schul- und Hochschulwesens ist eingeleitet. Die wechselseitige Anerkennung der erworbenen Bildungsabschlüsse im gesamten Bundesgebiet ist durch Vereinbarungen weitgehend sichergestellt. Mit dem Erneuerungsprogramm für Hochschule und Forschung ist die Grundlage für eine personelle Erneuerung und die Verbesserung der Ausstattung der Hochschulen geschaffen. Das BAföG wurde in den neuen Bundesländern eingeführt und auf die besonderen Belange ausgerichtet.
- Der Deutsche Bundestag begrüßt die Bemühungen der neuen Bundesländer, durch ihre Kindertagesstättengesetze den Erhalt der Kinderbetreuungseinrichtungen abzusichern. Die Bundesregierung hat einen wesentlichen Beitrag zur Weiterführung der Kindertageseinrichtungen geleistet.
- Gerade für junge Familien wurden Maßnahmen beschlossen, die wichtige Schritte auf dem Weg zur Verwirklichung von mehr Wahlfreiheit, Gleichberechtigung und Partnerschaft zwischen Männern und Frauen darstellen. Dazu zählen:
- die Verlängerung der Bezugsdauer des Erziehungsgeldes sowie des Erziehungsurlaubs,
- der Ausbau des Familienlastenausgleichs durch erhöhtes Kindergeld und erhöhte Kinderfreibeträge,
- die Ausdehnung der Freistellung von der Arbeit zur Pflege eines kranken Kindes,
- die Verbesserung der gesetzlichen Grundlagen für die Rückkehr von Frauen nach der

Familienphase in das Berufsleben,
- der Ausbau der Anerkennung von Zeiten der Kindererziehung im Rentenrecht,
- die Förderung jener Menschen in der Wohnungspolitik durch familienpolitische Komponenten.

Dies sind wichtige Elemente einer kinder- und jugendfreundlichen Politik in der ganzen Bundesrepublik Deutschland.
- Der Deutsche Bundestag begrüßt die Bemühungen der Bundesregierung zum Aufbau einer öffentlichen und freien Jugendhilfestruktur in den neuen Bundesländern.
- Der Deutsche Bundestag würdigt die Anstrengungen der Bundesregierung bei der Einführung einer demokratischen Wehrverfassung für die ganze Bundesrepublik Deutschland. Auch im östlichen Teil unseres Landes gibt es jetzt Streitkräfte, die den Prinzipien einer den Grundrechten verpflichteten inneren Führung folgen, sowie die Möglichkeit eines Zivildienstes für diejenigen, die aus Gewissensgründen den Dienst mit der Waffe verweigern.
- Der Deutsche Bundestag unterstützt die Bundesregierung bei der Erweiterung des internationalen Jugendaustausches. Gerade für junge Menschen bietet dieser Austausch die Möglichkeit, die Einigung Europas zu erleben und mitzugestalten.

III.
Jugendpolitik ist eine Querschnittsaufgabe. Sie hat dazu beizutragen, positive Lebensbedingungen für junge Menschen und ihre Familien sowie eine kinder- und familienfreundliche Umwelt zu erhalten oder zu schaffen. Alles staatliche Handeln muß die Auswirkungen auf die Lebensverhältnisse von Kindern und Jugendlichen berücksichtigen. Dies gilt für alle Ebenen unseres Gemeinwesens in gleicher Weise.
Der Deutsche Bundestag appelliert deshalb an die Bundesregierung, die Länder und Kommunen sowie die gesellschaftlichen Gruppen, bei der Erfüllung der folgenden Forderungen mitzuwirken:
- Jugendliche in Ost und West müssen gleiche Chancen in Erziehung, Schule, Ausbildung und Beruf erhalten, damit sie in einer offenen Gesellschaft ihre Zukunft aktiv gestalten können. Das gilt ebenfalls für behinderte Jugendliche.
- Die Erziehungskraft der Familien muß durch weitere gezielte familienpolitische Maßnahmen gestärkt werden. Die Erziehung in der Familie muß durch ein bedarfsgerechtes Angebot an Plätzen in Kindertagesstätten und in Ganztagsschulen unterstützt und ergänzt werden.
- Die Rahmenbedingungen für eine bessere Vereinbarkeit von Familie, Ausbildung und Beruf müssen ausgebaut werden. Hierzu gehören auch flexible Arbeitszeiten, mehr Teilzeitarbeit sowie das Recht auf einen Kindergartenplatz.
- Der Bildungsauftrag der Schule hat sich an den Grundwerten der Verfassung auszurichten. Ein gegliedertes Schulwesen schafft dazu die notwendigen Voraussetzungen.
- Ein leistungsfähiges duales System der beruflichen Bildung erfordert neben der qualifizierten betrieblichen Ausbildung fachlich gut ausgestattete Berufsschulen. Die Förderung der überbetrieblichen Berufsbildungsstätten sollte fortgesetzt werden. Die duale Berufsausbildung muß gegenüber der Hochschulbildung attraktiver gestaltet werden.
- Die Schul- und Studienzeiten sind zu verkürzen; der Erwerb des Abiturs nach bereits zwölf Schuljahren sollte in allen Bundesländern ermöglicht werden.
- Vergleichbare schulische und berufliche Abschlüsse sind europaweit anzuerkennen.
- Die aktive Arbeitsmarktpolitik muß durch Verstärkung der Fortbildungs- und Umschulungsmaßnahmen für Jugendliche fortgesetzt werden. Arbeitsbeschaffungs-

maßnahmen mit geeigneten Fortbildungselementen sowie Selbsthilfeinitiativen müssen weiterhin jungen Arbeitnehmern als Brücke zum Arbeitsmarkt zur Verfügung stehen.

- Die Betriebe und die ausbildende Wirtschaft sind – auch im eigenen Interesse – aufgefordert, möglichst wohnortnahe entwicklungsfähige Ausbildungs- und Arbeitsplätze zur Verfügung zu stellen.
- Junge Menschen sind in ihrem sozialen und ökologischen Engagement zu unterstützen. Noch fehlende gesetzliche Voraussetzungen sind alsbald zu schaffen.
- Der Aufbau pluraler Trägerstrukturen in der Jugendhilfe ist weiter zu fördern. Dazu gehört ein plurales Angebot einer außerschulischen Jugendbildung und der Jugendsozialarbeit. Bei der Herstellung der inneren Einheit kommt der Politischen Bildung eine besondere Bedeutung zu.
- Jugendpolitik muß Toleranz unter den jungen Menschen fördern. Gewalt und Radikalismus sind entschlossen zu bekämpfen. Die Bundesregierung wird aufgefordert, Programme gegen Gewalt in enger Zusammenarbeit mit allen politischen Ebenen und den freien Trägern durchzuführen.
- Die Einrichtungen und Vereine für den Breitensport müssen ebenso wie kulturelle Jugendverbände im Interesse der Jugendlichen zügig ausgebaut bzw. unterstützt werden. Die Jugendfreizeitangebote sind zu erhalten, qualitativ zu verbessern und auszuweiten.

Der Deutsche Bundestag fordert alle jungen Menschen auf, die durch die Vereinigung eröffneten Chancen zu nutzen, die Begegnung zwischen Ost und West intensiv zu suchen, neugierig aufeinander zu sein und aktiv an der inneren Einheit Deutschlands mitzuwirken. Die Fähigkeit, auf Institutionen und Funktionsweisen der Demokratie konstruktiv einzugehen, muß erlernt werden.

Großfamilie um 1920

Kleinfamilie – Teilfamilie heute?

4. Allgemeine Rechtsbeziehungen in der Familie

4.1 Einführung

In diesem Abschnitt sind die Beziehungsstrukturen des Zusammenlebens von Eltern mit Kindern Gegenstand der Darstellung. Für die rechtssystematische Standortbestimmung ist die verfassungsrechtliche Grundentscheidung des Art. 6 GG der Ausgangspunkt. Art. 6 GG weist der Familie eine primäre Sozialisationsaufgabe zu. Demnach wollen wir schwerpunktmäßig die Bedeutung von Ehe und Familie als Sozialisationsrahmenbedingung, aber auch alternative Formen des Zusammenlebens (nichteheliche Lebensgemeinschaft) darstellen. Zentrale Bedeutung hat die Frage der Zuordnung der Kinder zu ihren Eltern durch Abstammung oder Annahme als Kind und die damit verbundenen Rechtsfolgen, insbesondere die Frage der Elternverantwortung (Recht der elterlichen Sorge). Aus einer spezifisch kinderrechtlichen Perspektive soll gefragt werden, wie der »Anspruch auf Erziehung« in der sogenannten Normalfamilie (= vollständige Familie) und in den sog. unvollständigen Familien, das sind z. B. Situationen von Alleinerziehenden (n. e. Mutter, geschiedene Elternteile mit alleinigem Sorgerecht) gewährleistet ist. Da ein Anspruch auf Erziehung nicht nur die Regelung einer persönlichen Beziehung zwischen Eltern und Kindern (Elternverantwortung – Personensorge), sondern umfassend auch die Gestaltung der Sozialisationsbedingungen in einer familialen Beziehung beinhaltet, müssen alle Grundstrukturen der familienrechtlichen Beziehungen und Ansprüche dargestellt werden, soweit sie für das Verständnis der Zusammenhänge relevant sind.

rechtliche Grundlagen

Sozialisationsrahmenbedingungen

Die Familie im Rechtssystem

Dem »Sozialgebilde Familie«, das im vorangegangenen Abschnitt mit sozialwissenschaftlichen Aspekten skizziert wurde, steht das Recht nicht als autonomes Normensystem gegenüber, das erst aktiviert wird, wenn Störungen oder Zerfallserscheinungen das Sozialsystem Familie beeinträchtigen. Es gibt viele Verzahnungen des Normensystems des formalen Rechts mit den sozialen Normen und Werten einer Familie. Dennoch entzieht sich die Familie in ihren vielen auch sich wandelnden Funktionen dem formalen Zugriff staatlichen

Verzahnung der Normensysteme

Leitbilder

Rechts weit mehr als andere soziale Strukturen und Problemlagen. Dies kann im wesentlichen mit drei Aspekten erklärt werden.

Das Recht der Gegenwart steht nicht in einem prinzipiellen Widerspruch zu den herrschenden gesellschaftlichen Leitbildern und der Sozialethik. Es folgt in der gesetzlichen Regelung der Ehe- und Familienbeziehungen (Eltern-Kind-Beziehungen) weitgehend diesen Leitbildern und definiert für die Gestaltung dieser familialen Beziehungen einen weiten grundgesetzlich geschützten Freiraum, der eine autonome Gestaltung der persönlichen Beziehungen, Rollen, Aufgabenteilung sowie Erziehungsziele, -stile und -inhalte zuläßt.

unbestimmte Rechtsbegriffe

»Das geltende Familienrecht ist gekennzeichnet durch ein umfangreiches System von offenen Tatbeständen. Diese unbestimmten Rechtsbegriffe werden als elastisches Recht erst durch die Rechtsanwendung der Richter zu juristisch prägnantem Recht« (*Bauer*, 1987, S. 342). In der Universalität der Lebenswelt und Beziehungen in der Familie sind eben überwiegend »nicht formulierbare Elemente des Lebens« (*Gernhuber*, 1988) enthalten, die sich der Definition durch einen konkreten Rechtssatz entziehen.

Der Begriff Familie im Rechtssystem

Im Rechtssystem der BRD ist keine einheitliche Familienverfassung erkennbar, d. h. ein logisch geschlossenes System der Beschreibung aller familienrechtlichen Beziehungen (vgl. *Derleder*, FuR, 92, S. 273 ff., *Hansen*, 1993, S. 8 ff. und *Nave-Herz*, FuR 92, S. 186 ff.). Der Begriff Familie wird vielmehr in vielen Teilbereichen familialen Lebens in unterschiedlichen Bedeutungen in vielen Gesetzen verwendet. Der Begriff Familienrecht im engeren Sinn wird dem Privatrecht zugeordnet und umfaßt die Regelungen des Eherechts, des Verwandtschaftsrechts (Kindschaftsrecht) und Vormundschaftsrechts. Diese Zuordnung folgt der Idee des Selbstbestimmungsrechts aller Familienangehörigen (Privatautonomie). Mit dem Hinweis auf die Vergesellschaftung wesentlicher Teile der Erziehung (vgl. oben) wird deutlich, daß die Fragen der Erziehung und Bildung auch für den Staat unmittelbare Zuständigkeiten und Aufgaben ergeben: z. B. im Schulrecht, Hochschulrecht, dem Recht der beruflichen Bildung sowie im Sozialleistungssystem und im Recht der Kinder- und Jugendhilfe. So ist dann auch die Standortbestimmung des Familienrechts umstritten. Zwar hält *Gernhuber* die Charakterisierung des Familienrechts als Sozialrecht aus rechtsdogmatischen und systematischen Überlegungen für wertlos (*Gernhuber*, 1980, S. 5), es kann aber nicht verkannt werden, daß die sozialrechtliche Dimension des Familienrechts immer größere Bedeutung erlangt hat und zum Dauerthema bei allen rechts- und sozialpolitischen Diskussionen geworden ist. In der Reformgeschichte der Jugendhilfe ging es

Privatautonomie

sozialrechtliche Dimension des Familienrechts

immer auch um die »Aushöhlung der Familie, letztlich des Familienrechts als Privatrecht durch den Staat.)

historische Entwicklung

Ein kurzer Blick in **historische Entwicklungen** soll das in diesem Zusammenhang verdeutlichen. Das Familienrecht ist ein Schnittpunkt der verschiedenen Interessenlagen einer Gesellschaft, es ist Spiegel der jeweils herrschenden ökonomischen und ökologischen Bedingungen ebenso wie der verschiedenen ideologischen Positionen und soziokulturellen Bedingungen. Die geschichtliche Betrachtung des Familienrechts zeigt gleichzeitig den faktischen Verfall der Familie in ihren ursprünglich umfassenden Funktionen. Die Inhalte des um die Jahrhundertwende kodifizierten Familienrechts im BGB zeigen deutlich den Kompromißcharakter der verschiedenen Interessenlagen. Die gesellschaftlich-ökonomischen Bedingungen haben bewirkt, daß die Familienrechtsbeziehungen vom Standpunkt der Besitzenden her konzipiert waren. Die Ausgestaltung des ehelichen Güterrechts, des Familien- und Verwandtenunterhalts, die Verwaltung des Kindesvermögens und die zunächst nach wirtschaftlichen Gesichtspunkten ausgerichtete Regelung des Adoptions- und des Vormundschaftsrechts standen im Mittelpunkt. Mit der Einführung der vor dem Standesbeamten zu schließenden obligatorischen Zivilehe zunächst durch den Code civil und das Reichspersonenstandsgesetz von 1875 hat der Staat die seit dem 10. Jahrhundert geltenden kirchenrechtlichen Regelungen übernommen und nur über (§ 1588 BGB) den sog. Kaiserparagraphen bestimmt, daß kirchliches und staatliches Eherecht nebeneinander gelten sollen (vgl. dazu Codex Juris canonici von 1917, can 1210 ff.).

Funktionsverlust

ökonomische Perspektive des Familienrechts

Gestaltungsfreiheit »nur für besitzende Bürger«?

Das Streben nach individueller Freiheit vom Staat, d. h. die durch die Privatautonomie ermöglichte Gestaltungsfreiheit, konnte aber nur Wirkungen entfalten für die besitzenden Bürger, die über ökonomische und soziale Bedingungen verfügten, die eine individuelle Selbstbestimmung ermöglichen. Für den größeren Teil der Menschen blieben diese Gestaltungsmöglichkeiten nur Theorie.

Chancengleichheit

Privatautonomie und die Chance für alle, diese auch zu verwirklichen, sind damit die Gestaltungskriterien, die der Gesetzgeber in der Umsetzung der Familien- und Sozialpolitik berücksichtigen muß.

Familienrechtsreformen

Leitprinzipien

Leitlinien der **Familienrechtsreform** im engen Sinn seit 1900 waren dann auch einerseits die Anpassungsleistungen des Familienrechts an die sozialen und ökonomischen Veränderungen und der Ausbau der Privatautonomie sowie andererseits die Weiterentwicklung der sozialrechtlichen Komponente der Familienrechtsbeziehungen, die insbesondere eine chancengleiche Verwirklichung der Gestaltungsfreiheit ermöglichen soll. Dies wird noch ab 1949 bekräftigt durch das soziale Gewicht (aus Art. 6 GG) und das aus dem Sozialstaatsprinzip ableitbare positive Förderungsgebot des Staates, durch Sozialgesetzgebung eine chancengleiche Selbstverwirklichung in Familie und Gesellschaft zu garantieren.

Wichtige Reformen des Familienrechts

- das *Gleichberechtigungsgesetz* vom 18.7. 1957, das als Auftrag des Grundgesetzes (Art. 3 GG) die Gleichbehandlung von Mann und Frau in Partnerbeziehungen und Eltern-Kind-Beziehungen institutionalisieren sollte,
- das erste *Gesetz zur Reform des Ehe- und Familienrechts* vom 14.6. 1976 (BGBl. I S. 1421), das mit einer Ergänzung 1985 zum Unterhaltsrecht im wesentlichen die Ehewirkungen und Scheidungsfolgen neu regelte, das bisher geltende Verschuldensprinzip durch das Zerrüttungsprinzip ersetzt und ein Versorgungsausgleich einführt,
- das *Adoptionsrechtsänderungsgesetz* vom 4.12.1992 (BGBl. I S. 1974) und das
- *Familiennamenrechtsgesetz* vom 16.12.1993 (BGBl. I S. 2054).

Leitbegriff – Kindeswohl –

Nach gewandeltem Rechtsverständnis werden die Kinder zunehmend als Personen mit eigenen Bedürfnissen und Interessen gesehen, die vom Recht zu respektieren sind und auch notfalls gegen elterliche Interessen – vornehmlich, wenn diese dem »Kindeswohl« zuwiderlaufen – durchgesetzt werden können (*Münder*, FuR 92, S. 191 ff. und *Steindorff*, 1994).

Reformstationen auf diesem Weg waren vor allem: Gesetz über die religiöse Kindererziehung (1921), das das Eltern-Kind-Verhältnis und die Selbstbestimmung von Kindern im Hinblick auf die religiöse, ethische Orientierung regelt.

- **Das Nichtehelichengesetz** vom 19.8. 1969, das das nichteheliche Kind in seinen Rechtspositionen dem ehelichen gleichstellt, aber der alleinigen Elternverantwortung der Mutter unterstellt (§§ 1705 ff. BGB).
- **Das Adoptionsgesetz** vom 1.1. 1977 mit dem Adoptionsvermittlungsgesetz vom 2.7. 1976, das aus dem bisher nach wirtschaftlichen Gesichtspunkten konzipierten Institut der Annahme an Kindes Statt (Erhalt des Familienbetriebs oder -vermögens durch Nachkommen) eine echte Sozialisationsinstanz (Familie – Annahme als Kind) geschaffen hat.
- Insbesondere aber das **Gesetz über die Neuregelung der elterlichen Sorge** vom 10.5. 1979 (BGBl. I S. 1061), das die Position der Kinder und Heranwachsenden gegenüber den Eltern deutlich verbessert, indem sie an Entscheidungen über ihre persönliche Zukunft stärker beteiligt werden und so der Weg aus einer reinen Objekthaftigkeit und Abhän-

neues Sorgerecht 1979

gigkeit gegenüber den Eltern geöffnet wird, der zu mehr Partnerschaft und mit zunehmendem Lebensalter auch größerer Selbständigkeit und Selbstverantwortung (gestufte Mündigkeit) führt.

Weiterentwicklungen des Familienrechts

Die Weiterentwicklung des Familienrechts in den 80er Jahren ist gekennzeichnet durch eine Reihe von »Randkorrekturen« im Bereich des Unterhaltsrechts, Scheidungsfolgenrecht, des Namensrechts und des Adoptionsrechts (vgl. dazu: *Willutzki*, ZfJ 1/84, S. 1 ff.; *Derleder*, FuR 1/91, S. 1 ff.; *Boemke*, FuR 4/91, S. 181 ff.; *Wagenitz*, ZfJ 5/91, S. 241 ff.) – aus der Sicht des Gesetzgebers; sie ist aber auch gekennzeichnet durch rechtsfortbildende grundlegende Urteile des Bundesverfassungsgerichts etwa zu Fragen des gemeinsamen Sorgerechts nach der Scheidung und bei nichtehelichem Zusammenleben von Vater und Mutter sowie die familienpolitischen Herausforderungen durch die deutsche Einigung und die Verpflichtung zu der Umsetzung der Rechte des Kindes aus dem Übereinkommen der UN über die Rechte des Kindes vom 10.11.1989 (vgl. dazu *Kaufmann*, FuR 2/92, S. 70 ff.; *Salgo*, FuR 90, S. 363 f. und *Brötel*, ZfJ 5/92 S. 241 ff.; *Coester-Hansen*, 1994).

Nach dem deutschen Einigungsprozeß wird in den 90er Jahren das Familienrecht in vielen Teilbereichen in eine grundlegende Reformphase gelangen (vgl. dazu die Beschlüsse des Deutschen Juristentages 1992, die im folgenden abgedruckt sind).

Beschlüsse des 59. Deutschen Juristentages Hannover 1992
Thema: Empfiehlt es sich, das Kindschaftsrecht neu zu regeln?

A. Allgemeines

I. Die generelle Differenzierung zwischen ehelichen und nichtehelichen Kindern sollte de lege ferenda nicht aufrechterhalten werden.
angenommen: 63:5:1

II. 1. Dem Schutz der grundlegenden kindlichen Entwicklungsbedingungen sollte im Rahmen des Kindeswohls Priorität eingeräumt werden.
angenommen: 70:3:3
2. Dies bedeutet insbesondere, daß die sozial gelebte Familie geschützt wird gegenüber Drittinteressen.
angenommen: 59:8:11

III. Zur Überprüfung von Voraussetzungen und Folgen familienrechtlicher Gesetzgebung sollten – in Anlehnung an langjährige ausländische Erfahrungen – auch in der Bundesrepublik Deutschland die Grundlagen für einen intensiveren Austausch zwischen Rechtspolitik und Familienrechtsforschung geschaffen werden (wie z. B durch Einrichtung eines Max-Planck-Instituts für Familienforschung).
angenommen: 62:5:8

IV. Soweit im Kindschaftsrecht Unterschiede zwischen alten und neuen Bundesländern bestehen, sollten diese beschleunigt, gegebenenfalls vorab, beseitigt werden.
angenommen: 49:14:11

B. Abstammung

I. Vaterschaft

1. Vaterschaftsvermutungen

(a) für den Ehemann

(1) die Ehelichkeitsvermutung des § 1591 BGB sollte durch eine Vaterschaftsvermutung aufgrund Ehe mit der Mutter ersetzt werden.
angenommen: 72:5:2

(2) Die Vaterschaftsvermutung aufgrund der Ehe mit der Mutter sollte in näher umschriebenen Ausnahmefällen nicht eingreifen (u. a. bei übereinstimmen der Erklärung von Ehemann, Mutter und wirklichem Erzeuger bezüglich der Nichtvaterschaft etc.).
angenommen: 69:7:3

(b) für andere Männer

(1) Die Vaterschaft eines nicht mit der Mutter verheirateten Mannes sollte vermutet werden, wenn er die Vaterschaft anerkennt, soweit dem Kind nicht bereits ein anderer Mann als Vater zugeordnet ist.
angenommen: 75:4:1

(2) Zur Wirksamkeit der Anerkennung eines minderjährigen Kindes sollte die Zustimmung der Mutter erforderlich sein.
angenommen: 63:11:3

2. Rechtliche Zuordnung, wenn eine Vermutung nicht eingreift oder beseitigt worden ist.
Die Klage auf Feststellung der Abstammung sollte neben dem Kind und dem Vaterschaftsprätendenten auch der Mutter zustehen.
angenommen: 72:2:5

II. Mutterschaft

1. Die Frau, die das Kind zur Welt bringt, sollte ungeachtet möglicherweise fehlender genetischer Verbindung Mutter im rechtlichen Sinne sein.
abgelehnt: 32:36:11

oder

2. Zur Klarstellung sollte eine Mutterschaftsvermutung für die gebärende Frau aufgestellt werden.
angenommen: 46:14:21

III. Besonderheiten bei künstlicher Befruchtung

Wer der Übernahme der Elternschaft durch künstliche Befruchtung in qualifizierter Form zugestimmt hat, ist hieran in gleicher Weise wie an eine Adoption gebunden.
angenommen: 57:12:10

IV. Isolierte Abstammungsfeststellung

1. Neben der Möglichkeit der Vater/Mutterschaftsanfechtung sollte den Beteiligten des rechtlichen Eltern-Kind-Verhältnisses eine isolierte Abstammungsfeststellung zur Verfügung stehen, mit der die genetische Verbindung geklärt, die rechtliche Zuordnung aber nicht berührt wird.
angenommen: 65:12:7

2a. Vorbehaltlich der Lösung medizin-ethischer Fragen sollte dieses Recht höchstpersönlich sein.
angenommen: 72:2:5

2b. Das Kind sollte dieses Recht erst nach Vollendung seines 14. Lebensjahres geltend machen können.
angenommen: 56:15:11

3. Den genetischen Elternteilen sollte eine derartige Feststellungsmöglichkeit ebenfalls zustehen.
   abgelehnt: 11:72:4
4. Den genetischen Elternteilen sollte eine derartige Feststellungsmöglichkeit nur in Ausnahmefällen zustehen.
   angenommen: 44:24:16

V. Änderungen der rechtlichen Zuordnung
   1. Beseitigung der Vaterschaftsvermutungen
      a) Die Anfechtung der Vaterschaft sollte in bezug auf Anfechtungsberechtigte und Anfechtungsfristen grundsätzlich einheitlich geregelt werden, gleichgültig ob die Vaterschaftsvermutung sich aus der Ehe der Mutter oder der Anerkennung ergibt.
         angenommen: 85:0:3
      b) Das subsidiäre Anfechtungsrecht der Eltern des Scheinvaters sollte abgeschafft werden.
         angenommen: 67:11:8
      c) Dem volljährigen Kind sollte ein sachlich unbeschränktes Anfechtungsrecht gewährt werden.
         angenommen: 50:25:13
      d) Während der Minderjährigkeit des Kindes sollte sein Anfechtungsrecht im Hinblick auf eine gelebte Eltern-Kind-Beziehung nur in Ausnahmefällen bestehen.
         angenommen: 53:13:19
      e) Der Mutter ist ein eigenes Anfechtungsrecht einzuräumen.
         angenommen: 86:1:8
      f) Die Ausübung dieses Rechts ist ausgeschlossen, wenn dadurch eine gelebte Vater-Kind-Beziehung zerstört würde.
         angenommen: 55:15:14
      g) Dem wirklichen Vater sollte trotz anderweitiger Vaterschaftsvermutung in Ausnahmefällen die Möglichkeit eröffnet werden, seine Vaterschaft feststellen zu lassen.
         angenommen: 42:31:13
   2. Beseitigung der Mutterschaftsvermutung
      a) Die Mutterschaft sollte in entsprechender Weise wie die Vaterschaft angefochten werden können.
         angenommen: 38:31:15

C. Unterhalt

I. Grundsätzliches
   Zur tatsächlichen Unterhaltssicherung sind in lange überfälliger Einlösung des Art. 6 Abs. 1 GG familien- und sozialpolitische sowie steuer- und arbeitsmarktpolitische Maßnahmen zu ergreifen.
   angenommen: 83:0:4

II. Kreis der Unterhaltsberechtigten
   1. Der Verwandtenunterhalt sollte grundsätzlich auf die Unterhaltspflicht der Eltern gegenüber minderjährigen Kindern beschränkt werden.
      angenommen: 47:37:4
   2. Volljährige Kinder sollten gegenüber ihren Eltern nur einen Anspruch auf Ausbildungsunterhalt haben (dazu III.1.).
      angenommen: 65:14:10

3. Für außergewöhnliche Härtefälle sollte ein Anspruch auf Billigkeitsunterhalt geschaffen werden
   a) zwischen Geschwistern
   abgelehnt: 7:75:6
   b) wechselseitig zwischen Eltern und Kindern.
   angenommen: 56:24:3
6. Stiefeltern sollten gegenüber den in ihrem Haushalt aufgenommenen minderjährigen Kindern unterhaltspflichtig sein.
   abgelehnt: 8:78:4
7. Stiefeltern sollten gegenüber volljährigen Kindern zur Leistung von Ausbildungsunterhalt verpflichtet sein.
   abgelehnt: 1:83:3
8. Dem Elternteil, der ein minderjähriges Kind betreut, sollte mindestens bis zur sicheren Eingliederung des Kindes in das Schulleben ein Anspruch auf Betreuungsunterhalt gegen den anderen Elternteil zustehen,
   a) auch wenn er mit diesem nicht verheiratet ist oder war (beachte auch als Alternative IV.4.).
   abgelehnt: 33:42:13
   b) wenn das Kind aus einer nichtehelichen Lebensgemeinschaft stammt.
   abgelehnt: 34:38:15
9. Die Regelung des § 844 BGB sollte an die faktische Unterhaltsleistung und nicht an die gesetzliche Unterhaltspflicht anknüpfen.
   angenommen: 79:3:5

III. Ranglistenverhältnisse
Die Ranglistenverhältnisse zwischen verschiedenen Unterhaltsberechtigten sollten insbesondere im Hinblick auf den Betreuungsunterhalt neu überdacht werden.
angenommen: 65:5:15

IV. Art und Umfang des Unterhalts
1. Der Ausbildungsunterhalt sollte sich auf die die Begabung des Kindes ausschöpfende Erstausbildung beschränken.
   angenommen: 61:9:12
2. Mit der Vollendung des 27. Lebensjahres des Kindes sollte der Ausbildungsunterhaltsanspruch grundsätzlich enden.
   angenommen: 72:11:2
3. Das Unterhaltsbestimmungsrecht der Eltern gegenüber volljährigen Kindern nach § 1612 Abs. 2 BGB ist abzuschaffen.
   angenommen: 44:32:7
4. a) Der Unterhaltsanspruch eines minderjährigen Kindes sollte bis zur sicheren Eingliederung des Kindes in das Schulleben auch den – möglicherweise nach eigenen Kriterien zu berechnenden – Unterhaltsbedarf des dieses Kind betreuenden Elternteils umfassen.
   abgelehnt: 30:47:7
   b) Der Unterhaltsanspruch eines minderjährigen Kindes sollte bis zum Kindergartenalter auch den – möglicherweise nach eigenen Kriterien zu berechnenden – Unterhaltsbedarf des dieses Kind betreuenden Elternteils umfassen.
   abgelehnt: 37:38:8
5. Möglichkeiten vereinfachter Geltendmachung, Durchsetzung und Veränderung von Unterhaltsansprüchen sollten für eheliche und nichteheliche Kinder einheitlich geregelt werden.
   angenommen: 88:2:1

6. Mindestbedarf und Selbstbehalt sollten realitätsgerecht durch Unterhaltsverordnung festgehalten werden.
angenommen: 78:1:4

D. Elterliche Sorge

I. Nicht verheiratete Eltern

1. Sind die Eltern eines Kindes nicht miteinander verheiratet, so sollte ihnen auf ihren Antrag die gemeinsame elterliche Sorge zustehen.
angenommen: 52:26:2
2. Auf gemeinsamen Antrag sollte die elterliche Sorge dem Vater übertragen werden können.
angenommen: 66:7:5
3. Bei einer Sorgerechtsübertragung nach Nr. 2 sollte eine Kindeswohlprüfung stattfinden.
angenommen: 47:20:9
4. Auf Antrag des Vaters oder der Mutter sollte dem Vater die elterliche Sorge übertragen werden können.
angenommen: 51:21:4
5. Bei der Sorgerechtsübertragung nach Nr. 4 sollte eine Kindeswohlprüfung stattfinden.
angenommen: 73:1:1
6. Ohne Antrag sollte es bei dem Alleinsorgerecht der Mutter bleiben.
angenommen: 71:4:2
7. Auf den automatischen Eintritt der Amtspflegschaft sollte zugunsten eines vom Jugendamt zu unterbreitenden Angebotes einer Beistandsschaft verzichtet werden.
angenommen: 61:13:4
8. Amtspflegschaft sollte erst eintreten, wenn die Vaterschaft für das Kind innerhalb eines Jahres nicht anerkannt oder festgestellt ist.
abgelehnt: 16:48:9

II. Sorgerecht bei Trennung oder Scheidung

1. Elternverantwortung sollte durch Trennung und Scheidung unangetastet bleiben (siehe ergänzend 6.).
abgelehnt: 31:40:7
2. Bei Trennung und Scheidung der Eltern sollte es bei dem gemeinsamen Sorgerecht der Eltern bleiben, sofern nicht ein Elternteil ein Sorgerechtsverfahren beantragt oder die Voraussetzungen des § 1666 BGB vorliegen (Aufhebung des Amtsverfahrens bezüglich des Sorgerechts).
angenommen: 46:30:2
3. Im Scheidungsverfahren sollte die Anhörung des Kindes auch in diesem Fall beibehalten werden.
angenommen: 71:2:4
4. Ein Sorgerechtsverfahren sollte auch auf Antrag des einsichtsfähigen Kindes eingeleitet werden können.
angenommen: 59:7:7
5. Die Ausübung der elterlichen Sorge sollte bei getrenntlebenden Eltern auf Antrag eines Elternteils oder Anregung des einsichtsfähigen Kindes gerichtlich geregelt werden.
angenommen: 59:5:12
6. Auf Antrag sollte das Gericht bei Trennung und Scheidung einem Elternteil auch

Teile der elterlichen Personensorge übertragen können.
angenommen: 46:20:6

III. Ausfall eines Elternteils und weitere Sorgerechtsänderungen

1. Üben die Eltern die elterliche Sorge gemeinsam aus, so sollte bei Ausfall eines Elternteils die elterliche Sorge dem andern allein zustehen.
angenommen: 57:5:2
2. Wollen nicht verheiratete Eltern am gemeinsamen Sorgerecht nicht mehr festhalten, so sollte auf Antrag über die elterliche Sorge entsprechend dem Kindeswohl entschieden werden.
angenommen: 72:1:0
3. Fällt der allein sorgeberechtigte Elternteil aus, so sollte die elterliche Sorge in der Regel dem anderen Elternteil übertragen werden, wenn zu diesem eine soziale Eltern-Kind-Beziehung besteht oder bestanden hat; fehlt eine solche, muß die Kindeswohlgeeignetheit der Sorgerechtsübertragung auf den anderen Elternteil positiv festgestellt werden.
angenommen: 65:6:4
4. Übt ein Elternteil die elterliche Sorge allein aus, so sollte eine Änderung des Sorgerechts auf Antrag des anderen Elternteils oder auf Anregung des einsichtsfähigen Kindes nur entsprechend dem Kindeswohl möglich sein.
angenommen: 66:0:6

IV. Stief- und Pflegeeltern, Vormundschaft

1. Für Stiefeltern sollte eine Teilhabe an der elterlichen Sorge ermöglicht werden.
angenommen: 58:10:4
2. Bei Auflösung der Stieffamilie sollte dem Stiefelternteil die elterliche Sorge entsprechend dem Kindeswohl übertragen werden können.
angenommen: 52:9:9
3. Die in § 38a KJHG normierte Ausübung der Personensorge durch Pflegepersonen sollte ins BGB überführt und ausgedehnt werden, so daß sie für alle Pflegeverhältnisse gilt.
angenommen: 57:2:10
4. Bei Integration des Pflegekindes in die Pflegefamilie sollte den Pflegeeltern ein eigenes Antragsrecht zur Übertragung der elterlichen Sorge eingeräumt werden.
angenommen: 61:5:3
5. Lebt das Kind seit längerer Zeit in Familienpflege und wollen die Eltern das Kind von der Pflegeperson wegnehmen, so kann das Gericht das Verbleiben des Kindes bei der Pflegeperson auch dann anordnen, wenn die Voraussetzungen des § 1666 Abs. 1 Satz 1 BGB nicht gegeben sind.
angenommen: 64:2:4
6. Nach der Reform des Betreuungsrechts ist die Reform der §§ 1773–1785 BGB überfällig. Hierbei sollte gesetzlich als subjektives Recht anerkannt und gesichert werden, daß jedes betroffene Kind einen Anspruch auf eine persönliche Beziehungsperson (Vormund) hat.
angenommen: 63:2:4

E. Umgangsrecht

I. Das Umgangsrecht sollte auch als Recht des Kindes ausgestaltet werden.
angenommen: 66:0:1

II. Das Umgangsrecht sollte unabhängig davon bestehen, ob die Eltern des Kindes mit einander verheiratet sind oder waren.

angenommen: 67:1:0

III. 1. Das Umgangsrecht sollte auch auf andere, dem Kind nahestehende Personen erweitert werden (z. B. Großeltern, ehemalige Stief- und Pflegeeltern).
angenommen: 45:10:12

2. Es sollte vermutet werden, daß der Umgang mit Personen, zu denen eine soziale Eltern-Kind-Beziehung bestanden hat, grundsätzlich dem Kindeswohl dient.
angenommen: 47:12:9

3. Umgang mit anderen, dem Kind nahestehenden Personen, wie beispielsweise Großeltern und Geschwistern, sollte eingeräumt werden können, soweit dies dem Kindeswohl förderlich ist.
angenommen: 55:3:9

IV. Vollstreckungsmaßnahmen zur Durchsetzung des Umgangsrechts sollten unzulässig sein.
angenommen: 34:31:5

F. Legitimation, Adoption

I. Die Vorschriften über die Legitimation nichtehelicher Kinder (§§ 1719–1740 g BGB) sollten aufgehoben werden. Soweit dem Umstand, daß die Eltern des Kindes mit einander verheiratet sind oder waren, rechtliche Bedeutung zukommt, ist darauf im Zusammenhang mit der jeweiligen sachlichen Regelung abzustellen.
angenommen: 54:5:2

II. Die Adoption des eigenen nichtehelichen Kindes (§ 1741 Abs. 3 S. 3 BGB) sollte abgeschafft werden.
angenommen: 54:1:3

III. Zur Annahme eines minderjährigen Kindes sollte die Einwilligung beider Elternteile erforderlich sein.
angenommen: 55:1:4

IV. Die Möglichkeit zur Stiefkindadoption sollte im Hinblick auf die sorgerechtliche Stärkung der Stellung von Stiefeltern (vgl. oben) einerseits die Gefahr eines späteren Scheiterns der Stiefelternehe andererseits drastisch beschränkt werden.
angenommen: 34:14:11

G. Erbrecht

I. Der Erbersatzanspruch sollte abgeschafft werden. In der gesetzlichen Erbfolge sollte sämtlichen Kindern unabhängig von dem Umstand, ob ihre Eltern miteinander verheiratet waren, die dingliche Teilhabe am Nachlaß der Eltern eingeräumt werden.
angenommen: 51:5:2

II. Der bisher nur für nichteheliche Kinder vorgesehene vorzeitige Erbausgleich sollte nicht etwa auf die ehelichen Kinder ausgedehnt, sondern abgeschafft werden.
angenommen: 53:1:1

III. Soweit Großeltern aufgrund der Beschränkung der Anfechtungsberechtigung ein Recht zur Anfechtung der Abstammung nicht zusteht (siehe oben), sollten sie das Pflichtteilsrecht von Abkömmlingen durch Verfügung von Todes wegen unter bestimmten Voraussetzungen ausschließen können.
angenommen: 26:23:8

H. Verfahrensrecht

I. Alle das Kindschaftsrecht betreffenden Fragen sollten einem einheitlichen »großen«

Familiengericht zugewiesen werden.
angenommen: 55:2:2

II. Der Rechtszug in Familiensachen vom Familiengericht über das OLG zum BGH sollte beibehalten werden.
angenommen: 49:2:6

III. Zur Durchsetzung der Interessen des Kindes sollte in näher umschriebenen Konflikten eine eigenständige Vertretung des Kindes vorgesehen und verfahrensgerecht ausgestaltet werden.
angenommen: 42:8:7

IV. Die Voraussetzungen für den Erwerb einer spezifisch familienrechtlichen Entscheidungskompetenz sollten im Rahmen von Studien- und Prüfungsordnungen besser als bisher gewährleistet werden.
angenommen: 40:13:5

Reformen des Familienrechts in seiner sozialrechtlichen Auswirkung

Verantwortung des Sozialstaates

Immer stärker wird die Verantwortung des Sozialstaates gesehen, ein Recht auf Erziehung für alle Kinder chancengleich durch Abbau sozialer Benachteiligung zu gewährleisten. Im Zentrum stehen Erziehungskonflikte und Erziehungsmängel, die durch Familienhilfe und außerfamiliale Erziehungsangebote kompensiert werden sollen. Als unerfüllte Reform auch des Familienrechts im engen Sinn in Verbindung mit dem Jugendhilferecht wird daher eine noch ausstehende Reform des im Sozialrecht (KJHG) geregelten Pflegekinderwesens auch im Familienrecht gesehen. Hier zeigt sich die Nahtstelle zwischen der privatrechtlichen und sozialrechtlichen Dimension des Familienrechts, d. h. des Familienrechts (BGB) im engen Sinn und dem Sozialrecht besonders deutlich.

sozialrechtliche Förderung

Wegweiser durch das Sozialrecht im SGB

Die Sozialisationsaufgaben der Familie sollen also durch das Sozialrecht gefördert werden. Im 8. Jugendbericht der Bundesregierung vom 6. 3. 1990 (DS 11/66576) wird dieser Aspekt besonders betont und ist auch zur Leitlinie der Neuregelung der Jugendhilfe im Gesetz über die Kinder- und Jugendhilfe (KJHG) geworden. Im Sozialgesetzbuch (SGB) werden die Aufgaben des SGB und die sozialen Rechte definiert. In § 1 Abs. 1 SGB I werden u. a. die sozialen und erzieherischen Hilfen genannt, die dazu beitragen sollen, ein menschenwürdiges Dasein zu sichern, eine chancengleiche Persönlichkeitsentwicklung der Jugend zu ermöglichen und die Familie zu schützen und zu fördern. Diese Aufgabe wird durch § 8 SGB I präzisiert und neben die Förderung der Familienerziehung die erzieherischen Hilfen der Jugendhilfe gestellt. In den Einweisungsvorschriften der §§ 11–29 SGB I sind alle Sozialleistungen zusammengefaßt, die Familie und Sozialisation direkt oder indirekt fördern. Hier hat der Gesetzgeber eine Wegweisung durch das Sozialrecht eröffnet. Die §§ 18–29 geben Auskunft: was gibt es für Leistungen, von wem, auf welcher Rechtsgrundlage?

Einordnung der Familie im Rechtssystem

Zusammenfassung: Aus diesem rechtlichen Rahmen ergibt sich die Einordnung der Familie in das Rechtssystem. In seiner Grundtendenz zieht also das Familienrecht im engeren Sinn nur einen äußeren Rahmen, in dem Gestaltungsfreiheit möglich ist, ergänzt durch freiwillige Inanspruchnahme der Sozialleistungen, die in vielen Fällen erst eine Gestaltung der Lebensverhältnisse im Sinne menschenwürdigen Lebens in unserer Gesellschaft (Umsetzung der Grundrechte) ermöglichen. Erst die Überschreitung dieser äußeren Grenzen wird als »Unrecht« betrachtet. Eine positiv beschreibbare Familienstruktur des gesamten Familienrechts zeigt sich abgesehen von den programmatischen Aussagen der Verfassungsleitprinzipien des Art. 6 GG und des Ehegesetzes in Verbindung mit den unbestimmten Rechtsbegriffen des Familienrechts im BGB daher erst im Umkehrschluß zu dem Negativbild, d. h. in der Pathologie der Familienbeziehungen, die Gegenstand von Rechtsstreitverfahren waren (*Huhn*, 1977). Ein unmittelbarer Eingriff des Staates in die Privatautonomie der freien Gestaltung des Lebens und der Erziehung in der Familie ist nur insoweit möglich, als es um den Schutz der rechtlich und sozial Schwächeren, also zugunsten der Kinder geht, weniger im Verhältnis von Ehegatten zueinander.

Privatautonomie und staatlicher Eingriff

Kritik: Die Standortbestimmung der Familie im Recht vermittelt insgesamt einen positiven Eindruck vom geltenden Recht. Es bleibt daher zu fragen, brauchen wir ein neues Familienrecht?

neues Familienrecht?

Kritik setzt vor allem da an, wo mit den Mitteln des geltenden Rechts in Problembereichen der Familien, z. B. in den Tabubereichen der »Gewalt in der Familie«, der »Kindesmißhandlung« und des »sexuellen Mißbrauchs« sowie der neuen Armut der Scheidungsbetroffenen keine Lösungen gefunden werden können. Troje problematisiert eindrucksvoll das Verhältnis von Ehe und Recht, Familie und Recht, indem er auf die dynamischen Prozesse in Ehe und Familie verweist, die letztlich nicht rechtlich regulierbar sind, denn »das Recht setzt Verzweiflung am Menschlichen voraus: wenn Menschen so weit sind, daß sie gegenseitig ihrer eigenen Menschlichkeit mißtrauen, dann versuchen sie, etwas vorsätzlich Unmenschliches zwischen sich einzuschalten, um miteinander verkehren und handeln zu können: das Gesetz« (*Ortega y Gasset, Troje*, 1990, S. 206).

Konfliktregulierung durch Recht

Ob nun das geltende Recht und die Reformgebiete des Ehe- und Familienrechts sowie des Sozialleistungsrechts eine

Grundfunktion des Rechts erfüllen, ein Zusammenleben in Selbstbestimmung zu garantieren und im Konfliktfall befriedend, problemlösend zu wirken, muß im Rahmen der folgenden Darstellung der einzelnen Rechtsgebiete kritisch untersucht werden.

4.2 Ehe und Familie im Verfassungsrecht

4.2.1 Die wertentscheidenden Grundsatznormen des Art. 6 GG

Verfassungsrecht

Verfassungen sind die ranghöchsten Normen in unserem Rechtssystem. An dem Kernbereich der Verfassung, den Grundrechten, muß sich alles staatliche Handeln orientieren. Das GG für die Bundesrepublik Deutschland bestimmt in Art. 1 Abs. 3 GG, daß die nachfolgenden Grundrechte (Art. 1–20 GG) Gesetzgebung, Rechtsprechung und Verwaltung binden. Dies folgt auch aus dem Rechtsstaatsprinzip Art. 20 Abs. 3 und Art. 28 GG.

Grundgesetz

Das Grundgesetz enthält an drei Stellen (Art. 3 Abs. 2, Art. 6, Art. 7 Abs. 2 GG) Bestimmungen über den grundgesetzlichen Schutz und die Strukturen von Ehe und Familie, die im wesentlichen dem Vorbild der Weimarer Reichsverfassung (Art. 119 ff., 155, 161 WRV) entsprechen. Die Landesverfassungen beispielsweise von Bayern und Baden-Württemberg, Bremen und Hessen enthalten detailgenauere Bestimmungen etwa

Landesverfassungen

Schutzaspekte des Verfassungsrechts

- darüber, daß gesunde Kinder als wertvollstes Gut der Gemeinschaft bezeichnet werden (Art. 126 Abs. 1 Bay) und
- daß für kinderreiche Familien und deren Wohnbedarf zu sorgen ist (Art. 126 Abs. 3 Bay),
- daß die Arbeitsbedingungen so beschaffen sein müssen, daß das Familienleben gesichert ist (Art. 30 Hessen) und Lohnersatzleistungen familiengerecht sein sollen (Art. 58 Bremen),
- daß jeder junge Mensch ohne Rücksicht auf Herkunft oder wirtschaftliche Lage das Recht auf eine seiner Begabung entsprechende Erziehung und Ausbildung hat, dieser Anspruch kann sich sowohl an die Eltern als auch an die Religionsgemeinschaft, an die Gemeinde, den Staat und die Jugendverbände richten (Art. 12 Baden-Württ.),
- daß die häusliche Arbeit der Mutter der Berufsarbeit des Mannes gleichgeachtet (Art. 22 Abs. 2 Bremen) und die Verpflichtung ausgesprochen wird, das Arbeitsrecht so auszugestalten, daß die Frau ihre Berufsarbeit mit den Pflichten als

Frau und Mutter vereinbaren kann (Art. 54 Bremen, Art. 30 Abs. 2 Hessen). Eine Verpflichtung des Mannes, seine Familienpflichten mit seiner evtl. Berufsarbeit zu vereinbaren, ist nicht explizit geregelt.

Verfassung der ehem. DDR

Die Bedeutung von Ehe, Familie und Erziehung hatte sich im Rahmen des Aufbaus eines sozialistischen Staats- und Gesellschaftsgefüges in der Rechtsentwicklung der DDR mit eigenständigen Konturen entwickelt. Leitprinzip war die gesetzliche Verpflichtung auf gemeinsame Erziehungsziele für Staat, gesellschaftliche Organe und die Eltern (Familie). Das Zusammenwirken zwischen zivilrechtlicher Verantwortung der Eltern und Verantwortung des Staates in einem »Harmoniekonzept« beschreiben beispielsweise § 3 und § 42 FGB/DDR.

Landesverfassungen in den neuen Bundesländern

Seit dem 3. Oktober 1990 gilt für das »Rechtsgebiet der ehemaligen DDR« das Grundgesetz der BRD mit dem darauf bezogenen gesamten Rechtssystem. Für die neuen Bundesländer sind Landesverfassungen erarbeitet worden, die sich im wesentlichen an den Vorbildern der Landesverfassungen der sogenannten »Partnerländer« orientieren (z. B. Sachsen – Baden-Württemberg).

Übergangsrecht durch den Einigungsvertrag

Für die Rechtsentwicklung in den neuen Bundesländern ist es eine zentrale Frage, wie die gesetzgeberischen und gestalterischen Freiräume des Grundgesetzes und der Übergangs- und Anpassungsregelungen im Einigungsvertrag und und z. B. im KJHG genutzt werden können, um positive Entwicklungen von Ehe, Familie und Erziehung zu erhalten und im Rahmen des rechtlichen Rahmens mit eigenem Profil auszudifferenzieren.

subjektiv öffentliche Rechte oder Programmaussagen

Es ist zu fragen, welche Rechtswirkungen verfassungsrechtliche Bestimmungen im Hinblick auf die konkrete Gestaltung der Sozialisationsbedingungen in Familie und Gesellschaft entfalten. Unstreitig entstehen daraus keine subjektiven öffentlichen Rechte, d. h. Ansprüche von einzelnen Menschen, die direkt eingeklagt werden können, sondern sie enthalten weitgehend programmatische Aussagen, Aufträge an den Gesetzgeber, durch die Gesetzgebung vornehmlich auf dem Gebiet des Sozialrechts diese Bedingungen zu verwirklichen.

Abwehrrecht

Der Blick auf die Länderverfassungen macht deutlich, daß auch Art. 6 GG nicht nur als klassisches Grundrecht des liberalen Rechtsstaats gesehen werden kann, nämlich als Abwehrrecht gegen staatliche Eingriffe, das primär Freiheitsrechte und Gleichheitsrechte garantiert, sondern daß es auch ein soziales Grundrecht ist.

soziales Grundrecht

Funktionsanalyse Art. 6 GG

Leitprinzipien des BVerfG: Eine Funktionsanalyse der Verfassungsgrundsätze läßt sich aus der Rechtsprechung des Bundesverfassungsgerichts herleiten.

Das Bundesverfassungsgericht als »oberster Hüter der Verfassung« hat sich mit nahezu allen Lebensbereichen von Ehe und Familie schon im Rahmen von Normenkontrollverfahren (Prüfung der Vereinbarkeit von Gesetzen mit dem Grundgesetz) und von Verfassungsbeschwerden (Art. 19 Abs. 4 GG) einzelner Betroffener, die sich durch Gesetze, Verwaltung oder Rechtsprechung in ihren Grundrechten verletzt fühlen, befaßt und grundsätzliche Strukturen festgelegt, wie die Rechtswirkungen von Art. 6 GG zu verstehen sind.

Schon in der ersten Entscheidung des BVerfG zu Art. 6 Abs. 1 GG hat das oberste Gericht die Leitprinzipien zum verfassungsrechtlichen Verständnis von Ehe und Familie gezogen:

klassische Abwehrrechte

»Art. 6 Abs. 1 GG ist nicht nur ein klassisches Grundrecht zum Schutz der spezifischen Privatsphäre von Ehe und Familie sowie Institutsgarantie, sondern darüber hinaus eine Grundsatznorm, das heißt eine verbindliche Wertentscheidung für den gesamten Bereich des Ehe und Familie betreffenden privaten und öffentlichen Rechts« (BVerfGE 6, 55/71 f.). Im einzelnen bedeutet dies, daß Art. 6 GG folgende Strukturmerkmale enthält:

Schutz der bürgerlichen Ehe, d. h. Verbindung von Mann und Frau in einer im Prinzip unauflöslichen Lebensgemeinschaft, und Schutz der Gemeinschaft von Eltern und Kindern (Familie und Alleinerziehende u. a.).

Eheschließungsfreiheit

Dieses Schutz- und Abwehrrecht des Art. 6 Abs. 1 GG enthält als unbeschränktes Menschenrecht (auch für Ausländer) ein Verbot, durch staatliches Handeln in die familiäre Privatsphäre einzudringen. Als klassisches Abwehrrecht gewährt Art. 6 Abs. 1 GG einen freien Zugang zu Ehe- und Familienbeziehungen durch Eheschließungsfreiheit und Adoptionsfreiheit.

Adoptionsfreiheit

Eine freie Familienplanung der Eltern findet nur ihre Grenzen an dem Recht der geborenen und ungeborenen Kinder als eigenständige Rechtssubjekte und Grundrechtsträger.

positiver Schutzfunktion und allgemeines Förderungsgebot des Staates

Neben diesem klassischen Abwehrrecht hat das materielle Schutzgebot des Art. 6 Abs. 1 GG für die Praxis der sozialen Arbeit eine größere Bedeutung. Zunächst bedeutet die Schutzfunktion als primäre Staatsaufgabe, für eine Absicherung der bestehenden Ehe und Familie im Rechtssystem zu sorgen.

Diskriminierungsverbot und soziales Grundrecht

Der verfassungsrechtliche Schutz kann sich aber nicht in der Absicherung der Grund- und Freiheitsrechte (allgem. Diskriminierungsverbot) erschöpfen, sondern der besondere Schutz des Staates umfaßt, positiv gesehen, die Pflicht, Ehe und Familie durch geeignete Maßnahmen zu fördern. Diese positive Schutzfunktion macht Art. 6 Abs. 1 GG damit zu einem der wenigen sozialen Grundrechte. In der Rechtsprechung des BVerfG werden aber nur Leitlinien mit großem Handlungsspielraum für den Gesetzgeber entwickelt. Es werden keine konkreten Anweisungen oder Rechte definiert, wie und in welchem Umfang die besonderen Familienbelastungen durch Sozialpolitik und Sozialgesetzgebung auszugleichen sind (BVerfG E 39, 226).

Dem Verhältnis von Art. 6 GG zu dem formalen Gleichheitsprinzip des Art. 3 GG mißt die Rechtsprechung eine zentrale Bedeutung zu. Hier geht es um das Ausloten der Schutzpflicht gegenüber Ehe und Familie (Art. 6 GG) und den individuellen Freiheits- und Gleichheitsrechten von Mann und Frau (Art. 3 GG), verbunden mit dem Verbot der Benachteiligung von Ehepartnern und Familienangehörigen. In seiner Rechtsprechung hat sich das BVerfG darum bemüht, Familienangehörige und Ehepartner davor zu schützen, zu ihrem Nachteil als Wirtschaftsgemeinschaft gewertet zu werden. Die Auswirkungen dieser Rechtsprechung betreffen insbesondere das Arbeits- und Sozialrecht und das Steuerrecht. Arbeitsverhältnisse zwischen Familienangehörigen dürfen arbeitsrechtlich und steuerrechtlich nicht diskriminiert werden (BVerfGE 18, 306/20, 379 ff., vgl. auch BVerfGE vom 25.9.1992 zum Grundfreibetrag im Steuerrecht, in FuR 1992, S. 356 f.; BVerfGE vom 17.11.1992 zur Gewährung von Arbeitslosenhilfe in n.e. Lebensgemeinschaften, in FuR, 1992, S. 312 und weitere Hinweise bei *Krause*, 1986, S. 31, *Luckey*, 1991, *Luckey*, FuR, 1993, S. 22 ff. und *Coester/Zubke*, 1991, S. 93 ff.).

Auswirkungen im Sozial- u. Arbeitsrecht

Die Verwirklichung der Wertentscheidung des Art. 6 GG bedingt letztlich eine Garantie des Instituts von Ehe und Familie, die als Leitprinzip und Grenze für die rechtliche Weiterentwicklung von Eherecht (Eherecht/Scheidungsrecht) und Familienrecht gesehen wird (*Krause*, 1986, S. 33, *Niemeyer*, FuR 1993, S. 29 f. und *Derleder*, FuR 1992, S. 273 ff.).

Wertentscheidung

4.2.2 Ehe, Familie und Erziehung im Spannungsfeld des GG

Verfassungsrecht und soziale Wirklichkeit

Die Institutsgarantien von Ehe und Familie markieren das Spannungsfeld zwischen normativer verfassungsrechtlicher Definition und dem sich wandelnden gesellschaftlichen Verständnis von Ehe, Familie und Erziehungsaufgaben. Institutsgarantien als »Verbürgungen traditioneller Normkomplexe und Rechtsbeziehungen« (*Carl Schmitt* nach *Gernhuber*, 1971, S. 29) verbürgen gemäß Art. 6 GG die bürgerliche Ehe und die Kleinfamilie in ihrer Fundamentalstruktur.

Institutsgarantien

Geschützt ist aber nur die bürgerliche Ehe als umfassende Lebens- und Wirtschaftsgemeinschaft. Das bedeutet, daß andere Formen von Lebensgemeinschaften im Prinzip nicht in den Schutz des Art. 6 einbezogen werden. Lebensgemeinschaften von gleichgeschlechtlichen Partnern ist damit eine bürgerlichrechtliche oder kirchliche Heirat (rechtliche Anerkennung) mit den entsprechenden Rechtsfolgen versagt. Die Institutsgarantie des Art. 6 GG bedeutet aber nicht im Umkehrschluß ein Verbot freier Lebensgemeinschaften. Gernhuber stellt dann auch diplomatisch fest, daß vom besonderen Schutz einer tradierten Lebensform als Leitprinzip der Verfassung bis zur Rechtswidrigkeit konkurrierender Lebensformen ein weiter Weg sei.

alternative Lebensgemeinschaften

Wenn wesentliche Bereiche der Privilegien und sozialrechtlichen Absicherungen von Ehe und Familie für alternative Lebensformen ausgeschlossen sind, bleiben in der gesellschaftlichen Wirkung diese Lebensformen aber Formen minderen Rechts, teilweise an der Grenze zur Diskriminierung. Dies kann auch nicht dadurch beschönigt werden, daß die freie Entscheidung, in nichtehelicher Lebensgemeinschaft auch mit Kindern zu leben oder in einer gleichgeschlechtlichen Partnerschaft zu leben, nicht nur toleriert wird, sondern als Auswirkung der Grund- und Menschenrechte (Art. 1/Art. 2 ff. GG) rechtlich anerkannt ist, jedoch ohne den besonderen Schutz des Art. 6 GG.

Institute minderen Rechts?

Familie

Geschützt ist allein die Kleinfamilie, in allen Formen gelebter Eltern-Kind-Beziehungen. Über die Eltern-Kind-Beziehung wird der verfassungsrechtliche Schutz auch auf andere Lebensformen ausgedehnt. Neben der vollständigen Familie von nach bürgerlichem Recht verheirateten Eltern, die mit ihrem Kind, oder Adoptiveltern, die mit ihrem Adoptivkind zusammenleben, werden auch die vielen Varianten alleinerziehender Eltern in den Schutz von Art. 6 GG einbezogen. (Nach Trennung und Scheidung allein sorgeberechtigte Eltern auch in neuen Partnerverbindungen und die n. e. Mutter werden als Alleinerziehende im Rahmen des Elternrechts als unvollständige oder Teilfamilie definiert.)

unvollständige Familie

Kritik

In einer Gesamtbilanz der Rechtsprechung des BVerfG zu Art. 6 GG stellt *Krause* (1986, S. 38) noch fest, daß es bis dahin keine Dynamik in der Rechtsentwicklung gegeben habe, da das Gericht primär das Diskriminierungsverbot, nicht dagegen das Förderungsgebot entfaltet hat. Der Schutz von Ehe und Familie, die zivilrechtliche Gleichstellung der nichtehelichen Kinder und die rechtsstaatliche Absicherung des Erziehungsrechts der Eltern gegen staatliche Eingriffe sind kontinuierlich ausdifferenziert worden, nicht aber zum »Anspruch auf Familienlastenausgleich« gesteigert worden. Den durch Art. 6 Abs. 4 GG garantierten Mutterschutz hat das BVerfG mit geringen Korrekturen im einfachen Mutterschutzrecht (MuSchG) als ausgefüllt angesehen.

gemeinsames Sorgerecht

Mit der Entscheidung des BVerfG vom 3.11.1982 (BVerfGE 61, 358, in *Coester/Zubke*, 1991, S. 106) zum gemeinsamen Sorgerecht nach Scheidung und mit dem Beschluß des BVerfG vom 7.5.1991 (FuR, 91, S. 221ff.), mit dem Auftrag an den Gesetzgeber, ein gemeinsames Sorgerecht auch in n.e. Lebensgemeinschaften zu gestalten, hat das oberste Gericht Maßstäbe für die Weiterentwicklung des Rechts und damit eine Anpassung an die soziale Wirklichkeit geschaffen. Nach einer Rechtstatsachenstudie von *Limbach* (1989) hat sich aber in der Praxis noch nicht viel in die neue Richtung bewegt.

4.2.3 Grundgesetz und Sozialisation

Menschenwürde
Persönlichkeitsrecht

Grundrechte des Kindes: Mit Geburt wird der Mensch rechtsfähig (§ 1 BGB). Das Kind ist unabhängig von seinem Alter Träger von Rechten und Pflichten und damit auch Träger von Grund- und Menschenrechten. Der Erziehungsanspruch des Kindes kann damit auf das eigene Recht auf Menschenwürde (Art. 1 Abs. 1 GG) und das eigene Recht auf Entwicklung seiner Persönlichkeit (»Recht auf eigene Biographie«, Art. 2 Abs. 1 GG) gestützt werden. Der materielle Gehalt dieser Grundrechte reicht auch in die vorgeburtliche Lebensphase des Kindes. Die Probleme vorgeburtlicher Rechtssubjektheit sind nicht nur ein Problem des Erbrechts (noch nicht geborene Kinder können als Erben eingesetzt werden § 1923 Abs. 2 BGB), sondern sie sind zunehmend eine Frage der verfassungsrechtlichen Definition des Rechts auf Leben (vgl. dazu die strittige Diskussion um die § 218-Problematik). Die Bedeutung der Grundrechte für Kinder sind in vielen internationalen Rechten, zuletzt durch die EMRK und die Übereinkunft der UN zu den Rechten des Kindes, auch international abgesichert. Die Entfaltung der Persönlichkeit, das Hineinwachsen in eine »gestufte Selbständigkeit« und Mündigkeit, die Ausbildung seelischer, geistiger, körperlicher und sozialer Kompetenzen erforderteine kontinuierliche umfassende Betreuung, Pflege und Erziehung durch Erwachsene vor allem für das jüngere Kind.

»Recht auf eigene Biographie«

gestufte Mündigkeit

Elternrecht, elterliche Erziehungsrechte und -pflichten: Das GG geht davon aus, daß diese Aufgaben in erster Linie die Eltern zu erfüllen haben, als »ihr natürliches Recht und die zuvörderst ihnen obliegende Pflicht« (Art. 6 Abs. 2 Satz 1 GG). Das Elternrecht hat so in seinem Kern einen Bezug zu vorstaatlichen Naturrechten und ist in seinen Ausformungen Bestandteil des positiven Verfassungsrechts (*Gernhuber*, 1971, S. 35). Danach können die Eltern in eigener Verantwortung Ziele, Inhalte und Wertvorstellungen für die Erziehung des Kindes bestimmen. Die Erziehungsfunktion, erweitert zur traditionellen Pflegeaufgabe, beinhaltet auch gegenseitige Unterhaltspflicht und gegenseitige immaterielle Lebenshilfe und Beistandspflichten. Der Staat in seiner Funktion als Sozialstaat

»Elternpflichtrecht«

Unterhaltspflicht
Beistandspflicht

hat diese Sozialisationsaufgaben der Familie durch seine Sozialleistungen (SGB, insbes. das SGB VIII/KJHG) zu fördern und zu unterstützen und tritt im Falle des Versagens elterlicher Erziehungsverantwortung nur als Ausfallbürge ein. Insoweit formuliert Art. 6 Abs. 1 u. 2 GG auch eine spezielle Ausgestaltung des Subsidiaritätsprinzips. Der Staat in seiner Funktion als Rechtsstaat gewährt den Eltern mit dem Erziehungsrecht kein eigennütziges, sondern ein fremdnütziges pflichtgebundenes Recht. Grundlage des Erziehungsrechts als Abwehrrecht gegenüber staatlichen Eingriffen ist nicht nur der Interessenschutz und die Freiheitsentfaltung der Eltern, sondern primär das Interesse und die Persönlichkeitsentfaltung der ihnen anvertrauten Kinder. Die Ausübung des Elternrechts hat sich daher an den Interessen und Bedürfnissen des Kindeswohls zu orientieren. Dieser Elternverantwortung entspricht auf seiten des Kindes ein Recht auf Erziehung. Die Grundsätze dieser Elternverantwortung sind Gegenstand des Rechts der elterlichen Sorge (§§ 1626 ff. BGB).

Wiederherstellung des Erziehungsanspruchs

Wächteramt des Staates: In der mit dem Elternrecht korrespondierenden Elternpflicht liegt der Schlüssel zu einer Überwachung der Eltern durch den Staat (Art. 6 Abs. 2 GG). Eine Rechtsordnung, die jedem Kind ein Recht auf Erziehung »zu einer eigenverantwortlichen und gemeinschaftsfähigen Persönlichkeit und ein Recht auf Förderung seiner Entwicklung« (§ 1 Abs. 1 KJHG) gewährt und dies auch noch im Bereich der Grund- und Menschenrechte (Art. 6 GG) absichert, muß auch die Kontrolle der Eltern durch den Staat regeln, (Staatliches Wächteramt Art. 6 Abs. 2 2 GG, § 2 Abs. 2 2 KJHG). Der Staat hat als Ausfallbürge diesen Erziehungsanspruch des Kindes dann sicherzustellen, wenn Eltern zum Schaden des Kindes ihr Erziehungsrecht ausüben oder sich ihrer Erziehungsverantwortung entziehen. Der Staat und die Institutionen der Jugendhilfe sind noch nicht zu Eingriffen in das Elternrecht legitimiert, soweit und solange es sich nur um eine Frage der guten oder besseren Erziehung für das Kind handelt. Der Staat kann nach den Grundsätzen der Verhältnismäßigkeit nur dann in elterliches Erziehungsrecht eingreifen, wenn Eltern auch mit Unterstützung und Beratung durch Jugendhilfe selbst aus eigener Kraft und Fähigkeit nicht mehr in der Lage sind, die Erziehungspflicht gegenüber dem Kinde zu erfüllen und die Entwicklung des Kindes (Kindeswohl) gefährdet ist. Als besonders schwerer Eingriff in das Erziehungsrecht der Eltern ist die Trennung von Eltern und Kindern gegen ihren Willen zu bewerten. Hier ist ein Eingriff nur im rechtstaatslichen Verfahren unter Beteiligung der Vormundschaft- und Familiengerichte möglich (Art. 6 Abs. 2 GG i. V. m. §§ 1666, 1666 a BGB). Auf ein Verschulden der Eltern kommt es hier

Grundsatz der Verhältnismäßigkeit

Leitlinie Kindeswohl

Eingriffsmöglichkeit

nicht an. Alleiniger Maßstab sind die inhaltlich zu füllenden unbestimmten Rechtsbegriffe und die von der Rechtsprechung und sozialwissenschaftlichen Literatur entwickelten Kriterien des Kindeswohls.

Aufgaben der Jugendhilfe im Verfassungsrecht: Nach der dargestellten Wertentscheidung des Grundgesetzes und seiner Ausdifferenzierung durch das BVerfG hat der Staat abgesehen von dem großen Bildungsbereich der Schule (Art. 7 GG) eigenständige Erziehungsaufgaben nur subsidiär in den engen Grenzen des Wächteramtes (Art. 6 Abs. 2 2 GG/§ 1 Abs. 2 KJHG) unter den obengenannten Voraussetzungen.

Ausnahme vergesellschaftete Bildungsbereiche (Art.7 GG)

Die Jugendhilfe als Sozialisationsangebot (8. Buch SGB-KJHG) ist jedoch nicht auf den engen Bereich des staatlichen Wächteramtes beschränkt. Eine Koppelung an diese Voraussetzungen würde bedeuten, daß Leistungen und Hilfen immer zu spät kämen, da für Maßnahmen und Interventionen immer erst eine Gefährdung des Kindeswohls abgewartet werden müßte. Kennzeichen der Jugendhilfeleistungen sind aber in erster Linie Prävention, Förderung und Stützung der Sozialisationskraft der Familie, damit eine Gefährdung der Entwicklung des Kindes erst gar nicht eintritt.

Sozialisationsangebote der Jugendhilfe

Prävention Förderung

Der Staat kann grundsätzlich Leistungen ohne verfassungsrechtliche direkte Verpflichtung erbringen, um so das allgemeine sozialstaatliche Förderungsgebot gesetzgeberisch umzusetzen. Leistungen der Jugendhilfe in diesem Bereich dürfen den Betroffenen nicht aufgedrängt werden. Es darf insbesondere nicht faktisch in das elterliche Bestimmungsrecht manipulierend eingegriffen werden (§§ 1 Abs. 2 S. 1, 9 KJHG). Die Inanspruchnahme der Leistungen außerhalb der Legitimation durch das staatliche Wächteramt unterliegt dem strikten Prinzip der Freiwilligkeit.

Prinzip Freiwilligkeit

Inwieweit diese Leistungen der Jugendhilfe (bei vorliegendem ersichtlichem Bedarf) als Rechtsansprüche ausgestaltet sind, die von den Betroffenen eingeklagt werden können (Eltern und ggf. Kind selbst), ist eine Frage des KJHG (vgl. unten Kap. 7).

Eine Neubestimmung der verfassungsrechtlichen Einordnung der Familie und ihrer Sozialfunktion ist insbesondere durch die Vorgaben der neuen Leitlinien der Rechtsprechung des BVerfG (vgl. Kap. 4.2.2) und das Übereinkommen der UN über die Rechte des Kindes notwendig geworden. Die vom BVerfG angeregte Reform der Zuordnung des n.e. Kindes zu seinen Eltern (Fragen des gemeinsamen Sorgerechts) soll erst mit der angestrebten Gesamtreform des Kindschaftsrechts verwirklicht werden (*Schellhorn*, FuR 1992, S. 37ff. und *Coester/Hansen*, 1994, S. 32ff.). Die Ausdehnung der Schutzbereiche des Art. 6 GG mit Reformansätzen zum Recht der elterlichen Sorge (*Hansen*, 1993, S. 184ff. und *Niemeyer*, FuR 1993, S. 29f.) inte-

griert in die Gesamtreform des Kindschaftsrechts, sind die rechtspolitischen Herausforderungen für die 90er Jahre (*Kaufmann*, FuR 1992, S. 70ff./*Derleder*, FuR 1993, S. 271ff., FuR 1992, S. 273ff./Beschlüsse des 59. Deutschen Juristentages, FuR 92, S. 270ff., Thesen zur Reform des Kindschaftsrechts vom Deutschen Familiengerichtstag, in FamRZ 93, S. 1164, Thesen zur Neuregelung des Kindschaftsrechts, Deutscher Juristinnenbund, FuR 1992, S. 185ff.).
Eine gute Übersicht vermittelt *Caroline Steindorff* (1994), die die juristischen und sozialwissenschaftlichen Befunde auf dem Weg vom »Kindeswohl zu den Kindesrechten« aufzeigt.

4.3 Recht der ehelichen und der nichtehelichen Lebensgemeinschaft

4.3.1 Grundprobleme des Eherechts

Der »Lebenssachverhalt« ist eindeutig und entspricht den tradierten gesellschaftlichen Konventionen unseres Kulturlebens. Aus einer auf Dauer angelegten Beziehung zwischen Mann und Frau kann der Wunsch nach gemeinsamen Kindern entstehen, um mit ihnen zu leben, sie aufzuziehen, ihnen den Weg in ihr eigenes Leben zu ermöglichen. Auch der Kinderwunsch in gleichgeschlechtlichen Partnerschaften ist bereits gelebte Realität, stößt aber in der Bundesrepublik Deutschland (anders in den Niederlanden, Dänemark und USA) auf viele rechtlich unüberwindbare Barrieren sowohl bei der Adoption, als auch bei der künstlichen heterologen Insemination in Samenbanken, da hier das Grundrecht des Kindes auf Kenntnis seiner Abstammung verletzt ist (*Louis Chantal*, EMMA – Sept./Okt. 1994, S. 100ff./*Münder*, 1993a, S. 51ff.). Im folgenden sollen daher nur die zwei Hauptformen des familialen Zusammenlebens mit Kindern in ihren unterschiedlichen rechtlichen Bedeutungen beschrieben werden.
Ausgangssituation 1: im gegenseitigen Versprechen von Mann und Frau zu heiraten (Verlöbnis) mit anschließender durch formstrenges Recht geregelten Eheschließung vor dem Standesbeamten (obligatorische Zivilehe) und gegebenenfalls ergänzt durch die »kirchliche Hochzeit« nach den Regeln des Kirchenrechts, wird dann mit Geburt eines Kindes eine Familie im engeren Sinn gegründet.

n. e. Lebensgemeinschaft

Ausgangssituation 2: im gegenseitigen Versprechen, in einer n. e. Lebensgemeinschaft mit gemeinsamen Kindern zu leben, für diese zu sorgen und sie gemeinsam zu erziehen, wird eine Familie im weiteren Sinn (faktische Familie) gegründet.

Leitbild der Familie im Familienrecht

Der erste Weg entspricht dem Leitbild der Familie in Staat und Gesellschaft und ist identisch mit den Sollvorstellungen des im

BGB geregelten Familienrechts:
Ehe als Legitimierung der Partnerbeziehung in ihrer Universalität (§ 1353 BGB),

- Erzeugung und Erziehung des Nachwuchses in einem geschützten Rahmen (Familie)
- gegenseitige wirtschaftliche Versorgung der Mitglieder der Kernfamilie in einem Familienhaushalt.

gesellschaftliche Realität

Der zweite Weg ist in zunehmender Tendenz gelebte Realität und auch weitgehend gesellschaftlich anerkannt, es fehlt jedoch letztlich eine vollständige Gleichbehandlung der Partnerbeziehung und der Eltern-Kind-Beziehung im Familien- und Sozialrecht.
In beiden Formen der Verwirklichung eines Zusammenlebens zwischen Eltern mit ihren gemeinsamen Kindern steckt auch ein Stück gemeinsamer Lebensplanung (zumindest der Eltern), die mit unterschiedlichen Anpassungsleistungen an staatliche und gesellschaftliche Normvorgaben verbunden ist.

Beratung bei Problemen in der Partnerschaft

Wenn es in der Praxis um die Beratung von Partnerproblemen geht (Eheberatung, Paarberatung, Trennungs- und Scheidungsberatung), werden die unterschiedlichen rechtlichen Bezugssysteme vielschichtig relevant. So geht es z. B. im Rahmen einer Trennungs- und Scheidungsberatung nicht nur darum, die Partnerkonflikte möglichst einvernehmlich zu lösen und im Rahmen von Scheidungsvereinbarungen die materiellen Rechtswirkungen der Ehe zu regeln, sondern schwerpunktmäßig um eine am Kindeswohl orientierte Sorgerechtsregelung, indem die gemeinsame Ausübung der Elternverantwortung (Sorgerecht) angestrebt wird. In der Praxis der Erziehungsberatung und Erziehungshilfen müssen neben den personensorgeberechtigten Bezugspersonen auch alle am Sozialisationsprozeß des Kindes faktisch Beteiligten mit einbezogen werden. Dies sind vor allem die nicht sorgeberechtigten Elternteile mit einem Umgangsrecht (bei Trennung und Scheidung) oder die n. e. Väter, die mit der allein sorgeberechtigten Mutter und dem gemeinsamen Kind in einer faktischen Familie leben, sowie letztlich auch die Stiefeltern.

Trennungs- und Scheidungsberatung

Erziehungsberatung

Rechtsprobleme in der Beratung

Wegen der umfassenden Sozialisationswirkungen müssen Rechtsprobleme im Umgang mit Eltern und deren Erziehungsverantwortung für die sozialberuflichen Beratungs- und Interventionsansätze klar sein.
Klar definierte Begriffe, Transparenz der logischen bzw. systematischen Zusammenhänge der Familienrechtsbeziehungen sind ein Gebot des Rechtsstaats und bisweilen auch ein »zwiespältiger Wunsch« der Praxis. In der Beratungspraxis z. B. der Ehe-, Lebens- und Familienberatung werden bisweilen die weitreichenden Verflechtungen einer »Verrechtlichung der Le-

benswelten« sichtbar. Das Familienrecht im engeren Sinn hält sich hier etwas zurück, indem die Grundbegriffe, die sich herausgebildet haben, stärker an den Folgen bzw. Wirkungen orientiert sind als an dem Versuch einer positiven Definition. Dennoch ist es notwendig, einige Grundbegriffe der Familienrechtsbeziehungen für die Entwicklung einer Beratungskompetenz herauszustellen, da gerade in Konfliktfällen die gesellschaftlichen Normen über die Fenster der unbestimmten Rechtsbegriffe des gesetzten Rechts in geltendes Recht hineininterpretiert werden müssen:

4.3.1.1 Zum Verlöbnis

Lebensplanung

Die rechtliche Bedeutung des Verlöbnisses ist für die Rechtspraxis nahezu irrelevant geworden, da es nicht die Voraussetzung für eine gültige Eheschließung ist und der Gesetzgeber im Familienrecht nur die Folgen einer einseitigen willkürlichen Auflösung regelt (§§ 1297–1302 BGB). In dem an Bedeutung zurückgehenden »Recht des Verlöbnisses« lassen sich weitreichende Verflechungen in der rechtlichen Bewertung dieser personalen Beziehung zwischen Mann und Frau in anderen Rechtsgebieten aufzeigen. Für die sozialberufliche Praxis sind daher einige Rechtswirkungen für die Gestaltung der Lebensbeziehungen (Lebensplanung) dennoch relevant.

Zu unterscheiden ist zunächst die bewußte Entscheidung, in einer n.e. Lebensgemeinschaft leben zu wollen, von der Entscheidung: »Wir wollen heiraten, aber vorher ausprobieren, ob die Beziehung im Alltag und die gemeinsame Lebensplanung auf Dauer tragfähig ist.« In beiden Fällen können beim Auseinan-

Auflösung von Partnerbeziehungen

dergehen der Beziehung erhebliche Probleme bei der »Auflösung des gemeinsamen Alltags« entstehen (gemeinsame Wohnung, gemeinsame Anschaffungen, Darlehen und Kredite, persönliche Entscheidungen über berufliche Karrieren). Spätestens hier werden dann die unterschiedlichen rechtlichen Bewertungen dieser Beziehungen sichtbar. Im ersten Fall wurde

Rechtsnatur des Verlöbnisversprechens

kein Verlöbnis mit entsprechenden Rechtsfolgen begründet, im zweiten Fall wurde schon in dem formlosen Versprechen mit dem ernsthaften Wunsch, einander heiraten zu wollen, ein Verlöbnis begründet. Umstritten ist die Rechtsnatur dieses Versprechens. Es wird einmal als Vertrag besonderer Art angesehen, der lediglich Vertrauenshaftung bei Nichterfüllung des Eheversprechens begründet, zum anderen wird es – und das ist die herr-

Vertrag

schende Meinung – als Vertrag bewertet, folglich müssen beide Partner die volle Geschäftsfähigkeit besitzen, also volljährig sein. Eheversprechen von minderjährigen Partnern bedürfen der vorherigen Zustimmung der gesetzlichen Vertreter oder der

Minderjährigenschutz

nachträglichen Genehmigung, wenn sich Minderjährige heimlich verlobt haben. Als besonderer Schutz gilt hier aber, daß der minderjährige Verlobte, der sich ohne Zustimmung seiner gesetzlichen Vertreter verlobt hatte, vom volljährigen Partner alle Ersatzansprüche geltend machen kann, wenn dieser die Minderjährigkeit kannte und ihn ohne triftigen Grund verlassen hat.

keine gerichtliche Erzwingbarkeit einer Lebensbeziehung

Nach h. M. besteht zwar eine theoretische Pflicht, den Partner auch wirklich zu heiraten. Diese Pflicht tangiert die Freiheit der persönlichen Entfaltung und Entwicklung eines Lebenskonzepts und ist daher grundsätzlich auf Konsens gestützt, d. h., mit rechtlichen Mitteln, also durch Klage kann keine Lebensbeziehung erzwungen werden (§ 1297 BGB). Rechtlich durchsetzbare Konsequenzen ergeben sich hinsichtlich der »Auflösung des gemeinsamen Alltags« der Verlobten im wirtschaftlichen Bereich. So müssen in wechselseitigem Anspruch die Geschenke zurückgegeben werden (§ 1301 BGB) und »angemessene Aufwendungen«, die in Erwartung der Ehe gemacht wurden, durch einen Schadensersatzanspruch ausgeglichen werden. Diese Schadensersatzansprüche können der von seinem Partner ohne triftigen Grund verlassene Verlobte ebenso wie dessen Eltern und sogar von Dritten, die anstelle der Eltern gehandelt haben (z. B. Pflegeeltern, Verwandte), geltend gemacht werden (§ 1298 Abs. 1 BGB). Der oder die »böswillig« verlassene Verlobte kann selbst den Schaden ersetzt verlangen, der dadurch entstanden ist, daß in Erwartung der Ehe erhebliche Änderungen der eigenen Lebensplanung vorgenommen wurden oder vermögensrelevante Verfügungen getroffen wurden (Verkauf des von den Eltern geerbten Hauses, um dem Verlobten zu helfen, eine berufliche Existenz zu gründen). So hat zum Beispiel auch ein Verlobter, der seine Verlobte plötzlich ohne Grund verläßt, den Schaden zu ersetzen, der durch Verdienstausfall entsteht, wenn die Verlobte ein Arbeitsverhältnis kündigt oder einen eigenen freien Beruf aufgibt, um ihrem Verlobten schon den Haushalt zu führen. Anspruchsvoraussetzung ist aber in jedem Fall der grundlose (ohne triftigen Grund) Rücktritt eines Verlobten von seinem Versprechen, einander mit allen Rechtswirkungen heiraten zu wollen. Bei der Beurteilung dieser Frage wirken sich nun gesellschaftliche Normen und persönliche Aspekte der Betroffenen aus. Als triftigen Grund hat die Rechtsprechung die alten Verschuldenstatbestände des Eherechts – Treuebruch –, aber auch die Täuschung über wesentliche persönliche Eigenschaften angesehen, dazu zählen das Lebensalter des Betroffenen, schwerwiegende Krankheiten (z. B. Aids), sogar die Täuschung über frühere Schwangerschaftsabbrüche einer Verlobten. Als Sonderfall des Schadensersatzanspruches kann die »böswillig« verlassene Verlobte – nach vorehelich gestaltetem Geschlechtsverkehr – über den Kranzgeldanspruch eine »billi-

Rechtsfolgen der Auflösung

Schadensersatzansprüche

triftige Gründe für einen Rücktritt

ge Entschädigung in Geld« verlangen (§ 1300 BGB), der ihre weibliche Geschlechtsehre schützen und evtl. verminderte Heiratschancen ausgleichen soll (vgl. *Foth*, 1986, Anm. zu §§ 1299 ff.).

Verrechtlichung persönlicher Beziehungen

Diese anachronistischen Regelungen zeigen deutlich, wieweit die Verrechtlichung persönlicher Beziehungen reicht und wie gegebenenfalls versucht wird, Beziehungskonflikte mit den Mitteln des Rechts zu lösen, die eigentlich nur eine »Folgenbeseitigung« zerbrochener Beziehungen regeln wollen. Die

Reformansätze

Reformdiskussion setzt daher auch folgerichtig an einer einseitigen Privilegierung (mögl. Verstoß gegen Art. 3 GG) an und möchte den Kranzgeldanspruch ganz und teilweise auch die sehr weitgehenden Schadensersatzansprüche mit »Familien- und Sippenhintergrund« zugunsten eines zeitgemäßen Ausgleichs der Partner untereinander aufgeben. Beibehalten werden sollten die Pflicht zur Rückgabe der Geschenke und ein gleichmäßiger Kostenausgleich für die in Erwartung der Ehe gemachten Aufwendungen (z. B. Kreditverpflichtungen auf gemeinsamem Hauskauf). Es ergeben sich schon aus der personalen Beziehung eines Verlöbnisses auch noch weitere Wirkungen in andere Rechtsgebiete.

Rechtsfolgen im Strafrecht

Im **Strafrecht** werden Verlobte als »Angehörige« wie Ehegatten behandelt (§ 11 Abs. 1 a StGB). Als Folge davon werden Eigentumsdelikte innerhalb dieser Beziehungen (z. B. Diebstahl § 242 StGB, analog auch Hehlerei § 259 Abs. 2 StGB, Betrug § 263 Abs. 4 StGB und Untreue, d. h. Veruntreuung von Geld/Vermögen nach § 266 Abs. 3 StGB) nicht als Offizialdelikte durch die Staatsanwaltschaft, sondern nur auf Antrag des »Opfers« verfolgt, gleichsam als Privatisierung einer Konfliktregulierung (§ 247 StGB). Wenn sich Verlobte oder Ehepartner, Eltern und Kinder gegenseitig »beklauen«, ist es sicher weltfremd, zu fordern, daß der Schutz durch Polizei und Staatsanwaltschaft hergestellt wird, die von Amts wegen diese Straftaten verfolgen müssen. Ganz anders ist dies jedoch, wenn die Privatautonomie der Gestaltung der Partnerbeziehung oder der Eltern-Kind-Beziehung nicht nur eine vor staatlichen Eingriffen geschützte Familienbeziehung bewirkt, sondern

Wenn der Schutz zum Kerker wird

wenn dieser Schutz zum Kerker wird, in dem Opfer vor Gewaltanwendung, sexuellem Mißbrauch und Vergewaltigung von außen nur schwer zu schützen sind. Betrifft es Kinder, so sind die Interventionshürden über die gesetzlichen Regelungen des Art. 6 Abs. 2 GG, § 1666 BGB oft so hoch, daß eine Reaktion oft zu spät kommt. Für Ehepartner, insbesondere für die meist schwächere Frau ist Gewaltanwendung bis hin zur Vergewaltigung ein von außen schwer regulierbarer Konflikt, da Vergewaltigung innerhalb der Ehe aus § 177 StGB gar nicht bestraft werden kann. Als Konfliktregelung verläßt dann meist das Opfer, die (herausgenommenen) Kinder oder die Ehefrau, die Familienwohnung.

Verwirrend wird für den Laien eine andere Konsequenz, die sich aus der personalen Beziehung Verlobung oder Ehe ergibt. Die Verlobten oder Ehepartner stehen zueinander in einer sog. »Garantenstellung«, die sie bei unterlassener Hilfeleistung zu einem »Straftäter« werden läßt. Klassisches Beispiel ist der Selbstmordversuch eines Verlobten oder Ehepartners. Wenn eine Verlobte ihren Verlobten mit folgendem Abschiedsbrief in der gemeinsamen Wohnung findet: »Ich habe vom Arzt erfahren, daß ich Aids habe, und beschlossen, mein Leben mit Schlaftabletten zu beenden, weil ich uns diese Belastung nicht zumuten will. Solltest Du mich finden, ehe ich gestorben bin, so halte Dich an unser Versprechen, uns in solchen Fällen gegenseitig zu unterstützen als höchsten Ausdruck unserer Liebe – Leb wohl ...«, und eine ärztliche Hilfe wäre noch möglich, könnte sie als Täterin eines unechten Unterlassungsdelikts (Tötungsdelikt), zumindest aber aus unterlassener Hilfeleistung (§ 323 c StGB) strafbar sein.

Garantenstellung

Im **Verfahrensrecht** (Prozeßrecht) steht nach nahezu allen Verfahrensregeln den Verlobten als Angehörige ein Zeugnis-, Auskunfts- und Gutachtenverweigerungsrecht zu:

Zeugnisverweigerungsrecht

- im *Strafverfahren*: §§ 52 Abs. 1, S. 1/55 Abs. 1 und § 63 StPO,
- im *Zivilverfahren* (einschl. VormG): §§ 383/384 Abs. 1 und 2/ 408 ZPO und § 15 FGG,
- im *Verwaltungsverfahren* (einschließlich Verwaltungsgericht): §§ 20 Abs. 1 S. 1 u. Abs. 5 S. 1/§ 65 Abs. 2 VerwVerfG und § 99 SGB X, sowie § 98 VwGo,
- im *Verfahren vor den Arbeits- und Sozialgerichten*: § 46 Abs. 2 ArbGG u. § 118 Abs. 1 SGG

Im **Dienst- bzw. Arbeitsrecht** kann ein formelles Verlöbnis in bestimmten Fällen relevant werden. Mitarbeiterinnen im unmittelbaren kirchlichen Dienst einschließlich Caritas und mit Einschränkungen auch in der Diakonie können ihre private Lebensführung im Rahmen eines kirchlichen Dienst- und Arbeitsverhältnisses nur bedingt frei wählen. Eine n. e. Lebensgemeinschaft als private Lebensführung kann mit den Prinzipien des freien Trägers nicht übereinstimmen und dienstrechtlich sich auswirken, ohne daß Rechtsschutz durch staatliche Gerichte gewährt wird. Der Tendenzschutzaspekt eines kirchlichen Trägers kann im Rahmen des Dienst- und Arbeitsvertrags bewirken, daß eine Kündigung möglich wird. Ein Verlöbnis als »Durchgangsphase« bis zur Eheschließung (auch nach Kirchenrecht) wird in der Regel geduldet. Diese Rechtsfolgen sind bisher nur bei MitarbeiterInnen im Verkündigungsauftrag der Kirchen sowie in pädagogischen, psychologischen und sozialpädagogischen Leitungsfunktionen mit Erfolg durchgesetzt worden, d. h., sozialpädagogische Fachkräfte hatten keine Chance, sich arbeitsrecht-

dienst- und arbeitsrechtliche Folgen

Tendenzschutz

lich gegen eine Kündigung zu wehren (vgl. Übersicht BAG-Rechtsprechung bei *Kühnel,* 1985, S. 136 ff.).

4.3.1.2 Eheschließung und Wirkungen der Ehe

Eheschließungsfreiheit

Eheschließung: Wenn sich ein Mann und eine Frau entschließen, eine Familie zu gründen, und die Form der bürgerlichen Ehe wählen (vgl. Ausgangssituation 1), so sind sie trotz einer weitgehenden persönlichen Gestaltungsfreiheit einem komplizierten System zwingenden Rechts unterworfen. Grundsätzlich besteht zwar eine verfassungsrechtlich geschützte Eheschließungsfreiheit (Art. 6 Abs. 1 und Art. 2 GG, vgl. oben), die sogar aufgrund der historischen Erfahrungen mit dem NS-Staat durch Art. 16 AEMVN (1948) als Menschenrecht anerkannt ist. (Danach muß volljährigen Männern und Frauen ohne Rücksicht auf Rasse, Staatsangehörigkeit oder Religion das Recht auf Heirat und Gründung einer Familie eingeräumt werden.)

als Menschenrecht

ausschließende Bedingungen

Es gibt aber eine ganze Reihe einschränkender oder **ausschließender Bedingungen:** Einer gleichgeschlechtlichen Partnerschaft, auch wenn homosexuelle Paare wie in einer Ehe zusammenleben, ist eine Eheschließung in der BRD rechtlich versagt mit der Folge, daß auch die Rechtswirkungen einer Ehe nicht erreicht werden können. Dies gilt auch dann, wenn Kinder eines Partners mit in diese Beziehung eingebracht werden und wie in einer Familie aufwachsen sollen.

eingeschränkende Bedingungen Bedingungen

Ehemündigkeit

Eine für die Praxis der sozialen Berufe **wichtige Einschränkung** der Eheschließungsfreiheit ergibt sich aus dem Alter: **Ehemündig bzw. ehefähig** sind nur volljährige Männer und Frauen ab dem 18. Lebensjahr. Das Vormundschaftsgericht kann zwar von dem Alterserfordernis auf Antrag Befreiung erteilen, wenn einer der Partner, die heiraten wollen, volljährig ist und der andere mindestens 16 Jahre alt ist und dessen gesetzliche Vertreter zugestimmt haben sowie das Jugendamt zu diesem Antrag vor der Entscheidung des Vormundschaftsgerichts gehört wurde (§ 1 Abs. 2 EheG, § 49 FGG, § 50 KJHG). In der Praxis werden oft Anträge auf Befreiung vom Alterserfordernis gestellt, wenn eine minderjährige Frau ein Kind erwartet und sie den Vater des Kindes heiraten möchte oder aus gesellschaftlichem Zwang (Eltern, Verwandte, Schule, Nachbarschaft) »heiraten muß«. In den Stellungnahmen der Jugendämter wird hier der Antrag nicht automatisch auf der Basis gesellschaftlicher Normvorstellungen befürwortet, sondern Leitlinie für die fachliche Bewertung ist das Wohl sowohl der minderjährigen schwangeren Frau als auch des noch nicht geborenen Kindes. In Anbetracht der hohen Scheidungsrate von Frühehen und der rechtlichen Gleichstellung von nichtehelichen Kindern wird ein solcher Antrag eher nicht befürwortet, sondern Beratung angeboten, wie gesellschaftlicher und familiärer Druck abgebaut und eine gemeinsame Lebensplanung durch die veränderte Situation zu gestalten ist.

Ersetzung der elterlichen Einwilligung durch das VG

Verweigern auch die Eltern oder ein gesetzlicher Vertreter (Vormund) ohne triftigen Grund die Zustimmung zu einem Antrag auf Befreiung vom Alterserfordernis der Ehemündigkeit, den eine minderjährige Frau gestellt hat, so kann das Vormundschaftsgericht diese erforderliche Einwilligung auf Antrag der Verlobten ersetzen (§ 3 Abs. 3 EheG). Triftige Gründe für eine elterliche Verweigerung, der Heirat zuzustimmen, können sich aus der Person des potentiellen Ehepartners ihres minderjährigen Kindes ergeben (z. B. Alter, Krankheit, sogar Religionszugehörigkeit). In diesen Fällen ist der Schutzaspekt des Rechts der elterlichen Sorge stärker als die noch nicht vollständig erreichte Grundrechtsmündigkeit der Kinder (Eheschließungsfreiheit). So haben Eltern über eine gerichtlich anerkannte Verweigerung ihrer Zustimmung erreicht, daß ihre minderjährige Tochter einen mohammedanischen Mann nicht heiraten durfte, vor allem mit der Begründung, daß Rolle und Stellung der Frau im islamischen Recht erheblich schlechter ist (FamRZ 63, 443). Ist einer der Verlobten Ausländer, so sind nach den Regeln des IPR (im Einf.G. zum BGB) für die Beurteilung der Ehefähigkeit die Vorschriften des Heimatlandes heranzuziehen (§ 13 Abs. 1 EGBGB). Darüber muß der Ausländer dem Standesbeamten ein sog. **Ehefähigkeitszeugnis** seines Heimatlandes vorlegen, aus dem hervorgeht, daß nach den gesetzlichen Bestimmungen seines Heimatlandes keine Ehehindernisse vorliegen (§ 10 EheG).

Schutzaspekte

Eine weitere Einschränkung der Eheschließungsfreiheit ergibt sich aus den gesetzlichen Bestimmungen des EheG (§§ 4–10 EheG). Diese hier abschließend geregelten **Eheverbote** sind teils absolut (trennend), teils relativ (aufschiebend).

gesetzliche Beschränkungen

absolute Eheverbote

Absolute Eheverbote – Nichtigkeit einer Ehe – Rechtsfragen: Absolute Eheverbote, deren Nichtbeachtung zur Nichtigkeitserklärung (§§ 16 ff. EheG) der Ehe führen kann, bestehen bei Verwandtschaft (§ 4 EheG) und Doppelehe (§ 5 EheG). Dies bedeutet, daß der Standesbeamte keine Ehe schließen darf, wenn beide Partner verwandt in gerader Linie (Eltern, Kinder, Großeltern, Enkel) oder Geschwister sind, ferner, wenn ein Partner noch in gültiger Ehe verheiratet ist. Eine in Unkenntnis dieser trennenden Eheschließungsvoraussetzungen dennoch geschlossene Ehe ist nichtig (§§ 20 f. EheG). Eine Befreiung kann auch rückwirkend keine vollgültige Ehe herstellen, dies gilt auch in dem Fall, wenn ein noch formell verheirateter Partner schon seit vielen Jahren in einer neuen familialen Beziehung mit gemeinsamen Kindern lebt.

Nichtigkeitsklage

Eine in Unkenntnis der Eheverbote geschlossene Ehe muß aber zunächst als wirksam behandelt werden. Die Nichtigkeit wird nur auf Klage (§ 24 EheG) eines Ehegatten gegen den anderen, auf Klage des Staatsanwalts und im Fall der Doppelehe auch durch Klage des früheren Ehegatten, der noch formell verheiratet ist, durch Urteil des zuständigen Familiengerichts festgestellt. Das Verfahren der Nichtigkeitserklärung folgt den Regeln des Verfahrens in Ehesachen (§§ 606, 631 ff. ZPO) mit den Rechtsfolgen des Scheidungsrechts (seit 30. 6. 1977). Das Nichtigkeitsurteil löst die verbotswidrig geschlossene Ehe mit Rückwirkung auch für die Vergangenheit auf.

Nichtigkeit der Ehe

Nichtigkeitsurteil mit Rückwirkung

Das neue Recht beachtet jedoch die gelebte Realität einer neuen Familie, auch wenn im beschriebenen Fall zum Beispiel der formelle Mangel der Doppelehe (§ 5 EheG) bestand, und schließt eine ganze Reihe von rückwirkenden Rechtsfolgen aus. So bleiben die Kinder aus der nichtigen Ehe eheliche Kinder (§ 1591 BGB) mit der Rechtsstellung von Kindern aus geschiedenen Ehen (§ 1671 Abs. 6 BGB), hier mit gemeinsamem Sorgerecht ihrer leiblichen Eltern. (Wenn dann die noch formgültige frühere Ehe rechtskräftig geschieden ist, kann eine rechtswirksame Eheschließung nachgeholt werden.) Weiterhin sind die vermögensrechtlichen Folgen der Nichtigkeitserklärung wie Scheidungsfolgen zu behandeln, d. h., Unterhalt, Versorgungsausgleich und Zugewinnausgleich müssen geregelt werden (vgl. Scheidungsfolgen). Bei Kenntnis der Nichtigkeitsgründe sind Folgen für die Zukunft, vor allem Unterhaltsansprüche und bei Doppelehe auch der Versorgungsausgleich neben dem Unterhalt, ausgeschlossen, wenn dadurch der frühere Ehegatte (einer noch formell bestehenden Ehe) beeinträchtigt würde.

Rechtsfolgen

wie Scheidungsfolgen

Relative Eheverbote sind dadurch gekennzeichnet, daß sie vom Standesbeamten zu beachten sind. Eine in Unkenntnis verbotswidrig geschlossene Ehe ist dennoch gültig. Von den Verboten kann Befreiung erteilt werden. Da die Kenntnis dieser Möglichkeiten der Klärung der rechtlichen Beziehungen von Eltern letztlich auch den Kinderinteressen dient, seien im folgenden diese Ehehindernisse kurz zusammengefaßt:

relative Eheverbote

Klärung im Interesse der Kinder

Ein (aufschiebendes) Eheverbot besteht bei **Schwägerschaft in gerader Linie,** also bei Schwiegereltern, Schwiegerkindern, Stiefeltern und Stiefkindern gemäß § 4 EheG. Von diesem Verbot kann das zuständige Vormundschaftsgericht (§ 44 a FGG) auf Antrag Befreiung erteilen, auch rückwirkend, wenn ohne Kenntnis des Grundes eine Ehe geschlossen wurde (§ 4 Abs. 2, § 21 Abs. 2 EheG).

vormundschaftsgerichtliche Befreiung

Eine Ehe zwischen Personen, die durch Annahme als Kind (Adoption) untereinander verwandt oder verschwägert sind, darf nicht geschlossen werden, solange das Annahmeverhältnis noch rechtlich besteht (§7 EheG). Von diesem Eheverbot der durch Annahme als Kind begründeten Verwandtschaft in der Seitenlinie oder Schwägerschaft kann das Vormundschaftsgericht auch ohne Aufhebung der Adoption Befreiung erteilen (Beispiel: Heirat zwischen der 21jährigen Adoptivtochter und dem Sohn des Bruders der Adoptivmutter). Wenn ein Adoptivvater gegen dieses Verbot des §7 EheG eine rechtsgültige Eheschließung erreicht, wird damit das Annahmeverhältnis kraft Gesetzes aufgelöst (§1766 BGB). (Denkbares Beispiel: Ein 28jähriger Mann heiratet eine 40jährige Witwe, die eine 14jährige Tochter mit in die Ehe bringt. Der Stiefvater nimmt die Tochter als Kind an [Ehegattenadoption §§1741 ff. BGB], und die Tochter stimmt selbst zu [§1746 Abs. 1 BGB]. Nach sieben Jahren Familienleben stirbt die Mutter bei einem Unfall. Aus dem Verhältnis der Tochter zu dem jungen Stiefvater entwickelt sich allmählich ein Liebesverhältnis. Nur durch eine verbotswidrige, aber gültige Eheschließung kann eine solche Beziehung auch legitimiert und gelebt werden, da bei der rechtlich noch bestehenden Vater-Tochter-Beziehung u.a. strafrechtliche Sanktionen [sexueller Mißbrauch] bestehen.)

Befreiung vom Eheverbot der Adoption (§ 7 EheG)

Das Eheverbot der **Wartezeit** (§8 EheG – eine Frau soll nicht vor Ablauf von zehn Monaten nach rechtskräftiger Beendigung einer früheren Ehe wieder heiraten) schützt den Status der Kinder, die in dieser Zeit geboren werden. Bei Wiederverheiratung der Mutter gilt gemäß §1600 BGB, daß das Kind, das nach der zweiten Eheschließung geboren wurde, als eheliches Kind des zweiten Ehemannes gilt, selbst wenn es biologisch noch vom Mann aus erster Ehe abstammt. Von diesem Verbot kann der Standesbeamte Befreiung erteilen, er soll es aber in dem genannten Fall nicht tun (§ 8 Abs. 2 EheG, PersStG AVO 14).

Wartezeit

Das Eheverbot des §9 EheG soll vermögensrechtliche Nachteile der Kinder bei Wiederverheiratung geschiedener Eltern vermeiden. So kann der Standesbeamte ein Zeugnis des Vormundschaftsgerichts verlangen, aus dem hervorgeht, daß der Elternteil, dem die elterliche Sorge zusteht, vor Wiederverheiratung seine Pflichten gegenüber den Kindern erfüllt hat. Eine verbotswidrig geschlossene Ehe ist aber gültig.

Auseinandersetzungszeugnis

Ehe – Ehewirkungen (Rechtsgrundlagen §§1353 ff. BGB: Auf einen Blick lassen sich Ehe und Ehewirkungen, d.h. die Rechtsfolgen einer Eheschließung auf die persönlichen Beziehungen, wie folgt zusammenfassen:

Die Ehe wird als vertragliche, im Prinzip lebenslange Bindung von Mann und Frau in einer ehelichen Lebensgemeinschaft definiert (mit Institutsgarantie des Art. 6 GG) (vgl. *Brudermüller*, 1993, in *Rolland* (Hrsg.), FamK, Vorb. zu §1353, Rz 1–23). Im BGB werden folgende Grundbegriffe als »Wirkungen der Ehe im Allgemeinen« bezeichnet:

Ehe als Vertrag mit lebenslanger Bindung

Wirkungen der Ehe

- die Generalklausel der gegenseitigen Verpflichtung zur lebenslangen ehelichen Lebensgemeinschaft (§ 1353 BGB)
- Ehename (§ 1355 BGB)
- Haushaltsführung und Erwerbstätigkeit (§ 1356 BGB)
- gegenseitige Sorgfaltspflicht der Ehepartner (§ 1359 BGB)
- Unterhaltspflicht für den Familienunterhalt (§§ 1360 ff. BGB)
- Hausratsteilung bei Getrenntleben (§ 1361 a BGB) und die
- Eigentumsvermutung (§ 1362 BGB)

Erbrecht

Weitere Folgen ergeben sich aus der Eheschließung zum Beispiel auf das **Erbrecht.** Bei Tod eines Ehepartners ist der andere gesetzlicher Erbe (§ 1931 BGB). Die Höhe des Erbteils richtet sich nach den ebenfalls erbberechtigten Kindern (§ 1922 ff. unter Einbeziehung der Güterstände §§ 1371, 1931 Abs. 4 BGB).

»Nachwirkungen einer Ehe«

Diese Aufzählung der Ehewirkungen ist nicht vollständig und bezieht sich nur auf die Wirkungen der bestehenden Ehe. In den drei Fällen der Auflösung einer Ehe über Nichtigkeitsklage (§§ 16 ff. EheG), Aufhebungsklage (§§ 35 ff. EheG) und über Trennung oder Scheidung (§§ 1564 ff. BGB) mit dem Scheidungsfolgenrecht sind die für die Praxis der sozialen Berufe eigentlichen Gebiete benannt, die die Konfliktfälle der Familienbeziehungen und die »Nachwirkungen« einer Ehe und Elternbeziehung betreffen.

eheliches Güterrecht

Zu den Wirkungen der Ehe gehören letztlich auch noch die güter- und vermögensrechtlichen Angelegenheiten der Ehepartner. Der breite Raum, den der Gesetzgeber der Regelung des ehelichen Güterrechts (§§ 1363–1563 BGB) widmet, hat seine historischen Wurzeln in der Bedeutung der Familie als Lebens, Wirtschafts- und Versorgungsgemeinschaft. Die Eheschließung eröffnet den besitzenden Schichten auch über die Gestaltungsfreiheit im ehelichen Güterrecht die Möglichkeit, Vermögen zu transferieren, zu akkumulieren und (steuerlich günstig) abzusetzen. Viele große Familienkonzerne sind auch heute noch ein Zeugnis der wirtschaftlichen Bedeutung von Ehe und Familie.

gesetzliche Güterstände

In der Praxis überwiegt zwar der gesetzliche Güterstand der **Zugewinngemeinschaft** (§§ 1363 ff. BGB); nach dem Grundsatz der Vertragsfreiheit können die Ehepartner ihre geschäftlichen und Vermögensinteressen durch **vertragliche Güterstände** gestalten und im Güterrechtsregister (§§ 1558–1563 BGB) eintragen lassen.

Übersicht Güterstände

Gütertrennung

Die Ehepartner können vertraglich den **Güterstand der Gütertrennung** vereinbaren mit der Wirkung, daß das Vermögen von Mann und Frau getrennt bleibt und jeder sein Vermögen mit unbeschränkter Verfügungsberechtigung allein verwaltet (§§ 1408 ff., § 1414 BGB).

Die Ehepartner können ferner vertraglich den **Gütertstand der Gütergemeinschaft** vereinbaren mit der Wirkung, daß das in die Ehe eingebrachte und während der Ehe erworbene Vermögen gemeinschaftliches Vermögen wird (§ 1416 BGB) und auch gemeinschaftlich verwaltet wird. **Sondergut** von Mann und Frau, das sind Gegenstände, die nicht durch Rechtsgeschäfte übertragbar sind, z. B. Schmerzensgeldansprüche, werden vom jeweiligen Ehepartner selbständig verwaltet (§ 1417 BGB). Durch **Ehevertrag** können weitere Gegenstände zum **Vorbehaltsgut** erklärt werden, die auch selbständig vom betreffenden Ehepartner verwaltet werden.

Gütergemeinschaft

Ehevertrag

Der gesetzliche **Güterstand der Zugewinngemeinschaft** (§§ 1363–1390 BGB) bedeutet eigentlich eine Gütertrennung mit Zugewinnausgleich (*Beitzke,* 1978, S. 14). Es besteht also eine grundsätzliche Trennung der Vermögen von Mann und Frau bei selbständiger Verwaltung und Verfügungsberechtigung des jeweiligen Ehepartners (§ 1363 Abs. 2, § 1634 BGB). Verfügungsbeschränkungen ergeben sich aus der Verpflichtung, im Rahmen des § 1353 BGB auch die wirtschaftliche Absicherung der Familie einzubeziehen (§§ 1365–1369).

Zugewinngemeinschaft

Bei der Auflösung einer Ehe im gesetzlichen Güterstand (durch Tod oder Scheidung) werden die von Mann und Frau im Lauf der Ehe erworbenen Vermögensteile verglichen und bei unterschiedlicher Höhe durch den Zugewinnausgleichsanspruch ausgeglichen. Bei Auflösung der Ehe durch den Tod eines Ehepartners erhält der überlebende Ehegatte als Erbe den Zugewinnausgleich durch die Erhöhung des gesetzlichen Erbteils um $^1/_4$ (§§ 1371 Abs. 1 i. V. m. § 1931 BGB).

Zugewinnausgleichsanspruch

Für eine Ehe- und Lebensberatung durch sozialberufliche Fachkräfte gehört ein Rechtswissen über die vermögensrechtlichen Belange nur in den Bereich des Kontaktwissens, da in Streitfällen eine Beratung durch einen Rechtsanwalt sinnvoll bzw. gesetzlich vorgeschrieben ist. (Für weitergehende Vereinbarungen im Güterrecht ist der Notar [§ 1410 BGB] zuständig.)

Vermögensrecht in der Beratung

Das »Fenster des Rechts«, durch das Rechtswirkungen in die Gestaltungsfreiheit persönlicher Beziehungen der Ehepartner zueinander und mit Auswirkungen auf die Elternrolle in die Familie hineinwirken, sind die zentralen Begriffe der »ehelichen Lebensgemeinschaft« (§ 1353 BGB) und der »elterlichen Sorge« (§§ 1626 ff. BGB). Auf diese Begriffe beziehen sich alle weiteren Wirkungen der Ehe und der Familie als Sozialisationsinstanz. Für die sozialberufliche Beratungspraxis sind die

Begriff »eheliche Lebensgemeinschaft«

Begriffe der »ehelichen Lebensgemeinschaft«, verbunden mit dem Getrenntleben und der Scheidung mit Scheidungsfolgenrecht, wesentliche rechtliche Rahmenbedingungen zur Klärung von Partnerkonflikten und Lebensplanung.

Generalklausel

Durch die Eheschließung sind die Ehepartner einander zur ehelichen Lebensgemeinschaft verpflichtet (§ 1353 BGB). Bei der Konkretisierung dieser Generalklausel werden, wie schon oben dargestellt, familienrechtliche Normvorstellungen durch die Rechtsprechung gebildet, die bestimmte gesellschaftliche Normvorstellungen auf die juristische Ebene übertragen. »Gerade bei dem Begriff der ehelichen Lebensgemeinschaft handelt es sich um einen ineinander verwobenen Verbund von Recht und Moral, der zu einer rechtlichen Hypostasierung moralischer schichtenspezifischer Denkweisen und Wertvorstellungen geführt hat« (*Münder,* 1980, S. 29 und *Münder*, 1993 a, S. 19 ff.). Diese Pflicht kann sogar von jedem Ehepartner mit der sog. Eheherstellungsklage (beim zust. Familiengericht §§ 606 ff. ZPO) eingefordert werden. Ein Urteil, das zu persönlichem Verhalten in den Partnerbeziehungen verpflichtet, ist allerdings nicht vollstreckbar (§ 888 Abs. 2 ZPO). Möglich und auch vollstreckbar sind dagegen in bestimmten Ausnahmesituationen Klagen gegen Dritte wegen Ehestörung (Unterlassungs- bzw. Schadenersatzklage). In der Beratungspraxis wird oft in der Anfangsphase eines psychosozialen Beratungsprozesses von einem enttäuschten oder wütenden Ehepartner gefragt, ob er nicht gegen seinen »untreuen Ehepartner« gerichtlich vorgehen könne, etwa mit einer Klage gegen den Ehepartner und dessen Beziehungsperson auf Unterlassung ehebrecherischer Beziehungen bzw. auf Schadenersatz. Diese sog. Ehestörungsklagen gegen den anderen, untreuen, ehebrecherischen Ehegatten werden in der Rechtsprechung abgelehnt. Der BGH hat hier die »Verrechtlichung von Lebensbeziehungen« eindeutig begrenzt, da nach Auffassung des BGH eine auf der »freien sittlichen Entscheidung« der Ehegatten beruhende Gestaltung ihrer ehelichen Lebensgemeinschaft nicht durch staatliche Zwangsgewalt reglementiert werden könne (BGH, 234, 80; weitere Hinweise *Brudermüller*, 1993, in *Rolland*, FamK, Rz 66 ff. zu § 1353).

Ehestörungsklagen

begrenzte Durchsetzbarkeit gegenüber Dritten

Diese grundsätzliche Ablehnung einer rechtlichen Durchsetzbarkeit von Unterlassungsansprüchen bei ehewidrigen bzw. ehebrecherischen außerehelichen Beziehungen eines Ehepartners ist in einem Fall durchbrochen. Wenn diese Beziehung sich im räumlich-gegenständlichen Bereich der Ehe abspielt, kann der andere Ehegatte erfolgreich klagen und kann einen im Urteil rechtskräftig festgestellten Unterlassungsanspruch auch vollstrecken (Beispiel: Eine Ehefrau kann verlangen, daß ihr Ehemann seine Geliebte aus der gemeinsamen Wohnung, sogar aus dem Familienbetrieb entfernt, wenn die Geliebte des Mannes dort als Arbeitnehmerin beschäftigt ist. Als Begründung führen die Gerichte an: »Als Ehefrau habe sie ein Recht, innerhalb der Ehewohnung ein Leben zu führen, wie es ihrer Frauenwürde und ihrer Stellung als Hausfrau und Mutter entspricht.«) Gegen die Geliebte als Dritte im Sinne des Gesetzes kann Klage auf Unterlassung der Ehestörung auch nur im Rahmen dieses räumlich-gegenständlichen Bereichs zur Ehewohnung Erfolg haben. Darüber hinausgehende Ansprüche werden von der Rechtsprechung abgelehnt. Dies gilt vor allem auch für Schadenersatzansprüche gegen den störenden Ehegatten und den oder die Dritte, auch wenn weitreichende materielle und immaterielle Schäden als mittelbare Folge von Ehestörung und Ehebruch denkbar wären (z.B. Gesundheitsschäden durch Übertragung von Geschlechtskrankheiten, bei Aids ist dies umstritten, durch psychische Erkrankung oder durch Scheidungsfolgelasten, oder etwa ein Schmerzensgeldanspruch wegen Verletzung des allgemeinen Persönlichkeitsrechts, BGH in FamRZ, 1973, S.295).

rechtliche Strukturen »eheliche Lebensgemeinschaft«

Wie sehen nun die rechtlichen Stukturen der ehelichen Lebensgemeinschaft in dem so abgesteckten Rahmen aus?
Trotz der Begrenzung einer gerichtlichen Durchsetzbarkeit von Ansprüchen aus ehewidrigem Verhalten haben sich im Rahmen des § 1353 rechtlich relevante Strukturen gebildet:

> Die »auf Lebenszeit« geschlossene Ehe (§ 1353 Abs. 1 S. 1 BGB) entfaltet Wirkungen in drei Bereichen:
> a. im Bereich der persönlichen Beziehungen zueinander
> b. im Bereich der Aufgaben- und Rollenteilung im gemeinsamen Haushalt
> c. im Bereich der wirtschaftlichen Absicherung der Familie durch Unterhalt und Vermögensangelegenheiten.

Partnerschaft gleichen Rechts und gleicher Pflichten

Dieses besondere Rechtsverhältnis ist am besten zu beschreiben als »Partnerschaft gleichen Rechts und gleicher Pflichten« (*Foth,* 1986, Anm. 3 zu 1353). Alle denkbaren Alltagssituationen verlangen eine offene Kommunikation, Mitsprache und Mitentscheidung in allen Angelegenheiten, die die Ehe betreffen. Alle Entscheidungen sind gemeinsam auszuhandeln, gemeinsam zu treffen und letztlich auch gemeinsam zu verantworten (Kompromißbereitschaft). Dies folgt aus Art. 3 GG, dem Gleichberechtigungsgrundsatz und dem neuen Eherecht, das seit 1977 (fast) alle alten Rollenfestlegungen (z.B. Hausfrauenehe, Schlüsselgewalt) aufgehoben hat.

gegenseitige Bestands- und Fürsorgepflicht

Im persönlichen Bereich (Beziehungen) ergibt sich aus der ehelichen Lebensgemeinschaft eine besondere gegenseitige Beistands- und Fürsorgepflicht, die sich insbesondere in der

Mitwirkung in der Haushaltsführung, Kindererziehung und der Unterstützung im Krankheitsfall realisieren soll. Wie weit die Beistandspflicht gehen kann, ist schon in den strafrechtlichen Auswirkungen der »Garantenstellung« beim Verlöbnis aufgezeigt worden.

Geschlechtsgemeinschaft

Die eheliche Lebensgemeinschaft ist da am engsten, wo es um die Pflicht zur Geschlechtsgemeinschaft geht, mit der prinzipiellen Bereitschaft, auch Kinder zu zeugen und zu empfangen. Eine Entbindung von gegenseitiger Treuepflicht wird als rechtlich unverbindlich angesehen. Gleiches gilt für die Vereinbarung, die Ehe kinderlos zu führen, jedoch ist Familieplanung im gegenseitigen Einvernehmen zulässig, auch für katholische Ehepaare, da für die bürgerlich-rechtlichen Beziehungen die Enzykliken des Papstes keine Wirkung entfalten.

Grenzen durch das allgemeine Persönlichkeitsrecht

Grenze dieser Verpflichtung zur »totalen« Gemeinschaft ist jedoch die Beachtung des Rechts auf Entfaltung des allgemeinen Persönlichkeitsrechts gerade im Rahmen der Ehe. – So gilt hier das Recht auf sexuelle Selbstbestimmung ebenso wie das Recht auf freie Entfaltung der Persönlichkeit im geistigen, kulturellen und religiösen Bereich, d. h., in den engsten Bereichen der persönlichen Beziehungen gibt es keine einklagbaren Rechte gegen den anderen, sondern im Prinzip nur die Verpflichtung zur einvernehmlichen Klärung bzw. Abgenzung persönlicher Interessen, die auch im Rahmen der Ehe nicht »fremdbestimmt« werden dürfen, da auch hier das Grundrecht auf freie Entfaltung der Persönlichkeit gilt.

häusliche Gemeinschaft

Aufgaben und Rollenteilung: Zum Strukturmerkmal der »ehelichen Lebensgemeinschaft« (§ 1353) gehört auch die Verpflichtung zur häuslichen Gemeinschaft mit dem gegenseitigen Recht der Nutzung der Wohnung und des Hausrats u. a. ohne Rücksicht auf die Eigentumsverhältnisse (Ausnahmen sind Vorbehalts- und Sondergut). Es besteht weiterhin die Verpflichtung, Fragen der Haushaltsführung, der Pflege und Erziehung der gemeinsamen Kinder und der Erwerbstätigkeit

Rollenteilung

einvernehmlich zu klären, da keine gesetzliche Rollenfixierung (wie früher) diese Aufgaben in Ehe und Familie für Mann und Frau verteilt.

Wirtschaftliche Absicherung und Vermögen: Die Verpflichtung zur häuslichen Gemeinschaft, d. h., gemeinsam zu leben und zu wirtschaften, beinhaltet auch die Verpflichtung, durch Arbeit (oder im Sinne abgesprochener Rollenteilung durch Haushaltsführung und Kindererziehung) zum Familienunterhalt beizutragen (§ 1360) und das eigene Vermögen »familienfreundlich« zu verwalten.

4.3.1.3 Juristische Aspekte der Beendigung einer Ehe

keine vertragliche Aufhebung der gegenseitigen Pflichten

Die Wirkungen einer Eheschließung (vgl. Kap. 4.3.1.2) und die gesetzlich normierten gegenseitigen Verpflichtungen können von den Ehepartnern zwar im Rahmen der Gestaltungsfreiheit variiert werden, eine einvernehmliche Aufhebung aller gegenseitigen Verpflichtungen, bzw. eine Beendigung der Ehe, etwa durch einen »Aufhebungsvertrag«, sind jedoch rechtlich ausgeschlossen.

Die Schutzwirkungen einer prinzipiell auf Lebenszeit geschlossenen Ehe (§ 1353 BGB) bedingen, daß eine Beendigung der Ehe an klare gesetzliche Vorgaben gebunden ist und nur durch eine richterliche Entscheidung erreicht werden kann.

richterliche Entscheidung

Nach geltendem Recht kann eine Ehe durch gerichtliche Entscheidung in drei Fallgruppen beendet werden.

Es sind dies Fälle, in denen

- bei schweren Formfehlern bei der Eheschließung die **Nichtigkeit durch Urteil des Familiengerichts** festgestellt werden kann (§§ 16 ff. und § 23 EheG i.V.m. § 23b GVG und §§ 606 ff./631 ff. ZPO)
- bei fehlerhaft geschlossenen Ehen, vor allem bei Irrtum, Drohung oder Täuschung die **Ehe durch Urteil des Familiengerichts aufgehoben** werden kann (§§ 30–34 EheG i. V. m. §§ 23 f., 35 ff. EheG und §§ 606 ff. ZPO)
- bei Vorliegen eines Scheidungsgrundes die Ehe auf Antrag durch Urteil des Familiengerichts **geschieden** werden kann (§§ 1564 ff. BGB i. V. m. §§ 606 ff. ZPO).

Auflösung der Ehe wegen Nichtigkeit: Wenn eine Ehe nicht vor einem Standesbeamten geschlossen wurde (§ 11 EheG) oder zwei Partner gleichen Geschlechts (über Täuschung des Standesbeamten mit damit verbundener strafbarer Personenstandsfälschung) geheiratet haben, oder wenn Mann und Frau keine übereinstimmenden Willenserklärungen zur Eheschließung abgegeben haben, handelt es sich um eine Nichtehe ohne Rechtswirkungen. An einer Auflösung einer Ehe, die trotz entgegenstehender absoluter Eheverbote (§§ 16 ff. EheG) geschlossen wurde, besteht ein öffentliches Interesse, so daß neben einer Klage der Ehepartner auf Feststellung der Nichtigkeit auch der Staatsanwalt klagen kann (§ 24 EheG). Auf die Klage eines Ehegatten bzw. des Staatsanwalts entscheidet das Familiengericht entsprechend den Verfahrensregeln in Ehesachen (§ 606 ff. ZPO) über die Feststellung der Nichtigkeit der Ehe mit Rückwirkung, d. h., die Ehe wird für die Vergangenheit und Zukunft aufgelöst, und über weitere Rechtsfolgen, die sich aus der nichtigen Ehebeziehung ergeben.

Klagebefugnis im öffentlichen Interesse

Aufhebung einer Ehe: Eine Ehe ist aufhebbar, wenn sie fehlerhaft geschlossen wurde, z. B. wenn sie von einem Minderjährigen ohne Zustimmung seines gesetzlichen Vertreters (sorgeberechtigte Eltern oder Vormund) geschlossen wurde (§ 30 EheG). Dieser Formfehler ist heilbar durch spätere Zustimmung oder nach Volljährigkeit des Ehepartners durch eine Erklärung, an der Ehe festzuhalten.

Aufhebung wegen Irrtum oder Täuschung

Eine Ehe ist vor allem dann aufhebbar, wenn sie ein Ehegatte aufgrund eines Irrtums, Täuschung oder einer Drohung eingegangen ist. In der Praxis häufig sind Fälle, in denen sich ein Ehepartner über bestimmte persönliche Eigenschaften seines Partners geirrt hat, die ihn bei voller Kenntnis der Bedeutung dieser Eigenschaften von einer Eheschließung abgehalten hätten (§ 32 EheG). Um eine Aufhebung der Ehe zu rechtfertigen, wird von der Rechtsprechung nur ein Irrtum über solche persönliche Eigenschaften zugelassen, die als Wesensmerkmal einer individuellen Persönlichkeit zu definieren sind und die es dem anderen Ehepartner unmöglich machen, eine dem Wesen der ehelichen Lebensgemeinschaft entsprechende Beziehung auf Dauer zu leben.

persönliche Eigenschaften

Eine Analyse der Geschichte der Rechtsprechung zu den Eheaufhebungsgründen zeigt eine deutliche Parallele zu den Scheidungsgründen der schuldhaften Eheverfehlung des bis 1977 geltenden § 43 EheG und damit auch zu den normativen Vorstellungen vom Wesen einer ehelichen Lebensgemeinschaft (§ 1353 BGB). Erstaunlich deutlich wird hier die Etablierung einer »patriarchalischen Sexualmoral« und eine Ungleichbehandlung von Mann und Frau. So hielt die strenge Rechtsprechung des RG voreheliche sexuelle Enthaltsamkeit nur für die Frau, nicht für den Mann für geboten. Ein verschwiegenes nichteheliches Kind oder eine frühere Ehe beim Mann rechtfertigten nicht automatisch eine Aufhebung der Ehe für die Frau. Von der Frau bei Eheschließung verschwiegene voreheliche Sexualkontakte, eine durchgeführte Abtreibung oder ein n. e. Kind der Frau konnten allerdings zu einem Aufhebungsgrund für den Mann werden (vgl. dazu *Palandt-Dietrichsen,* Komm. zum BGB bis 26. Aufl., Anmerk. 8 zu § 32 EheG und Anmerkungen 2 ff. und 13 zu § 43 EheG, und Münder 1980, S. 30).

patriarchalische Sexualmoral

Ungleichbehandlung von Mann u. Frau

Wandel der Rechtsprechung

Einschränkung der Aufhebungsmöglichkeit

Hier hat sich der Wandel in der Einstellung zur Sexualität deutlich auf die Rechtsprechung ausgewirkt, die in diesem Zusammenhang nur noch in ganz bestimmten schwerwiegenden Fällen einen Irrtum über persönliche Eigenschaften als Aufhebungsgrund einer Ehe zuläßt. So kann nach der Rechtsprechung des BGH (BGH in FamRZ 1986, S. 553) eine Ehe dann aufgehoben werden, wenn ein Mann irrtümlich annimmt, das bei Eheschließung erwartete oder schon geborene Kind stamme von ihm ab, nachweislich ist aber ein anderer Mann der genetische Vater. Die Rechtsprechung hält aber nach wie vor dar-

an fest, daß Homosexualität, Unfruchtbarkeit, Zeugungsunfähigkeit und schwere oder nicht heilbare »psychische Beiwohnungsunfähigkeit« ein Aufhebungsgrund sein können, wenn anzunehmen ist, daß bei Kenntnis der wahren Sachlage die Ehepartner (Mann oder Frau) nicht geheiratet hätten.
Ferner werden als Aufhebungsgrund von den Gerichten auch schwere körperliche oder geistige Erkrankungen eines Ehepartners (etwa Aids, Epilepsie, Schizophrenie, Parkinson und manisch-depressive Krankheitsformen) als Aufhebungsgrund anerkannt.

Schwere Krankheiten

Eine Eheaufhebung wegen arglistiger Täuschung (§ 33 EheG), z. B. Verschweigen einer erblichen Krankheit, erhebliche Vorstrafen oder eine frühere Ehe, ein n. e. Kind, können zu einer Aufhebung der Ehe führen. Eine Täuschung über wirtschaftliche Aspekte (Vermögen, Erbschaften oder auch Schulden) kann ein Aufhebungsbegehren nicht rechtfertigen (§ 33 Abs. 3 EheG).

Täuschung

Im Unterschied zur Nichtigkeit wird hier nur der Interessenschutz des sich irrenden oder getäuschten Partners gesetzlich gewährleistet. Dies bedingt, daß ab Kenntnis eines Aufhebungsgrundes eine Klagefrist von einem Jahr zu laufen beginnt (§ 35 EheG). Wenn beide Ehepartner trotz Kenntnis der Sachlage die Ehe fortsetzen wollen und diese Frist verstrichen ist, erlischt das Aufhebungsrecht. Eine Aufhebung der Ehe erfolgt auf Klage des sich irrenden oder getäuschten Ehepartners durch Urteil des Familiengerichts (§§ 606 ff. ZPO). Die Folgen der Aufhebung entsprechen denen einer Ehescheidung.

Unterschied zur Nichtigkeit – Klagefrist –

Folgen wie Ehescheidung

Getrenntleben – Scheidung – Scheidungsfolgen: In der sozialberuflichen Praxis (z. B. der Trennungs- und Scheidungsberatung nach § 17 KJHG, der Ehe-, Lebens- und Familienberatung, der Sozialberatung in einem Frauenhaus) können auch die juristischen Aspekte des Getrenntlebens von Ehepartnern als Vorbereitung einer angestrebten Scheidung zum Beratungsgegenstand werden. Die Vorbereitung auf den »juristischen Teil« einer Trennung und Scheidung mit all den psychischen und sozialen Folgen einer Scheidung muß auch die »juristischen Scheidungsfolgen« antizipieren und in eine Trennungs- und Scheidungsberatung (Mediation) integrieren. Eine integrierte Einbeziehung von diesen Rechtsproblemen in ganzheitlich orientierten Beratungsansätze ist zulässig und wünschenswert (*Proksch*, FamRZ 1989, S. 916). Für die Durchführung einer Scheidung ist die Vertretung durch einen beim zuständigen Familiengericht zugelassenen Rechtsanwalt zwingend vorgeschrieben. In der Trennungs- und Scheidungsberatung sind aber Kooperationsmodelle zwischen sozialberuflichen Fachkräften und Rechtsanwälten möglich, die so-

Trennungs- und Scheidungsberatung

Kooperation mit Anwälten

wohl eine rechtliche Beratung als auch eine rechtzeitige Interessenvertretung ermöglichen (z. B. in den Mediationsmodellen, vgl. *Faltermeier/Fuchs*, 1992).

Rechtsentwicklungen

Das Recht der Ehescheidung ist schon immer ein besonders umstrittenes Gebiet des Ehe- und Familienrechts mit großer Tragweite gewesen. Zwischen weltanschaulichen und religiösen Überzeugungen wurden und werden erbitterte, teils unversöhnliche Auseinandersetzungen geführt, die die Rechtsentwicklung erheblich beeinflußten.

Zwischen den extremen Positionen etwa einer freien Gestaltung und Lösbarkeit einer Ehe nach dem Modell eines Vertrages und der prinzipiellen Unauflösbarkeit z. B. nach der katholisch-kirchlichen Lehre hat der Staat immer wieder vermittelnde Positionen gesucht. Die ursprüngliche Regelung im deutschen Familienrecht (BGB) ging von dem »Verschuldensprinzip« aus, das eine Auflösung der Ehe durch Scheidung ermöglichte, wenn ein Ehepartner seine ehelichen Pflichten (im Sinne von § 1353 BGB) schuldhaft verletzt hatte. Es gab eine ganze Reihe von **absoluten Scheidungsgründen,** etwa **Ehebruch** und andere Formen ehewidrigen Verhaltens. Schon 1938 wurde das strikte **Schuldprinzip** verändert und der **Zerrüttungstatbestand** als zusätzlicher Scheidungsgrund eingeführt (Aufhebung der häuslichen Gemeinschaft seit drei Jahren). Auch hier zeigt die Geschichte der Rechtsprechung die ganze Pathologie von Partnerbeziehungen auf, die als Eheverfehlung im Einzelfall nach § 43 EheG definiert wurden (vgl. *Palandt-Dietrichsen* bis 40. Aufl., Anm. 8 zu § 43 EheG). Diese Rechtslage eröffnete dem »betrogenen« Ehepartner eine ganz besonders perfide Machtposition. Lag ein Scheidungsgrund vor, so hatte er die Wahl, sich scheiden zu lassen (ohne durch Scheidungsfolgen wie etwa Unterhalt verpflichtet werden zu können), vom schuldigen Partner getrennt zu leben oder auch die eheliche Lebensgemeinschaft fortzusetzen. Der schuldige Teil dagegen konnte aus der Beziehung nicht heraus, da er ein Scheidungsbegehren seinerseits nicht auf seine eigene Eheverfehlung stützen konnte, er blieb also voll abhängig vom anderen Partner.

Reform – Zerrüttungsprinzip –

Die Reform des Eherechts (Scheidungsrechts) vom 1. 7. 1977 entspricht den europäischen Rechtsentwicklungen, die eine Auflösung einer Ehe, die zerrüttet ist und nicht mehr wirklich gelebt wird, nach dem sog. **Zerrüttungsprinzip** ermöglichen.

Der juristische Begriff des **Getrenntlebens von Ehepartnern** ist seither (1977) fast immer Voraussetzung einer Scheidung, da nunmehr das **Scheitern einer Ehe** als Grundtatbestand für eine Ehescheidung definiert wird (§ 1565 BGB). Danach ist eine Ehe gescheitert, wenn die Lebensgemeinschaft der Ehe-

Scheitern einer Ehe ist Grundtatbestand

gatten nicht mehr besteht und nicht erwartet werden kann, daß die Ehegatten sie wiederherstellen. Der Gesetzgeber hat in einer gesetzlichen Vermutung (unwiderleglich) festgelegt, daß eine Ehe als gescheitert gilt, wenn beide Ehepartner die Scheidung wollen und **1 Jahr getrennt** leben oder wenn nur ein Partner geschieden werden will, aber nach einer **Trennungszeit von 3 Jahren.**

gesetzliche Vermutung bei Getrenntleben

Hieraus ergibt sich folgende Systematik:

- Die sog. *einverständliche Scheidung*, d. h., der Richter muß, wenn beide Partner geschieden werden wollen und seit einem Jahr getrennt leben, die Ehe scheiden, da sie unwiderleglich gescheitert ist.
- Die sog. *streitige Scheidung*, d. h. nur ein Ehegatte will geschieden werden. Hier gibt es folgende Möglichkeiten, gegen den Willen des anderen Partners eine Scheidung durchzusetzen:
- *Vor Ablauf des ersten Trennungsjahres* darf eine Ehe nur dann geschieden werden, wenn die Fortsetzung für den die Scheidung beantragenden Ehepartner eine unzumutbare Härte bedeuten würde (§ 1565 Abs. 2 BGB).
- *Nach Ablauf des ersten Trennungsjahres* muß nachgewiesen werden, daß die Ehe gescheitert ist, etwa durch den Nachweis dreijährigen Getrenntlebens oder vor Ablauf der drei Jahre Trennungszeit durch beweispflichtige Tatsachen, die auf ein Scheitern der Ehe hindeuten. Hier können ohne den Verschuldensgrundsatz alle Eheverfehlungen alten Rechts (Ehebruch, böswilliges Verlassen u. a.) vorgetragen werden (Beispiele bei *Rolland*, FamK, Rz 29ff. und 59ff. zu § 1566 BGB).

In der Praxis besonders umstritten sind im Falle der streitigen Scheidung die beiden Ausnahmeregeln

a) Scheidung vor Ablauf eines Trennungsjahres (§ 1565 Abs. 2 BGB)
b) Ausschluß einer Scheidung durch die Härteklausel des § 1568 BGB).

zu a) Sinn dieser Ausnahmeregelung war es zunächst »Kurzschlußentscheidungen« bei Trennungszeiten unter einem Jahr zu vermeiden. Die Rechtsprechung hat folgerichtig die Unzumutbarkeitsregel sehr eng ausgelegt und nur ganz schwerwiegende Gründe beim anderen Partner zugelassen. Als Gründe wurden anerkannt: Gewaltanwendung und ständige sexuelle Nötigung, Vergewaltigung in der Ehe. Bestritten sind schwere Suchtkrankheiten bzw. unheilbare oder ansteckende Krankheiten, da hier im Einzelfall zwischen den sich aus § 1353 ergebenden Hilfeleistungs- und Beistandspflichten und der unzumutbaren Härte (§ 1565 Abs. 2 BGB) entschieden werden muß.

enge Auslegung der Unzumutbarkeitsregel

»Ehebruch«

Der »Ehebruch« durch den Ehemann, auch mit den Folgen eines n. e. Kindes, führt allein noch nicht zu einer unzumutbaren Härte für die Ehefrau mit dem Ziel, die Trennungszeit abzukürzen. Nach überwiegender Meinung der Gerichte wird dann eine unzumutbare Härte angenommen, wenn es sich um ein Dauerverhältnis außerhalb der bestehenden Ehe handelt (*v. Münch*, 1990, S. 18). Bestritten wird die Frage nach der inhaltlichen Dimension der im Gesetz (§ 1565 BGB) verwendeten Formulierung »Fortsetzung der Ehe«. Er könnte reduziert auf die Tatsache der Fortsetzung des »formellen Ehebandes« verstanden werden, aber auch die »Fortsetzung der Ehe als konkretes weiteres Zusammenleben« meinen. Der BGH (FamRZ, 1981, S. 127) hat 1981 entschieden, daß die »Fortsetzung der Ehe« gleichbedeutend ist mit dem Fortbestehen des formellen Ehebandes auch im Fall einer räumlichen Trennung (vgl. *Rolland*, FamK, Rz 52 zu § 1565 BGB).

Begriff Fortsetzung der Ehe

zu b) Selbst wenn eine Ehe gescheitert ist, kann eine Scheidung dann ausgeschlossen sein, wenn Interessen der gemeinsamen Kinder oder außergewöhnliche Umstände beim nicht scheidungswilligen Ehegatten dies geboten erscheinen lassen (Härteklausel § 1568 BGB). Lebensalter und Versorgungsaspekte allein begründen noch keine außergewöhnliche Härte, diese Aspekte können aber bei bestimmten Konstellationen berücksichtigt werden (BGH in NJW 1979, S. 1042). Zunächst war die Anwendung der Härteklausel auf eine Trennungszeit von fünf Jahren begrenzt. Diese Einschränkung hat das Bundesverfassungsgericht mit seiner Entscheidung vom 21. 10. 1980 (FamRZ 1981, S. 15) aufgehoben. Das bedeutet, daß nach dieser Entscheidung und der Aufhebung des § 1568 Abs. 2 BGB durch das Unterhaltsrechtsänderungsgesetz vom 20. 2. 1986 (BGBl. 1986 I S. 301) in bestimmten Fällen auch nach staatlichem Recht eine »Zwangsehe auf Lebenszeit« ganz im Sinne des katholischen Kirchenrechts geführt werden muß (*Rolland*, FamK, Rz 8 ff. und 30 ff. zu § 1568 BGB).

Härteklausel

Trennungszeit fünf Jahre?

Zwangsehe auf Lebenszeit

Scheidungsverfahren – Scheidungsfolgen: Früher mußte auf Scheidung beim Landgericht geklagt werden und die Scheidungsfolgesachen dann beim Amtsgericht bzw. Vormundschaftsgericht nachträglich erstritten werden. Dem neuen Scheidungsrecht vom 1. 7. 1977 entspricht auch eine Neukonzeption des **Scheidungsverfahrensrechts** einschließlich der Behandlung der **Scheidungsfolgen.** Die Scheidung wird auf Antrag eines oder beider Ehepartner beim zuständigen **Familiengericht** eingeleitet (§§ 606 ff., § 622 ZPO). Der Antrag kann nur von einem zugelassenen Rechtsanwalt gestellt werden, der einen Ehepartner vertritt, da gemäß § 78 ZPO für die Scheidung und die Folgesachen Anwaltszwang vorgeschrieben ist.

Scheidungsverbund beim Familiengericht

(Eine Vertretung durch nur einen Anwalt ist möglich, wenn bei einverständlicher Scheidung der Antragsgegner einverstanden ist, vor allem keine Angträge stellen will und eine anwaltliche Wahrnehmung seiner Interesen nicht angezeigt ist. Dies bedeutet auch eine erhebliche Verringerung der Kosten für eine Scheidung.) Einem realistischen Durchdenken aller mit einer Scheidung verbundenen Probleme und deren Lösungsmöglichkeit in einer Trennungs- und Scheidungsberatung entspricht auch das neue Verfahrensrecht, das mit dem Verbund von Scheidung und Scheidungsfolgesachen eine Möglichkeit eröffnet, eine Trennung und deren Folgen in einem Verfahren und bei einem Gericht (Familiengericht) im Zusammenhang zur Entscheidung und damit zum Abschluß zu bringen. Diese Verfahrenskonzentration liegt in der Hand der Parteien, die beim Familiengericht beantragen können, daß über eine, mehrere oder alle Folgesachen zusammen mit der Scheidung entschieden werden soll. Die Regelung der elterlichen Sorge und der sog. öffentlichrechtliche Versorgungsausgleich wird von Amtswegen zusammen mit der Scheidung entschieden (§ 623 ZPO). Für die Lebensplanung während der Trennungszeit und nach Scheidung sind auch im Zusammenhang mit sozialer Beratung folgende Scheidungsfolgen von weitreichender Bedeutung.

Scheidungsfolgen Gegenstand – sozialer Beratung –

- **Regelung der elterlichen Sorge** mit Fragen des getrennten oder gemeinsamen Sorgerechts (§ 1671 BGB), damit verbunden Fragen des Umgangsrechts (§ 1634 BGB). Im Zeitraum des Getrenntlebens kann eine vorläufige Sorgerechtsregelung wie bei Scheidung erreicht werden (§ 1672 BGB).
- **Regelungen des Unterhaltsrechts** für gemeinsame Kinder und die geschiedenen Ehepartner (§§ 1569ff.).
- **Hausrats- und Ehewohnungsteilung.**

Während der Trennungszeit können vom Gericht nach § 1361 a vorläufige Anordnungen getroffen werden und eine vorläufige Zuweisung einer Ehewohnung ist möglich (§ 1361 b BGB). Als Scheidungsfolgesache wird nach §§ 1 ff. Hausratsverordnung der Hausrat geteilt.

Scheidungsvereinbarungen

Für alle Regelungsbereiche können die Ehepartner Vereinbarungen treffen, wie sie die Scheidungsfolgen für sich geregelt sehen wollen. In einem solchen »Scheidungsvertrag« besteht weitgehend Gestaltungsfreiheit bei Vereinbarungen über Ehegattenunterhalt, Hausratsteilung, Vermögensteilung. Einschränkungen bestehen bei Verzicht auf Zugewinnausgleich, der zur Wirksamkeit der notariellen Beurkundung oder Protokollierung als gerichtlichen Vergleich bedarf, bei Abmachungen über den Versorgungsausgleich, die vom Familiengericht zu genehmigen sind. Unterhaltsverzicht für die Kinder ist nicht möglich.

(Die wichtigen Scheidungsfolgen **Sorgerecht** und **Unterhalt** werden gesondert behandelt, vgl. Kap. 5.5.2.1 und 6.)

4.3.2 Grundprobleme der nichtehelichen Lebensgemeinschaft

»Ehe ohne Trauschein«

Das gesellschaftliche Phänomen der nichtehelichen (n. e.) Lebensgemeinschaft, d. h. das auf längere Zeit oder auf Dauer angelegte Zusammenleben von Mann und Frau »ohne Trauschein und Standesamt« hat in den letzten Jahrzehnten die öffentliche Diskussion zwischen den extremen Polen einer apokalyptischen Vision vom Werteverfall und Zusammenbruch von Ehe und Familie (Art. 6 GG) und den »zukunftseuphorischen Bildern einer neuen Beziehung zwischen den Geschlechtern« hin und her oszillieren lassen (vgl. BMFJG 1985 S. 6). Eine Studie des BMFJG aus dem Jahre 1982–1985 hat zu der Lage der n. e. Lebensgemeinschaft folgende Feststellungen getroffen:

empirische Befunde 1982–1985

- »eine grundsätzliche Abwendung von Ehe und Familie ist auch bei den unverheiratet zusammenlebenden Paaren nicht festzustellen, nur 8 % äußern in der Repräsentativerhebung, daß sie grundsätzlich gegen die Ehe sind;
- die meisten n. e. Lebensgemeinschaften können als eine neue Form des »Verlöbnisses« aufgefaßt werden. Sie sind eine Form vorehelichen Zusammenlebens, das nicht als Alternative zur Ehe geplant ist (bei bis zu 71 % der Paare);
- diese Form der n. e. Lebensgemeinschaft wird von der Bevölkerung inzwischen weitgehend akzeptiert;
- Gemeinsamkeit, Treue, Offenheit bei Konflikten werden als Partnerschaftswerte an vorderster Stelle genannt, sie gelten gleichermaßen für Ehepaare wie für nichtehliche Lebensgemeinschaften. Werteverfall oder Bindungslosigkeit lassen sich anhand der Daten nicht feststellen;
- Forderungen nach einer Änderung rechtlicher Regelungen sind aus den Untersuchungsergebnissen nicht ableitbar, da bei den Betroffenen offensichtlich nur ein geringes Problembewußtsein besteht;
- nichteheliches Zusammenleben ist kein Phänomen einer oberen Gesellschafts- oder Bildungsschicht, sondern kann durch alle sozialen Schichtungen, in allen Ortsgrößen und Altersklassen und über die ganze Region der Bundesrepublik angetroffen werden, es gibt nur geringe Verteilungsunterschiede;
- Ehe und Familie gehören für die meisten Paare zusammen. Man heiratet, wenn Kinder kommen oder weil man Kinder haben möchte. Nur 5 % der unverheiratet zusammenlebenden Pare haben gemeinsame Kinder;
- in der Bundesrepublik Deutschland gibt es zur Zeit zwischen 1 und 2,5 Millionen Personen, die in nichtehelicher Lebensgemeinschaft leben. Von 1972–1982 hat ihre Zahl um 277 % zugenommen, die Zahl der unverheiratet zusammenlebenden Pare unter 24 Jahre hat sich sogar verzehnfacht« (BMFJG 1985, S. 7 f.).

(neuere Statistiken vgl. *Oberloskamp*, 1993 S. 31 ff.)

Die Zusammenfassung dieser Untersuchungsergebnisse erscheint zu diesem Zeitpunkt der Entwicklung etwas tenden-

ziös, da sie eher der Stabilisierung der Familienpolitik der Bundesregierung dient, als der Weiterentwicklung des Gleichstellungsgebots nichtehelicher Kinder nach Art. 6 GG (*Münder*, 1994, S. 36 ff.).
Die neueren Entscheidungen des BVerfG zur Gleichstellung ehelicher und nichtehelicher Kinder, vor allem das Urteil vom Mai 1991 zum möglichen gemeinsamen Sorgerecht in nichtehelichen Lebensgemeinschaften (vgl. S. 134), streben rechtliche Anerkennung und Angleichung der gelebten Realität in nichtehelichen Lebensgemeinschaften an.
Auch in der diesen gesellschaftlichen Entwicklungen mit einem gewissen cultural lag hinterherhinkenden juristischen Literatur verschwinden langsam die Begriffe vom »Konkubinat« und der »wilden Ehe«, der »Rentenkonkubinate« u. a. und werden durch Begriffe der »eheähnlichen Gemeinschaft« (§ 122 BSHG) bzw. der »nichtehelichen Lebensgemeinschaft« ersetzt. Weiterhin sind alle Formen der Strafbarkeit abgeschafft (vgl. dazu grundlegend *Nave-Herz*, 1991, S. 1 ff.; *Limbach*, 1991, S. 31 ff.; *Grandke*, 1991, S. 13 ff.; alle in *Coester/Zubke*, 1991).

Rechtsfragen in der Paarberatung

Für die **soziale Beratung** (Paarberatung) können zwei Bereiche mit unterschiedlicher rechtlicher Bedeutung unterschieden werden:
- Rechtsfragen, die die Gestaltung einer gemeinsamen Lebensplanung und Lebensführung in einer n. e. Lebensgemeinschaft betreffen, und
- Rechtsfragen, die ein Zusammenleben mit gemeinsamen Kindern in einer n. e. Lebensgemeinschaft betreffen, wie Unterhalt und Sorgerecht u. a., diese Fragen werden im Kapitel 5.3.3 näher behandelt.

Lebensplanung

Rechtsfragen in einer n. e. Lebensgemeinschaft ohne Kinder werden in der Praxis nur dann relevant, wenn keine einvernehmlichen Absprachen über Existenzgrundlagen wie gemeinsame Wohnung, Arbeit mit eigenständiger sozialer Absicherung, Unterhalt sowie Vermögen, Eigentums- und Erbrechtsfragen getroffen werden (vgl. die beim Verlöbnis dargestellten Probleme von der Auflösung eines gemeinsamen Alltags Kap. 4.3.1.1). Die wichtigsten für die n. e. Lebensgemeinschaft zu beachtenden Rechtsfragen sind:

Inhalte einer Beratung

Sozialhilfe

- Bei der Festsetzung eines Sozialhilfeanspruchs des nicht berufstätigen Partners, der beispielsweise den Haushalt führt, wird der Verdienst des (sozialversicherungspflichtigen) Partners gemäß § 122 BSHG aus Gründen der Gleichbehandlung mit der Ehe angerechnet, allerdings ohne daß der haushaltsführende n. e. Partner an der sozialen Sicherung (Altersvorsorge) seines Lebenspartners teilhaben kann (*Luckey*, 1991).

Mietrecht

- Umstritten ist auch das Recht der freien Selbstverwirklichung im Zusammenhang mit dem Mietrecht. Nach einer Entscheidung des OLG Hamm (FamRZ 1977, S. 318) braucht ein Vermieter eine n. e. Lebensgemeinschaft nicht in seiner vermieteten Wohnung zu dulden, wenn er dies nach seiner Überzeugung nicht vertreten kann. (Eine sehr weite Auslegung des allgemeinen Persönlichkeitsrechts und Verknüpfung mit dem Eigentumsrecht Art. 14 GG, ohne die Sozialbindung zu beachten, vgl. *Thofern*, 1993).

Rechte der Mieter

- Nach einer neueren Entscheidung des BGH (FamRZ 1985, S. 42) müssen die Persönlichkeitsrechte der Selbstverwirklichung des Mieters, mit dem Lebenspartner in einer Wohngemeinschaft zu leben, mit denen des Vermieters korreliert werden. Eine moralische Mißbilligung reicht demnach nicht mehr aus, nur wenn gewichtige Gründe z. B. in der Person des in die Wohnung aufgenommenen Partners oder in einer Überbelegung des Wohnraums geltend gemacht werden können, kann sich der Vermieter erfolgreich gegen die »Überlassung der Wohnung an Dritte« wehren.
- Da für die n. e. Lebensgemeinschaft alle gesetzlichen Verpflichtungen aus §§ 1353 ff. BGB nicht gelten, kann auch die n. e. Lebensgemeinschaft einseitig ohne »Frist und Form gekündigt« werden. Die Probleme der Auflösung eines gemeinsamen Alltags, der Wohnung, des Hausrats usw. begünstigen allein, auch hinsichtlich der Versorgungsansprüche aus der sozialen Sicherung, den berufstätigen Partner in einer n. e. Lebensgemeinschaft, da auch hier das Scheidungsfolgenrecht nicht angewendet werden kann und alle Begünstigungen von Ehe und Familie im Sozialrecht (Rentenansprüche, Krankenversicherungsschutz u. a.) hier nicht gelten.

wirtschaftliche Absicherung durch Partnerverträge

- Die »Hausfrau in freier Ehe« steht nach der Trennung buchstäblich vor dem Nichts (vgl. *Münder*, 1993 a, S. 31 ff.). Aus diesen Gründen empfiehlt es sich, den wirtschaftlich schwächeren Partner finanziell abzusichern etwa durch testamentarische Erbeinsetzung, Lebensversicherungen zugunsten des Partners, Schenkungen zu Lebzeiten und nicht zuletzt durch sog. Partnerschaftsverträge, die privatschriftlich (es gibt schon vorgedruckte Formulare für Lebensgemeinschaftsverträge) vereinbart werden können. Die Gestaltungsfreiheit muß bei Vermögensangelegenheiten die Formvorschriften beachten. Daher empfiehlt es sich, dies durch einen Anwalt oder Notar fixieren zu lassen. Ausgeschlossen sind aber Vereinbarungen über Übertragungen von Rentenansprüchen aus der gesetzlichen Rentenversicherung und öffentlich-rechtliche Versorgungsansprüche wie bei Scheidungsfolgen sowie Vereinbarungen über das Sorgerecht.

4.4 Recht der Eltern-Kind-Beziehungen (Kindschaftsrecht)

4.4.1 Begriff Kindschaftsrecht (Rechtsgrundlagen: §§ 1589–1921 BGB)

Zuordnung der Kinder über den Status

Um die rechtlichen Rahmenbedingungen der Sozialisation zu bestimmen, müssen nun die Grundprobleme einer gemeinsamen Lebensplanung in ehelicher und nichtehelicher Lebensgemeinschaft, die bisher nur für die partnerschaftlichen Beziehungen der Eltern rechtlich skizziert wurden, mit der Beschreibung der rechtlichen Zuordnung der Kinder zu ihren Eltern ergänzt werden (Kindschaftsrecht).
Es ist auch zu fragen, wie sich die gesellschaftlichen Veränderungen (vgl. Kap. 3) auf die Ausgestaltung der Rechtsstellung des Kindes im Verhältnis zu seinen Eltern, zu Staat und Gesellschaft auswirken. – Im Spannungsfeld zwischen den Rechten des Kindes (Recht auf Existenzsicherung – Recht auf Bildung – Eigenverantwortlichkeit und Mündigkeit) und den Rechten und Pflichten der Eltern (Elternverantwortung) müssen diese Beziehungsstrukturen rechtlich gestaltet und geordnet werden. Als wichtigstes Ordnungsprinzip erweist sich die Übernahme der Grundrechtskonzeption (insbes. Art. 2 GG, Art. 3 GG) vom staatlichen Bereich auf die Familie. Dies bewirkt einerseits eine weitreichende Privatautonomie der Familie (Außenwirkung), andererseits im Innenverhältnis eine Verschiebung von der Gewaltausübung (Beziehungen im Über-Unterordnungsverhältnis) zu Vertragsaspekten (Beziehungen zwischen Gleichgeordneten). Am einschneidendsten hat sich der Begriff der »Gewaltausübung« verändert (vgl. Kap. 5).

Statusbegriff

Jede Form der »Gewaltausübung« bedarf aber einer rechtlichen Zuordnung des Kindes zu seinen Eltern. Diese Zuordnung erfolgt über den Begriff des Status. Status (lat. Zustand) bedeutet die Grundaussage über die Stellung des Individuums (hier des Kindes) in einer auf Dauer angelegten, inhaltlich definierten Rechtsordnung. Der Status regelt die Rechtsbeziehungen zu einem Verantwortungsträger:

- im familienrechtlichen Sinn handelt es sich um die Eltern-Kind-Beziehungen, Geschwisterbeziehungen,
- im staatsrechtlichen Sinn wird der auf die Gesamtheit (Staat) bezogene Status als Staatsangehörigkeit bezeichnet.

Der Status wird erworben

- durch natürliche Vorgänge (Geburt/Zeugung)
- durch Rechtshandlungen (Adoption und Einbürgerung)
- der Erwerb des Status der Staatsangehörigkeit kann unmittelbar durch Geburt in einem Land mit Territorialprinzip oder mittelbar durch Geburt (Abstammungsprinzip) vermittelt werden.

Beurkundung

Der Status muß wegen der weitreichenden Bedeutung und der Verknüpfung der Rechtsfolgen als grundlegendes Rechtsverhältnis öffentlich beurkundet werden. Der familienrechtliche Status wird in den **Personenstandsbüchern** (§ 1 PStG) beurkundet (Heiratsbuch – Geburtenbuch §§ 16 ff. PStG, Heirats-, Abstammungs- und Geburtsurkunde § 61 Nr. 3 PStG). Die **Staatsangehörigkeit** wird durch Paß, Einbürgerungsurkunde und Staatsangehörigkeitszeugnis beurkundet. Der **familienrechtliche Status** eines Kindes wird also über die Geburt (Abstammung) vermittelt und ist (noch) zu unterscheiden in den Status der ehelichen und der nichtehelichen Abstammung, obwohl durch das Nichtehelichengesetz 1969 dem Verfassungsauftrag nach Gleichstellung ehelicher und nichtehelicher Kinder entsprochen wurde.

Kindschaftsrecht

Die familienrechtlichen Beziehungen zwischen Eltern und Kindern werden im 4. Buch des BGB – Familienrecht – II. Abschnitt (Verwandtschaft §§ 1589–1772 BGB) und III. Abschnitt (Vormundschaft §§ 1773–1921 BGB) geregelt.

- **Kindschaftsrecht im engeren Sinn** sind die Rechte und Pflichten der durch Abstammung und Verwandtschaft begründeten Familienrechtsverhältnisse, das Recht der elterlichen Sorge §§ 1626 ff. BGB, das Recht des Unterhalts §§ 1601 ff. BGB, das Erbrecht und die Pflichtteilsrechte (§§ 1922 ff. BGB), das Namensrecht §§ 1816 ff. BGB, das Adoptionsrecht (§§ 1741 ff. BGB).
- **Kindschaftsrecht im weiteren Sinn**, sind alle Rechtsfolgen, die an die Verwandtschaft der Beteiligten geknüpft sind, z. B. Zeugnis- und Aussageverweigerung nach Maßgabe der Prozeßgesetze, Auswirkungen im Vormundschafts- und Eherecht, Auswirkungen im Sozialrecht, Krankenversicherungs- und Rentenrecht §§ 1271 RVO, 48 AVG.

4.4.2 Zuordnung der Kinder zu Mutter, Vater und Verwandtschaft über die Abstammung

Die familienrechtliche Stellung der Kinder beruht also auf der durch Abstammung begründeten Verwandtschaft (§ 1589 BGB). Dieser Rechtsbegriff nimmt die Zuordnung des Kindes zu Mutter, Vater und Verwandtschaft vor und begründet unmittelbar das erste Statusverhältnis des Kindes (Familienrecht) und mittelbar das durch Geburt vermittelte zweite Statusverhältnis der Staatsangehörigkeit nach Personalprinzip (§ 4 RuStAG).

Abstammung

> Abstammung als Rechtsbegriff beinhaltet:
> - die Feststellbarkeit der tatsächlichen Abstammung
> - die gesetzlichen Verpflichtungen, den Status genau zu klären und in den Personenstandsbüchern zu beurkunden (vor allem die Vaterschaft festzustellen)
> - die Rechtsfolgen, die sich aus diesem grundlegenden Status direkt ergeben bzw. mit ihm verknüpft sind.

Gerade diese Zuordnung der Kinder durch Abstammung tangiert grundlegend die Rechte des Kindes und war und ist noch immer ein umstrittenes Rechtsproblem. Die Zuordnung der Kinder zu ihren Eltern und die damit verbundene Elternverantwortung ist auch ein Indikator für die historischen Entwicklungen von Gesellschaftsordnungen, Werteordnungen und Machtstrukturen.

»Kampf um das Kind«

Mit dem Untergang der alten mutterrechtlichen Kulturen und dem Entdecken der Väter, daß sie das Kind gezeugt haben, beginnt der »Kampf um das Kind« mit Besitz- und Herrschaftsansprüchen. In den nachfolgenden patriarchalischen Gesellschafts- und Rechtsordnungen hat sich die Dominanz der Herrschaft des Vaters über »sein Kind« zu Lasten des Kindes und vor allem der Mütter etabliert. Dieser einseitige Rechtszustand in den Familienrechtsverhältnissen hat sich trotz der zum Grundrecht erhobenen Gleichheit von Mann und Frau (Art. 109 WRV, Art. 3 GG) bis in die jüngste Zeit ausgewirkt. Beispiel: Es gab zwar bis 1970 eine gemeinsame Elternverantwortung für die Erziehung des gemeinsamen Kindes, aber nur in der ehelichen Lebensgemeinschaft und mit »Stichentscheid« des Vaters bei der Ausübung der »elterlichen Gewalt« bei Uneinigkeit in Erziehungsfragen (vgl. Kap. 5).

Kenntnis der Abstammung als Persönlichkeitsrecht

In jüngster Zeit ist die Frage der Abstammung rechtlich erneut problematisiert worden. Das BVerfG hat in einer Entscheidung aus dem Jahr 1989 (BVerfGE in: FamRZ 1989, S. 255 ff.) das Recht auf Kenntnis der eigenen Abstammung als allgemeines Persönlichkeitsrecht und damit als Menschenrecht definiert. Bisher war die Rechtslage in bezug auf die Abstammung des Kindes von seiner Mutter klar durch die Tatsache der Geburt geregelt. Nur die Feststellung der Vaterschaft bei nichtehelicher Geburt bedurfte eines besonderen Verfahrens (Anerkennung oder im Klagewege durch Urteil auf Feststellung des Bestehens oder Nichtbestehens eines Eltern-Kind-Verhältnisses).

Die Abstammung als tatsächlicher Begriff (gemeint ist hier die blutmäßige, biologische oder neuerdings genetische Abstammung) knüpft an die natürlichen Lebensvorgänge von Zeugung, Empfängnis und Geburt an. Ein einheitlicher Abstammungsbegriff, der den Rechtsbegriff mit der tatsächlichen Abstammung in sich vereint, ist angesichts der vielfältigen Entstehungsmöglichkeiten menschlichen Lebens nicht möglich. Allenfalls im Begriff der Mutterschaft (im Gesetz nicht geregelt) sieht Ramm (*Ramm*, 1990, S. 183) eine Übereinstimmung der rechtlichen Regelung mit der tatsächlichen Situation.

Abstammung im geltenden Recht

Im geltenden Recht muß daher versucht werden, in den beiden gesondert geregelten Bereichen

- der ehelichen Abstammung (§§ 1591 ff. BGB) und
- der nichtehelichen Abstammung (§§ 1600 a ff. BGB)

den Status des Kindes verbunden mit der Zuordnung zu den Eltern präzise zu bestimmen. Für die sozialberufliche Praxis sind einige Aspekte dieser schwierigen Rechtslage von Bedeutung.

Eheliche Abstammung

Nach § 1591 BGB wird dem Kind der Status eines ehelichen Kindes zugeschrieben, wenn es nach Eheschließung (ab dem 1. Tag der Eheschließung) oder innerhalb von 302 Tagen nach Auflösung einer Ehe bzw. Nichtigkeitserklärung geboren wurde und von der Frau vor oder während der Ehe empfangen wurde und der Mann innerhalb der Empfängniszeit (§ 1592 BGB) der Frau beigewohnt hat.

gesetzliche Vermutung

Hierbei ist zu beachten, daß die Frage einer tatsächlichen »Beiwohnung« des Mannes irrelevant ist, da sich der Statuserwerb des Kindes allein auf die gesetzliche Vermutung gründet, daß der Mann innerhalb der Empfängniszeit der Frau beigewohnt hat (§ 1591 Abs. 2, Satz 1 BGB). Der Gesetzgeber folgt hier dem Leitbild einer monogamen Ehe, die der einzige legitime Ort für sexuelle Beziehungen ist. Weiterhin wirkt sich hier auch die gegenseitige eheliche Treuepflicht aus dem Leitbegriff des § 1353 BGB etwas wirklichkeitsfremd aus.

»Scheinvater«

Dies führt zu der kuriosen Folge, daß selbst bei offenbarer Unmöglichkeit einer biologischen Vaterschaft (der Ehemann ist sterilisiert, war während der Empfängniszeit auf einer Forschungsstation in der Antarktis, oder zwei weiße Eltern bekommen ein farbiges Kind) nach der Geburt der Status eines ehelichen Kindes erworben wird, d. h., das Kind wird diesem »Scheinvater« zugeordnet.

Klärung der Abstammung durch gerichtliche Entscheidung

Aus der Sicht des Kindes bedeutet dies allerdings eine unsichere Basis auf Zeit, da u. a. der Ehemann diese Vaterschaftszuordnung durch Klage gegen das Kind auf Feststellung der Nichtehelichkeit beseitigen kann.

Die Ehelichkeitsanfechtung (Vaterschaftsanfechtung nach *Ramm*, 1990, S. 202) erstrebt rückwirkende Aufhebung der Statuszuordnung des Kindes zum Vater. Nach §§ 1594 ff. BGB anfechtungsberechtigt sind der bisher als Vater zugeordnete Mann, nach seinem Tode seine Eltern sowie in eingeschränktem Maß das Kind, in keinem Fall aber der »angebliche Erzeuger« (genetische Vater) des Kindes (BGH 25. 3. 1981, FamRZ 281, S. 538). Das Anfechtungsrecht ist fristgebunden, so daß z. B. der Mann die Ehelichkeit nur binnen zwei Jahren ab Kenntnis des Anfechtungsgrundes anfechten kann (§ 1594 Abs. 1 und 2 BGB).

Voraussetzungen

Die einzelnen Voraussetzungen der Anfechtungsmöglichkeiten auch für das Kind sind in §§ 1596–1598 BGB geregelt. Die Anfechtung erfolgt durch Klage gem. § 1598 BGB/§ 606 ZPO zum Familiengericht bzw. auf Antrag zum Vormundschaftsgericht, wenn das Kind vor der Anfechtung gestorben war (§ 1599 Abs. 2 BGB).

Mutter kann nicht klagen

Die Mutter des Kindes ist von dem Kreis der Anfechtungsberechtigten ausgeschlossen. Dies kann nur mit der fehlenden Synchronisation der Eherechtsreform 1977 erklärt werden, deren systematische Zusammenhänge und Wirkungen nicht auf alle Bereiche des Familienrechts durchdekliniert wurden. Konsequenterweise fordert Ramm (*Ramm*, 1990, S. 205) daher eine analoge Anwendung des Ehelichkeitsanfechtungsrechts des Ehemanns auch für die Ehefrau, da der Ausschluß der Mutter nach seiner Auffassung nach der Beseitigung des Verschuldensprinzips im Scheidungsrecht (Ehebruch § 42 war absoluter Scheidungsgrund) gegen den Gleichbehandlungsgrundsatz Art. 3 Abs. 2 GG verstoße. Eine Änderung ist also verfassungsmäßig geboten.

Ein weiteres Problem bei der ehelichen Abstammung wird darin gesehen, daß die Freiheit der Entscheidung über ein gemeinsam gewolltes Kind dann mißachtet wird, wenn durch Täuschung über die Anwendung von Verhütungsmitteln oder durch Vergewaltigung in der Ehe ein Kind gezeugt wird. Wenn also eine getrennt lebende Frau von ihrem Mann vergewaltigt wird, steht ihr zwar wegen der Verletzung ihres Freiheitsrechts auf sexuelle Selbstbestimmung, verbunden mit einer Entscheidung über die Fortpflanzung, das Recht einer Schwangerschaftsunterbrechung nach § 218 StGB zu. Wenn sie diese aber aus ethischen Gründen ablehnt, steht ihr nur der Weg der Freigabe zur Adoption offen. *Ramm* fordert daher für diese Fälle die Anerkennung bzw. Einführung eines Rechts der Anfechtung der Mutterschaft, die diese Zuordnung des Kindes zur Mutter durch Geburt aufhebt.

»Anfechtungsrecht der Mutterschaft« gefordert

Diese Forderung gelte auch für die Zuordnung eines n. e. Kindes zu seiner Mutter, wenn diese unter Verletzung ihrer Freiheitsrechte zu einem Kind gezwungen wurde durch Vergewaltigung, Drohung, Täuschung, Mißbrauch einer Minderjährigen u. a. (*Ramm*, 1990, S. 188 und *Ramm* in: JZ 1989, S. 861/866 »Die Fortpflanzung als Freiheitsrecht?«)

Eheliche Abstammung – Rechtsfolgen
Die wichtigsten Rechtsfolgen der Statusbegründung:
Zuordnung zu Vater und Mutter begründen Verwandtschaft, Elternverantwortung und gemeinsames Sorgerecht.
Familienname § 1616 BGB
Das Kind teilt den Wohnsitz der Eltern § 11 BGB.
Die eheliche Statusentscheidung wirkt sich grundsätzlich aus
- auf alle Gebiete im Zivilrecht (insbes. Unterhalt §§ 1601 ff., Erbrecht §§ 1922 ff. BGB)
- Staatsangehörigkeit § 4 RStRG
- Sozialrecht § 1271 RVO.

Nichteheliche Abstammung

Begriff

Der Begriff n. e. Abstammung wurde als Rechtsbegriff erst mit Gesetz vom 19. 8. 1969 (BGBl. I 1243) in das BGB – Familienrecht – aufgenommen, ohne daß der Gesetzgeber diesen positiv definiert hat. Demnach folgt aus dem Umkehrschluß zur ehelichen Abstammung, daß alle Kinder, die nichtehelich geboren werden oder den Status der Ehelichkeit verlieren, nichtehelich sind. Diese negative Abgrenzung läß jedoch die Frage der Vaterschaft offen.

Zuordnung zum Vater strittig

Der Rechtsbegriff der n. e. Abstammung läßt damit auch die Frage der genetischen Abstammung (tatsächliche Seite) offen, denn ein eheliches Kind kann ja tatsächlich »nichtehelich« gezeugt worden sein. Diese Rechtslage zeigt einmal eine Divergenz zwischen der tatsächlichen Lage – Zeugung und Geburt – und der rechtlichen Zuordnung des Kindes zu den Eltern. Bei einem im Gesetz nicht verwendeten Begriff der »Mutterschaft« würde dies nach Ramm (*Ramm*, 1990, S. 189) übereinstimmen, bei der Vaterschaft dagegen nicht. Gernhuber verwendet für die n. e. Abstammung den Begriff »Status mit in der Regel offener Vaterschaft« (*Gernhuber*, 1971, § 57 I 2, S. 658), der allerdings fragwürdig ist, da ein unbestimmtes Offenlassen der Zuordnung eines Kindes zu seinem Vater prinzipiell dem Statusbegriff widerspricht. Die Nichtehelichkeit ist aber aus der Sicht des Kindes für seine Stellung im Rechtssystem mit Bezug auf die familienrechtlichen Folgen durch den Gleichbehandlungsgrundsatz ehelicher und nichtehelicher Kinder (Art. 3 Abs. 1 GG/Art. 6 Abs. 2 GG) bedeutungslos geworden. (Die neuere Rechtsentwicklung hat insbesondere auf dem Gebiet des Unterhaltsrechts und Erbrechts zu einer Gleichstellung ehelicher und nichtehelicher Kinder geführt.)

Familienrechtlich wird das Kind (noch) allein der Mutter zugeordnet. Diese Zuordnung wird nach außen – personenstandsrechtlich – beurkundet, mit der Folge, daß das Kind den Wohnsitz der Mutter teilt (§ 11 BGB) und den Familiennamen der Mutter erhält (§ 1617 Abs. 1 BGB).

Zuordnung des Kindes zur Mutter

Die Unterscheidung des Gesetzgebers in n. e. und ehelicher Abstammung bezieht sich also nur auf die Zuordnung des Kindes zu seinem Vater. Während diese Zuordnung für ein ehelich geborenes Kind kraft Gesetzes geschieht, muß bei n. e. Geburt die Zuordnung zum Vater durch zwei Einzelakte erfolgen (§ 1600 a BGB):

Anerkennung oder Feststellung der Vaterschaft

- Anerkennung der Vaterschaft bzw.
- Feststellung der Vaterschaft mit Wirkung gegen alle durch gerichtliche Entscheidung.

Vaterschaftsanerkennung: In der Praxis wird vorrangig die Zuordnung eines Kindes zum Vater durch die Anerkennungserklärung des Vaters (§ 1600 b) mit Zustimmung des Kindes (§ 1600 c BGB) vorgenommen, an der die Mutter des Kindes rechtlich nicht beteiligt ist.

Merkmale der Vaterschaftsanerkennung

Diese Vaterschaftsanerkennung ist die rechtsgeschäftliche Begründung des Statusverhältnisses eines nichtehelichen Kindes zu dem Mann, der die Vaterschaft anerkannt hat (*Ramm*, 1990, S. 191).

Die **Anerkennungserklärung** des Vaters ist eine höchstpersönliche Rechtshandlung, die nicht durch einen Vertreter oder Bevollmächtigten abgegeben werden kann (§ 1600 b Abs. 1/1600 c Abs. 3 BGB). Nur im Falle der Geschäftsunfähigkeit des Mannes, der diese Erklärung abgibt, handelt sein gesetzlicher Vertreter mit erforderlicher Zustimmung des Vormundschaftsgerichts (§ 1600 d Abs. 1 BGB). Bei nur beschränkter Geschäftsfähigkeit des Mannes, z. B. einen 17jährigen Vaters, kann dieser nur selbst anerkennen, bedarf aber der Zustimmung seines gesetzlichen Vertreters (z. B. sorgeberechtigte Eltern). Die Anerkennungserklärung kann auch schon vor Geburt des Kindes durch den Vater erfolgen (§ 1600 b Abs. 2 BGB). Zu einer Abgabe der Erklärung kann aber weder die Mutter des Kindes noch das Kind den Vater im Klagewege gerichtlich verpflichten.

Zustimmung des Kindes

Die Wirksamkeit der Anerkennungserklärung hängt von der Zustimmungserklärung des Kindes ab, ohne die die Vaterschaftsanerkennung unwirksam ist (§ 1600 c BGB). Die **Zustimmungserklärung des Kindes** ist Hauptzweck der Pflegerbestellung nach §§ 1706 Abs. 1 Ziff. 1/1709 BGB). Das bedeutet, daß das Jugendamt nach § 1709 BGB/§ 55 KJHG diese Zustimmungserklärung erteilen muß. Nur im Falle der Aufhebung der gesetzlichen Amtspflegschaft (§ 1707 BGB) oder der Adoption des Kindes durch die Mutter kann die Mutter als gesetzliche Vertreterin diese Zustimmungserklärung abgeben.

Wenn das Kind bereits 14 Jahre alt ist, kann es die Zustimmungserklärung nur selbst geben, bedarf aber bis zum 18. Lebensjahr noch der Zustimmung des gesetzlichen Vertreters (entw. Amtspfleger/Vormund oder Mutter).

Beurkundung der Erklärung

Wegen der rechtlichen Bedeutung dieser Erklärungen müssen Anerkennungserklärung des Vaters und Zustimmungserklärung des Kindes **öffentlich beurkundet** werden (§ 1606 e Abs. 1 Satz 1 BGB), die Erklärungen des gesetzlichen Vertreters in der Form der öffentlichen Beglaubigung. (Zuständig sind hier die Notare, Standesbeamten und das Jugendamt – §§ 29 a PerStG/58 BeurkG/59 KJHG.)

Besonderes Merkmal dieser »rechtsgeschäftlichen Anerkennung« ist es, daß die rechtskräftige Zuordnung des Kindes zu dem anerkennenden Mann als Vater rückwirkend durch Anfechtung beseitigt werden kann (§ 1600 g Abs. 1 BGB). Die Anfechtung erfolgt durch Klage des Mannes oder ggf. seiner Eltern gegen das Kind oder durch Klage des Kindes oder seiner Mutter gegen den Vater (§§ 1600 l ff. BGB).

Gerichtliche Vaterschaftsfeststellung: Neben der Anerkennung der Vaterschaft ist die gerichtliche Feststellung der Vaterschaft als Voraussetzung der Zuordnung des Kindes zu seinem Vater die zweite, nachrangige Möglichkeit. Anerkennung und Feststellung schließen einander aus, d. h., wenn die Vaterschaft rechtswirksam anerkannt wurde, kann keine gerichtliche Feststellung mehr erfolgen.

positive Vaterschaftsfeststellung

Ist also die Vaterschaft nicht durch Anerkennung erfolgt, so ist sie gerichtlich, in der Regel durch Klage des Kindes gegen den Mann, in seltenen Fällen auch durch Klage des Mannes gegen das Kind, festzustellen. Durch diese sog. »positive Vaterschaftsfeststellung« soll festgestellt werden, wer Vater ist, auch wenn Interessen der Mutter entgegenstehen. Hier zieht die Rechtsprechung für den Interessenschutz der n. e. Mutter enge Grenzen.

Grenzen

Unzulässig ist eine »positive Vaterschaftsfeststellung« nur bei einem ehelich geborenen Kind, solange die Vaterschaft nicht durch die sog. »negative Vaterschaftsfeststellung«, d. h. durch Anfechtung der Ehelichkeit (vgl. o.) rechtskräftig festgestellt wurde, da hier der Schutz von Ehe und Familie Vorrang hat. Dem steht auch nicht das Urteil des BVerfG (BVerfGE 79, 267) entgegen, das dem Kind ein Recht (allgemeines Persönlichkeitsrecht) auf Kenntnis seiner Abstammung einräumt, da mit diesem Urteil lediglich der Umfang der Ehelichkeitsanfechtung erweitert wurde.

Kindschaftsprozeß

Nach § 641 h ZPO können aber auch sog. neg. Feststellungsklagen in bezug auf das Bestehen oder Nichtbestehen einer n. e. Vaterschaft als **Kindschaftsprozeß** vor dem Familiengericht verhandelt werden. Dies ist dann gegeben, wenn z. B.

eine Mutter behauptet, ein bestimmter Mann sei der n. e. Vater ihres Kindes, so kann dieser gegen das Kind auf Feststellung klagen, daß er nicht der Vater ist, oder umgekehrt kann ein n. e. Kind gegen einen Mann auf neg. Vaterschaftsfeststellung klagen, wenn er behauptet, er sei der Vater des Kindes.

Ausgangspunkt für den Nachweis im gerichtlichen Verfahren ist zunächst die **gesetzliche Vermutung** des § 1600 o Abs. 1 BGB, danach ist der Mann als Vater festzustellen, der das Kind gezeugt hat, wobei sich die **Zeugungsvermutung** auf die »Beiwohnung während der Empfängniszeit« gründet (§ 1600 o Abs. 2 Satz 1 BGB). Hier gilt aber im Gegensatz zur ehelichen Lebensgemeinschaft der Grundsatz, daß die »Beiwohnung« nicht gesetzlich vermutet wird (§ 1591 Abs. 1 Satz 1 BGB), sondern sie muß im Prozeß bewiesen werden.

gesetzliche Vermutung

Da dieser Tatsachenbeweis einer Beiwohnung während der Empfängniszeit in der Praxis unsicher ist, kann das Familiengericht nach dem Untersuchungsgrundsatz (§§ 640 Abs. 1/616 ZPO) weitergehende Beweise anordnen. Eine zentrale Bedeutung im Rahmen dieser Prozesse haben in der Praxis die medizinischen **Abstammungsgutachten.**

Für die sog. **negative Vaterschaftsfeststellung** (Ausschluß der Vaterschaft) haben sich zwei medizinische Gutachten etabliert, denen ein hoher Zuverlässigkeitsgrad zugeschrieben wird:

medizinische Abstammungsgutachten

- Tragezeit (Reifegrad-)-Gutachten beruhen auf statistischen Erfahrungswerten über den Schwangerschaftsverlauf, aus denen bis auf vier Wochen genau der Empfängniszeitraum eingegrenzt werden kann, so daß damit eine Vaterschaft ausgeschlossen werden kann, wenn der Beweis der Beiwohnung nicht in die errechnete Zeit fällt.
- Blutgruppengutachten (serologische Gutachten) gehen von der Annahme aus, daß bestimmte Merkmale dominant vererblich sind. Mit diesen in der Praxis standardisierten Verfahren kann bereits mit an Sicherheit grenzender Wahrscheinlichkeit eine Vaterschaft ausgeschlossen werden.

Für die sog. **positive Vaterschaftsfeststellung** reichen diese Verfahren jedoch nicht aus. Hier werden ergänzende Blutgruppengutachten (sog. sero-biostatische Gutachten) nach der Wahrscheinlichkeitsanalyse von Essen-Möller angeordnet, die von einer Vaterschaftswahrscheinlichkeit von 99,85 % ausgehen (Bundesgesundheitsblatt, 1977, S. 326). Hinzukommen kann letztlich ein **erbbiologisches Gutachten**, das erbliche Ähnlichkeitsmerkmale zwischen Vater und Kind vergleicht.

Für ein Blutgruppengutachten sollte das Kind mindestens sechs Monate, für ein erbbiologisches Gutachten mindestens vier Jahre alt sein. Zu allen diesen medizinischen Gutachten kann das Gericht, notfalls zwangsweise, alle am Prozeß Beteiligten verpflichten (§ 372a ZPO). Ein Vaterschaftsurteil wirkt nach Rechtskraft für und gegen alle (§ 640h ZPO), im Falle einer positiven Vaterschaftsfeststellung auch gegen einen Dritten (§ 641k ZPO), der z. B. eine n. e. Vaterschaft für sich behauptet und nicht am Prozeß beteiligt war. Neu und umstritten sind DNA-Gutachten – genetischer Fingerabdruck – (vgl. *Ritter*, FamRZ, 1991, S. 646ff.).

4.5 Verwandtschaftsbeziehungen durch Annahme als Kind

4.5.1 Adoption und Adoptionsrecht heute

Zuordnung eines Kindes zu einer »sozialen Familie«

Die »Integration« eines Kindes in eine Familie und deren Verwandtschaftssystem kann seit dem 1. 1. 1977 neben der durch Abstammung vermittelten Verwandtschaft auch durch die sog. »Volladoption« erreicht werden. Es geht also um die rechtlich abgesicherte Zuordnung und Integration eines Kindes in ein neues Eltern-Kind-Verhältnis mit dem Ziel der Schaffung eines günstigen familienorientierten und gesicherten Sozialisationsfeldes für benachteiligte Kinder.

Annahme an Kindes Statt

Das ursprüngliche Rechtsinstitut der Adoption diente der »privaten Erbengewinnung« (*Münder*, 1980, S. 13 und 1993a, S. 139ff.) und hatte keine sozialen Aufgaben in dem Sinne, benachteiligten Kindern die günstigen Sozialisationsbedingungen einer intakten Familie zu vermitteln. So waren dann auch nach altem Recht bis 1950 Kinderlosigkeit und ein Mindestalter von 50 Jahren Voraussetzung für eine »Annahme an Kindes Statt«. Die Rechtsbeziehungen hatten nur Wirkungen zwischen Adoptivkind und den Adoptiveltern, nicht aber zu den Verwandten. Das Erbrecht zur leiblichen Familie des Kindes und eine nachrangige Unterhaltspflicht blieben ebenfalls bestehen. In dem vor dem Notar zu schließenden Adoptionsvertrag konnten zwar einige Probleme geregelt werden, z. B. der Ausschluß des Erbrechts des Adoptivkindes, ein Erbrecht der Adoptiveltern gegenüber dem Kind war gesetzlich ausgeschlossen. Dies hat in der Praxis der Adoptionsvermittlung, der fachlichen Begleitung der Adoptiveltern und bei den Notaren, die nach dispositiven Möglichkeiten der Rechtsverbesserung suchten, immer wieder zu Schwierigkeiten geführt, dem Kind familiale Beziehungen zu schaffen, die nicht von den Rechtswirkungen des noch geltenden Rechts belastet sind. Über Teilreformen, zunächst die Abschaffung der Altersgrenze und der Kinderlosigkeit hat es dann noch bis 1977 gedauert, bis die Adoption zu einem eindeutigen Instrument der Sozialisation geworden ist.

Seit 1. 1. 1977 (Inkrafttreten des Gesetzes zur Reform des Adoptionsrechts) hat die Adoption allein die Funktion, durch »Annahme als Kind« das angenommene Kind voll in eine neue Familie und deren Verwandtschaftssystem zu integrieren. Gleichzeitig erlöschen alle Verwandtschaftsbeziehungen zu der Abstammungsfamilie (Herkunftsfamilie). Die Annahme erfolgt, der Bedeutung angemessen, nicht mehr durch einen notariellen Vertrag, sondern durch einen staatlichen Hoheitsakt, d. h., der »Ausspruch der Adoption« durch das Vormundschaftsgericht (Dekretsystem) steht am Ende eines komplizierten Adoptionsverfahrens.

Annahme des Kindes

Das Rechtsinstitut der Adoption erweist sich in der sozialberuflichen Praxis einerseits als eine Möglichkeit, benachteiligten Kindern bessere Sozialisationschancen zu vermitteln, andererseits aber auch als eine gesetzliche Möglichkeit, Interessenkonflikte im »Kampf um das Kind« ausgleichend zu lösen, zumindest aber Benachteiligungen aus der Sicht des Kindeswohls zu verbessern.

Sozialisationschancen

Probleme in der Beratungspraxis

–**Beispiele**

In der Schwangerschaftskonfliktberatung – § 218 StGB – besteht die sehr umstrittene Möglichkeit, im Rahmen der Sozialberatung über eine Freigabe zur Adoption acht Wochen nach der Geburt des Kindes zu beraten, die dem zu schützenden noch nicht geborenen Kinde eine bessere Lebenschance in einer Adoptivfamilie eröffnen soll, als im Rahmen der Möglichkeiten der leiblichen Mutter. In diesem Beispiel fallen Theorie undPraxis oft sehr weit auseinander. Die zum Zeitpunkt der Schwangerschaftskonfliktberatung angedeutete Lösungsmöglichkeit einer sozialen Notlage über eine Adoptionsfreigabe sieht zu dem Zeitpunkt, an dem die Freigabeerklärung der Mutter erst rechtswirksam gegeben werden kann (acht Wochen nach der Geburt des Kindes, § 1747 BGB), meist anders aus, da nunmehr eine Beziehung zwischen Mutter und Kind entstanden ist, die für eine Entscheidung ganz erheblich wird; d. h., die meisten Mütter wollen ihr Kind behalten.

- Eine geschiedene Frau, die das Sorgerecht über beide Kinder hat, möchte mit allen Mitteln des Rechts die Kinder allein haben, um sich und die Kinder vor dem gewalttätigen Vater zu schützen, und fragt, ob sie ihre eigenen Kinder adoptieren kann.
- Eine n. e. Mutter möchte nach Auflösung ihrer n. e. Lebensgemeinschaft mit dem Vater ihrer zwei Kinder die Verbindung zu dem jetzt drogenabhängigen Vater ganz lösen und möchte dies über die Adoption ihrer eigenen Kinder erreichen.

Mit diesen Beispielen soll nur der Rahmen angedeutet werden, in dem sich Beziehungskonflikte zwischen Ehepartnern oder Lebenspartnern auch auf ihre Beziehungen zu ihren Kindern auswirken können. Es wird sogar das Instrument der Annahme als Kind dazu benützt, bisher bestehende Beziehungen zwischen Eltern und Kindern neu zu ordnen, um Einflüsse auszuschließen und letztlich auch Macht ausüben zu können. Ob dies dem Leitprinzip des Kindeswohls immer entspricht, ist eine in der Praxis schwer zu lösende Problemstellung.

4.5.2 Adoption (»Annahme als Kind«) Minderjähriger

4.5.2.1 Leitprinzip Kindeswohl: Wie wird dies im Adoptionsverfahren gewährleistet?

Soziale Elternschaft

Leitprinzip ist das Kindeswohl (§ 1741 BGB). Eine Annahme als Kind soll ausschließlich den Interessen des Kindes, nicht den Interessen der Adoptionswilligen dienen. Diese Grundvorschrift betont, daß eine Verbesserung der Entwicklung eines Kindes durch eine Verpflanzung aus der Ursprungsfamilie oder Alleinerziehendensituation in eine Familie (Regelfall) bewirkt werden soll, d. h., es muß die Aussicht bestehen, daß sich zwischen Adoptiveltern und dem Kind ein echtes Eltern-Kind-Verhältnis entwickelt (Soziale Elternschaft).

Aufgaben der Adoptivvermittlung

Grundsätze des Adoptionsverfahrens: Ob diese Ziele erreicht werden, hat das zuständige Vormundschaftsgericht (§ 43 b FGG) letztlich vor Ausspruch der Adoption (§ 1752 Abs. 1 BGB) auf der Basis der Arbeit der Adoptionsvermittlungsstelle und der gutachtlichen Stellungnahme des Jugendamtes zu überprüfen. Die Adoptionsvermittlungsstellen (§ 2 AdVermG) bereiten die »Annahme als Kind« durch Beratung der Eltern und Klärung aller tatsächlichen und rechtlichen Bedingungen einer Adoption vor. Ziel der Vermittlung ist die Zusammenführung von »Kindern ohne Eltern« mit zu ihnen passenden »Eltern ohne Kinder«. An der schwierigen Entscheidung und Prognose über das Kindeswohl sind also Fachleute beteiligt, die interdisziplinär zusammenarbeiten müssen (sozialpädagogische Fachkräfte in Beratung und Vermittlung, Verwaltungsfachkräfte, AV und RichterInnen des Vormundschaftsgerichts).

Aufgabe der Jugendämter

Als gesetzliche Absicherung dieses schwierigen Entscheidungsprozesses mit seiner großen Tragweite (Rechtsfolgen einer Adoption) hat das Adoptionsvermittlungsgesetz die Adoptionsvermittlungstätigkeit als Aufgabe den Jugendämtern und Landesjugendämtern (zentrale Adoptionsvermittlungsstelle §§ 2 und 10 AdVermG) zugewiesen, die auch auf die nach Landesrecht anerkannten Stellen bei Trägern der freien Wohlfahrtspflege delegiert werden kann (§ 2 Abs. 2 AdVermG). Ferner muß sichergestellt werden, daß die fachliche Beratung und Vermittlungstätigkeit durch geeignete Fachkräfte durchgeführt wird. Dies sind in der Regel sozialpädagogische Fachkräfte mit Fachhochschul- oder Universitätsabschluß, Berufspraxis, Zusatzausbildung oder Fortbildung. (Gemäß § 13 AdVermG besonders klar benannt: »Zur Erfüllung der Aufgaben sollen bei der zentralen Adoptionsvermittlungsstelle mindestens ein Kinderarzt oder Kinderpsychiater, ein Psychologe mit Erfahrungen auf dem Gebiet der Kinderpsychologie und ein Jurist sowie Sozialpädagogen/Sozialarbeiter mit mehrjähriger Berufserfahrung zur Verfügung stehen.«)

Schutzvorschriften

Weiterhin enthält das AdVermG auch Schutzvorschriften, die verhindern sollen, daß Kinder zum Handelsobjekt werden. Die Vermittlungsverbote und Werbungsverbote der §§ 5 und 6 AdVermG mit den entsprechenden Bußgeldvorschriften (§ 14 AdVermG – bei Verstoß kann ein Bußgeld von 10 000 bis 50 000 DM als Höchstmaß herauskommen) reichen allein nicht aus, um Kindesentführung und Kinderkauf in den armen Ländern der Dritten Welt wirksam zu unterbinden. Die Zahlen der illegal in die europäischen Adoptionsverfahren eingeschleusten oder im Ausland schon adoptierten Kinder sind sehr groß und führen wegen der Rechtsunsicherheit zu einer zusätzlichen Belastung für die Entwicklung ausländischer Kinder in deutschen Adoptionsfamilien.

Zur Klärung der **tatsächlichen Bedingungen** für die Erreichung des Adoptionsziels (Hineinwachsen eines Kindes in ein neues Familiensystem und dessen Verwandtschaftssystem) schreibt der Gesetzgeber eine auf interdisziplinäre Fachlichkeit begründete Verfahrens- und Entscheidungspraxis vor.

Die Klärung der **rechtlichen Rahmenbedingungen**, d. h. die für das Verfahren zwingend vorgeschriebenen Erklärungen (Einwilligung, Zustimmung der Eltern, des Kindes und ggf. deren Ersetzung durch das VG) mit den komplizierten Rechtsfolgen muß in die Beratungs- und Vermittlungstätigkeit integriert werden.

Für die sozialpädagogischen Fachkräfte sind daher genaue Kenntnisse der rechtlichen Voraussetzungen, des Verfahrens und der Rechtsfolgen einer Adoption unverzichtbares Kontaktwissen zur Zusammenarbeit mit dem Amtsvormund/Amtspfleger beim Jugendamt sowie dem Vormundschaftsgericht.

4.5.2.2 Voraussetzungen und Verfahren der Adoption

Unter dem Leitprinzip des Kindeswohls sind als Voraussetzungen für eine Adoption folgende Fragen zu klären:

- Wer kann von wem adoptiert werden?
- Welche zwingenden (Anspruchs-)Voraussetzungen sind zu beachten?

- Welche Verfahrensregeln sind zu beachten?
- Welche Rechtsfolgen hat eine Adoption?

Wer kann von wem adoptiert werden?

Kind

- Ein minderjähriges eheliches oder nichteheliches Kind mit ungünstiger Entwicklungsprognose in seiner jetzigen Sozialisationssituation, dem dann durch Adoption günstigere persönliche Entwicklungschancen vermittelt werden sollen,

Volljährige

- ein Volljähriger, vor allem wenn schon lange ein faktisches Eltern-Kind-Verhältnis zwischen ihm und dem Annehmenden bestand und eine Adoption sittlich gerechtfertigt ist (§ 1767 BGB).

Wer kann ein Kind annehmen?

- Im Idealfall ein Elternpaar (Ehepaar), das ein für sie fremdes Kind annimmt (§ 1741 Abs. 2 BGB)
- Alleinadoption eines Ehegatten, der ein Kind seines Ehepartners annimmt (sog. Stiefkindadoption) oder der sein eigenes n. e. Kind annimmt oder der ein Kind allein adoptiert, weil sein Ehepartner minderjährig ist (§ 1741 Abs. 2)

sog. Stiefkindadoption

- Verwandtenadoption, die bei einer Annahme eines Kindes durch Onkel oder Tante in der Regel unstreitig ist. Eine Annahme von Enkelkindern durch Großeltern oder Geschwisteradoption ist umstritten und sehr selten. Einzelpersonen, vor allem die n. e. Mutter oder der n. e. Vater, die ihre Kinder annehmen wollen,

Verwandtenadoption

- und als Ausnahme auch Einzelpersonen, die ein fremdes Kind annehmen. Eine Annahme als Kind durch andere Lebensgemeinschaften insbesondere auch die Annahme des gemeinsamen Kindes im Rahmen einer n. ae. Lebensgemeinschaft ist ausgeschlossen.

Ausschluß anderer Lebensgemeinschaften

Welche rechtlichen Voraussetzungen sind zu beachten?

Leitprinzip Kindeswohl

Alterserfordernisse

Als Allgemeine Voraussetzung sind das Leitprinzip des Kindeswohls (§ 1741 BGB) und die Alterserfordernisse des § 1743 BGB zu beachten. Von diesen Erfordernissen kann im Gegensatz zum alten Recht vom Vormundschaftsgericht keine Befreiung erteilt werden. (Zwingend ist bei einer Adoption durch ein Ehepaar ein Mindestalter von 21 Jahren bei einem und 25 Jahren bei dem anderen Ehepartner, bei einer Stiefkindadoption 21 Jahre und bei Alleinadoption mindestens 25 Jahre.)

notarielle Beurkundung

Zwingend vorgeschrieben sind auch die nachfolgenden Erklärungen, die in der Regel in notariell beurkundeter Form dem zuständigen Vormundschaftsgericht gegenüber erklärt werden müssen (§ 1750 BGB). Notariell beurkunden kann jeder Notar in der BRD, örtlich zuständig ist dagegen nur ein Vormundschaftsgericht. Gemäß § 43 b Abs. 2–4 FGG ist das

Gericht zuständig, in dessen Bezirk der Annehmende seinen Wohnsitz hat. In Ausnahmefällen kann auch das Jugendamt eine Erklärung öffentlich beurkunden (§ 55 Abs. 1 Satz 1 KJHG/§ 1747 Abs. 2 BGB).

Die Einwilligung des Kindes wird durch notariell beurkundete Erklärung seines gesetzlichen Vertreters abgegeben. Ab dem 14. Lebensjahr ist eine volle Selbständigkeit des Kindes erreicht, über seine Zuordnung zu neuen Eltern und neue Verwandtensysteme selbst entscheiden zu können (§ 1746 BGB). Die Erklärung kann nur von dem über 14jährigen selbst abgegeben werden, der gesetzliche Vertreter muß lediglich zustimmen. Diese Einwilligung des über 14jährigen Kindes kann noch bis zum Abschluß des Verfahrens widerrufen werden, d. h., das Kind kann nicht gegen seinen Willen adoptiert werden (§ 1746 BGB).

volle Selbstbestimmung ab 14 Jahren

Die Einwilligung der Eltern: Als Voraussetzung für die »Freigabe« eines ehelichen Kindes ist die Einwilligung beider Eltern erforderlich; bei einem n. e. Kind ist nur die Einwilligung der Mutter erforderlich, § 1747 Abs. 1 BGB, verbunden mit einer Verzichtserklärung des n. e. Vaters, der zuvor vom Jugendamt beraten und belehrt werden mußte (§ 1747 Abs. 2/§ 55 Abs. 3 KJHG). Die Einwilligung ist auch als sog. Inkognitoeinwilligung möglich, d. h., daß die »freigebenden« Eltern die schon feststehenden Adoptiveltern nicht kennen; eine Blankoeinwilligung, d. h., wenn noch keine Adoptiveltern feststehen, denen das Kind zugeordnet werden soll, ist ausgeschlossen. Die Einwilligung ist unabhängig vom Sorgerecht und wird nach Zugang der notariell beurkundeten Einwilligungserklärung beim zuständigen Vormundschaftsgericht unwiderruflich (§ 1750 BGB). Ab diesem Zeitpunkt werden schon einige Wirkungen ausgelöst, die bei Abschluß der Adoption umfassend wirksam werden. Das zu vermittelnde Kind befindet sich jetzt meist schon in der sog. Adoptionspflege (Probezeit gem. § 1744 BGB, die der endgültigen Zuordnung des Kindes zu den »neuen Eltern« vorangeht). Die Annehmenden haben schon jetzt eine alleinige Unterhaltsverpflichtung (§ 1751 Abs. 4 BGB), die Unterhaltspflicht der leiblichen Eltern ist nachrangig geworden. Namensrechtlich und erbrechtlich treten zwar noch keine Rechtsfolgen ein, hier bleibt das Kind noch seinen leiblichen Eltern zugeordnet. Hinsichtlich der Elternverantwortung ruhen aber Sorgerecht und -pflicht der leiblichen Eltern, das Jugendamt wird Vormund (§ 1751 Abs. 1 BGB) und überträgt den Annehmenden weitgehend die tatsächliche Personensorge, also die Verpflichtung, das Kind zu erziehen. In Alltagsangelegenheiten haben sie schon jetzt ein Alleinentscheidungsrecht und die Pflicht, das Kind zu beaufsichtigen mit

Freigabeerklärung

Adoptionspflegezeit

entsprechender Haftpflicht bei Verletzung derselben (§ 832 BGB.). Sie können auch vom Kind Dienstleistungen im neuen Zuhause, d. h. in der Familie der Annehmenden, verlangen (§ 1619 BGB). Nur bei wichtigen Entscheidungen in Erziehungsfragen, z. B. Anmeldung in Kindergarten oder Schule, religiöse Erziehung (§ 3 RelKErzG) und in Fragen der gesetzlichen Vertretung, z. B. Zustimmung zu einer Operation, Ausstellung eines Kinderpasses etc., muß das Jugendamt als Amtsvormund zustimmen. Die leiblichen Eltern haben hier keine Einflußmöglichkeit mehr.

Ersetzung durch vormundschaftsgerichtliche Entscheidung

Für die Praxis sehr wichtig ist die Frage der Ersetzungsmöglichkeit der elterlichen Einwilligung durch eine vormundschaftsgerichtliche Entscheidung. Hier muß letztlich die Frage entschieden werden, wer ist die bessere Mutter, wer sind die besseren Eltern, die dem Kind optimale Entwicklungschancen bieten. Dieser Konflikt zwischen der leiblichen Mutter und der »Ziehmutter« ist schon seit dem Urteil Salomos immer wieder thematisiert worden (B. Brecht und Klabund haben literarisch im »Kaukasischen Kreidekreis« sehr schön die individuellen und gesellschaftlichen Zusammenhänge dieses Interessenkonfliktes aufgezeigt). Hier soll nur der adoptionsrechtliche Zusammenhang kurz skizziert werden, wobei drei Fallgruppen von Bedeutung sind:

1. Fallgruppe:

»gröbliche Pflichtverletzung«

Verweigert ein Elternteil, also Vater oder Mutter die Einwilligung, so muß das Vormundschaftsgericht auf Antrag des Kindes (gesetzlich vertreten durch den Amtsvormund) die notwendige Einwilligungserklärung für jeden Elternteil einzeln prüfen und bei Vorliegen der Voraussetzungen des § 1748 BGB ersetzen, wenn ein Unterbleiben der Adoption dem Kind zum unverhältnismäßig großen Nachteil gereichen würde. Gesetzliche Voraussetzungen sind: anhaltende und gröbliche Pflichtverletzung der leiblichen Eltern gegenüber dem Kind (§ 1748 Abs. 1 Satz 1 BGB), wenn die Pflichtverletzung besonders schwer wiegt, so daß das Kind voraussichtlich nicht mehr dem Elternteil anvertraut werden kann (§ 1748 Abs. 1 Satz 2 BGB). Bei nur gleichgültigem Verhalten, ohne Pflichtverletzung, darf die Einwilligung nur ersetzt werden, wenn der betreffende Elternteil vom JA beraten (Pflichtaufgabe § 51 KJHG) und über die Folgen belehrt wurde und eine Frist von mindestens drei Monaten (zur Wiedergutmachung) eingehalten wurde (§ 1748 Abs. 2 BGB).

2. Fallgruppe:

schwere geistige Behinderung

Ausschluß von geistig Behinderten, ihre eigenen Kinder zu erziehen. Nach § 1748 Abs. 3 BGB kann das VG durch Ersetzung einer verweigerten Einwilligungserklärung im Rahmen eines

Adoptionsverfahrens einem Elternteil die Verantwortung für sein eigenes Kind praktisch wegnehmen. Dies ist jedoch an die Voraussetzung gebunden, daß durch eine nachzuweisende besonders schwere geistige Beeinträchtigung dieser Elternteil dauernd unfähig ist, eine Eltern-Kind-Beziehung aufzubauen und das »gesunde« Kind zu erziehen, und wenn durch das Unterbleiben der Adoption die Entwicklung des Kindes schwer gefährdet wäre.

3. Fallgruppe:

Das sog. Vetorecht des n. e. Vaters: Ein n. e. Vater kann eine anstehende Adoption, z. B. die Vermittlung seines Kindes über das JA in eine den leiblichen Eltern unbekannte Familie, verhindern, selbst wenn die n. e. Mutter dies ausdrücklich wünscht und auch schon ihre Einwilligungserklärung abgegeben hat (§ 1747 Abs. 2 BGB). Dies kann der n. e. Vater durch Antrag auf Adoption (§ 1747 Abs. 2 Satz 2 BGB) seines eigenen Kindes oder durch Antrag auf Ehelichkeitserklärung (§§ 1723 ff. BGB) erreichen. Gemäß § 51 Abs. 3 KJHG muß das JA den n. e. Vater zur Wahrnehmung dieser Rechte beraten. Die Beratung soll vor der Adoptionspflege liegen, damit sich der n. e. Vater frei entscheiden kann, ob er einen Antrag auf Ehelichkeitserklärung oder einen Adoptionsantrag stellt (s. o.) oder aber ob er auf diese Anträge verzichten will. Spätester Zeitpunkt der Beratung ist die pflichtgemäße Anhörung oder Abgabe der gutachtlichen Äußerung zur Adoption (§§ 55 c/56 d FGG). Bei beiden Anträgen hat das VG jetzt zu prüfen, ob ein das Kind förderndes Eltern-Kind-Verhältnis zwischen dem n. e. Vater und seinem Kind entstehen kann (§§ 1741 Abs. 1, 1723 BGB). Bei einer negativen Entscheidung kommt die Adoption durch die (unbekannte) Familie weiter in Betracht. Dieses Vorrecht des n. e. Vaters gegenüber Fremdadoption gilt jedoch nicht, wenn die n. e. Mutter ihr Kind selbst adoptieren will (§ 1747 Abs. 2 Satz 2 BGB). Ihre rechtliche Position ist daher im »Kampf um das Kind« wesentlich stärker.

n. e. Vater kann sein Kind adoptieren

4.5.2.3 Rechtsfolgen der Annahme

Der Richter des zuständigen Vormundschaftsgerichts prüft von Amts wegen, ob all die genannten Voraussetzungen erfüllt sind, um über die Anträge auf Annahme als Kind entscheiden zu können (§ 1752 BGB). Wesentliche Entscheidungsgrundlage ist aber neben den notwendigen Einwilligungserklärungen die richterliche Überzeugung, daß die Annahme dem Kindeswohl entspricht; dazu muß der Richter das Kind, wenn es über 14 Jahre alt ist, persönlich anhören (§§ 55 c, 50 b, 50 c FGG). Bei einem jüngeren Kind ist die Anhörungsverpflichtung modifi-

Anhörungspflicht

ziert, d.h., der Richter muß das Kind in geeigneter Weise (in seinem Sozialisationsumfeld) anhören, um Neigung, Bindung und Wille des Kindes für die Entscheidung zu berücksichtigen. Das Gericht kann nur in schwerwiegenden Gründen von dieser Anhörung absehen.

Gutachten

Weitere Entscheidungsgrundlage ist die gutachtliche Äußerung der Adoptionsvermittlungsstelle (§56d FGG). Diese Verpflichtung hat der Gesetzgeber dem Richter auferlegt, weil die Beurteilung der pädagogischen Eignung der Beteiligten, vor allem die Frage der Prognose für eine künftige Eltern-Kind-Beziehung, sich den Kategorien einer rein juristischen Beurteilung entzieht. Hier müssen interdisziplinär ermittelte Befunde über die aktuelle Situation und die zukünftige Entwicklung des Kindes in die Entscheidungsfindung einfließen.

Beratungs-Ermittlungs-Kontrolle

Die »interdisziplinär« besetzten Adoptionsvermittlungsstellen (zumindest beim LJA) müssen sich die für die Beurteilung in der gutachtlichen Äußerung notwendigen Informationen durch Beratungsgespräche, Hausbesuche, Erkundigungen in Kindergarten oder Schule und durch die Beiziehung behördlicher Erkenntnisse (Akten) verschaffen. Über die Inhalte einer sachdienlichen Ermittlung der Lebenssachverhalte (Sozialisationsbedingungen) gibt die Adoptionsvermittlungsverordnung Anhaltspunkte: Die Adoptionsvermittlungsstellen, die für die Vorbereitung der Adoption zu leistende Adoptionshilfe durch Beratung und Unterstützung der Annehmenden erbringen (§7 AdVermG, §6 AdVermVO), sollen gleichzeitig Ermittlungen über die Adoptionsbewerber durchführen, die über die Motive, wesentliche Persönlichkeitsmerkmale einschließlich eines Gesundheitszeugnisses der Bewerber und die soziale Lage der Familie Feststellungen zulassen (§§2f. AdVermVO). Zur pädagogischen Beratung der Annehmenden gehören auch die Unterrichtung über die tatsächlichen und rechtlichen Veränderungen (Recht als Beratungsgegenstand) durch die Annahme und eine Information über das Ergebnis der »Ermittlungen über das Kind«, soweit dies für die Entwicklung des Kindes von Bedeutung ist (körperliche, geistig-seelische Besonderheiten) (§8 AdVermVO).

Diese umfangreiche Beratungs-, Ermittlungs- und Kontrollfunktion durch sozialberufliche Fachkräfte macht die besondere Verantwortlichkeit deutlich, da letztlich die Entscheidung des VG auf dieser Beurteilung beruht.

Dekretsystem

Kommt der Vormundschaftsrichter auf der Basis der gutachtlichen Äußerung und seiner eigenen Überzeugung zu dem Ergebnis, daß das Kindeswohl eine Adoption erfordert, spricht er durch Beschluß die Annahme aus (§1750 BGB).

Mit Rechtskraft des Beschlusses (in der Regel sofort, da keine

Rechtsmittel zugelassen sind) erhält das Kind die volle Rechtsstellung eines ehelichen Kindes der Annehmenden. Das Kind wird mit allen Rechten und Pflichten voll in das neue Familien- und Verwandtschaftssystem integriert (Volladoption). Die neuen Verwandtschaftsbeziehungen entstehen (ohne Zustimmung oder Verhinderungsmöglichkeit) kraft Gesetzes (§ 1754 BGB). Gleichzeitig erlöschen die verwandtschaftlichen Beziehungen zu der früheren Familie (leibliche Eltern) (§ 1755 BGB). Wichtig für den Übergang in das neue Familiensystem ist, daß einige Rechtsbeziehungen (mit Vorteil für das Kind gleichsam als Startchance) fortbestehen:

- Das Kind behält z. B. Ansprüche auf Renten oder Waisengeld, nicht aber Unterhaltsansprüche gegen die leiblichen Eltern (§ 1755 BGB).
- Bei der Annahme eines nichtehelichen Kindes eines Ehepartners erlöschen nur die Verwandtschaftsbeziehungen zum anderen Elternteil des n. e. Kindes (§ 1756 Abs. 2 BGB).
- Bei Verwandtenadoption (Onkel/Tante) wird nur das Verwandtschaftsverhältnis zu den leiblichen Eltern beendet (§ 1756 Abs. 1 BGB).

Neuregelung des Namensrechts

→ **Name:** Das Adoptivkind erhält den Familiennamen des Annehmenden, behält aber seinen Vornamen, den ihm seine leiblichen Eltern gegeben haben. Eine spätere Änderung des Vornamens kann auf Antrag der Adoptiveltern durch das VormG nur aus schwerwiegenden Gründen zum Wohl des Kindes erfolgen (§ 1757 Abs. 4 BGB). Die Güterabwägung zwischen den Interessen der Adoptiveltern und dem Schutz des Adoptivkindes vor Identifikationsproblemen, die sich durch einen »verfügten« neuen Vornamen ergeben, sind in der Praxis oft nur unbefriedigend gelöst worden (vgl. *Wagenitz*, Randkorrekturen im Adoptionsrecht, in ZfJ 5/91 S. 241 ff.).

Erwerb und Verlust der Staatsangehörigkeit

→ **Staatsangehörigkeit:** Das minderjährige Kind erwirbt – ohne das vor 1977 notwendige langwierige Einbürgerungsverfahren – mit der Annahme als Kind durch eine/einen Deutsche/en die deutsche Staatsangehörigkeit (§ 6 RuStG). Nimmt ein/eine Ausländer/in ein deutsches Kind an, so verliert das Kind seine deutsche Staatsangehörigkeit, wenn durch die Annahme die ausländische Staatsangehörigkeit erworben wird (§ 27 RuStG).

Elternverantwortung und Unterhaltspflicht

→ **Elterliche Sorge und Unterhalt:** Durch die Annahme als Kind erlangt das Kind die rechtliche Stellung eines ehelichen Kindes, d. h., die Adoptiveltern üben die volle elterliche Sorge gemäß §§ 1626 ff. BGB aus und sind dem Kind sowie das Kind seinen Adoptiveltern nach den Regeln des Verwandtenunterhalts §§ 1601 ff. BGB unterhaltspflichtig.

Seit Beginn der 80er Jahre werden die mit der sog. Inkognitoadoption verbundenen Probleme verstärkt erforscht und fachlich diskutiert. Es wurden sowohl die psychischen Folgen der Mütter (teilweise auch der Väter) untersucht, die ihre Kinder zur Annahme »durch unbekannte« neue Eltern freigegeben haben, als auch die Frage der Auswirkungen einer Stiefelternadoption auf die Entwicklung der Kinder dargestellt (vgl. *Textor*, Vergessene Mütter, die nicht vergessen können. Leibliche Eltern von Adoptivkindern. neue praxis, 1989, S. 323 ff., und *Krähenbühl/Jellouschek* u. a. 1987). Hinzu kommt die Diskussion um die Identitätsproblematik, die zunehmend in der Praxis der Adoptionsberatung und Vermittlung thematisiert wird (vgl. dazu *Ebertz*, 1987, und *Textor*, Die unbekannten Eltern. Adoptierte auf der Suche nach ihren Wurzeln, ZfJ 90/77, S. 10 ff.).

Folgewirkungen der Adoption

Adoption als Identitätsproblem

Offene Adoptionsformen als Norm?

Auf der Basis der explorativen Untersuchungen kommt Beate Ebertz (1987), S. 147 ff.) zu einer Reihe praktischer Anregungen und Empfehlungen für die Adoptionsberatung und Vermittlung noch unterhalb der Ebene einer De-lege-ferenda-Diskussion. Zu einem ählichen Ergebnis kommt *Textor* (Textor in NDV Heft 4/91 S. 107 ff.) in seiner Darstellung und Analyse offener Adoptionsformen für die Praxis. Nach dem derzeitigen Erkenntnisstand ist es nicht angezeigt, Formen der offenen oder halboffenen Adoption zu einer neuen Norm zu machen (*Textor* a. a. O., S. 110). Für die Beratung gilt es jedoch im Einzelfall, dies als Alternative mit zu bedenken. Die Entscheidung des BVerfG (BVerfGE 79, 256), die gestützt auf das allgemeine Persönlichkeitsrecht (Art. 2 Abs. 1 in Verb. mit Art. 1 Abs. 1 GG) dem Kind ein Recht auf Kenntnis der eigenen Abstammung einräumt, verpflichtet den Gesetzgeber nicht, den Schutzaspekt einer Inkognitoadoption ganz aufzugeben und nur Formen der offenen Adoption zuzulassen (vgl. dazu H. *Oberloskamp:* Recht auf Kenntnis der eigenen Abstammung, in: FuR 1991, S. 263 ff.).

Eure Kinder sind nicht euer Besitz. Sie sind die Söhne und Töchter der Sehnsucht des Lebens nach sich selbst. Sie kommen durch euch, aber nicht von Euch. Ihr könnt ihnen eure Liebe geben, aber nicht eure Gedanken, denn sie haben ihre eigenen Gedanken. Ihr könnt ihren Körpern ein Zuhause geben, aber nicht ihren Seelen, denn ihre Seelen wohnen in dem Haus von morgen, das ihr nicht besuchen könnt, nicht einmal in euren Träumen. Wenn ihr wollt, könnt ihr euch bemühen zu werden wie sie, aber ihr dürft sie nicht dahin bringen wollen, zu werden wie ihr.
Denn das Leben geht nicht rückwärts und hält sich nicht auf beim Gestern.
Ihr seid die Bogen, von denen eure Kinder als lebende Pfeile entsandt werden.
Der Schütze sieht das Zeichen auf dem Pfade der Unendlichkeit, und Er biegt euch mit seiner Macht, auf daß Seine Pfeile schnell und weit fliegen. Möge das Biegen in des Schützen Hand euch zur Freude gereichen; den̄ gleich wie Er den fliegenden Pfeil liebet, so liebt er auch den Bogen, der standhaft bleibt.

Chalil Dschibran (1883–1931)

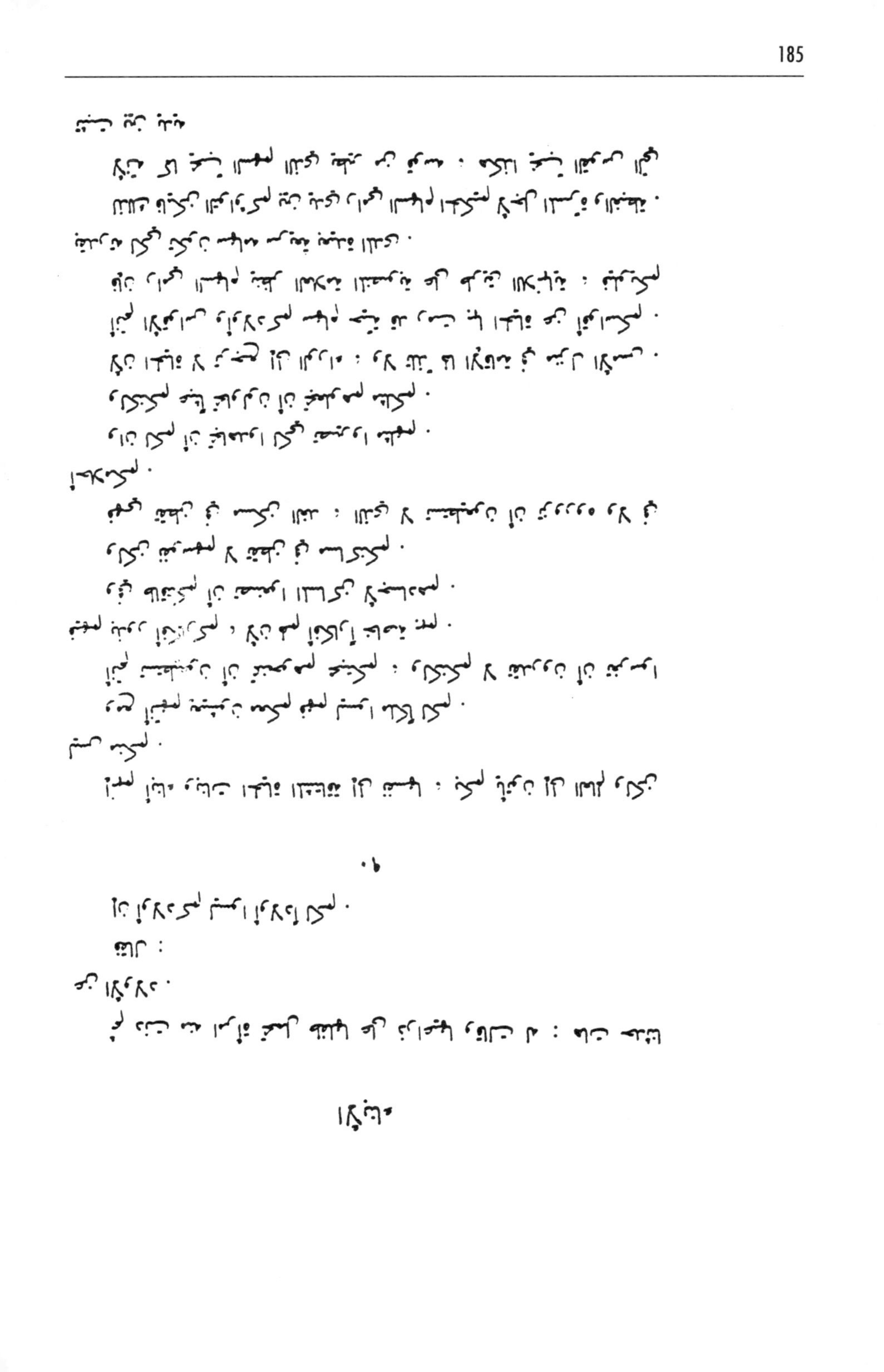

[illegible]

5. Die Verantwortung der Eltern für die Erziehung im Familienrecht

5.1 Einführung

Bei der Beschreibung der Erziehungsverantwortung, die den Eltern gegenüber ihren Kindern obliegt, werden die folgenden Rechtsbegriffe verwendet:

Elterliche Sorge
Dieser Begriff steht seit dem 1.1. 1980 für den bisherigen Begriff der »elterlichen Gewalt« (§§ 1626 ff. BGB). Er bedeutet eine Zusammenfassung der Rechte und Pflichten der Eltern, für ihr minderjähriges Kind zu sorgen in den gesetzlich definierten Bereichen der Personensorge, der Vermögenssorge und der gesetzlichen Vertretung des Kindes.

Elternrecht
Das Elternrecht beinhaltet im wesentlichen die Definition des Art. 6 GG zur Abgrenzung der staatlichen Einflußsphäre auf die Autonomie der Familienerziehung.

Elternverantwortung
Die Elternverantwortung ist begrifflich gleichbedeutend mit der Erziehungsverantwortung der Eltern. Dieser Begriff steht als Oberbegriff für alle elterlichen Rechte und Pflichten vom Anspruch des Kindes auf Erziehung her gesehen. Das Kind ist in diesem Zusammenhang als Grundrechtsträger zu sehen mit eigenem Recht auf Schutz und Entwicklung und Entfaltung seiner Persönlichkeit (Art. 1/2 GG). Die Elternverantwortung verschmilzt Personensorge, Vermögenssorge und die finanzielle Absicherung der Erziehung durch Unterhalt, ungeachtet der Trennung der Bereiche durch den Gesetzgeber, zu einer Einheit (vgl. *Ramm*, 1990, S. 271).

Lernziele in diesem Abschnitt sind:

- Erwerb der Fähigkeit, die Erziehungsverantwortung der Eltern in allen rechtlich geregelten Teilbereichen auf der Basis von gesetzlichen Grundlagen, der Interpretation von Recht durch Rechtsprechung und Literatur analysieren zu können.
- Rechtsanwendungskompetenz im Hinblick auf die Einbeziehung dieser rechtlichen Rahmenbedingungen in Beratungsansätze der sozialen Arbeit.

- Rechtsanwendungskompetenz bei der gutachtlichen Tätigkeit im Zusammenwirken mit den Gerichten zur inhaltlichen Bestimmung des Leitbegriffs des Kindeswohls.
- Rechtsanwendungskompetenz familienrechtlicher Grundbegriffe und Rechtspositionen von Eltern und Kindern bei der Erfüllung der Aufgaben in der Kinder und Jugendhilfe.

5.2 Elternrechte – Kinderrechte und soziale Arbeit

5.2.1 Rechtliche Rahmenbedingungen

Erziehungsverantwortung der Eltern

Die Erwartungen, die Staat und Gesellschaft an die Familie als Sozialisationsinstanz haben, sind sehr hoch. Einerseits wird den Eltern die Erziehungsverantwortung grundgesetzlich (als Elternrecht) garantiert, in die sich Staat und Gesellschaft nicht einmischen wollen und sollen. Andererseits werden die Eltern mit dem daraus erwachsenden Pflichtrecht einer umfassenden Erziehungsverantwortung nicht selten überfordert. Diese Überforderung wird auf der »Erlebensseite« der Eltern paradoxerweise noch verstärkt, wenn der Staat die Interessenvertretung der Kinder über das sog. Wächteramt übernimmt. Die Kontrollfunktion (»Wächteramt« des Staates über die Erziehung in der Familie) ist gemäß Art. 6 Abs. 2 Satz 2 GG legitimiert, denn mit dem Elternpflichtrecht korrespondiert ein Anspruch des Kindes auf Erziehung und Emanzipation zu eigener gemeinschaftsfähiger Persönlichkeit (§ 1 KJHG), über dessen Erfüllung die staatliche Gemeinschaft wacht. Während das Elternpflichtrecht verfassungsrechtlich geschützt ist, wird das Recht des Kindes nicht als eigenständiges (einklagbares) Recht auf Erziehung grundgesetzlich geschützt, sondern von der h. M. in Literatur und Rechtsprechung als sog. Reflexrecht der Eltern gesehen.

Erziehungsanspruch

»Reflexrecht des Elternrechts«

Förderung der Erziehung durch Sozialleistungen

Eine mögliche Überforderung der Eltern durch ihre umfassende Erziehungsverantwortung will der Staat durch ein umfassendes System von Sozialleistungen auffangen. Durch die Angebote von Sozialleistungen (SGB AT, insbes. 8. Buch SGB KJHG) soll Familienerziehung gefördert, unterstützt und begleitet werden (Kap. 7 und 8).

geschützter Freiraum

Die Praxis der sozialen Arbeit, vor allem im Bereich der Kinder- und Jugendhilfe, zeigt, daß der grundgesetzlich geschützte Freiraum für die Gestaltung der Erziehung in der Familie in Verbindung mit den die Erziehungsaufgabe unterstützenden Sozialleistungen und der Absicherung der Sozialisation durch das staatliche Wächteramt allein noch keine Garantie für eine gelungene Sozialisation verbürgen.

Die Interessenkonflikte zwischen Individualrechten der Eltern als Lebenspartner im Verhältnis zu den Interessen und Ansprüchen ihrer Kinder in einem Familiensystem können in ihrer Dynamik Konflikte und Probleme erzeugen, die aus eigenen Kräften im System der Familie nicht mehr ausgeglichen oder mit familienbezogenen Hilfen des Sozialleistungsrechts gelöst werden können. In den praktizierten »systemischen Ansätzen« der Erziehungsberatung, Ehe-, Lebens- und Familienberatung oder der Trennungs- und Scheidungsberatung zeigt sich, daß oft die Kinder (als schwächste Mitglieder des Systems Familie) die Symptomträger dieser Konflikte sind.

Kinder als Systemträger von Familienkonflikten

Kampf um das Kind

Kinder machen leidvolle Erfahrungen mit der Neuorientierung bei Trennung und Scheidung der Eltern als Lebenspartner, bei dem oft damit verbundenen Kampf um das Kind bei Sorgerechtsentscheidungen oder Umgangsrechtsregelungen.

Kinder als Erziehungsobjekte

Kinder machen die Erfahrung, daß sie als Objekte elterlicher Erziehung in ihren Entwicklungsmöglichkeiten oft sehr stark eingegrenzt werden, und Hilfe von außen nur in den Extremfällen des Eingriffs in das Sorgerecht gem. § 1666 BGB möglich ist und damit meistens zu spät kommt.

Kinder machen letztlich die Erfahrung, daß Gewalt zwischen den Eltern als Lebenspartner sie zutiefst verunsichert, oder daß sie selber im »Rahmen der Erziehung« Opfer von Gewaltanwendung oder gar sexuell von Familienangehörigen mißbraucht werden.

Diese Befunde sind eine Herausforderung an die soziale Arbeit und an das Recht sowohl im Rahmen der Anwendung und Auslegung geltenden Rechts als auch in der Weiterentwicklung des Rechts (vgl. Übersicht *Faltermeier*, 1993, S. 560 und grundlegend *Engfer*, 1993, S. 617 ff., *Neubauer* u. a., 1993, S. 163 ff., sowie *Enders*, 1980, *Gutjahr*, 1990 und *Zenz*, 1981).

Es ist nun zu fragen, ob es im geltenden Familienrecht Rechtsgrundlagen (Konfliktregulierungssysteme) gibt, die geeignet sind, den Ausgleich der Interessenkonflikte und den Schutz von Kindern (und Frauen) innerhalb der Familie gleichermaßen zu ermöglichen.

Rahmenbedingungen der Sozialisation

Die rechtlichen Rahmenbedingungen der Sozialisation eines Kindes in seinen familialen Bezügen sind durch Abstammung und Statusentscheidungen bestimmt (vgl. Kap. 4.4). Die weitreichenden Rechtsfolgen dieser Statusentscheidungen mit den Zuordnungen der Kinder zu ihren Eltern enthalten auch den Kernbereich der Eltern-Kind-Beziehung: das Recht der elterlichen Sorge.

Kernbereich – elterliche Sorge –

Dieser Kernbereich der »elterlichen Sorge« umfaßt die Rechte und Pflichten, die Eltern ihren minderjährigen Kindern gegenüber haben. Das Sorgerecht ist im wesentlichen eine Materie des Zivilrechts, geregelt im 4. Buch des BGB (Familienrecht).

Kennzeichnend für diesen Regelungsbereich der elterlichen Sorge ist die Schwierigkeit des Gesetzgebers, das Spannungsverhältnis zwischen dem Elternpflichtrecht (Elternverantwortung) und dem Erziehungsanspruch des Kindes von der Geburt bis zum 18. Lebensjahr rechtlich auszudifferenzieren, in einem Lebensbereich, der eher über Sozialnormen bestimmt wird und sich einer rechtlichen Festschreibung entzieht. Folglich ist die gesetzliche Ausgestaltung des Elternrechts im BGB (§§ 1626 ff.) ein Minimalgerüst mit Leitprinzipien und Interpretationsspielräumen, die durch die Rechtsprechung im Einzelfall (Konfliktregulierung) zu aktualisieren sind.

5.2.2 Leitprinzipien der Erziehung in der Familie (Elternverantwortung)

Leitprinzipien

Leitprinzipien der rechtlichen Ausgestaltung der Eltern-Kind-Beziehung im Rahmen der Erziehungsverantwortung sind die »gemeinsame Elternverantwortung« von Vater und Mutter und die Berücksichtigung der Interessen des Kindes (Kindeswohl).

Konsensprinzip

Das Leitprinzip der gemeinsamen Elternverantwortung (Konsensprinzip) ist in §§ 1626 ff. BGB geregelt. Danach haben Vater und Mutter das Recht und die Pflicht, gleichberechtigt und in gegenseitigem Einvernehmen für das Aufwachsen des Kindes zu sorgen (§ 1626 f BGB). Bei den Erziehungsaufgaben müssen die Eltern die wachsenden Fähigkeiten und Bedürfnisse der Kinder zu eigenverantwortetem Handeln berücksichtigen und mit den Kindern einvernehmlich aushandeln (§ 1626 II BGB); im Falle von Ausbildungs- und Berufsentscheidungen gegebenenfalls unter Einbeziehung fachlicher Beratung zur Entscheidungsfindung (§ 1631 a BGB). Die gemeinsame Elternverantwortung beinhaltet auch einen Einigungszwang (§ 1627 BGB), d.h., bei Meinungsverschiedenheiten in Fragen der Erziehung müssen die Eltern versuchen sich zu einigen. Gelingt dies nicht, so kann auf Antrag eines Elternteils mit Hilfe des Vormundschaftsgerichts versucht werden, eine Einigung im Interesse des Kindeswohls zu erzielen (§ 1628 BGB). Notfalls überträgt das Vormundschaftsgericht die Sorgerechtsentscheidung in dem Konfliktfall dem Elternteil, der mit seiner Position dem Kindeswohl am besten entspricht. Gemeinsame Elternverantwortung wird als Leitprinzip auch gefordert, wenn sich Eltern als Partner trennen oder sich scheiden lassen, da sie trotz Trennung und Scheidung ihre Elternrolle behalten. Ziel ist es, im Idealfall das Sorgerecht gemeinsam auszuüben.

gemeinsames Sorgerecht bei n. e. Lebensgemeinschaft

Die bisher nur im Faktischen praktizierte gemeinsame elterliche Sorge von Eltern, die mit ihren Kindern in nichtehelicher Lebensgemeinschaft leben, soll nunmehr auch rechtlich abgesichert werden (vgl. Kap. 5.3.3.1 und 5.3.3.3).

Leitprinzip Kindeswohl

Das zweite Leitprinzip, an dem sich die Ausübung der Erziehungsverantwortung der Eltern zu orientieren hat, ist das Kindeswohl. Über diesen unbestimmten Rechtsbegriff wird in Konflikten bei der Sorgerechtsausübung, z. B. bei Trennung und Scheidung (§ 1672/1671 BGB), bei Meinungsverschiedenheiten in Erziehungsfragen (§ 1628), bei Fragen des Umgangs- und Auskunftsrechts (§ 1634) sowie bei Mißbrauch und Entziehung des Sorgerechts (§§ 1666/1680 BGB) das Interesse des Kindes den Elterninteressen entgegengesetzt und über das Wächteramt des Staates auch anwaltlich vertreten (Art. 6 Abs. 2 Satz 2 GG).

kinderrechtliche Positionen

Diese beiden Leitprinzipien für die Erziehungsverantwortung der Eltern signalisieren auch eine Verstärkung kinderrechtlicher Positionen. Gemeint ist damit, Kinder aus der Unterwerfung unter die »elterliche Gewalt«, also aus einem Objektverhältnis elterlicher Erziehung allmählich herauszulösen und zu eigener Rechtssubjektivität im Sozialisationsprozeß eines Familiensystems zu führen. Mit der Ablösung des bis zum 1. 1. 1980 für die Elternverantwortung geltenden Begriffs der »elterlichen Gewalt« durch das Gesetz über die Neuregelung des Rechts der elterlichen Sorge vom 18. 7. 1979 (BGBl. I S. 1061) wurde eine neue Phase der rechtlichen Ausgestaltung der Eltern-Kind-Beziehung und des Sozialisationsrechts begonnen. Für die Rechtsentwicklung ist dieses Datum bedeutsam, weil hier ein klassisches Herrschaftsrecht (elterliche Gewalt), d. h., die Gewaltunterworfenheit der Kinder zurückgedrängt wird zugunsten einer starken Betonung der Elternverantwortung durch die Pflichtgebundenheit des Elternrechts.

internationale Rechtsentwicklung

Mit dieser Entwicklung des deutschen Rechts korrespondieren internationale Rechtsentwicklungen (z. B. Europäische Menschenrechtskonvention EMK – Haager Minderjährigenschutzabkommen – und zuletzt die UN-Vereinbarung über die Rechte des Kindes vom 20.11.1989; vgl. dazu *Coester/Hansen* in *Steindorff* (Hrsg.), 1994, S. 21 ff.).

Die Einbeziehung kinderrechtlicher Positionen wurde im deutschen Recht zwar schon 1920 mit der Jugendrechtsbewegung (JWG/JGG) begonnen, ist aber zeitlich der letzte Entwicklungsprozeß und muß im Zusammenhang mit der Umsetzung der Gleichberechtigungsideen (Mann/Frau, Vater/Mutter, eheliche/nichteheliche Kinder, Eltern/Kinder) gesehen werden, die nur schwer in patriarchalische Denk- und Rechtsstrukturen Eingang fanden.

Exkurs
Rechtsgeschichte
römischrechtliche
Wurzeln

Ein kurzer Blick in die Rechtsgeschichte belegt diese These: Das deutsche Recht steht seit der Rezeption des römischen Rechts (12./13. Jahrhundert) in der Tradition einer patriarchalisch orientierten Rechtsordnung. Im alten römischen Recht gab es nur die zeitlich unbeschränkte »väterliche Gewalt« über das Kind. Der Vater hatte sogar das Recht, es zu töten (jus vitae necisque). Das bedeutet, daß das Kind zu Lebzeiten seines Vaters ihm immer unterworfen war. Noch im römischen Recht wurde diese umfassende väterliche Gewalt durch den sog. Scheinverkauf (emancipatio) eingeschränkt und zeitlich beschränkt. Dieses Herrschaftsrecht über ein Kind war gleichbedeutend wie Herrschaftsrechte über dingliche Rechte (Sachen) und zeigt damit den Objektcharakter.

deutschrechtliche
Wurzeln

In dem deutschrechtlichen Begriff der – munt wurde aber schon die Pflichtbindung angedeutet, denn dem Kind mußte durch seinen Vater umfassender Unterhalt und Schutz gewährt werden. Diese Unterhalts- und Schutzpflicht bezog sich auch auf die Großfamilie und das Gesinde. Die Mutter hatte zwar die Pflicht, für das Wohl des Kindes zu sorgen, es zu pflegen und zu erziehen, aber in jedem Fall nur nach der Entscheidung des Vaters. Wie weit diese Beziehungsstrukturen in einer patriarchalisch orientierten Familie verrechtlicht sein konnten, zeigt z. B das Preuß. Allg. Landrecht im § 184 II 1 ALR:
»Der Mann ist das Haupt der ehelichen Gesellschaft und sein Entschluß gibt in gemeinschaftlichen Angelegenheiten den Ausschlag«, oder die rechtliche Regelung der Verpflichtung der Mutter, im Rahmen der Personensorge ihr Kind zu stillen, doch wie lange sie ihr Kind stillt, bestimmt der Mann. Noch weiter geht das bayr. Landrecht, das bis 1900 galt, das gem. § 12, 2 dem Mann sogar ein Züchtigungsrecht (unmittelbare Gewaltanwendung) gegenüber seiner Ehefrau zusprach (vgl. Ramm 1984, S. 60).

Abbau patriarchalischer Herrschaftsrechte

Spätestens ab dem 1. 1. 1980 (Sorgerechtsregelung) sind patriarchalische Herrschaftsrechte über Frauen und Kinder, vom Anspruch der Rechtsordnung her gesehen, vollständig beseitigt. Die Wirklichkeit der gelebten Realität in den Familien ist jedoch teilweise noch hinter dieser Rechtslage zurück.

5.2.3 Sorgerechtsprobleme in der Praxis der sozialen Arbeit

Sorgerechtsprobleme
in der Beratung

Erziehungsprobleme, die bei Kindern und Jugendlichen durch die vielschichtigen sozialen Kontrollsysteme (z. B. Kindergarten, Schule, Nachbarschaft) aufgedeckt werden und gelegentlich auch den Jugendämtern mitgeteilt werden, sind immer auch Sorgerechtsprobleme, da hier auch die Elternverantwortung tangiert ist. Oder umgekehrt gesehen, bewirken Probleme der Eltern mit der Erziehungsverantwortung auch Beziehungsprobleme im Familiensystem. Die meisten Ansätze der sozialen Arbeit mit Eltern, Kindern und Jugendlichen sowie dem System Familie versuchen zunächst, Probleme und Interessenkonflikte (mit Kenntnis der rechtlichen Zusammenhänge) außerhalb einer förmlichen Rechtsentscheidung durch Beratung (Beratungsfunktion der sozialen Arbeit) zu lösen,

ehe die nicht konsensfähigen Konflikte durch das Familiengericht oder Vormundschaftsgericht rechtsförmlich entschieden werden. Die Beteiligung der sozialberuflichen Fachkräfte geschieht dann in der gutachterlichen Funktion im Rahmen der Mitwirkung bei der Vormundschafts- und Familiengerichtsentscheidung (§§ 49 ff. FGG/§ 50 KJHG).
Für die Darstellung der Sorgerechtsprobleme im engeren Sinn können exemplarisch zwei Fallgruppen gebildet werden, in denen Sorgerechtsprobleme einerseits Beratungsgegenstand und andererseits Orientierungsmerkmale für gutachterliche Tätigkeiten sein können.

1. Fallgruppe: Beratungsangebote

Beratungsangebote

Beratungsangebote in der Ehe-, Lebens- und Familienberatung einschließlich der Paarberatung, bei Fragen der Lebensplanung und der Ausübung der Erziehungsverantwortung sowie bei der Erziehungsberatung im engeren Sinn (§§ 13 ff. SGB/§ 16 KJHG/§ 17 KJHG/§ 28 KJHG/§ 8 Abs. 2 BSHG).

zielgruppenorientiert

Neben diesem allgemeinen Beratungsansatz im Aufgabenbereich der Kinder- und Jugendhilfe und Sozialhilfe als Sozialleistungsangebote mit Rechtsanspruch auf Beratung (§§ 13 ff. SGB) wird im Gesetz auch eine zielgruppenspezifische Beratung formuliert, z. B. die Beratung und Hilfe für alleinerziehende Eltern (§ 18 KJHG) sowie Beratungsangebote für Kinder und Jugendliche (§ 8 Abs. 2 und 3 KJHG).
Die Fragen der Elternverantwortung umfassen nicht nur die Erziehungsverantwortung, also das Sorgerecht im engeren Sinn, sondern auch die Dimension der wirtschaftlichen Absicherung der Sozialisation durch Unterhalt (§ 18 Abs. 3 KJHG/§ 8 Abs. 2 BSHG). (Dieser Aspekt wird ausführlich im Abschnitt n dargestellt).

2. Fallgruppe (Beratung und Hilfe, Mitwirkung bei gerichtlichen Entscheidungen)

Trennungs- und Scheidungsberatung

Trennungs-und Scheidungsberatung (§ 17 KJHG) auch mit dem Ziel, eine Sorgerechts- bzw. Umgangsrechtsregelung im Interesse des Kindeswohls zwischen den Eltern konsensfähig zu vermitteln.
Mitwirkung des Jugendamtes bei familiengerichtlichen und vormundschaftsgerichtlichen Entscheidungen in Fragen des Sorgerechts, Umgangsrechts, Auskunftsrechts (§§ 1628, 1631 a ff., BGB in Verbindung mit § 50 KJHG/§§ 49ff. FGG).

5.3 Das Recht der elterlichen Sorge

5.3.1 Inhalt und Umfang des Rechts der elterlichen Sorge

Beginn und Ende der elterlichen Sorge

Die elterliche Sorge beginnt mit der Geburt eines Kindes und endet mit der Volljährigkeit oder dem Tod eines Kindes bzw. seiner Eltern. Die Erziehungsverantwortung der Eltern für diesen zeitlichen Rahmen ergibt sich aus der Statusentscheidung über die Zuordnung des Kindes zu seinen Eltern aus ehelicher oder nichtehelicher Abstammung. Bei nichtehelicher Abstammung, bei Trennung und Scheidung der Eltern sowie durch Adoption wird die elterliche Sorge entsprechend dem Leitprinzip des Kindeswohls entweder einem Elternteil allein (n. e. Mutter/Mutter oder Vater bei Trennung und Scheidung/Annahme als Kind) oder beiden Eltern gemeinsam zugeschrieben (beiden Eltern in n. e. Lebensgemeinschaft/gemeinsames Sorgerecht bei Trennung und Scheidung/Ehegattenadoption). Kennzeichnend ist aber, daß die elterliche Sorge in ihrer Substanz nicht entziehbar ist (Art. 6 Abs. 2/19 Abs. 2 GG), sondern nur ihre Ausübung kann differenziert geregelt und gegebenenfalls entsprechend den o. g. Leitprinzipien eingeschränkt werden.

Strukturmerkmale

Die nachfolgenden Strukturmerkmale gelten daher für alle Inhaber des Rechts der elterlichen Sorge grundsätzlich gleich:

Das BGB gliedert die elterliche Sorge in drei Bereiche:
- die Personensorge (§§ 1631 ff. BGB)
- die Vermögenssorge (§§ 1638 ff./§§ 1667 ff./§§ 1698 ff./BGB)
- die gesetzliche Vertretung des Kindes in allen Bereichen (§ 1629 Abs. 1 S. 1 BGB).

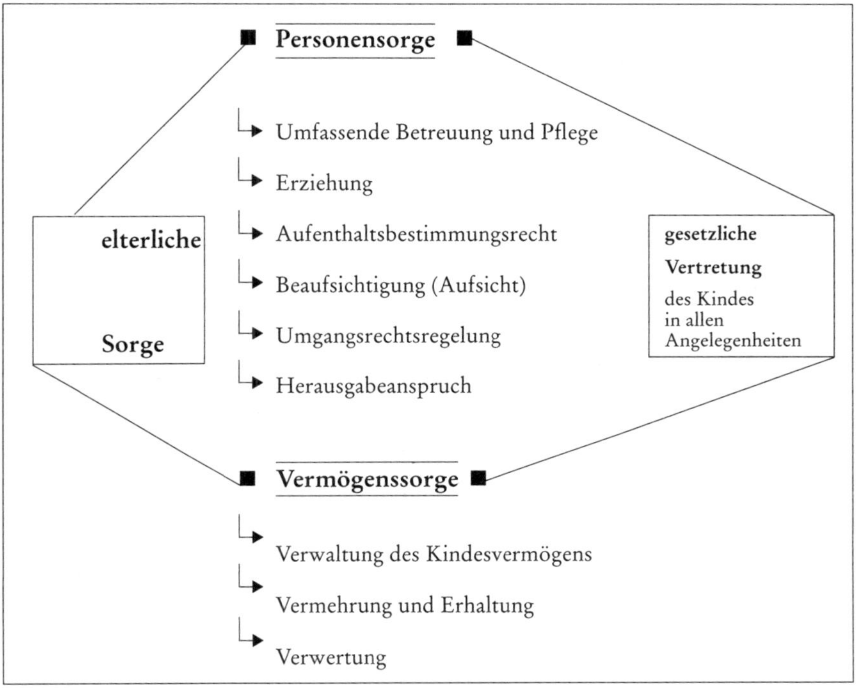

gesetzlich definierte Elemente

Diese gesetzlich definierten Elemente der elterlichen Sorge werden noch einmal differenziert, wenn ein Elternteil oder beide für diese Bereiche im Außenverhältnis keine gesetzliche Vertretungsmacht besitzen. Hier ist die Rechtsposition der tatsächlichen Personensorge und korrespondierend der tatsächlichen Vermögenssorge gebildet.

tatsächliche Personensorge

Tatsächliche Personensorge bedeutet, daß ein Elternteil zwar die Möglichkeit und Kompetenz hat, für die Person des Kindes in vollem Umfang zu sorgen, jedoch ohne die juristisch relevante Außenvertretung als gesetzliche/r Vertreter/in wahrnehmen zu können. Typisches Beispiel ist die minderjährige alleinerziehende Mutter, die tatsächlich ihr Kind versorgt und auch über Vornamen, Religion, Aufenthalt und Erziehung mitbestimmen kann, jedoch ohne Rechtshandlungen für das Kind nach außen (Vertragsabschlüsse, Anträge auf Sozialleistungen). Hierzu ist eine Entscheidung des gesetzlichen Vertreters (Vormund, Amtsvormund § 1773 BGB) notwendig. Bei verheirateten Eltern hat der volljährige Partner dann allein die gesetzliche Vertretung für das gemeinsame Kind nach außen auszuüben.

tatsächliche Vermögenssorge

Tatsächliche Vermögenssorge bedeutet, daß ein nicht vertretungsberechtigter Elternteil alle vermögenserhaltenden und vermögensmehrenden Maßnahmen ohne rechtlich relevante Aktivitäten gegenüber Dritten tun darf und tun muß.

Personensorge

Das wichtigste Element der Elternverantwortung ist im Hinblick auf die Erziehungsverantwortung die **Personensorge.** Eine abschließende Festlegung der Inhalte der Personensorge durch den Gesetzgeber ist nicht möglich und auch nicht angezeigt. Das BGB definiert daher nur wichtige Bereiche, weitgehend mit unbestimmten Rechtsbegriffen:

Inhalte der Personensorge

Die Personensorge (§§ 1631 ff. BGB) schreibt den Eltern Recht und Pflicht zu, für das leibliche Wohl des Kindes zu sorgen, es zu pflegen, zu erziehen, zu beaufsichtigen und seinen Aufenthalt zu bestimmen (§ 1631 Abs. 1 BGB), Entscheidungen über Ausbildungs- und Berufswahl (§ 1631 a BGB), über mit Freiheitsentzug verbundene Unterbringung (§ 1631 b BGB), die Herausgabe des Kindes von Dritten (§ 1632 Abs. 1 BGB) und die Bestimmung des Umgangs mit anderen Personen (§ 1632 Abs. 2 BGB) gegebenenfalls im Zusammenwirken mit Jugendamt und Vormundschaftsgericht zu treffen. Zu der Personensorge gehören über die genannte Einzelbetreuung hinaus alle wichtigen Angelegenheiten, die die Person des Kindes betreffen, zu deren Vornahme die Eltern berechtigt und verpflichtet sind. Die Legitimation ergibt sich aus der Grundnorm des § 1626 BGB und ist zum Teil auch noch gesetzlich definiert. Nach allgemeiner Meinung gehört zum Recht der Personensorge auch die Vornamensgebung (Namensänderungsanträge §§ 1616 f. BGB), die Bestimmung der religiösen Erziehung (§ 1 RelKErzG), die allgemeine Förderung der schulischen und beruflichen Ausbildung (Elternpflichten in den Schulgesetzen), die Einwilligung in ärztliche Behandlungen und die Geltendmachung von Rechtsansprüchen für das Kind.

Inhalte der Vermögenssorge

Die **Vermögenssorge** als Teil der elterlichen Sorge umfaßt alle rechtlichen und tatsächlichen Handlungen, die der Verwaltung des Kindesvermögens nach den Grundsätzen der Erhaltung, Vermehrung und Verwaltung des Kindesvermögens im Interesse des Kindes dienen. Diese im BGB sehr genau geregelte »ökonomische Seite« der Elternverantwortung ist für die Praxis der sozialen Arbeit von geringer Bedeutung.

Wichtig ist in einer ganzheitlich verstandenen Elternberatung u. U. der Hinweis, daß Eltern Kindesvermögen gewinnbringend anlegen müssen (§ 1642 BGB) und keine Schenkungen aus dem Kindesvermögen (Ausnahme: sittliche Verpflichtungen § 1641 BGB) vornehmen dürfen. Für Vermögensangelegenheiten mit großer Reichweite ist als gesetzliche Beschränkung die

Genehmigung durch das Vormundschaftsgericht (z.B. bei Kreditgeschäften, Erbschaftsausschlagung für das Kind § 1643) und die vormundschaftsgerichtliche Kontrolle bei Pflichtverletzung der Eltern (§ 1667 BGB) vorgesehen.

Wirkungen des Eigentumsrechts der Kinder

Erwerben die Eltern Gegenstände, finanziert aus Mitteln des Kindes, wird das Erworbene Eigentum des Kindes (sog. dingliche Surrogation). Für die Finanzierung des Sozialisationsaufwandes der Familie im weiteren Sinne ist es wichtig, daß das Vermögen der Kinder steuerlich selbständig mit eigenen Freibeträgen behandelt wird, Erträge daraus jedoch auch nur für die Kinder verwendet werden dürfen. Überschüsse können nur eingeschränkt zum Unterhalt der Eltern oder minderjähriger Geschwister verwendet werden.

Inhalt und Umfang der gesetzlichen Vertretung

Die gesetzliche Vertretung bedeutet, daß Eltern, die die »volle juristische Handlungsfähigkeit« besitzen, kraft Gesetzes berufen sind, Handlungen mit Rechtswirkungen für das Kind im Außenverhältnis der definierten Personen- und Vermögenssorge wahrzunehmen. Damit sind nicht nur die sogenannten rechtsgeschäftlichen Handlungen gemeint, z.B. einseitige Willenserklärungen und Vertragsabschlüsse mit daraus abgeleiteten weiteren Gestaltungsrechten und Ansprüchen, die der Mitwirkung der Eltern bedürfen, sondern auch rechtlich relevante Erklärungen, z.B. Einwilligungen in operative Eingriffe, Anträge auf Sozialleistungen, Vertretung bei der Geltendmachung und gerichtlichen Durchsetzung von Rechtsansprüchen aller Art.

5.3.2 Wirkungen des Sorgerechts

elterliche Sorge ein »absolutes Recht«

Das Sorgerecht als Hauptbestandteil des Elternrechts entfaltet Wirkungen im Verhältnis der Familie zu staatlichen und gesellschaftlichen Bereichen der Erziehung und im Innenverhältnis. Im **Außenverhältnis** beinhaltet die elterliche Sorge ein subjektives absolutes Recht gegenüber Dritten. Eltern bzw. der oder die Personensorgeberechtigte/n haben in diesem Zusammenhang gegenüber Dritten folgende Rechtspositionen: *Herausgabeanspruch* (§ 1632 BGB).

Interessenkonflikte

Dieser Anspruch nach § 1632 Abs. 1 BGB bedeutet, daß die Eltern (und Personensorgeberechtigten) von jedem das Kind herausverlangen können, der ihnen ihr Kind »rechtswidrig vorenthält«. Dieser Herausgabeanspruch ist in der Praxis von besonderer Bedeutung, da es hier um die juristische Regelung der Interessenkonflikte zwischen leiblicher Elternschaft (durch Abstammung) und der sog. pädagogischen oder erworbenen Elternschaft (z.B. der langjährigen Pflegeeltern) im Interesse des Kindeswohls geht (vgl. unten Kap. 5.5.2.3).

Abwehr störender Einflüsse

Eltern können »störende Einflüsse«, die durch Dritte von außen auf das Kind und die Erziehung in der Familie einwirken, mit einem Unterlassungsanspruch oder Beseitigungsanspruch (gem. § 1004 BGB in analoger Anwendung) abwehren. Hierbei geht es um spezielle Ausgestaltung des Aufenthaltsbestimmungsrechts und des Umgangsrechts gegenüber den Kindern, das die Eltern Dritten gegenüber durchsetzen können. Diese zivilrechtlichen »Abwehransprüche« (aus dem Elternrecht abgeleitet) werden dann problematisch, wenn sich Eltern gegen Sozialisationseinflüsse in den Bereichen der sekundären Erziehung, z. B. im Kindergarten oder in der Schule, wehren wollen und bestimmte Erzieherinnen, Lehrer oder Lehrinhalte (z. B. Sexualkunde, Religionsunterricht) ausschließen wollen. In Bereichen der vergesellschafteten Sozialisationsaufgaben (Schulpflicht) können Konflikte zwischen dem Eltenrecht und den staatlichen Sozialisationsaufgaben nicht mehr allein mit der zivilrechtlichen Dimension des Elternrechts gelöst werden. Elternrecht und staatliches Sozialisationsrecht sind gleichermaßen dem Leitprinzip des Kindeswohls und damit dem Anspruch des Kindes auf Erziehung verpflichtet (§ 1 KJHG). Der Einfluß der elterlichen Erziehungsverantwortung wird hier über die Beteiligungsrechte der Eltern im Schulrecht und z. B. mit dem Gesetz über die religiöse Kindererziehung sichergestellt.

Schutz der elterlichen Sorge im Deliktsrecht

Das Recht der elterlichen Sorge wird auch als sonstiges Recht im Deliktsrecht des § 823 BGB geschützt, d. h., widerrechtliche Beeinträchtigung des Erziehungsrechtes begründet Schadensersatzansprüche. Diese Rechtsposition der Eltern ist nur von rechtssystematischem Interesse, für die Praxis der sozialen Arbeit wenig bedeutungsvoll (vgl. *Münder*, 1980, S. 89, *Gernhuber*, 1971, S. 536).

Umfang des Vertretungsrechts

Im Außenverhältnis sind sorgeberechtigte Eltern die gesetzlichen Vertreter der Kinder (§ 1629 Abs. 1 1 BGB), d. h., daß die Eltern kraft Gesetzes berufen sind, das Kind in allen Angelegenheiten, die seine Person oder sein Vermögen betreffen, zu vertreten. Die Vertretung ist nicht nur auf das rechtsgeschäftliche Handeln mit Wirkungen für das Kind beschränkt, sondern sie umfaßt sämtliche Rechtshandlungen, die das Kind betreffen. Beispiele: Einwilligung und Genehmigung von Rechtsgeschäften, die Kinder nur mit Zustimmung der Eltern machen können (§§ 107 ff. BGB), Einwilligungen in ärztliche Behandlungen (mit Ausnahme der Sterilisation), Anträge auf Sozialleistungen nach dem SGB: Sozialhilfe, Wohngeld, Ausbildungsbeihilfe, Jugendhilfe (KJHG) sowie die gerichtliche Durchsetzung von Ansprüchen.

Verpflichtungscharakter im Innenverhältnis

Im **Innenverhältnis** entfaltet das Recht der elterlichen Sorge nach überwiegender Ansicht in Literatur und Rechtsprechung am deutlichsten den Verpflichtungscharakter des Elternrechts. Die rechtliche Ausgestaltung der einzelnen Elemente der Personensorge und Vermögenssorge ist zwar immer an die Leitprinzipien gekoppelt, die Erziehungsverantwortung im Interesse des Kindeswohls auszuüben. Dies darf aber nicht darüber hinwegtäuschen, daß die Eltern Ziele und Wege der Erziehung nach ihren Ansichten im gesetzlich geschützten Freiraum der Familie bestimmen und diese Entscheidungen auch gegenüber den Kindern durchsetzen können (§ 1631 Abs. 3 BGB). Die vormundschaftsgerichtliche Kontrolle im Zusammenwirken mit dem Jugendamt nach den Regeln des § 1666 BGB und dem §§ 50 ff. KJHG hat sich zwar auch am Leitprinzip des Kindeswohls zu orientieren und gegebenenfalls parteilich Kindesinteressen im Rahmen des Wächteramtes zu vertreten, bezogen auf die Eltern aber immer nur zu überprüfen, ob diese ihren Elternpflichten gemäß verantwortlich handeln.

schwache kinderrechtliche Position

Aus einer **kinderrechtlichen Perspektive** ist diese Rechtsposition der Eltern zu kritisieren. Die Rechte der Eltern wenden sich zwar formal im Interesse der Kinder gegen störende Beeinflussung der Erziehung in der Familie durch Dritte von außen, in den tatsächlichen Auswirkungen werden aber vor allem die Kinder getroffen. Dies zeigt sich in gerichtlichen Entscheidungen zu Herausgabeansprüchen oder im Rechtsstreit um Umgangsrechte besonders deutlich, wenn Kinder gerne bei den Pflegeeltern oder Großeltern bleiben möchten oder mit dem nichtsorgeberechtigten Elternteil Beziehungen ausbauen möchten, aber diese Kindesinteressen gegenüber den Interessen der sorgeberechtigten Eltern weniger hoch eingeschätzt werden.
Münder kommt in dieser Frage zu der Einschätzung, daß die elterliche Sorge als Pflichtrecht in ihrer tatsächlichen Ausgestaltung und Wirkung auf minderjährige Kinder eher zu einem »Recht an der Person des minderjährigen Kindes als letzter Rest eines Beherrschungsrechts von Personen über Personen im Privatrecht wird« (*Münder,* 1980, S. 89). Ausgelöst durch das verfassungsrechtliche Gebot der Gleichbehandlung von ehelichen und n.e. Kindern wird eine grundlegende Verbesserung der kinderrechtlichen Perspektive (*Steindorff*, 1994) diskutierte und ein »Anwalt des Kindes« gefordert (*Leutheusser-Schnarrenberger*, Wir brauchen einen Anwalt des Kindes, in FuR 1993, S. 245 ff. und *Niemeyer*, FuR 1993, S. 29 f.).

5.3.3 Elterliche Sorge für nichteheliche Kinder

Unterschiede trotz Gleichstellungsgebot

Inhalt und Umfang des Sorgerechts sind grundsätzlich für eheliche Kinder und nichteheliche Kinder gleich. Dies entspricht dem Gleichstellungsgebot des Art. 6 Abs. 5 GG in Verbindung mit dem Gesetz zur Neuregelung des Rechts der nichtehelichen Kinder vom 1. 7. 1970. Für die Rechtsposition des n. e. Kindes ergeben sich jedoch einige wichtige Unterschiede.

5.3.3.1 Rechtslage nach geltendem Recht

(Die §§ 1706–1710 BGB gelten gemäß Art. 230 Abs. 1 EGBGB nicht für die neuen Bundesländer)

Zuordnung zur Mutter

Nach geltendem Recht hat das n. e. Kind nur einen rechtlich verantwortlichen Elternteil, von dem sein Anspruch auf Erziehung abgeleitet wird. Durch die n. e. Geburt eines Kindes sind als Folge der Statusentscheidung alle wichtigen Rechtsbeziehungen primär durch die Zuordnung zu seiner Mutter definiert. Daraus folgt, daß die Mutter allein das Recht der elterlichen Sorge und damit die Erziehungsverantwortung hat (§ 1705 BGB).

kein eigenes Sorgerecht des n. e. Vaters

Der n. e. Vater hat kein eigenes Elternrecht, nicht einmal ein Restelternrecht in Form des Umgangsrechtes, wie es z. B. dem geschiedenen, nicht sorgeberechtigten Vater zusteht. Die personensorgeberechtigte Mutter kann allein entscheiden, ob und in welchem Umfang der n. e. Vater mit seinem Kind Beziehungen pflegen oder aufbauen kann (§ 1705/§ 1711 BGB). Gegen den Willen der sorgeberechtigten Mutter kann aber eine Kontaktmöglichkeit des Kindes mit seinem Vater hergestellt werden,

Vermittlung des Jugendamtes

zunächst über die Vermittlung des Jugendamtes (§ 1711 Abs. 4 BGB/§ 18 KJHG). Nach Scheitern der Vermittlungsversuche kann das Vormundschaftsgericht auf Antrag des Vaters Kontaktmöglichkeiten entsprechend der Umgangsrechtsregelung bei Scheidung herstellen, wenn diese dem Kindeswohl dienen (§ 1711 Abs. 2/§ 1634 Abs. 2 BGB). Vor einer Entscheidung sind beide Eltern, das Kind und das Jugendamt anzuhören (§§ 50 a/50 b/49 Abs. 1 Satz 1 k FGG).

Entscheidung des VormundG.

Hier ist eine gewisse Verbesserung der Rechtsstellung des n. e. Vaters durch den Gesetzgeber geplant, ihm schon dann ein Umgangsrecht zu geben, wenn dieses dem Kindeswohl nicht widerspricht.

Bei der Gestaltung der Beziehungen in dem so definierten Rahmen kann der Vater zwar Teile der elterlichen Sorge faktisch ausüben,

Wohlverhaltensvorschrift

ist aber über die sog. Wohlverhaltensvorschrift (§ 1711 Abs. 1 Satz 2/§ 1634 Abs. 1 BGB) an die alleinige Erziehungsverantwortung der Mutter gebunden. Er muß in diesen Kontaktzeiten mit seinem Kind alles unterlassen, was das Verhältnis des Kindes zu seiner Mutter beeinträchtigt oder ihre Erziehungsverantwortung erschwert. Letztlich kann der n. e. Vater seit der Sorgerechtsreform (1. 1. 1980) vom Personensorgeberechtigten

Auskunft

Auskunft über die persönlichen Verhältnisse verlangen (§ 1711 Abs. 3/§ 1634 Abs. 3 BGB).

Für das Zusammenleben von Eltern mit ihren Kindern in einer n. e. Lebensgemeinschaft bedeuten diese rechtlichen Rahmenbedingungen im Hinblick auf die faktisch ausgeübte gemeinsame Erziehungsverantwortung im Interesse des Kindeswohls eine – reformbedürftige – diskriminierende Lage. Die Möglichkeit, Rechte und Pflichten der elterlichen Sorge auch dem n. e. Vater zu übertragen durch Einsetzung als Vormund (§§ 1773/1793 BGB), durch die Ehelichkeitserklärung (§§ 1723 ff. BGB) oder durch Adoption (§ 1741 Abs. 3 BGB) führen hier zu keinem vertretbaren Ergebnis, da dann die Mutter ihre umfassende Elternverantwortung verliert (vgl. *Münder*, 1994, S. 33 ff.). Umgekehrt kann aber die Mutter bei einem Scheitern einer n. e. Lebensgemeinschaft das gemeinsame Kind, ohne daß dies der Vater aus eigener Rechtsposition verhindern kann, »eigentumsähnlich« mitnehmen, selbst wenn das Kind eine stärkere Bindung an den Vater hatte (vgl. *Schleicher*, 1991, S. 120).

Reformbedarf

Eine Reform dieser unbefriedigenden Rechtslage hat das BVerfG mit einer Entscheidung vom 7. Mai 1991 (in: ZfJ 8/91, S. 421 ff.) eingeleitet. Das BVerfG verpflichtet den Gesetzgeber im Rahmen einer Neuregelung des Rechts der elterlichen Sorge auch die Ausübung der gemeinsamen elterlichen Sorge in n.e. Lebensgemeinschaften, orientiert am Kindeswohl zu ermöglichen (BVerfGE 84, 168 ff./vgl. auch *Hansen*, 1993, S. 189 ff.; zu den Auswirkungen dieser Entscheidung des BVerfG vgl. auch Kap. 4.2.2/4.2.3 und 5.3.3.3).

gemeinsames Sorgerecht jetzt möglich

5.3.3.2 Gesetzliche Amtspflegschaft

Für die Ausübung der elterlichen Sorge als n. e. Mutter allein oder im Zusammenleben mit dem Vater ihres Kindes gibt es noch einen zweiten, zur Zeit umstrittenen Bereich, der im Rahmen des Einigungsvertrags zeitlich befristet noch gilt und in einer Frist bis 1994 gesetzlich neu zu regeln ist. Die Alleinverantwortung der Mutter seit 1970 wird nach geltendem Recht (noch) ergänzt durch die »gesetzliche Amtspflegschaft« für das Kind (vgl. *Münder*, FuR 1992, S. 191 ff.).

Die Aufgabenbeschreibung der Amtspflegschaft ergibt sich aus § 1706 BGB in Verb. mit §§ 55 ff. KJHG. Die Rechte der n. e. Mütter sind demnach durch die Pflichtaufgaben der Klärung von Statusfragen, Unterhalts- und Erbrechtsfragen (§ 1706 Nr. 1–3 BGB) eingeschränkt.

Aufgaben des Amtspflegers

Mit Geburt eines n. e. Kindes wird das Jugendamt, in dessen Bezirk die volljährige Mutter ihren gewöhlichen Aufenthalt hat, über die Anzeigepflicht des Standesbeamten automatisch (ohne besondere Anordnung) Amtspfleger. Diese Amtspflegschaft hat den Charakter einer »Zwangspflegschaft«, denn sie ist von keinem konkreten Bedürfnis bzw. Antrag wie bei § 1909 BGB abhängig. Gegen diese Zwangspflegschaft werden verfassungsrechtliche Bedenken geltend gemacht (Art. 3 Abs. 1 und Art. 6 Abs. 2 GG), da im europäischen Ausland und in den neuen Bundesländern keine gesetzliche Amtspflegschaft besteht und sich Ausländer im »Europa der offenen Grenzen« (*Schleicher,* 1991, S. 1167) dadurch diskriminiert fühlen könnten. In einer internen Umfrage bei Jugendämtern in Stadt- und Landkreisen des Landesjugendamtes Stuttgart haben sich jedoch über 60 % der befragten alleinerziehenden Mütter positiv über die Unterstützung des Jugendamtes bei Fragen des Unterhalts u. a. und über das geänderte Rollenverständnis der Amtsvormundschaft/Amtspflegschaft geäußert. Im Kern scheint es hier darum zu gehen, die »Zwangspflegschaft« in ein Angebot der Jugendhilfe umzuwandeln, das vor allem alleinerziehenden Müttern und Vätern über Beratung und Hilfe bei der Rechtsverwirklichung von Kindesinteressen gegenüber einem »desinteressierten« Elternteil zur Verfügung stehen sollte. Bis zu einer Reform (mit dem Ziel der Aufhebung der Amtspflegschaft) kann jedoch schon jetzt über einen Antrag der Mutter (auch schon vor der Geburt) an das Vormundschaftsgericht erreicht werden, daß das Jugendamt im Rahmen der Amtspflegschaft auf einen beschränkten Wirkungskreis (§ 1706 BGB) festgelegt wird, oder daß die Amtspflegschaft überhaupt nicht eintritt (§ 1707 S. 1 Nr. 2–3 BGB). Das Vormundschaftsgericht muß diesem Antrag der Mutter entsprechen, wenn es dem Kindeswohl nicht widerspricht (§ 1707 S. 2 BGB). Dies ist immer dann gegeben, wenn Vater und Mutter zusammenleben, die Frage der Vaterschaft klar ist und ggf. ein Unterhaltstitel für das Kind vorliegt (vgl. dazu *Fieseler/Herborth,* 1994, S. 97 ff.).

europäische Dimension

geändertes Rollenverständnis in der Praxis

Aufhebung auf Antrag der Mutter

Umstritten ist die Auflösung einer Amtspflegschaft auf Antrag der Mutter, die allein mit ihrem Kind zusammenlebt, dieses betreut und erzieht, aber den Vater aus ihrem Leben ganz ausgrenzen möchte und sich auch dem Jugendamt gegenüber weigert, den Vater zu benennen. Hier kollidieren der grundgesetzlich geschützte Rahmen der Intimsphäre (Art. 2 Abs. 2 GG) als Interesse der Mutter mit dem ebenfalls grundgesetzlich geschützten Recht des Kindes auf Kenntnis seiner genetischen Abstammung (BVerfGE 79/256) und den damit verbundenen Unterhalts- und Erbrechtsansprüchen, die das Kind gegenüber seinem Vater geltend machen könnte. Nach überwiegender Meinung gehen hier die Rechte des Kindes vor die Schutzinteressen der Mutter, so daß eine Amtspflegschaft in diesen Fällen nicht aufgehoben wird. Ein weitergehender Rechtszwang auf die Mutter, den Namen des Vaters bekanntzugeben, kann nach überwiegender Meinung nicht ausgeübt werden. Dennoch wird indirekt dadurch Druck ausgeübt, daß

Interessenkollisionen Mutter – Kind

beim Antrag auf Sozialleistungen wegen fehlender Mitwirkungspflichten (§§ 60 ff. SGB) z. B. Unterhaltsvorschuß in diesen Fällen versagt wird (§ 1 Abs. 3 VVG).

Indirekter Zwang Benennung des Vaters

Sollte auf Antrag der Mutter das Vormundschaftsgericht die Amtspflegschaft aufheben, so ist auch eine nachträgliche Änderung auf Antrag ggf. sogar von Amts wegen möglich, wenn dies im Sinne des Kindeswohls zwingend erforderlich ist (§ 1707 S. 3 BGB). Dies ist dann der Fall, wenn sich der Vater der Unterhaltspflicht entzieht und es der Mutter nicht gelingt, die Betreuung des Kindes bzw. die möglichen Änderungen und Erhöhungen selbst zu regeln.

5.3.3.3 Veränderungen durch neue Partnerschaften

Für das n. e. Kind ergeben sich durch neue Partnerschaften der Mutter zunächst keine Änderungen hinsichtlich der Elternverantwortung und des Namens- und Unterhaltsrechts. Wenn eine n. e. Mutter einen neuen Lebenspartner heiratet, der nicht der leibliche Vater des Kindes ist, können im Interesse des Kindes einige Rechtspositionen geschaffen werden.

(a) Durch Einbenennung gem. § 1618 BGB können Probleme durch Namensungleichheit von Mutter und Kind vermieden werden.

(b) Durch Ehegattenadoption kann das Kind die rechtliche Stellung eines ehelichen Kindes erhalten.

Erteilung des Familiennamens

Einbenennung: Mit der Einbenennung nach § 1618 BGB können die Mutter und ihr Ehemann dem Kind, das den Namen der Mutter weiterführt (§ 1617 Abs. 3 BGB), ihren jetzigen Ehenamen durch Erklärung gegenüber dem Standesbeamten erteilen. Dazu ist die Einwilligung des Kindes erforderlich, die es ab dem 14. Lebensnahr nur selbst geben kann (§ 1618 Abs. 2 BGB). Unter 14 Jahren erteilt diese Einwilligung das Jugendamt als Amtspfleger (§ 1706 Nr. 1 BGB). (Diese Einbenennung, also die Erteilung seines Familiennamens, kann auch der Vater des Kindes mit Einwilligung des Kindes und seiner Mutter erreichen.) Der mit der Namensgleichheit des Kindes und seines sorgeberechtigten Elternteils bezweckte Schutzaspekt für die Sozialisation des Kindes wird durch die durch das BVerfG angestoßene Reform des Ehenamensrechts mit Auswirkungen auch auf das Namensrecht der Kinder fragwürdig (vgl. dazu *Boemke,* in: FuR, 4/91, S. 181 ff.).

Ehegattenadoption »eingebrachter Kinder«

Adoption: Eine Adoption durch den neuen Ehepartner der Mutter würde zumindest bei älteren Kindern gewachsene Bindungen zum Vater, mit dem das Kind z. B. in einer n. e. Lebensgemeinschaft groß geworden ist, genauso tangieren wie nach vorangegangener Scheidung. Die Rechte der Kinder und die gewachsenen Beziehungen sind dann zumindest bei der Frage des Kindeswohls entsprechend § 1671 BGB zu beachten.

Gesellschaftlicher Zwang zur Heirat?

Legitimation nichtehelicher Kinder (§ 1719 f BGB): Eine umfassende Änderung für die Elternverantwortung ergibt sich dann, wenn die Mutter den Vater ihres n. e. Kindes heiratet. Durch die Legitimationswirkung des § 1719 BGB erhält das n. e. Kind den vollen Status eines ehelichen Kindes. Der »gesellschaftliche Zwang« zur Heirat, um für das gemeinsame Kind den »anerkannten« Status eines ehelichen Kindes zu begründen und die Eltern zu gemeinsamer Elternverantwortung zu verpflichten, ist seit der Entscheidung des BVerfG vom Mai 1991 (vgl. oben) nicht mehr gegeben.

Anlaß zur Reform des Kindschaftsrechts

Diese Entscheidung des BVerfG hat für die Beziehungsstrukturen zwischen Eltern und Kindern und zwischen den Eltern als Lebenspartner weitreichende Bedeutung und verstärkt die Diskussion, das Kindschaftsrecht grundsätzlich zu überdenken und konkrete Reformschritte einzuleiten.

Familienschutzaspekt versus Persönlichkeitsrecht des Kindes

In der bisherigen Rechtsprechung des BVerfG bestand ein Widerspruch zwischen der am 24. 3. 1981 (BVerfGE 56, 363) festgelegten Position, nach der Eltern, die in n. e. Lebensgemeinschaft ihr Kind faktisch gemeinsam betreuen und erziehen, rechtlich nicht das gemeinsame Sorgerecht zustehen soll, auch wenn die Mutter es wünscht, sowie den am 3. 11. 1982 entschiedenen Leitlinien für das gemeinsame Sorgerecht nach Scheidung der Eltern. Diese Unterscheidung der Rechtspositionen in der Eltern-Kind-Beziehung zwischen geschiedenen und getrennt lebenden Eltern sowie zwischen Eltern und Kindern, die in n. e. Lebensgemeinschaften zusammenleben, ist aus dem Gesichtspunkt des Kindeswohls nicht haltbar, da hier das Persönlichkeitsrecht des Kindes aus Gründen eines falsch verstandenen Ehe- und Familienschutzes vernachlässigt wird. In dem Beschluß vom 7. Mai 1991 hat nun das BVerfG entschieden, daß die Versagung eines gemeinsamen Sorgerechts im Falle einer Ehelichkeitserklärung (§ 1738 BGB) durch den Vater des n. e. Kindes, der mit Mutter und Kind zusammenlebt, gegen Art. 6 Abs. 2 GG und das Gleichstellungsgebot des Art. 6 Abs. 5 GG verstößt. Bemerkenswert ist die Sichtweise des BVerfG, vom Bezugspunkt des Kindeswohls her das Elternrecht (Elternverantwortung für die Erziehung) nach Art. 6 Abs. 2 Satz 1 GG von den Schutzwirkungen von Ehe und Familie des Art. 6 Abs. 1 GG abzukoppeln, da die Zulassung eines gemeinsamen Sorgerechts für n. e. Lebensgemeinschaften nicht diese Lebensgemeinschaft als solche, sondern nur das Eltern-Kind-Verhältnis ausgestaltet. Das BVerfG sieht schon darin einen Grundrechtsverstoß gegen das Elternrecht, wenn einem Elternteil die rechtliche Befugnis zur Ausübung der Elternverantwortung vorenthalten wird. Nach Auffassung des Gerichts bedarf das Elternrecht einer gesetzlichen Ausgestaltung, da Pflege und Erziehung eines Kindes rechtliche Befugnisse im Verhältnis zum Kind, vor allem aber auch Dritten gegenüber voraussetzten. Dies wird damit begründet, daß die gewachsenen Eltern-Kind-Beziehungen in n.e. Lebensgemeinschaften eine gemeinsame, auch rechtlich abgesicherte Elternverantwortung im Interesse des Kindeswohls erfordern, z. B. die gemeinsame Ausübung der Elternbefugnisse in Schulfragen. Der Gesichtspunkt der Stetigkeit in der Entwicklung und Erziehung des Kindes gebiete es auch, die emotionalen Bindungen des n. e. Kindes an seine Eltern und im Falle der – rechtlich leichteren – Trennung der Eltern zu berücksichtigen und entsprechend dem Kontinuitätsgrundsatz ein gemeinsames Sorgerecht der n. e. Eltern so zu behandeln wie im Falle einer Scheidung. Das BVerfG fordert als Konsequenz aus diesen Überlegungen den Gesetzgeber auf, nicht nur den § 1738 Abs. 1 BGB neu zu regeln, sondern es weist explizit auf die Möglichkeit hin, auch die §§ 1705/1711 BGB zu ändern.

Kontinuitätsgrundsatz

Gesetzgebungsauftrag

Neubelebung der Sorgerechtsdiskussion

Dies hat zu einer Neubelebung der Sorgerechtsdiskussion im Kontext mit einer Reform des gesamten Kindschaftsrechts geführt. *Pawlowski* und *Deichfuß* (in: FuR, 4/91, S. 207 ff.) stellen die streitigen Rechtsfragen dar und umreißen die Lösungsmöglichkeiten:

gemeinsames Sorgerecht analog § 1627

Die »sog. kleine Lösung« zielt auf eine Änderung der §§ 1738 und 1705/1711 BGB, die nicht auf den für Eltern diskriminierenden »Umweg« der Ehelichkeitserklärung mit gemeinsamem Sorgerecht reduziert ist, sondern ein gemeinsames Sorgerecht für unverheiratete Eltern schafft mit entsprechender Anwendung der §§ 1627 ff. i. V. m 1795 BGB. Damit würde der gelebten Realität besser entsprochen, zumal sich die Inhalte der Elternverantwortung nicht aus dem Eheschluß, sondern aus der gemeinsamen Zuständigkeit der Eltern für das Kind ableiten.

grundlegende Änderung des Kindschaftsrechts

Die »sog. große Lösung«: Der Gesetzgeber könnte diese Entscheidung des BVerfG aber auch zum Anlaß nehmen, die Systematik des Kindschaftsrechts grundlegend zu ändern. Ziel ist es, die Unterscheidung zwischen ehelichen und nichtehelichen Kindern aufzugeben und Regelungen zur Differenzierung zwischen Kindern, die in Vollfamilien und solchen, die in unvollständigen Familien mit nur einem Elternteil aufwachsen, zu schaffen. Diese Lösung hätte auch Konsequenzen für das Statusrecht, Unterhalts- und Erbrecht. *Pawlowski/Deichfuß* verweisen in diesem Zusammenhang auf Widersprüche und Tendenzen, die sich aus einer neuen Entscheidung des BVerfG (BVerfGE 79/256) zum Recht auf Kenntnis der genetischen Abstammung ergeben. Der Wechsel zu der stärkeren Betonung des Kindeswohls im Verhältnis zum Elternrecht lege jedoch nahe, den Einfluß dieser »biologischen« Tendenzen im Recht zurückzudrängen (vgl. auch *Koch*, in: FamRZ, 1990, S.569 ff.).

5.3.4 Die Beteiligung Dritter an der Erziehung

rechtliche und faktische Beteiligung

Die Darstellung der Grundstrukturen des Sorgerechts hat gezeigt, daß die Erziehungsverantwortung in der Regel allein den Eltern zugeordnet ist, und daß die meisten Sozialisationswirkungen von der Familie ausgehen. Die schon markierten Grenzen elterlicher Erziehung im Rahmen von § 1666 BGB und die Beteiligung des JA bei n. e. Müttern (Amtspflegschaft) machen deutlich, daß Dritte in nicht unwesentlichen Teilen an der Erziehung in der Familie bzw. außerhalb der Familie beteiligt sein können.

Bezogen auf die Zuordnung der Kinder durch die Statusentscheidung der Abstammung bedeutet die Adoption die weitreichendste »Beteiligung Dritter« an der Erziehung, da mit dem Rechtsinstitut der Annahme als Kind die Erziehungsverantwortung der leiblichen Eltern vollständig erlischt und das Kind in die Familie der Adoptiveltern voll integriert wird.

Praxisbereiche

Für die Praxis der sozialen Arbeit sind einige Bereiche der Mitwirkung Dritter bei der Erziehung besonders wichtig. Diese Bereiche sollen hier kurz skizziert werden:

- Mitwirkung der Stiefelternteile bei der Erziehung eines mit in die Ehe gebrachten Kindes.
- die rechtliche Beteiligung (Mitwirkung) bei der Erziehung im Rahmen einer Beistandschaft (§ 1685 BGB), Vormundschaft (§§ 1673 ff. BGB) und Pflegschaft (§ 1909 BGB).
- die Mitwirkung der pädagogischen Fachkräfte im Rahmen elterlicher Erziehung bei Leistungen der Kinder- und Jugendhilfe, insbesondere der Hilfen zur Erziehung außerhalb der Familie.

5.3.4.1 Mitwirkung der Stiefeltern bei der Erziehung eines Kindes

»Zwischen 40 und 50 % aller Kinder, die gegenwärtig in der BRD zur Welt kommen«, so schätzt die Deutsche Arbeitsgemeinschaft für Jugend- und Eheberatung, »werden nicht in der Familie aufwachsen, in die sie hineingeboren werden« (*Krähenbühl/Jelluschek* u. a., 1987, S. 17). Diese hohe Zahl ergibt sich aus den in den westlichen Industrienationen stark zunehmenden Scheidungsraten bzw. Trennungen nach einer gemeinsamen Phase in nichtehelichen Lebensgemeinschaften. In der BRD lag der Durchschnitt der Scheidungsraten schon 1983 bei über 33 % bezogen auf die Eheschließungen. Die Bildung neuer Lebensgemeinschaften nach Scheidung bedeutet auch für die Kinder der geschiedenen Partner einen dramatischen biogenetischen Einschnitt im Sozialisationsverlauf. Ob diese Kinder nun in einer neuen Familie nach Wiederverheiratung des

hohe Scheidungs- und Trennungsraten

Einschnitte im Sozialisationsverlauf

sorgeberechtigten Elternteils oder im Rahmen einer neuen n. e. Lebensgemeinschaft aufwachsen, spielt für die Bewertung der sozialen und rechtlichen Probleme, die für die Mitwirkung der Stiefeltern bei der Erziehung entstehen, keine Rolle. »Stieffamilien leben in einem sozialen und rechtlichen Vakuum« und bedürfen daher der besonderen Unterstützung durch soziale Einrichtungen (*Krähenbühl* a.a.O. S. 79). Inwieweit auch eine gesetzliche Neuregelung der Rechtsstellung des Stiefkindes im Familienrecht angezeigt ist, hat *von Weiden* (FuR 5/91, S. 249 ff.) dargelegt.

Stiefeltern rechtlich benachteiligt

Das geltende Recht ordnet das Stiefkind dem Kreis der Verschwägerten zu (§ 1590 BGB), so daß es für den Stiefelternteil gegenüber dem Stiefkind keine gesetzlich bestimmten Unterhaltspflichten und Betreuungspflichten gibt. Die Mitverantwortung des Stiefelternteils kann sich allerdings nach umstrittener Rechtsauffassung aus der Pflicht zur ehelichen Lebensgemeinschaft (§ 1353 BGB) ergeben. Hieraus leitet von Weiden eine Verpflichtung des Stiefelternteils ab, an der Betreuung und Erziehung seines Stiefkindes mitzuwirken.

Im öffentlichen Recht wird schon stärker die soziale Realität berücksichtigt, denn im 23. Bundeskindergeldgesetz und im Steuerrecht werden Stiefkinder berücksichtigt (vgl. Kap. 8).

gesetzlicher Regelungsbedarf im Zivilrecht

Ein gesetzlicher Regelungsbedarf im Familienrecht wird vor allem damit begründet, daß die Legitimation n. e. Kinder durch nachfolgende Ehe der leiblichen Eltern nur einen ganz kleinen Teil der Stiefkinder erfassen würde und nur die Rechtsstellung des Kindes zu seinem Vater betrifft; und daß mit der Minderjährigenadoption (§§ 1741 ff. BGB) zwar eine rechtlich starke Bindung geschaffen wird, jedoch sind von den 10 000 jährlich vollzogenen Adoptionen nur ca. $^1/_3$ sog. Stiefkindadoptionen.

wenig Stiefkindadoptionen

Letztlich sind auch vertragliche Vereinbarungen zumindest über die Unterhaltspflicht zwar möglich, führen aber nicht zu rechtsdogmatisch und sozialpädagogisch sinnvollen Ergebnissen (*Münder,* 1980, S. 124). Auf der Basis der sozialen Befunde (vgl. auch *Knöpfel,* in: FamRZ, 1983, S. 1017 f.) und einer rechtsvergleichenden Betrachtung der Fachdiskussion schlägt von Weiden eine Konzeption vor, die auf der Aufnahme eines Stiefkindes in den ehelichen Haushalt aufbaut und vom Konsensprinzip der Ehepartner ausgeht, von denen einer als Sorgeberechtigter ein Kind mit in die Ehe einbringt (Zustimmung zur Aufnahme vorehelicher Kinder in den gemeinsamen Haushalt.) Eine Unterhaltspflicht im Rahmen des Familienunterhalts § 1360 a BGB sei dann begründet, wenn Stiefkinder in den gemeinsamen Haushalt aufgenommen werden und vom leiblichen Elternteil ehebedingt weniger Unterhalt erhalten würden als vor der Ehe (z. B. eine Frau gibt ihre Erwerbstätigkeit auf und führt den Haushalt). Die Verpflichtung des Stiefelternteils sollte subsidiär gegenüber anderen Unterhaltsverpflichteten sein.

stiefelterliche Betreuungspflichten

Stiefelterliche Betreuungspflichten sollten nicht im Recht der elterlichen Sorge, also im Verhältnis Stiefelternteil – Stiefkind, angesiedelt werden, sondern im Eherecht, da stiefelterliche Pflichten gegenüber dem Stiefkind sich aus der Ehe herleiten. Folgerichtig postuliert von Weiden, daß ein Stiefelternteil auf Verlangen seines Ehepartners an der Betreuung von Stiefkindern mitwirken muß, wenn dies ihm zuzumuten ist. Diese so gesetzlich zu begründenden stiefelterlichen Pflichten sollten dann durch Regelung angemessener Pflichten des Stiefkindes ergänzt werden (z. B. familienrechtliche Mitarbeitspflicht von Kindern im Haushalt § 1619 BGB).

psychosoziale Elternschaft

Die psychosoziale oder faktische Elternschaft, die durch die mit den leiblichen Eltern abgestimmte Mitwirkung des Stiefelternteils bei der Erziehung des Stiefkindes entsteht, ist so lange unproblematisch wie die Beziehung besteht. Fällt jedoch der leibliche Elternteil durch Tod oder Sorgerechtsentzug aus, so erhielt früher der andere leibliche Elternteil kraft Gesetzes die elterliche Sorge zurück. Nach der Reform des Rechts der elterichen Sorge muß nun das Vormundschaftsgericht gem. § 1681 Abs. 1 BGB bei Tod des leiblichen Elternteils in der Stieffamilie überprüfen, ob es das Recht der elterlichen Sorge auf den überlebenden Elternteil zu übertragen hat. Entsprechendes gilt bei Sorgerechtsentzug des leiblichen Elternteils in der Stieffamilie (§ 1680 Abs. 2 BGB) und bei Ruhen des Sorgerechts (§ 1678 Abs. 2 BGB). In allen Fällen hat das Gericht die psychosoziale Elternschaft und das langjährige Zusammenleben zu bewerten und gegenüber den eher biologischen Kriterien der genetischen Abstammung abzugrenzen. Eine Übertragung an den leiblichen Elternteil außerhalb der Stieffamilie ist dann ausgeschlossen, wenn dies dem Kindeswohl widerspricht.

Sorgerechtsaspekt

5.3.4.2 Die rechtliche Beteiligung (Mitverantwortung) an der Erziehung im Rahmen einer Beistandschaft, Vormundschaft und Pflegschaft

Beistandschaft (§§ 1685 f. BGB), Vormundschaft (§§ 1773 ff. BGB) und Pflegschaft (§§ 1909 ff. BGB) können als Formen der Mitverantwortung im Rahmen der Familienerziehung definiert werden, die überwiegend aus ökonomischen Interessen bei der Entstehung des BGB konzipiert waren. Diese Dimension ist in den Rechtsinstituten auch heute noch dominant (vgl. *Huhn*, 1977, S. 48 und *Münder*, 1980, S. 125). Trotz der einseitigen Ausrichtung der Vermögensschutzinteressen und der fürsorgerischen Elemente zeichnet sich ein Wandel im Rollen-

Schutz ökonomischer Interessen

verständnis der Beistände, Vormünder und Pfleger ab, ihre Arbeit stärker auf Beratung und Hilfe und weniger auf Bevormundung und Kontrolle auszurichten. Da die Beteiligung dieser drei Erziehungsträger für die Sozialisation eines Kindes stark prägend sein kann, soll ein kurzer Überblick die rechtlichen Grundstrukturen verdeutlichen, in denen eine Mitwirkung an der Erziehung stattfindet.

Die Beistandschaft (§§ 1685 ff. BGB): Ein alleinerziehender Elternteil kann auf Antrag beim Vormundschaftsgericht einen Beistand erhalten, der in erster Linie den alleinerziehenden Elternteil bei der Ausübung des Sorgerechts durch Beratung und Hilfe unterstützen soll. (Eine früher bestehende Kontrollfunktion ist mit Aufhebung des § 1686 Abs. 2 BGB 1979 entfallen.) Der Wirkungskreis des Beistands hängt von der Bestellung durch das Vormundschaftsgericht ab. Hat das Kind eigenes Vermögen, so kann auch die Vermögenssorge ganz oder teilweise dem Beistand übertragen werden. Die Rechte und Pflichten entsprechen dann denen eines Pflegers (§ 1909 BGB). Für die Praxis ist dieses Rechtsinstitut von keiner weitreichenden Bedeutung, da entsprechende Anträge selten gestellt werden und die Unterhaltsinteressen minderjähriger Kinder von alleinerziehenden Eltern in der Regel vom Amtspfleger des Jugendamtes wahrgenommen werden. Bei Erziehungsproblemen hat der sog. Erziehungsbeistand als Hilfeform der Hilfe zur Erziehung (§ 27 KJHG–§ 30 KJHG) eine größere Bedeutung für die Sozialisation eines Kindes (vgl. unten Kap. 7).

Beratung und Hilfe

Erziehungsbeistand als Hilfeform des KJHG

Vormundschaft: Vormundschaft bedeutet nach geltendem Recht die Fürsorge für die Person oder das Vermögen eines Menschen, der außerstande ist, für sich selbst zu sorgen. Die Vormundschaft und Pflegschaft tritt nur bei Geburt eines n. e. Kindes kraft Gesetzes ein (§§ 1773/1791 c und §§ 1706/1709 BGB), bedarf aber in allen anderen Fällen der ausdrücklichen Anordnung durch das Vormundschaftsgericht mit anschließender Bestellung des Vormunds (§§ 1774/1887/1915, § 1789 BGB i. V. m. § 35 FGG). Als Voraussetzung für die Anordnung einer Vormundschaft über minderjährige Kinder sind gesetzlich folgende Fälle definiert:

Allgemeine Voraussetzungen und Verfahren

Minderjährige Kinder bedürfen eines Vormundes,

- wenn sie nicht unter elterlicher Sorge stehen oder die Eltern von der gesetzlichen Vertretung ausgeschlossen sind (§ 1773 Abs. 1) (Vollwaisen, Kind einer n. e. minderjährigen Mutter);
- wenn der Status eines Kindes nicht zu ermitteln ist (Findelkind § 1773 Abs. 2 BGB);

- wenn gerichtlich die gesamte elterliche Sorge beiden möglichen sorgeberechtigten Eltern entzogen wurde (§ 1666 i. V. m. § 1773 Abs. 1 BGB);
- wenn das Familiengericht im Falle der Auflösung einer Ehe zu der Überzeugung kommt, daß keiner der beiden Elternteile erziehungsfähig ist und im Interesse des Kindeswohls eine Anordnung der Vormundschaft erforderlich ist (§ 1671 Abs. 5 BGB);
- wenn die elterliche Sorge der Adoptiveltern nach § 1673 ruht oder eine Adoption aufgehoben wurde (§§ 1759 ff. BGB) und eine (Rück-)Übertragung des Sorgerechts auf die leiblichen Eltern nicht möglich ist (§ 1764 Abs. 4 BGB).

Anzeigepflicht

Einzelvormund

geeigneteste Form

Für all diese Fälle besteht zur Wahrung der Interessen des Kindes eine Anzeigepflicht an das Vormundschaftsgericht für alle Standesämter, Gerichte und Jugendämter (§§ 48 FGG/57, 50 Abs. 3 und 53 Abs. 3 KJHG). Wenn kraft Gesetzes oder auf Antrag eine Vormundschaft angeordnet wurde, wird in der Regel im Interesse des Kindeswohls eine Einzelvormundschaft bestellt. Als Einzelvormünder werden Verwandte (§ 1589 BGB), Verschwägerte (§ 1590 BGB) und Großeltern in Betracht gezogen und sind bei der Auswahl geeigneter Personen durch das VG zunächst zu berücksichtigen (§ 1779 Abs. 3 BGB). Haben die Eltern testamentarisch einen Vormund benannt, etwa den n. e. Vater (§§ 1776/1777/1779 Abs. 1 BGB), dann dürfen diese nur unter den Voraussetzungen des § 1778 übergangen werden. Die Einzelvormundschaft gilt auch im BGB als die geeignetste Form, weil über nahestehende Personen die Sozialisationswirkungen des sozialen Lebenszusammenhangs des Kindes besser im Interesse des Kindeswohls zu gewährleisten sind als durch Bestellung einer sog. Vereinsvormundschaft oder der immer letztzuständigen Amtsvormundschaft.

Vereinsvormundschaft: Das VG kann einen vom LJA anerkannten rechtsfähigen Verein zum Vormund bestellen (§§ 54, 75–76 KJHG i. V. m. §§ 21 und 55 BGB). In Betracht kommen vor allem die Träger der freien Wohlfahrtspflege, die Aufgaben der Jugendhilfe wahrnehmen (Caritas, Diakonie, AWO, DPWV).

Amtsvormund
»Subsidiär«

Wirkungskreis des Vormunds

Amtsvormundschaft: Das VG hat einen Amtsvormund zu bestellen, wenn kein geeigneter Einzelvormund vorhanden ist und ein Jugendhilfeträger eine Vereinsvormundschaft ablehnt (§ 1791 a–b BGB). Der Wirkungskreis des Vormundes entspricht grundsätzlich den Prinzipien der Elternverantwortung im Sorgerecht (§§ 1793/1800 BGB), ist aber in vielen Bereichen, vor allem in der Vermögenssorge, durch die Überwachung des Vormundschaftsgerichts und über die Beratung und Betreuung der ehrenamtlichen Vormünder durch das Jugendamt sowie durch gesetzliche Beschränkungen (§§ 1800–1822 BGB) stärker eingeschränkt. Hier zeigt sich die stärkere pädagogische Ausrichtung der Vormundschaftsregelungen im Familienrecht durch die Beteiligung des »Jugendamts als Sozialisationsinstanz«, das über § 2 Abs. 3 Nr. 10 und 11 i. V. m. §§ 53–56 KJHG die Organisation und Aufgabendurchführung einer Vormundschaft nach den Leitgesichtspunkten einer am Kindeswohl orientierten Erziehungsverantwortung gewährleisten soll.

Unterfall der Vormundschaft

Pflegschaft: Die Pflegschaft ist eine unter staatlicher Aufsicht (VG und JA) durchgeführte Fürsorgetätigkeit, die im wesentlichen eine Ergänzung oder Erweiterung der Elternverantwortung bzw. des vormundschaftlichen Schutzes in bestimmten Fällen dient. Sie wird als Unterfall der Vormundschaft im Gesetz definiert. Die Regelungen über die Vormundschaft finden entsprechende Anwendung (§ 1915 BGB). Pflegschaft als begrenzte Vormundschaft zeigt sich in der gesetzlichen Definition der Aufgaben der gesetzlichen Amtspflegschaft bei n. e. Kindern (§§ 1706/1709 BGB) und in der Verpflichtung des VG, den Umfang einer Pflegschaft (Wirkungskreis) genau zu bestimmen.

gesetzliche Amtspflegschaft

Ergänzungspflegschaft

Ergänzungspflegschaft: Neben der oben dargestellten Amtspflegschaft können für Kinder sog. Ergänzungspflegschaften in Betracht kommen, wenn Eltern oder andere Sorgeberechtigte (Vormünder) bestimmte Angelegenheiten aus tatsächlichen oder rechtlichen Gründen nicht besorgen können (§ 1909 BGB) (tatsächliche Verhinderungen: Krankheit, Abwesenheit u. a.; rechtliche Verhinderung: Sorgerechtsbeschränkung nach §§ 1666/1667 BGB u. a. oder gesetzliche Vertretungsverbote, bei denen dann ein sog. Verfahrenspfleger bestellt werden muß). Auch hier besteht bei Vorliegen einer solchen Voraussetzung Anzeigepflicht des Jugendamtes an das VG (vgl. oben). Der Wirkungskreis des Pflegers ergibt sich aus seiner Bestallungsurkunde, die ihm auch die Aufgaben definiert. Die Tätigkeit endet kraft Gesetzes z. B. mit der Volljährigkeit eines n. e. Kindes (§ 1705 BGB) oder mit Erfüllung der Aufgabe (§ 1918 BGB) und ggf. auf Antrag (§ 1707 BGB).

Wirkungskreis aus »Bestallungsurkunde«

5.3.4.3 *Mitwirkung von sozialpädagogischen Fachkräften im Rahmen der Tagesbetreuung und bei Hilfen zur Erziehung außerhalb der Familie*

Verunsicherungen in der Praxis

Die Zusammenarbeit der Eltern mit der Schule und Einrichtungen der Jugendhilfe wird auch durch einige Rechtsfragen tangiert, die Verunsicherungen hervorrufen können. Einerseits müssen Fragen der inhaltlichen Ausgestaltung der Erziehungsverantwortung der Eltern mit dem Bildungsauftrag der Schulen/Kindergärten/Kindertageseinrichtungen und der Erziehungsverantwortung der Jugendhilfeträger koordiniert werden. Andererseits verunsichern Fragen des Haftungsrechts als Folge des Rechts der Aufenthaltsbestimmung und der Aufsichtspflicht Eltern, Lehrer/innen und Erzieher/innen.

Kooperationspflicht

Für Bestimmung der Ziele und Inhalte der Erziehung sind primär die Eltern verantwortlich. Das Dazuschalten der Instanzen der sekundären Sozialisation (Kindergarten, Schule, Angebote der Jugendhilfe) bewirkt eine Kooperationspflicht für diese Instanzen, die sowohl die Elternrechte als auch die Emanzipationsbedürfnisse der Kinder berücksichtigen müssen. Eine Klarstellung ist durch das KJHG erfolgt, das in den §§ 1, 8 und 9 festlegt, daß sowohl die Bestimmung der Grundrichtung der Erziehung (§§ 1 und 9 KJHG) als auch die Beteiligung der Kinder und Jugendlichen (§ 8 KJHG) berücksichtigt werden müssen. Die Pflicht zur gemeinsamen Hilfeplanung (§§ 36 f. KJHG) könnte geeignet sein, die Konflikte zwischen Elternrecht und den Pflichten der Jugendhilfeträger sowie den wachsenden Selbstbestimmungsrechten der Kinder bzw. Jugendlichen bei Aufgaben und Leistungen der Jugendhilfe abzubauen.

gemeinsame Hilfeplanung

Bei Erziehungshilfen außerhalb der Familie sind Alltagsfragen in der Ausübung des Sorgerechts nicht immer im Rahmen einer Einzelabstimmung und gemeinsamen Hilfeplanung (§§ 36 f. KJHG) zu lösen, daher legt § 38 KJHG die Bereiche fest, in denen sozialpädagogische Fachkräfte zur »Erziehung« (= Delegation von Teilen des Sorgerechts zur praktischen Ausübung derselben) befugt sind, soweit nichts anderes vereinbart wurde (vgl. dazu Kap. 7).

Aufsichtspflichten und Haftung

Verunsicherung der Praxis

Aufsichtspflichtfragen und Haftungsfälle verunsichern nahezu alle Bereiche sozialpädagogischer Praxis, da es keine spezifischen gesetzlichen Regeln für die juristische Absicherung aller sozialpädagogischen Einrichtungen gibt. Das Gesetz regelt nur Haftungsfolgen (Schadenersatzpflicht und ggf. Bestrafung) bei Aufsichtsverletzungen, ohne Inhalte und Kriterien für die jeweils berufsspezifisch zu beachtenden Aufsichtspflichten in sozialpädagogischen Einrichtungen festzulegen. Hinzu kommt eine unübersichtliche Rechtsprechung und eine Fülle von Dienstanweisungen und Richtlinien, die oft wenig hilfreich sind, die pädagogische Verantwortung mit den recht-

nur Haftungsfolgen geregelt

lichen Aspekten abzustimmen und zeitnahe Konzepte zu entwickeln, die fachlich vertretbar und rechtlich abgesichert sind.
Die Bestimmung der Inhalte der Aufsichtspflicht ist daher in erster Linie ein pädagogisches Problem, das in einem allgemeinen Legitimationszusammenhang einschließlich rechtlicher Rahmenbedingungen definiert werden muß.

Aufsichtspflicht kraft Gesetzes oder vertragliche Übernahme

Aufsichtspflichten obliegen allen Personen, denen Minderjährige oder aufsichtsbedürftige Volljährige (z.B. geistig Behinderte) zur Erziehung, Betreuung, Beratung, Begutachtung anvertraut worden sind. Zu der Verantwortung für diese Personen gehört auch die Verpflichtung, die zu Betreuenden vor Selbstschädigung oder Schädigung von Dritten durch die Anvertrauten zu bewahren. Diese Verpflichtung entsteht kraft Gesetzes oder durch vertragliche Übernahme.

Gesetzliche Aufsichtspflicht besteht für
- Eltern ehelicher Kinder (§ 1631 Abs. 1 BGB),
- Mütter n.e. Kinder (§§ 1705, 1631 BGB),
- Vormünder und Pfleger (§§ 1793/1800/1909/1915 BGB).

Vertraglich begründete Aufsichtspflicht wird regelmäßig von den Gerichten angenommen, wenn es sich um eine weitreichende Obhut von längerer Dauer handelt, wie es z.B. bei Kindergärten, Kindertagesstätten und Heimverträgen der Fall ist.

Inhalt und Umfang der Aufsichtspflicht

pädagogische Konzeption bestimmt Kriterien im Einzelfall

bestimmen sich weitgehend aus der pädagogischen Konzeption der entsprechenden Jugendhilfeeinrichtung, vor allem im Ausbalancieren des Schutzinteresses einer umfassenden Schadensabwehr für die zu beaufsichtigenden Kinder und im Anspruch auf Erziehung zur selbstverantworteten Bewältigung von Alltagssituationen. Die Kriterien sind in keinem Gesetz positiv definiert, lassen sich aber aus der Rechtsprechung ableiten. Der BGH hat hier eine Formel herausgebildet, die für die inhaltliche Bestimmung der Aufsichtspflicht hilfreich ist (BGB, in: FamRZ 1987, S. 1128 ff.). »Entscheidend ist, was verständige Eltern (oder Erzieher/Betreuer) nach vernünftigen Anforderungen unternehmen müssen, um Schädigungen Dritter durch ihr Kind zu verhindern. Dabei kommt es für die Haftung nach § 832 BGB stets darauf an, ob der Aufsichtspflicht nach den besonderen Gegebenheiten des konkreten Falles genügt worden ist« (zit. nach *Münder*, 1991, S. 92).

objektive Bestimmungsmerkmale

In der Praxis haben sich einige Standardaspekte zur Bestimmung der Aufsichtspflicht herausgebildet, die sowohl bei konzeptioneller Behandlung des Umfangs einer Erziehungsverantwortung als auch im konkreten Einzelfall zu beachten sind:

Bestimmend sind demnach die Faktoren:
- Persönlichkeit, Alter und Reife des Kindes,
- Art der Beschäftigung,
- örtliche Umgebung, situative Momente und
- Gruppengröße.

Rechtsprechung

Für die daran zu bestimmenden Kriterien für eine Aufsichtspflicht werden die Grenzen durch die Rechtsprechung nicht an zu enge Maßstäbe gebunden, sondern die Entwicklung zu Autonomie und Selbständigkeit betont.

Für die pädagogische Verantwortung zur Gewährleistung der Schutzpflichten für anvertraute Kinder ergeben sich verschiedene Aufsichtsmöglichkeiten, die je nach Fallsituation eingesetzt werden müssen:
- Informieren und belehren,
- überwachen und kontrollieren,
- Ge- und Verbote transparent machen,
- eingreifen und unmöglich machen (vgl. *Münder*, 1991, S. 95 ff.).

»Organisationsverschulden«

Eine besondere Verpflichtung besteht noch beim Einsatz von Semiprofessionellen oder »Laienhelfern« in der pädagogischen Arbeit für den Träger einer Einrichtung. Unter Beachtung der allgemeinen Kriterien muß bei weiterer Delegation der Aufsichtspflicht eine besondere Auswahl und fachliche Begleitung (Beratung) der Personen, die Aufsichtspflichten übernehmen, gewährleistet sein (z. B. Einsatz von Praktikanten, Zivildienstleistenden), um ein sog. Organisationsverschulden ausschließen zu können.

unvermeidbare Schadensfälle

Eine Begrenzung der Aufsichtspflichten besteht auch bei sog. unvermeidbaren Schadensfällen, d. h. wenn diese auch bei gebotener Aufsichtsführung eingetreten wären und bei Unzumutbarkeit einer bestimmten Beaufsichtigung durch die verantwortlichen Betreuer (vgl. *Schleicher*, 1990, S. 60 ff.).

In jeder Praxis können Fehler gemacht werden, daher ist eine Orientierung über mögliche Konsequenzen hilfreich, um diese zu vermeiden. Wenn also eine Aufsichtspflichtverletzung nachgewiesen werden kann, können als Rechtsfolge:
- eine Schadensersatzpflicht,
- dienst- und arbeitsrechtliche Folgen,
- strafrechtliche Folgen
- und Versicherungsansprüche

begründet sein.

Wer haftet?

Wenn ein Minderjähriger geschädigt wird, treffen die oben dargestellten Konsequenzen zunächst die pädagogische Fachkraft (Betreuer), wenn ihr eine Aufsichtspflichtverletzung zur Last gelegt werden kann und dadurch der Schaden entstanden ist. Das geschädigte Kind bzw. sein gesetzlicher Vertreter kann dann einen Schadensersatzanspruch gem. § 823 BGB geltend machen, der in der Regel durch die Haftung des Trägers gem. §§ 823, 831 31 BGB i. V. m. § 278 BGB und einen entsprechenden Versicherungsschutz durch die vertragliche Haftpflichtversicherung und die gesetzliche Unfallversicherung (§ 539 Abs. 1 Nr. 14 a RVO) reguliert wird. Strafrechtliche und arbeitsrechtliche Konsequenzen (z. B. §§ 170 d S/223 b/230 StGB) sind bei sog. Alltagsfällen selten. Ein zivilrechtlicher Regreßanspruch des Trägers an seine Mitarbeiter, die eine Aufsichtspflichtverletzung begangen haben, ist nur im Falle grober Fahrlässigkeit oder vorsätzlicher Mißachtung der Aufsichtspflicht möglich. Darüber hinaus hat die Fachkraft einen Freistellungsanspruch gegen seinen Träger.

»Trägerhaftung«

Regreß nur bei grober Fahrlässigkeit

Wenn durch das zu beaufsichtigende Kind ein Dritter geschädigt wird, hat dieser Schadensersatzansprüche
- gegen das Kind, wenn es bedingt deliktsfähig ist und die erforderliche Einsicht hat, § 828 BGB,
- gegen die Aufsichtspflichtigen (Eltern oder päd. Fachkräfte). Der Geschädigte kann dann gem. § 840 I BGB sowohl das haftende Kind als auch den Träger der Einrichtung/bzw. die aufsichtspflichtigen Eltern in Anspruch nehmen. Die Haftung der Aufsichtspflichtigen ergibt sich aus §§ 823, 826 i. V. m. § 832 BGB.

Im übrigen gelten für die Trägerhaftung und den Versicherungsschutz die gleichen Bedingungen wie oben angedetutet.

Die große Nachfrage aus der Praxis nach spezieller Fortbildung zu Fragen der Aufsichtspflicht und des Haftungsrechts signalisiert Verunsicherung in der rechtlichen Absicherung pädagogischer Konzepte und im Alltagshandeln. Daher soll hier ein Hinweis zu praxisorientierter weiterführender Literatur gegeben werden.

J. Bauer, Mit Gürtel und Hosenträger? Sicherheit im Erziehungsalltag: Das Spannungsverhältnis zwischen Erziehungsauftrag und Aufsichtspflichten, Welt des Kindes, 1986, S. 188 ff.

H. Claussen/H. Vent, Aufsichtspflicht und Aufsichtspflichtverletzung unter bes. Berücksichtigung der Situation im Heim, 2. Aufl., Hannover 1987

S. Harms u. a., Rechtshandbuch für Erzieherinnen, Berlin 1987

J. Münder, Beratung, Betreuung, Erziehung und Recht, Münster 1990, S. 86 ff. – *Quambusch, E.*, Das Haftungsrecht in der Arbeit mit geistig Behinderten, Freiburg 1987

U. Sahlinger, Aufsichtspflicht in der Kinder- und Jugendarbeit (Hrsg. Bundesjugendwerk der AWO), 2. Aufl. Münster 1992

H.Schleicher, Jugendrecht und Familienrecht, 7. Aufl., Köln 1991, S. 51–84

P. Seipp/K. Fuchs, Rechts-ABC für den Jugendgruppenleiter, 22. Aufl., Neuwied, 1992

5.4 Die Erziehungsverantwortung der Eltern und der Erziehungsanspruch der Kinder

Die Erziehungsverantwortung der Eltern wurde bisher im systematischen Gesamtzusammenhang des Elternrechts (Art. 6 GG), des Rechts der elterlichen Sorge (§§ 1626 ff. BGB) und des Rechts der Kinder- und Jugendhilfe (§§ 1 ff. KJHG) behandelt. In der sozialberuflichen Praxis ergeben sich jedoch viele einzelne Probleme, die mit Sorgerechtsfragen zusammenhängen. In diesen Beratungssituationen werden dann Einzelfragen des Sorgerechts zum Beratungsgegenstand. Aus diesen Gründen sollen einige Rechtsfragen der oben dargestellten Leitlinien zur familienrechtlichen Erziehungsverantwortung der Eltern im Kontext mit dem Erziehungsanspruch der Kinder als »Ausschnittsvergrößerung« dargestellt werden.

5.4.1 Gesetzlich geregelte Einzelbereiche der elterlichen Erziehungsverantwortung im Familienrecht

Einzelaspekte der Erziehungsverantwortung

Im Kernbereich der Personensorge sind für die Erziehungsverantwortung der Eltern durch die Sorgerechtsreform (1980) in den §§ 1626 ff. BGB einige Leitlinien formuliert, aus denen sich Ziel und Inhalte der Erziehung ableiten lassen. Die normative Seite der Erziehung kann aber nicht allein aus der gesetzlich formulierten Leitlinie abgeleitet werden, sondern muß über die Interpretation der unbestimmten Rechtsbegriffe durch die Erziehungswissenschaft und aus der Analyse der Rechtsprechung zu konkreten Einzelfällen quasi aus dem Negativbild abgeleitet werden. Das allgemeinste anerkannte

Erzielungsziel

Erziehungsziel ist die Erziehung des Kindes zu einer selbstverantwortlichen Persönlichkeit (§ 1 KJHG). Die Privatautonomie (Art. 6 GG) gestattet es den Eltern aber, zu entscheiden, wie sie dieses Erziehungsziel erreichen wollen.

Grenzen der Gestaltungsreiheit

Die privatrechtliche Gestaltungsfreiheit im Rahmen der Erziehungsverantwortung ist für die Eltern jedoch begrenzt durch öffentliches Recht: z. B. das Schulrecht, die Jugendschutzbestimmungen und das Strafrecht. Auch im Familienrecht begrenzen die o. g. Leitlinien diese Gestaltungsfreiheit der Eltern.

Rechtlich geregelte Einzelaspekte in diesem Sinne sind:

a) das Gebot, die wachsenden Fähigkeiten und Bedürfnisse in die elterliche Entscheidung von Erziehungsfragen einzubeziehen (als Leitlinie) – § 1626 Abs. 2 BGB
b) das Verbot entwürdigender Erziehungsmaßnahmen (§ 1631 Abs. 2 BGB)

c) die Einschränkung des elterlichen Alleinentscheidungsrechts in Fragen der ärztlichen Heilbehandlung/bei Schwangerschaftsabbruch Minderjähriger und in Fragen der Ausbildungs- und Berufswahl (§ 1631 a BGB)
d) das elterliche Bestimmungsrecht über den Umgang des Minderjährigen auch mit Wirkung gegen Dritte (§ 1632 Abs. 2 BGB) und Aufenthaltsbestimmung (§ 1631 Abs. 1 BGB)
e) die Pflicht der Eltern, das Kind zu beaufsichtigen (§ 1631 Abs. 1 BGB), Aufsichtspflicht und Haftung

5.4.1.1. Bedürfnisse nach Selbständigkeit berücksichtigen (§ 1626 Abs. 2 BGB)

Dies Gebot war in der Reformdiskussion heftig umstritten und hat zu allerlei Phantasien geführt (»Aushöhlung des Elternrechts« durch unzulässige staatliche Reglementierung u. a.). Durch die Reform sollten aber über die Anerkennung von sog. »Teilmündigkeiten« hinaus Leitlinien geschaffen werden, die die wachsende Selbständigkeit von Minderjährigen ohne Bindung an feste Altersgrenzen (»gestufte Mündigkeit«) (*Bauer*, 1993, Stichwort Altersstufen im Recht) möglichst früh in Sorgerechtsentscheidungen mit einbezieht. Obwohl § 1626 Abs. 2 als Norm ohne Sanktion (sog. lex imperfecta) konzipiert ist, entfaltet sie als gesetzliche Leitlinie eine Verbindlichkeit, die im gesamten Kindschaftsrecht zu beachten ist (z. B. bei Entscheidungen nach §§ 1632/1634/1671 f. BGB).

Streit um Teilmündigkeit

In diesem Rahmen sind auch Modelle demokratischer Erziehung formulierbar.

5.4.1.2 Verbot entwürdigender Erziehungsmaßnahmen (§ 1631 Abs. 2 BGB)

Erziehung und Strafe

Die Bedeutung der Strafe ist für die Erziehungswissenschaft eine zentrale Fragestellung, die sowohl theoretisch im normativen Bereich zu allen Zeiten reflektiert wurde als auch in nahezu allen Bereichen empirische Befunde über die Wirkungen von Strafe auf psychosoziale Entwicklungen von Kindern, Jugendlichen und Erwachsenen geliefert hat. Die neuere Literatur über die Kindesmißhandlungen in der BRD zeigt in den europäischen Befunden eine erschreckende Bilanz über die Wirkungen von Strafen der Eltern in der Erziehung (vgl. *Faltermeier*, 1993, S. 560 f.; *Engfer*, 1993, S. 617 ff.).

rechtliche Bewertung der Strafe im Erziehungsrecht

Die Fachdiskussion um die rechtliche Bewertung von Strafe, sei es im Erziehungsrecht der Eltern oder in der Diskussion um die pädagogische Dimension des Strafrechts und des Strafvollzugs für Jugendliche im Jugendstrafrecht (JGG), hat nur unvollständige Ergebnisse z. B. in der Sorgerechtsreform 1980 und der Jugendhilfereform einschl. JGG 1990 gebracht.

(noch) kein Verbot von körperlichen Züchtigungen im BGB

Trotz der hohen Zahl von Kindesmißhandlungen konnte sich ein fachlich gefordertes und begründbares »generelles Verbot von körperlichen und anderen Züchtigungen« nicht durchsetzen mit der Begründung, eine Kriminalisierung der Eltern zu vermeiden, die bei einer strengen Erziehung die Grenzen der Entwürdigung oder Mißhandlung (noch) nicht überschreiten.

»Teufelskreis sich reproduzierender Gewalt«

Schleicher sieht in dieser Differenzierung in entwürdigende und nicht entwürdigende Züchtigungen einen Verstoß gegen Art. 1 und 3 Abs. 1 GG, da jede Gewaltanwendung Menschenwürde (auch die des Kindes) verletzt und eine Rechtfertigung von Gewalt als legales Durchsetzungsmittel von Eltern sich auf Verhaltensmuster von Kindern überträgt und so »zu einem Teufelskreis sich ewig reproduzierender Gewalt führt« (*Schleicher*, 1991, S. 99). Die Grenzen des Züchtigungsrechts der Eltern wurden und werden mit dem »Erziehungszweck« bestimmt. Entwürdigend und damit unzulässig sollen nur die Erziehungsmaßnahmen sein, die das Ehr- und Selbstwertgefühl des Kindes erheblich verletzen und vom »Erziehungszweck« einer Züchtigung in Alltagssituationen (Übermaß) nicht gerechtfertigt werden können. Die Rechtsprechung hat diese Generalklausel sehr weit ausgelegt (vgl. dazu die Kommentierung der sog. Horrorurteile des BGH bei *Münder*, 1980, S. 99). Als allgemeine Orientierung gilt, daß folgende Handlungen der Eltern als entwürdigende und damit unzulässige Erziehungsmaßnahmen durch die Rechtsprechung anerkannt sind:

Erziehungszweck

entwürdigende Erziehungsmaßnahmen

- Anbinden und Fesseln von Kindern zum Zwecke der Bestrafung für ein von den Eltern untersagtes Verhalten
- Einsperren im Keller oder im Dunkeln
- Körperstrafen mit Körperverletzungen (nicht die sog. pädagogische Ohrfeige)
- langandauerndes Versagen jeder Kommunikation mit dem Kind
- Demütigung, Beleidigung, Herabsetzung von insbes. älteren Kindern vor Fremden, Bekannten, Nachbarn u. a.

Mißbrauch des Erziehungsrechts

Rechtsfolgen

Als Sanktionsmöglichkeit für die mißbräuchliche Ausübung des Erziehungsrechts der Eltern können auch strafrechtliche Folgen in Betracht kommen: z. B. § 170 d StGB bei Verletzung der Fürsorge- und Erziehungspflicht, §§ 223 ff. StGB bei Körperverletzung und §§ 185 ff. StGB bei Beleidigung. Neben diesen strafrechtlichen Folgen kann das Vormundschaftsgericht alle Erziehungsmaßnahmen der Eltern, auch wenn sie nicht entwürdigend im Sinne von § 1631 Abs. 2 BGB sind, überprüfen und bei Vorliegen der Voraussetzungen der §§ 1666 f. geeignete Maßnahmen anordnen (vgl. Kap. 5.5.2.2).

5.4.1.3 *Einschränkung des elterlichen Alleinentscheidungsrechts*

In Fragen der **ärztlichen Heilbehandlung** Minderjähriger konnte ein Konflikt zwischen Elternrecht und Selbstverantwortung der Kinder nicht gesetzlich geregelt werden, da ein Gesetzentwurf zum Sorgerechtsgesetz (1980), der für Jugendliche ab dem 14. Lebensjahr ein Selbstbestimmungsrecht für ärztliche Heilbehandlung einräumte, nicht Gesetz geworden ist. Damit gilt weiterhin, daß eine Entscheidung über Heilbehandlungen grundsätzlich den Eltern vorbehalten ist. In Rechtsprechung und Lehre wird aber Minderjährigen zugebilligt, bei entsprechender Reife und Einsichtsfähigkeit nach Aufklärung über Tragweite und Folge der Behandlung durch den Arzt selbst über eine Heilbehandlung zu entscheiden. Zumindest ist gegen den Willen eines einsichtsvollen Minderjährigen eine von den Eltern gewünschte Heilbehandlung (Operation) nur bei Gefahr für die Gesundheit zulässig. Hier zwingt die Leitlinie des § 1626 Abs. 2 BGB Herstellung von Einvernehmen zwischen Eltern und Kindern. (Ausgenommen sind sog. Eilfälle, z. B. Unfälle, Selbstmordversuch, Drogenprobleme, in denen der Arzt durch die mutmaßliche Einwilligung bzw. durch Geschäftsführung ohne Auftrag strafrechtlich und zivilrechtlich abgesichert ist.)

Selbstbestimmungsrecht bei ärztlicher Heilbehandlung?

Eltern müssen zustimmen

Ausnahmen

In Fragen des **Schwangerschaftsabbruchs** einer Minderjährigen sind die Entscheidungen so stark gewissensgebunden, daß sie hier nur höchstpersönlich abgegeben werden sollen. In der Praxis gilt, daß ab dem 16. Lebensjahr eine minderjährige Schwangere immer ohne Zustimmung der Eltern in eine legale Schwangerschaftsunterbrechung einwilligen kann, zwischen dem 14. und 16. Lebensjahr kommt es darauf an, ob sie die Reife und Einsichtsfähigkeit hat (vgl. *Belling* u. a., 1994, S. 103 ff. und *Eser*, 1994). Fragen der ärztlichen Behandlung sind in diesem Zusammenhang sehr kompliziert (vgl. dazu Fallbeispiel bei *Oberloskamp/Adams*, 1994, S. 170 ff.).

Einwilligung in Schwangerschaftsabbruch Minderjähriger

– ohne Zustimmung der Eltern möglich –

Bei Fragen der **Ausbildung und Berufswahl** bestimmt sich aus § 1631 a BGB die Reichweite der Erziehungsverantwortung der Eltern und deren Begrenzung durch Eignung, Neigung und eigene Vorstellungen des Kindes über seine Lebensplanung. Ein »Sperrecht« der Minderjährigen gegen elterliche Ausbildungs- und Berufsentscheidungen, das es schon im Preußischen Allgemeinen Landrecht und im Sächsischen BGB vor 1900 gab, konnte in der Reformdiskussion nicht durchgesetzt werden. Auch hier gilt der Grundsatz des § 1626 Abs. 2 BGB, daß zwischen Kindern und Eltern Einvernehmen auszuhandeln ist, und bei Streitfragen eine Beratungspflicht mit Fachleuten (Lehrer, Berufsberatung u. a.) gem. § 1631 a BGB

Ausbildungs- und Berufswahl

Beratungspflicht bei Streitfragen

vorgesehen ist. Nehmen Eltern keine Rücksicht auf Eignung und Neigung und provozieren so Entwicklungsstörungen, so entscheidet das Vormundschaftsgericht (nach Anhörung von Eltern und Minderjährigen §§ 50 a/50 b FGG) über Ausbildungs-und Berufsfragen anstelle der Eltern. (Beispiele für solche Konflikte liegen vor allem in der Benachteiligung von Mädchen, die trotz guter Leistungen keine weiterführenden Schulen besuchen dürfen, oder bei Söhnen, die gezwungen werden, den väterlichen Betrieb zu übernehmen, ohne dafür eine besondere Neigung zu haben.)

Entscheid des Vormundschaftsgerichts

für Jugendliche nur Umweg über Beratung

Entscheidungen des VG können für Jugendliche aber wieder nur über den Umweg der Beratung und Mitwirkung durch das Jugendamt (§ 8 KJHG) erreicht werden, da den Jugendlichen kein eigenes Antragsrecht zum VG durch das Gesetz eingeräumt wurde.

5.4.1.4 Aufenthaltsbestimmungsrecht

Aufenthaltsbestimmungsrecht

Die Erziehungsverantwortung der Eltern schließt das Recht ein, den Aufenthalt des Minderjährigen zu bestimmen (§ 1631 Abs. 1 BGB). Das bedeutet, die Eltern können den Wohnort, den Aufenthalt bei Verwandten, Bekannten, in Pflegestellen, Kindertagesstätten, Heimen u. a. bestimmen und im Falle eines von zu Hause oder aus einer Pflegestelle weggelaufenen Kindes es wieder zurückholen und notfalls das Jugendamt und das Vormundschaftsgericht einschalten (§ 1631 Abs. 3 BGB/§§ 42 f. KJHG). Mit diesem Recht korrespondiert ein Anspruch des Kindes auf Aufnahme in das Elternhaus (§ 1631 Abs. 1 i. V. m. der Beistandspflicht § 1618 a BGB).

Eltern können Umgang auch mit Wirkung gegen Dritte bestimmen

Gemäß § 1632 Abs. 2 BGB ist das Recht der Eltern zur Bestimmung des Umgangs des Minderjährigen auch mit Wirkung für und gegen Dritte Bestandteil der Personensorge. Eltern können mit Ge- und Verboten den Umgang des Minderjährigen im weitesten Sinn regeln, z. B. mit Verboten von gefährlichem Spielzeug, Alkoholgenuß, Mofas, aber auch mit einem Umgangsverbot mit bestimmten Personen. Auch hier sind den Eltern durch das wachsende Lebensalter und das Bedürfnis nach selbstverantworteter Lebensgestaltung durch die Kinder Grenzen gesetzt. Bei Streitigkeiten zwischen Eltern und Dritten über den Umgang ihrer Kinder (z. B. eine 16jährige Tochter möchte mit ihrem 19jährigen Freund zusammenziehen) entscheidet gem. § 1632 Abs. 3 i. V. m. § 12 FGG auf Antrag mindestens eines Elternteils oder von Amts wegen nach persönlicher Anhörung der Minderjährigen und ggf. des Dritten (FGG) das Vormundschaftsgericht. Das Jugendamt ist gem. § 49 FGG/§ 50 KJHG vor einer Entscheidung des VG ebenfalls anzuhören.

5.4.1.5 Aufsichtspflicht und Haftung

zunehmende Selbstverantwortung · abnehmende Aufsichtspflicht

Letztlich beinhaltet die Erziehungsverantwortung der Eltern auch das Recht und die Pflicht, das Kind zu beaufsichtigen (§ 1631 Abs. 1 BGB). Die Kriterien für die Bestimmung der Inhalte der Aufsichtspflicht für Eltern entsprechen im wesentlichen den oben dargestellten Grundsätzen einer pädagogischen Verantwortung der Lehrer und Erzieher, sie sind jedoch wegen der Universalität der Erziehungsverantwortung in der Familie nicht auf einzelne Bereiche beschränkt. Grenzen ergeben sich nur aus den mit wachsendem Lebensalter zunehmenden Selbstbestimmungsrechten und Selbstverantwortung.

5.4.2 Der Erziehungsanspruch des Kindes

5.4.2.1 Rechtsanspruch auf Erziehung für Kinder?

Erziehungsanspruch Reflexrecht des Elternteils

Eine synoptische Betrachtung der Grenzen elterlicher Gestaltungsfreiheit in Fragen der Kindererziehung verdeutlicht bereits eine Dimension der Gewährleistung des Anspruchs eines Kindes auf Erziehung im Familienrecht, auch wenn es nur als »Reflexrecht des Elternrechts« definiert wird.

kinderrechtliche Perspektive

Eine andere Dimension könnte sich aus einer spezifischen kinderrechtlichen Perspektive des Anspruchs auf Erziehung im Familienrecht ergeben. In diesem Zusammenhang ist zu fragen, ob Kinder und Jugendliche in den für sie wichtigen Bereichen ihrer Sozialisation eigene Rechte haben, ihre Lebensplanung selbst zu bestimmen oder z. B. Ansprüche auf Hilfen zur Erziehung gegenüber dem Jugendhilfeträger (als subjektiv öffentliche Rechte) geltend machen können. Die verfassungsrechtliche Dimension des Art. 6 GG und die Beschreibung der Erziehungsverantwortung der Eltern (mit deren Begrenzung durch die Leitbegriffe des § 1626 BGB sowie des Kindeswohls) legen eigentlich nahe, daß Kinder nicht bloße »Erziehungsobjekte« im Rahmen der Elternverantwortung sind, sondern Personen mit eigener grundgesetzlich geschützter Rechtssubjektivität. Demzufolge müßte es ein allgemeines Recht auf Erziehung geben, verbunden mit einzelnen einklagbaren Ansprüchen z. B. auch auf Hilfen zur Erziehung (KJHG). Diesen Leitgedanken enthielt auch die alte Fassung des § 8 SGB Abs. 1, der ausdrücklich ein Erziehungsrecht zur Entfaltung der Persönlichkeit junger Menschen anerkannt hat, dem Jugendamt einen eigenständigen Erziehungsauftrag zuschrieb und die Kinder und Jugendlichen zum Subjekt, d. h. zu Anspruchsberechtigten für die Erziehungshilfen definiert hatte.

Eltern sind anspruchsberechtigt bei Erziehungshilfen

Durch die Reform des KJHG werden nunmehr die Eltern die Anspruchsberechtigten für Erziehungshilfen, so daß die aus dem allgemeinen Erziehungsanspruch § 1 KJHG abgeleiteten Einzelansprüche (§ 2 KJHG) auf Erziehungshilfen für die Kinder nur zum Reflexrecht des Elternrechts werden. Die Problematik der Rechtsstellung der Kinder im KJHG wird im Kapitel 7 näher dargestellt.

Dem entspricht im Ansatz auch die Rechtslage im Familienrecht, das im BGB ebenfalls kein ausdrückliches Erziehungsrecht des Kindes enthält, sondern das Elternrecht in der familienrechtlichen Dimension der Personensorge zum Pflichtrecht deklariert, verbunden mit der Maßgabe, bei dem Recht und der Pflicht, das Kind zu erziehen (§ 1631 Abs. 1 BGB), die Leitlinien des § 1626 Abs. 2 BGB zu beachten.

Erziehungsanspruch aus Verfassungsrecht

In der Literatur wird aber ein Rechtsanspruch auf Erziehung aus der verfassungsrechtlichen Position (insbes. aus den Entscheidungen des BVerfG [BVerfGE 24, S. 119; E 37, S. 217 ff.; E 68, S. 176 ff.; E 72, S. 122; E 75, S. 201 ff.] abgeleitet, die betonen, daß die grundgesetzliche Absicherung der vorrangigen Elternverantwortung vor allem den Interessen des Kindes im Hinblick auf seine Persönlichkeitsentfaltung dienen soll (vgl. *Schleicher*, 1991, S. 96 und *Münder* u.a., 1993 c, Rz 24 ff. vor Kap. 1).

Verwirklichung schwierig

Die Verwirklichung eines solchermaßen anerkannten Erziehungsrechtes ist aus rechtlichen Gründen schwierig, da die sog. »Drittwirkung von Grundrechten« zwischen Eltern und Kindern (als Personen privten Rechts) umstritten ist. Auch in der Praxis wäre eine Verwirklichung eines Rechtsanspruchs auf Erziehung für Kinder schwierig, da es keine elternunabhängigen Antragsrechte für Kinder zum Vormundschaftsgericht bzw. Jugendamt gibt. Eine Verwirklichung des Anspruchs auf Erziehung ist also entweder an die gesetzliche Vertretung der Eltern gebunden oder muß im Konfliktfall zwischen Eltern- und Kindesinteressen auf einem Umweg geschehen.

Beratungsangebot

Dieser besteht zunächst in der Möglichkeit für Kinder, sich (auch ohne Kenntnis der Eltern mit Schutz des Beratungsgeheimnisses) an das Jugendamt zu wenden, um auf die Interessenkonflikte aufmerksam zu machen und sich beraten zu lassen (§ 8 KJHG). Bei gravierenden Interessenkonflikten, bei denen Elternverantwortung sich zu Lasten des Kindeswohls auswirkt, ist eine Intervention des VG im Zusammenwirken mit dem JA zur Gewährleistung des Erziehungsanspruchs des Kindes möglich (§§ 1666 ff. BGB/§ 50 KJHG/§§ 50 b ff. FGG).

Jugendamt und Vorm.-Ger. können intervenieren

Um die Emanzipationsbedürfnisse von Kindern und Jugendlichen in den entscheidenden Sozialisationsphasen der Kindheit und Jugend (vgl. Kap. 3.2) durch eine präventiv orientierte Jugendhilfe (etwa in der Erziehungsberatung) zu gewährleisten, ist eine Orientierung an den im Recht fixierten Altersstufen mit den damit verbundenen Rechtspositionen hilfreich, um Eltern die angemessene Einstellung zu »Führen und wachsen lassen« *(Bollnow)* bzw. zum Ausbalancieren von gebotenen Schutzinteressen und wachsendem Bedürfnis nach selbstverantwortetem Handeln zu ermöglichen.

Orientierung an Altersstufen

5.4.2.2 Gestufte Mündigkeit

Im folgenden werden für die Sozialisationsphase der Kinder und für die Sozialisationsphase der Jugend die wichtigsten Rechtspositionen benannt, die an das Erreichen einer Altersstufe geknüpft sind.

Rechtsfähigkeit

Mit **Vollendung der Geburt** wird das Kind rechtsfähig (§ 1 BGB), d. h., es wird Träger von Rechten und Pflichten (Rechtssubjekt). Im Vordergrund steht hier der Erwerb aller mit dem Status der Geburt verbundenen Rechte einschließlich des Schutzes durch die Grundrechte/Menschenrechte. Die frühkindliche Sozialisation in den **ersten drei Lebensjahren** ist gekennzeichnet durch eine umfassende Elternverantwortung, für Entwicklung, Erziehung und Betreuung zu sorgen einschließlich der Möglichkeit, Beratungs- und Unterstützungsangebote der Kinder- und Jugendhilfe in Anspruch zu nehmen.

Die Lebensphase zwischen dem 3. und 6. Lebensjahr

Sie ist gekennzeichnet durch das Dazuschalten der Bildungsbereiche in der sekundären Sozialisation. Die Kindergartengesetze der Bundesländer lassen die Kindergartenfähigkeit ab drei Jahren beginnen und die Schulpflicht ab dem 6. Lebensjahr. Die Jugendschutzgesetze, z. B. § 6 I Nr. 2 a JugArbSchG und § 6 Abs. 3, 5 JSchÖG, begrenzen Mitwirkung und Besuch von Kindern in kulturellen Veranstaltungen. Das 7. Lebensjahr ist die erste rechtlich definierte Emanzipationsstufe für die Kindheit, die den Kindern im Recht selbständige Handlungsspielräume eröffnet und Selbstverantwortung auferlegt. Bestimmend in diesem Zusammenhang sind die gesetzlichen Definitionen der juristischen Handlungsfähigkeit als Oberbegriff für die sog. beschränkte Geschäftsfähigkeit (§§ 106 ff. BGB) und die beschränkte Deliktsfähigkeit (§§ 828 BGB).

sekundäre Sozialisation

erste Emanzipationsstufe

Geschäftsfähigkeit – beschränkt –

Geschäftsfähigkeit bedeutet, rechtsgeschäftliche Willenserklärungen rechtswirksam abgeben und entgegennehmen zu können. Kinder sind aber nur beschränkt geschäftsfähig: Bei einem Kind unter sechs Jahren bewirkt der Schutzaspekt Geschäftsunfähigkeit, d. h., ein Kind kann nicht rechtswirksam handeln. Ab dem 7. Lebensjahr können Kinder mit Zustimmung der gesetzlichen Vertreter wirksame Willenserklärungen abgeben. Ohne Zustimmung der gesetzlichen Vertreter sind einseitige Rechtsgeschäfte (Kündigung/Errichtung eines Testaments u. a.) unwirksam, zweiseitige Rechtsgeschäfte (Verträge) schwebend unwirksam, d. h., sie können nachträglich vom gesetzlichen Vertreter genehmigt werden. Über den sog.

Taschengeldparagraph

Taschengeldparagraphen (§ 110 BGB) können Kinder aber im Rahmen einer generellen Zustimmung Verträge wirksam abschließen, wenn sie sie mit diesen Mitteln (Taschengeld) sofort erfüllen. Weiterhin können Rechtsgeschäfte, die lediglich einen rechtlichen Vorteil bringen, also keine weiteren Verpflichtungen nach sich ziehen, auch ohne Zustimmung des gesetzlichen Vertreters abgeschlossen werden (z. B. Annahme einer Schenkung § 107 BGB). Die gesetzlichen Regeln über die Geschäftsfähigkeit (§§ 104 ff. BGB) gelten für alle Willenserklärungen und stehen damit im Allgem. Teil des BGB, d. h. sie gelten z. B. für alle Vertragstypen des Schuldrechts, Kauf, Miete u. a.) und Willenserklärungen im Sachenrecht, Familien- und Erbrecht.

Deliktsfähigkeit

Der Begriff **Deliktsfähigkeit** bedeutet, daß für tatsächliche Handlungen, die unter Verstoß gegen die Rechtsordnung (= Delikt) begangen wurden, eine zivilrechtliche Haftung für die Folgen (z. B. eine Schadensersatzpflicht) begründet wird.

Einsichtsfähigkeit (Reife)

Auch hier gilt für Kinder ein **Schutzbedürfnis,** das eine nur beschränkte Deliktsfähigkeit bewirkt. Kinder können für Schadensfolgen aus sog. unerlaubten Handlungen (§§ 823 ff. BGB, vgl. oben Allg. Teil S. 69 ff.) nur dann zivilrechtlich haftbar gemacht werden, wenn sie aufgrund ihrer Gesamtentwicklung bei der Begehung einer deliktischen Handlung im Sinne von §§ 823/826 BGB die erforderliche Einsicht hatten, d. h. erkennen konnten, daß diese Handlung widerrechtlich ist und sie dafür verantwortlich gemacht werden können (§ 828 Abs. 2 BGB). Diese Einsichtsfähigkeit ist individuell nach der sog. »Reife« zu beurteilen und unter dem 7. Lebensjahr gesetzlich ausgeschlossen (§§ 827/828 Abs. 1 BGB).

Haftung

Um eine **Haftung** (z. B. eine Schadensersatzpflicht) zu begründen, muß neben der individuellen Verantwortlichkeit gem. § 828 Abs. 2 BGB auch schuldhaftes Verhalten (§§ 823 Abs. 1/276 Abs. 1 BGB) gegeben sein, d. h., die Verletzung eines Rechtsgutes muß vorsätzlich oder fahrlässig begangen worden sein (vgl. AT Kap. Rechtsanwendung – Fallbeispiele).

Ausgleich in Schadensfällen

In einigen Schadensfällen, die durch ein Kind verursacht wurden, können aber sowohl ein schuldhaftes Verhalten als auch die Verantwortlichkeit fehlen und auch eine Haftung der aufsichtspflichtigen Eltern oder Betreuer entfallen, wenn diese ihre Aufsichtspflicht nicht verletzt haben (§ 832 BGB). In diesen Fällen kann dann ggf. ein Ausgleich des Schadens aus Billig-

keitsgründen geboten sein (§ 829 BGB). Diese Rechtslage wird in Theorie und Praxis kritisiert und eine Reform des Schadensersatzrechts gefordert mit dem Ziel, die Verschuldenshaftung durch eine Gefährdungshaftung verbunden mit einer Pflichtversicherung (Haftpflicht) für den Personenkreis der §§ 827 ff. BGB (vgl. *Schleicher*, 1991, S. 49 f.) zu ersetzen. *Scheffen* problematisiert an Beispielen aus der Rechtsprechung die deliktische Haftung Minderjähriger im Zusammenhang mit der Einsichtsfähigkeit und fordert eine kinderfreundlichere Rechtsgestaltung. Auch mit Blick auf einen europäischen Rechtsvergleich sollte die deliktische Haftung Minderjähriger erst mit dem 14. Lebensjahr beginnen (*Scheffen*, in FuR 1993, S. 82 ff.).
Zwischen dem 7. und 14. Lebensjahr erweitert sich die »Bewegungsfreiheit« in der Öffentlichkeit für Kinder (z. B. im Gesetz zum Schutz der Jugend in der Öffentlichkeit § 6 Abs. 2 Nr. 2 JSchÖG) und durch die gestufte Religionsmündigkeit (vgl. §§ 2 Abs. 3 und 5 RelKErzG; das Kind kann nicht gegen seinen Willen in einem anderen Bekenntnis erzogen werden).

Altersstufen in der Jugendphase und ihre rechtliche Bedeutung – 14. bis 18. Lebensjahr

zweite Emanzipationsstufe

Die zweite wichtige Emanzipationsstufe wird mit dem 14. Lebensjahr erreicht. Selbstbestimmtes Handeln und mehr Selbstverantwortung wird für Jugendliche durch folgende Rechtspositionen definiert:

eigene Recht

Im Verhältnis zur Elternverantwortung werden den Jugendlichen im Familienrecht eigene Rechte zugeschrieben:
- die freie Religionswahl (§ 5 RelKErzG)
- die Einwilligung zur Adoption können Minderjährige nur selbst geben (§ 1746 Abs. 1 Satz 3 BGB)
- Namensänderungen sind nur mit Einwilligung der Jugendlichen möglich (z. B. bei §§ 1757 Abs. 1 Ziff. 4, Abs. 2 Ziff. 2, 1617 Abs. 2, 1618 Abs. 2 BGB)
- Ehelichkeitserklärung eines n. e. Jugendlichen kann nur noch mit dessen Zustimmung oder auf seinen Antrag erfolgen (§ 1729/§ 1740 c BGB)
- Es besteht die Möglichkeit, auf Antrag die Amts- oder Vereinsvormundschaft durch eine geeignete Einzelperson abzulösen (§§ 1687/1915 BGB)
- ein gemeinsamer Vorschlag über die Sorgerechtsregelung der Eltern bei Scheidung kann nicht gegen den abweichenden Vorschlag eines Jugendlichen durchgestzt werden (§ 1671 Abs. 3 Satz 2 BGB)

im Verfahrensrecht

Diesen Rechten entspricht auch die rechtliche Stellung im Verfahrensrecht: Jugendliche haben ein Recht auf persönliche Anhörung in allen Verfahren vor dem Familiengericht und Vormundschaftsgericht (§ 50 b Abs. 2 FGG) mit selbständigem Rechtsmittelrecht bei persönlichen Angelegenheiten in diesem Verfahren (§ 59 FGG).

Zunahme der Selbstverantwortlichkeit

Die Zunahme der Selbstverantwortlichkeit wird durch den Beginn der Strafmündigkeit (§ 1 Abs. 2 und § 3 JGG) verdeutlicht, d. h., Jugendliche können nach den Sanktionen des § 5 JGG i. V. m. §§ 9 ff. JGG strafrechtlich zur Verantwortung gezogen werden.

Ab dem **15. Lebensjahr** besteht ein eigenes Antragsrecht auf Sozialleistungen (BAföG/BSHG u. a.) gem. § 36 SGB AT, und es enden grundsätzliche Beschäftigungsverbote im Arbeitsrecht (§ 7 Abs. 1 JArbSchG). Es endet die allgemeine Schulpflicht, und es beginnt u. U. die Berufsschulpflicht nach den Schulgesetzen der Länder. In diesem Zusammenhang erweitert sich auch die Bewegungsfreiheit im Rahmen der Geschäftsfähigkeit: Jugendliche können jetzt alle Rechtsgeschäfte, die im Rahmen eines Geschäftsbetriebs, der vom gesetzlichen Vertreter oder VG genehmigt wurde, rechtswirksam, d. h. ohne Zustimmung der gesetzlichen Vertreter, abschließen (§ 112 BGB). Dies gilt auch für alle Rechtsgeschäfte im Zusammenhang mit einem vom gesetzlichen Vertreter genehmigten Dienst-, Arbeits- oder Ausbildungsverhältnis (§ 113 BGB).

Ab dem **16. Lebensjahr** beginnt die Ausweispflicht (§ 1 PaßG), ist das Mindestalter zum Heiraten erreicht (§ 1 Abs. 2 EheG) und enden viele Jugendschutzbestimmungen

a) im Gesetz zum Schutz der Jugend in der Öffentlichkeit bei Gaststättenbesuch, Filmveranstaltungen, Rauchen und Genuß und Verkauf von Alkohol (§ § 2 ff. JSchÖG);
b) im Strafrecht: § 176 StGB sexueller Mißbrauch von Kindern schon ab 14 J./ab 16 Jahren auch sexueller Mißbrauch von Schutzbefohlenen (§ 174 Abs. 1 StGB), Förderung sexueller Handlungen (Kuppelei) Minderjähriger (§ 180 Abs. 1 StGB) und Verführung minderjähriger Mädchen (§ 182 Abs. 1 StGB).

Volljährigkeit letzte Emanzipationsstufe

Mit dem **18. Lebensjahr** ist die letzte Emanzipationsstufe einer gestuften Mündigkeit erreicht. Mit der Volljährigkeit (§ 2 BGB) endet die Erziehungsverantwortung der Eltern als Teil der Personensorge. Es enden auch die typischen Schutzaspekte, die an die Sozialisationsphase der Jugend geknüpft sind:

- Ende sämtlicher Jugendschutzbestimmungen
- Ende des strafrechtlichen Jugendschutzes, d. h., eine Strafbarkeit bei sexuellem Mißbrauch gem. § 174 StGB, bei homosexuellen Handlungen nach § 175, bei Prostitution und schwerer Kuppelei nach §§ 180, 180 a StGB

- bei Verbreitung von Pornographie (§ 184 StGB), bei Kindesmißhandlung (§ 223 b StGB), bei Kindesraub (§ 235 StGB)
- Bei Entführung unverheirateter Mädchen (§ 236 StGB).

Mit dem **Ende der elterlichen Sorge** entfallen auch eine gesteigerte Unterhaltspflicht der Eltern (§ 1603 Abs. 2 BGB) und der Vorrang gegenüber anderen Unterhaltsberechtigten (§ 1605 BGB), Anwendung der Regelunterhaltssätze bei n. e. Kindern und Kindern aus geschiedenen Ehen (§§ 1610/1615 f. BGB).
Mit der **vollen Geschäftsfähigkeit** (§ 106 BGB) korrespondierten die **volle Prozeßfähigkeit** (§ 52 Abs. 1 ZPO und Ehemündigkeit § 1 EheG) sowie die volle zivilrechtliche und strafrechtliche Verantwortlichkeit (Deliktsfähigkeit § 828 BGB, Strafmündigkeit §§ 1 und 3 JGG) mit der Ausnahme des § 105 JGG, der die Anwendung des Jugendstrafrechts noch bis zum 21. Lebensjahr für Heranwachsende ermöglicht.

5.5 Gesetzliche und gerichtliche Beschränkungen des Sorgerechts

Klarheit über Zuordnung und Sorgerecht

Aus rechtsstaatlichen Gründen (Rechtssicherheit, Rechtsklarheit) müssen sowohl die Zuordnung der Kinder zu ihren Eltern als auch Inhalt und Umfang der Elternverantwortung eindeutig geklärt sein. – Bezeichnend für die bisher dargestellten Grenzen der elterlichen Gestaltungsfreiheit, im Rahmen der Personensorge Ziele und Inhalte der Erziehung zu bestimmen, ist es, daß entsprechend den generellen Leitlinien diese jeweils im konkreten Fall individuell zu definieren sind. Das bedeutet rechtlich gesehen, daß die Eltern untereinander und in Abstimmung (Beteiligung) mit dem Kind im Rahmen der Grundregeln der §§ 1626 Abs. 2 und 1627 BGB versuchen müssen, sich in allen Fragen der Erziehung zu einigen unter Beachtung generell normierter kinderrechtlicher Positionen.
Das bedeutet aber auch praktisch gesehen, daß rechtliche Positionen des Kindes zwar über die anwaltliche Position des Jugendamtes (Art. 6 Abs. 2 GG, § 2 KJHG, § 8 KJHG) abgesichert sind, aber meistens zu spät in der Ausübung der Erziehungsverantwortung »von außen« im Interesse des Kindeswohls reklamiert werden können.
Die Ausübung der elterlichen Sorge kann weiterhin durch die Gestaltung des Vormundschafts- oder Familiengerichts im Zusammenwirken mit dem Jugendamt (§§ 50 ff. KJHG/§§ 49 f. FGG) bei Gefährdung des Kindeswohls, Mißbrauch des Sorgerechts (§ 1666 BGB) und bei Trennung und Scheidung der Eltern, sowie bei Uneinigkeit der Eltern in Fragen der Erziehung, abweichend von den Grundsätzen der gemeinsamen

Ausübung der Elternverantwortung individuell für das Kind geregelt werden. Oberste Leitlinie ist hier das Kindeswohl.

Verhinderung der Eltern

Abgesehen von den Gestaltungsmöglichkeiten und Grenzen elterlicher Erziehungsverantwortung und den Eingriffsmöglichkeiten in das elterliche Sorgerecht durch die Gerichte gibt es einige Beschränkungen des Rechts der elterlichen Sorge, die schon kraft Gesetzes eintreten. Im Folgenden soll daher ein kurzer Überblick über gesetzliche Beschränkungen des Sorgerechts und die wichtigsten Merkmale einer gerichtlichen Beschränkung des Sorgerechts dargestellt werden.

5.5.1 Gesetzliche Beschränkungen des Sorgerechts

Ruhen der elterlichen Sorge

Der Gesetzgeber hat im Interesse des Kindes eine Reihe von Bestimmungen im BGB vorgesehen, durch die in bestimmten Fällen die Ausübung der elterlichen Sorge als ganzes oder in Teilbereichen beschränkt ist. Die Hauptfallgruppe betrifft die Regelungen, wenn ein Elternteil oder beide verhindert sind, ihre Elternverantwortung wahrzunehmen, gesetzlich definiert als: Ruhen der elterlichen Sorge bei rechtlichem oder tatsächlichem Hindernis.

Maßgebend ist hier der Begriff des Ruhens der elterlichen Sorge. Die elterliche Sorge ruht, wenn ein Elternteil oder beide durch tatsächliche oder rechtliche Gründe gehindert sind, das Sorgerecht auszuüben, kraft Gesetzes, d. h. automatisch bei rechtlichem Hindernis (§ 1673 BGB), erst durch Feststellung des VG bei tatsächlichem Hindernis (§ 1674 BGB). Die elterliche Sorge wird dann durch den anderen Elternteil allein ausgeübt, solange die Eltern verheiratet sind und keine Sorgerechtsregelungen bei Trennung und Scheidung gem. §§ 1671 f. BGB vorgenommen wurden.

5.5.1.1 Rechtliche Verhinderung

Eltern geschäftsunfähig

Rechtlich verhindert ist ein Elternteil, wenn er **geschäftsunfähig** ist (§§ 104/1673 Abs. 1 BGB). In diesem Fall ruht seine Berechtigung, das Sorgerecht auszuüben (§§ 1673 Abs. 1 i. V. m. 1675 BGB) mit der Folge, daß der andere Elternteil allein berechtigt und verpflichtet ist, für das gemeinsame Kind zu sorgen. Wenn beide Elternteile geschäftsunfähig geworden sind, erhält das Kind einen Vormund, den das VG von Amts wegen bestellt (§ 1773 BGB). Nach bisher geltendem Recht wurden volljährige Eltern dann geschäftsunfähig (§ 104 BGB), wenn sie wegen Geisteskrankheit entmündigt wurden und dann unter Vormundschaft (§ 1896 BGB) oder Pflegschaft (§ 1909 Abs. 2 BGB) standen. Diese Rechtsgrundlagen sind mit Wirkung vom 1. 1. 1992 durch das Betreuungsgesetz vom 12. 9. 1990 (BGBl. I S. 2026)

neues Betreuungsgesetz

weggefallen. Ab 1.1. 1992 wird bei volljährigen Eltern, die aufgrund schwerer psychischer Erkrankung oder einer schwerwiegenden körperlichen, geistigen oder seelischen Behinderung ihre Elternverantwortung nicht ausüben können, auf ihren Antrag oder von Amts wegen ein Betreuer bestellt. Maßstab für die Geschäftsfähigkeit bleibt § 104 Abs. 2 BGB. Einen Antrag auf Bestellung eines Betreuers kann auch ein geschäftsunfähiger Elternteil stellen (§ 1896 Abs. 1 Satz 2 BGB).

bei Getrenntleben und Scheidung

Bei **Getrenntleben und Scheidung** der Eltern ist zu beachten, daß bei späterer Geschäftsunfähigkeit des allein sorgeberechtigten Elternteils das Sorgerecht nicht kraft Gesetzes auf den nicht sorgeberechtigten geschiedenen Elternteil übergeht, sondern daß hier das Familiengericht neu von Amts wegen das Sorgerecht auf den anderen Elternteil übertragen muß, wenn es dem Kindeswohl nicht widerspricht (§ 1678 Abs. 2). Hierbei sind das Kind und das Jugendamt zu hören (§§ 50a und 49 FGG, 50 KJHG). Kommt das Familiengericht in diesem Fall zu der Erkenntnis, daß das Kindeswohl dort nicht gewährleistet ist, so ist Vormundschaft oder Pflegschaft anzuordnen (§§ 1773 f./1909/1915 BGB).

Elternteil in der Geschäftsfähigkeit beschränkt

Ist ein Elternteil lediglich in der Geschäftsfähigkeit beschränkt, sei es durch Minderjährigkeit (in der Regel im Fall minderjähriger nichtehelicher Mütter), sei es durch die Bestellung eines Betreuers (§ 1896 BGB), so bleibt die Ausübung des Rechts der tatsächlichen Personensorge erhalten, obwohl auch hier die elterliche Sorge im Gesamtumfang, vor allem in der gesetzlichen Außenvertretung ruht (§ 1673 Abs. 2 BGB).

Folgen

Dies hat zur Folge, daß bei ehelichen Kindern der andere Elternteil die elterliche Sorge im Außenverhältnis (gesetzliche Vertretung) allein ausübt, im Innenverhältnis muß sich der vertretungsberechtigte Elternteil mit dem nicht vertretungsberechtigten nach dem Konsensprinzip des § 1627 BGB in allen Fragen der Erziehung einigen und bei nicht aushandelbaren Meinungsverschiedenheiten das Vormundschaftsgericht gem. § 1628 BGB einschalten.

bei nichtehelichen Kindern

Bei nichtehelichen Kindern hat die minderjährige Mutter eine weiter reichende Kompetenz. Wenn sie sich mit dem Vormund des Kindes (in der Regel das Jugendamt als Amtsvormund) in Fragen der Erziehung im Rahmen der tatsächlichen Personensorge nicht einigen kann, geht ihre Meinung zunächst vor (§ 1673 Abs. 2 BGB).

Beispiel: Eine n. e. minderjährige Mutter möchte während eines Vorpraktikums an einem anderen Ort ihr Kind von ihrem Freund versorgen lassen, das Jugendamt als Amtsvormund hat ihr eine Pflegestelle angeboten. Erst wenn das Jugendamt als Amtsvormund zu der Ansicht kommt, daß hierin eine Gefährdung des Kindeswohls liegt, kann sich das Jugendamt über eine Entscheidung des Vormundschaftsgerichts gegen den Willen der Mutter in dieser Frage als Vertreter der Interessen des Kindes durchsetzen.

5.5.1.2 *Tatsächliche Verhinderung*

Sorgerechtsausübung

Tatsächlich verhindert ist ein Elternteil, wenn er seine Elternverantwortung nicht wahrnehmen kann. In diesen Fällen ist durch § 1678 BGB bestimmt, daß der andere Elternteil die elterliche Sorge allein ausüben kann. Bei der Beurteilung der tatsächlichen Verhinderung eines Elternteils gelten wegen des oben dargestellten Leitprinzips gemeinsamer Elternverantwortung strenge Anforderungen. Abwesenheit durch Auslandsaufenthalt, auswärtige Arbeitsplätze, Krankenhausaufenthalt oder Strafvollzug gelten nicht ohne weiteres als tatsächliche Verhinderung.

Als Verhinderung gilt nur:
- ein nicht nur vorübergehender unbekannter Aufenthalt eines Elternteils (»Untertauchen«)
- eine schwere Krankheit, Unfall oder Operation, die eine Mitwirkung an Entscheidungen ausschließen
- sowie alle echten Eil- und Notfälle, die eine sofortige Entscheidung für das Kind unumgänglich machen (z. B. Operation nach Unfall).

Straftat als Verhinderung der Sorgerechtsausübung (str.)

Als problematisch wird die Differenzierung der Straffälligkeit angesehen; während bei Untersuchungshaft keine tatsächliche Verhinderung angenommen wird (OLG Köln, FamRZ 1978 S. 623 ff.), wird diese bei längerer Strafhaft angenommen. Dies ist mit dem Gedanken der Resozialisierung und der Grundrechtsposition des Art. 6 GG nicht vereinbar, denn die Ausübung der tatsächlichen Personensorge ist durch die Haftstrafe eines Elternteils ausgeschlossen, wichtige Entscheidungen für das Kind im Bereich der Vermögenssorge und Personensorge könnten jedoch gemeinsam getroffen und verantwortet werden (Einwilligung in Hilfen zur Erziehung nach § 27 KJHG/Ausbildungs- und Berufswegentscheidungen u. a.). So will auch Schleicher (*Schleicher*, 1991, S. 128) eine Sorgerechtsbeschränkung nur bei echten Eil- und Notfällen für inhaftierte Elternteile gelten lassen.

förmliche Feststellung durch das Vorm.Ger.

Um Verunsicherungen in der Alltagspraxis in strittigen Fällen abzubauen, besteht die Möglichkeit, durch das Vormundschaftsgericht auf Antrag gem. § 1674 Abs. 1 BGB das Ruhen wegen tatsächlicher Verhinderung förmlich feststellen zu lassen. Bei Wegfall des Grundes für die tatsächliche und die rechtliche Verhinderung lebt das ruhende Sorgerecht wieder auf bzw. muß auf Antrag oder von Amts wegen wieder hergestellt werden, wenn ein förmlicher Beschluß nach § 1674 Abs. 1 BGB vorlag (§ 1674 Abs. 2 BGB).

5.5.1.3 Weitere Beschränkungen des Sorgerechts

Schutz der Kindesinteressen

Im Rahmen der gesetzlichen Beschränkung des Rechts der elterlichen Sorge können weitere Fallgruppen gebildet werden, in denen für die Ausübung des Sorgerechts Beschränkungen vorgesehen sind. Einmal sollen **Interessenkollisionen zwischen Eltern und Kindern** vermieden werden; zum anderen ergeben sich Beschränkungen mit zunehmendem Lebensalter der Kinder aus den Teilmündigkeiten und höchstpersönlichen Rechtshandlungen.

Vorm. Ger. muß genehmigen

Interessenkollision zwischen Eltern und Kinder können entstehen, wenn Eltern als gesetzliche Vertreter der Kindesinteressen vermögenswirksame Erklärungen abgeben müssen, die mit eigenen Interessen der Eltern kollidieren können. Als **Schutz der Kindesinteressen** ist daher vorgesehen, daß bestimmte Rechtshandlungen als gesetzliche Vertreter für das Kind nur mit Genehmigung des Vormundschaftsgerichts vorgenommen werden können.

Beispiele: Antrag auf Entlassung aus der Staatsangehörigkeit/Anfechtung der Ehelichkeit durch das minderjährige Kind (§ 1597 BGB)/Erlaubnis zum Betrieb eines Erwerbsgeschäfts (§ 112 BGB)/mit Freiheitsentziehung verbundene Maßnahmen (§ 1631 BGB)/in erbrechtlichen Angelegenheiten (§§ 2290, 2291, 2347 BGB) und in vermögensrechtlichen Angelegenheiten (§§ 1643 f., 1627 ff., 1821 f. BGB).

Mitwirkung und Alleinentscheidungsrecht von Kindern

Bei sog. höchstpersönlichen Rechtshandlungen des Kindes ist zu beachten, daß bei bestimmten Rechtshandlungen oder Rechtsgeschäften deren Wirksamkeit ungeachtet einer notwendigen Zustimmung der Eltern von der persönlichen Beteiligung des minderjährigen Kindes abhängt. Hier sind Mitwirkung von Kindern und deren Alleinentscheidungsrecht (Teilmündigkeit) zu unterscheiden.

Mitwirken müssen Kinder z. B. bei einer Adoption, hier kann ein Kind ab dem 14. Lebensjahr nur selbst einwilligen (§ 1746 BGB), ebenso bei Änderung des Vor- und Familiennamens bei adoptierten Kindern (§§ 1757, 1617 f. BGB) und einer Zustimmung bei Ehelichkeitserklärung eines n. e. Kindes ab dem 14. Lebensjahr.

Selbst bestimmen können Kinder z. B. ab dem 14. Lebensjahr die Religion (§ 5 RelKErzG), ab dem 15. Lebensjahr im Rahmen eigener Antragsrechte auf Sozialleistungen (§ 36 SGB AT) (weitere Beispiele s. Kap. 5.4.2.2).

Letztlich begrenzt die Heirat eines minderjährigen Kindes, dem gem. § 1 Abs. 2 EheG vom Vormundschaftsgericht eine Befreiung vom Alterserfordernis der Volljährigkeit erteilt wurde, das Sorgerecht der Eltern. Hier erhält aber nicht der volljährige Ehepartner diese Rechte, noch wird man/frau durch Heirat vorzeitig volljährig, sondern die Elternverantwortung der Eltern eines minderjährigen verheirateten Kindes wird auf die Vertretung in persönlichen Angelegenheiten beschränkt (§ 1633 S. 1 BGB).

5.5.2 Gerichtliche Beschränkungen

staatliche Intervention (Wächteramt)

Können die Interessenkonflikte zwischen Eltern und Kindern nicht nach den oben dargestellten Rahmenbedingungen der Elternverantwortung und des Anspruchs des Kindes auf Erziehung einvernehmlich gelöst werden, muß in Ausübung des staatlichen Wächteramts das Vormundschaftsgericht bzw. Familiengericht im Zusammenwirken mit dem Jugendamt (§§ 49/49 a/50 KJHG) die Modalitäten der Ausübung der Elternverantwortung regeln, wenn es das Kindeswohl erfordert.

Für die sozialberufliche Praxis sind folgende gerichtliche Regelungen des Sorgerechts von besonderer Bedeutung

- Sorgerechtsregelungen im Rahmen von Trennungen und Scheidungen der Eltern
- Gefährdung des Kindeswohl mit der Eingriffsmöglichkeit des Vormundschaftsgerichts (§ 1666 BGB)

weiterhin auch:

- Verweigerung eines Herausgabeanspruchs der leiblichen Eltern durch Antrag der Pflegeeltern an das Vormundschaftsgericht (§ 1632 Abs. 4 BGB)
- Entscheidung des Vormundschaftsgerichts zu Einzelfragen der Erziehung, wenn sich Eltern nicht einigen können (§§ 1627/1628 BGB).

5.5.2.1 Sorgerechtsregelung bei Trennung und Scheidung

bei Trennung Sorgerechtsregelung schon möglich

Bei Trennung der Eltern als Lebenspartner bleibt zunächst die Elternverantwortung, d. h. die Ausübung der elterlichen Sorge als Pflichtrecht beider Eltern, erhalten. Die Realität einer Trennung wirkt sich aber in der Regel auf die Lebenssituation der Kinder, die auch die Trennungsfolgen für sich bearbeiten müssen, negativ aus, wenn es im Rahmen der Elternverantwortung zum andauernden Streit um das Kind kommt. Insoweit helfen auch die Regelungen des § 1628 BGB nicht weiter, der bei Uneinigkeit der Eltern eine Anrufung des Vormundschaftsgerichts im Einzelfall ermöglicht. Um diese Konfliktebenen schon im Fall der Trennung zu beseitigen, sieht das BGB grundsätzliche Sorgerechtsregelungen wie im Fall der Scheidung vor (§§ 1672/1671 BGB), die auf Antrag oder von Amts wegen vom Familiengericht entschieden werden (§ 1672 BGB). Für die Sorgerechtsregelung durch das Familiengericht im Scheidungsverbund (vgl. o. S. Kap. 4.3.1.3) gelten die nachfolgenden Entscheidungsgrundsätze:

Sorgerechtsregelung als Scheidungsfolge

Durch eine Scheidung trennen sich die Eltern als Ehepartner, verlieren aber ihre Elternrolle nicht. Das Kind bleibt immer Kind der beiden Eltern. Die Ausübung der Elternverantwortung muß nach den Regeln des § 1671 BGB aber durch das Familiengericht »gestaltet werden«: Zunächst hat das Familiengericht nach § 1671 Abs. 1 das gesamte Sorgerecht einem Elternteil zu übertragen. In – seltenen – Ausnahmefällen kann auch die Ausübung der Personensorge und der Vermögenssorge zwischen den Eltern geteilt werden, wenn die Eignung der Elternteile und das Kindeswohl dies erfordern (§ 1671 Abs. 4 Satz 2 BGB).

gemeinsame Vorschläge der Eltern

Bei dieser Entscheidung muß das Gericht **gemeinsame Vorschläge der Eltern,** etwa im Rahmen einer Scheidungsvereinbarung, **berücksichtigen,** wenn diese nach sorgfältiger Überprüfung durch das Gericht und das Jugendamt sich am Kindeswohl orientieren (§ 1671 Abs. 3 BGB). Maßstab für diese Beurteilung ist der als oberster Grundsatz im Gesetz fixierte Begriff des Leitprinzips Kindeswohl verbunden mit dem sog. Kontinuitätsgrundsatz (§ 1671 Abs. 2 BGB). Das bedeutet, daß vor allem die Bindungen der Kinder an Eltern, Geschwister, Großeltern und weitere Verwandte ebenso zu berücksichtigen sind wie die lebensweltlichen sozialen Bezüge des Kindes im Rahmen von Schule, Freundschaften, Nachbarschaft und Vereinen.

Kontinuitätsgrundsatz

Dieser **Kontinuitätsgrundsatz** ist vom Gericht nicht nur bei »gleicher Eignung« der Eltern für die Gewährleistung des Erziehungsanspruchs des Kindes zu beachten, sondern auch dann, wenn sich beim wegziehenden Elternteil zukünftig bessere Betreuungsmöglichkeiten oder Entwicklungschancen ergeben, z. B. auch bei neuen Partnerschaften der Elternteile und schon bestehenden Beziehungen zu möglichen Stiefelternteilen bei neuer Heirat des Elternteils.

Fachgutachten des Jugendamtes

Eine Beurteilung der **aktuellen Lebenssituation und Lebensperspektive** eines Kindes in der Trennungs- und Scheidungsphase der Eltern kann das Familiengericht allein nicht vornehmen. Hier sind die Familiengerichte auf die diagnostische Einschätzung mit prognostischen Aussagen über die Entwicklungsmöglichkeiten und Chancen des Kindes durch Fachgutachten z. B. des Jugendamtes angewiesen. Dies ist Pflichtaufgabe der Jugendämter, etwa schon durch Trennungs- und Scheidungsberatungsangebote (§ 17 KJHG) und fachliche Stellungnahmen (§ 50 KJHG) eine solche Entscheidung der Familiengerichte vorzubereiten. Die Priorität des Leitprinzips Kindeswohl verpflichtet das Gericht, dem Kind »rechtliches Gehör« einzuräumen (§ 50 b FGG) und es im Verfahren persönlich anzuhören sowie seine Wünsche zu berücksichtigen (§ 1671 Abs. 2/§ 50 b FGG).

Hauptaufgabe des Jugendamtes ist es, in einem **Fachgutachten zur Sorgerechtsregelung** (§ 49 a FGG) dem Familiengericht die komplizierten Zusammenhänge zwischen Bindungen der Kinder an die Eltern und lebensweltlichen Bezügen (Kontinuitätsgrundsatz), verbunden mit prognostischen Aussagen zur Entwicklung eines Kindes, zu unterbreiten, damit auf dieser Basis der unbestimmte Rechtsbegriff (Kindeswohl und Kontinuitätsprinzip) ausgefüllt werden und eine Entscheidung getroffen werden kann.

jetzt gemeinsames Sorgerecht möglich

Die Übertragung der Ausübung der elterlichen Sorge auf beide Eltern war durch § 1671 Abs. 4 BGB ausdrücklich ausgeschlossen. In Theorie und Praxis war diese Rechtslage jahrzehntelang umstritten, bis auf Vorlage mehrerer Familiengerichte das BVerfG am 3. 11. 1982 entschieden hat, daß diese Vorschrift wegen Verstoß gegen Art. 6 Abs. 2 S. 1 GG verfassungswidrig sei, da ein Kind durch Scheidung der Eltern als Ehepartner nicht die Eltern verliert. Seither ist im Rahmen der vom BVerfG eng gezogenen Grenzen die Möglichkeit eröffnet, nach Scheidung gemeinsam das Sorgerecht auszuüben.

Als **Voraussetzungen für ein gemeinsames Sorgerecht** nach Scheidung formuliert das BVerfG vier Voraussetzungen:

1. Beide Eltern müssen den Wunsch haben, die gemeinsame Elternverantwortung für ihr Kind auch nach der Scheidung gemeinsam ausüben zu wollen.
2. Beide Eltern müssen voll erziehungsfähig sein.
3. Es dürfen keine Gründe angezeigt sein, die im Interesse des Kindeswohls die Übertragung auf nur einen Elternteil indizieren.
4. Das Familiengericht muß nach Bewertung der Stellungnahmen des Jugendamtes zur Überzeugung kommen, daß die Eltern nach Scheidung die Pflege und Erziehung des Kindes gemeinsam gewährleisten können.

Modelle der Trennungs- und Scheidungsberatung

In der Praxis werden zur Zeit eine Reihe von Modellen vor allem im Rahmen der Trennungs- und Scheidungsberatung erprobt, die schon gesicherte Kriterien für die Ausübung der gemeinsamen elterlichen Sorge nach Scheidung geliefert haben (vgl. *Hansen*, 1993; *Limbach*, 1989; *Fieseler/Herborth*, 1994, S. 122 ff.; *Proksch*, 1991 und ders. in FamRZ 1989, S. 916 ff.).

gemeinsames Sorgerecht (Ziel)

Fthenakis sieht in der gemeinsamen elterlichen Sorge nach Scheidung den anzustrebenden Regelfall, auf den vor allem schon vor der Scheidung hingearbeitet werden sollte. Wichtig ist schließlich, daß auch nach einer »Durchgangsphase« einer

Sorgerechtsregelung für nur ein Elternteil spätere Änderungen des Sorgerechts neu verhandelt und entschieden werden können. Im Zusammenhang mit der generellen Sorgerechtsregelung durch das Familiengericht können Teilaspekte der Ausübung des Sorgerechts gesondert geregelt werden. Dies ergibt sich aus dem Recht des nicht sorgeberechtigten Elternteils, mit dem Kind seine verwandtschaftlichen Bande weiter zu pflegen, um Entfremdung vorzubeugen.

Bedeutung des Umgangs- und Auskunftsrechts bei Scheidung

Dieses sog. **Umgangs- und Auskunftsrecht** steht allen Eltern zu, die nicht sorgeberechtigt sind (geschiedenen und getrennt lebenden Elternteilen, denen nach §§ 1671/1672 BGB das Sorgerecht nicht zusteht, Eltern, deren Sorgerecht ruht [§§ 1673 ff. BGB], der n. e. Mutter nach Ehelichkeitserklärung durch den Vater [§§ 1723 ff. BGB], den Eltern, denen das Sorgerecht nach §§ 1666/1666 a BGB entzogen wurde und deren Kind außerhalb der Familie untergebracht wurde).

Vor allem im Zusammenhang mit der Ehescheidung hat das Umgangs- und Auskunftsrecht eine weitreichende Bedeutung. Einerseits gilt es, den Rechtsanspruch gem. § 1634 BGB auf Kontakt mit seinem Kind als Teil des natürlichen Elternrechts zu sichern, das in seiner Substanz unentziehbar ist, andererseits schutzwürdige Interessen des Kindes zu wahren. Demnach kann eine gerichtliche Einschränkung des Umgangsrechts auch nur bei schwerwiegenden und beweisbaren Beeinträchtigungen des Kindeswohls durch das Familiengericht erfolgen. Auch im Falle eines gerichtlich zu regelnden Umgangsrechts gelten die oben dargestellten Entscheidungsgrundlagen für die Sorgerechtsregelungen, so daß zunächst die Vereinbarung der Eltern entsprechend dem **Konsensprinzip** der §§ 1626 f., die Beachtung des Kindeswillens und die persönliche Anhörung des Kindes vor einer Entscheidung des Familiengerichts zu beachten sind. Vom vollendeten 14. Lebensjahr eines Kindes an hat auch der Minderjährige selbst die Möglichkeit, gegen eine Entscheidung des Familiengerichts zum Umgangsrecht das Rechtsmittel der unbefristeten Beschwerde einzulegen (§§ 59/21 FGG).

Konsensprinzip ist zu beachten

Regelung durch das Familiengericht

Wenn im Streitfall, d. h., wenn eine Einigung der Eltern unmöglich ist, das Familiengericht eine Umgangsregelung trifft, so kann diese detailgenau bis in sämtliche Modalitäten des Lebenszusammenhangs hineinwirken. Ort, Zeiten, Häufigkeit, Kontakt zu Großeltern und Verwandten können so Gegenstand einer gerichtlichen Regelung werden.

Ist ein Umgangsrecht gem. § 1634 Abs. 2 2 BGB durch das Familiengericht ausgeschlossen worden, so kann der ausgeschlossene Elternteil, dem also aus rechtlichen Gründen das Umgangsrecht versagt ist, ebenso wie der Elternteil, der aus tatsächlichen Gründen sein Umgangsrecht nicht ausüben kann, beim Vormundschaftsgericht ein Recht auf Auskunft erstreiten, das auch bei Unvereinbarkeit mit dem Kindeswohl als »Restelternrecht« nicht ausgeschlossen werden kann.

5.5.2.2 Gefährdung des Kindeswohls

»generelle Eingriffsnorm« (§ 1666 BGB)

Genereller Tatbestand für die gerichtliche Beschränkung der Ausübung der Elternverantwortung bei Gefährdung des Kinderwohls ist der § 1666 BGB. Hierin konkretisiert sich die verfassungsmäßige Garantie von Schutz und Hilfe für das Kind gem. Art. 6 GG durch das Jugendamt und Vormundschaftsgericht (§§ 1666/1666 a BGB/§49 Abs. 1 Nr. 1 f FGG/§ 50 Abs. 3 KJHG). Diese Aufgabe des Vormundschaftsgerichts führt aber nicht zur ständigen Überwachung und Kontrolle elterlicher Erziehungsverantwortung, sondern das Vormundschaftsgericht und das Jugendamt dürfen nur tätig werden, wenn sie von Umständen Kenntnis erlangen, die Maßnahmen zum Schutz des Kindes erforderlich machen.

Die Behandlung von Fragen des Rechts der elterlichen Sorge (vgl. Kap. 5.4.1) und der Hilfen zur Erziehung (vgl. 7.4) haben immer wieder Konfliktmöglichkeiten zwischen Elternrecht und Kindeswohl aufgezeigt, die nur durch die ultima ratio einer gerichtlichen Klärung von solchen Interessenkonflikten oder zum Schutz von Kindesinteressen gelöst werden können. § 1666 BGB ist damit die generelle Grenze der Elternrechte gemessen am Kindeswohl. Daher sollen die generellen Voraussetzungen für ein Eingreifen oder gerichtliche Beschränkungen der Ausübung des Sorgerechts durch das Vormundschaftsgericht im folgenden kurz skizziert werden:

Bei Kindeswohlgefährdung kann das VG nur tätig werden, wenn alle vier Tatbestandsvoraussetzungen des § 1666 erfüllt sind. Diese sind:

1. Gefährdung, d. h., das Kindeswohl (geistig, körperlich oder seelisch) muß konkret oder nahe bevorstehend gefährdet sein durch
2. Mißbrauch des Personensorgerechts (gemeint ist ein aktives Handeln, das zwar sorgerechtlich erlaubt ist, aber zu Lasten des Kindes einen Rechtsmißbrauch darstellt, etwa übermäßige Züchtigung, Ausnutzung der Arbeitskraft in nicht vertretbarem Maß, grundlose Verhinderung des Kontakts zum geschiedenen Ehegatten oder nahen Verwandten, Aussperren aus Familienwohnung, Einsperren unter Angsterzeugung u. a.), Vernachlässigung des Kindes (gemeint ist ein passives oder aktives Handeln etwa in unzureichender Aufsicht und Betreuung auch im Hinblick auf Gesundheitsfürsorge, unkontrollierten Umgang mit Personen, die das Kind gefährden) oder durch unverschuldetes Versagen der Eltern (gemeint ist ein unverschuldetes Fehlverhalten der Eltern, aktiv oder passiv, das ihnen infolge von Krankheit oder Überforderung nicht vorgeworfen werden kann, aber einen Schutz des Kindes dringend erfordert), und

3. die Eltern müssen nicht gewillt oder nicht in der Lage sein, die bestehende oder bevorstehende Gefährdung des Kindeswohls von ihrem Kind abzuwenden, und
4. müssen letztlich konkrete Maßnahmen des Vormundschaftsgerichts geeignet und notwendig sein (Grundsatz der Verhältnismäßigkeit), um die Gefährdung für das Kind abzuwenden.

Als geeignete und notwendige Maßnahmen im Sinne dieser letzten Voraussetzung für das Tätigwerden des VG hat das VG die Chance, elastisch nach dem **Verhältnismäßigkeitsgrundsatz** zu reagieren, und kann grundsätzlich alle pädagogisch relevanten Maßnahmen treffen, wenn sie fachlich begründet sind.

»Stufenleiter« des Eingriffs

In der Praxis hat sich eine Art **Stufenleiter des Eingriffs** herausgebildet, nach der das VG zunächst über Gespräche mit den Eltern, Ermahnungen und Verwarnungen und Vermittlung von ambulanten Beratungsangeboten (§§ 16 ff. KJHG) sowie über Gebote und Verbote zur Lebensführung für Minderjährige versucht, die Gewährleistung des Erziehungsanspruchs im Sinne des Kindeswohls zu erreichen, ehe weiterreichende Anordnungen getroffen werden. Anordnungen, die eine Trennung des Kindes von den Eltern bedeuten, also die Unterbringung in einem Heim oder in einer Pflegefamilie, müssen unter Einbeziehung der Eltern und des Jugendamtes beraten werden (§ 50 a Abs. 1 Satz 3 FGG), wobei auch das Kind zu hören ist.

Herausnahme eines Kindes – ultima ratio –

Erst wenn keine Maßnahme, insbes. die Erziehungsberatung und die Unterstützung der Familie durch andere Sozialleistungen (vgl. Abschnitt Abs. 4), geeignet ist, die Gefährdung innerhalb der Familie aufzufangen, darf eine Fremdunterbringung überlegt werden (§ 1666 a BGB). Auch hier muß das VG abwarten, ob nicht angeregt durch seine Beratung und die Hilfe des Jugendamtes die Eltern diese Hilfe zur Erziehung beantragen und bereit sind, an der Hilfeplanung mitzuwirken (§§ 36 ff. KJHG). Wenn dieser Weg nicht zum Ziel führt, kann gegen den Willen der Eltern eine Fremdunterbringung durchgesetzt werden.

Sorgerechtsbeschränkungen in Teilen

Hierbei ist notwendig, daß Teile der Ausübung des **Sorgerechts beschränkt** werden (Aufenthaltsbestimmungsrecht § 1631 Abs. 1, Herausgaberecht § 1632 Abs. 1 BGB). Dies trifft in der Regel beide Eltern, so daß dann das Jugendamt als Pfleger (§ 1909) die Unterbringung in einem Heim einleiten kann. Bei Sorgerechtsbeschränkungen gegenüber nur einem Elternteil übt nach h. M. der andere Elternteil das Sorgerecht aus, dies gilt auch bei Entziehung von Teilbefugnissen des Sorgerechts (z. B. des Aufenthaltsbestimmungsrechts). Wenn es das Kindeswohl erfordert, z. B. der sorgeberechtigte Elternteil ist tatsächlich verhindert, diese Teilbefugnis auszuüben, kann das Vormundschaftsgericht von Amts wegen gemäß § 1909 BGB einen Pfleger bestellen. Eine weitergehende Beschränkung der Personensorge oder der vollständige Entzug der Personensorge sind die »letzte Sprosse« der Stufenleiter, d.h. alles andere hat nicht zum Ziel (Erfolg) der Abwendung einer Gefährdung des Kindeswohls geführt oder kann von vornherein nicht zu dieser führen. Auch gegenüber Dritten, die das Kindeswohl gefährden, kann das Vormundschaftsgericht nach § 1666 Abs. 1 Satz 2 BGB Maßnahmen anordnen.

Entzug des Sorgerechts

5.5.2.3 Gerichtliche Beschränkung des Herausgabeverlangens der Sorgeberechtigten (§ 1632 BGB)

Herausgabeverlangen kann rechtsmißbräuchlich sein

Grundsätzlich können Personensorgeberechtigte ihr Kind von jedem herausverlangen, der es den Eltern oder einem Elternteil widerrechtlich vorenthält (§ 1632 Abs. 1 BGB). Einem Herausgabeverlangen ist aber dann nicht stattzugeben, wenn das Vorenthalten nicht widerrechtlich ist. Vorenthalten ist ein aktives Handeln mit Verhinderung der Aufenthaltsbestimmung des Minderjährigen durch den Personensorgeberechtigten. Ein nur passives Verhalten reicht nach herrschender Meinung nicht aus, so z.B. wenn der Minderjährige von sich aus nicht zu dem die Herausgabe verlangenden Personensorgeberechtigten will (vgl. *Münder* 1990, S. 43 mit Nachweisen aus der Rechtsprechung; *Fieseler/Herborth* 1994, S. 116ff.).

Eine Widerrechtlichkeit entfällt immer dann, wenn die Geltendmachung des Rechts auf Herausgabe als Ausübung des Elternrechts gleichzeitig den Tatbestand der Gefährdung des Kindeswohls – § 1666 BGB – enthält, wenn also die Ausübung dieses Elternrechts – rechtsmißbräuchlich – das Kindeswohl verletzt. Für die Beurteilung dieser Frage spielen die sozialwissenschaftlichen Befunde zur sozialen Elternschaft und zu der Bedeutung des Lebensumfeldes und der sozialen Beziehungen des Kindes für einen Sozialisationsverlauf eine große Rolle. Diese müssen bei der Beurteilung der Rechtswidrigkeit eines Herausgabeverlangens herangezogen werden. Auch ein »schützendes« aktives Vorenthalten des Kindes ist dann nicht rechtswidrig, wenn das Herausgabeverlangen nach § 1632 Abs. 1 BGB rechtsmißbräuchlich im Sinne von § 1666 BGB ist.

eigenes Antragsrecht der Pflegeeltern

Als lex specialis ist § 1632 Abs. 4 BGB einzustufen, der den Pflegeeltern ein eigenständiges Antragsrecht auf Überprüfung eines rechtsmißbräuchlichen Herausgabeverlangens der oder des Personensorgeberechtigten einräumt, mit dem Ziel, daß das Kind in der Pflegefamilie bleiben kann.

»soziale Elternschaft«

Das Bundesverfassungsgericht hat zur Klärung dieser klassischen Konfliktlage zwischen leiblichen Eltern und sozialen Eltern (vgl. o. Kap. 5.3.4) in drei Urteilen den Aspekt der Verbundenheit des Kindes mit dem Sozialisationsfeld und die Bedeutung der »sozialen Elternschaft«

herausgestellt. Schon in der ersten Entscheidung des BVerfG (BVerfGE 68, 176 ff.) wurde auf das Entstehen von sozialen Bindungen abgestellt und ein Herausgabeverlangen der Eltern abgelehnt, nachdem ihnen zunächst das Aufenthaltsbestimmungsrecht gemäß § 1666 BGB entzogen wurde, das Kind vom JA bei Pflegeeltern untergebracht wurde, die leiblichen Eltern nach einer längeren Prozeßdauer die Aufhebung der Beschränkung ihres Sorgerechts erstritten hatten und nunmehr von den Pflegeeltern die Herausgabe des Kindes verlangten.
In einer späteren Entscheidung hat das BVerfG (BVerfG E 75, 201 ff.) diese Position verfestigt und erweitert. Ein Herausgabeverlangen eines Kindes aus der Pflegefamilie mit dem Ziel des Wechsels einer Pflegestelle ist auch abzulehnen, wenn eine Rückführung nicht in die Herkunftsfamilie stattfinden soll. Hierbei hat das JA nicht positiv die Gefährdung des Kindeswohls zu prüfen, sondern lediglich (negativ) auszuschließen, daß bei einem Wechsel der Pflegestelle eine Gefährdung des Kindeswohls mit hinreichender Sicherheit ausgeschlossen werden kann. (Dieser Entscheidung lag der Fall zugrunde, daß zunächst bei den Eltern das Sorgerecht entzogen wurde, das JA Vormund war und später die Sorgerechtsbeschränkung des Vaters aufgehoben wurde und dieser sein Kind bei seiner Stiefschwester unterbringen wollte.)

Für die Beurteilung der Position der Pflegeeltern spielt auch die Zeit eine Rolle, die das Kind in der Pflegefamilie verbracht hat (§ 1632 Abs. 4, vgl. *Rolland*, FamK, Rz 38 ff. zu § 1632 BGB). Die Möglichkeiten der gerichtlichen Klärung von Konflikten der sorgeberechtigten Eltern, die sich in Einzelfragen der Erziehung nicht gemäß § 1627 BGB einigen können (§ 1628 BGB), sind oben schon dargestellt.

6. Wirtschaftliche Absicherung der Erziehung in der Familie

6.1 Familienrechtliche Unterhaltsansprüche

wirtschaftliche Absicherung der Sozialisation

Die wirtschaftliche Absicherung der Sozialisation eines Kindes in seiner Familie wird durch ein System von gegenseitigen Unterhaltsansprüchen garantiert und gegebenenfalls durch staatliche Sozialleistungen ergänzt (vgl. Kap. 8). Eine Darstellung der Unterhaltsansprüche, die Kinder gegenüber Eltern geltend machen können, muß auch die Dispositionsfreiheit der Eltern, ihre Partnerbeziehung und Rollen in der Ehe bestimmen zu können, mit einbeziehen. Im folgenden Kapitel sollen daher die familienrechtlichen Unterhaltsansprüche im Gesamtzusammenhang dargestellt werden, soweit sie für die Praxis der Sozialen Beratung relevant sind.

6.1.1 Bedeutung des familienrechtlichen Unterhaltsrechts

Begriff

Kernbereich der wirtschaftlichen Absicherung von Ehe und Familie ist der Unterhalt. Er dient nach allgemeinem Verständnis der Existenzsicherung der Menschen und ist eine Folge des Grundrechts des Menschen auf Leben. Gemeint ist damit sowohl die Sicherung der existentiellen Grundbedürfnisse (Wohnung, Nahrung, Kleidung) als Recht auf das sog. »Existenzminimum« als auch die Sicherung eines menschenwürdigen Lebens im Sinne der Grundrechte (Art. 1 ff. GG/vgl. auch § 1 BSHG) als Recht auf das sog. »relative Existenzminimum«. Dieses bestimmt sich nach den jeweiligen gesellschaftlichen Bedingungen, dem individuellen »sozialen Standort« des Unterhaltsberechtigten und der Leistungsfähigkeit des Unterhaltsverpflichteten. Diese Dimension des Unterhalts beinhaltet auch die nicht-materiellen Bedürfnisse des Unterhaltsberechtigten auf Teilhabe am kulturellen Leben, die je nach sozialer Herkunft und Schicht für den Unterhaltsverpflichteten sehr kostenintensiv sein können. Ein so definiertes Recht auf Unterhalt kann sich prinzipiell auf Individuen (z. B. Ehegatten oder Eltern), auf die Familie als Gruppe oder auf den Staat beziehen. Die Geltendmachung von Unterhaltsansprüchen signalisiert gleichzeitig auch soziale Abhängigkeit. Gemessen an dem individualistischen Ordnungsprinzip unserer Rechtsordnung, nach dem zumindest jeder Erwachsene für seine Existenz bzw. die Sicherung seiner Existenz selbst ver-

Sicherung der existentiellen Grundbedürfnisse

Unterhalt und soziale Abhängigkeit

antwortlich ist, läßt sich eine gegenseitige lebenslange Unterhaltspflicht von Ehepartnern und Eltern und Kindern nur schwer begründen. Für die Eltern-Kind-Beziehung ist die soziale Abhängigkeit (als Durchgangsphase) im Unterhaltsrecht notwendiger Bestandteil der Erziehung zur (auch wirtschaftlichen) Selbständigkeit. Für die Partnerbeziehung der Eltern käme die nichteheliche Lebensgemeinschaft bzw. die sog. »partnerschaftliche Erwerbstätigenehe« diesem Leitbild am nächsten (vgl. *Ramm*, 1984, S. 178 ff.; *Ramm*, 1990, S. 326).

Schutz sozialer Abhängigkeiten in der Familie durch Art. 6 GG

Maßgebend für die Ausgestaltung der familienrechtlichen Unterhaltsansprüche ist aber nicht nur der Grundsatz der Privatautonomie und der Schutz der individuellen Freiheitsrechte, sondern das im Rahmen von Art. 6 GG oben dargestellte Leitbild von Ehe und Familie, das vor allem auch den Schutz der Ehe und Familie durch gegenseitige Rechte und Pflichten im Familienrecht beinhaltet. Rechtlich geschützt werden sollen gerade soziale Abhängigkeiten, die zwischen Ehepartnern entstehen, wenn sie nicht den Typus der partnerschaftlichen Doppelverdienerehe wählen, und die zwischen Eltern und Kindern bestehen, solange Kinder zu Hause aufwachsen und Schule und Berufsausbildung durchlaufen.

Familienunterhalt

Mit Eheschließung folgt aus dem Grundprinzip der gegenseitigen Verpflichtung zur ehelichen Lebensgemeinschaft nach § 1353 BGB unter anderem die Unterhaltspflicht, die sich gem. §§ 1360 und 1360 a BGB zunächst auf die Familie bezieht. Mit Gründung einer Familie, d. h. beim Zusammenleben mit eigenen oder adoptierten Kindern in einem Familienhaushalt, folgt aus der Elternverantwortung auch die Verpflichtung, die Kosten der Sozialisation im Rahmen des Verwandtenunterhalts (§§ 1601 ff. BGB) primär zu tragen. Die Unterhaltspflicht der Eltern gegenüber ihren Kindern (§§ 1601 ff. BGB) ergänzt die elterliche Sorge im engeren Sinn zur umfassend verstandenen Elternverantwortung. Der wechselseitige Unterhaltsanspruch der Ehepartner ist ein Individualanspruch, der im Innenverhältnis die Elternverantwortung beim Kindesunterhalt ausgleichen soll und der auch die Ansprüche beinhaltet, die sich aus der Führung der Ehe, dem Getrenntleben und Scheidung ergeben.

Verwandtenunterhalt

Idealbild »sich selbst sichernde und versorgende Familie«

Bei oberflächlicher Betrachtung der vorrangigen ökonomischen Verantwortung der Familie für die gemeinsame Lebensplanung und die Erziehung in der Familie entsteht ein Bild von der Familie, das nicht mehr der gelebten Realität entspricht. Es wird ausgegangen von der vollständigen Familie, die sich aus eigenen Kräften (Einsatz von Arbeitskraft, Einkommen und Vermögen) in der Gegenwart versorgen kann, die Sozialisationskosten für die Ausbildung und berufliche Qualifizierung der Kinder trägt und darüber hinaus auch zukunftsbezogene

Aspekte der gegenseitigen Unterhaltspflicht aufgreift, indem sie auch noch die allgemeinen Lebensrisiken wie Arbeitslosigkeit, Krankheit und Behinderung, Alter und Pflegebedürftigkeit durch private Vorsorge absichert und nur noch gegebenenfalls auf die Ausfallbürgschaften staatlicher Sozialleistungen zurückgreifen muß. Gesellschaftliche Realität ist es aber,

Wirklichkeit

- daß nichteheliche Lebensgemeinschaften mit und ohne Kindern in teilweise ungesicherten wirtschaftlichen Verhältnissen (vgl. Statistik oben) eine nicht mehr zu vernachlässigende Größe sind,
- daß die teilweise hohen Scheidungsraten (bis 40 %) der im Prinzip lebenslänglich angelegten Ehe- und Familienbeziehungen zu schwierigen Neuorientierungen der Eltern als Partner und der Kinder zu ihren Eltern bzw. neuen Partnern der Eltern verbunden mit komplizierten und ungesicherten Unterhaltsregelungen führen, daß die Familie aus unterhaltsrechtlicher Sicht nicht mehr die tragende Alterssicherung für Eltern im Falle der Pflegebedürftigkeit ist, auch wenn z. Zt. über 90 % der alten Menschen von Angehörigen in ihren Familien gepflegt werden.

Unterhalt und Alterssicherung

Die umfangreichen Lasten, die die Familie bei der Erfüllung der ihr zugeschriebenen Aufgaben im Rahmen des Familien- und Verwandtenunterhalts zu tragen hat, überfordern nicht selten die Kräfte der Familienmitglieder, vor allem der Frauen, die erwerbstätig sein wollen oder müssen und sich weitgehend für Betreuung und Erziehung von Kindern sowie für die Haushaltsführung und Pflege von Angehörigen einsetzen. Diese wirtschaftlichen Probleme und die Überforderung sind zum Teil mit ursächlich für Konflikte zwischen Ehepartnern sowie Eltern und Kindern.

Familienlasten überfordern vor allem Frauen

6.1.2 Lastenausgleichssysteme

Diese einseitige Überforderung kann nur durch ein Lastenausgleichssystem im Familienrecht und Sozialrecht aufgefangen werden. Die Frage der Verteilung dieser Lasten ist damit nicht nur eine außerrechtliche Frage partnerschaftlicher Aufgaben- und Rollenverteilung innerhalb der Familie, sondern auch ein Dauerthema der Familien- und Sozialpolitik. Übergeordnetes Ziel ist es, im Familienrecht und im Sozialrecht die Rahmenbedingungen zu schaffen, die die Sozialisationskraft der Familie fördern und unterstützen, ohne sie zu überfordern (vgl. oben Familie als Gegenstand der Politik, Kap. 3.3.3).

Lastenausgleich im Familien- und Sozialrecht

Im Rahmen des familienrechtlichen Unterhaltsrechts bedeutet diese Lastenverteilung eine gleichmäßige und gleichberechtigte Verantwortung, für die gesamte wirtschaftliche Absicherung zu sorgen.

Gleichberechtigung im Unterhaltsrecht

Auch hier wirkt sich der Wandel des Familienleitbildes vor allem durch den Einfluß des Grundgesetzes (Art. 3 GG, Art. 6 GG) und des Gleichberechtigungsgesetzes (1957) aus. Zunächst hat das BGB die Pflicht zur Finanzierung des Familienunterhalts und Kindesunterhalts primär dem Ehemann und Vater auferlegt. Ab 1957 bestand das Leitbild der sog. Hausfrauenehe, nach dem zwar beide Eheleute zur Finanzierung des Familienunterhalts verpflichtet waren, die Ehefrau aber ihre Verpflichtung in der Regel durch Betreuung und Erziehung der Kinder und Führung des Haushaltes erfüllte. Erst mit dem 1. EheRG (in Kraft seit 1. 7. 1977) ist die volle Gleichberechtigung hergestellt, d. h., in bezug auf die Unterhaltsverpflichtung sind nun beide Ehegatten verpflichtet, durch ihre Arbeitskraft und Vermögen die Familie angemessen zu unterhalten. Über Rollenverteilung in bezug auf die Haushaltsführung, Kinderbetreuung und Erziehung sowie über die Art und den Umfang der Erwerbstätigkeit müssen sich beide Ehepartner einigen. Der sozialrechtliche Lastenausgleich ist Schwerpunkt des 8. Kapitels.

6.2 Unterhaltsrecht als Gegenstand der sozialen Beratung

Neben einem Verständnis für die allgemeinen Zusammenhänge des Unterhalts in Recht und Politik sind für die sozialberufliche Praxis vor allem drei Fallgruppen relevant, in denen unterhaltsrechtliche Fragen in unterschiedlicher Gewichtung je nach Zielgruppe Beratungsgegenstand werden können.

6.2.1 Fallgruppen der sozialen Beratung

1. Fallgruppe: Beratung von Paaren – Ehepartnern – bei Lebensplanung – Lebenskrisen – Trennung und Scheidung

Paarberatung

In der Praxis der Ehe-, Lebens- und Familienberatung können unterhaltsrechtliche Fragen bei der **Paarberatung** Gegenstand der Beratung werden. Vor allem werden sie thematisiert, wenn es um die gemeinsame Lebensplanung mit und ohne Kinder in einer n. e. Lebensgemeinschaft geht. Für die n. e. Lebensgemeinschaft besteht für die Zeit des gemeinsamen Lebens und

Unterhaltsrechte und Partnerverträge

Wirtschaftens und für die Zeit nach der Auflösung einer Partnerschaft keine gesetzliche Absicherung einer gegenseitigen

Unterhaltspflicht. Hier müssen vertragliche Absicherungen für gegenseitige Unterhaltspflichten getroffen werden.

Trennungs- und Scheidungsberatung

Der Gesetzgeber hat in § 17 KJHG als eine (neue) Aufgabe für die Jugendämter die Beratung in Fragen der Partnerschaft vorgesehen. Diese soll vor allem der Bewältigung von Lebenskrisen dienen (vgl. unten Abschnitt JH Kap. 2.2). Im Rahmen einer **Trennungs- und Scheidungsberatung** geht es zwar in erster Linie um Beratung und Hilfe bei der Bewältigung der Trennungskonflikte und Neuorganisation von Lebenszusammenhängen. Fragen der wirtschaftlichen Absicherung nach Trennung und Scheidung sind aber wichtige Orientierungspunkte für die Realität nach Trennung und Scheidung, für die Lebensplanung mit Kindern und gegebenenfalls neuen Partnern. Unterhaltsrechtliche Fragen sind damit Beratungsgegenstand im Sinne einer ganzheitlich verstandenen und alltagsorientierten Trennungs- und Scheidungsberatung. Wenn eine Trennungs- und Scheidungsberatung ausschließlich »psychologisch« orientiert war, sind die rechtlichen Rahmenbedingungen der Neuorientierung in einer folgenden sozialen Beratung (Rechtsberatung) dazuzuschalten (zu vernetzen), auch in Kooperation mit anderen Beratungsdiensten und Rechtsanwälten, da spätestens im Scheidungsprozeß alle Scheidungsfolgen, die rechtliche Trennung der Ehepartner, ggf. das Sorgerecht über gemeinsame Kinder und die wirtschaftliche Absicherung durch Versorgungsausgleich, Hausratsverteilung und Unterhalt, verhandelt und entschieden werden müssen. Wegen der schwierigen psychosozialen Zusammenhänge bei Trennungs- und Scheidungskonflikten erscheint es sinnvoller, auch Fragen der wirtschaftlichen Absicherung im Zusammenhang mit der psychischen Bewältigung der Konflikte in ganzheitlichen Ansätzen zu beraten oder zumindest koordinierend abzustimmen. Weniger sinnvoll erscheint es, diese Fragen aus der psychosozialen Beratung auszugrenzen und reduziert auf reine Rechtsfragen allein der anwaltlichen Interessenvertretung im streitigen Scheidungsverfahren oder nachfolgenden Unterhaltsprozessen zu überlassen. Konsensfähige Rahmenbedingungen, die in Trennungs- und Scheidungskonflikten gemeinsam zwischen den Ehepartnern und Kindern erarbeitet wurden (ggf. mit Unterstützung fachlicher Sozialberatung), haben sich in der Praxis als tragfähiger erwiesen als eine streitige Konfliktregulierung durch Richterspruch (vgl. *Münder* u. a., 1993, Rz 8 zu § 17 KJHG).

Integration unterhaltsrechtlicher Probleme in das Beratungskonzept

Ziel: konsensfähige Scheidungsvereinbarungen

2. Fallgruppe: Unterhaltsrechtliche Fragen in der Erziehungsberatung – Bildungsberatung – Altenberatung

Unterhaltsrechtliche Fragen tangieren fast alle Bereiche von Lebensplanungen in einem Familienverband. Die familienrechtliche Unterhaltspflicht kann daher auch immer Thema in den folgenden Beratungssituationen werden:

Erziehungsberatung

In der **Erziehungsberatung** gem. § 28 KJHG haben die Erziehungsberatungsstellen und andere Beratungsdienste die Aufgabe, bei der Klärung und Bewältigung familienbezogener Probleme zu helfen. Probleme können auch durch ungeklärte Unterhaltspflichten entstehen und so zu einem Thema der Elternverantwortung werden. Die Eltern leisten zwar in der Regel den notwendigen Kindesunterhalt »in Natur« (durch Wohnung, Kleidung, Nahrung). Zu der Erziehung zur Selbständigkeit gehört aber auch eine selbständige Verfügung im Rahmen von Taschengeld oder eigenständiger Verwaltung z. B. von Ausbildungsvergütungen.

Beratung über Ausbildung und Berufswünsche der Kinder

In der **Bildungsberatung** können unterhaltsrechtliche Fragen vielschichtig relevant werden, etwa wenn die Verwirklichung von Eigeninteressen der Eltern (z. B. Ausbildung und Fortbildung) im Widerspruch zu Kindesinteressen auf Absicherung ihres Unterhaltes stehen, sowie bei Fragen der Finanzierung von schulischer bzw. beruflicher Bildung und Studium für die Kinder. Die Unterhaltspflicht der Eltern bzw. dieElternunabhängigkeit ist vor allem relevant bei den Ansprüchen auf Ausbildungsförderung nach dem BAföG (§§ 7 u. 11 BAföG).

Altenberatung

In der **Altenberatung** bei Lebenswegentscheidungen alter Menschen (Leben in einer Einrichtung der Altenhilfe oder Betreuung und Pflege in der Familie) spielt die Unterhaltsverpflichtung der Kinder (§§ 1601 ff. BGB) eine entscheidende Rolle, da die Einkommenssituation bzw. deren soziale Absicherung gegenwärtig kaum ausreicht, um die Kosten eines Alten- und Pflegeheims selbst zu tragen. Selbst bei der Familienpflege ist zumindest für die pflegenden Angehörigen die soziale Absicherung durch eigenes Einkommen gefährdet.

Problem: lebenslange gegenseitige Unterhaltspflicht

Hier steht die lebenslange gegenseitige Unterhaltspflicht zur Zeit auf dem Prüfstand in der rechts- und sozialpolitischen Diskussion. Reformen des Unterhaltsrechts und der sozialrechtlichen Absicherung des Pflegerisikos werden zur Zeit diskutiert (vgl. *Kemper/Schlüter,* in FuR 1993, S. 245 ff.; *Baltes*, in FuR 1993, S. 253 ff.; *Knieper,* in FuR 1992, S. 74 ff.; *Frank*, 1993 in DV Fachlexikon der Sozialen Arbeit, S. 714 ff.; *von Maydell*, 1993 in DV Fachlexikon der Sozialen Arbeit, S. 31 f.).

3. Fallgruppe: Beratung und Hilfe für Alleinerziehende

Von besonderer praktischer Bedeutung sind die familienrechtlichen Unterhaltsansprüche für die Beratung und Hilfe für Alleinerziehende (in sog. Einelternfamilien): Hier geht es fast immer um die Vorklärung von Unterhaltsansprüchen des n. e. Kindes und seiner Mutter gegenüber dem n. e. Vater und den Verwandten. Diese Vorklärung kann schon im Rahmen einer Schwangerschaftskonfliktberatung gemäß § 218 b StGB beginnen, wenn sich eine n. e. Mutter für ihr Kind entscheidet. Die Beratung wird fortgesetzt als allgemeine Aufgabe des Jugendamtes gem. § 18 Abs. 1 und 3 KJHG und ist gem. §§ 55 ff. KJHG Pflichtaufgabe der Amtsvormünder und Amtspfleger im Sinne von § 1706 BGB (Vaterschaftsfeststellung, Klärung der Unterhalts- und Erbansprüche). Über die Trennungs- und Scheidungsberatung hinaus (vgl. 1. Fallgruppe) weist §§ 18 f. KJHG dem Jugendamt eine umfangreiche Aufgabe der Beratung und Unterstützung für alleinerziehende Väter und Mütter zu. Auch hier sind unterhaltsrechtliche Fragen Gegenstand der Beratung und Hilfe (§ 18 Abs. 1–3 KJHG).

Beratungsangebot

Pflichtaufgabe des Jugendamtes

6.2.2 Allgemeine Grundsätze der familienrechtlichen Unterhaltsansprüche in der sozialen Beratung

Die Frage, welches Rechtswissen in welchem Umfang und in welchen Funktionen in der sozialen Beratung bei den drei Fallgruppen benötigt wird, hängt ab von den institutionellen Bezügen, in denen die Beratung stattfindet, von den Ansätzen der Beratung und letztlich von der individuellen Rechtsanwendungskompetenz der sozialberuflichen Fachkräfte. Unterhaltsrechtliche Fragen können in der Funktion als Beratungsgegenstand eine große Bedeutung haben, zumindest ist in allen Beratungssituationen ein Kontaktwissen (vgl. Funktion der Beratung) notwendig, um bei auftauchenden Unterhaltsproblemen mit anderen Beratungsdiensten oder Rechtsanwälten kooperieren zu können.

Gewichtung unterhaltsrechtliche Fragen in der Beratung

Im folgenden werden daher die allgemeinen Grundsätze, die für alle Unterhaltsansprüche gelten, zusammengefaßt und mit Übersichten über einzelne Bereiche des Familien- und Verwandtenunterhalts ergänzt.

Die Voraussetzungen, der Inhalt und Umfang der einzelnen Unterhaltsansprüche in den genannten Fallgruppen ergeben sich aus den jeweiligen gesetzlichen Regelungen. Die familienrechtlichen Unterhaltbereiche sind zum Teil sehr ausdifferenziert und unterschiedlich. Für alle Unterhaltsansprüche lassen sich aber eine Reihe von gemeinsamen Merkmalen (allg.

allgemeine Grundsätze

Voraussetzungen Unterhaltsanspruch

Grundsätze) markieren, die die Prüfung von Ansprüchen im Rahmen einer Beratung strukturieren. Allgemeine Voraussetzungen sind:
- Bedürftigkeit des Unterhaltsberechtigten
- Leistungsfähigkeit des Unterhaltsverpflichteten
- Gegenwartsbezogenheit des Unterhaltsanspruchs
- Angemessenheit des Unterhaltsanspruchs.

6.2.2.1 Bedürftigkeit des Unterhaltsberechtigten

Kriterien für die Bedürftigkeit

Der **Rechtsanspruch auf Unterhalt** (im Rahmen des Familienunterhalts §§ 1360 ff. BGB und des Verwandtenunterhalts §§ 1601 ff., 1615 ff. BGB) setzt Bedürftigkeit des Unterhaltsberechtigten voraus. Bedürftig ist nur, wer für seinen eigenen Unterhalt nicht oder nicht ganz aus eigenen Kräften aufkommen kann (§§ 1360, 1602 Abs. 1 BGB). Das bedeutet, daß grundsätzlich der oder die Unterhaltsberechtigte eigene Einkünfte aus der Verwertung seiner/ihrer Arbeitskraft oder seinem/ihrem Vermögen zur Sicherung des eigenen Lebensunterhalts einsetzen muß. Für Eltern schließt dies die Verpflichtung ein, diese Einkünfte zum angemessenen Familienunterhalt und zum Unterhalt eigener bzw. adoptierter Kinder einzusetzen. Umgekehrt bedeutet dies: Kann ein Unterhaltsberechtigter seinen Bedarf ganz oder teilweise selbst decken, so ist insoweit keine Bedürftigkeit gegeben. Minderjährige Kinder sind hier gegenüber anderen Unterhaltsberechtigten privilegiert, da sie nur eigene Einkünfte aus ihrem Vermögen, nicht aber das Vermögen selbst (Stamm) für ihren Unterhalt einsetzen müssen. Eltern müssen dagegen alle verfügbaren Mittel zum Unterhalt einsetzen.

Umfang des Unterhalts

Lebensdarf orientiert an der Lebensstellung

Die Bedürftigkeit richtet sich nach den aus der Lebensstellung des Anspruchsberechtigten abzuleitenden Bedürfnissen (§ 1610 BGB). Der Bedarf und damit der Umfang des Unterhalts umfaßt grundsätzlich den gesamten Lebensbedarf, also die Grundbedürfnisse (Wohnung, Kleidung, Nahrung) und die Kosten für Teilhabe am kulturellen Leben sowie Ausbildung, Fortbildung usw. Der Bedarf eines geschiedenen Ehegatten orientiert sich an den ehelichen Lebensverhältnissen (§ 1578 BGB), der Bedarf der Kinder (auch der nichtehelichen Kinder) an der Lebensstellung beider Eltern (§ 1615 c BGB).

Bedarfsermittlung in der Sozialhilfe

Eine sehr detailgenaue Bedarfstellung wird bei der Bedarfsprüfung im Rahmen von Anträgen auf Sozialhilfe gem. §§ 12 und 22 BSHG vorgenommen. Hier wird der notwendige Bedarf zum Lebensunterhalt über Regelsätze, Mehrbedarf (§ 23 BSHG) und Kosten der Unterkunft ermittelt. Mit der laufenden Hilfe zum Lebensunterhalt soll das finanziert werden, was täglich zum Überleben gebraucht wird (vgl. dazu *Brühl*, 1993 a).

Eine Parallelbetrachtung der sozialhilferechtlichen Bedarfsermittlung im Rahmen der familienrechtlichen Unterhaltsansprüche ist in der Beratung oft notwendig, da der sozialhilferechtliche Bedarf nachrangig gegenüber dem Unterhalt ist, d. h. die Bedürftigkeit des Unterhaltsberechtigten nicht ersetzt. Nachrangige Sozialleistungen (z. B. Hilfe zum Lebensunterhalt, Unterhaltsvorschuß, darlehensweise gezahlte Ausbildungsförderung) werden, wenn sie an Unterhaltsberechtigte ausbezahlt wurden, von Unterhaltspflichtigen zurückverlangt. Für die Sozialhilfe geschieht dies nach den Bestimmungen gemäß §§ 90, 91 BSHG. Aufgrund der familienrechtlichen Unterhaltspflicht kann nur der Sozialhilfebedarf zurückgefordert werden, der auch zum Umfang der bürgerlich-rechtlichen Unterhaltspflicht gehört. Es besteht zwar weitgehend Deckungsgleichheit zwischen unterhaltsrechtlichem und sozialhilferechtlichem Bedarf. Es werden jedoch eine Reihe von Hilfen gewährt, die vom Unterhaltspflichtigen nicht finanziert werden müssen (z. B. Übernahme von Mietschulden zur Sicherung der Wohnung nach § 15 a BSHG, Hilfe bei Schwangerschaft und Sterilisation nach § 37 a BSHG) (vgl. weiter *Brühl*, 1993 b und *Schellhorn*, FuR 1993, S. 261 ff.).

Unterhaltsansprüche und Sozialhilfe

Überleitung von Unterhaltsansprüchen auf den Träger der Sozialhilfe

Für die Frage der Bedürftigkeit ist letztlich von Bedeutung, wie der/die Unterhaltsberechtigte seine/ihre Arbeitskraft verwerten muß. Neben den Grundsätzen der §§ 1360 und 1606 Abs. 3 BGB kann zwar eine Arbeitspflicht wegen Haushaltsführung und Kinderbetreuung ausgeschlossen sein. Die Pflicht zur Erwerbstätigkeit eines haushaltsführenden Ehegatten kann dann entstehen, wenn das Erwerbseinkommen des berufstätigen Ehepartners zur Finanzierung des Familienunterhalts nicht ausreicht.

Verwertung der Arbeitskraft

Bei Alleinerziehenden gilt zwar der Grundsatz, daß wegen der Betreuung und Erziehung von Kindern keine Arbeit zugemutet werden kann. Dies gilt für Männer und Frauen schon bei einem allein zu betreuenden Kind. Dies Prinzip wird jedoch in der Sozialhilfe und im Zivilrecht durchbrochen, wenn eine gestufte Teilarbeit entsprechend dem Betreuungsbedarf und Lebensalter der Kinder zumutbar wird. Dies bezieht sich nur auf Kinder ab dem 3. bzw. 4. Lebensjahr mit Kindergartenplatz oder schulpflichtige Kinder. Durch eine Arbeitsaufnahme darf aber in keinem Fall eine geordnete Erziehung eines Kindes gefährdet werden. Die Sozialhilfepraxis geht davon aus, daß für Alleinerziehende mit einem Kind unter drei Jahren keine, für ein Kind unter acht Jahren in der Regel nur Halbtagsarbeit zugemutet werden kann. Bei drei oder mehr schulpflichtigen Kindern ist jede Erwerbstätigkeit unzumutbar. Diese sozialhilferechtlichen Kriterien können auch im Streit um den Nachscheidungsunterhalt von allein sorgeberechtigten Ehepartnern

Zumutbarkeit von Arbeit für Alleinerziehende

gestufte Teilarbeitspflicht entsprechend dem Betreuungsbedarf der Kinder

herangezogen werden, wenn es um die Frage der Arbeitspflicht geht. Nach Ende der Kindererziehung kann ein Unterhaltsanspruch auch noch wegen Alter und Krankheit oder Arbeitslosigkeit des geschiedenen Ehepartners gegen den berufstätigen Partner bestehen, ohne daß dieser eine zumutbare Arbeitspflicht zur Sicherung des Unterhalts des Bedürftigen einwenden kann (§§ 1571 ff. BGB).

mehrere Bedürftige

In den vorangestellten Fallgruppen ist es sehr häufig, daß das Einkommen und zu verwertende Vermögen des oder der Unterhaltsverpflichteten nicht ausreicht, um mehreren Bedürftigen den zustehenden Unterhalt zu leisten. Dies ist insbesondere dann der Fall, wenn durch Trennung und Scheidung der alleinerziehende Partner kein eigenes Einkommen erzielt und dazu aus den oben dargestellten Gründen auch nicht verpflichtet werden kann. In diesen Fällen ist vom Gesetz eine Rangfolge festgelegt (§ 1609 BGB): Minderjährige Kinder und der Ehegatte des Unterhaltspflichtigen haben den gleichen Rang und gehen anderen Unterhaltsberechtigten und Bedürftigen vor. Der geschiedene Ehegatte steht im Rang vor volljährigen und verheirateten Kindern und in vielen Fällen auch vor dem neuen Ehepartner des Unterhaltsverpflichteten (§ 1582 BGB). Minderjährige Kinder sind immer ranggleich, egal aus welcher Ehe sie stammen. Die rechnerische Verteilung erfolgt nach den Regeln der Mangelfallberechnung z. B. auf der Basis der Unterhaltstabellen..

Rangfolge

Mangelfallberechnung

6.2.2.2 *Leistungsfähigkeit des Unterhaltspflichtigen*

Kriterien zur Bestimmung der Leistungsfähigkeit

Die Unterhaltspflicht setzt außer Bedürftigkeit des Berechtigten Leistungsfähigkeit des Verpflichteten voraus. Aus der Gegenseitigkeit der familienrechtlichen Unterhaltsansprüche folgt, daß wie bei dem Unterhaltsbedürftigen auch bei dem Unterhaltsverpflichteten seine Einkünfte aus Arbeit und Vermögen zu prüfen sind, um seine Leistungsfähigkeit festzustellen. Grundsätzlich ist nur der unterhaltsverpflichtet, der im Sinne von § 1603 BGB auch leistungsfähig ist, d. h. ohne Gefährdung seines eigenen Unterhalts soviel Einkommen erzielt, daß er den Berechtigten Unterhalt gewähren kann.

angemessener Eigenbedarf

Der Begriff »ohne Gefährdung seines eigenen Unterhalts« bedeutet, daß dem Verpflichteten sein angemessener Eigenbedarf zustehen muß. Hier wird zwischen der sogenannten **gesteigerten Unterhaltspflicht** und der allgemeinen Unterhaltspflicht unterschieden. Gesteigert unterhaltspflichtig sind Ehegatten im Verhältnis zueinander und Eltern im Verhältnis zu ihren minderjährigen Kindern. Den jeweils (gesteigert) Unterhaltspflichtigen verbleibt in diesen Fällen nur der sog. notwendige Eigenbedarf (Selbstbehalt). Bei allen anderen Unter-

gesteigerte Unterhaltspflicht

haltsverpflichtungen steht dem Verpflichteten der angemessene Eigenbedarf zu. (Zur Höhe und zur Begrenzung der Unterhaltsansprüche vgl. unten vor allem Düsseldorfer Tabelle.)

notwendiger Eigenbedarf

Auch hier gelten die oben beschriebenen Grundsätze, im Rahmen zumutbarer Arbeit die Arbeitskraft einzusetzen, um entsprechende Einkünfte zu erzielen. Diese Verpflichtung ist vom Gesetzgeber sehr hoch bewertet und sogar strafrechtlich abgesichert. Nach § 170 d StGB wird bestraft, »wer sich seiner gesetzlichen Unterhaltspflicht entzieht, so daß der Lebensbedarf des Unterhaltsberechtigten gefährdet ist oder ohne die Hilfe anderer gefährdet wäre«. Damit ist die Freiheit der Lebensgestaltung der Unterhaltsverpflichteten teilweise eingeschränkt. Enttäuschte Ehepartner können z. B. nach einer Scheidung nicht einfach eine gut bezahlte Stellung aufgeben, um sich an dem Ehepartner, der auch noch das alleinige Sorgerecht über die gemeinsamen Kinder hat, auf diesem Weg zu rächen. Auch wer seinen gut bezahlten Beruf aus Gewissensgründen aufgibt (Bankdirektor tritt in einen Bettelorden ein), wird ungeachtet des Art. 4 Abs. 1 GG nicht von seiner Unterhaltspflicht entbunden und macht sich im Prinzip nach § 170 d StGB strafbar (Beispiel zitiert nach *Ramm*, 1990, S. 326).

zumutbare Arbeit

Verpflichtung

Strafbarkeit einer Unterhaltspflichtverletzung

In der Praxis wird sich die alleinerziehende Mutter in diesen Fällen jedoch nicht mit dem sich aus seiner »Leistungsverpflichtung flüchtenden« Vater um den geschuldeten Unterhalt streiten, sondern Sozialleistungen (Sozialhilfe, ggf. Unterhaltsvorschuß) beantragen und es dem Jugendamt im Rahmen einer Unterhaltspflegschaft oder dem Sozialamt durch Überleitung der Unterhaltsansprüche überlassen, den unterhaltspflichtigen Vater heranzuziehen. Das Mittel des Strafrechts wird jedoch äußerst selten eingesetzt, da so nicht Einsicht und Leistungsbereitschaft, sondern eher das Gegenteil erzeugt wird. Hier sind eher Beratung und Hilfe angezeigt, um die Neuorientierung nach Trennung und Scheidung auch im Hinblick auf Unterhaltsverpflichtungen zu erleichtern.

Unterhaltsvorschuß und Unterhaltspflegschaft des Jugendamtes

Die aus der Unterhaltspflicht der Eltern gegenüber ihren Kindern erwachsende Pflicht der Eltern zum Einsatz ihrer Arbeitskraft ist grundsätzlich höher zu bewerten als die Eigeninteressen der Eltern an einer weiteren Berufsausbildung. Dies ist nur dann anders, wenn durch die Ausbildung auch im Interesse der Kinder der künftige Lebensstandard der Eltern und Kinder verbessert wird. So braucht insbesondere ein Ehepartner nicht kurz vor dem Examen sein Studium abzubrechen, um in seinem früheren Beruf zu arbeiten, damit er nach Heirat und Geburt eines gemeinsamen Kindes gleich Unterhalt leisten kann (LG Düsseldorf 25. 2. 1966, FamRZ 1966, S. 246).

Bewertung der Unterhaltspflicht der Eltern

Auch für die Unterhaltspflichtigen kann es zu einer Kollision der Interessen kommen, wenn mehrere Unterhaltspflichtige

Rangfolge Unterhaltspflichtiger

vorhanden sind. Der Gesetzgeber hat auch hier eine Rangfolge festgelegt: Für einen bedürftigen Ehepartner haftet an erster Stelle sein Ehepartner, dann die Kinder, dann die Eltern und danach die Verwandten der aufsteigenden Linie. Ist ein Verpflichteter in dieser Rangfolge nicht leistungsfähig, so tritt der rangnächste an seine Stelle; bei mehreren ranggleichen Verpflichteten (Kinder, Eltern) wird anteilig gehaftet (§§ 1606–1609 BGB).

6.2.2.3 Die Gegenwartsbezogenheit der Unterhaltsansprüche

Grundsätze

Aus der Funktion des Unterhalts im Familienrecht, die Bedürftigkeit dessen auszugleichen, der sich nicht aus eigenen Kräften selbst unterhalten kann, folgt die Gegenwartsbezogenheit des Unterhaltsanspruchs. Unterhalt soll die aktuellen täglichen Grundbedürfnisse des Lebens sichern. Damit ist angedeutet, daß Unterhalt grundsätzlich für die Vergangenheit nicht gefordert werden kann (§ 1613 BGB) und für die Zukunft nicht auf Unterhalt verzichtet werden kann (§ 1614 BGB). Von beiden Grundsätzen gibt es Ausnahmen.

Ausnahmen

Für die **Vergangenheit** kann nur in den folgenden Sonderfällen Unterhalt nachgefordert werden:

Unterhalt für die Vergangenheit

- Eine Nachforderung (Unterhalt für zurückliegende Monate) kann bei Verzug des Unterhaltsverpflichteten (§§ 284, 285 BGB) geltend gemacht werden und wenn der Unterhaltsanspruch rechtshängig geworden ist, d. h., wenn Antrag auf einstweilige Anordnung oder ein Klageantrag beim zuständigen Gericht erhoben wurde (§ 1613 Abs. 1 BGB). Eine weitere Ausnahme sieht § 1613 Abs. 2 BGB vor. Hier können die unvorhersehbaren Belastungen des Unterhaltsberechtigten geltend gemacht werden, die ihm wegen des Umfangs nicht zugemutet werden können. Erstattungsfähig sind hier z. B. unfallbedingte Krankheits- und Pflegekosten.

rückständige Unterhaltsbeträge des n. e. Vaters

- Ein nichteheliches Kind kann rückständige Unterhaltsbeträge für die Vergangenheit verlangen, wenn diese fällig geworden sind, bevor die Vaterschaft anerkannt oder festgestellt war (§ 1615 d BGB). Diese rückständigen Unterhaltsbeträge können jedoch auf Antrag des n. e. Vaters gestundet werden und länger als ein Jahr zurückliegende auch erlassen werden, wenn dies aus Billigkeitsgründen angezeigt ist (§ 1615 i, Abs. 1 u. 2 BGB).

Unterhaltsnachforderung Geschiedener

- Letztlich kann ein geschiedener Ehegatte Unterhalt für die Vergangenheit nachfordern, wenn sich der Verpflichtete seiner Leistungspflicht absichtlich entzogen hat (§ 1585 b BGB).

Verzicht für die Zukunft

Für die **Zukunft** kann auf Unterhalt nicht verzichtet werden (§ 1614 BGB). Diese gesetzliche Grundregel kann in bestimmten Fällen durch vertragliche Unterhaltsvereinbarungen durchbrochen werden:

Nachscheidungsunterhalt

Im Falle einer Scheidung können Ehepartner Scheidungsvereinbarungen mit dem Ziel treffen, gegen Abfindung oder im Zusammenhang mit der Vermögensauseinandersetzung gegenseitig auf Nachscheidungsunterhalt – auch für den Fall der Not – zu verzichten. Diese Vereinbarungen sind wirksam. Ein Unterhaltsverzicht für den Kindesunterhalt im Rahmen einer Scheidungsvereinbarung entbindet z. B. den nichtsorgeberechtigten Elternteil nicht von seiner Unterhaltspflicht gegenüber seinem Kind. Eine solche Vereinbarung kann höchstens als freiwillige Übernahme des gesamten Kindesunterhalts durch den sorgeberechtigten Elternteil, bei dem das Kind lebt, bewertet werden, mit gleichzeitiger Freistellung des unterhaltsverpflichteten anderen Elternteils. Rechtswirkung kann eine solche Vereinbarung nur im Verhältnis der beiden geschiedenen Elternteile entfalten, das gemeinsame Kind behält auch für die Zukunft seinen Unterhaltsanspruch gegen beide Eltern.

Unterhaltsverzicht auf Kindesunterhalt ist unwirksam!

Unterhaltsabfindungsverträge n. e. Kinder

Nichteheliche Kinder können über den Unterhaltsanspruch nach Art und Umfang und Höhe (§ 1615 e BGB) für die Zukunft wirksame Abfindungsverträge mit den Vätern schließen. Für solche Verträge werden in der Praxis in der Regel Verpflichtungsurkunden (§ 794 Abs. 1 Ziff. 5 ZPO) erstellt, die das Jugendamt als gesetzlicher Amtspfleger für das Kind aushandelt (§§ 1706 BGB, 18, 55 ff. KJHG). Diese Abfindungsverträge bedürfen wegen der großen Reichweite auch noch der Genehmigung durch das Vormundschaftsgericht (§ 1615 e Abs. 2 BGB). Wenn auf Antrag der Mutter die gesetzliche Amtspflegschaft aufgehoben wurde (§ 1707 BGB), kann auch sie als gesetzliche Vertreterin des n. e. Kindes solche Vereinbarungen schließen, die dann auch nach § 1615 e Abs. 2 BGB vom Vormundschaftsgericht genehmigt werden müssen.

Verpflichtungsurkunde

Unterhaltsansprüche sind nicht vererblich

Letztlich folgt aus der Gegenwartsbezogenheit von Unterhaltsansprüchen auch, daß diese nicht vererblich sind. Als Ausnahme gelten nur Unterhaltsansprüche, die im Zeitpunkt des Todes des Verpflichteten fällig waren. Diese können dann gegen den Erben des Verpflichteten geltend gemacht werden (§ 1615 BGB). Der Unterhaltsanspruch eines geschiedenen Ehegatten besteht nach dem Tod des verpflichteten Ehegatten auch gegenüber dessen Erben (§ 1586 b BGB).

Ausnahmen

6.2.2.4 Die Angemessenheit des Unterhaltsanspruchs

Maß des geschuldeten Unterhalts

Der Gesetzgeber legt in den Vorschriften der §§ 1360 und 1360 a BGB für den Familienunterhalt und des § 1610 BGB für den Verwandtenunterhalt das Maß des geschuldeten Unterhalts fest. Inhalt und Umfang (Maß) des geschuldeten (ange-

Lebensstellung

messenen) Unterhalts richten sich nach der Lebensstellung des Bedürftigen (§§ 1610, 1578, 1675 c BGB). Der Begriff der Lebensstellung kann nur über die genaue Analyse der wirtschaftlichen und sozialen Situation des Lebenszusammenhangs des Bedürftigen näher bestimmt werden. Dabei müssen z. B. auch der soziale Status und der eheliche Lebensstandard zur Bestimmung der Bedürftigkeit und damit des Unterhaltsumfangs herangezogen werden (vgl. 6.1.1). Den sich aus diesen Faktoren ergebenden Unterhalt bezeichnet das Gesetz als angemessenen Unterhalt, der dem Zweck dient, dem Berechtigten eine angemessene Lebensführung zu ermöglichen.

Zweck: angemessene Lebensführung

Bedarf

Der angemessene Unterhalt nach § 1360 a BGB umfaßt die Haushaltskosten, den persönlichen Bedarf der Ehegatten und die Unterhaltsbedürfnisse der gemeinsamen Kinder. Jeder dieser unbestimmten Begriffe ist nach den obengenannten Kriterien näher zu bestimmen. Der angemessene Unterhalt kann in Form einer Geldrente (Barunterhalt) oder als Naturalleistung (Unterkunft, Verpflegung, Kleidung) geleistet werden. Bei Unterhaltsansprüchen von Kindern überwiegt der sog. Betreuungsunterhalt (§ 1606 Abs. 2 BGB) als Naturalleistung und wird ergänzt durch Geldleistungen, z. B. Taschengeld. (Ein Rechtsanspruch auf Taschengeld ist strittig, vgl. 2.4.) Bei Trennung und Scheidung und im Falle n. e. Kinder besteht der angemessene Unterhalt in der Zahlung einer Geldrente, die monatlich im voraus zu zahlen ist.

Barunterhalt oder Naturalleistung

Höhe des angemessenen Unterhalts

Die Höhe des angemessenen Unterhalts, soweit er in der Zahlung einer Geldrente verlangt wird, ist immer individuell nach den genannten Kriterien zu ermitteln. Aus Gründen der Rechtssicherheit haben die Oberlandesgerichte, z. B. Düsseldorf, Köln, Hamburg, Bremen, München, Stuttgart u. a., Leitlinien für die Bestimmung des angemessenen Unterhalts entwickelt. Diese Unterhaltstabellen sollen als Orientierungshilfen die Praxis der Rechtsanwendung erleichtern. Leitfunktion für die Praxis wird der sog. Düsseldorfer Tabelle zugeschrieben (vgl. Kap. 6.5), die allerdings durch die Richtlinien der anderen Oberlandesgerichte, z. B. Köln, Bremen und Stuttgart, in wesentlichen Teilen noch differenziert wird.

Regelunterhalt

Für die Höhe des angemessenen Unterhalts des n. e. Kindes gegen seinen Vater ist eine Pauschalierung der Geldrente für drei Lebensaltersstufen durch den sog. Regelunterhalt vorgesehen, der ständig den sich wandelnden wirtschaftlichen Bedingungen angepaßt und fortgeschrieben wird.

6.3 Rechtsschutz durch Beratung und Hilfe bei der gerichtlichen und außergerichtlichen Rechtsverwirklichung

6.3.1 Soziale Beratung und Rechtsschutz

Rechtsverwirklichung von Unterhalts- und Sozialleistungsansprüchen

Zur Beratung über die wirtschaftliche Absicherung der Erziehung in der Familie in den drei Ausgangsfällen gehört neben der Auskunft über gegenseitige Rechte und Pflichten im Familienrecht auch die elementare Frage der Verwirklichung dieser Rechte. Beratung und Hilfe bei der Durchsetzung von Rechtsansprüchen beziehen sich nicht nur auf Rechtsverwirklichung familienrechtlicher Unterhaltsansprüche, sondern auch auf die Verwirklichung sozialrechtlicher Leistungsansprüche.

Kostenbarrieren und »verschämte Armut"

Rechtsverwirklichung war und ist immer noch ein gesellschaftliches Problem. Einerseits verhindern Kostenbarrieren den Weg zu anwaltlicher Beratung und Hilfe bei der ebenfalls mit (Gerichts-)Kosten verbundenen Durchsetzung der Rechtsansprüche vor Gericht. Andererseits wird auch in diesen Verfahren deutlich, daß sozial Benachteiligte, die ihre Rechte verfolgen, gleichzeitig soziale Ungleichheiten und materielle Rechtlosigkeit offenlegen. Hilfen zur Rechtverfolgung für Ansprüche von sozial Schwachen können soziale Ungleichheiten nicht beseitigen. So kommt zu den Kostenbarrieren auch eine Barriere der sog. »verschämten Armut«, die viele daran hindert, ihre Rechte durchzusetzen.

Beratungsmodell

Roscher beschreibt die Probleme der Rechtsverwirklichung in der sozialen Arbeit mit einer genauen Analyse der gesellschaftlichen Bedingungen für die Rechtsverwirklichung in den beiden Beratungsmodellen:

a) anwaltliche Rechtsberatung und Rechtsvertretung und
b) Formen der Rechtsfürsorge des SGB (§§ 13 ff. SGB).

Er kommt hier zu der Einschätzung, daß soziale Arbeit zur Fortentwicklung der Rechtsverwirklichung beitragen kann, wenn sie die Vielfalt der Ansätze unterschiedlicher Rechtsberatungsformen nutzt (*Roscher*, in: *Kreft/Münder* u. a., 1990, S. 130).

6.3.2 Das anwaltliche Modell

Ankoppelung des Beratungshilfesystems an die soziale Beratung

Für das anwaltliche Modell der Rechtsberatung und Rechtsverwirklichung gilt, daß aus der Sicht sozialberuflicher Beratung durch ein »Ankoppeln an das Beratungshilfesystem« (*Roscher*, a. a. O., S. 161) verhindert werden kann, soziale Probleme auf Rechtsprobleme in Einzelansprüchen zu reduzieren, um so zu ganzheitlicher problembezogener Hilfe zu kommen. Eine wichtige Absicherung dieser »Ankopplung« der anwaltlichen Beratung und Rechtsvertretung besteht in dem seit 1. 1. 1981 in Kraft getretenen Beratungshilfegesetz (BHG). Dieses Gesetz eröffnet bei Bedürftigkeit gemäß § 1 BHG (zur Zeit monatliches Nettoeinkommen eines Alleinstehenden von DM 850, mit Erhöhung dieser Einkommensgrenze z. B. bei Unterhaltspflichten) einen Direktzugang bzw. auf Antrag an das Amtsgericht über die Erteilung eines Berechtigungsscheins einen weiteren Zugang zur Beratung bei einem Anwalt seiner Wahl nach Zahlung einer Gebühr von DM 20 (§§ 3–9 BHG). Ein weiteres Gesetz aus dem Jahre 1981 löst das bis dahin geltende Armenrecht ab. Dieses Gesetz über die Prozeßkostenhilfe, geregelt in §§ 114 ff. ZPO, soll den sozial Benachteiligten über die Kostenbarrieren eines Gerichtsverfahrens hinweghelfen, um so zu einer Rechtsverwirklichung z. B. von Unterhaltsansprüchen zu gelangen. Die Prozeßkostenhilfe kann für fast alle Verfahrensarten beim zuständigen Gericht beantragt werden, z. B. bei allen familiengerichtlichen (nach ZPO), vormundschaftsgerichtlichen (nach VWGO) und arbeitsgerichtlichen Streitverfahren (BGG), nicht dagegen im Strafverfahren nach der StPO; hier besteht nur die Möglichkeit einer Pflichtverteidigung (§ 140 StPO).

Beratungshilfegesetz

Prozeßkostenhilfe

Bedürftigkeitsprüfung

Die Bedürftigkeitsprüfung – subjektive Armutsvoraussetzung – steht im engen Zusammenhang mit den Armutsdefinitionen des BSHG (vgl. § 115 ZPO). Neben dieser subjektiven Armutsvoraussetzung ist vor allem eine hinreichende Erfolgsaussicht (– und keine Mutwilligkeit) Voraussetzung für die Gewährung von Prozeßkostenhilfe nach § 114 ZPO.

Erörterungstermin

Das Verfahren – Antrag beim zuständigen Gericht – sieht eine Gelegenheit zur Stellungnahme des Prozeßgegners vor. Dieses Verfahren soll nicht eine Sachentscheidung im Hauptverfahren vorwegnehmen und nur die Voraussetzungen einer Prozeßkostenhilfe klären. Ein möglicher mündlicher Erörterungstermin in diesem Verfahren vor der neutralen Instanz des Gerichts bietet aber in der Praxis vieler Unterhaltsprozesse die erste Gelegenheit, den Streit zwischen Unterhaltsberechtigten und Unterhaltsverpflichteten sachlich zu erörtern. Die verfahrensbeteiligten Parteien können schon in diesem Stadium eines Verfahrens mit Hilfe der »Katalysatorwirkung« der Autorität des Gerichts kostengünstige Unterhaltsvergleiche schließen, die wie Urteile nach einem Streitverfahren vollstreckbar sind.

6.3.3 Rechtsfürsorge

allgemeine Beratungspflicht der Sozialleistungsträger

Ein zweites Modell der Beratung und Hilfe in Unterhaltsstreitigkeiten besteht indirekt über die allgemeinen Beratungspflichten der Sozialleistungsträger. Für die sozialen Rechte

(§§ 2 ff. SGB I, §§ 11–29 SGB I) besteht ein gestuftes System der Rechtsfürsorge: Anspruch auf Aufklärung und Auskunft beinhalten im wesentlichen Wegweiserfunktionen, während der Rechtsanspruch auf Beratung nach § 14 SGB in Verbindung mit § 8 BSHG und §§ 17 und 18 KJHG zu einem echten Anspruch auf Beratung als persönliche Hife einschließlich einer Rechtsberatung z. B. über Unterhaltsansprüche und deren Rechtsverwirklichung wird. Die Abgrenzung von Rechtsberatung und Rechtsbesorgung und damit die Legitimation (Reichweite) der Jugend- und Sozialämter, der Kirchen und der Verbände der freien Wohlfahrtspflege nach dem Rechtsberatungsgesetz (§ 1, § 8 RBG) ist umstritten (vgl. dazu die Diskussion um die Legitimation der Schuldnerberatung als Aufgabe der sozialen Arbeit, *Roscher*, a. a. O., S. 153 ff.).

Rechtsberatung
Rechtsbesorgung

6.3.4 Wichtige Verfahrensaspekte für Unterhaltsprozesse

Unterhaltstitel

Alle familienrechtlichen Unterhaltsansprüche, die in den drei Fallgruppen Gegenstand der Beratung sind, können gerichtlich durch Klage geltend gemacht werden und nach Rechtskraft der Gerichtsentscheidung auch durchgesetzt (vollstreckt) werden. Spätere Änderungen der dem Unterhaltsurteil zugrundeliegenden Lebenszusammenhänge, die sich auf Bedürftigkeit und Leistungsfähigkeit auswirken, können durch Abänderungsklagen (§ 323 ZPO) geltend gemacht werden. Für die Anpassung von Unterhaltsansprüchen minderjähriger Kinder an die allgemeine Entwicklung der wirtschaftlichen Verhältnisse hat der Gesetzgeber mit § 1612 a BGB ein stark vereinfachtes Verfahren geschaffen. Unterhaltsansprüche aus Urteilen, Unterhaltsverträgen oder Verpflichtungsurkunden werden auf Antrag beim Amtsgericht automatisch (maschinelle Bearbeitung §§ 641 ff. ZPO) angehoben oder herabgesetzt. Rechtsgrundlage dafür ist eine Rechtsverordnung der Bundesregierung gem. § 1612 a Abs. 2 BGB. Diese Anpassungsverordnung legt die Prozentzahlen fest (z. B. Anpassungsverordnung vom 28. 9. 1979 + 11 %, Anpassungsverordnung vom 30. 9. 1988 + 10 % ab 1. 1. 1989). Eine solche vereinfachte Anpassung ist nicht möglich, wenn sie im Unterhaltstitel ausdrücklich ausgeschlossen wurde oder wenn der Titel auf Zahlung des Regelunterhaltes lautet. Die Regelunterhaltsverordnung (§§ 1615 f. BGB) wird ebenfalls den sich wandelnden wirtschaftlichen Verhältnissen angepaßt.

Abänderungsklagen

vereinfachtes Verfahren bei Anpassung des Kindesunterhaltes

Die gerichtliche Durchsetzung von Unterhaltsansprüchen n. e. Kinder gegenüber Vätern kann seit dem Nichtehelichengesetz vom 1. 7. 1970 erst nach der Klärung der Abstammung durch Anerkennung der Vaterschaft oder Vaterschaftsfeststellung

Unterhaltsansprüche n. e. Kinder

(§ 1600 a BGB) erfolgen. Für die Zeit bis zu einem Statusurteil besteht vorläufiger Rechtsschutz. Bis zur Geburt kann durch einstweilige Verfügung [§ 1615 o BGB] der sog. Dreimonatsunterhalt und im Verfahren zur Vaterschaftsfeststellung durch einstweilige Anordnung nach § 1615 o BGB und § 643 ZPO Regelunterhalt für das n. e. Kind beantragt werden.

vorläufiger Rechtsschutz

Für die Unterhaltsklagen nichtehelicher Kinder hat das Bundesverfassungsgericht mit einer Entscheidung vom 5.11.1991 (AZ 1 BvR 1256/89) den Gesetzgeber aufgefordert, eine Gleichstellung mit ehelichen Kindern zu schaffen. Gegenwärtig können eheliche Kinder im Unterhaltsprozeß vor den zuständigen Familiengerichten in drei Instanzen Rechtsschutz in Anspruch nehmen, während der Rechtsweg für Unterhaltsprozesse von n. e. Kindern vor den Amtsgerichten nur zwei Instanzen vorsieht. Damit besteht ungleicher Rechtsschutz (Verstoß gegen den Gleichstellungsgrundsatz n. e. Kinder in Art. 6 Abs. 4 GG).

Verstoß gegen Gleichstellungsgrundsatz

6.4 Unterhaltsrecht als Beratungsgegenstand

6.4.1 Übersichten zum Familienunterhalt

Für den Familienunterhalt gelten die oben dargestellten allgemeinen Grundsätze. Für die Beratungspraxis sind einige weitere Merkmale von Bedeutung, die hier für den
- Ehegattenunterhalt,
- Trennungsunterhalt,
- Scheidungs- und Nachscheidungsunterhalt,
- Unterhaltsansprüche nach Auflösung einer n. e. Lebensgemeinschaft in

Übersichten ergänzt werden.

Übersicht 1 Ehegattenunterhalt

gegenseitige Unterhaltspflicht

Absprachen Rollenteilung

Anspruchsgrundlage für die gegenseitige Unterhaltspflicht bei Bestehen einer ehelichen Lebens- und Wirtschaftsgemeinschaft ist § 1360 BGB, der beide Ehegatten verpflichtet, durch Arbeit und Vermögen zum Familienunterhalt beizutragen. Eine Entscheidung, in welcher Rollenverteilung Haushaltsführung, Kinderbetreuung und Berufstätigkeit organisiert wird, ist im gegenseitigen Einvernehmen zu treffen. Die Verteilung der jeweiligen Unterhaltspflichten und -berechtigungen erfolgt nach den oben dargestellten Kriterien (§§ 1360–1360 c).

Umfang

Der Umfang des Unterhaltsanspruchs bestimmt sich nach § 1360 a BGB. Zum Unterhalt gehört im Rahmen des Anspruchs auf das relative Existenzminimum auch die Vorauszahlung eines angemessenen Wirtschaftsgeldes an den Haushaltsführenden. Führt ein Ehepartner den Haushalt allein, so hat dieser gegen den alleinverdienenden Ehegatten auch einen Anspruch auf Taschengeld, das in der Höhe, je nach Lebensstil und Einkommen, mit ca. 5 % des Nettoeinkommens des verdienenden Partners von der Rechtsprechung beziffert wird. Es steht zur freien Verfügung, ohne Rechenschaftspflicht. Für Prozesse in persönlichen Angelegenheiten kann im Rahmen des Unterhalts auch ein Prozeßkostenvorschuß verlangt werden (vorrangig vor der Prozeßkostenhilfe nach dem Prozeßkostenhilfegesetz).

Taschengeldanspruch des haushaltsführenden Ehepartners

Strittig ist ein Anspruch auf Ausbildungsfinanzierung gegenüber Ehepartnern, wie er im Rahmen eines Scheidungsunterhaltsanspruchs besteht (vgl. unten) (ablehnend: *Palandt-Diedrichsen,* Anm. 1 c zu § 1360 a BGB). Der BGH läßt einen Ausbildungsanspruch als Unterhaltsverpflichtung eines Ehegatten zu, wenn der andere bei Heirat eine bereits begonnene Ausbildung abschließen will (BGH in: FamRZ 1985, S. 353) (generell bejaht von *Münch*, 1990, S. 55 und 1992, S. 183).

Ausbildungsfinanzierung von Ehepartnern

Übersicht 2: Trennungsunterhalt

Anspruchsgrundlagen

Wenn Ehegatten getrennt leben (auch in der gemeinsamen Wohnung möglich), d. h., eine häusliche Gemeinschaft im Sinne der Zielsetzung von § 1353 nicht mehr besteht, kann ein Unterhaltsanspruch nach § 1361 Abs. 1 BGB (in Verb. mit § 1567 Abs. 1 BGB) auf angemessenen Unterhalt geltend gemacht werden. Spätestens nach Ablauf des Trennungsjahres (§§ 1565, 1566 BGB) muß sich der getrennt lebende unterhaltsberechtigte Ehepartner um eine Arbeit bemühen, da nun das Privileg des § 1361 endet (BGH in: NJW, 1986, S. 722). Die Aufnahme oder Erweiterung der Erwerbstätigkeit des unterhaltsberechtigten Ehepartners kann nach § 1361 Abs. 2 vom unterhaltspflichtigen Ehepartner nur verlangt werden, wenn dies nach den persönlichen Verhältnissen (frühere Erwerbstätigkeit, Dauer der Ehe, keine Kinderbetreuung) erwartet werden kann.

Höhe des Trennungsunterhaltes

Die Höhe des Trennungsunterhaltes bestimmt sich weitgehend in Anlehnung an die zum Scheidungsunterhalt entwickelten Tabellen (vgl. unten 4.5). In der Gerichtspraxis wird der Trennungsunterhalt in der Regel mit 3/7 des bereinigten Einkommens beziffert. (Bereinigtes Einkommen ist das Bruttoeinkommen abzüglich Steuer, Versorgungsaufwendungen, ggf. Unterhaltsleistungen an Kinder, in Ausnahmefällen auch familienbedingte Schulden z. B. für die Anschaffung von Hausrat, Möbeln usw.)

Grenzen: Selbsterhalt Sättigungsgrenze

Die Höhe wird begrenzt durch den notwendigen Eigenbedarf (Selbsterhalt) und durch die sog. Sättigungsgrenze, die sich aus dem angemessenen Unterhalt des Berechtigten ergibt. Das OLG Stuttgart hat in seinen Richtlinien vom 1. 1. 1989 einen anderen Weg vorgeschlagen. Danach bemißt sich der Trennungsunterhalt und der Scheidungsunterhalt nach § 1361, §§ 1569 ff., 1578 BGB, § 58 EheG wie folgt: Es besteht ein Bedarf für den unterhaltsberechtigten Ehegatten in Höhe von 50 % der anrechenbaren Einkünfte des Verpflichteten. Zuvor werden vom Nettoeinkommen vorab auch die Verbindlichkeiten aus den bisherigen ehelichen Lebensverhältnissen (z. B. Kindesunterhalt) abgezogen (vgl. *Lemke/Glockner*, 1991 S. 86 ff.).

Übersicht 3: Scheidungs- und Nachscheidungsunterhalt

Unterhalt als Scheidungsfolge

Im Zusammenhang mit den Scheidungsfolgen (vgl. oben Kap. 4.3.1.3) ist die Regelung des Scheidungsunterhalts das wichtigste und am längsten über die Trennung der Ehepartner hinauswirkende Problem. Mit der Familienreform vom 1. 7. 1977 wurden auch die Scheidungsfolgen neu geregelt. Das bedeutet, daß heute zwei unterschiedliche Regelungen für den Scheidungsunterhalt bestehen. Für Scheidungsurteile, die vor dem 30. 6. 1977 ergangen sind, gelten noch die alten Unterhaltsregelungen, d. h., Änderungen von Unterhaltsansprüchen von Ehepartnern, die vor diesem Datum geschieden wurden, müssen auch heute nach altem Recht beurteilt werden.

nach altem Recht

Das neue Recht orientiert sich ab 1. 7. 1977 nicht mehr an dem Verschuldensprinzip (vgl. oben Kap. 3) und hat für die Unterhaltsansprüche als Scheidungsfolge den Grundsatz der Eigenverantwortung aufgestellt, der jeden Ehegatten verpflichtet, selbst für seinen Unterhalt zu sorgen. Entsprechend dieser Leitlinie der §§ 1569, 1577 BGB kann nach erfolgter Scheidung ein Ehegatte nur noch Unterhalt verlangen, wenn einer der (Ausnahme-)Tatbestände der §§ 1570 ff. BGB erfüllt ist und die oben dargestellten allgemeinen Grundsätze (Bedürftigkeit, Leistungsfähigkeit, Gegenwartsbezug und Angemessenheit) im Rahmen einzelner Anspruchsgrundlagen geprüft wurden.

Grundsatz der Eigenverantwortung

Ausnahmetatbestände

Ein Anspruch auf Unterhalt kann gerechtfertigt sein:
- wegen Betreuung und Erziehung eines Kindes (§ 1570 BGB)
- wegen Alters (§ 1571 BGB)
- wegen Krankheit und Gebrechen (§ 1572 BGB)

- wegen Arbeitslosigkeit (§ 1573 BGB)
- wegen Ausbildung (§ 1575 BGB)
- wegen sonstiger schwerwiegender Gründe (§ 1576 BGB).

Prüfung nach allgemeinen Grundsätzen

Bei der Prüfung der Unterhaltsberechtigung im Rahmen der einzelnen Tatbestände sind zunächst die allgemeinen Grundsätze für die familienrechtlichen Unterhaltsansprüche heranzuziehen:

Bedürftigkeit

- Die **Bedürftigkeit** des unterhaltsberechtigten Ehepartners wird nach § 1577 BGB ermittelt; das Maß des geschuldeten »angemessenen Unterhalts« bestimmt sich aus § 1578 BGB nach den ehelichen Lebensverhältnissen und kann zeitlich begrenzt werden, in Verbindung mit § 1573 BGB oder bei grober Unbilligkeit (§ 1579) auch ganz ausgeschlossen werden.

Leistungsfähigkeit

- Die **Leistungsfähigkeit** des Unterhaltsverpflichteten wird nach § 1581 BGB ermittelt. Die Grenze der Leistungsfähigkeit wird durch den »notwendigen Eigenbedarf« (vgl. Tabelle 6.5) festgelegt.

Prinzip der Eigenverantwortlichkeiten

Entsprechend dem **Grundsatz der Eigenverantwortlichkeit** (§§ 1569/1577 BGB) muß bei der Prüfung der Unterhaltsberechtigung nach den oben bezeichneten Tatbeständen zugleich darüber entschieden werden, ob dem unterhaltsfordernden Ehegatten neben der Versorgung gemeinsamer Kinder, trotz seines Alters, trotz einer Krankheit oder Behinderung eine angemessene Erwerbstätigkeit (§ 1574 BGB) zuzumuten ist. (Eine ausführliche Darstellung der Arbeitspflicht getrenntlebender oder geschiedener Ehegatten nach der Rechtsprechung gibt *Müller* in: ZfJ, 1988, Nr. 415, S. 169 ff. und *von Münch,* 1989, S. 172 ff. für die einzelnen Unterhaltstatbestände; *Oberloskamp*, 1993, S. 309 ff.; *Münder*, 1994, S. 101 ff.).

Notwendigkeit der Betreuung

Unterhalt wegen Betreuung eines gemeinsamen Kindes (§ 1570 BGB): Der Ehegatte, dem mit Scheidungsurteil das alleinige Sorgerecht übertragen wurde, hat im Falle notwendiger Betreuung des gemeinsamen Kindes einen Unterhaltsanspruch gegen den anderen Ehegatten. Die Frage der Notwendigkeit der Betreuung und geordneten Erziehung hängt vom Einzelfall ab (Alter, Entwicklung, Betreuung mehrerer Kinder). Eine angemessene Erwerbstätigkeit kann, wie oben skizziert, verlangt werden; sie ist voll zu fordern, wenn die Erziehung und Betreuung nicht mehr notwendig ist.

Zumutbarkeit einer Erwerbstätigkeit

Unterhalt wegen Alter (§ 1571 BGB) kann ein geschiedener Ehegatte dann verlangen, wenn im Zeitpunkt der Scheidung, oder nach Beendigung der Kindererziehungszeit oder nach einer Krankheit oder nach einer Phase der Arbeitslosigkeit (§ 1573) eine Erwerbstätigkeit nicht mehr zugemutet werden kann. Die Voraussetzungen sind mit Erreichen des Rentenalters (63 bzw. 60 Jahre) in jedem Fall gegeben. Für jüngere Ehepartner ist dies im Einzelfall nach den allgemeinen Kriterien zu prüfen.

Unterhalt wegen Krankheit oder Gebrechen (§ 1572 BGB) kann ein geschiedener Ehegatte dann verlangen, wenn ihm zum Zeitpunkt der Scheidung, nach Beendigung der Kindererziehung, nach Beendigung einer Ausbildung oder Umschulung oder bei Wegfall der Voraussetzungen (§ 1573 BGB) eine Erwerbstätigkeit wegen Krankheit, Gebrechen oder körperlicher bzw. geistiger Schwäche nicht zugemutet werden kann.

angemessene Tätigkeit

Unterhalt wegen Arbeitslosigkeit (§ 1573 BGB) kann auch dann gefordert werden, wenn keine Kinderbetreuung, Alter oder Krankheit einen Unterhaltsanspruch rechtfertigen würden, da gemäß § 1574 nur eine angemessene Tätigkeit ausgeübt werden muß. § 1574 Abs. 2 BGB legt die Kriterien fest: Eine Berufstätigkeit muß der Ausbildung, den persönlichen Fähigkeiten, dem Lebensalter, dem Gesundheitszustand und den ehelichen Lebensverhältnissen entsprechen. Unter Berücksichtigung dieser Kriterien, vor allem der Berücksichtigung des Lebensstandards während der Ehe, war der Nachscheidungsunterhalt auf einem sehr hohen Niveau fixiert. Mit dem Unterhaltsrechtsänderungsgesetz vom 1. 4. 1986 ist rechtlich die Möglichkeit eröffnet, alle Unterhaltansprüche zeitlich zu begrenzen und in der Höhe zu reduzieren (sog. »Abschmelzen von Unterhaltsansprüchen« § 1573 Abs. 2 u. 5 BGB). Die Entscheidung soll der Richter nach Billigkeitsgründen treffen. Mit Ausnahme des Unterhalts wegen Kinderbetreuung können Unterhaltsansprüche damit zeitlich begrenzt oder reduziert werden. Darin wird die Gefahr gesehen, daß angesichts der strukturellen Massenarbeitslosigkeit von Frauen nach einem »Übergangsunterhalt« gem. § 1573 BGB vor allem ältere Frauen, die nur schwer oder gar keinen Arbeitsplatz mehr finden, »auf die Sozialhilfe abgeschoben werden«. Dadurch werden letztlich für den Unterhalt der geschiedenen Frau die Kinder bzw. die Eltern der Frau (gem. §§ 90/91 BSHG) statt des Ehepartners herangezogen (vgl. *von Münch*, 1990, S. 175 ff.). An das Bemühen um eine angemessene Erwerbstätigkeit werden sehr strenge Anforderungen gestellt (vgl. *Müller*, ZfJ 4/5 1988, S. 172). Dazu gehört auch eine Verpflichtung zur Ausbildung, Fortbildung und Umschulung.

Reduzierung der nach Höhe und Billigkeitsgründen

Gefahr der Abschiebung geschiedener Frauen auf die Sozialhilfe

Ein Unterhaltsanspruch wegen Ausbildung (§ 1575 BGB) kann unabhängig von der erforderlichen Fortbildungs- und Ausbildungspflicht zur Erlangung einer angemessenen Erwerbstätigkeit (§§ 1573, 1575 BGB) nach § 1575, I BGB verlangt werden, wenn vor oder während der Ehe eine solche abgebrochen wurde oder in Erwartung der Ehe nicht aufgenommen wurde. Als Nachscheidungsunterhalt kann der geschiedene Ehepartner dann vom anderen Ehepartner die Finanzierung dieser Ausbildung bis zu einem berufsqualifizierenden Abschluß verlangen, wenn dieser einen realistischen Weg ins Berufsleben eröffnet (Bildungs- und Selbststudienzwecke sind davon ausgenommen). Leistungen nach dem Bundesausbildungsförderungsgesetz (BAföG) werden auf den Unterhalt angerechnet (BGH in: FamRZ, 1980, S. 126).

Ausbildungsförderung und Unterhalt

Unterhalt aus Billigkeitsgründen: Unterhalt aus Billigkeitsgründen kann von einem geschiedenen Ehepartner dann verlangt werden, wenn ein Unterhaltsanspruch aus den oben dargestellten fünf Tatbeständen (§§ 1569–1575) nicht besteht und es bei Berücksichtigung aller Belange der beiden Ehegatten grob unbillig wäre, wenn kein Unterhaltsanspruch besteht. Diese sog. »positive Härteklausel« (§ 1576 BGB) wird in der Praxis jedoch selten angewendet. (Beispiele aus der Rechtsprechung: Bei einem kinderlosen Ehepaar hatte die Frau jahrelang ein gemeinsam aufgenommenes Pflegekind betreut. Hier hatte der BGH einen Unterhaltsanspruch anerkannt [BGH in: NJW, 1984, S. 1538], oder bei Betreuung eines vorehelichen mongoloiden Kindes, das nicht vom Ehemann abstammte [FamRZ, 1980, S. 56]).

positive Härteklausel

Ausschluß aus Billigkeitsgründen: Ein Unterhaltsanspruch kann aber auch aus Billigkeitsgründen zeitlich begrenzt, herabgesetzt oder ausgeschlossen werden: § 1579 BGB nennt für die sog. »negative Billigkeitsklausel« sieben Gründe: kurze Dauer der Ehe, Straftaten gegen den Unterhaltsverpflichteten, mutwillige Herbeiführung der Bedürftigkeit, schwerwiegende Beeinträchtigung der Vermögensinteressen des Verpflichteten, gröbliche Verletzung der eigenen Pflicht zum Familienunterhalt vor Trennung, schwerwiegendes Fehlverhalten gegen den Verpflichteten und sonstige schwerwiegende Gründe. In der Rechtsprechung zu Fragen des Unterhaltsausschlusses aus Billigkeitsgründen zeigt sich oft die ganze Pathologie von Partnerbeziehungen, die nach Scheidung über Unterhaltsprozesse fortgesetzt wird (vgl. Beispiele bei *Ramm*, 1984, S. 384 ff. und *von Münch*, 1989, S. 179). Für die Beratungspraxis sind z. B. solche Fälle wichtig, wenn geschiedene Ehepartner wegen Alkoholkrankheit oder Drogenabhängigkeit arbeitsunfähig werden. Die Rechtsprechung sieht darin zwar nicht immer eine mutwillige Herbeiführung einer Bedürftigkeit (§ 1579 Abs. 2 Ziff. 3 BGB), schließt einen Unterhaltsanspruch aber dann aus, wenn sich der oder die Abhängige nicht einer erfolgversprechenden Behandlung zur Wiederherstellung der Arbeitsfähigkeit unterzieht (BGH FamRZ, 1981, S. 1042 u. a.).

negative Billigkeitsklausel

mutwillige Herbeiführung einer Bedürftigkeit

Übersicht 4: Unterhaltsansprüche nach Auflösung einer nichtehelichen Lebensgemeinschaft

keine »analoge« Anwendung des Scheidungsrechts

Für die Partner, die in n. e. Lebensgemeinschaft auch mit Kindern gelebt haben, bestehen nach Auflösung der Partnerschaft keine gesetzlichen Unterhaltsansprüche. Das Scheidungsfolgenrecht kann auch nicht analog angewendet werden. Eine wirtschaftliche Absicherung z. B. des haushaltsführenden oder Kinder betreuenden Lebenspartners wird im Falle des Todes eines alleinverdienenden und vermögenden Partners durch testamentarische Verfügungen oder Schenkungen zu Lebzeiten versucht. Die testamentarischen Zuwendungen waren aber bis in die 20er Jahre unter dem Stichwort des Mätressentestaments in der Rechtsprechung umstritten, sind heute aber allgemein für n. e. Lebensgemeinschaften anerkannt (vgl. zu der Rechtsentwicklung *Ramm*, 1984, S. 527 ff.). Darüber hinaus schließen immer mehr Partner in n. e. Lebensgemeinschaften Partnerverträge, die auch private »Scheidungsvereinbarungen ohne Trauschein« beinhalten. Fragen der »Scheidungsfolgen« können bis auf Verträge über das Sorgerecht und Verträge über öffentlich-rechtliche Versorgungsausgleichsansprüche (Übertrag Rente) geregelt werden und sind auch gerichtlich anerkannt (BGH NJW 1986, S. 374) (vgl. von *Münch* 1988, S. 122 ff. und 150 ff.).

Absicherung nur durch Partnerverträge

6.4.2 Übersichten zum Kindesunterhalt

Grundsätze des Verwandtenunterhalts

Für den Kindesunterhalt gelten die allgemeinen Grundsätze des Verwandtenunterhalts (§§ 1601 ff. BGB). Für die Beratungspraxis sind darüber hinaus einige besondere Merkmale von Bedeutung, die mit den folgenden Übersichten zum Unterhaltsanspruch
- ehelicher Kinder und
- nichtehelicher Kinder

ergänzt werden:

Übersicht 1: Unterhalt für eheliche Kinder

Anspruchsvoraussetzung ist Verwandtschaft in gerader Linie (§ 1601 BGB), Bedürftigkeit (§ 1607 BGB) und Leistungsfähigkeit der unterhaltsverpflichteten Eltern (§ 1603 BGB). Der Unterhaltsanspruch des ehelichen Kindes wird darüber hinaus durch zwei Grundsätze geprägt: die Elternverantwortung und die tatsächlich gelebte Familieneinheit.
Aus dem Aufenthaltsbestimmungsrecht der Eltern (§ 1631 I

BGB) folgt das Entscheidungsrecht, über die **Art des Unterhalts** zu bestimmen (§ 1612 II BGB). In der Regel wird den Kindern Unterhalt als Naturalleistung gewährt. Minderjährigen und unverheirateten Kindern räumt der Gesetzgeber eine privilegierte Stellung ein. Diese müssen bei ihrer Bedürftigkeitsprüfung nur Zinsen aus eigenem Vermögen einsetzen, nicht den sog. Stamm des Vermögens. Eltern haften im Rahmen ihrer Leistungsfähigkeit bis zur Grenze des notwendigen Eigenbedarfs (Selbstbehalt).

Entscheidungsrecht der Eltern über die Art des Unterhalts

Inhalt des Unterhaltsanspruchs eines Kindes ist auch die Finanzierung einer angemessenen Berufsausbildung. Die Berufswahl kann von den Eltern im Rahmen des Sorgerechts (§§ 1631 f. BGB) bestimmt werden, dabei haben sie die Interessen des Kindes (Eignung und Neigung) zu berücksichtigen. Die Pflicht zur Finanzierung der Ausbildung besteht über die Volljährigkeitsgrenze hinaus, auch wenn die Kinder dann nicht mehr dem elterlichen Erziehungsrecht unterstehen. Die Ausbildungsfinanzierungspflicht der Eltern erstreckt sich auf den berufsqualifizierenden Abschluß in der gewählten Berufsausbildung (Gesellenprüfung, Diplom oder Staatsexamen, in der Regel nicht die Promotion). In Ausnahmefällen kann auch eine Weiterbildungsmaßnahme im Rahmen des Unterhaltsanspruchs bei Leistungsfähigkeit der Eltern von Kindern beansprucht werden, wenn sie mit der Erstausbildung im engen Zusammenhang steht und den Fertigkeiten und Neigungen entspricht. Eine Zweitausbildung braucht von den Eltern in der Regel nicht finanziert zu werden. Ein Anspruch auf Finanzierung einer Zweitausbildung, als Ausnahme, besteht z. B., wenn ein Kind im ersten Beruf scheitert, nachdem es die Eltern ohne Berücksichtigung der Fähigkeiten und Neigungen in den Beruf gedrängt haben.

Inhalte des Unterhaltsanspruchs

Ausbildungsfinanzierung

Zweitausbildung

Über das Bestimmungsrecht über die Form des Unterhalts gem. § 1612 II BGB können Eltern selbst bei volljährigen Kindern erzieherische Zwecke verfolgen. Hier steht der in der Kinder- und Jugendhilfe intendierte Prozeß der Verselbständigung und Ablösung von der Familie gem. § 1 KJHG z. B. durch Maßnahmen wie das betreute Jugendwohnen im Widerspruch zu den Tendenzen der Rechtsprechung im Unterhaltsrecht. Während das LG Bremen (NJW, 1976, S. 1750) davon ausgeht, daß Eltern gegenüber volljährigen Kindern mit dem Bestimmungsrecht über die Form des Unterhalts keine erzieherischen Zwecke verfolgen dürfen, sehen andere Gerichte mit Blick auf die Herabsetzung der Volljährigkeit auf 18 Jahre eine »gewisse Überwachung der Lebensführung« über den Unterhalt als legitim an. Auch der BGH hat in einer Entscheidung 1981 dieser Tendenz in der Rechtsprechung zugestimmt (BGH NJW, 1981 S. 574). Eltern können so ihre volljährigen Kinder in ihrer

Unterhaltsbestimmungsrecht der Eltern

Überwachung der Lebensführung volljähriger Kinder

Lebensplanung erheblich beeinflussen. Wenn z.B. eine volljährige Tochter, die im Nachbarort einen Studienplatz hat und mit Freunden, die die Eltern nicht mögen, in einer WG wohnen möchte, können dies die Eltern durch die Verweigerung einer Unterhaltszahlung in Form einer Geldrente bei gleichzeitigem Angebot, zu Hause zu wohnen, verhindern. Nur im Extremfall kann durch Antrag der Tochter an das Vormundschaftsgericht diese Entscheidung der Eltern geändert werden, wenn damit eine unnötige Gängelung und unangemessene Überwachung der Tochter verbunden ist (vgl. Fam RZ, 1986, S. 1034 u. a.).

Konfliktregulierung durch das Vorm.G.

Eine solche Konfliktregelung über das Vormundschaftsgericht (im Rahmen von § 1666 BGB, Mißbrauch des Erziehungsrechts im Rahmen einer Entscheidung über die Form des Unterhalts § 1612 Abs. 2 BGB) ist eine denkbar schlechte Lösung für den Weg eines Kindes in die Selbständigkeit mit der Ablösung aus der sozialen Abhängigkeit von den Eltern und dem Finden einer neuen tragfähigen Rolle in Beziehung zu 'den Eltern. Hier ist eher eine soziale Beratung angezeigt, die diese Konflikte neutralisiert, ohne sie gerichtlich zu entscheiden.

Übersicht 2: Unterhalt für nichteheliche Kinder

Regeln des Verwandtenunterhalts

Für den Unterhaltsanspruch der nichtehelichen Kinder gelten die allgemeinen Regeln des Verwandtenunterhalts (§ 1615 a BGB). Für die Ansprüche des Kindes gegenüber seinem Vater sind nach Feststellung der Vaterschaft einige Sonderbestimmungen vorgesehen (§§ 1615 a ff. BGB), die nur mit der Annahme des Gesetzgebers vertretbar sind, daß Vater und Mutter nicht zusammenleben und daß damit für die alleinerziehende Mutter und das Kind Verbesserungen ihrer Lage erreicht werden sollen (Verfassungsauftrag nach Art. 6 V GG).
Abgesehen von den eigenen Ansprüchen der Mutter gegen den n. e. Vater ihres Kindes nach §§ 1615 k bis 1615 n und 1615 o II BGB besteht die wesentlichste Sonderbestimmung darin, daß für die Ermittlung des Kindesunterhalts ein vereinfachtes Verfahren gilt:

vereinfachtes Verfahren

Bedürftigkeit des Kindes und Leistungsfähigkeit des Vaters sind zunächst nicht relevant, da bis zur Vollendung des 18. Lebensjahrs (Volljährigkeit) ein Anspruch auf den sog. **Regelunterhalt** besteht (§ 1615 f I BGB). Der Gesetzgeber definiert

Regelunterhalt

den Regelunterhalt im Sinn des § 1615 f Abs. 1 BGB als den Geldbetrag (Regelbedarf), der zur einfachen Lebensführung des von der Mutter betreuten Kindes erforderlich ist. Die konkrete Höhe wird durch die Regelunterhaltsverordnung der Bundesregierung vom 1.7. 1970 bestimmt, die im zwei- bis dreijährigen Abstand an die Entwicklung der Lebenshaltungskosten angepaßt wird.

Ab 1. Juli 1992 gilt folgender monatlicher Regelbedarf:
→ für Kinder bis zur Vollendung des 6. Lebensjahrs 291,– DM
→ für Kinder zwischen 7 und 12 Jahren 353,– DM
→ für Kinder zwischen 13 und 18 Jahren 418,– DM

Individualbedarf

Der Regelbedarf kann aber im Einzelfall individualisiert werden. Wenn die Lebensstellung beider Eltern einen höheren errechneten Individualbedarf ergibt (§ 1615 c BGB), kann für das Kind entsprechend ein erhöhter Betrag gefordert werden. Wenn der Vater nicht leistungsfähig ist oder ein niedrigerer Bedarf ermittelt ist, kann der Regelunterhalt herabgesetzt werden (§ 1615 h BGB).

Berechnung

Für die konkrete Berechnung haben sich in Anlehnung an die Düsseldorfer Tabelle schematisierte Berechnungsweisen herausgebildet, die Zuschläge bzw. Abschläge vom Regelunterhalt vorsehen. Wichtig ist letztlich die Besonderheit, daß auf den Regelunterhalt und auf den ermittelten Individualunterhalt Sozialleistungen angerechnet werden müssen: Gemäß § 1615 g BGB in Verb. mit §§ 2 ff. Reg.U.VO werden folgende Leistungen zu 50 % angerechnet:

Anrechnung von Sozialleistungen

- Kindergeld (wenn dies auch dem Vater zusteht)
- Auslandskindergeldzuschlag nach dem BundesBesG
- Kinderzuschläge aus Tarifverträgen, Betriebsvereinbarungen, Arbeitsverträgen
- Kinderzuschüsse zum Altersruhegeld nach RVO
- Kinderzuschläge zur Unterhaltshilfe nach Lastenausgleichsgesetz.

Nicht angerechnet werden z. B. Waisenrente für das Kind, Leistungen, die Mutter und Kind wegen Krankheit und Arbeitslosigkeit erhalten. Besonderheiten für Unterhaltsansprüche für die Vergangenheit (§§ 1615 d, 1615 i BGB) und für die Zukunft durch Unterhaltsvereinbarungen sind oben schon dargestellt.

6.5 Tabellen zum Unterhaltsrecht

Als Orientierung für eine realistische Sozialberatung ist auch eine Budgetplanung in der Lebensplanungsberatung wichtig. Die konkrete Berechnung ist auch für Fachleute (Amtspfleger beim Jugendamt, Rechtspfleger bei den Gerichten, Rechtsanwälte) zum Teil recht schwierig. Die für das Familienrecht (Unterhalt) entwickelten Tabellen dienen hier als Orientierung. Beispielhaft wird im folgenden die sog. »Düsseldorfer Tabelle« abgedruckt.

1. Düsseldorfer Tabelle (Stand: 1. Juli 1992)

A. Kinderunterhalt

Altersstufe	bis Volldg. des 6. Lebensjahres (Lbj.)	vom 7. bis Volldg. des 12. Lbj.	vom 13. bis Volldg. des 18. Lbj. (vgl. Anm. 8)	ab Volldg. des 18. Lbj. (vgl. Anm. 7, 8)	
Nichteheliche Kinder nach V 1992	291	353	418		
Eheliche Kinder nach Nettoeinkommen des Unterhaltspflichtigen in DM Gruppe					Bedarfskontroll betrag in DM gemäß Anmerkung 6
1 bis 2300	291	353	418	483	1150/1300
2 2300 – 2600	310	375	445	515	1370
3 2600 – 3000	335	405	480	555	1450
4 3000 – 3500	370	450	530	610	1550
5 3500 – 4100	410	495	590	685	1680
6 4100 – 4800	450	545	650	755	1880
7 4800 – 5700	500	605	720	835	2100
8 5700 – 6700	550	665	790	915	2350
9 6700 – 8000	600	730	860	990	2600
über 8000		nach den Umständen des Falles.			

Anmerkungen:

1. Die Tabelle weist monatlich Unterhaltsrichtsätze aus, bezogen auf einen gegenüber einem Ehegatten und zwei Kindern Unterhaltspflichtigen.
Bei einer größeren/geringeren Anzahl Unterhaltsberechtigter sind **Ab- oder Zuschläge** in Höhe eines Zwischenbetrages oder durch Einstufung in niedrigere/höhere Gruppen angemessen. Bei überdurchschnittlicher Unterhaltslast ist Anmerkung 6 zu beachten. Zur Deckung des notwendigen Mindestbedarfs aller Beteiligten – einschließlich des Ehegatten – ist gegebenenfalls einer Herabstufung bis in die unterste Tabellengruppe vorzunehmen. Reicht das verfügbare Einkommen auch dann nicht aus, erfolgt eine Mangelberechnung nach Abschnitt C.
2. Den Bedarfsbeträgen der Gruppen 2 – 8 entsprechen folgende auf- und abgerundete Zuschläge auf den Basisbetrag der 1. Gruppe in %: 7, 15, 27, 40, 55, 72, 90, 105.
3. **Berufsbedingte Aufwendungen,** die sich von den privaten Lebenshaltungskosten nach objektiven Merkmalen eindeutig abgrenzen lassen, sind vom Einkommen abzuziehen, wobei ohne Einzelnachweis eine Pauschale von 5 % – mindestens 90 DM, bei geringfügiger Teilzeitarbeit auch weniger, und höchstens 260 DM monatlich – des Nettoeinkommens geschätzt werden kann. Übersteigen die berufsbedingten Aufwendungen die Pauschale, sind sie insgesamt nachzuweisen.
4. Berücksichtigungsfähige **Schulden** sind in der Regel vom Einkommen abzuziehen.
5. Der **notwendige Eigenbedarf (Selbstbehalt)** des nicht erwerbstätigen Unterhaltspflichtigen beträgt monatlich 1150 DM, des erwerbstätigen Unterhaltspflichtigen monatlich 1300 DM.
Der **angemessene Eigenbedarf** beträgt gegenüber volljährigen Kindern in der Regel mindestens monatlich 1600 DM.
6. Der **Bedarfskontrollbetrag** des Unterhaltspflichtigen ab Gruppe 2 ist nicht identisch mit dem Eigenbedarf. Er soll eine ausgewogene Verteilung des Einkommens zwischen dem Unterhaltspflichtigen und den unterhaltsberechtigten Kindern gewährleisten. Wird er unter Berücksichtigung des Ehegattenunterhalts (vgl. auch B. V. und VI.) unterschritten, ist der Tabellenbetrag der nächstniedrigeren Gruppe, deren Bedarfskontrollbetrag nicht unterschritten wird, oder ein Zwischenbetrag anzusetzen.
7. Bei **volljährigen Kindern,** die noch im Haushalt der Eltern oder eines Elternteils wohnen, ist in der Regel ein Zuschlag in Höhe der Differenz der 2. und 3. Altersstufe der jeweiligen Gruppe vorzunehmen.
Der angemessene Gesamtunterhaltsbedarf eines **Studierenden,** der nicht bei seinen Eltern oder einem Elternteil wohnt, beträgt in der Regel monatlich 950 DM. Dieser Bedarfssatz kann auch für ein Kind mit eigenem Haushalt angesetzt werden.
8. Die **Ausbildungsvergütung** eines in der Berufsausbildung stehenden Kindes, das im Haushalt der Eltern oder eines Elternteils wohnt, ist vor ihrer Anrechnung in der Regel um einen ausbildungsbedingten Mehrbedarf von monatlich 150 DM zu kürzen.
9. In den Unterhaltsbeträgen (Anmerkungen 1 und 7) sind **Krankenkassenbeiträge** nicht enthalten.

B. Ehegattenunterhalt

I. Monatliche Unterhaltsrichtsätze des berechtigten Ehegatten ohne gemeinsame unterhaltsberechtigte Kinder

Aus §§ 1361, 1569, 1578, 1581 BGB:

1. gegen einen **erwerbstätigen Unterhaltspflichtigen:**

a) wenn der Berechtigte kein Einkommen hat:	$^3/_7$ des anrechenbaren Erwerbseinkommens zuzüglich $^1/_2$ der anrechenbaren sonstigen Ein künften des Pflichtigen, nach oben begrenzt durch den vollen Unterhalt, gemessen an den zu berücksichtigenden ehelichen Verhältnisen;
b) wenn der Berechtigte ebenfalls Einkommen hat:	
aa) Doppelverdienerehe:	$^3/_7$ der Differenz zwischen den anrechenbaren Erwerbseinkommen der Ehegatten insgesamt begrenzt durch den vollen ehelichen Bedarf; für sonstige anrechenbare Einkünfte gilt der Halbteilungsgrundsatz;
bb) Alleinverdienerehe:	Unterschiedsbetrag zwischen dem vollen ehelichen Bedarf und dem anrechenbaren Einkommen des Berechtigten, wobei Erwerbseinkommen um $^1/_7$ zu kürzen ist; der Unterhaltsanspruch darf jedoch nicht höher sein als bei einer Berechnung nach aa);
c) wenn der Berechtigte erwerbstätig ist, obwohl ihn keine Erwerbsobliegenheit trifft:	gemäß § 1577 Abs. 2 BGB;
2. gegen einen **nicht erwerbstätigen Unterhaltspflichtigen** (z. B. Rentner):	wie zu 1 a, b oder c, jedoch 50 %.

II. Fortgeltung früheren Rechts:

1. Monatliche Unterhaltsrichtsätze des nach dem Ehegesetz berechtigten Ehegatten **ohne gemeinsame unterhaltsberechtigte Kinder:**

a) aus §§ 58, 59 EheG:	in der Regel wie zu I,
b) aus § 60 EheG:	in der Regel $^1/_7$ des Unterhaltes wie zu I,
c) aus § 61 EheG:	nach Billigkeit (höchstens bis zu I).

2. Bei Ehegatten, die vor dem 3. 10. 1990 in der früheren DDR geschieden worden sind, ist das DDR-FGB in Verbindung mit dem Eingungsvertrag zu berücksichtigen (Art. 234 § 5 EGBGB).

III. Monatliche Unterhaltsrichtsätze des berechtigten Ehegatten **mit von ihm versorgten gemeinsamen unterhaltsberechtigten minderjährigen Kindern:**

Wie zu bzw. II 1, jedoch wird vorab der Kindesunterhalt (Tabellenbetrag ohne Abzug von Kindergeld) vom Nettoeinkommen des Pflichtigen abgezogen.

IV. Monatlicher notwendiger Eigenbedarf (Selbstbehalt) gegenüber dem getrennt lebenden und dem geschiedenen Berechtigten:
1. wenn der Unterhaltspflichtige **erwerbstätig** ist: 1300 DM,
2. wenn der Unterhaltspflichtige **nicht erwerbstätig** ist: 1150 DM.

Dem geschiedenen Unterhaltspflichtigen ist nach Maßgabe des § 1581 BGB unter Umständen ein höherer Betrag zu belassen.

V. Monatlicher notwendiger Eigenbedarf (Existenzminimum) des unterhaltsberechtigten Ehegatten einschließlich des trennungsbedingten Mehrbedarfs in der Regel:
1. falls erwerbstätig: 1300 DM,
2. falls nicht erwerbstätig: 1150 DM.

VI. Monatlicher notwendiger Eigenbedarf (Existenzminimum) des Ehegatten, der in einem **gemeinsamen Haushalt mit dem Unterhaltspflichtigen** lebt:
1. falls erwerbstätig: 970 DM,
2. falls nicht erwerbstätig: 840 DM.

Anmerkung zu I–III:
Hinsichtlich **berufsbdingter Aufwendungen** und **berücksichtigungsfähiger Schulden** gelten Anmerkungen A. 3 und 4 – auch für den erwerbstätigen Unterhaltsberechtigten – entsprechend.
Diesjenigen berufsbedingten Aufwendungen, die sich nicht nach objektiven Merkmalen eindeutig von den privaten Lebenshaltungskosten abgrenzen lassen, sind pauschal im Erwerbstätigenbonus von $^1/_7$ enthalten.

C. Mangelfälle

Reicht das Einkommen zur Deckung des notwendigen Bedarfs des Unterhaltspflichtigen und der gleichrangigen Unterhaltsberechtigten nicht aus (sog. Mangelfälle), ist nach Abzug des notwendigen Eigenbedarfs (Selbstbehalt) des Unterhaltspflichtigen verbleibende Verteilungsmasse auf die Unterhaltsberechtigten im Verhältnis ihrer jeweiligen Bedarfsätze gleichmäßig zu verteilen. Das Kindergeld ist bis zur Deckung des Mindestbedarfs in die Verteilungsmasse einzubeziehen.

Beispiel (aus Vereinfachungsgründen ohne Kindergeld):
Bereinigtes monatliches Nettoeinkommen des Unterhaltspflichtigen (V): 2600 DM,
Unterhaltsberechtigte: ein nicht erwerbstätiger Ehegatte (B) und zwei minderjährige Kinder K1 und K2 (1. und 2. Altersstufe).

Notwendiger Eigenbedarf des V: 1300 DM,
Verteilungsmasse: 2600 DM – 1300 DM = 1300 DM
notwendiger Gesamtbedarf der Berechtigten: 1150 DM (B) + 291 DM (K1) + 353 DM (K2) = 1794 DM.

Unterhaltsansprüche:
B = 1150 DM x $^{1300}/_{1794}$ = 833 DM,
K1 = 291 DM x $^{1300}/_{1794}$ = 211 DM,
K2 = 353 DM x $^{1300}/_{1794}$ = 256 DM
(Summe: 1300 DM = Verteilungsmasse).

Doris Lerche, aus: »Kinder brauchen Liebe!«

7. Das Recht der Erziehung im Kinder- und Jugendhilfegesetz

Am 1. 1. 1991 ist das Gesetz zur Neuordnung des Kinder- und Jugendhilferechts (Kinder- und Jugendhilfegesetz – KJHG) als Achtes Buch des Sozialgesetzbuchs (SGB VIII) in Kraft getreten. Damit ist eine 20 Jahre dauernde, von intensiven Auseinandersetzungen geprägte Reformdiskussion um die Erneuerung des Jugendwohlfahrtsgesetzes (JWG) von 1922 zu Ende gegangen (vgl. dazu *Wiesner*, Der mühsame Weg zu einem neuen Jugendhilfegesetz, Recht der Jugend und des Bildungswesens, 1990, S. 112).

Herkunft des JWG

Das JWG war von seinem Ansatz einer ordnungs- und polizeirechtlichen Sichtweise verhaftet. Seiner Herkunft aus dem Polizeirecht (Pflegekinderschutz) und Strafrecht (Fürsorgeerziehung) gemäß war es von der obrigkeitsstaatlichen Vorstellung einer eingreifenden Verwaltung geprägt. Fürsorgerische Eingriffe in die Rechtsposition von Eltern und ihren minderjährigen Kindern (»die gefährdete oder bereits gefallene Jugend«) standen traditionell im Vordergrund (*Kiehl*, ZRP 1990, S. 94). Pflegekinderwesen, Heimaufsicht und Erziehungshilfen bildeten die Schwerpunkte des Gesetzes, während präventive, offene Hilfen wie Beratung und ambulante Unterstützung der Familie gesetzgeberisch nur schwach ausgeprägt waren. In mehreren Novellierungen (1953, 1961) blieb diese grundsätzliche Struktur unangetastet.

1973: Diskussionenentwurf

Die Phase der Jugendhilferechtsreform setzte 1970 mit der Berufung einer Sachverständigenkommission ein, die 1973 den Diskussionsentwurf eines Jugendhilferechts vorlegte. In diesem Entwurf waren die Grundlinien eines modernen Jugendhilfeverständnisses vorgezeichnet: Einheit der Jugendhilfe, die Einklagbarkeit von Rechtsansprüchen junger Menschen, ihre Teilhabe- und Mitwirkungsrechte, die Frage der Antragsrechte und die Ausdifferenzierung der Leistungsangebote, der Ausbau beratender und unterstützender Angebote für junge Menschen und die Familie, Formen der Unterbringung außerhalb der Familie und vor allem die veränderte Stellung der freien Träger (*Sengling*, Zur Geschichte der Jugendhilferechtsreform, Blätter der Wohlfahrtspflege, 1990, S. 312).

gesellschaftspolitische Auseinandersetzungen

Begleitet wurde die Erarbeitung und nachfolgende Diskussion dieses Entwurfs von gesellschaftspolitischen Auseinandersetzungen, die hier nur mit den Stichworten Heimkampagne, Kinderladenbewegung, antiautoritäre Jugendarbeit und Gründung selbstverwalteter Jugendzentren markiert werden kann (vgl. *Sengling*, 1990, S. 311). Der Diskussionsentwurf ging 1974 in zwei Referentenentwürfe ein, die allerdings »in der Fachwelt weitgehend auf Ablehnung und Enttäuschung« (*Wiesner*, 1990, S. 114) stießen. Schon hier zeigte sich die grundsätzliche Problematik der weiteren Jugendhilfereformgeschichte: Die Forderungen einer offensiven Jugendhilfe gerieten in die Zwickmühle zwischen ideologischen Positionen konservativer Familienpolitiker und der Finanzsituation der gesetzesausführenden Länder und Kommunen (*Wiesner*, 1990, S. 114: »unheilige Allianz gesellschaftspolitischer und finanzpolitischer Argumente«).

Jugendhilfe zwischen Familien- und Finanzpolitik

So wurde angesichts der durch die Ölkrise verschärften ökonomischen Lage auf die Herausgabe eines Regierungsentwurfs verzichtet, das Reformvorhaben war unterbrochen. Erst 1977 wurde ein Regierungsentwurf veröffentlicht, nachdem zuvor insbesondere die Kommunen an den Gesetzgebungsarbeiten beteiligt worden waren. Dieser Regierungsentwurf geriet in eine Phase der Polarisierung, ihm wurde von konservativer Seite vorgehalten, er bahne »den Weg zur Vergesellschaftung und teilweisen Verstaatlichung der Erziehung« (zitiert nach *Happe/Saurbier*, 1990, S. 11). Das Land Baden-Württemberg brachte einen Alternativ-Entwurf in den Bundesrat ein. Zwar wurde der Regierungsentwurf im Bundestag verabschiedet, er scheiterte jedoch am 4. 7. 1980 im Bundesrat. Klassisch für die Problematik der Jugendhilfe ist die Begründung des Bundesrates für seine Ablehnung (hier zitiert nach *Wiesner*, 1990, S. 117):

1977: Regierungsentwurf

Scheitern im Bundesrat

»1. Dem Staat wird bei der Umschreibung der Aufgaben der Jugendhilfe eine zu starke Stellung eingeräumt und damit der durch Art. 6 Abs. 2 GG vorgeschriebene Vorrang des Erziehungsrechts der Eltern nicht ausreichend berücksichtigt.
2. Die Schranken, die der Gesetzgebungskompetenz des Bundes durch das Grundgesetz gezogen sind, werden nicht ausreichend beachtet. Das gilt vor allem für die Bereiche Jugendarbeit, Familienbildung und Kindertagesstätten.
3. Die Beseitigung des Vorrangs freier Träger verschlechtert deren Position erheblich.

...

...

6. Der Gesetzesbeschluß des Deutschen Bundestags trägt der finanzpolitischen Gesamtsituation nicht ausreichend Rechnung, die es erforderlich macht, auf der Linie des Bundesratsentwurfs Muß-Leistungen zu reduzieren.«

Wer das KJHG von 1991 unter diesen Prämissen durchsieht, wird feststellen, daß in dieser Begründung bis heute gültige Grenzlinien markiert wurden, ohne deren Beachtung kein Jugendhilfegesetz Wirklichkeit werden kann: Familien – Länderinteressen – die Position der freien Träger – Finanzen dürfen in ihren Kernpunkten nicht berührt werden.

Grenzlinien für die Jugendhilfe

1980 war die Enttäuschung der Fachwelt über das Scheitern von zehn Jahren Reformbemühungen groß und führte zu einer Lethargie im rechtlichen Bereich bei gleichzeitiger Weiterentwicklung fachlicher Konzeptionen. Zwischenzeitliche, kostenneutrale Reformanstöße aus dem Jugendministerium stießen auf frühzeitige und einhellige Ablehnung und wurden nicht weiter verfolgt.

Erst 1987 kündigte der Bundeskanzler in der Regierungserklärung wieder die Neuordnung des Jugendhilferechts an, die von der Fachministerin, Frau *Süssmuth*, engagiert, aber auch behutsam eingeleitet wurde. Frühzeitig wurden die Überlegungen mit Ländern und Kommunen abgestimmt, bevor 1988 der erste Referentenentwurf vorgelegt wurde. Dieser wurde zunächst monatelang in der Fachwelt diskutiert (*Wiesner*, 1990, S. 119), bevor ein Punkt des Gesetzes eine allgemeine öffentliche Diskussion auslöste: der im Referentenentwurf vorgesehene Anspruch für jedes Kind zwischen drei und sechs Jahren auf einen Kindergartenplatz. Daß gerade dieser – im Gesamtkontext der Jugendhilfe relativ unwichtige – Punkt eine solche Bedeutung bekam, ist in gewisser Hinsicht bezeichnend, kristallisieren sich hier doch die oben gezeigten Grenzlinien besonders plastisch heraus. Außerfamiliale Betreuung kleiner Kinder steht immer unter dem Verdacht, Familienstrukturen aufzulösen (Berufstätigkeit der Frau), Kindergärten sind Ländersache (vgl. die entsprechenden Ausführungsgesetze), und sie sind kostenintensiv.

1988: Referentenentwurf

Anspruch auf Kindergartenplatz

So konnte ein Regierungsentwurf erst vorgelegt werden, nachdem dieser Punkt zwischen Bund und Ländern mit einer Kompromißformel geklärt war: die Länder sollten für einen »bedarfsgerechten Ausbau« der Kinderbetreuung Sorge tragen. Nachdem dies erreicht war, bekam das Gesetzgebungsverfahren ein vorher ungeahntes Tempo. Am 27. 9. 1989 wurde der Regierungsentwurf im Bundeskabinett beschlossen, es folgten in rascher Folge die notwendigen Äußerungen und Gegenäußerungen im Gesetzgebungsverfahren, vom 7. bis 9. Februar 1990 fand eine Anhörung der Fachverbände statt, am 28. 3. 1990 beschloß der Bundestag das Gesetz, und der Bundesrat stimmte am 11. 5. 1990 zu, so daß das KJHG am 1. 1. 1991 in Kraft treten konnte.

Regierungsentwurf

Verabschiedung des KJHG

Diese große Eile hatte mehrere Gründe: Die Bundesratsmehrheit der CDU/CSU war durch Wahlen am 13. 5. 1991 gefähr-

Gründe für die Eile

det, mit der Zustimmung der SPD-geführten Länder konnte nicht unbedingt gerechnet werden. Außerdem stand die Einigung Deutschlands vor der Tür mit unvorhersehbaren finanziellen und politischen Auswirkungen. Die Fachwelt verharrte demgegenüber in einer merkwürdigen Passivität, und auch die Öffentlichkeit nahm von der Verabschiedung eines gesellschaftlich hochbedeutsamen Gesetzes kaum Notiz. So wurde das Jugendhilferecht nach einer 20jährigen, von intensiven Diskussionen und polemischen Auseinandersetzungen geprägten Reformentwicklung zum Abschluß in einem fast unbemerkten Eildurchgang reformiert. Wahrscheinlich war dies die Voraussetzung für sein Zustandekommen, denn weder die Ideologen noch die Finanzpolitiker hatten eine öffentliche Auseinandersetzung provozieren können. Die Zeit war über ihre Kontroversen hinweggegangen. Das Profil der modernen Jugendhilfe hatte sich auch ohne Gesetz so entwickelt, daß die alten Frontlinien zum Teil ihre Gültigkeit verloren hatten.

Passivität der Fachwelt

Kompromisse im Gesetz

Aber das Gesetz hat sein Zustandekommen auch erkauft: durch Eingehen auf familienpolitische Prioritäten, durch den Verzicht auf finanzwirksame Leistungsverpflichtungen; durch intensive Berücksichtigung der Länderinteressen.

Novellierung des KJHG

Die große Eile im letzten Stadium des Gesetzgebungsverfahrens führte zudem zu einigen Unklarheiten, Regelungslücken und sachlichen Fehlern im Gesetz. Schon bald forderte die in der Rechtsanwendung verunsicherte Praxis eine Novelle des KJHG. Der Gesetzgeber kam dieser Forderung schnell nach. Bereits 1992 wurde ein intensiv mit Vertretern der Praxis abgestimmter Regierungsentwurf vorgelegt, nach intensiven Beratungen und heftigen Kontroversen trat dann am 1.4.93 das Erste Gesetz zur Änderung des Achten Buches Sozialgesetzbuch (im folgenden: 1. ÄndKJHG) in Kraft. Dieses Gesetz, das etwas abschätzig als »Reparaturnovelle« (vgl. *Kiehl*, Das erste KJHG-Änderungsgesetz: Verbesserungen und Verschlimmbesserungen, ZfJ 93, S. 226) bezeichnet wurde, geht in seinen Änderungen weit über reine Verfahrensverbesserungen hinaus, ohne aber grundsätzlich neue Akzente in der Jugendhilfe zu schaffen. Im wesentlichen betreffen die Änderungen (vgl. zum folgenden Frankfurter Kommentar, 1993 Rdn. 22 der Einleitung):

- die Einbeziehung seelisch behinderter Kinder und Jugendlicher in die Jugendhilfe (§ 35 a KJHG),
- eine systematische Überarbeitung der Regelungen über die örtliche Zuständigkeit, die Kostenerstattung sowie die Heranziehung zu den Kosten (§§ 85–97 KJHG),
- den Schutz personenbezogener Daten insbesondere in der Jugendgerichtshilfe (§ 61 Abs. 3 KJHG).

Anspruch auf Kindergartenplatz

Ein anderer Streitpunkt im KJHG wurde im Zusammenhang mit der Neuregelung des § 218 StGB im Schwangeren- und Familienhilfegesetz vom 27.7.92 bereinigt. In diesem Gesetz wurde der Rechtsanspruch für Kinder zwischen drei Jahren und dem Schuleintritt auf einen Kindergartenplatz durch eine entsprechende Änderung des § 24 KJHG verankert.

7.1 Grundentscheidungen im Kinder- und Jugendhilferecht

Das Kinder- und Jugendhilferecht ist geprägt von drei grundsätzlichen Fragestellungen. Es muß geklärt werden,
- welche Rolle die Jugendhilfe in der Gesellschaft, insbesondere im Verhältnis zur Familie einnehmen soll,
- wie die Stellung des Kindes oder des Jugendlichen rechtlich ausgestaltet wird und
- in welchen Formen die Zusammenarbeit zwischen öffentlicher und freier Jugendhilfe stattfinden soll.

7.1.1 Die Rolle der Jugendhilfe

Position der Bundesregierung

»Zweck der öffentlichen Jugendhilfe ist die Förderung der Erziehung und Entwicklung junger Menschen. Bei der Wahl der Mittel hat die Jugendhilfe die verfassungsrechtlichen Vorgaben zu beachten. Nach Art. 6 Abs. 2 GG sind Pflege und Erziehung der Kinder das natürliche Recht der Eltern und die zuvörderst ihnen obliegende Pflicht, d. h. der öffentlichen Jugendhilfe kommt – im Gegensatz zur Schule (Art. 7 GG) – kein eigenständiger Erziehungsauftrag zu. Für die Praxis der Jugendhilfe bedeutet dies, daß Leistungen der Jugendhilfe – jedenfalls sofern sie unterhalb der Schwelle des staatlichen Wächteramts, d. h., einer konkreten Gefahr für das Wohl des Kindes oder des Jugendlichen, ansetzen – Kindern und Jugendlichen nur mittelbar, nämlich über eine Unterstützung der Eltern zugute kommen können. Damit wird keineswegs geleugnet, daß die Tätigkeit der öffentlichen Jugendhilfe häufig gerade deshalb erforderlich wird, weil Konflikte zwischen Kindern oder Jugendlichen und ihren Eltern der Lösung bedürfen und der Auftrag der Jugendhilfe darauf gerichtet sein muß, die Situation des Kindes oder Jugendlichen zu verbessern. Solange elterliches Handeln jedoch nicht den Tatbestand des § 1666 BGB erfüllt, also eine Gefährdung des Kindeswohls darstellt, ist die öffentliche Jugendhilfe nicht legitimiert, eigenständig die Interessen des Kindes gegen die Interessen der Eltern wahrzunehmen. Vielmehr hat sie der Grundentscheidung der Verfassung Rechnung zu tragen, die den Eltern, nicht einer staatlichen Instanz, die Wahrung der Kindesinteressen anvertraut hat. Ihr Handeln muß daher in Konfliktsituationen unterhalb der Schwelle des § 1666 BGB darauf gerichtet sein, Kindern, Jugendlichen und Eltern Wege aufzuzeigen, wie sie solche Konflikte selbst lösen können« (Begründung der Bundesregierung zum Regierungsentwurf des Kinder- und Jugendhilfegesetzes vom 29. 9. 1989, BT-Drucksache

kein eigenständiger Erziehungsauftrag

11/5948, S. 42/43, im folgenden Reg-E; die Begründung ist vollständig abgedruckt in: ZfJ, 3/90).

Das hier ausführlich wiedergegebene Zitat aus der Begründung des Regierungsentwurfs zum KJHG markiert sehr klar die Grundpositionen dieses Gesetzes. Aus dem Verfassungsauftrag des Art. 6 Abs. 2 GG wird geschlossen, daß Jugendhilfe nicht als eigenständige Sozialisationsinstanz neben Familie und Schule auftreten kann. Begrüßt und gesellschaftspolitisch argumentierend unterstützt wird diese Konzeption von einem Teil der Literatur (z. B. *Coester*, Die Bedeutung des Kinder- und Jugendhilfegesetzes für das Familienrecht, FamRZ, 1991, S. 255; *Happe* in: *Gernert*, Das KJHG, 1993, S. 13ff.) mit der Ablehnung eines öffentlichen Erziehungsauftrags. Dieser könne das breite Spektrum von Erziehungsauffassungen und -modellen und damit »die Freiheitlichkeit unseres gesellschaftlichen Gesamtsystems« (*Coester*, 1991, S. 255) einengen. Die Festlegung von Standards einer öffentlichen Erziehung bedeute eine Majorisierung und Verarmung pluralistischen Erziehungsverhaltens (*Coester*, 1991, S. 255).

Ablehnung eines öffentlichen Erziehungsauftrags

dagegen: Recht des Kindes auf Erziehung

Gegen dieses Verständnis von Jugendhilfe richtet sich heftige Kritik, die sich zum einen auf den historisch gewachsenen Auftrag der Jugendhilfe bezieht, das Recht des Kindes auf Erziehung zu gewährleisten (ausführlich dazu *Weiß* in: Der Jugend eine Zukunft sichern, (Hg.) AGJ/DGJ/DJI, 1991, S. 17/18). Für die verfassungsrechtliche Argumentation relevanter ist diejenige Kritik, die dem Erziehungsprimat der Eltern aus Art. 6 Abs. 2 GG das Recht des Kindes auf freie Entfaltung seiner Persönlichkeit aus Art. 2 GG gegenüberstellt (vgl. *Münder*, ZfJ, 1990, S. 488; *Rummel*, ZfJ, 1990, S. 294; *Merchel*, Blätter der Wohlfahrtspflege, 1990, S. 313). In dieser Sichtweise verkennt die Bundesregierung die Rechtsstellung des Kindes im modernen Verfassungsverständnis, wie sie in der Rechtsprechung des Bundesverfassungsgerichts zum Ausdruck kommt (Nachweise bei *Münder*, ZfJ 1990, S. 491). Danach sei das Kind in einer Subjektstellung gegenüber den Eltern und in seiner Abhängigkeit vor unkontrollierter Macht zu schützen. Die Eltern hätten nicht die »Verfügungskompetenz über die Minderjährigen bis zur Grenze des § 1666 BGB« (*Münder*, ZfJ, 1990, S. 491).

Recht des Kindes auf freie Entfaltung seiner Persönlichkeit

Die Aufgabe der Jugendhilfe ist es danach aber nicht nur, die Rechtsposition des Kindes gegen die Eltern zu vertreten, sondern vielmehr, die gesamte Überforderung von Familien in problematischen Situationen abzubauen. Jugendhilfe soll zur Verwirklichung der Persönlichkeitsentwicklung junger Menschen »angemessene Lern- und Handlungsräume zur Ver-

Überforderung von Familien

fügung« (*Merchel*, Blätter der Wohlfahrtspflege, 1990, S. 315) stellen, sie soll in veränderten Lebenswelten offensiv die Interessen von Kindern und Jugendlichen vertreten. Dies sei ein eigenständiger Auftrag, der sich nicht gegen die Familie richte, sondern den Kindern und ihren Eltern Rechte gegenüber dem Staat verschaffe, statt die Eltern durch die Verpflichtung für ihre Kinder zu überlasten (*Münder*, ZfJ 1990, S. 491).

Bedeutung der Kontroverse

Die Bedeutung dieser Kontroverse ist nicht zu unterschätzen. Die Position der Bundesregierung hat auf normativer Ebene in der Änderung des § 8 SGB-I ihren Niederschlag gefunden, gesellschaftspolitisch geht es um den Stellenwert der Jugendhilfe, und in den konkreten Handlungsvollzügen stellt sich die Frage nach den konzeptionellen Ausgangsbedingungen für die sozialen Dienste. Auf jede dieser Ebenen soll im folgenden eingegangen werden.

§ 8 SGB-I: Jugendhilfe als Familienunterstützung

Mit dem Art. 2 des KJHG wurde § 8 SGB-I neu gefaßt. Bei der Aufgabenbeschreibung der Jugendhilfe hieß es im ursprünglichen Text, daß das Recht des jungen Menschen auf Erziehung »durch Angebote der Jugendhilfe zur allgemeinen Förderung der Jugend und der Familienerziehung und, soweit es nicht von den Eltern verwirklicht wird, durch erzieherische Hilfe« zu gewährleisten ist. Damit war die Jugendhilfe aus dem Recht des jungen Menschen eigenständig legitimiert (*Merchel*, 1990, S. 314). Demgegenüber stellt der neue § 8 SGB-I Jugendhilfe ganz in den familiären Zusammenhang, indem er junge Menschen und Personensorgeberechtigte als Leistungsberechtigte nennt und der Jugendhilfe die Aufgabe zuweist, die Erziehung in der Familie zu unterstützen und zu ergänzen. In dieser Familienlastigkeit liegt zweifellos ein Rückschritt für die Jugendhilfe, wenn auch aus § 8 SGB-I keine konkreten Rechte hergeleitet werden können und die Bedeutung der Vorschrift relativ gering ist (vgl. *Wiesner* in: *Wiesner/Zarbock*, 1991, S. 13). Dieser Rückschritt betrifft auch den gesellschaftspolitischen Stellenwert der Jugendhilfe. Wenn Jugendhilfe sich nicht auf einen eigenen Auftrag berufen kann, gerät sie sowohl in den wichtigen präventiven Bereichen ihrer Tätigkeit (z. B. Jugendarbeit) in die Defensive als auch in der Konkurrenz zu anderen Sozialisationsinstanzen, insbesondere der Schule (vgl. *Merchel*, 1990, S. 314). Jugendhilfe, die sich in andere gesellschaftliche Bereiche wie Bau, Verkehrsplanung, Umweltschutz einmischen will, um Interessen der Kinder zu vertreten, braucht dafür eine Handlungsgrundlage, die über eine familienunterstützende Funktion hinausreicht.

eigener Auftrag für Jugendhilfe notwendig

Konzeption nicht nur auf Familie beziehen

Letztlich besteht die Gefahr, daß die konzeptionelle Arbeit der Jugendhilfeträger sich über das Notwendige hinaus an der Familie orientiert. Kinder und Jugendliche entwickeln ihre Lebensperspektive zunehmend in größerer Unabhängigkeit von den (sich auflösenden) Familien. Sie brauchen dabei Orientierungen, die sich nicht ausschließlich auf das familiäre Bezugssystem, sondern auf ihre gesamte Lebenswelt beziehen. Prinzipien einer so verstandenen Jugendhilfe werden im 8. Jugendbericht (abgedruckt mit der Stellungnahme der Bundesregierung in BT-Drucksache 11/6576 vom 6. 3. 1990) mit den Strukturmaximen Prävention, Alltagsorientierung, Integration-Normalisierung, Partizipation und Lebensweltorientierung benannt. Hier besteht ein deutliches Spannungsverhältnis zur Gesetzeslage, die Jugendhilfe erheblich reduzierter beschreibt. Es wird Aufgabe der Jugendhilfeträger sein, in diesem Spannungsverhältnis beide Seiten auszutarieren und die Aspekte einer offensiven Jugendhilfe in ihre Arbeit einzubringen. Das Gesetz läßt dies an vielen Stellen trotz seiner prinzipiellen Familienorientierung zu.

7.1.2 Die Rechtsstellung Minderjähriger

Kaum ein Bereich im neuen KJHG ist so kritisch in der parlamentarischen Beratung des Gesetzes und in der Fachöffentlichkeit diskutiert worden wie die Ausformung der Rechtsstellung junger Menschen. So führte der Abgeordnete *Schmidt* (Kinderbeauftragter der SPD-Bundestagsfraktion) bei der abschließenden Beratung des KJHG im Bundestag folgendes aus:

Objektstellung des Kindes?

»(Es) ist... einfach nicht zu akzeptieren, daß die Kinder nur über die Ableitung über die Eltern und Familien zu ihrem Recht kommen. Das darf nicht der Sinn dieses Gesetzes sein, noch dazu... wo wir beim Tierschutz inzwischen in die gegenteilige Richtung laufen. Das Tier wird mittlerweile zum Subjekt unseres Rechtssystems; es bleibt nicht zum Objekt degradiert. Beim Kind und beim Jugendlichen sind wir bedauerlicherweise immer noch auf diesem Sektor festgehaftet« (BT-Protokoll vom 28. 3. 1990, hier zitiert nach ZfJ 1990, S. 316 (330).

Verschlechterung der Rechtsstellung des Kindes

Mag dieser Vergleich auch übertrieben sein (die Bundesregierung betont an mehreren Stellen der Entwurfsbegründung die Subjektstellung des Minderjährigen), so trifft er doch im Kern die Konzeption des Gesetzgebers, die Minderjährigen ausschließlich über die Eltern zu erreichen. Diese Konzeption ist in dieser Form nicht von der Verfassung geboten, denn eine Rechtsträgerschaft des Kindes ist nicht durch das Elternrecht ausgeschlossen (vgl. *Coester*, 1991, S. 255). Dies gilt insbesondere für die Hilfen zur Erziehung, auf die nach bisherigem Recht ein Anspruch des Minderjährigen bestand, der von den Personensorgeberechtigten geltend zu machen war (*Oberloskamp*, Die rechtliche Stellung von Kindern und Jugendlichen nach dem Regierungsentwurf eines Gesetzes zur Neuordnung des Kinder- und Jugendhilferechts, ZfJ 1990, S. 260, 268). Die Unterscheidung zwischen Rechtsträgerschaft des Kindes und Ausübungsrecht bei den Eltern verstieß nach bisherigem Recht nicht gegen die Verfassung, sie würde es auch im KJHG nicht tun (vgl. *Coester*, 1991, S. 255). Die Verschlechterung der Rechtsstellung der Minderjährigen, die in der Ausklammerung aus den Leistungsberechtigten des KJHG liegt, ist also nicht von der Verfassung gefordert (so auch *Preis*, Perspektivenwechsel – grundsätzliche Anmerkungen zum KJHG, Schriftenreihe des Deutschen Bundesjugendrings, Nr. 18, 1990, S. 14 (23)). Gerade bei der Hilfe zur Erziehung ergeben sich aus dieser Konzeption des Gesetzgebers zudem einige Ungereimtheiten: So wird unter Umständen den Personensorgeberechtigten eine Hilfe gewährt, die darin besteht, mit dem Kind eine Perspektive außerhalb der eigenen Familie zu erarbeiten (§ 37 Abs. 1 S. 4 KJHG). Andererseits werden über § 91 KJHG Minderjährige zu den Kosten einer Hilfeleistung herangezogen, die sie weder beantragt noch erhalten haben (vgl. zum ganzen *Preis*, 1990, S. 23).

Ungereimtheiten

Zu unzuträglichen Ergebnissen führt die lebensfremde Konstruktion des Gesetzgebers auch, weil entgegen dem KJHG in § 36 SGB-I ein eigenständiges Antragsrecht von Jugendlichen ab 15 Jahren auf Sozialleistungen normiert ist. Der Bundesrat hatte vorgeschlagen, diese Vorschrift im Bereich des KJHG einzuschränken, diesem Vorschlag wurde im Gesetzgebungsverfahren nicht gefolgt. Will man verhindern, daß das Antragsrecht im Bereich der Jugendhilfe leerläuft, dann müßte das Antragsrecht nach § 36 SGB-I so ausgelegt werden, daß Jugendliche ab 15 Jahren das Recht haben, zu beantragen, daß der Jugendhilfeträger den Personensorgeberechtigten eine Jugendhilfeleistung anbietet (so *Coester*, 1991, S. 255). Diese können dann über die Annahme oder Ablehnung entscheiden (kritisch zum ganzen *Kiehl*, Die Rechtsstellung Minderjähriger und Sorgeberechtigter im neuen Kinder- und Jugendhilfegesetz, ZRP 1990), S. 94 (96) »Rückfall hinter sozialrechtliche Positionen«, und *Preis*, 1990, S. 23; *Mrozynski*, KJHG, § 1, Ziff. 1).

Antragsrecht von Jugendlichen

Schließlich bleibt die elternorientierte Grundkonzeption des KJHG hinter den Standards des internationalen Kindschaftsrechts zurück. In der Konsequenz konnte die Bundesregierung das UN-Übereinkommen über die Rechte des Kindes nur mit einem innerstaatlichen Vorbehalt zugunsten der bestehenden Sorgerechtsregelungen annehmen (vgl. dazu *Steindorff*, Die UN-Kinderrechtskonvention als Legitimationsgrundlage für Elternrechte?, Familie und Recht 1991, S. 214).

internationales Kindschaftsrecht

7.1.2.1 Begriffsbestimmungen

Kinder und Jugendliche

Wie schwer sich das neue Kinder- und Jugendhilferecht mit seinen Adressaten, den minderjährigen jungen Menschen, tut, erweist sich schon auf der begrifflichen Ebene. Nach der Begründung des Regierungsentwurfs ist der bisher übliche Begriff der »Jugend« für das Tätigkeitsfeld der Jugendhilfe zu eng, um der »eigenständigen Bedeutung von Kindheit gerecht zu werden« (Reg-E, S. 42). Deshalb und um »dem Laien ein besseres Bild vom Aufgabenzuschnitt zu vermitteln« (Reg-E, a. a. O.), wird das Gesetz als Kinder- und Jugendhilfegesetz bezeichnet. Der Bundesrat stellt in seiner Stellungnahme zum Regierungsentwurf dazu lapidar fest, daß »der Gesetzgeber nicht versuchen (sollte), die einfache Bezeichnung des Aufgabenfeldes durch eine komplizierte zu ersetzen, zumal Genauigkeit in bezug auf die geregelte Materie ohnehin nicht zu erreichen ist« (BT-Drucksache 11/5948 Anlage 2, hier zitiert nach ZfJ 1990, S. 222). In der Tat spielt die Differenzierung zwischen Kindern und Jugendlichen im weiteren Gesetzestext auch keine bzw. nur eine marginale Rolle. Eigene Regelungen für Jugendliche gegenüber Kindern finden sich nur an zwei Stellen: in § 34 KJHG (Heimerziehung) und § 52 KJHG (Jugendgerichtshilfe). Nach § 7 KJHG sind Kinder zwischen 0 und 13 Jahre alt, Jugendliche zwischen 14 und 18, der Oberbegriff für beide ist »junger Mensch«, von dem unter Einbeziehung der jungen Volljährigen alle Menschen bis zum 27. Lebensjahr erfaßt sind.

7.1.2.2 Rechte der Minderjährigen

Trotz der elternorientierten Grundposition kennt das KJHG auch eigene Rechte der Minderjährigen, die ihnen zumindest in Teilen des Gesetzes eine Subjektstellung verleihen.

Recht auf Erziehung

Das wichtigste dieser Rechte ist das Recht auf Erziehung des § 1 Abs. 1 KJHG. Danach hat »jeder junge Mensch ein Recht auf Förderung seiner Entwicklung und auf Erziehung zu einer eigenverantwortlichen und gemeinschaftsfähigen Persönlichkeit«. Diese Vorschrift »hat die Funktion einer Generalklausel und Leitnorm« (*Oberloskamp*, 1990, S. 262) im Jugendhilferecht. Sie geht aus vom Menschenbild des Grundgesetzes, in dem auch das Kind als Grundrechtsträger ein eigenes Recht auf freie Entfaltung seiner Persönlichkeit hat. Die gegenüber § 1 JWG deutlich andere Formulierung beinhaltet das Bild einer zugleich autonomen und sozial eingebundenen, engagierten Persönlichkeit (Frankfurter Kommentar zum KJHG, Rdn. 3 zu § 1). Da unter junge Menschen auch junge Volljährige fallen, die nicht mehr erzogen werden können, stellt die Vor-

Förderung neben Erziehung

schrift neben die Erziehung den Förderungsgedanken (vgl. *Oberloskamp*, 1990, S. 262). Die Bedeutung des § 1 KJHG wird jedoch dadurch gemindert, daß er – wie der alte § 1 JWG – nach allgemeiner Auffassung kein subjektiv-öffentliches Recht auf Erziehung im Sinne eines einklagbaren Anspruchs einräumt (vgl. zum Streitstand Frankfurter Kommentar, 1993, Rdn. 7 ff. zu § 1). Begründet wird dies damit, daß das Recht auf Erziehung zu allgemein sei, um im Klageweg durchgesetzt zu werden, und daß dem Staat die Befugnis fehle, die elterliche Erziehung durch ein subjektives Recht des Kindes einzuschränken (vgl. Reg-E, S. 44). Aus dieser Sicht ist es logisch, daß in § 1 Abs. 2 KJHG das natürliche Recht der Eltern auf Erziehung ihrer Kinder und deren Verpflichtung dazu (Art. 6 Abs. 2 KJHG) wörtlich aus der Verfassung übernommen und in das Jugendhilferecht eingestellt wurde. Damit sind die Verantwortlichkeiten aus der Sicht des Gesetzgebers noch einmal deutlich gemacht, einen eigenen Regelungsgehalt hat die Vorschrift jedoch nicht. Erst in Abs. 3 des § 1 KJHG werden in einer exemplarischen Aufzählung Ziele der Jugendhilfe zur Verwirklichung des Rechts auf Erziehung aufgeführt und so der Handlungsauftrag der Jugendhilfe begründet.

kein einklagbarer Anspruch

Ansprüche der Minderjährigen finden sich entsprechend der Systematik des KJHG nicht im Leistungsrecht, sondern dort, wo der Staat sein Wächteramt ohne oder auch gegen die Eltern ausübt. So haben Minderjährige bei Vorliegen der Voraussetzungen Anspruch auf Inobhutnahme, wenn sie von zu Hause weggelaufen sind (§ 42 Abs. 2 KJHG) und auf Herausnahme, wenn ihr Wohl bei der Betreuungsperson gefährdet ist (§ 43 KJHG). In § 8 Abs. 3 KJHG ist den Minderjährigen ein Anspruch auf eine fehlerfreie Ermessensentscheidung eingeräumt (vgl. *Kunkel*, Leistungsverpflichtungen und Rechtsansprüche im neuen Kinder- und Jugendhilfegesetz, insbesondere die Hilfe zur Erziehung, ZfJ, 1991, S. 145, 160), wenn sie ohne Kenntnis der Personensorgeberechtigten beraten werden wollen. Das Gesetz möchte damit – anknüpfend an die Schweigepflicht bei der Schülerberatung – besonderen Not- und Konfliktsituationen gerecht werden, die (zunächst) nur ohne Information der Personensorgeberechtigten bearbeitet werden können (vgl. *Lakies*, Das neue Kinder- und Jugendhilfegesetz, ZfJ, 1991, S. 24).

Ansprüche nicht im Leistungsrecht

Beratung

Neben den Ansprüchen räumt das KJHG den Minderjährigen **Beteiligungsrechte** ein, um sie nicht zum Objekt staatlichen Handelns werden zu lassen. In § 8 Abs. 1 KJHG wird dabei die allgemeine Verpflichtung normiert, daß Minderjährige »entsprechend ihrem Entwicklungsstand« an den sie betreffenden Entscheidungen zu beteiligen und in geeigneter Form auf ihre Rechte hinzuweisen sind. Damit wird die öffentliche Erzie-

Minderjährige nicht Objekt staatlichen Handelns

hung an die Standards der Sorgerechtsregelungen im BGB (§ 1626 Abs. 2 BGB) in der Erziehung angeglichen. Konkretisiert wird diese Beteiligung in § 36 KJHG für das Feld der Hilfen zur Erziehung, wo die Minderjährigen speziell zu beraten und bei Hilfen außerhalb der eigenen Familie an der Auswahl der Einrichtung oder der Pflegestelle zu beteiligen sind. Nach § 8 Abs. 2 KJHG können sich junge Menschen in allen Angelegenheiten der Entwicklung und Erziehung an das Jugendamt wenden. Hier wird eine Selbstverständlichkeit geregelt, die die Rechtsstellung Minderjähriger weder verändert noch verbessert (*Kiehl*, ZRP, 1990, S. 96).

7.1.3 Verhältnis von freier und öffentlicher Jugendhilfe

Die Aufgaben der Jugendhilfe werden von öffentlichen und von freien Trägern erfüllt (im KJHG werden sie Träger der freien Jugendhilfe und Träger der öffentlichen Jugendhilfe genannt, die traditionelle Terminologie wird hier verwendet; der Streit ist überflüssig, vgl. *Wiesner* in: *Wiesner/Zarbock*, 1991, S. 19 und *Habermann/Tries*, Das neue Kinder- und Jugendhilfegesetz, NDV, 1990, 205, 206).

Aufgaben der freien und öffentlichen Träger

Das KJHG hat unmißverständlich und klar geregelt, welche Aufgaben von freien und welche von öffentlichen Trägern zu übernehmen sind. Dabei richtet es sich nach der Unterscheidung des § 2 KJHG zwischen »Leistungen« und »anderen Aufgaben«. Leistungen der Jugendhilfe sind prinzipiell freiwillig und angebotsorientiert. Sie können deshalb durch öffentliche und durch freie Träger erbracht werden (§ 3 Abs. 2 KJHG). Das KJHG macht mit dieser Formulierung deutlich, daß es sich bei der Erbringung von Leistungen um eine eigenständige Betätigung der freien Träger handelt, die sich nicht aus der öffentlichen Gewalt ableitet (*Lakies*, ZfJ, 1991, S. 25). Allerdings ist der öffentliche Träger zur Erbringung von Leistungen verpflichtet. Er muß dies nicht selbst tun, sondern kann sich dazu der freien Träger bedienen, falls diese einverstanden sind. So entsteht das klassische Dreiecksverhältnis zwischen Leistungsberechtigtem, freiem Träger als Erbringer der Jugendhilfeleistung und dem öffentlichen Träger als Verpflichtetem für die Leistungserbringung, der die notwendigen Finanzmittel bereitzustellen hat (vgl. dazu ausführlich *Münder*, Beratung, Betreuung, Erziehung und Recht, Votum Verlag, 1990, S. 73 ff.). Die hoheitlich geprägten »anderen Aufgaben« der Jugendhilfe können grundsätzlich nur von öffentlichen Trägern wahrgenommen werden. In bestimmten Berichen ist dann eine Aufgabendelegation auf freie Träger unter der Gesamtverantwortung der öffentlichen Träger möglich (§ 3 Abs. 3 S. 2/ § 76 KJHG).

Dreiecksverhältnis zwischen Leistungsberechtigten, öffentlichen und freien Trägern

7.1.3.1 *Begriffsbestimmungen*

Die Träger der öffentlichen Jugendhilfe sind in § 3 Abs. 2 KJHG ausdrücklich benannt: die Kreise und kreisfreien Städte, nach Maßgabe des Landesrechts auch kreisangehörige Gemeinden. Viel schwieriger ist es, zu bestimmen, wer freier Träger der Jugendhilfe ist. Das Gesetz verzichtet auf eine ausdrückliche Definition, denn ein abschließender Katalog von Trägern wäre im Hinblick auf »das eigenständige Betätigungsrecht und die verfassungsrechtlich garantierte Vereinigungsfreiheit« (*Wiesner*, 1991, S. 20) nicht angebracht.

Bestimmung der freien Träger

Der Gesetzgeber hebt aber in § 3 Abs. 1 KJHG ausdrücklich die Vielfalt von Trägern unterschiedlicher Wertorientierungen hervor und erwähnt an verschiedenen anderen Stellen des Gesetzes unterschiedliche freie Träger (vgl. Frankfurter Kommentar, 1993, Vor Kap. 5, Rdn. 3). Neben den traditionellen Trägern wird dabei durchgängig die Stärkung von Selbsthilfeorganisationen hervorgehoben (z. B. § 4 Abs. 3/§ 16 Abs. 2 Ziff. 1 KJHG). Man wird deshalb davon ausgehen können, daß sich das Netz freier Träger (mindestens) folgendermaßen darstellt (vgl. dazu Frankfurter Kommentar, 1993, a. a. O.):

Netz freier Träger

- Kirchen und Religionsgemeinschaften des öffentlichen Rechts;
- die Spitzenverbände der freien Wohlfahrtspflege (Wohlfahrtsverbände);
- Jugendverbände; Selbsthilfe- und selbstorganisierte Gruppen.

Vor allem die Selbsthilfegruppen sind in der Jugendhilfe ein wichtiger Innovationsfaktor geworden. Ihre Aufnahme in das KJHG macht ihre gewachsene Bedeutung gegenüber den traditionellen Verbänden deutlich.

7.1.3.2 *Zusammenarbeit zwischen öffentlichen und freien Trägern bei der Aufgabenerfüllung*

Die Grundsätze der Zusammenarbeit zwischen öffentlicher und freier Jugendhilfe sind in den §§ 4 und 5 KJHG geregelt, ihre konkrete Ausformung durch Anerkennung und Förderung der freien Jugendhilfe in den §§ 74 und 75 KJHG.

In § 4 Abs. 1 KJHG ist der Grundsatz der partnerschaftlichen Zusammenarbeit formuliert. Damit ist die Rechtsprechung des Bundesverfassungsgerichts zum Verhältnis von freier und öffentlicher Jugendhilfe aufgenommen worden. In § 4 Abs. 2 KJHG ist das Prinzip der Subsidiarität des alten § 5 Abs. 3 JWG nunmehr als Soll-Vorschrift geregelt. Durch § 79 Abs. 1 KJHG wird klargestellt, daß der öffentliche Jugendhilfeträger die Gesamtverantwortung für die Aufgabenerfüllung nach dem KJHG hat.

partnerschaftliche Zusammenarbeit

Die Zusammenarbeit zwischen öffentlicher und freier Jugendhilfe kann in der Gesamtschau dieser Vorschriften unter folgende Prinzipien gestellt werden (vgl. *Happe* in: *Gernert*, 1993, S. 18):

- das Gebot der Zusammenarbeit bei Beachtung der Selbständigkeit der freien Träger;
- das Gebot der Förderung der freien Jugendhilfe und der Stärkung der verschiedenen Formen der Selbsthilfe und
- das entsprechende Verbot einer den Zielen des Gesetzes abträglichen Konkurrenz zwischen den Trägern.

Pluralität und Wahlrecht

Diese institutionalisierte Pluralität wird aus der Sicht der Betroffenen ergänzt durch das Wunsch-Wahlrecht des § 5 KJHG. Das Wahlrecht zwischen den verschiedenen Trägern ist die entscheidende Grundlage für die Berechtigung der Angebotsvielfalt (vgl. *von Uslar*, Blätter der Wohlfahrtspflege, 1990, S. 318).

Förderung und Anerkennung freier Träger

Damit sind die Grundsätze der Zusammenarbeit zwischen öffentlicher und freier Jugendhilfe in den Strukturen klar geregelt, von großer praktischer Bedeutung ist jedoch deren Konkretisierung in den Bestimmungen über die Förderung und Anerkennung freier Träger. Nach dem alten Recht bestand hier eine Koppelung: nur anerkannte Träger der Jugendhilfe konnten gefördert werden. Die (auch) dadurch entstandene Verquickung zwischen Staat und freien Trägern versuchte der Regierungsentwurf zum KJHG zu lösen, indem er Anerkennung und Förderung vollständig trennte. Dies ließ sich gegenüber den Ländern nicht durchsetzen (vgl. *Wiesner* in: *Wiesner/Zarbock*, 1991, S. 23), so daß nunmehr eine auf Dauer angelegte Förderung in der Regel die Anerkennung nach § 75 KJHG voraussetzt. Dies bedeutet, daß zeitlich begrenzte Initiativen insbesondere kleinerer Träger nun auch dann gefördert werden können, wenn eine Anerkennung nicht vorliegt. Die Voraussetzungen für Anerkennung und Förderung sind in den §§ 74 und 75 KJHG geregelt (vgl. dazu im einzelnen *v. Uslar*, Blätter der Wohlfahrtspflege, 1990, S. 319).

7.1.3.3 Institutionalisierte Zusammenarbeit

Jugendhilfeausschüsse

Die Zusammenarbeit zwischen öffentlicher und freier Jugendhilfe findet in institutionalisierter Form insbesondere in den Jugendhilfeausschüssen statt (§ 71 KJHG). Bemerkenswert ist hier, daß der Gesetzgeber das Vertretungsmonopol der Jugendverbände und der Wohlfahrtsverbände prinzipiell aufgebrochen hat. Diese Öffnung wurde im Gesetzgebungsverfahren heftig diskutiert (vgl. *v. Uslar*, Blätter, 1990, S. 319). Immerhin müssen die Jugendverbände und Wohlfahrtsverbände »angemessen« im Jugendhilfeausschuß berücksichtigt werden. Für eine frühzeitige Beteiligung freier Träger und deren gleichberechtigte Stellung gegenüber den öffentlichen Trägern ist darüber hinaus die Bildung von Arbeitsgemeinschaften (§ 71 KJHG, vgl. dazu *Ludemann*, Jugendhilfeausschuß und Arbeitsgemeinschaften, Jugendwohl, 1991, S. 240 ff. und 293 ff.) und die Beteiligung freier Träger an der Jugendhilfeplanung (§ 80 KJHG) von großer Bedeutung (vgl. dazu *Kowalewski*, Neue Perspektiven für die Jugendhilfeplanung, Blätter der Wohlfahrtspflege, 1990, S. 326).

Arbeitsgemeinschaft

7.2 Leistungen der Jugendhilfe

7.2.1 Strukturen des Leistungsrechts im KJHG

In § 2 KJHG werden die Aufgaben der Jugendhilfe in »Leistungen« und »andere Aufgaben« unterteilt. Die »anderen Aufgaben« betreffen den hoheitlich-eingreifenden Bereich der Jugendhilfe (vgl. dazu unten 7.4).

Leistungen der Jugendhilfe

In dem Spektrum der Leistungen vereint das neue Jugendhilferecht die Aufgabenfelder der Jugendhilfe vom präventiv-alltagsorientierten Angebot der Jugendarbeit bis hin zur extrem individualisierten sozialpädagogischen Einzelhilfe. Aufgegeben wird dadurch die Unterscheidung, die das alte JWG prägte: zwischen Jugendpflege und Jugendfürsorge (vgl. *Habermann/Tries*, NDV, 1990, 205). Unter der Jugendfürsorge verstand man unter der Geltung des JWG vereinfacht gesagt den Schutz gefährdeter und verwahrloster Jugendlicher, unter Jugendpflege die Arbeit mit Jugendlichen in Gruppen und Verbänden mit dem Ziel einer Erziehung zur sozialen Tüchtigkeit und Brauchbarkeit (vgl. Frankfurter Kommentar zum JWG, Rdn. 2.3.1 zu § 2). Zwar hatte die Praxis diese Einteilung schon weitgehend überholt, die Struktur des Gesetzes war aber im Prinzip nicht verändert.

Systematisierung der Jugendhilfeleistungen

Das KJHG setzt dagegen eine Systematisierung der Jugendhilfeleistungen in vier Abschnitte. Damit wird die Einheit der Jugendhilfe auch in der Struktur des Gesetzes betont. Jeder dieser Abschnitte hat – entsprechend der von ihm behandelten Materie – eine eigene Charakteristik.

Der 1. Abschnitt (Jugendarbeit, Jugendsozialarbeit, erzieherischer Kinder- und Jugendschutz) verpflichtet die öffentlichen Träger zu einer »bedarfsgerechten Bereitstellung von Angeboten an Diensten, Einrichtungen und Veranstaltungen« (Frankfurter Kommentar, 1993, Vorb. zum 2. Kapitel, Rdn. 2), ohne individuelle Rechtsansprüche zu normieren. Dies gilt auch für Teile des 2. Abschnitts (Förderung der Erziehung in der Familie), in dem allerdings auch konkrete Ansprüche Alleinerziehender festgelegt sind. Individuell verpflichtend sind die Hilfen zur Erziehung im 4. Abschnitt, während die Rechtsqualität des 3. Abschnitts umstritten ist (vgl. zum ganzen Frankfurter Kommentar, 1993, a. a. O.). Der ursprünglich angestrebte – und auch sachgerechte – Anspruch auf einen Kindergartenplatz konnte hier nicht verwirklicht werden und wurde in die Verantwortung der Länder gestellt. Erst 1992 wurde § 24 KJHG so verändert, daß ein bundesweiter Anspruch auf einen Kindergartenplatz entstand. Das KJHG nimmt damit eine gewachsene Struktur von Jugendhilfeleistungen auf mit einer Vielzahl von verschiedenen Angeboten mit unterschiedlicher finanzieller Intensität, getragen von einer vielfältigen Trägerlandschaft, angefangen bei den Kommunen bis hin zu Kirchen und Wohlfahrtsverbänden. Diesem differenzierten, von unterschiedlichsten Problem- und Lebenslagen und Interessen beeinflußten System von Jugendhilfeangeboten entspricht eine hochdifferenzierte Gesetzestechnik. Das Gesetz konnte nur zustande kommen, weil es mit flexibler Normsetzung einer Reihe divergierender finanzieller, aber auch ideologischer Interessen weit entgegenkam. Dadurch verlor es sicher den Charakter eines geschlossenen Systems (des »großen Wurfs«), es spiegelt nun aber realistisch die Konfliktlinien einer pluralen Gesellschaft wider.

differenzierte Gesetzestechnik

Das KJHG verwendet, um diese Flexibilität zu erreichen, Normen mit unterschiedlichem Verbindlichkeitsgrad (Muß-, Soll- und Kann-Vorschriften), es arbeitet mit Landesrechtsvorbehalten und Übergangsfristen (kritisch dazu *Preis*, Eine notwendige Reform ohne sozialpolitischen Fortschritt, ZRP, 1990, 91).

7.2.4.1 Verbindlichkeitsgrade bei der Erbringung von Jugendhilfeleistungen (§§ 11–41 KJHG)

Das Gesetz unterscheidet zwischen Muß-, Soll- und Kann-Leistungen. Die Muß-Leistungen sind zudem unterteilt in solche, die einen individuellen Anspruch einräumen, und solchen, die als »Programmsätze« (*Preis*, ZRP, 1990, 90) lediglich den jeweiligen Träger verpflichten.

Anspruchsnormen

Muß-Leistungen mit individuellem Rechtsanspruch: Solche Vorschriften sind dadurch gekennzeichnet, daß die Leistung ausdrücklich als Anspruchsnorm ausgestaltet ist (»hat Anspruch auf«). Zudem muß die Norm Anspruchsvoraussetzungen auf der Tatbestandsseite haben. Diese Anspruchsvoraussetzungen können bestimmte oder unbestimmte Rechtsbegriffe enthalten (vgl. dazu oben 2.4.1.1). Typisch für das Jugendhilferecht ist die Verwendung unbestimmter Rechtsbegriffe. Schließlich muß bei einer Anspruchsnorm auch der Leistungsberechtigte konkret benannt sein (vgl. zum ganzen *Kunkel*, Leistungsverpflichtungen und Rechtsansprüche im KJHG, ZfJ, 1991, 145 (146)). Individuelle Anspruchsnormen verpflichten den Jugendhilfeträger dazu, bei Vorliegen der gesetzlichen Voraussetzungen die beanspruchte Leistung zu erbringen. Die Anspruchsberechtigten können die Leistungserbringung im Klageweg durchsetzen. Folgende Jugendhilfeleistungen fallen in diese Kategorie:

Verpflichtung zur Leistungserbringung

- Hilfen zur Erziehung (§§ 27 ff.);
- Beratung und Unterstützung bei der Ausübung der Personensorge (§ 18);
- Beratung und Unterstützung bei notwendiger Unterbringung zur Erfüllung der Schulpflicht (§ 21).

Die zweifellos wichtigste Anspruchsnorm ist § 27 KJHG, bei den anderen handelt es sich um »harte Rechtsansprüche auf weiche Leistungen« (Frankfurter Kommentar, 1993, Vorb. zum 2. Kapitel, Rdn. 7), denn die inhaltliche Bestimmung von »Beratung« und »Unterstützung« ist weitgehend den Jugendhilfeträgern überlassen (vgl. dazu *Proksch*, Hilfe zur Selbsthilfe. Beratungsleistungen nach dem neuen KJHG, Blätter der Wohlfahrtspflege, 1990, S. 323).

Hilfe zur Erziehung

Muß-Leistungen ohne individuellen Rechtsanspruch: Diese Normen sind zwar verpflichtend formuliert, wenden sich aber nur in einer Appellfunktion an den Jugendhilfeträger. Sie sind daran zu erkennen, daß sie die Adressaten der Leistung nicht konkret, sondern allgemein (»die Jugend«) benennen (vgl. *Kunkel*, ZfJ, 1991, S. 146). Sie haben eine Verpflichtung des Jugendhilfeträgers zur Folge, die aber nicht individuell eingeklagt werden kann. Eine Leistungserbringung könnte hier z. B. im Wege der Kommunalaufsicht erzwungen werden, die dem örtlichen Jugendhilfeträger eine entsprechende Weisung erteilen könnte. Auch hierauf besteht jedoch kein individuell einklagbarer Anspruch. Realistischer dürfte es sein, daß diese Leistungen durch politische Gremien wie den Jugendhilfeausschuß erzwungen werden, falls eine Verwaltung die Erbringung verweigert. Hierhin gehören:

Appellfunktion

kein Anspruch

- Jugendarbeit (§ 11);
- Förderung der Jugendverbände (§ 12).

Außerhalb des Kapitels »Leistungen der Jugendhilfe«, um das es hier geht, spielen Vorschriften programmatischer Art ohne individuelle Verpflichtung eine große Rolle (vgl. z. B. § 1 KJHG und dazu *Preis*, ZRP, 1990, 91).

Soll-Leistungen: Diese Leistungsart ist die im Jugendhilferecht häufigste und auch die umstrittenste. Bei Soll-Vorschriften ist die Rechtsfolge der Norm mit dem Begriff »soll« versehen, wobei der Eintritt der Rechtsfolge – wie bei der

Muß-Vorschrift – von tatbestandlichen Voraussetzungen abhängig sein kann. Das Problem ist, daß der Soll-Vorschrift die Stringenz der unbedingten Leistungsverpflichtung fehlt. Soziale Fachkräfte neigen deshalb dazu, diesem Vorschriftentypus »Schwammigkeit« zu attestieren. In der verwaltungsrechtlichen Dogmatik ist die Soll-Vorschrift jedoch sehr nahe an einer Verpflichtungsnorm, ja schon fast mit ihr gleichzusetzen. Wenn nämlich eine Leistung erbracht werden »soll«, dann besteht in der Regel auch die – individuell einklagbare – Verpflichtung dazu, diese Leistung auch zu erbringen. Ausnahmen darf der Jugendhilfeträger nur machen, wenn atypische Umstände in einem Einzelfall ein Abweichen von der Regel erfordern. Da diese Umstände in der Person des Leistungsempfängers liegen müssen, darf die Ablehnung von Soll-Leistungen nicht mit finanziellen Erwägungen (etwa fehlenden Haushaltsmitteln) begründet werden (so auch *Kunkel*, ZfJ, 1991, S. 146). Soll-Leistungen im KJHG sind (teilweise erst nach Übergangsfristen):

Regel-Ausnahme-Verhältnis

- Jugendsozialarbeit (§ 13);
- erzieherischer Kinder- und Jugendschutz (§ 14);
- Förderung der Erziehung in der Familie (§ 16);
- Beratung in Fragen von Partnerschaft, Trennung und Scheidung (§ 17);
- Mutter/Vater-Kind-Einrichtungen (§ 19);
- Betreuung und Versorgung des Kindes in Notsituationen (§ 20);
- Förderung von Kindern in Tageseinrichtungen und Tagespflege (§§ 22, 23, vgl. § 24);
- Hilfe für junge Volljährige (§ 41).

Gleichwertigkeit mit Verpflichtungen

In der Praxis werden diese Leistungen wie Verpflichtungen behandelt werden. Dies zeigt sich schon kurz nach der Verabschiedung des Gesetzes an der Trennungs- und Scheidungsberatung (§ 17), die in den sozialen Diensten starke Auswirkungen hat, obwohl sie noch nicht einmal als Soll-Vorschrift ausgestaltet ist (bis 31. 12. 1994 Kann-Leistung).

pflichtgemäßes Ermessen

Kann-Leistungen: Wenn auf der Rechtsfolgeseite einer Norm der Begriff »kann« verwendet wird, dann hat der Gesetzgeber dem rechtsanwendenden Leistungsträger Ermessen eingeräumt. Es besteht also keine Leistungsverpflichtung, der Träger kann sowohl entscheiden, »ob« (Entschließungsermessen) als auch »wie« (Auswahlermessen) er die Leistung erbringt. Diese Entscheidung ist jedoch weder frei noch willkürlich, sondern sie steht in seinem pflichtgemäßen Ermessen (vgl. § 39 SGB-I), dessen richtige Ausübung zu den schwierigsten Verwaltungstätigkeiten gehört. Der Gesetzgeber räumt das Ermessen ein, um der Verwaltung bei der Gesetzesanwendung die Möglichkeit zu geben, öffentliche und private Interessen abzuwägen, um so dem Einzelfall gerecht zu werden. Er zwingt die Verwaltung aber auch dazu, diese Abwägung fehlerfrei durchzuführen und in der Begründung der Entscheidung dem Betroffenen mitzuteilen (vgl. dazu § 35 SGB-X). Auf diese fehlerfreie Ermessensentscheidung besteht ein einklagbarer Anspruch, der zur Aufhebung der ursprünglichen Entscheidung führen kann mit der Verpflichtung für den Jugendhilfeträger, unter Beachtung der Rechtsauffassung des Gerichts den Antragsteller neu zu bescheiden (sog. Bescheidungsurteil). Nur in Ausnahmefällen kann das Gericht die Verwaltung dazu verurteilen, eine bestimmte Leistung zu erbringen. Zu den Kann-Leistungen gehören (ab 31. 12. 1994):

Anspruch auf fehlerfreie Ermessensentscheidung

- Maßnahmen der Jugendsozialarbeit (§ 13 Abs. 2 und 3);
- Jugendarbeit für Personen über 27 Jahre (§ 11 Abs. 4).

Die Bedeutung der Kann-Leistungen liegt vor Ablauf der Übergangsfristen darin, daß sie etliche Soll-Leistungen ersetzen und dadurch eine Entlastung für die Jugendhilfeträger schaffen.

7.2.1.2 Landesrechtsvorbehalte

Vor allem im Kindergartenbereich war Jugendhilfe seit jeher in der Verantwortung der Länder. Dies hat zu einer sehr unterschiedlichen Entwicklung dieses (und anderer) Leistungsbereiche geführt (vgl. Frankfurter Kommentar, 1993, Vorb. zu Kapitel 2, Rdn. 4). So ist die Zahl der Kindergartenplätze in süddeutschen Ländern erheblich höher als in den norddeutschen.

Verantwortungsbereiche der Länder

Das KJHG, das bundeseinheitlich Leistungsniveaus regelt, konnte in diesen traditionell gewachsenen Bereichen nicht an den Länderinteressen vorbeikommen. Deshalb sind einige Regelungsbereiche unter Landesrechtsvorbehalt gestellt worden. Das bedeutet, daß hier die Länder »das Nähere über Inhalt und Umfang der ... Aufgaben und Leistungen« (vgl. z. B. § 15 KJHG) regeln. Die entsprechenden Ländergesetze stehen noch aus.

Eine andere Art des Landesrechtsvorbehalts bezieht sich auf die meisten Übergangsvorschriften. Diese können durch Landesrecht verkürzt werden. Hier ist jedoch nicht abzusehen, daß die Länder von dieser Möglichkeit Gebrauch machen. Landesrechtsvorbehalte sind enthalten in:

- § 15 für den ersten Abschnitt der Jugendhilfeleistungen (Jugendarbeit etc.);
- § 26 für den dritten Abschnitt (Kindertageseinrichtungen etc.)
- § 16 Abs. 3 für die allgemeine Förderung der Erziehung in der Familie;
- einer großen Anzahl von Übergangsvorschriften (vgl. dort).

7.2.1.3 Übergangsvorschriften

Übergangsfristen

Durch die Schaffung von Übergangsfristen ermöglicht der Gesetzgeber der Praxis, sich auf das neue Jugendhilferecht und seine Anforderungen einzustellen. Besondere Bedeutung hat in diesem Zusammenhang die Differenzierung zwischen Kann- und Soll-Vorschriften. Eine Reihe von Leistungsbereichen ist bis zum 31. 12. 1994 aus der intensiven Bindung der Soll-Vorschrift entlassen. Die Ermessensermächtigung des »Kann« bekommt durch diesen Zusammenhang aber eine gegenüber der verwaltungsrechtlichen Dogmatik veränderte Bedeutung: es ist ein Appell an die Leistungsträger, die fünf Jahre Übergang zu nutzen, um neue Formen der Jugendhilfe bundeseinheitlich umzusetzen. In den neuen Bundesländern ist das Instrument der Übergangsvorschrift besonders intensiv genutzt worden (vgl. Einigungsvertrag Art. 32, S. 104 und insbesondere Kapitel X, Sachgebiet B, Abschnitt III, S. 1013). Die wichtigsten Übergangsvorschriften stellen Jugendhilfeleistungen bis zum 31. 12. 1994 als Kann-Leistungen und erst danach als Soll-Leistungen dar:

Appell an Leistungsträger

- Beratung in Fragen der Partnerschaft, Trennung und Scheidung (§ 17);
- Betreuung und Versorgung der Kinder in Notsituationen (§ 20);
- Hilfe für junge Volljährige (§ 41).

7.2.1.4 Bedeutung dieser Differenzierungen

Rahmengesetz

Aus dieser komplizierten Gesetzessystematik folgt die Praxisrelevanz in der Umsetzung des KJHG. Da wo Landesrechtsvorbehalte greifen, ist das KJHG ein reines Rahmengesetz, dessen Ausfüllung den Ländern überlassen bleibt (vgl. dazu *Preis*, ZRP, 1990, 91). Die finanz-, sozial- und rechtspolitischen Entscheidungen fallen hier auf Landesebene und in Zusammenarbeit mit den Kommunen. In dem Bereich der Hilfen zur Erziehung ist eine solche Umsetzung nicht notwendig. Hier hat das KJHG direkte Auswirkungen in die Leistungserbringung und fordert zu konzeptionellen Neu-Überlegungen heraus.

konzeptionelle Herausforderung

Zwischen diesen beiden Polen liegen diejenigen Regelungsbereiche, die bereits normiert, aber bis zum 31. 12. 1994 als Ermessensleistungen ausgestaltet sind. Hier ist die Jugendhilfepraxis zum Aufbau der entsprechenden Angebote aufgefordert.

Die folgende Darstellung der Jugendhilfeleistungen folgt dieser Bedeutung des Gesetzes: Im Schwerpunkt werden die Hilfen zur Erziehung und die konzeptionell herausfordernden Leistungen behandelt. Im Bereich der Rahmengesetzgebung werden lediglich die wesentlichen Elemente zusammengefaßt.

7.3 Einzelne Leistungsbereiche

7.3.1 Jugendarbeit, Jugendsozialarbeit, erzieherischer Kinder- und Jugendschutz (§§ 11–15 KJHG)

Verschiebung des Normengefüges

Mit der Regelung dieser drei Bereiche in einem eigenen Abschnitt ist eine »eindeutige optische Verstärkung gegenüber dem JWG« (*Lakies*, Das neue KJHG, ZfJ, 1991, S. 26) verbunden. Allerdings ist diese Verstärkung eher quantitativer Natur, denn die Vorschriften enthalten z. T. äußerst allgemeine Umschreibungen und stehen zudem unter dem landesrechtlichen Vorbehalt des § 15 KJHG. Dennoch hat hier eine begrüßenswerte »beachtliche Verschiebung« (*Münder*, Das neue KJHG, Soziale Arbeit, 6/1990, S. 206 ff.) des Normengefüges stattgefunden.

7.3.1.1 Jugendarbeit

Grundprinzipien der Jugendarbeit

Die Vorschrift des § 11 KJHG faßt in Abs. 3 in einer offenen, nicht abschließenden Formulierung (vgl. *Habermann/Tries*, NDV, 1990, S. 207) die in der Praxis erarbeiteten Grundprinzipien, Inhalte und Methoden der Jugendarbeit zusammen. Das Gesetz bemüht sich hier um eine fachgerechte, differenzierte Darstellung der Schwerpunkte von Jugendarbeit. Es ist aber festzuhalten, daß die Materie nur begrenzt regelungsfähig ist und deshalb auch der Katalog des § 11 Abs. 3 KJHG nur beispielhaften Charakter hat (vgl. ausführlich zur Einordnung und Kritik dieser Vorschrift, *Bernzen*, Zukunft der Jugendarbeit in: *Wiesner/Zarbock*, 1991, a. a. O., S. 259).

Anspruch der Jugendarbeit auf Ressourcen

Von größerer Bedeutung für die Praxis der Jugendarbeit dürfte § 11 Abs. 1 KJHG sein, der die Jugendhilfeträger verpflichtet, Angebote der Jugendarbeit zur Verfügung zu stellen. Zusammen mit der Vorschrift des § 79 Abs. 2 KJHG, wonach die Träger einen »angemessenen« Anteil ihrer Mittel für die Jugendarbeit verwenden müssen, wird dadurch ein »ressourcenpolitischer Anspruch der Jugendarbeit dem Grunde nach verankert« (*Lakies*, ZfJ, 1991, 26). Die Benennung der Anbieter und Zielgruppen von Jugendarbeit in § 11 Abs. 2 KJHG betont noch einmal die Vielfalt der Angebotsträger, hat aber wie § 12 KJHG, der die Förderung der Jugendverbände regelt, keinen eigenständigen Regelungsgehalt. Bedeutung bekommen diese Vorschriften nur im Zusammenhang mit den

Bestimmungen über die Förderung und Anerkennung freier Träger der §§74, 75 KJHG (vgl. oben 7.1.3 und zum ganzen *Bernzen* in: *Wiesner/Zarbock*, 1991, S. 259). Das Verständnis von Jugendarbeit als gemeinwesenorientierter Stadtteilarbeit wird in § 11 Abs. 4 KJHG noch einmal durch die Erstreckung des Angebots auch auf über 27 Jahre alte Personen verdeutlicht.

gemeinwesenorientierte Stadtteilarbeit

7.3.1.2 Jugendsozialarbeit

zwischen Jugendarbeit und Erziehungshilfe

Mit § 13 KJHG erhält die Jugendsozialarbeit eine ihrer Bedeutung und ihrem Stellenwert angemessene Artikulation (*Münder*, Soziale Arbeit, 6/1990, S. 206ff.). Jugendsozialarbeit ist angesiedelt zwischen der Jugendarbeit und der Erziehungshilfe. So ist sie einerseits ausgerichtet auf junge Menschen, die »Schwierigkeiten haben, mit den ihnen gestellten individuellen und gesellschaftlichen Anforderungen zurechtzukommen« (*Mollenhauer*, Jugendsozialarbeit zwischen Jugendarbeit und Erziehungshilfen, Jugendwohl, 1990, S. 64). Die Gründe für diese Problematik sind aber andererseits weniger individuell als gesellschaftlich bedingt, und die Methoden der Jugendsozialarbeit sind aus dem Bereich der Jugendarbeit (z. B. Gruppenbezug) genommen. Die Jugendsozialarbeit ist durch drei Bereiche bestimmt:

Bereiche der Jugendsozialarbeit

- die Arbeit der Jugendwohnheime;
- die Integrationshilfe für jugendliche Übersiedler, Aussiedler und für ausländische Jugendliche;
- die Ausbildungs- und Berufshilfen.

Alle drei Bereiche sind in ihrer Entwicklung Ausdruck wichtiger gesellschaftlicher Prozesse. So waren die Integrationshilfen zunächst nach dem Zweiten Weltkrieg für die Flüchtlingsjugend von großer Bedeutung, erst in den letzten Jahren wurden sie im Zuge der Zuwanderung aus dem Osten Europas wieder aktuell. Die Jugendwohnheime werden heute in der Form von betreutem Wohnen, Jugendwohngemeinschaften etc. wieder von Relevanz in der Jugendhilfe, die Berufshilfen hängen stark vom Ausmaß der Jugendarbeitslosigkeit ab (vgl. zum ganzen *Mollenhauer*, Jugendwohl, 1990, S. 64).

Normierung der Angebotsarten

Das KJHG normiert die verschiedenen Angebotsarten: »sozialpädagogische Begleitung in der Phase des Berufsbeginns (Abs. 1), Alternativen bei fehlendem Zugang zum betrieblichen Berufsleben (Abs. 2), sowie sozialpädagogisch begleitete Wohnformen während der Inanspruchnahme der übrigen Angebote« (*Tries/Habermann*, NDV, 1990, S. 207). Angebote der Jugendsozialarbeit müssen sowohl innerhalb der Jugendhilfe von anderen Leistungen (z. B. Hausaufgabenhilfe) abgegrenzt werden als auch mit den Angeboten anderer Träger, z. B. der

Bundesanstalt für Arbeit (vgl. zum ganzen *Fülbier/Schnapka*, Jugendsozialarbeit im KJHG, in: *Wiesner/Zarbock*, 1991, S. 267).

7.3.1.3 Erzieherischer Kinder- und Jugendschutz

präeventiver Jugendschutz

§ 14 KJHG bringt für den präventiven Jugendschutz eine eigene Rechtsgrundlage in klarstellender Abgrenzung zu den Jugendschutznormen des »Gesetzes über die Verbreitung jugendgefährdender Schriften« und dem »Gesetz zum Schutz der Jugend in der Öffentlichkeit«. Anders als diese ordnungsrechtlichen Vorschriften setzt § 14 KJHG bei den jungen Menschen und ihren Eltern an und versucht, durch Stärkung von Kritikfähigkeit und Eigenverantwortlichkeit Gefahren vorzubeugen (vgl. *Habermann/Tries*, NDV, 1990, S. 208).

7.3.2 Förderung der Erziehung in der Familie

Die partnerschaftliche, auf Unterstützung und präventive Angebote zur Krisenbewältigung setzende Konzeption des KJHG wird in dem neugeschaffenen Abschnitt der §§ 16 bis 21 KJHG besonders deutlich. Der Gesetzgeber verzichtet auf die Unterstützung einer festgelegten Familienform, sondern orientiert sich in seinen Leistungen an unterschiedlichen Lebenslagen (Reg-E, S. 54). Er wird damit den Veränderungen gerecht, denen die Familie heute unterworfen ist (vgl. dazu DJI (Hg.), Wie geht's der Familie?, Kösel Verlag, 1988). Unter dem Stichwort der Pluralisierung von Familienformen haben sich die unterschiedlichsten Lebensformen von der Alleinerziehung über die Stieffamilie bis hin zur sog. Normalfamilie entwickelt. Dieser »Normalfall« (Eltern, die zusammenleben, mit zwei Kindern in einem Haushalt) ist »inzwischen in einem gesellschaftlichen Umfeld angesiedelt..., in dem die Mehrheit der anderen Haushalte ihr Leben anders gestaltet als sie selbst: nichtfamiliär, nichttraditionell usw.« (*Rerrich*, Balanceakt Familie, Lambertus Verlag, 1988, S. 17 mit weiteren statistischen Nachweisen zur »Ausdifferenzierung« der Familie).

Pluralisierung der Familie

Familie ist im Jugendhilferecht also nicht mehr aus der institutionalisierten Paarbeziehung zu definieren, sondern muß aus der Sicht des Kindes gesehen werden. Danach ist die Art der Lebens- und Verantwortungsgemeinschaft zwischen Erwachsenen und Kindern kein Grund für Leistungsunterschiede. Wer für ein Kind zu sorgen hat oder für ein Kind sorgt, kann die Unterstützung des Jugendhilfeträgers beanspruchen (so auch *Struck*, Jugendhilfe und Pluralisierung der Familienformen, in: *Wiesner/Zarbock*, 1991, S. 18). Im Abschnitt »Förderung der Erziehung in der Familie« setzt der Gesetzgeber auf

Familie aus Sicht des Kindes

Ausbau der Beratungsangebote

einen Ausbau der Beratungsangebote, um die familiäre Problemlösungsfähigkeit zu stärken. Ziel der Beratung ist aber nicht nur das weitere Zusammenleben in der Familie, sondern auch die Erhaltung der Elternschaft bei Zerbrechen der alten Familienstruktur. Angesichts sich auflösender Lebensverhältnisse soll die gemeinsame Elternverantwortung zum Wohl des Kindes einen eigenständigen Stellenwert bekommen, der unabhängig von der Organisation des Zusammenlebens ist. Schließlich sind in diesem Abschnitt Unterstützungsleistungen in Notsituationen normiert, die z. T. Bestehendes aufgreifen, aber auch Lücken des Jugendhilferechts schließen.

7.3.2.1 Familienbildung

prophylaktische Begleitung

In § 16 KJHG ist die tradierte Form der Familienbildung, Familienberatung und Familienerholung aufgenommen. Die dazu vorgesehenen Angebote richten sich an die ganze Familie mit allen ihren Mitgliedern. Sie sollen die Familie prophylaktisch begleiten und Belastungssituationen vorbeugen. Die Praxis hat zahlreiche Formen der Familienbildung entwickelt, die insbesondere von freien Trägern ausgeführt wurden. Um dieser Vielfalt durch differenzierte Förderung gerecht werden zu können, steht § 16 KJHG unter einem Landesrechtsvorbehalt.

7.3.2.2 Beratung in Fragen der Partnerschaft, Trennung und Scheidung

besondere gesellschaftliche Bedeutung

Von besonderer gesellschaftlicher Bedeutung ist die Beratung nach § 17 KJHG. Da jedes Jahr etwa 100 000 Kinder von Scheidung betroffen sind, die durch die Trennung ihrer Eltern in ihrer psychischen (manchmal auch physischen) Entwicklung empfindlich gestört werden, hat *Fthenakis* die Scheidungsbewältigung als »das größte und schwerwiegendste Sozialproblem in der Bundesrepublik Deutschland« (zit. nach *Proksch*, Wohl des Kindes, Berichte & Materialien aus der sozialen und kulturellen Arbeit, ISKA Nürnberg, 1990, S. 29) bezeichnet.

dynamische Umsetzung

Dem entspricht die Dynamik, mit der die Jugendhilfepraxis den Beratungsauftrag des § 17 KJHG (unabhängig von seinem rechtlichen Verbindlichkeitsgrad) aufgenommen hat. In Praxiskonzeptionen (z. B. in Saarbrücken), Literatur (vgl. *Balloff/Walter*, Konzeptionelle Gedanken zur Trennungs- und Scheidungsintervention, Familie und Recht, 1991, 63; *Kaufmann*, Das Jugendamt: Helfer für die Betroffenen oder Helfer für das Gericht? – Aspekte der Anwendung des § 17 KJHG, ZfJ, 1991, 18; *Coester*, Neue Aspekte zur gemeinsamen elterlichen Verantwortung nach Trennung und Scheidung,

Familie und Recht 1991, 70; Empfehlungen des Deutschen Vereins zur Beratung in Fragen der Trennung und Scheidung und zur Mitwirkung der Jugendhilfe im familiengerichtlichen Verfahren, NDV 1992, S. 148) und auf Fachtagungen wird die Umsetzung der neuen Vorschriften diskutiert. Es scheint, als entwickle sich die Trennungsberatung zu einem Schlüssel für die Einlösung des familienpolitischen Konzepts des KJHG und zum Anlaß zu einer völligen Neuorientierung in der Behandlung von Trennung und Scheidung zumindest für die Jugendämter.

Neuorientierung für die Jugendämter

präventiver Ansatz

§ 17 KJHG begegnet Familienkrisen zunächst mit einem präventiven Ansatz, indem die Vorschrift in den Ziff. 1 und 2 des Abs. 1 die Beratung vorsieht, um ein partnerschaftliches Zusammenleben in der Familie aufzubauen sowie Konflikte und Krisen zu bewältigen (*Kaufmann*, ZfJ, 1991, S. 20).

Dieser Beratungsauftrag muß abgegrenzt werden zu anderen Hilfen, insbesondere zu familienstabilisierenden Unterstützungen wie Erziehungsberatung (§ 28 KJHG) und zur sozialpädagogischen Familienhilfe (§ 31 KJHG). Auch dies sind Hilfen zur Konfliktbewältigung, wobei die Erziehungsberatung ausdrücklich die Aufgabe der Trennungs- und Scheidungsberatung hat. Insofern liegt in diesem Teil der Vorschrift nichts Neues; es muß auch bezweifelt werden, ob die Eltern sich freiwillig mit ihren Partnerschaftsproblemen an Jugendhilfeeinrichtungen wenden. Eher wird hier der Zugang über den »Symptomträger« (*Kaufmann*, ZfJ, 1991, S. 20) Kind gefunden werden.

Erhaltung der gemeinsamen Elternverantwortung

Die eigentliche Trennungs- und Scheidungsberatung ist in § 17 Abs. 1 Ziff. 3 und Abs. 2 KJHG geregelt. Hier ist das Ziel der Beratung nicht mehr die Aufrechterhaltung der Paarbeziehung, sondern die Erhaltung der gemeinsamen Elternverantwortung auch nach der Trennung der Partner.

einvernehmliches Konzept für die elterliche Sorge

Nach § 17 Abs. 1 Ziff. 3 KJHG soll die Beratung dazu beitragen, die Bedingungen für diese Elternverantwortung zu schaffen. Wichtiger ist § 17 Abs. 2 KJHG: Nach dieser Vorschrift sollen die Eltern bei der Entwicklung eines einvernehmlichen Konzepts für die Wahrnehmung der elterlichen Sorge unterstützt werden, das als Grundlage für die richterliche Entscheidung über das Sorgerecht dienen kann. Grundlage dieser Vorschrift ist die Überzeugung des Gesetzgebers, daß dem Wohl des Kindes am besten gedient ist, wenn »beide Elternteile sich auch nach der Trennung und Scheidung für ihre elterlichen Aufgaben verantwortlich fühlen« (Reg-E, S. 55). Die Begründung des Regierungsentwurfs verweist dazu auf die gemeinsame Sorge nach Scheidung als dem weitestgehenden Modell einer fortbestehenden Elternverantwortung (Reg-E, S. 55).

Damit nimmt der Gesetzgeber Elemente der systemischen Betrachtungsweise von Familienprozessen (vgl. dazu *Proksch*,

Wohl des Kindes, S. 22 ff.) in das Gesetz auf. Er favorisiert ein Beratungskonzept, das Kooperation und Konsens der Eltern in der Scheidungs- und Nachscheidungssituation erreichen will. Es muß aber darauf hingewiesen werden, daß dieses Ziel nicht unbedingt auf eine gemeinsame rechtliche Verantwortung in Form der gemeinsamen Sorge angewiesen ist. Das Einvernehmen der Eltern kann sich auch auf die Übertragung der elterlichen Sorge auf einen Elternteil beziehen, und die Verantwortung für das Kind kann auch darin liegen, auf die formale Position der elterlichen Sorgeberechtigung zu verzichten (so auch *Struck* in: *Wiesner/Zarbock*, 1991, S. 84: »viele andere Ausgestaltungen von einvernehmlicher Wahrnehmung der Elternverantwortung denkbar«). Die Beratung nach § 17 Abs. 2 KJHG muß inhaltlich und organisatorisch in Zusammenhang mit § 50 KJHG, der Mitwirkung des Jugendamts vor dem Familiengericht, gesehen werden. Wenn die Gerichtshilfe sich als Eingriff und Kontrolle der Familie und als Schiedsrichter zwischen den Eltern versteht, muß sie notwendig in einen Gegensatz zur Beratung kommen, denn diese will die Autonomie der Eltern stärken. Dann ist die organisatorische Konsequenz naheliegend, die Beratung nach § 17 KJHG ganz auf die freien Träger zu übertragen und die Aufgabe der Berichterstattung bei den Jugendämtern zu lassen. Ebenso könnte innerhalb des Jugendamts funktionell zwischen Beratung und Stellungnahme getrennt werden (vgl. zu den Möglichkeiten der Organisation Frankfurter Kommentar, 1993, Rdn. 5 zu § 17; *Ballof/ Walter*, ZfJ 1993, S. 65; *Menne*, ZfJ 1992, S. 66).

Kooperation und Konsens der Eltern

verschiedene Ausgestaltungen der elterlichen Sorge

Zusammenhang mit der Mitwirkung vor dem Familiengericht

Dies würde zu einer Dequalifizierung derjenigen sozialen Dienste führen, denen die Berichterstattung übertragen würde. Auch ist die Grundlage einer solchen organisatorischen Trennung, daß Beratung dann frei von Kontrolle wäre, zweifelhaft. Da die Beratung immer im Zusammenhang mit der Sorgerechtsentscheidung steht, ist sie auch immer von dieser Entscheidungsnotwendigkeit beeinflußt, unabhängig davon, wer die Beratung durchführt.

Verbindung von Beratung und Mitwirkung

Statt die beiden Bereiche künstlich zu trennen, wird hier die Auffassung vertreten, die Beratung nach § 17 KJHG mit der Mitwirkung nach § 50 KJHG auch organisatorisch zu verbinden. Da das KJHG auch bei der Erbringung hoheitlicher Aufgaben von einer Konzeption der Partnerschaft und Freiwilligkeit ausgeht, muß eine so – richtig – verstandene gerichtliche Mitwirkung auch nicht im Gegensatz zum Beratungsauftrag des § 17 KJHG stehen (vgl. dazu auch unten 7.4.3.2).

7.3.2.3 Beratung und Unterstützung in schwierigen Eziehungssituationen

nichteheliche Kinder

In den §§ 18 bis 21 KJHG regelt der Gesetzgeber Ansprüche auf Beratung und Unterstützung bei problematischen Familienkonstellationen (Alleinerziehung – § 18 KJHG und Vater/Mutter-Kind-Einrichtungen – § 19 KJHG), in Notsituationen (§ 20 KJHG) und bei Binnenschiffern, Artisten, Schaustellern etc., die mit ihren Kindern schulische Probleme regeln müssen (§ 21 KJHG).

In § 18 KJHG werden zunächst die früher bei der Amtspflegschaft für nichteheliche Kinder geregelten Beratungs- und Unterstützungsansprüche nun ins Leistungsrecht systemgerecht übertragen. Neu ist in § 18 Abs. 4 KJHG die Unterstützungsverpflichtung durch das Jugendamt bei der Ausübung des Umgangsrechts durch nichtsorgeberechtigte Eltern. Früher wurde das Jugendamt bei problematischen Umgangsregelungen häufig durch das Vormundschaftsgericht angewiesen, den Besuchskontakt zu unterstützen und zu begleiten. Da das Jugendamt aber nicht Ausführungsorgan des Vormundschaftsgerichts ist, formuliert § 18 Abs. 4 KJHG die Hilfestellung bei der Wahrnehmung des Umgangsrechts als dessen eigene Aufgabe. Zugleich wird es in die fachliche Einschätzung des Jugendamts gelegt, ob bei der Ausführung gerichtlicher Regelungen Unterstützung gewährt wird (»in geeigneten Fällen«).

Umgangsrecht

§ 19 KJHG sichert die oft in freier Trägerschaft errichteten Mutter-Kind-Einrichtungen (z. B. Außenwohngruppen) gesetzlich ab, schafft aber keine neue Rechtsgrundlage für andere Formen familialer Unterstützung in Wohneinrichtungen (vgl. Reg-E, S. 56). Durch § 20 KJHG soll eine Regelungslücke im Jugendhilferecht geschlossen werden. Er schafft die Möglichkeit, die Kinder bei Ausfall eines oder beider Elternteile durch lange Krankheit, Tod oder auch Inhaftierung im elterlichen Haushalt zu betreuen. Damit ist eine Rechtsgrundlage für die Fälle geschaffen, in denen weder Sozialversicherung noch Sozialhilfe eintreten konnten. Für die Kinder wird dadurch ein »schmerzlicher Milieuwechsel« (Reg-E, S. 57) vermieden.

Mutter-Kind-Einrichtungen

Betreuung im Haushalt

§ 21 KJHG regelt die spezifische Problematik von Kindern, deren Eltern berufsbedingt ihren Aufenthalt ständig wechseln. Hier können die Kosten für eine Internatsunterbringung übernommen werden.

7.3.3 Förderung von Kindern in Tageseinrichtungen und Tagespflege

Dieser Teil des Gesetzes hat durch das Schwangeren- und Familienhilfegesetz von 1992 eine wesentliche Änderung erfahren. Der mit diesem Gesetz geschaffene Anspruch auf einen Kindergartenplatz beendet eine jahrelange Auseinandersetzung.

Anspruch auf Kindergartenplatz

Hintergrund dieser Auseinandersetzung ist (neben der finanziellen) die Problematik der familienpolitischen Konzeption zum Verhältnis von Beruf und Familie. Die Bundesregierung und der Gesetzgeber verfolgen mit dem KJHG in dieser Frage eine Linie, die versucht, sowohl konservativen Familienpolitikern gerecht zu werden als auch die frauenpolitischen Interessen zu berücksichtigen. Grundsätzlich zielt das KJHG darauf ab, die Verbindung von Erwerbstätigkeit und Familie zu ermöglichen. Real betroffen von dieser Problematik sind praktisch nur Frauen, die Rolle der Männer bei der Kindererziehung hat sich lediglich marginal geändert (*Rerrich*, Balanceakt Familie, S. 158).

Verhältnis von Beruf und Familie

Der Gesetzgeber hat auch hier kein Leitbild aufgestellt (z. B. Hausfrauenehe), sondern versucht, durch flankierende Maßnahmen individuellen Lebensentwürfen der Frauen gerecht zu werden. Im einzelnen ergibt sich dabei ein differenziertes Bild: Bei Kindern von der Geburt bis zum dritten Lebensjahr geht die Begründung der Bundesregierung zum KJHG-Entwurf davon aus, daß ein »flächendeckendes, öffentlich organisiertes und finanziertes Betreuungsangebot ... nicht erforderlich ist« (Reg-E, S. 59). Sie stellt aber auch klar, daß sie außerfamiliale Betreuung von Kleinkindern nicht als »Notlösung« ansieht, sondern für gleichrangig mit der Familienerziehung hält (Reg-E, S. 59). Sie tritt deshalb für einen starken Ausbau der Betreuung von Kindern unter drei Jahren weit über die derzeitigen Krippenplätze für nur 4 % aller Kinder ein.

Konzeption des Gesetzgebers

Ebenso hält die Bundesregierung den weiteren Ausbau der Horte für Schulkinder für unverzichtbar, um der gesellschaftlichen Entwicklung gerecht zu werden.

Für den bedeutsamsten Bereich der Betreuung von Kindern und damit für die Ermöglichung von Berufstätigkeit auch für Mütter wird aber die Kindergartenerziehung für Kinder vom 3. bis 6. Lebensjahr gehalten. Zunehmende Erwerbstätigkeit, Alleinerziehung, Verinselung von Kindern in städtischen Wohnumfeldern zwingen dazu, Kindern einen Bildungs- und Erlebnisraum zu ermöglichen, in dem sie Erfahrungen mit Gleichaltrigen machen und soziales Lernen einüben können. Nach Meinung der Bundesregierung sollte daher »jedes Kind dieser Altersgruppe die Möglichkeit haben ..., einen Kindergarten zu besuchen« (Reg-E, S. 58).

Der neue § 24 KJHG eröffnet diese Möglichkeit, stellt aber auch Länder und Gemeinden vor ungeheure finanzielle Probleme. Zunehmend wird die Gefahr erkennbar, daß Jugendhilfemittel überwiegend zur Realisierung dieses Anspruchs verwendet werden. Angesichts der schwierigen Probleme gerade älterer Jugendlicher in unserer Gesellschaft kann diese Konsequenz nicht erwünscht sein.

Rahmenregelung

In § 22 KJHG werden die Tageseinrichtungen für Kinder definiert und die Grundsätze der Förderung der Kinder in Kindergärten geregelt. § 23 KJHG legt die Grundsätze für die Tagespflege fest. Am bedeutsamsten ist hier, daß Tagespflege nun auch im Haushalt des Kindes stattfinden kann und die Pflegegelder einheitlich geregelt werden können. Zudem wird die Tagespflege in weiten Bereichen erlaubnisfrei sein (vgl. unten 7.4).

Tagespflege

Durch § 26 KJHG werden die Länder beauftragt, das Nähere über Inhalt und Umfang der Kindertagesbetreuung in eigener Verantwortung zu regeln. Die meisten Länder sind diesem Auftrag durch Ausführungsgesetze zum KJHG nachgekommen (eine Übersicht zum Stand der Gesetzgebung im Frankfurter Kommentar, 1993, Rdn. 7 zu § 26).

Landesrecht

7.3.4 Hilfen zur Erziehung

In dem Abschnitt »Hilfen zur Erziehung« werden die auf die einzelne Familie bezogenen erzieherischen Hilfen zusammengefaßt und grundlegend neu geordnet. »Hier sind die klassischen Aufgabenfelder der Jugendhilfe angesiedelt und hier werden der wahre Charakter des Gesetzes bzw. seine Grundintention am deutlichsten erkennbar« (*Späth*, Die Hilfen zur Erziehung in:, *Wiesner/Zarbock*, 1991, S. 91).

klassiche Aufgabenfelder der Jugendhilfe

Die wichtigsten Hilfen zur Erziehung außerhalb der eigenen Familie sind und waren die Heimunterbringung und die Pflegefamilie. In der Tradition der Jugendhilfe waren diese Hilfeformen als gegen eine versagende Familie gerichtet verstanden worden. Der Staat nahm die Kinder aus der Familie, wenn dort die Zustände nicht mehr erträglich waren. Das damit verbundene polizei- und ordnungsrechtliche Denken des JWG wird durch die neuen Hilfen zur Erziehung abgelöst (vgl. Reg-E, S. 64). An seine Stelle tritt ein ausdifferenziertes System von Hilfs- und Unterstützungsleistungen für belastete Familien, die ihre Krisen und Konflikte nicht mehr allein bewältigen können. Die Hilfen zur Erziehung drücken Grundgedanken eines modernen Leistungsrechts in der Jugendhilfe aus: frühzeitige, nicht diskriminierende Unterstützung von Familien, Freiwilligkeit statt Eingriff und partnerschaftliche Zusammenarbeit mit den Betroffenen, ein dezentrales, ortsnahes Angebot

ausdifferenziertes System von Hilfeleistungen

von Jugendhilfeleistungen, das die Barriere zwischen ambulanten und stationären Hilfen zugunsten eines auf den Einzelfall bezogenen differenzierten Hilfesystems abbaut.

7.3.4.1 Grundsätze

Konzentration auf der örtlichen Ebene: Eine der Grundforderungen in der langen Reformdiskussion um das neue Jugendhilferecht war seit jeher, das zweispurige System der erzieherischen Hilfen bei der Heimerziehung und der Pflegefamilie, also bei den Hilfen außerhalb des Elternhauses, aufzuheben. Nach diesem System war das Landesjugendamt (oder ein vergleichbarer überörtlicher Träger) zuständig für die öffentliche Erziehung, also die Freiwillige Erziehungshilfe und die Fürsorgeerziehung, während das Jugendamt die Hilfen zur Erziehung nach §§ 5, 6 JWG, die nicht in das Erziehungsrecht der Eltern eingriffen, erbrachte. Nachdem die Fürsorgeerziehung durch die Änderung des § 1666 BGB und die dazu ergangene Rechtsprechung seit dem Ende der 60er Jahre immer mehr an Bedeutung verlor und auch die Freiwillige Erziehungshilfe in der Tendenz rückläufig war, erwies sich die Unterscheidung zwischen den beiden Hilfesystemen zunehmend als künstlich. In den Heimen waren Unterschiede zwischen denjenigen Kindern, die aufgrund öffentlicher Erziehung und denjenigen, die nach §§ 5, 6 JWG untergebracht waren, häufig nicht zu erkennen. Der ursprünglich angestrebte »Verschärfungszusammenhang« (Reg-E, S. 63) zwischen den Hilfen nach §§ 5, 6 JWG, der Freiwilligen Erziehungshilfe und der Fürsorgeerziehung bestand faktisch nicht mehr, geeignete fachliche und rechtliche Abgrenzungskriterien fehlten. So wurde die Frage, ob öffentliche Erziehung oder Hilfeleistung nach §§ 5, 6 JWG gewährt wurde, vielfach zu einem Problem der Kostenträgerschaft. Dies führte zu Streitigkeiten zwischen der örtlichen und der überörtlichen Ebene, der Hilfeprozeß wurde unnötig verzögert, die Belange der Kinder und ihrer Eltern gerieten aus dem Blickfeld (vgl. zum ganzen Reg-E, S. 63).

frühere Rechtslage

keine geeigneten Abgrenzungskriterien

Mit der Verlagerung aller Hilfen zur Erziehung auf das örtliche Jugendamt hat der Gesetzgeber hier ein deutliches Signal für Bürgernähe des Leistungsangebotes der Jugendhilfe gesetzt. Er hat damit dem Jugendamt »einen erheblichen Gestaltungs- aber auch Verantwortungszuwachs« (*Späth* in: *Wiesner/Zarbock*, 1991, S. 92) gebracht, der spätestens nach Ablauf der Übergangsfristen neue Überlegungen erfordern wird.

Verlagerung der Hilfen zur Erziehung auf die örtliche Ebene

Diese an sich positive Tendenz muß aber auch in ihrer Auswirkung kritisch gesehen werden. Das örtliche Jugendamt muß nun die gesamten Kosten im Bereich der Hilfen zur Erziehung übernehmen, also auch Hilfen finanzieren, die in ihrer

Auswirkungen für die Kostenübernahme

Komplexität und Kostenintensität eher zu einem überörtlichen Träger passen, der es gewohnt ist, in größeren finanziellen Dimensionen zu denken. Es wird Aufgabe der Jugendhilfe sein, durch die offensive Vertretung konzeptioneller Vorstellungen auch örtliche Kämmerer von der Notwendigkeit kostenintensiver Leistungen zu überzeugen. Nur so werden sich Ungleichgewichte (z. B. Stadt-Land-Gefälle) bei den Hilfen zur Erziehung vermeiden lassen. Darüber hinaus wird die Kompetenz des überörtlichen Trägers durch seine Beratungsaufgaben bei der Gewährung der Hilfe zur Erziehung im Bereich der Fremdplazierungen (§ 85 Abs. 2 Ziff. 5 KJHG) auch weiterhin zu nutzen und gegenüber der örtlichen Ebene einzusetzen sein (vgl. dazu *Gernert*, Heimerziehung nach dem neuen KJHG, Jugendwohl, 1990, S. 4 ff.).

Beratungsaufgabe des überörtlichen Trägers

Freiwilligkeit statt Eingriff: Sowohl bei den Voraussetzungen als auch bei der Ausgestaltung der Hilfen zur Erziehung setzt der Gesetzgeber konsequent auf Freiwilligkeit und Kooperation mit den Beteiligten statt auf Eingriff. Unterhalb der Schwelle des § 1666 BGB maßt sich der Staat in der Form der Jugendhilfe kein eigenes, von den Eltern unabhängiges Erziehungsrecht an (vgl. Reg-E, S. 65). Deshalb sind Anspruchsberechtigte auch nicht die Kinder oder Jugendlichen, sondern ausschließlich die Erziehungsberechtigten (vgl. § 27 KJHG). Ohne ihre (wie auch immer rechtlich und faktisch ausgestaltete) Mitwirkung kann Hilfe zur Erziehung weder gewährt noch durchgeführt werden. Vor allem im Bereich der Hilfen, die außerhalb des Elternhauses gewährt werden, erfordert dies einen grundlegenden Perspektivenwechsel. Schon der Entscheidungsprozeß bei der Einleitung der Hilfe kann nicht ohne die Eltern stattfinden, sie sind zu beraten und auf die Konsequenzen der Hilfe zur Erziehung hinzuweisen (§ 36 Abs. 1 KJHG). Bei der Auswahl der Hilfeart und der konkreten Einrichtung haben sie (im Rahmen vertretbarer Mehrkosten) ein Wunsch- und Wahlrecht. Die Eltern sind auch während der Durchführung der Hilfe Partner der »öffentlichen« Erziehungsträger und nicht deren Gegner. Dies bedingt eine neue und veränderte Form von Elternarbeit insbesondere in Pflegefamilien und Heimen. Diese haben nach der Konzeption des Gesetzgebers in erster Linie die Aufgabe, die Familie zu unterstützen und zu ergänzen, nicht aber sie zu ersetzen. Auch wenn eine Zusammenarbeit mit der Familie nicht mehr möglich erscheint, sind die Eltern an der Erarbeitung anderer Perspektiven zu beteiligen (vgl. § 37 Abs. 2 KJHG).

Kooperation mit den Beteiligten

Erziehungsberechtigte sind Leistungsempfänger

Perspektivenwechsel

Eltern und Partner der Erziehungsträger

Der gesetzgeberische Auftrag zur Kooperation erstreckt sich bis hinein in den Umgang mit personenbezogenen Daten, der in allen wesentlichen Punkten von der Mitwirkungsbereitschaft der Eltern abhängt (vgl. im einzelnen unten 7.5.2).

Gleichwertigkeit aller Hilfen zur Erziehung: Das alte JWG war gekennzeichnet durch einen tiefen Gegensatz zwischen den ambulanten oder auf Freiwilligkeit beruhenden stationären individuellen Erziehungshilfen, die aus §§ 5, 6 JWG hergeleitet wurden, und der öffentlichen Erziehung in der Freiwilligen Erziehungshilfe und der Fürsorgeerziehung. Waren diese gesetzlich bis ins einzelne durchnormiert, so galt für die gesamte Palette der anderen Erziehungshilfen lediglich die »völlig unzureichende, weil zu unbestimmte« (Reg-E, S. 64) Generalklausel der §§ 5, 6 JWG. In dieser Generalklausel war das Hilfesystem, das die Jugendhilfepraxis von der Sozialpädagogischen Familienhilfe bis zur sozialen Gruppenarbeit und einer ausdifferenzierten Heimerziehung in Tagesgruppen entwickelt hatte, nicht mehr erkennbar. Es war eine Situation entstanden, in der der überwiegende Teil der Tätigkeit des Jugendamts nicht im Gesetz geregelt war, während die in der Praxis zunehmend unbedeutenden öffentlichen Erziehungsmaßnahmen in einer Reihe von Vorschriften ausformuliert waren. Hieraus folgte ein Leistungsgefälle zwischen solchen Jugendämtern, die sich darauf beschränkten, die »notwendigen« gesetzlich vorgesehenen Erziehungshilfen (z. B. Heimerziehung, Pflegefamilie) anzubieten und solchen, die ein kostenintensives Angebot ambulanter Hilfen bereitstellten. Weithin bestand auch der Eindruck, lediglich zur Gewährung von Freiwilliger Erziehungshilfe und Fürsorgeerziehung seien die Jugendämter verpflichtet, während ambulante Hilfen freiwilliger Natur und von der jeweiligen Haushaltslage abhängig seien.

bisher lediglich Generalklausel

Leistungsgefälle zwischen den Jugendämtern

Katalog der Hilfearten

Deshalb hat der Gesetzgeber in einem »Katalog« die bereits in der Jugendhilfepraxis eingeführten Hilfearten in den §§ 28 bis 35 a KJHG beispielhaft (vgl. § 27 Abs. 2 KJHG: »insbesondere«) aufgeführt und damit die bisherige Generalklausel durch Angebotsnennungen konkretisiert (Frankfurter Kommentar, 1993, Rdn. 9 Vorb. zu § 27).

Anspruch auf alle Hilfen

Damit ist zunächst klargestellt, daß auf diese Hilfen bei Vorliegen der Voraussetzungen ebenso ein Rechtsanspruch besteht wie bei den stationären Hilfen. Durch die konkrete gesetzliche Benennung sind die Jugendämter nun auch verpflichtet, entsprechende Angebote zu machen. Der bisherige »rechtsfreie Raum« (Reg-E, S. 64) im Bereich der ambulanten Hilfen ist durch ein rechtsstaatlich ausformuliertes Hilfeinstrumentarium abgelöst worden. Aufgabe der Länder ist es, für einen gleichmäßigen Ausbau der erforderlichen Dienste und Einrichtungen zu sorgen (vgl. § 82 Abs. 2 KJHG; zu den damit verbundenen Problemen vgl. *Späth* in: *Wiesner/Zarbock*, 1991, S. 95). Nach der Konzeption des Gesetzgebers besteht zwischen den ambulanten und stationären Hilfen zur Erziehung

keine Rangfolge zwischen den Hilfen

keine Rangfolge. Es ist also möglich, bei einem entsprechenden Erziehungsdefizit sofort z. B. die intensive sozialpädagogische Einzelbetreuung (§ 35 KJHG) zu gewähren, ohne die jeweils vorhergehenden (evtl. kostengünstigeren) Hilfen »auszuprobieren« zu müssen (*Kunkel*, Leistungsverpflichtungen und Rechtsansprüche im neuen Kinder- und Jugendhilfegesetz, ZfJ, 1991, S. 149; *Lakies*, ZfJ, 1991, S. 29).

Verhältnismäßigkeitsprinzip nicht direkt anwendbar

Da es sich bei den Hilfen zur Erziehung nicht um einen Eingriff, sondern um eine Leistung handelt, kann sich eine Rangfolge der Hilfen auch nicht aus dem Verhältnismäßigkeitsprinzip ergeben, das hier zumindest nicht direkt anwendbar ist. Die Vorschrift des § 1666 a BGB, nach der Maßnahmen, die eine Trennung des Kindes von der Familie mit sich bringen, nachrangig gegenüber anderen öffentlichen Hilfen sind, gilt nur für das Vormundschaftsgericht. Allerdings wird zu Recht darauf hingewiesen (Frankfurter Kommentar, 1993, Rdn. 15 zu § 27), daß Hilfen außerhalb der Familie mit weitreichenden Folgen für das soziale Umfeld des Betroffenen verbunden sind. Dies spricht dafür, ambulanten Hilfen den Vorrang vor stationären zu geben. Gesichtspunkt ist hier aber nicht eine rechtliche oder finanzielle Stufenfolge, sondern die pädagogisch-fachliche Überlegung, welche Hilfen im allgemeinen eher geeignet sein werden, problematische Erziehungssituationen zu überwinden.

7.3.4.2 Systematik der Hilfen zur Erziehung

Der Abschnitt »Hilfen zur Erziehung« ist im KJHG folgendermaßen systematisch aufgebaut:

- § 27 Grund- und Anspruchsnorm; gilt für die nachfolgenden Hilfen und deren Umfang
- §§ 28–35 Aufzählung der einzelnen Hilfearten mit deren wesentlichen charakteristischen Merkmalen
- §§ 36–38 Qualifizierung des Entscheidungsprozesses bei der Hilfegewährung; Hilfeplan; Zusammenarbeit mit den Personensorgeberechtigten
- §§ 39/40 Unterhaltsleistungen und Krankenhilfe
- § 41 Hilfe für junge Volljährige

Eingeordnet ist dieser Abschnitt in das übergreifende Zweite Kapitel: Leistungen der Jugendhilfe. Vorher führt der Gesetzgeber die oben besprochenen Abschnitte auf.

Vorrang der Prävention

Mit dieser Systematik verdeutlicht das KJHG zunächst den Vorrang der präventiv orientierten Leistungsbereiche der Jugendhilfe gegenüber den einzelfallorientierten Hilfeangeboten (vgl. *Späth* in *Wiesner/Zarbock*, 1991, S. 94). Allerdings sind diese Hilfeangebote als individuelle Anspruchsnormen mit einem ungleich höheren Verbindlichkeitsgrad ausgestattet als die eher allgemein formulierten Präventivangebote (vgl. oben 7.2.1).

Dadurch entsteht das Problem, ob als »Hilfen zur Erziehung« lediglich die in den §§ 28 bis 35a KJHG angesprochenen Hilfearten zu verstehen sind (so *Kunkel*, ZfJ, 1991, S. 148) oder ob der Begriff »insbesondere« in § 27 Abs. 2 KJHG als »Öffnungsklausel« zu verstehen ist, mit der Folge, daß auch im KJHG anderweitig angesprochene Angebote (z. B. Familienerholung, Beratungsangebote etc.) als Hilfen zur Erziehung in Frage kommen (so Frankfurter Kommentar, 1993, Rdn. 12 zu § 27; *Münder*, Anspruch auf Leistungen im Jugendhilferecht, ZfJ, 1991, S. 285 (291)). Wortlaut des § 27 KJHG und Systematik des KJHG lassen nur die erste Auslegung zu: Leistungen aus einem anderen Abschnitt können nicht Hilfen zur Erziehung sein, weil sie in ihren Voraussetzungen und Rechtsfolgen unterschiedlich sind. Das Wort »insbesondere« bedeutet nur, daß bisher nicht gekannte Hilfen als Hilfen zur Erziehung gewährt werden können, »schließt aber schon im KJHG geregelte Leistungen aus« (so *Kunkel*, ZfJ, 1991, S. 148).

Hilfen zur Erziehung sind spezieller als präventive Leistungen

Die Hilfen zur Erziehung stehen zu den Leistungen der §§ 11 bis 21 KJHG in einem Verhältnis der Spezialität. »Soweit die Hilfe zur Erziehung auch die in diesen Vorschriften enthaltenen Leistungen abdeckt, hat sie als die präzisere und weiter gehende Hilfe den Vorrang; in anderen Fällen können in einer Person mehrere Leistungsangebote nebeneinander erbracht werden« (so *Schellhorn*, Jugendhilferecht, S. 22).

schwierige Abgrenzungsprobleme

Damit ergeben sich in der Praxis schwierige Abgrenzungsprobleme: Wie ist Beratung in Partnerschaftskrisen (§ 17 KJHG) abzugrenzen von der Erziehungsberatung (§ 28 KJHG)? Können Eltern, denen keine Tagespflege (§§ 23, 24 KJHG) vermittelt werden konnte, nun unter Berufung auf die §§ 27 und 32 KJHG einen Anspruch auf einen Platz in einer Tagesgruppe geltend machen (vgl. dazu *Späth* in: *Wiesner/Zarbock*, 1991, S. 95)?

Diese und andere Fragestellungen sind für die Praxis um so brisanter, als die jeweiligen Leistungen mit unterschiedlichen Kostenfolgen bei der Heranziehung der Hilfeempfänger verbunden sind (vgl. §§ 90 ff. KJHG). Es wird darauf ankommen, unter dem Gesichtspunkt der Einheit der Jugendhilfe konzeptionelle Abgrenzungen und Verbindungen zwischen den einzelnen Leistungen zu finden, um sowohl Mißbrauch als auch ungerechtfertigte Kostenverlagerungen zu vermeiden.

7.3.4.3 Entscheidung über die Gewährung von Hilfen zur Erziehung

Voraussetzungen für den Anspruch auf Hilfe

Nach § 27 Abs. 1 KJHG hat ein Personensorgeberechtigter bei der Erziehung eines Kindes unter drei Voraussetzungen Anspruch auf Hilfe:
- eine dem Wohl des Kindes entsprechende Erziehung ist nicht gewährleistet (Erziehungsdefizit),
- die Hilfe ist für die Erziehung des Kindes geeignet und notwendig.

unbestimmte Rechtsbegriffe

Bei diesen Begriffen handelt es sich um sog. unbestimmte Rechtsbegriffe auf der Tatbestandsseite einer Norm. Rechtstheoretisch betrachtet sind unbestimmte Rechtsbegriffe dadurch gekennzeichnet, daß bei ihrer Auslegung und Anwendung auf den Sachverhalt höchstpersönliche Wertungen des jeweiligen Rechtsanwenders notwendig sind. Allerdings führt diese Unbestimmtheit nicht zu einer gleichberechtigten Wahl zwischen mehreren rechtmäßigen Alternativen, wie das beim Rechtsfolgeermessen der Fall ist, sondern die Anwendung eines unbestimmten Rechtsbegriffs führt zu einem bestimmten, »richtigen« Ergebnis (kritisch zur Vorstellung einer einzig richtigen Entscheidung oben 2.2.3.3). Der Rechtsanwender muß also entscheiden, ob der unbestimmte Rechtsbegriff auf den vorliegenden Sachverhalt anwendbar ist oder nicht.

Bedeutung der Normstruktur

Diese hier nur kurz skizzierte (und unkritisert dargestellte) Einschätzung hat für die in Rede stehenden unbestimmten Rechtsbegriffe weitreichende Bedeutung. Zunächst bedeutet dies, daß bei jeder Hilfe zur Erziehung alle drei Voraussetzungen auf ihre Anwendbarkeit hin kumulativ geprüft werden müssen. Eine Trennung in das »ob« der Hilfe, bezogen auf das Erziehungsdefizit, und das »wie«, bezogen auf die Frage, welche Hilfe geeignet und notwendig ist, wie sie *Münder* (ZfJ, 1991, 289) vornimmt, ist deshalb abzulehnen. Die Vorstellung, daß ein Erziehungsdefizit abstrakt festgestellt wird und dann im Rahmen der §§ 28 bis 35 a KJHG wie bei einer Ermessensentscheidung die angemessene Hilfe herausgesucht wird, widerspricht der Gesetzessystematik des § 27 KJHG. Erst im Zusammenwirken aller drei Tatbestandsmerkmale kann die im Einzelfall »richtige« Hilfe herausgefunden werden. Dabei bestimmt die Art des Erziehungsdefizits ganz wesentlich die Eignung und Notwendigkeit der jeweiligen Hilfe (so auch Frankfurter Kommentar, 1993, Rdn. 9 zu § 27).

Zusammenwirken aller Tatbestandsmerkmale

Die Begriffe in § 27 KJHG sind zwar ihrem Wesen nach nicht abstrakt bestimmbar, dies bedeutet aber nicht, daß sie »beinahe willkürlichen Interpretationen und Auslegungen zugänglich« (*Späth* in: *Wiesner/Zarbock*, 1991, S. 96) sind. Hier wird ein unter sozialen Fachkräften weit verbreitetes Vorurteil unreflektiert weitergegeben: wenn es darauf ankomme, sei das Recht ja doch schwammig, es fehle ihm die notwendige Eindeutigkeit. Dabei wird nicht genügend berücksichtigt, daß die rechtlichen Freiräume in § 27 KJHG (wie auch im übrigen Rechtssystem) keineswegs mit Willkür gleichzusetzen sind.

Freiräume des § 27 nicht Willkür

Die Anwendung unbestimmter Rechtsbegriffe wird kontrolliert durch die Methodik der Rechtsanwendung, durch die Transparenz und Nachvollziehbarkeit der Entscheidungsbegründung, durch Anhörung und Akteneinsicht der Betroffenen sowie letztlich durch gerichtliche Nachprüfung (skeptisch zum letzten *Salgo* in: *Wiesner/Zarbock*, 1991, S. 133). Im übrigen ist Eindeutigkeit im Recht eine nicht zu realisierende Vorstellung, denn jede Rechtsnorm ist als sprachliche Gestalt prinzipiell mehreren Deutungen zugänglich. Festzuhalten bleibt: Die tatbestandlichen Voraussetzungen des § 27 KJHG sind ohne persönliche, subjektive Wertungen des Rechtsanwenders nicht auszulegen und anzuwenden. Sie fordern allerdings eine Entscheidung darüber, welche Hilfe im konkreten Fall beansprucht werden kann.

Voraussetzungen des § 27 ohne Wertung nicht zu ermitteln

In der Logik der Konzeption des KJHG hat der Gesetzgeber mit § 36 KJHG eine Regelung geschaffen, die diese Entscheidung nicht einer Fachkraft überantwortet, sondern den Entscheidungsvorgang in mehrfacher Hinsicht qualifiziert. Damit hat der Gesetzgeber deutlich gemacht, wo er die Lösung der von Späth kritisierten Unbestimmtheit der Voraussetzungen des § 27 KJHG sieht: nicht in einer (doch nicht zu erreichenden) Eindeutigkeit des Gesetzestextes, sondern in einem aufwendigen Verfahren, das viele Gesichtspunkte in den Entscheidungsprozeß zwingend einfügt.

Qualifizierung des Entscheidungsvorgangs

§ 27 KJHG muß deshalb in direktem Zusammenhang mit § 36 KJHG gesehen werden. Das in § 36 KJHG vorgesehene Verfahren bestimmt in wesentlichen Punkten die inhaltliche Auslegung der Voraussetzungen für die Gewährung von Hilfe zur Erziehung.

Verfahren bestimmt die Auslegung

Die Vorschrift des § 36 KJHG bietet jedoch Anlaß zu einer Reihe von Mißverständnissen. Es ist deshalb notwendig, sie im Blick auf § 27 KJHG genau zu analysieren. Nach § 36 Abs. 1 S. 1 KJHG sind der Personensorgeberechtigte und das Kind oder der Jugendliche vor ihrer Entscheidung über die Inanspruchnahme einer Hilfe zur Erziehung … zu beraten und auf die möglichen Folgen für das Kind … hinzuweisen. Bei genauer Betrachtung setzt dieser Satz voraus, daß die Vorentscheidung, welche Hilfe gewährt wird, bereits gefallen ist. Anders hätte die Formulierung der »Inanspruchnahme« und der Hinweis auf die »möglichen Folgen« keinen Sinn. Erst wenn die konkrete Hilfeart feststeht, können auch deren Folgen bedacht werden. Andererseits kann diese Entscheidung der

Analyse des Entscheidungsverfahrens

Fachkräfte auch nicht endgültig sein, denn es liegt bei den Personensorgeberechtigten (und dem Kind?), ob sie diese Hilfe auch in Anspruch nehmen.

Vorschlag des Jugendamts

Es liegt also nahe, von einem begründeten Vorschlag des Jugendamts auszugehen, der von den Personensorgeberechtigten (nicht unbedingt den Eltern) angenommen oder abgelehnt wird. Diese Entscheidung kann jedoch zufriedenstellend nur getroffen werden, wenn die Personensorgeberechtigten sich der Konsequenzen vollauf bewußt sind. Deshalb legt der Gesetzgeber auf die Beratung so viel Wert, von der der Erfolg der ganzen Hilfeleistung abhängig sein kann (vgl. Reg-E, S. 70). Dies gilt insbesondere, wenn mit der Hilfe auch intensive Eingriffe in das Familiengeschehen verbunden sind. So ist die Einleitung einer Familienpflege nach dem KJHG wohl nicht mehr denkbar, ohne daß die Eltern auf die Bindungen hingewiesen werden, die ihre Kinder in der neuen Familie knüpfen, und hinsichtlich des Risikos für ihre eigene soziale Elternschaft beraten werden. In der Konsequenz dieses Gedankens liegt die Beratungspflicht für diejenigen Fälle, in denen eine Adoption in Betracht kommt (§ 36 Abs. 1 S. 2 KJHG). Bei Fremdplazierungen sind zudem die Personensorgeberechtigten und das Kind bei der Auswahl des Heimes oder der Pflegefamilie zu beteiligen, und es ist ihren Wünschen zu entsprechen, wenn nicht unverhältnismäßige Mehrkosten entstehen. Auch hier muß aber eine Vorentscheidung über die Hilfegewährung schon getroffen sein, denn sonst hätte die Ausübung des Wunschrechts keinen Sinn. Wie die eigentliche Entscheidung über die Hilfe zur Erziehung zustande kommt, regelt § 36 Abs. 2 S. 1 KJHG. Danach »soll, wenn die Hilfe zur Erziehung voraussichtlich für längere Zeit zu leisten ist, (die Entscheidung) im Zusammenwirken mehrerer Fachkräfte getroffen werden«. Die Fachkraft im Jugendamt, die eine Hilfeart in Betracht zieht, muß also entscheiden, ob es erforderlich ist, daß ein Teamgespräch stattfindet, oder ob eine solche Maßnahme nicht notwendig ist. Als Zeitraum, ab dem eine Teamsitzung erforderlich wird, wird in der Literatur die Dauer von drei Monaten angegeben (Frankfurter Kommentar, 1993, Rdn. 7 zu § 36). Die Zusammensetzung des Teams ist im Gesetz nicht geregelt, es gibt aber vielfache Erfahrungen mit sog. »Erziehungskonferenzen«, »Beratungsgruppen« u. ä., auf die die Praxis in den Jugendämtern zurückgreifen kann.

Beratung

Wunsch- und Wahlrecht

Teamentscheidung

Nach Abschluß des Entscheidungsprozesses und der Entscheidung über die Inanspruchnahme der Hilfe durch die Eltern soll als »Grundlage für die Ausgestaltung« der Hilfe zusammen mit den Personensorgeberechtigten, dem Kind und u. U. auch schon mit den Mitarbeitern der aufnehmenden Einrichtung (vgl. § 36 Abs. 2 S. 3 KJHG) ein Hilfeplan aufgestellt

Hilfeplan

werden. Dieser Hilfeplan enthält mindestens folgende Elemente:
- Feststellungen über den erzieherischen Bedarf;
- die zu gewährende Art der Hilfe;
- die notwendigen Leistungen.

Anforderungen an den Hilfeplan

Dabei handelt es sich nur um das vom Gesetzgeber geforderte Minimum. Soll der Hilfeplan seinen Zweck erfüllen, wird er sehr viel detailliertere Angaben enthalten müssen (z. B. über die voraussichtliche Dauer der Hilfe, über die Erwartungen an die Eltern und die aufnehmende Einrichtung bei Fremdplazierungen, über das Ziel der Hilfe, über die Verantwortlichen für die Durchführung der Hilfe, über Art und Intensität der Zusammenarbeit und Informationsübermittlung während der Hifleleistung z. B. zwischen Heim, Jugendamt und Eltern, bei Pflegefamilien über die Besuchshäufigkeit etc., vgl. den ausführlichen Hilfeplan für eine Fremdplazierung bei *Salgo*, Die Regelung der Familienpflege im Kinder- und Jugendhilfegesetz in: *Wiesner/Zarbock*, 1991, S. 132 f.).

Überprüfung

Ablaufschema

Der Hilfeplan soll dann regelmäßig (halbjährlich, höchstens jährlich) überprüft werden, um die Hilfe evtl. den geänderten Verhältnissen anpassen zu können. Will man diesen komplexen Entscheidungsvorgang in einem Ablaufschema idealtypisch darstellen, so würde das folgendermaßen aussehen:

Anlaß/Problem wird erkannt (kein Antrag erforderlich)
SozPäd/SozArb schlägt in einem Bericht Hilfe bei längerer Hilfe: Teamentscheidung, welche Hilfe
Eltern und Kinder werden mit den entwickelten und begründeten Vorstellungen des Jugendamts vertraut gemacht, beraten und auf mögliche Konsequenzen hingewiesen
Eltern/Personensorgeberechtigte entscheiden, ob sie die Hilfe in Anspruch nehmen wollen, machen ihr Wunsch- und Wahlrecht geltend
endgültige Entscheidung über die Hilfegewährung
gemeinsame Aufstellung eines Hilfeplans zur Ausgestaltung der Hilfe
Durchführung der Hilfe und regelmäßige Überprüfung, ob die Hilfe noch notwendig und angemessen ist

Umsetzung

Die Jugendämter werden in der Umsetzung des KJHG Organisationsmodelle für diesen aufwendigen Entscheidungsprozeß entwickeln müssen (dazu *Schimke*, Der Hilfeplan als Teil eines rechtsstaatlichen Entscheidungsprozesses, in: ISA (Hrsg.), Hilfeplanung und Betroffenenbeteiligung, 1993, S. 26 ff.) Besonderes Augenmerk wird dabei zu legen sein auf

- den anspruchsbegründenden Bericht der sozialen Fachkraft,
- die Zusammensetzung des Teams,
- die Dokumentation des Beratungsverfahrens,
- die Ausgestaltung des Hilfeplans und dessen regelmäßige Überprüfung.

Dieses Verfahren der Entscheidungsfindung scheint aufwendig zu sein, ist aber notwendig, um eine optimale Beteiligung der Betroffenen entsprechend der Grundkonzeption des KJHG zu erreichen. Zudem ist es erheblich aufwendiger und mit teils dramatischen Folgen insbesondere für Kinder verbunden, wenn Hilfen zur Erziehung abgebrochen werden müssen. Im übrigen liegen anspruchsvolle Verfahrensgestaltungen im »Trend« der modernen Gesetzgebung, sowohl im sozialen Bereich (vgl. nur das neue Betreuungsrecht) als auch in anderen gesellschaftlichen Bereichen (etwa im Umweltschutzrecht). Der Gesetzgeber ist sich zunehmend bewußt, daß Grundanliegen unserer Rechtsordnung eher durch Verfahrensgarantien verwirklicht werden als durch materiellrechtliche Bewertungen. Der Respekt des KJHG vor dem Willen der Betroffenen und die Anerkennung ihrer Subjektstellung im Verfahren sind hierfür ein gutes Beispiel.

aufwendige Verfahrensgestaltung im Interesse der Betroffenen

Anerkennung der Subjektstellung

Verwaltungsrechtlich gesehen handelt es sich bei der Entscheidung über eine Hilfe zur Erziehung um einen mitwirkungsbedürftigen, begünstigenden Verwaltungsakt, auf dessen Erlaß bei Vorliegen der Voraussetzungen des § 27 Abs. 1 KJHG ein Anspruch besteht. Die Rechtmäßigkeit dieses Verwaltungsakts kann im Widerspruchsverfahren und verwaltungsgerichtlich nachgeprüft werden. Angesichts des komplexen Entscheidungsprozesses des § 36 KJHG stellt sich jedoch die Frage der richterlichen Kontrolldichte. Grundsätzlich prüfen die Verwaltungsgerichte die Auslegung und Anwendung unbestimmter Rechtsbegriffe uneingeschränkt nach. Nur bei einigen Fallgruppen (Prognoseentscheidungen, Prüfungsentscheidungen, andere unvertretbare Entscheidungen) räumen sie der rechtsanwendenden Behörde einen unüberprüfbaren Freiraum, den sog. »Beurteilungsspielraum« ein.

begünstigender Verwaltungsakt

Zwar hat die Entscheidung über die Hilfe zur Erziehung auch prognostischen Charakter, ein Beurteilungsspielraum ist aber dennoch abzulehnen (anderer Meinung ist *Kunkel*, ZfJ, 1991, S. 148). Zu Recht wird darauf hingewiesen, daß in der Jugendhilfe nach bisherigem Recht von einem völligen Ausfall richterlicher Kontrolle gesprochen werde (*Salgo* in: *Wiesner/Zarbock*, 1991, S. 134). Es wäre fatal, wenn dieser Mangel durch das neue KJHG unter der problematischen Rechtsfigur des Beurteilungsspielraums legitimiert würde. Eine so massive Veränderung des Familiengeschehens, wie vor allem die mit

kein Beurteilungsspielraum der Behörde

der Trennung von der Familie verbundenen Hilfen sie darstellen, kann nicht ohne richterliche Kontrolle bleiben. Mit einem Beurteilungsspielraum ebenfalls nicht vereinbar ist auch das Anweisungsrecht des Vormundschaftsgerichts gegenüber dem Jugendamt in Ausführung des § 1666 a BGB. Da die Personensorgeberechtigten einen Anspruch auf Hilfe zur Erziehung haben, »kann der Vormundschaftsrichter die tatbestandlichen Voraussetzungen (des § 27 KJHG) eigenverantwortlich und mit Bindungswirkung für das Jugendamt beurteilen und die Leistung gegebenenfalls anordnen« (*Coester*, Die Bedeutung des KJHG für das Familienrecht, FamRZ, 1991, S. 253, 260).

keine abstrakte Definition der Voraussetzungen für Hilfe zur Erziehung

Nach alledem muß festgehalten werden, daß eine abstrakte Definition der Begriffe »Erziehungsdefizit«, »geeignet« und »notwendig« nicht hilfreich und zum Teil auch nicht möglich ist. Ob diese Begriffe im konkreten Fall vorliegen, ist im Laufe des komplizierten Entscheidungsverfahrens festzustellen. Uneingeschränkt gilt diese Aussage für die Begriffe der »Eignung« und der »Notwendigkeit« der Hilfe. Der Begriff des »Erziehungsmangels« ist in seinen Konturen jedoch bereits durch Rechtsprechung vorgeprägt. Wichtig ist in diesem Zusammenhang, daß es nur darauf ankommt, daß »eine defizitäre Situation der Kinder gegeben ist, nicht aber darauf, ob die Eltern diese Situation vorwerfbar herbeigeführt haben«

Erziehungsdefizit

(*Kunkel*, ZfJ, 1991, S. 149). Ein Erziehungsdefizit kann also auch durch frei gewählte Verhaltensweisen (z. B. Studium, Beruf) herbeigeführt werden. Die in den meisten Fällen wohl unbegründete Sorge vor dem Mißbrauch staatlicher Leistungen kann durch den Verweis auf die Kostenfolgen der Hilfe zur Erziehung ausgeräumt werden (vgl. dazu auch *Späth* in: *Wiesner/Zarbock*, 1991, S. 98 f.).

7.3.4.4 Die Hilfearten

Das KJHG führt in den §§ 28 bis 35 a die einzelnen Hilfen zur Erziehung auf. Dabei werden die Hilfen weder in eine Rangordnung gebracht (vgl. oben 7.3.4) noch gibt es eine Unterscheidung zwischen ambulanten und stationären Hilfen. Mit dieser Darstellungsweise verdeutlicht der Gesetzgeber

Gleichrangigkeit aller Hilfen

die prinzipielle Gleichrangigkeit und Gleichwertigkeit aller Hilfen (vgl. oben 7.3.4.1). Dennoch ist es sinnvoll, zwischen ambulanten und stationären Hilfen zu unterscheiden. Für

Ambulante Hilfen

die ambulanten Hilfen ist charakteristisch (nach *Späth* in *Wiesner/Zarbock*, 1991, S. 107), »daß

- der bisherige Lebensmittelpunkt des betreuten Kindes erhalten bleibt,
- die Familie und das nähere soziale Umfeld in die Hilfe mit einbezogen werden kann,

- eine einzelfallbezogene Entscheidung die Grundlage für die Hilfegewährung abgibt und
- die Hilfe in der Regel von qualifizierten Fachleuten angeboten wird.«

Deshalb gehören zu den ambulanten Hilfen
- die Erziehungsberatung (§ 28 KJHG),
- die soziale Gruppenarbeit (§ 29 KJHG),
- der Erziehungsbeistand und Betreuungshelfer (§ 30 KJHG),
- die sozialpädagogische Familienhilfe (§ 31 KJHG),
- die Tagesgruppe (§ 32 KJHG).

Auch das betreute Wohnen (§ 34 KJHG) und die sozialpädagogische Einzelbetreuung (§ 35 KJHG) können trotz ihrer »Herkunft« aus dem Heimbereich unter bestimmten Bedingungen zu den ambulanten Hilfen gerechnet werden (*Späth* in: *Wiesner/Zarbock*, 1991, S. 107). An diesen Hilfen zeigen sich besonders deutlich die Übergänge zwischen den einzelnen Hilfen, die »nicht als miteinander konkurrierend« (Reg-E, S. 66) verstanden werden können, sondern ergänzend und verzahnt gesehen werden müssen.

stationäre Hilfen

Die stationären Hilfen sind immer mit einer Trennung von der Familie verbunden. Das KJHG benennt hier
- die Vollzeitpflege (§ 33) und
- die Heimerziehung (§ 34 KJHG)

als Hilfearten.

Erziehungsberatung (§ 28 KJHG)

institutionelle Erziehungsberatung

Mit der Regelung über die Erziehungsberatung erhält die institutionelle Erziehungsberatung (auch »Beratungsstelle für Kinder, Jugendliche und Eltern« genannt) eine rechtliche Grundlage (vgl. Reg-E, S. 67; *Fieseler/Herborth,* 1994, S. 137). Zu ihren Wesensmerkmalen gehört insbesondere die multidisziplinäre personelle Besetzung, da sie einen differenzierten Zugang zur Situation des Klienten ermöglicht, unterschiedliche Sichtweisen einbezieht und bei der Auswahl der Behandlungs- und Therapieangebote flexibel ist (so Reg-E, S. 67). Das Gesetz fordert deshalb, daß »Fachkräfte verschiedener Fachrichtungen zusammenwirken, die mit unterschiedlichen methodischen Ansätzen vertraut sind« (§ 28 S. 2 KJHG). Abgrenzungsprobleme werden entstehen zwischen der Beratung bei Partnerschaftskrisen nach § 17 KJHG und der (institutionellen) Erziehungsberatung nach § 28 KJHG, die jetzt ausdrücklich auch die Zuständigkeit für Beratung bei Trennung und Scheidung umfaßt (vgl. dazu *Ballof/Walter*, Konzeptionelle Gedanken zur Trennungs- und Scheidungsintervention, FuR,

Abgrenzungsprobleme

1991, S. 83; *Kaufmann*, Das Jugendamt..., ZfJ, 1991, S. 18; *Menne*, Zwischen Beratung und Gericht, ZfJ, 1993, S. 66). Die Hilfe nach § 28 KJHG ist kostenfrei (vgl. Friedrichs, Erziehungshilfen und Inobhutnahme nach dem KJHG, ZfSH/SGB 91, 17).

Soziale Gruppenarbeit

Formen

Mit sozialer Gruppenarbeit werden üblicherweise
- soziale Trainingskurse,
- Erziehungskurse,
- außerunterrichtliche Gruppen im schulischen Bereich und
- Gesprächskreise in Jugendfreizeiteinrichtungen bezeichnet (vgl. *Hofacker* in: *Gernert*, 1993, S. 143).

Ursprung im Jugendstrafrecht

Die Hilfeart hat ihren Ursprung im Jugendgerichtsgesetz. Danach konnte die Teilnahme an sozialen Trainingskursen als Weisung für delinquente Jugendliche angeordnet werden. Heute wird soziale Gruppenarbeit unter Verwendung verschiedener Methoden »zunehmend auch nichtdelinquenten Jugendlichen und älteren Kindern« angeboten (§ 29 S. 1 KJHG und Reg-E, S. 67).

> »Schwerpunkt der sozialen Gruppenarbeit ist die Wiederherstellung individueller und sozialer Handlungsfähigkeit. Durch die Beeinflussung der Gruppenprozesse sollen Angst und Vorurteile abgebaut, emotionale Sicherheit gegeben und Kooperationsfähigkeit gefördert werden« (*Hofacker* in *Gernert*, 1993, S. 86).

Die Teilnahme an sozialer Gruppenarbeit ist kostenfrei.

Erziehungsbeistand, Betreuungshelfer

Zusammenführung verschiedener Rechtsinstitute

In § 30 KJHG werden zwei Rechtsinstitute zusammengeführt, die ihre Ursprünge in verschiedenen Gesetzen, dem alten JWG und dem JGG, haben, in der Praxis jedoch von ihrem Aufgabenbereich und ihrem Vorgehen her weitgehend identisch sind. Der Erziehungsbeistand alten Rechts wurde in einem formellen Verfahren bestellt, wenn der Jugendliche durch Erziehungsmängel seiner Eltern gefährdet war. Er war als einzige Form ambulanter erzieherischer Hilfen vorgesehen (vgl. Reg-E, S. 67). Der Betreuungshelfer konnte nach dem JGG als Weisung angeordnet werden. In der Praxis wurden die formellen Bestellungsvoraussetzungen des Erziehungsbeistands häufig umgangen, außerdem wurden aus der früher überwiegend ehrenamtlich betriebenen Tätigkeit (sog. Schutzaufsicht) vielfältige methodische Elemente entwickelt und unter der nunmehr auch fachlich profilierten Erziehungsbeistandschaft zusammengefaßt. Das Gesetz nimmt diese entformalisierenden Tendenzen auf und verzichtet auf Verfahrensvorschriften für die Bestellung des Erziehungsbeistands und zu enge inhaltliche Festlegungen in diesem Arbeitsgebiet.

entformalisierende Tendenzen

Definition

> Erziehungsbeistandschaft kann heute folgendermaßen definiert werden:
> »Sie ist eine auf dem Elternrecht basierende besondere Form der Jugendhilfe. Sie hat prophylaktischen und beratenden Charakter und ergänzt die familiäre Sozialisation, indem sie die Eltern (Personensorgeberechtigten) in Erziehungsfragen berät und unterstützt. Als sozialpädagogische Intensivbetreuung ergänzt die Erziehungsbeistandschaft die Erziehung in der Familie... Mit dem Erziehungsbeistand wird den Familien eine sozialpädagogische Fachkraft und eine kontinuierliche Bezugsperson zur Seite gestellt. Dabei ist eine enge und partnerschaftliche Zusammenarbeit wesentliche Voraussetzung« (Konzeption der Erziehungsbeistandschaft des Arbeitskreises der Erziehungsbeistände beim LWL, unveröffentlichtes Manuskript, November 1990).

Die Hilfe ist kostenfrei.

Sozialpädagogische Familienhilfe

Ende der 70er Jahre wurde die Sozialpädagogische Familienhilfe in ersten Modellversuchen als Unterstützung belasteter Familien eingesetzt. Ansatzpunkt der Hilfe ist es, Familien bei der Bewältigung ihrer Alltagsprobleme durch eine regelmäßig im Haushalt anwesende Fachkraft über eine längere Zeit zu begleiten. Sozialpädagogische Familienhilfe ist also Hilfe zur Erziehung in und mit der Familie. Sie ist auf den Erhalt oder die Wiederherstellung der wesentlichen Funktionen der Familie gerichtet (vgl. *Wiedau* in: *Gernert*, 1993, S. 148). In § 31 KJHG werden die wesentlichen Merkmale dieser Hilfeform beschrieben (intensive Betreuung, Bewältigung von Alltagsproblemen, Lösung von Konflikten, Hilfe zur Selbsthilfe). Die Sozialpädagogische Familienhilfe ist die intensivste Form ambulanter Hilfen. Sie greift am weitesten in den Binnenraum der Familie ein (Reg-E, S. 67). Von daher ist bei dieser Hilfeform die motivierte Mitarbeit der Familie unverzichtbar (vgl. *Friedrichs*, ZfSH/SGB, 1991, S. 17). Daraus ergeben sich aber auch die wesentlichen Probleme dieser Hilfeform. Die Familie muß über einen längeren Zeitraum die Anwesenheit einer Fachkraft

Bewältigung der Alltagsprobleme im Haushalt

intensive Form ambulanter Hilfe

Probleme bei der Informationsweitergabe

in ihrem Lebensraum ertragen und die dadurch hergestellte Transparenz in ihrer Lebensführung in Kauf nehmen. Die Familienhelferin muß verantwortlich mit der Fülle von Informationen umgehen, die sie aus der Familie (gewollt oder ungewollt) bekommt. Da Sozialpädagogische Familienhilfe oft in der Verantwortung freier Träger durchgeführt wird, stellt sich hier insbesondere das Problem der Weitergabe von Informationen an das Jugendamt. Gerade bei der Sozialpädagogischen Familienhilfe ist deshalb die Beratung und Aufklärung über die Hilfe von besonderer Bedeutung. Es empfiehlt sich hier, förmliche Vereinbarungen zu schließen, die auch den Informationsaustausch zwischen Familie, Jugendamt und Sozialpädagogischer Familienhilfe regeln. Nur so können Konflikte bei der Durchführung der Hilfe vermieden werden (vgl. zum ganzen *Dilang*, Sozialpädagogische Familienhilfe, in *Textor*, Praxis der Kinder- und Jugendhilfe, 1993, S. 187 ff.).

Vereinbarungen

Die Tagesgruppe

Schnittstelle zwischen ambulanten und stationären Hilfen

Die Tagesgruppe ist die der stationären Hilfe am stärksten angenäherte ambulante Hilfeform. »An der Schnittstelle zwischen ambulanten und stationären Hilfen angesiedelt, überwindet sie starre Grenzen zwischen den einzelnen Hilfeformen. Einerseits können die personellen und fachlichen Ressourcen einer Einrichtung genutzt werden, andererseits wird das Kind nicht aus seiner Familie und seinem sonstigen Umfeld herausgerissen (Reg-E, S. 68). Die Tagesgruppe leistet eine Betreuung in Gruppen von sechs bis neun Kindern oder Jugendlichen durch drei Fachkräfte an allen Arbeitstagen der Woche. Dazu gehört auch die Organisation von Ferienmaßnahmen und das Angebot begleitender Aktivitäten (vgl. *Filthuth* in: *Gernert*, 1993, S. 154).

aktive Elternarbeit

Wichtiger Bestandteil der Tagesgruppe ist eine aktive Elternarbeit unter Einbeziehung der ganzen Familie. Ziel ist es, den Kindern den Verbleib in der Familie zu ermöglichen. Besondere Formen der Tagesgruppe (wie etwa die heilpädagogische Pflegestelle) sind in § 32 Satz 2 erwähnt.
Die Kosten der Tagesgruppe trägt zunächst das Jugendamt (§ 92 KJHG). In Höhe der häuslichen Ersparnis können die Eltern nach § 91 Abs. 1 Nr. 4 a KJHG zu den Kosten herangezogen werden.

Die Vollzeitpflege

Unter Vollzeitpflege wird im Gegensatz zur Tagespflege (§ 23 KJHG) die Unterbringung und Erziehung des Kindes oder

Jugendlichen über Tag und Nacht außerhalb des Elternhauses in einer anderen Familie verstanden; sie kann – je nach den Erfordernissen des Einzelfalls – auf kurze Zeit oder auf Dauer angelegt sein (Reg-E, S. 68; vgl. auch Frankfurter Kommentar, Rdn. 1 zu § 33). Die Vollzeitpflege gehört zu den klassischen Hilfeformen in der Jugendhilfe. Dennoch war sie als Hilfeleistung im alten JWG praktisch nicht geregelt. Nach dem Verständnis dieses Gesetzes bestand Regelungsbedarf lediglich zum Schutz der Pflegekinder in den Pflegestellen. Dies läßt sich aus dem historischen Zusammenhang der Entstehung des JWG erklären.

klassische Hilfeform

»Die Durchsetzung des Verbots der Kinderarbeit und die Gefährdung der Gesundheit der Pflegekinder, also das physische Kindeswohl, stehen im Mittelpunkt zunächst polizei- und ordnungsbehördlicher, später jugendbehördlicher Aufmerksamkeit. Dies ist angesichts der Verbreitung und des langen Kampfes gegen die Kinderarbeit, angesichts von Tuberkulose und mangelhafter Ernährung – von allen diesen Erscheinungen waren Pflegekinder besonders betroffen – nur allzu verständlich« (*Salgo*, Die Regelung der Familienpflege im KJHG in: *Wiesner/Zarbock*, 1991, S. 116 f.).

Das JWG stellte demgemäß die Pflegefamilie unter behördliche Aufsicht, regelte detailliert Zuständigkeiten und Berechtigungen des Jugendamts. Weder die Herkunftsfamilie noch die Pflegefamilie spielten demgegenüber eine Rolle. Die Regelungen zur Vollzeitpflege haben nach heutigem Verständnis jedoch eine völlig andere Bedeutung bekommen. Im Pflegekinderwesen geht es nicht mehr (ausschließlich) um den physischen Schutz des Pflegekindes, sondern um dessen psychisches Wohl. Pflegekinder sind in der Mehrzahl der Fälle davon betroffen, »daß ihr Sorgerechtsstatus und ihre soziale Zuordnung auseinanderfallen« (Reg-E, S. 68). Sie sind also weder in dem Status eines in der Herkunftsfamilie lebenden Kindes noch in dem anderweitig rechtlich abgesicherten Status eines Adoptivkindes. Der Gesetzgeber hat sich nicht in der Lage gesehen, im Rahmen einer umfassenden Regelung des Pflegekinderwesens einen eigenständigen Status eines Pflegekindes zu schaffen (vgl. Reg-E, S. 68; kritisch dazu *Wagner*, Jugendhilfe und Familienpflege aus verfassungsrechtlicher Sicht, Familie und Recht, 1991, S. 208). Die schwierige rechtliche und soziale Situation des Pflegekindes ist so in eine Reihe unterschiedlicher Gesetze, ausgefüllt durch Rechtsprechung, aufgenommen, wobei sich die Rechtslage zunehmend in Richtung auf eine Berücksichtigung kindlicher Bedürfnisse konsolidiert hat (*Salgo* in: *Wiesner/Zarbock*, 1991, S. 117). Im wesentlichen sind folgende Normen und Urteile für Pflegekinder und Pflegeeltern von besonderer Bedeutung:

neues Verständnis der Vollzeitpflege

Status des Pflegekindes

Rechtsgrundlagen im Pflegekinderwesen

- §§1630 Abs. 3/1632 Abs. 4 BGB (Übertragung von Teilen des Sorgerechts auf die Pflegeeltern/Verbleibensanordnung des Pflegekindes in der Pflegefamilie);
- §§1666/1666a BGB (Sorgerechtsentzug/Trennung von der Familie);
- §§27/33 KJHG (Vollzeitpflege als Hilfe zur Erziehung);
- §§36/37 KJHG (Hilfeplan/Zusammenarbeit mit den Personensorgeberechtigten);
- §37Abs. 2 und 3 KJHG (Beratung und Unterstützung der Pflegefamilie/Überwachung durch das und Unterrichtung des Jugendamts);
- §38 KJHG (Ausübung der Personensorge durch die Pflegefamilie);
- §39 KJHG (Unterhalt bei Vollzeitpflege);
- §44 KJHG (Pflegeerlaubnis);
- §86 KJHG (örtliche Zuständigkeit des Jugendamts);
- Urteile des Bundesverfassungsgesrichts BVerfGE 68, S. 176 = ZfJ 85, S. 41; 75, S. 201 = ZfJ 87, S. 406; 79, S. 51 = ZfJ 89, S. 88; vgl. *Salgo* in *Wiesner/Zarbock*, 1991, S. 117).

Konflikt zwischen sozialer und rechtlicher Elternschaft

Diese Normen können hier nicht im einzelnen beleuchtet werden. Grundlegend für sie alle ist der im Pflegeverhältnis angelegte Konflikt zwischen sozialer und rechtlicher Elternschaft, zwischen Pflegefamilie und Herkunftsfamilie. Die rechtliche Bearbeitung dieses Konflikts wird dadurch kompliziert, daß die sozialwissenschaftliche Theoriebildung zwei unterschiedliche Sichtweisen der Pflegefamilie entwickelt hat, die zu sehr verschiedenen Konsequenzen für den Schlüsselbegriff des Kindeswohls und die Funktion der Pflegefamilie führen. Idealtypisch handelt es sich dabei um die sich widersprechenden Modelle der Pflegefamilie als Ersatzfamilie oder als Ergänzungsfamilie (vgl. Frankfurter Kommentar, 1993, Rdn. 11 zu §33).

Pflegefamilie als Ersatzfamilie

Das Modell der Ersatzfamilie (vgl. insbesondere *Nienstedt/Westermann*, Pflegekinder, Münster, 1989; *Goldstein/Freud/Solnit/Goldstein*, Das Wohl des Kindes, Frankfurt, 1988 jeweils mit weiteren Nachweisen) geht davon aus, daß es Aufgabe der Pflegefamilie ist, Pflegekinder vor ihren Eltern zu schützen und ihnen einen Raum zur Entwicklung neuer und stabiler Bindungen zur Pflegefamilie zu ermöglichen. Konsequenz dieses Ansatzes ist ein möglichst weitgehender Abbruch der Beziehungen des Kindes zur Herkunftsfamilie und eine ungestörte Konzentration auf die Entwickung des Pflegekindes bei den neuen psychologischen und sozialen Eltern (vgl. *Nienstedt/Westermann*, S. 48ff.). Im Sinne dieser Sichtweise ist eine Verstärkung der Rechtsstellung der Pflegeeltern notwendig, z. B. durch gesetzliche Fristen, nach denen ein Verbleib des Kindes in der Pflegefamilie gesichert ist. Demgegenüber steht

Stärkung der Rechtsstellung der Pflegeeltern

die Betrachtungsweise der systemisch orientierten Familientheorie (vgl. Handbuch »Beratung im Pflegekinderbereich« Hg. Deutsches Jugendinstitut, München, 1987), die für eine Anerkennung und Stärkung des komplexen Lebenszusammenhangs des Pflegekindes zwischen Herkunftsfamilie und Pflegefamilie plädiert. Beziehungsabbrüche werden in dieser Sicht als schädlich für das Kindeswohl (»Recht auf eigene Biographie«), eine Verankerung des Kindes in verschiedenen Bezugssystemen als möglich und förderlich angesehen. Das Pflegekind wird als ein Kind mit einer doppelten Elternschaft akzeptiert. Diese Theorie bedingt eine enge Kooperation zwischen den beteiligten Familien und eine aktive Arbeit mit der Herkunftsfamilie.

Ergänzungsmodell

doppelte Elternschaft

Das KJHG hat zu Recht keines der genannten Konzepte favorisiert, trifft auch keine Option zugunsten des »Ergänzungsmodells« (Frankfurter Kommentar, 1993, Rdn. 12 zu § 33). Es versucht, der Problematik durch eine Vielfalt unterschiedlicher Regelungen gerecht zu werden. Zunächst werden in § 33 KJHG als gleichberechtigte Alternativen (*Salgo* in: *Wiesner/Zarbock*, 1991, S. 125) die »zeitlich befristete Erziehungshilfe« und die »auf Dauer angelegte Lebensform« dargestellt. Vollzeitpflege kann also sowohl als Dauerpflege verstanden werden als auch als eine Übergangshilfe in schwierigen Lebenssituationen der Herkunftseltern. Wichtig und weiterer Regelungsgegenstand des KJHG ist, daß diese unterschiedlichen, möglichen Perspektiven der Vollzeitpflege mit den Eltern gemeinsam zu erarbeiten sind. Grundlage, Ziel und zeitliche Perspektive der Intervention Vollzeitpflege müssen also mit den Eltern abgestimmt werden (vgl. zur Bedeutung dieser Beteiligung oben 7.3.4.3; *Salgo* in: *Wiesner/Zarbock*, 1991, S. 127: »neue Methoden des Managements in der Sozialarbeit gefordert«). Mittel für diese Abstimmung ist insbesondere der Hilfeplan nach § 36 Abs. 2 KJHG, aus dem für alle Beteiligten Zweck und Zeitperspektive der Pflege deutlich werden müssen.

keine Option für ein Modell

Perspektiven der Vollzeitpflege

Abstimmung mit den Eltern

Hilfeplan

Im Entscheidungsprozeß bei der Einleitung des Pflegeverhältnisses sieht der Gesetzgeber einen Schlüssel, um Konflikte und Abbrüche während der Pflegezeit zu vermeiden.

Das andere Mittel zur Vermeidung mißlingender Pflegeverhältnisse bildet § 37 KJHG, der die Aufgaben des Jugendamts während des Bestehens eines Pflegekindschaftsverhältnisses näher regelt. Hier geht es um die Zusammenarbeit mit den Herkunftseltern und deren Grenzen. In den Vordergrund rückt dabei die kindliche Zeitperspektive. § 37 KJHG vertieft und verdeutlicht die in § 33 KJHG nur benannten Alternativen der vorübergehenden und der auf Dauer angelegten Pflege. Er verpflichtet das Jugendamt zunächst, »durch Beratung und Unterstützung ... die Erziehungsbedingungen in der Her-

Zusammenarbeit Eltern-Jugendamt

Zeitperspektiven

kunftsfamilie innerhalb eines im Hinblick auf die Entwicklung des Kindes oder des Jugendlichen vertretbaren Zeitraums« so weit zu verbessern, daß die Eltern das Kind wieder selbst erziehen können. Für diesen Zeitraum soll auch eine Förderung der Beziehung des Kindes zu seiner Herkunftsfamilie stattfinden. Diese Formulierungen nehmen erkennbar Elemente des Ergänzungsmodells auf.

Andererseits wird aber in § 37 Abs. 1 S. 4 KJHG folgendes normiert: »Ist eine nachhaltige Verbesserung der Erziehungsbedingungen in der Herkunftsfamilie innerhalb eines vertretbaren Zeitraums nicht erreichbar, so soll mit den beteiligten Personen eine andere ... auf Dauer angelegte Lebensperspektive erarbeitet werden.« Das damit ausgedrückte Spannungsverhältnis zwischen Unterstützung der Herkunftsfamilie und deren Ersetzung durch eine andere Perspektive hat weitreichende Auswirkungen für den Auftrag des Jugendamts. Erkennt es bereits bei Beginn des Pflegeverhältnisses, daß dieses auf Dauer angelegt sein wird, dann muß es diese Perspektive den Herkunftseltern verdeutlichen (und prüfen, ob die Annahme als Kind in Betracht kommt). Das Jugendamt ist also nicht darauf angewiesen, einen gewissen Zeitraum abzuwarten, um dann die Perspektive zu wechseln. Dies hieße, das Scheitern des Pflegeverhältnisses sozusagen als Voraussetzung für eine andere Zielrichtung anzusehen. Eine solche Verfahrensweise ist weder mit dem Wohl des Kindes noch mit dem Gesetzestext vereinbar. Allerdings ist es ebensogut möglich, daß sich während der Dauer des Pflegeverhältnisses die Aufgabenstellung der Pflegefamilie (und des Jugendamts) ändert, z. B. weil eine Zusammenarbeit mit der Herkunftsfamilie ausgeschlossen ist.

Auftrag des Jugendamts

Aufgabenstellung der Pflegefamilie

Problematisch und zu Recht kritisiert (vgl. *Salgo* in: *Wiesner/Zarbock*, 1991, S. 137) ist dabei, daß das Gesetz nichts darüber aussagt, welcher Zeitraum denn für das Kind vertretbar ist. Nach Hinweisen in der Literatur (Frankfurter Kommentar, 1993, Rdn. 9 zu § 37; *Lakies*, Tagespflege und Vollzeitpflege im KJHG, ZfJ, 1990, S. 545 ff.) hat sich im Zusammenhang mit der Rechtsprechung zu § 1632 Abs. 4 BGB eine – unausgesprochene – altersunabhängige Zeitgrenze von etwa zwei Jahren herausgebildet, nach der eine Rückführung im Regelfall nicht mehr erfolgt. *Salgo* differenziert nach Lebensalter und schlägt vor, im Hilfeplan etwa folgende Fristen vorzusehen:

Zeitraum?

- bei einem Kind bis zu drei Jahren: ein Jahr;
- für ein über dreijähriges Kind, das bis dahin bei seinen Eltern gelebt hat, etwa 18 Monate (*Salgo* in: *Wiesner/Zarbock*, 1991, S. 137).

Unabhängig davon, ob diese Fristen nun als maßgebliche Gesetzesinterpretation anzusehen sind, muß sich das Jugendamt sowohl bei der Einleitung des Pflegeverhältnisses als auch während dessen Dauer ständig bemühen, die Perspektive der Vollzeitpflege zu klären und gegenüber den Beteiligten transparent zu machen. Nur in einer Zusammenarbeit, die die Auseinandersetzung nicht scheut, die keine falschen Hoffnungen erweckt, die Defizite nicht leugnet, die Transparenz anstelle von Hoffnungen setzt, kann die schwierige Konstellation zwischen Herkunftsfamilie, Pflegefamilie und Kind bewältigt werden.

Transparenz und Klärung der Perspektive

Vollzeitpflege, die als Hilfe zur Erziehung geleistet wird, ist nicht erlaubnispflichtig (§ 44 KJHG). Die Kosten der Hilfe trägt zunächst das Jugendamt (§ 92 KJHG). Mindestens in Höhe der häuslichen Ersparnis können die Eltern nach § 91 Abs. 1 Nr. 4 b KJHG zu den Kosten herangezogen werden.

Heimerziehung

»Bei der Heimerziehung handelt es sich um freiwillige Erziehung in einer Einrichtung über Tag und Nacht ... mit pädagogischen und therapeutischen Angeboten, für Kinder und Jugendliche, deren Erziehung zu Hause nicht gewährleistet ist und die der Entwicklungsförderung bedürfen. Die Entwicklungsförderung soll auf ein selbständiges Leben vorbereiten und in Fragen der Lebensführung, der Ausbildung und der Beschäftigung beraten« (*Friedrichs*, ZfSH/SGB, 1991, S. 19).

Ziele der Heimerziehung

Als Ziele der Heimerziehung stellt das KJHG gleichberechtigt nebeneinander,
- entweder eine Rückkehr des Kindes oder Jugendlichen in seine Familie zu ermöglichen oder
- die Erziehung in einer anderen Familie oder einer familienähnlichen Lebensform vorzubereiten oder
- eine auf längere Zeit angelegte Lebensform bieten und auf ein selbständiges Leben vorbereiten.

Das letzte dieser Ziele ist durch das 1. ÄndKJHG redaktionell und inhaltlich neu gefaßt und in die jetzige Form gebracht worden. Im alten KJHG war dieser Passus lediglich mit Verselbständigung der Jugendlichen umschrieben. Durch die jetzige Fassung wird (wieder) die Möglichkeit eröffnet, Kinder und Jugendliche auf längere Zeit bzw. auf Dauer in mehrgruppigen Heimen mit Schichtbetrieb unterzubringen.

Entscheidungsfindung

Welches dieser Ziele im konkreten Fall angestrebt wird, muß im Rahmen der Entscheidungsfindung mit den Personensorgeberechtigten festgelegt und im Hilfeplan (§ 36 Abs. 2 KJHG) ausgedrückt werden. Während der Heimunterbringung muß die ursprüngliche Zielsetzung immer wieder darauf überprüft werden, ob sie noch sinnvoll ist.

Mit diesen Regelungen hat das KJHG erstmals Inhalte und Ziele von Heimerziehung definiert. Wie bei der Vollzeitpflege war auch die Heimerziehung im alten JWG lediglich Gegenstand von behördlichen Eingriffs- und Aufsichtsrechten. Stärker noch als in anderen Teilen der Jugendhilfe hat diese Struktur der Heimerziehung geschadet. Es fanden diskriminierende Zuschreibungsprozesse für Jugendliche in Heimerziehung schon durch die Begrifflichkeit (»Verwahrlosung, Schädigung etc.«) statt. Dem entsprach bis weit in die 60er Jahre hinein eine Praxis der Heimerziehung, die zu Recht als stigmatisierende, institutionell-bürokratische und identitätsstörende (vgl. Frankfurter Kommentar, 1993, Rdn. 6 zu § 34) Behandlung von Jugendlichen empfunden wurde. Wie weit die Wirkung dieser (inzwischen weitgehend überholten) Praxis der öffentlichen Heimerziehung reichte, zeigt noch die Absicht des Gesetzgebers des KJHG, den Begriff »Heimerziehung« durch die Bezeichnung »Erziehung in einer Einrichtung über Tag und Nacht« zu ersetzen, um diese Hilfeform nicht mit den »Vorurteilen« gegenüber der »früher üblichen Form der Heimerziehung« und »den dazu entwickelten Assoziationen« zu belasten (Reg-E, S. 69). Nach einer intensiven Diskussion der Situation in den Heimen im Rahmen der Heimkampagne der 60er Jahre entwickelte sich die Heimerziehung zu einer Hilfeform, die mit den bürokratischen Strukturen des JWG nur noch den äußeren, begrifflichen Rahmen gemein hatte. Insbesondere wurde die Abkapselung der Jugendlichen in großen, räumlich vom gewohnten Milieu getrennten Einrichtungen aufgehoben. Unter den Stichwörtern der Ausdifferenzierung und Dezentralisierung wurden ambulante und teilstationäre Angebote verbunden. Große Einrichtungen wurden zugunsten von Verbundsystemen kleiner und kleinster Einheiten aufgelöst bis hin zur Betreuung einzelner Jugendlicher im betreuten Einzelwohnen (vgl. zum ganzen Frankfurter Kommentar, 1993, Rdn. 2 zu § 34).

historische Belastung der Heimerziehung

Entwicklung der Heimerziehung

Gegenüber dieser dynamischen fachlich-pädagogischen Entwicklung blieb der rechtliche Rahmen in den alten Strukturen. Um dennoch zu einer Rechtsgrundlage für die neuen Formen der Heimerziehung zu gelangen, griff die Jugendhilfe auf die Generalklausel der §§ 5, 6 JWG zurück. Die Bedeutung der im Gesetz dominierenden Freiwilligen Erziehungshilfe und der Fürsorgeerziehung war demgegenüber zunehmend rückläufig. So entstand die Situation, daß eine fachlich nachvollziehbare Begründung für die Wahl der jeweiligen Rechtsgrundlage für eine Heimunterbringung nicht mehr zu geben war (vgl. oben S. 7.3.4.1).

Übergangsregelungen

Das KJHG hat hier Abhilfe geschaffen, indem es alle Hilfen zur Erziehung auf der örtlichen Ebene des Jugendamts konzen-

triert. Hinzuweisen ist allerdings auf die Übergangsregel des Art. 15 SGB VIII, nach der bis zum 31. 12. 1994 Zuständigkeiten der überörtlichen Träger erhalten bleiben können.
Im Bereich der Heimerziehung kommt hinzu, daß die »Beratung des Jugendamts bei der Gewährung von Hilfe zur Erziehung nach den §§ 32 bis 34, insbesondere bei der Auswahl einer Einrichtung« (§ 85 Abs. 2 Ziff. 5 KJHG) bei dem Landesjugendamt verbleibt. Die Praxis wird zeigen müssen, welche Bedeutung dieser Beratung zukommen wird. Für die Kosten der Heimerziehung gilt Entsprechendes wie für die Kosten der Vollzeitpflege.

»Betreutes Wohnen«, »Intensive sozialpädagogische Einzelbetreuung«

»Dezentralisierung, Entspezialisierung und Flexibilisierung sind heute zu Schlüsselbegriffen einer sich wandelnden Heimerziehung geworden« (Frankfurter Kommentar, 1993, Rdn. 10 zu § 34). Der Gesetzgeber hat diese Entwicklung vor allem in zwei Hilfeformen berücksichtigt, die aus der Heimerziehung entstanden sind, dennoch aber den ambulanten Hilfen zuzurechnen sind (vgl. oben 7.3.4.4). Dabei handelt es sich zum einen um die in § 34 KJHG gleichrangig neben die Heimerziehung gestellten betreuten Wohnformen, bei denen für einzelne Jugendliche Wohnungen angemietet werden. Bei dieser Art von Betreuung, die auf die traditionelle Pädagogik weitgehend verzichtet (vgl. dazu *Münstermann* in *Gernert*, 1993, S. 137 f.), verschwimmen die Grenzen zwischen ambulanter, teilstationärer und stationärer Unterbringung, sind fließende Übergänge möglich (Frankfurter Kommentar, 1993, Rdn. 10 zu § 34).

betreutes Wohnen

Dies gilt auch für die andere neu ins KJHG aufgenommene Hilfeform, die intensive sozialpädagogische Einzelbetreuung. Diese nimmt eine Reihe von vorhandenen positiven Angeboten, Projekten und Unternehmungen auf, die die Jugendhilfe im Rahmen der Ausdifferenzierung der Heimerziehung entwickelt hat. Besonders zu erwähnen sind hier die erlebnispädagogischen Projekte, die als Einzelbetreuung Jugendlicher oder zur begrenzten Krisenintervention eingerichtet wurden (vgl. *Schrapper* in: *Gernert*, 1993, S. 167). Gemeinsam sind dem betreuten Wohnen und der intensiven sozialpädagogischen Einzelbetreuung die Chancen und die Gefahren. Sie bieten die Möglichkeit, besonders gelagerten Einzelfällen in hohem Maße gerecht zu werden und so auch in belasteten individuellen Lebenslagen einen Weg in ein eigenverantwortliches Leben für junge Menschen zu zeigen. Andererseits besteht die Gefahr, daß sie als Sondervorschriften zur Ausgrenzung und Abschiebung der »besonders Gefährlichen« (*Schrapper* in: *Gernert*, 1993, S. 165)

Einzelbetreuung

Erlebnispädagogik

Chancen und Gefahren

mißbraucht werden. In diesen Hilfeformen zeigt sich besonders deutlich die konzeptionelle Herausforderung des KJHG an die Heimerziehung. Durch eine offensive und qualifizierte Planung und Abstimmung der einzelnen Hilfen untereinander müssen sowohl stigmatisierende Stufenfolgen verschiedener Hilfen als auch ungerechtfertigte Unterschiede zwischen ambulanten und stationären Hilfeformen vermieden werden.

Ausübung der Personensorge bei Vollzeitpflege und Heimerziehung

In der letzten Phase des Gesetzgebungsverfahrens wurde § 38 KJHG in das Jugendhilferecht eingefügt, um den Bedürfnissen der Praxis gerecht zu werden. Bei der Durchführung von Vollzeitpflege und Heimerziehung bestanden oft Unsicherheiten und Unklarheiten wegen der rechtlichen Zuständigkeiten von Pflegeeltern und Heimerziehern. In alltäglichen Situationen, wie Zustimmung zu einem Vereinsbeitritt, Unterschreiben von Schulzeugnissen, Empfangnahme von Bescheiden des Jugendamts waren die Eltern zwar in vielen Fällen noch handlungsberechtigt, weil ihnen die elterliche Sorge nicht entzogen war, tatsächlich aber nur schwer oder überhaupt nicht erreichbar. Die Mitarbeiter in Heimen und die Pflegeeltern handelten dann in einer rechtlichen Grauzone und waren zudem noch auf den guten Willen der Erklärungsempfänger (Schule, Verein etc.) angewiesen, wenn sie aufwendige und die Kinder unnötig stigmatisierende Verfahren vermeiden wollten.

Unsicherheiten bei Pflegeeltern und Heimerziehern

rechtliche Grauzone

Möglichkeiten der Klärung

Nach dem früheren Recht gab es lediglich drei Möglichkeiten, diese Situation nicht entstehen zu lassen:

1. Den Eltern war die elterliche Sorge vollständig entzogen, der Vormund kooperiert zufriedenstellend mit der Betreuungsperson. Wegen des § 1666 a BGB und der verfassungsrechtlichen Betonung des Elternrechts ist ein solcher Eingriff selten gewesen und wird auch selten bleiben.
2. Die Eltern haben Teile der elterlichen Sorge nach § 1630 Abs. 3 BGB durch eine vormundschaftsgerichtliche Regelung freiwillig auf die Betreuungsperson übertragen. Von dieser Möglichkeit wurde aufgrund »psychologischer Barrieren« (*Salgo* in: *Wiesner/Zarbock*, 1991, S. 143) nur selten Gebrauch gemacht.
3. Im Rahmen eines »Pflegevertrages« wurden Teile der elterlichen Sorge übertragen. Auch solche Pflegeverträge konnten sich nicht allgemein durchsetzen.

gesetzliche Regelvermutung

§ 38 KJHG stellt nun eine »gesetzliche Regelvermutung für die Übertragung der elterlichen Sorge zur Ausübung« (Frankfurter Kommentar, 1993, Rdn. 2 zu § 38) in den Regelbeispielen der Ziff. 1 bis 5 auf. Es wird also nicht die elterliche Sorge, sondern nur deren Ausübung übertragen, und dies auch nur für Angelegenheiten, die mit der Hilfe zur Erziehung in Verbindung stehen (vgl. *Friedrichs*, ZfSH/SGB, 1991, S. 21). Die Übertragung steht zudem unter dem Vorbehalt, daß der Personensorgeberechtigte (nicht unbedingt die Eltern) nicht etwas anderes erklärt oder das Vormundschaftsgericht eine andere Anordnung trifft. Die Regelung des § 38 KJHG ist deshalb besonders dann von Bedeutung, wenn die Eltern sich passiv verhalten und zur Kooperation nicht bereit sind. In einem Katalog werden in § 38 KJHG als Regelbeispiele fünf Fälle der Ausübungsbefugnis aufgeführt, die hier nicht näher zu erläutern sind (vgl. ausführlich *Salgo* in: *Wiesner/Zarbock*, 1991, S. 147).

Vorbehalt anderer Regelungen

Die Reichweite des § 38 KJHG ist noch nicht klar. Einerseits wird behauptet, »durch die Einfügung des § 38 KJHG (sei) rechtlich nichts Neues, aber mehr Klarheit geschaffen worden« (Frankfurter Kommentar, 1993, Rdn. 2 zu § 38). In der Praxis wird demgegenüber die Vorschrift als äußerst bedeutsam eingeschätzt. Dies mag darin begründet sein, daß einige praktische Probleme bei der Durchführung der Erziehungshilfen durch § 38 KJHG entschärft sind. Es wird wohl davon abhängen, wie qualifiziert der Entscheidungsprozeß des § 36 KJHG durchgeführt wird, ob § 38 KJHG praktische Auswirkungen haben wird. Wenn es gelingt, die Eltern angemessen zu beteiligen, werden diese die notwendigen Erklärungen selber abgeben, eine Regelvermutung erübrigt sich dann. Dies wäre auch der wünschenswerte Weg.

Auswirkungen fraglich

7.3.4.5 Umfang der Hilfen zur Erziehung

Für alle Hilfsarten gilt nach § 27 Abs. 3 KJHG, daß pädagogische und therapeutische Leistungen integrale Bestandteile des jeweiligen Hilfsangebots sind und bei Bedarf Ausbildungs- und Beschäftigungsmaßnahmen ebenfalls in das Hilfsangebot eingeschlossen werden sollen (*Späth* in: *Wiesner/Zarbock*, 1991, S. 105).

pädagogische und therapeutische Leistungen

Bei der Erziehung Minderjähriger außerhalb des Elternhauses ist der notwendige Unterhalt Bestandteil der erzieherischen Hilfe (§ 39 KJHG). In besonderer Weise ist das Pflegegeld geregelt (§ 39 Abs. 3 bis 6 KJHG), um die hier bestehenden erheblichen Unterschiede in der kommunalen Jugendhilfepraxis aufzuheben (vgl. Frankfurter Kommentar, 1993, Rdn. 1 und 9 zu § 39; kritisch zu den Pflegegeldregelungen *Späth*, Weiterhin Almosen statt angemessene Honorierung für Pflegeeltern, ZfJ, 1991, S. 293).

Unterhalt

7.3.4.6 *Hilfe für junge Volljährige*

Nach dem JWG war die Hilfe für junge Volljährige nur möglich in Weiterführung einer bereits gewährten Hilfe und in Zusammenhang mit einer Maßnahme zur schulischen oder beruflichen Bildung. Mit beiden Voraussetzungen bricht nun der neue § 41 KJHG und schafft damit erfreulicherweise »erstmals eine uneingeschränkte Leistungsverpflichtung für junge Erwachsene, die sich in individuellen Problemlagen befinden, aus denen vor allem erzieherischer Hilfebedarf notwendig wird« (*Jung* in: *Gernert*, 1993, S. 192). Als Regelzeitraum geht das Gesetz für diese Hilfen vom 18. bis zum 21. Lebensjahr aus, läßt aber in begründeten Einzelfällen eine Überschreitung bis höchstens zum 27. Lebensjahr zu (vgl. Frankfurter Kommentar, 1993, Rdn. 2 zu § 41). Die Hilfe ist als Soll-Leistung ausgestaltet mit einer Übergangsfrist bis zum 31. 12. 1994, in der sie in das Ermessen der Jugendhilfeträger gestellt ist.

uneingeschränkte Leistungsverpflichtung

Das Ziel der Hilfe nach § 41 KJHG ist Hilfe für die Persönlichkeitsentwicklung und zur eigenverantwortlichen Lebensführung. Voraussetzung hierfür ist in einer sehr weiten Formulierung, daß die Hilfe »aufgrund der individuellen Situation der jungen Menschen notwendig ist« (§ 41 Abs. 1 KJHG). Diese an sich begrüßenswerten weiten Voraussetzungen führen in der Praxis zu erheblichen Abgrenzungsproblemen insbesondere mit den Hilfen für verhaltensgestörte junge Menschen nach § 6 der DVO zu § 72 BSHG (vgl. dazu den Vorschlag der Arbeitsgruppe »Praxisfragen zum neuen KJHG« des Deutschen Vereins, abgedruckt in den Mitteilungen des Nordrhein-Westfälischen Städte- und Gemeindebundes vom 20. 3. 1991, Nummer 6, S. 92).

Abgrenzungsprobleme

Für diese jungen Menschen wird in Zukunft wohl die Jugendhilfe zuständig sein. Für die Hilfe für junge Volljährige sieht das KJHG eine eigene Regelung über die Kostenbeteiligung vor (§ 92 Abs. 3 und § 91 Abs. 3 Nr. 3 KJHG).

Eingliederungshilfe für seelisch behinderte Kinder und Jugendliche

Seelisch behinderte Kinder und Jugendliche

Mit § 35 a hat der Gesetzgeber im 1. ÄndKJHG einen selbständigen Leistungstatbestand, abgekoppelt von den anderen Hilfen zur Erziehung, für seelisch behinderte Kinder und Jugendliche geschaffen. Er hat damit einen ersten wichtigen Schritt zu einem einheitlichen, für alle Kinder und Jugendliche geltenden Jugendhilferecht unternommen (*Lempp*, Die seelische Behinderung und die Jugendhilfe, in: *Gernert*, 1993, S. 170). Allerdings dürften die Abgrenzungsschwierigkeiten zwischen Jugendhilfe und Sozialhilfe auch in Zukunft bestehen bleiben, da körperlich und geistig behinderte Jugendliche nach wie vor Leistungen der Sozialhilfe beanspruchen können und eine Unterscheidung hier nicht immer möglich ist (vgl. Frankfurter Kommentar, 1993, Rdn. 3 zu § 35 a). Dem Personenkreis des § 35 a KJHG werden je nach Bedarf ambulante, teilambulante oder stationäre Leistungen gewährt.

7.4 Andere Aufgaben der Jugendhilfe

Das KJHG unterscheidet in § 2 KJHG die Aufgaben der Jugendhilfe in Leistungen und andere Aufgaben. Die Leistungen sind durch das Freiwilligkeitsprinzip charakterisiert und können sowohl von öffentlichen als auch von freien Trägern der Jugendhilfe erbracht werden. Dagegen sind die anderen Aufgaben der Jugendhilfe hoheitlicher Natur und liegen im Handlungsmonopol des öffentlichen Trägers der Jugendhilfe, also des Jugendamts.

hoheitliche Natur der anderen Aufgaben

Bei diesen anderen Aufgaben handelt es sich nicht um Sozialleistungen, denn in diesem Bereich der Jugendhilfe greift der Staat in Ausübung seines Wächteramts (Art. 6 Abs. 2 GG) in die Autonomie von Familien ein, überwacht Einrichtungen der Jugendhilfe und handelt für Minderjährige. Deshalb sind die SGB-I und SGB-X hier auch nur insoweit anwendbar, als sie mit den Charakteristika dieser Aufgaben vereinbar sind (vgl. zur Bedeutung dieser eingeschränkten Anwendung z. B. für die Amtspflegschaft/Amtsvormundschaft *Brüggemann* in: Vormundschaft, Pflegschaft über Minderjährige, Hg: *Oberloskamp*, Rdn. 93 ff. zu § 16). Die anderen Aufgaben sind in drei Kategorien unterschieden (nach *Wiesner* in: *Wiesner/Zarbock*, 1991, S. 6):

eingeschränkte Anwendung von SGB-I und X

- die hoheitliche Tätigkeit im Rahmen der vorläufigen Maßnahmen zum Schutz von Kindern und Jugendlichen, der Pflegekinder- und Heimaufsicht;
- die Tätigkeit als Amtsvormund oder Amtspfleger, in deren Rahmen Mitarbeiter des Jugendamts Aufgaben der elterlichen Sorge wahrnehmen und dabei als Vertreter der minderjährigen Mündel (weitgehend privatrechtlich) handeln;
- die weiteren Aufgaben im Vormundschaftswesen, die »eine Reihe höchst unterschiedlicher Verwaltungstätigkeiten, die in keinerlei systematischem Zusammenhang miteinander stehen« (Reg-E, S. 83) umfassen.

Die wichtigsten dieser weiteren Aufgaben sind die Familien- und Vormundschaftsgerichtshilfe und die Jugendgerichtshilfe. Das neue KJHG hat keine neuen Aufgaben geschaffen, es hat aber durch die Systematik des § 2 KJHG und durch zahlreiche

Regelungen bei den einzelnen Aufgaben bisherige Unklarheiten aufgehoben und manche Bereiche erstmals rechtlich klar geregelt (vgl. Frankfurter Kommentar, 1993, Vorb. zum 3. Kapitel, Rdn. 2).

7.4.1 Vorläufige Maßnahmen zum Schutz von Kindern und Jugendlichen

7.4.1.1 Inobhutnahme

§ 42 KJHG ersetzt die in Ausführung des alten JWG ergangenen unterschiedlichen landesrechtlichen Regelungen der Inobhutnahme von Kindern und Jugendlichen. Die Vorschrift schafft damit erstmals eine bundeseinheitliche Regelung für die vorläufige Unterbringung entwichener Jugendlicher. Dies gilt insbesondere für die geschlossene Unterbringung, die in einigen Ländern ausdrücklich zugelassen war, in anderen Landesgesetzen jedoch überhaupt nicht erwähnt wurde. Ziel der Vorschrift ist es, »die Tätigkeit von sog. Jugendschutzstellen, Aufnahmeheimen, Kinder- und Jugendnotdiensten und Bereitschaftspflegestellen auf eine hinreichende rechtliche Grundlage (zu) stellen und den sozialpädagogischen Anspruch ihrer Arbeit hervor(zu)heben« (Reg-E, S. 76).

bundeseinheitliche Regelung

Damit erfolgt eine deutliche Abkehr von Verwahrungskonzepten im Jugendschutz, bei denen Sicherheit vor weiterem Entweichen der Jugendlichen im Vordergrund stand. Regelungsgegenstand des § 42 KJHG ist die vorläufige Inobhutnahme von Minderjährigen, die entweder selbst das Jugendamt oder eine entsprechende Stelle aufsuchen (sog. Selbstmelder) oder von der Polizei übergeben (also zugeführt) werden.

Abkehr von Verwahrungskonzepten

In § 42 Abs. 1 KJHG wird die Inobhutnahme als vorläufige Unterbringung definiert. Damit ist das Ziel einer möglichst kurzen Verweildauer in der Aufnahmeeinrichtung angesprochen. Während dieser Zeit ist es der pädagogische Auftrag der Aufnahmeeinrichtung, Ansätze einer Hilfsperspektive für den Jugendlichen zu erarbeiten, ihn zu beraten und Hilfsmöglichkeiten aufzuzeigen (§ 42 Abs. 1 S. 4 KJHG).

kurze Verweildauer

Dem Minderjährigen ist unverzüglich Gelegenheit zu geben, eine Person seines Vertrauens zu benachrichtigen. Diese Person muß das Vertrauen des Minderjährigen, nicht etwa der pädagogischen Fachkräfte (so aber Frankfurter Kommentar, 1993, Rdn. 8 zu § 42) besitzen. Eine Unterbindung eines Kontaktwunsches mit einer bestimmten Person ist deshalb nicht zulässig. Ein solches Verfahren wäre auch nicht sinnvoll, denn es würde den Aufbau eines Vertrauensverhältnisses zwischen aufnehmender Einrichtung und den Minderjährigen

Person des Vertrauens

verhindern. Unverzüglich bedeutet, daß die Einrichtung die Kontaktaufnahme nicht schuldhaft verzögern darf.

Da das Jugendamt bei der Inobhutnahme zunächst rechtlich ohne Vorgaben von Eltern oder Vormundschaftsgericht auskommen muß, schafft § 42 Abs. 1 S. 3 KJHG eine hinreichende Rechtsgrundlage für sozialpädagogisches Handeln, ohne dem Jugendamt das Erziehungsrecht zu übertragen. Diese Regelungen gelten für alle Minderjährigen, die vom Jugendamt in Obhut genommen werden. In § 42 Abs. 2 und 3 KJHG wird dann zwischen Selbstmeldern und zugeführten Jugendlichen differenziert.

keine Übertragung der Erziehungsrechts

In § 42 Abs. 2 KJHG wird zunächst ein Anspruch der Selbstmelder auf Inobhutnahme statuiert. Es handelt sich hier um einen der wenigen eigenen Ansprüche des Kindes oder Jugendlichen im KJHG. Zugleich normiert das Gesetz die Verpflichtung des Jugendamts, die Eltern des Jugendlichen unverzüglich von der Inobhutnahme zu unterrichten. Unverzüglich heißt auch hier ohne schuldhaftes Zögern (vgl. *Möller/Nix*, KJHG, 1991, Rdn. 4 zu § 42; anders ohne überzeugende Begründung Frankfurter Kommentar, 1993, Rdn. 9 zu § 42). Die Benachrichtigung der Personensorgeberechtigten ist aber nicht gleichzusetzen mit der Rückführung des Minderjährigen. Damit würde die Inobhutnahme von Selbstmeldern praktisch leerlaufen (vgl. Reg-E, S. 77). Das Jugendamt kann vielmehr, wenn die Personensorgeberechtigten der Inobhutnahme widersprechen, eine vormundschaftsgerichtliche Entscheidung herbeiführen. Bis zu deren – unverzüglich zu beantragenden – Erlaß kann das Jugendamt die notwendigen Maßnahmen treffen (vgl. *Bergmann* in: *Gernert*, 1993, S. 214).

Selbstmelder

Werden Jugendliche (in der Praxis meist von der Polizei) zugeführt, dann besteht ebenfalls die Verpflichtung zur Inobhutnahme. Darüber hinaus regelt § 42 Abs. 3 KJHG aber auch die – nicht notwendig auszuübende – Befugnis des Jugendamts zu einer geschlossenen Unterbringung unter bestimmten Voraussetzungen (u. a. Gefahr für Leib und Leben). Mit der restriktiven Formulierung dieser Voraussetzungen macht der Gesetzgeber noch einmal den »Vorrang sozialpädagogischer Lösungsmöglichkeiten« (Reg-E, S. 77) deutlich.

zugeführte Jugendliche

7.4.1.2 Herausnahme

Ausnahmevorschrift

Die Vorschrift des § 43 KJHG ist eine Ausnahmevorschrift, die dem Jugendamt in besonderen Not- und Eilsituationen die Rechtsgrundlage für die Herausnahme des Minderjährigen aus der Obhut einer Person oder Einrichtung gibt. Während § 42 KJHG Rechtsgrundlage bei einem Aufenthalt in der Öffentlichkeit ist, schützt § 43 KJHG die Kinder und Jugendlichen

Schutz vor Gefahren in Pflegefamilien und Heimen

insbesondere vor Gefahren in Pflegefamilien und Heimen (vgl. *Bergmann* in: *Gernert*, 1993, S. 214). Treten dort akute Krisensituationen auf, die eine besonders schwere Gefährdung des Kindeswohls mit sich bringen (§ 1666 BGB), so ist das Jugendamt zum Einschreiten befugt. Die Regelungen zur Benachrichtigung der Personensorgeberechtigten und zur Einschaltung des Vormundschaftsgerichts sind eng an die Vorschrift des § 42 KJHG angelehnt.

7.4.2 Schutz von Kindern und Jugendlichen in Familienpflege und in Einrichtungen

neue Systematik

Die Aufsicht über Pflegekindschaftsverhältnisse und Heime war eines der zentralen, ausführlich geregelten Anliegen des alten JWG. Das KJHG hat diesen Teil des Gesetzes grundlegend verändert und neu systematisiert. Alle Regelungen, die bei der Familienpflege zum sozialpädagogischen Handlungsauftrag des Jugendamts gehören (Beratung, Unterstützung etc.), sind jetzt bei den Hilfen zur Erziehung systemgerecht als Bestandteil der Jugendhilfeleistung aufgeführt. Es verbleiben nur noch der Erlaubnisvorbehalt und die Meldepflichten als hoheitliche Aufgaben mit deutlich reduzierter Bedeutung. Die bisherigen Regelungen zur Heimaufsicht sind ebenfalls stark verändert. Die traditionelle Heimaufsicht in ihrer repressiv-ordnungsbehördlich verstandenen Form ist abgeschafft. An ihre Stelle tritt ein präventiv orientierter Erlaubnisvorbehalt für den Betrieb von Einrichtungen, der die Eignung der Heime von vornherein sicherstellen soll. Dadurch soll die Notwendigkeit bürokratischer Überwachung vermieden werden.

nur noch Erlaubnisvorbehalt und Meldepflichten

7.4.2.1 Der Erlaubnisvorbehalt bei der Familienpflege

§ 44 KJHG stellt die Aufnahme eines Pflegekindes in eine Pflegefamilie außerhalb des Elternhauses grundsätzlich unter den Vorbehalt der Pflegeerlaubnis. Auf diese Erlaubnis besteht nach § 44 Abs. 2 KJHG ein Anspruch, wenn in der Pflegefamilie das Wohl des Kindes gewährleistet ist. Die Erteilung der Pflegeerlaubnis steht nicht im Ermessen des Jugendamts. Nebenbestimmungen sind nicht vorgesehen (Reg-E, S. 80). Die Beifügung von Nebenbestimmungen ist daher nur unter den engen Voraussetzungen des § 32 Abs. 1 2. Alt. SGB-X zulässig. Die Bedeutung des Erlaubnisvorbehalts ist durch die Ausnahmebestimmungen der § 44 Abs. 1 Ziff. 1 bis 6 KJHG stark gemindert. Die wichtigsten dieser Ausnahmen sind die Ziff. 1 und die Ziff. 6. Nach § 44 Abs. 1 Ziff. 1 KJHG sind diejenigen Pflegeverhältnisse erlaubnisfrei, die im Rahmen von Hilfe zur Erziehung durch das Jugendamt (nicht durch freie Träger) ver-

Pflegeerlaubnis

Ausnahmebestimmungen

mittelt werden. Der Gesetzgeber geht dabei zu Recht davon aus, daß vom Jugendamt vermittelte Pflegestellen bereits im Rahmen des Entscheidungsprozesses über die Einrichtung der Hilfe auf ihre Eignung untersucht worden sind. Eine Erlaubnis erübrigt sich damit. Diese Pflegeverhältnisse werden auch im weiteren Verlauf nicht überprüft. Gefahren für das Kindeswohl sollen im Rahmen der Begleitung der Pflegefamilie (vgl. § 37 KJHG) erkannt werden (Reg-E, S. 79).

Tagespflege

Nach § 44 Abs. 1 Ziff. 6 KJHG ist auch die Tagespflege außerhalb des Elternhauses erlaubnisfrei, es sei denn, sie wird gewerbsmäßig durchgeführt. Die Bedeutung dieser Vorschrift bezieht sich insbesondere auf nicht vom Jugendamt vermittelte Tagespflegestellen. Soweit die Tagespflege nach § 23 Abs. 1 KJHG vom Jugendamt vermittelt wurde, ist von ihrer Eignung auszugehen (vgl. *Lakies*, ZfJ, 1990, S. 548). Erlaubnispflichtig sind damit nur noch die nicht vom Jugendamt vermittelten, gewerbsmäßig betriebenen Tagespflegestellen. »Von gewerbsmäßiger Tagespflege ist dann auszugehen, wenn das Pflegegeld die wesentliche Einkommensquelle ist. Bei einer Betreuung von bis zu fünf Kindern kann ohne nähere Prüfung unterstellt werden, daß die Tagespflege nicht gewerbsmäßig betrieben wird« (*Lakies*, ZfJ, 1990, S. 548), wenn die Pflegegelder sich an den öffentlich gezahlten orientieren. Zusammengefaßt sind erlaubnispflichtig lediglich die Vollzeitpflegeverhältnisse und gewerbsmäßig betriebene Tagespflegestellen, die nicht vom Jugendamt vermittelt wurden. Für diese Pflegeverhältnisse gelten die § 44 Abs. 3 und 4 KJHG. Danach findet keine regelmäßige Überprüfung der Pflegefamilie statt, da dies dem verfassungsrechtlichen Rang der Pflegefamilie zuwiderlaufen würde (Reg-E, S. 80). Überprüfungen sind vielmehr nur im Einzelfall möglich. Zeigt sich, daß das Wohl des Kindes in der Pflegefamilie gefährdet ist (Eingriffsmaßstab ist § 1666 BGB), kann nach § 44 KJHG nur die Erlaubnis aufgehoben werden. Herausnahmebefugnisse ergeben sich aus dieser Vorschrift nicht, sie sind entweder auf eine vormundschaftsgerichtliche Entscheidung oder auf § 43 KJHG zu stützen (vgl. *Schnabel* in: *Gernert*, 1993, S. 222). Die Pflegeperson ihrerseits ist verpflichtet, wichtige Ereignisse (wie etwa Beginn und Ende der Familienpflege, Wohnungswechsel, schwere Krankheiten) dem Jugendamt mitzuteilen.

gewerbsmäßige Tagespflegestellen

keine Überprüfung der Pflegefamilie

7.4.2.2 Die Erlaubnis zum Betrieb einer Einrichtung

Begriff der Einrichtung

Die Vorschrift löst die bisherige Heimaufsicht durch einen präventiven Erlaubnisvorbehalt für den Betrieb von Einrichtungen der Jugendhilfe ab. Unter Einrichtungen versteht der Gesetzgeber »eine auf eine gewisse Dauer angelegte Verbindung von sächlichen und persönlichen Mitteln zu einem bestimmten Zweck unter der Verantwortung eines Trägers« (Reg-E, S. 80). Daraus ist der Schluß zu ziehen, daß unter § 45 KJHG nur Einrichtungen fallen, die »orts- und gebäudebezogen« sind (Reg-E, S. 80). Allerdings ist dieser Einrichtungsbegriff unabhängig von der Zahl der betreuten Personen, so daß auch Kleineinrichtungen, Kleinstheime, aber auch betreute Wohnformen (§ 45 Abs. 4 KJHG) hier zuzuordnen sind. Da der Gesetzgeber den Erlaubnisvorbehalt auch auf die Betreuung für einen Teil des Tages erstreckt, gilt § 45 KJHG für teilstationäre Einrichtungen und Tageseinrichtungen für Kinder (vgl. zum Kreis der Einrichtungen und zu den Ausnahmen *Abel* in: *Gernert*, 1993, S. 228f.). Wenn der Betrieb der Einrichtung grundsätzlich erlaubt ist, ist eine Erlaubnis für die Aufnahme des einzelnen Kindes nicht mehr erforderlich. Anders als bei der Familienpflege sieht § 45 KJHG ausdrücklich die Erteilung der Betriebserlaubnis mit Nebenbestimmungen (Bedingung, Befristung, Auflage) vor, um grundsätzlich geeigneten Einrichtungen die Gelegenheit zur Beseitigung einzelner Mängel zu geben. Als Spezialregelung gegenüber den allgemeinen Vorschriften zur Aufhebung von Verwaltungsakten ermöglicht § 45 Abs. 2 KJHG zudem Widerruf und Rücknahme der Betriebserlaubnis, wenn das Kindeswohl gefährdet ist.

Spezialregelung

Für die Betriebserlaubnis ist das Landesjugendamt nach § 85 Abs. 2 Ziff. 6 KJHG zuständig. Es wird diese Aufgabe eng mit der Beratungsaufgabe für die Träger von Einrichtungen nach § 85 Abs. 2 Ziff. 7 KJHG verbinden müssen.

7.4.3 Mitwirkung des Jugendamts in Gerichtsverfahren

Die Zusammenarbeit mit den Familien- und Vormundschaftsgerichten war im JWG nur unvollkommen geregelt, für die Jugendgerichtshilfe war überhaupt keine eigenständige Regelung vorgesehen, sondern nur auf das Jugendgerichtsgesetz verwiesen. Diese unzureichende Rechtslage betraf Jugendhilfebereiche, die von weitreichender fachlicher, aber auch gesellschaftlicher Bedeutung sind.

Familiengerichtshilfe

Die Familiengerichtshilfe wird vor allem bei Trennung und Scheidung von Ehepartnern tätig, um bei der Sorgerechtsregelung das Wohl der Kinder zu wahren. Davon sind in den alten Bundesländern pro Jahr bei ca. 130 000 Scheidungen fast 100 000 Kinder betroffen, von denen ca. 30 % unter sechs und 50 % unter zehn Jahre alt sind (Statistisches Jahrbuch 1989, zitiert nach *Proksch*, Wohl des Kindes, S. 13). Bei der Vormundschaftsgerichtshilfe handelt es sich um die Unterstützung des Vormundschaftsgerichts in Sorgerechtsangelegenheiten, vor

Vormundschaftsgerichtshilfe

allem bei krisenhaften Situationen in der Familie, bei denen ein Sorgerechtsentzug in Betracht kommt. Die Abgrenzung zwischen den beiden Gerichtshilfen ist (wie die Zuständigkeit des Familien- bzw. Vormundschaftsgerichts) schwierig, es gibt fließende Übergänge (etwa wenn eine Gewaltproblematik in der Familie im Rahmen einer Scheidung offenkundig wird). Die beiden Gerichtshilfen sind zudem personell und organisatorisch meistens in einer Hand.

Jugendgerichtshilfe

Etwas verschieden davon ist die Jugendgerichtshilfe, deren Aufgabe es nach dem JGG ist, die Entwicklung und den Stand der Persönlichkeit straffälliger Jugendlicher in das Jugendstrafverfahren einzubringen. Zentrales Mittel zur Aufgabenerfüllung ist nach traditionellem Verständnis bei allen Gerichtshilfen die gutachtliche Stellungnahme, früher als Bericht bezeichnet (vgl. dazu *Arndt/Oberloskamp*, Gutachtliche Stellungnahmen in der sozialen Arbeit, 5. Aufl., 1994). Die Struktur der Gerichtshilfen ist dadurch gekennzeichnet, daß das Jugendamt vor der jeweiligen gerichtlichen Entscheidung gehört wird, z. T. solche Entscheidungen anregen kann und in manchen Fällen auch gerichtliche Entscheidungen auszuführen hat. Dadurch entsteht ein spannungsreiches Dreieck zwischen der betroffenen Familie, bzw. dem Jugendlichen, dem Jugendamt und dem Gericht. Plastisch beschreibt die Begründung zum Regierungsentwurf des KJHG (Reg-E, S. 83) die Ebenen, auf denen dieses Spannungsverhältnis sich ausdrückt:

Struktur der Gerichtshilfen

Spannungen

»– die verfassungsrechtliche Ebene: In welchem Verhältnis stehen Gericht und Jugendamt zueinander, kann z. B. das Vormundschaftsgericht das Jugendamt... mit der Ausführung gerichtlicher Anordnungen betrauen?
- die verwaltungsrechtliche Ebene: Wird der Inhalt der Aufgaben, die von den Jugendämtern in Kooperation mit den Gerichten wahrzunehmen sind, durch das die Aufgaben des Jugendamts bestimmende Gesetz... definiert oder wird deren Bestimmung auf die Zivil- und Jugendstrafrichter delegiert?
- die pädagogisch-fachliche Ebene:
- Ist die Tätigkeit des Jugendamts Hilfe für das Gericht, Hilfe für den Bürger oder beides?
- Kann der Mitarbeiter des Jugendamts eine vertrauliche helfende Beziehung zum Klienten aufbauen, wenn er danach die ihm im Rahmen dieses Vertrauensverhältnisses bekannt gewordenen Umstände an das Gericht weitergeben soll?
- Stehen dem Jugendamt überhaupt die... Instrumentarien zur Verfügung, die als Voraussetzung gegeben sein müßten für eine Funktion, die heute in der Praxis mit dem Begriff der gutachtlichen Stellungnahme umschrieben wird?«

Auf allen drei Ebenen versucht das neue KJHG Problemlösungen zu schaffen.

7.4.3.1 *Das Verhältnis Jugendamt – Gericht in der Familien- und Vormundschaftsgerichtshilfe*

Mit § 50 KJHG hat das Jugendamt nun eine eigenständige Rechtsgrundlage für seine Tätigkeit in der Familien- und Vormundschaftsgerichtshilfe. Damit ist zunächst klargestellt, daß es nicht Hilfsorgan des Gerichts ist. Es hat vielmehr die gesetzliche Aufgabe, das Gericht bei allen Maßnahmen im Bereich der elterlichen Sorge zu unterstützen. Für die spezifische Problematik der Anhörung vor Entscheidungen des Familien- und Vormundschaftsgerichts ist eine rechtssystematische Klärung der jeweiligen Positionen und Rechte erfolgt. In § 50 Abs. 1 S. 2 KJHG wird das Jugendamt verpflichtet, in den Verfahren vor den Familien- und Vormundschaftsgerichten mitzuwirken. Handlungsgrundlage ist also das KJHG mit den ihm eigenen Vorstellungen von Hilfe und Unterstützung, die das Jugendamt fachlich mit in die gerichtlichen Verfahren einzubringen hat. Korrespondierend zu § 50 KJHG ist jetzt in den neu geschaffenen §§ 49, 49 a FGG (= Gesetz über die Freiwillige Gerichtsbarkeit; in diesem Gesetz ist das Verfahren vor den Familien- und Vormundschaftsgerichten geregelt) die verfahrensrechtliche Position des Jugendamts im gerichtlichen Entscheidungsprozeß normiert. So wie das Jugendamt auf der Basis des KJHG zur Mitwirkung verpflichtet ist, so muß ihm das Gericht in den in den §§ 49, 49 a FGG genannten Fällen die Gelegenheit zur Äußerung geben. Das Jugendamt erlangt damit die Stellung eines echten Verfahrensbeteiligten im FGG-Verfahren. Die Entscheidungen, an denen es mitgewirkt hat, sind ihm bekanntzugeben (§ 49 Abs. 3 FGG), es hat ein eigenes Beschwerderecht (§ 20 FGG; vgl. *Oberloskamp*, FamRZ, 1992, S. 1247). Mit dieser Rechtslage ist es unvereinbar, dem Gericht eine Anordnungsbefugnis gegenüber dem Jugendamt hinsichtlich gerichtlicher Aufgaben (z. B. Ermittlungen) zu geben. Soweit die Aufgaben des Jugendamts nicht in eigenen Gesetzen normiert sind, kommt eine Übertragung nicht in Betracht (vgl. Reg-E, S. 83). Für die Anhörung des Jugendamts hat das wichtige Konsequenzen. Es unterliegt der eigenen, fachlich zu begründenden Beurteilung der Aufgabenerfüllung, wie das Jugendamt der Mitwirkungspflicht inhaltlich und formal nachkommt. Formal bedeutet das, daß es keine Verpflichtung zu einer schriftlichen Stellungnahme gibt (vgl. dazu *Dickmeis*, Gefahren für das Kindeswohl ehelicher Kinder, ZfJ, 1991, S. 169; *Prestien* in: *Proksch*, Wohl des Kindes, S. 63). Inhaltlich ist davon auszugehen, daß das Jugendamt nicht zu einem Entscheidungsvorschlag kommen muß, aber auch nicht zu bestimmten Ermittlungen durch das Gericht veranlaßt werden kann. Vielmehr gibt § 50 Abs. 2 KJHG Hinweise, wie die Mit-

Rechtssystematische Klärung

Jugendamt echter Verfahrensbeteiligter

Jugendamt definiert die Art der Aufgabenerfüllung

wirkung in gerichtlichen Verfahren und die Unterstützung des Gerichts zu verstehen ist. Das Jugendamt soll informierend über seine Leistungen tätig sein, es soll erzieherische und soziale Gesichtspunkte in das Verfahren einbringen und schließlich auf weitere Hilfsmöglichkeiten hinweisen (vgl. OLG Frankfurt, FamRZ, 1992, S. 206).

sozialpädagogische Fachlichkeit

Es handelt sich also darum, die sozialpädagogische Fachlichkeit zur Geltung zu bringen. Dieses Moment wird in § 50 Abs. 3 KJHG in einem schwierigen Bereich noch einmal besonders betont, indem die Anzeigepflicht des Jugendamts bei Gefährdung des Kindeswohls zugunsten des Erforderlichkeitsgrundsatzes abgeschafft wurde. Das Jugendamt muß als Fachbehörde selber einschätzen, ob die Anrufung des Gerichts erforderlich ist, um ein Kind zu schützen. Nur wenn Jugendhilfemaßnahmen nicht mehr zur Behebung der Notlage geeignet sind, kommt eine solche Mitteilung in Betracht. Die besondere Bedeutung des fachlichen Einschätzungsspielraums wird in der Begründung des Regierungsentwurfs zum KJHG dadurch verdeutlicht, daß § 50 Abs. 3 KJHG nicht als Verpflichtungsnorm zur Durchbrechung der Schweigepflicht angesehen wird (Reg-E, S. 85). Allein der sozialpädagogische Sachverstand entscheidet über die Notwendigkeit der Mitteilung an das Gericht. Dadurch ist erneut die Rolle des Jugendamts im gerichtlichen Verfahren klargestellt: als sachverständige Behörde, die dem Gericht im Wege der Amtshilfe mit ihrer Kompetenz zur Verfügung steht (so auch *Coester*, Sorgerecht bei Elternscheidung und KJHG, FamRZ, 1992, S. 622 f.).

Einschätzungsspielraum

7.4.3.2 Pädagogisch-fachliche Probleme in der Familien- und Vormundschaftsgerichtshilfe bei Trennung und Scheidung

Mit der Veränderung des rechtssystematischen Rahmens sind allerdings noch nicht die fachlichen Probleme in dem schwierigen Arbeitsfeld der Familien- und Vormundschaftsgerichtshilfe gelöst. Im Gegenteil hat hier eine Diskussion begonnen, die zu einer völlig neuen methodischen Orientierung in der Arbeit der Jugendämter führen kann. In der jetzigen Phase dieser Diskussion überwiegen aber Unsicherheiten, teilweise werden heftige Konflikte ausgetragen. Im folgenden soll versucht werden, in dieser ambivalenten Situation einige Fixpunkte zu markieren.

neue Orientierung der Jugendämter

Die tradierte Rolle des Jugendamts im gerichtlichen Verfahren zur Sorgerechtsregelung bei Scheidung war die eines Ermittlungshelfers und Berichterstatters für das Gericht. Wesentliches Element der Aufgabenerfüllung war deshalb der Bericht

tradierte Rolle des Jugendamtes

an das Gericht, dessen Grundmuster *Kaufmann* (ZfJ, 1991, S. 18) zutreffend schildert:

Bericht des Jugendamtes

»Hatten die Eltern sich geeinigt, wurde dies dem Gericht bestätigt. Anhaltspunkte, daß die Einigung dem Kindeswohl widersprach, gab es selten. Elterliche Einigungen sind in fast 90 % Grundlage richterlicher Entscheidungen. Bei streitigem Sorgerecht wurde in der Regel auf der Grundlage von wenigen Gesprächen dem Gericht vorgeschlagen, einem Elternteil die elterliche Sorge zu übertragen.

Grundlage: § 1671 BGB

Das Denkschema für die Arbeit ergibt sich in diesem Fall aus § 1671 BGB. Es wurden die äußeren Erziehungsbedingungen (z. B. wohnungsmäßige Unterbringung) festgestellt und bewertet. Ferner geht es um die Bindung des Kindes an Eltern und Geschwister (Bei wem möchtest Du am liebsten sein?). Es geht um die erzieherischen Fähigkeiten und um Kontinuität in den sozialen Bezügen des Kindes.«

Ergebnis dieser Verfahrensweise waren oft Stellungnahmen, die routiniert abgefaßt mit wenigen Fachworten (»gute, emotionale Beziehung zwischen Mutter und Kind«) mehr von den Menschen versteckten, als deren Beziehungen erhellten. Die Befindlichkeit der Kinder spielte kaum eine Rolle (nach der *Simitis*-Studie »Kindeswohl«, Suhrkamp, 1979 wurde die Psyche des Kindes in 87 % aller Stellungnahmen nicht erwähnt), die Sorgerechtsvorschläge folgten weitgehend Theorien der frühkindlichen Bindung, wodurch die Mutter im Regelfall die elterliche Sorge zugesprochen bekam. Das Jugendamt geriet zudem in die Rolle des Schiedsrichters zwischen den streitenden Eltern und machte diese zu Siegern und Besiegten.

Bindungstheorie

Seit Anfang der 80er Jahre geriet diese Arbeitsweise des Jugendamtes und damit das gesamte Sorgerechtsverfahren bei Scheidung der Eltern unter vehemente Kritik. Ausgehend von der systemischen Betrachtungsweise der Familie wurde die Scheidung nicht als Ende des Systems Familie, sondern nur als dessen Veränderung (»Reorganisation«, *Fthenakis* in *Proksch*, Wohl des Kindes, S. 17) angesehen. Dadurch entstand kein Entscheidungszwang, um für das Kind eine Lösung in dem Scheidungskonflikt, also die Zuordnung zu einem Elternteil, zu finden. Vielmehr rückten die Beziehungen, die sich in dem neuen System der (Nach-)Scheidungsfamilie ergaben, in den Vordergrund des Interesses. Insbesondere die Rolle des Vaters wurde nun völlig verändert gesehen. Es sollte nicht mehr darum gehen, die Hauptbezugsperson des Kindes herauszufinden, sondern die möglichen neuen Beziehungen in dem sich verändernden Familienprozeß sollten analysiert werden. Begleitet und bestärkt wurden diese Ansätze durch die Entscheidung des Bundesverfassungsgerichts von 1982, daß die zwingende alleinige Übertragung der elterlichen Sorge auf einen Elternteil übermäßig in die Autonomie der Familie eingreife

Kritik an dieser Rolle

Beziehungen des Kindes

gemeinsame Sorge

und aus der Sicht des Kindesinteresses nicht geboten sei (vgl. zum ganzen *Coester*, FamRZ, 1992, S. 617ff.). Die damit unter bestimmten Bedingungen zugelassene gemeinsame Sorge wurde zu einem Schlüsselbegriff für die systemischen Ansätze im familiengerichtlichen Verfahren.

Dieses sollte nicht mehr als Interventionsmodell in familiäre Strukturen verstanden werden, sondern die gemeinsame Elternverantwortung hervorheben und stärken. Den Eltern sollte deutlich gemacht werden, daß sie sich zwar als Paar trennen können, nicht aber durch die Scheidung ihre Elternschaft verlieren (»Eltern bleiben Eltern«). Wo die Eltern nicht in der Lage sind, ihre Paarkonflikte von der Elternrolle zu trennen, sollen sie durch Beratung und Unterstützung bis hin zur Therapie dazu befähigt werden. Das Jugendamt soll nicht Schiedsrichter sein, sondern die Autonomie der Familie und deren eigene Konfliktregelung fördern. Da nur eine Verarbeitung des Scheidungskonflikts durch die Eltern dem Kind wirklich diene, nicht aber eine gerichtliche Entscheidung, wäre allein dieses Verfahren im Interesse des Kindes. Aus dieser Sichtweise resultieren eine Reihe unterschiedlicher Forderungen, die das gerichtliche Verfahren und die Aufgabe des Jugendamts betreffen:

gemeinsame Elternverantwortung

Autonomie fördern

Forderungen

- Abschaffung des Amtsverfahrens bei der Sorgerechtsregelung zugunsten eines Antragsverfahrens, bei dem die Eltern (wenn sie selbst nicht weiterkommen) die gerichtliche Regelung beantragen;
- kein schriftlicher Entscheidungsvorschlag des Jugendamtes, sondern lediglich eine Information über die Situation der Familie und die Perspektiven bei verschiedenen Lösungen;
- Trennung von Beratung der Familie und der gutachtlichen Stellungnahme bei Gericht; Beratung beim freien Träger, Stellungnahme beim Jugendamt;
- Gericht, Anwälte und Jugendamt sollen Konsensstrategien entwickeln, beraten statt berichten, die Eltern bemündigen statt sie zu entmündigen (vgl. *Balloff*, Kinder vor Gericht, 1991, S. 107ff.).

Eine kritische Würdigung der hier nur kurz skizzierten Ansätze muß bei der Problematik der Autonomie der Familie im Scheidungsverfahren ansetzen. Die entscheidende Frage lautet, ob der Staat die Legitimation hat, der Familie im Scheidungsprozeß die Fähigkeit zur eigenen Problemlösung abzusprechen und deshalb zum Schutz der Kinder zu intervenieren.

Legitimation des Staates zur Intervention

Im letzten und vor allem in den kritischen Fällen muß ihm diese Berechtigung zuerkannt werden. Es ist Realität, daß Eltern in der Tiefe und Anstrengung des Scheidungskonflikts nicht oder nicht immer zum Wohl ihrer Kinder handeln können. Diese Konfliktfähigkeit läßt sich in vielen Fällen auch durch Beratung und Vermittlung nicht erreichen. Im Gegenteil, vielfach werden Eltern bei der gemeinsamen Sorge überfordert. Es ist eine Illusion, zu glauben, die Probleme des Sorgerechtsverfahrens seien durch eine Flucht aus der Kontrolle, eine Flucht aus der Justiz und aus dem Entscheidungsverfahren zu lösen.

Amtsverfahren notwendig

Das Amtsverfahren ist also notwendig, aber es ist genauso notwendig, dieses Verfahren zu qualifizieren, der Grundkonzeption des KJHG auch hier gerecht zu werden. Für das Sorgerechtsverfahren bedeutet dies, daß der Beratungsaspekt des § 17 KJHG, der hoheitliche Aspekt des § 50 KJHG und der Vertrauenstatbestand der §§ 64, 65 KJHG zusammengeführt werden müssen. Dies bedeutet:

Verhältnismäßigkeit

- die staatliche Intervention in Form eines Entscheidungsvorschlags tritt nach dem Grundsatz der Verhältnismäßigkeit zurück hinter die eigenen Vorstellungen der Eltern (vgl. auch § 1671 Abs. 3 BGB und den Vorschlag von *Coester*, Neue Aspekte zur gemeinsamen elterlichen Verantwortung nach Trennung und Scheidung, Familie und Recht 1991, S. 70 ff.). Erst wenn diese sich nicht zum Wohl des Kindes einigen können, schlägt das Jugendamt eine Regelung vor;

Beraten und Berichten

- die Beratungs- und Berichtsfunktion des Jugendamts oder auch freier Träger werden nicht künstlich getrennt, sondern zusammengeführt. Es ist eine von alten Vorurteilen in der sozialen Arbeit belastete Sichtweise, den Bericht als Eingriff in das Vertrauensverhältnis zur Familie zu stellen. Man sollte ihn eher als Chance begreifen, gemeinsam Erarbeitetes darzustellen und zu dokumentieren. Dies bedingt aber, daß die Stellungnahme nicht als Herrschaftsinstrument genutzt wird, sondern in Kooperation mit den Beteiligten erstellt wird

keine Stellungnahme ohne Einverständnis

- Es darf keine Stellungnahme ohne Einverständnis der Betroffenen an das Gericht gehen; läßt sich ein solches Einverständnis nicht erreichen, sollte dem Gericht eine entsprechende Mitteilung gemacht werden. Das Gericht muß dann über das weitere Verfahren (entsprechend seiner Rolle) entscheiden;

Verbesserung der Stellungnahmen

- Die Stellungnahmen müssen qualitativ verbessert werden. Dies betrifft deren Sprache, die heute meist abstrakt und trocken ist und vielfach mit versteckten Wertungen arbeitet. Die Stellungnahmen sollten demgegenüber konkret und anschaulich die Lebenssituation der Kinder beschreiben. Mit einer solchen konsequenten Kindorientierung könnten auch unnötige und diskriminierende Bewertungen der Erziehungsfähigkeit der Eltern vermieden werden.

Mit solchen aus der Sicht der Kinder formulierten Stellungnahmen können auch den Eltern die Augen wieder für ihr Kind geöffnet werden. Zweifellos hat die systemische Sichtweise viel zur Veränderung des unbefriedigenden Sorgerechtsverfahrens in der Scheidung beigetragen. Es ist auch in vielen Fällen sinnvoll, ihre Ansätze und Methoden zu nutzen. Dennoch muß auch die Intervention des Staates in die Familie zum Schutz des Kindes möglich bleiben, ist die Autonomie der Eltern nicht unbegrenzt. Staatlicher Eingriff ist jedoch nicht gleichzusetzen mit repressiver Entmündigung, richtig verstanden und mit Respekt vor den Beteiligten und ihren Rechten durchgeführt, kann er oft zu Entlastung und Befriedung führen und Menschen dazu befähigen, ihre eigenen Angelegenheiten unter anderen Bedingungen wieder zu bewältigen (vgl. *Coester*, FamRZ, 1992, S. 617; *Dickmeis*, ZfJ, 1993, S. 166ff.).

Autonomie der Eltern nicht unbegrenzt

7.4.3.3 Jugendgerichtshilfe im KJHG

Aufgabe der JGH

Die Jugendgerichtshilfe (JGH) ist angesiedelt im Grenzbereich zwischen Strafjustiz und Jugendhilfe. Ihre inhaltliche Aufgabenstellung ergibt sich aus § 38 JGG, also einer strafrechtlichen Norm. Danach bringt sie im Jugendstrafverfahren die erzieherischen, sozialen und fürsorgerischen Gesichtspunkte zur Geltung. Zu diesem Zweck erforscht sie die Persönlichkeit, die Entwicklung und die Umwelt des Beschuldigten und äußert sich zu den Maßnahmen, die zu ergreifen sind (§ 38 Abs. 2 JGG; vgl. auch *Fieseler/Herborth*, Recht der Familie und Jugendhilfe, 3. Aufl., 1994, S. 132ff.). Wesentliches Mittel zur Erfüllung dieser Aufgabenstellung ist der Bericht der JGH, in dem die sozialen Fachkräfte sowohl die Persönlichkeit des straffälligen Jugendlichen beurteilen, als auch zu den vorgeschlagenen Sanktionen Stellung nehmen sollen. Diese Mitwirkung im jugendgerichtlichen Verfahren findet ihre Rechtsgrundlage in § 52 KJHG, also einer Norm der Jugendhilfe. Dadurch betont der Gesetzgeber des KJHG, daß die JGH in erster Linie eine Leistung für den Jugendlichen darstellt (vgl. auch § 52 Abs. 2 KJHG) und nicht etwa Teil des gerichtlichen Sanktionssystems ist (so auch *Maas*, Auswirkungen des 1.ÄndKJHG auf die Arbeit der Jugendgerichtshilfe, ZfJ 94, S. 68). Dadurch war es logisch, daß auch die JGH den Datenschutzvorschriften des KJHG unterlag, insbesondere nach § 62 Abs. 2 KJHG Daten über die Jugendlichen nicht ohne deren Mitwirkung erheben durfte. Diese Rechtslage führte bei der Novellierung des KJHG zu heftigen Auseinandersetzungen um die Rolle und Funktion der JGH. Im Ergebnis wurde mit § 61 Abs. 3 KJHG eine datenschutzrechtliche Sonderregelung für die JGH eingeführt. Danach gelten für die Verarbeitung personenbezogener Daten in der JGH die Vorschriften des Jugendgerichtsgesetzes. Da es im JGG aber keine datenschutzrechtlichen Normen gibt, führt diese Verweisung ins

Mitwirkung im Verfahren

Novellierung

Problematik nicht gelöst

Leere (so *Maas,* ZfJ 94, S. 70). Es gelten also für die Informationsverarbeitung in der JGH lediglich die allgemeinen Regeln des Grundrechts auf informationelle Selbstbestimmung (vgl. dazu unten 7.5.2.1). Dies bedeutet, daß ohne Einverständnis der Betroffenen Daten in der JGH weder erhoben noch weitergegeben werden dürfen. Die Grundprobleme der JGH sind mit dieser »gesetzgeberischen Fehlleistung« (*Maas*, ZfJ 94, S. 71) nicht gelöst. Ihre Zwitterstellung zwischen Hilfe und Kontrolle dürfte erst nach einer Änderung des JGG geklärt werden (vgl. *Kiehl* in *Wiesner/Zarbock*, 1991, S. 191 und ZfJ 93, S. 231; *Schwenkel-Omar*, Die JGH zwischen Jugendhilfe und Justiz, ZfJ 90, S. 493).

7.4.4 Pflegschaft und Vormundschaft für Kinder und Jugendliche

besondere Stellung des Amtspflegers/ Amtsvormundes

Das KJHG hat die gesetzliche Vertretung Minderjähriger in der Amtspflegschaft/Amtsvormundschaft in den Kernbereichen unverändert übernommen. Organisatorische Grundlagen, Benennung, Tatbestände der Begründung und Beendigung u. ä. sind unverändert (*Brüggemann* in: *Oberloskamp*, Vorb. zu § 16). Wichtige Änderungen sind lediglich die Herausnahme paralleler Vorschriften von BGB und JWG aus dem Jugendhilferecht und deren Konzentrierung im BGB.
Für die Führung der Amtspflegschaft/Amtsvormundschaft ist von großer Bedeutung die Datenschutzvorschrift des § 68 KJHG. Danach ist der Amtspfleger/Amtsvormund von der Geltung der übrigen Datenschutzvorschriften ausgenommen. Dies verschafft ihm eine besondere Stellung als Vertreter des Minderjährigen, die auch in der Organisation des Jugendamts zum Ausdruck kommen muß (zu den grundsätzlichen Problemen in diesem Arbeitsbereich vgl. *Oberloskamp* (Hg.), Vormundschaft, Pflegschaft und Vermögenssorge bei Minderjährigen, 1990; *Zarbock*, Das KJHG und die Neuerungen im Recht der Amtsvormundschaft/Amtspflegschaft, in: *Wiesner/Zarbock*, 1991, S. 203).

7.5 Organisation und Verfahren in der öffentlichen Jugendhilfe

Im Bereich der Organisation der Träger der öffentlichen Jugendhilfe hat das KJHG nur wenig Änderungen gegenüber dem alten Recht gebracht. Die Konzentration der Reform galt eher der Zusammenarbeit zwischen freien und öffentlichen

Trägern (dazu oben 7.1.3.2). In diesem Zusammenhang war auch die Struktur des Jugendhilfeausschusses umstritten. Im übrigen blieb die Behördenorganisation im wesentlichen unangetastet. Bedeutende Änderungen erfolgten durch die neuen Vorschriften über den Datenschutz in der Jugendhilfe und die Regelungen über die Heranziehung zu den Kosten der Jugendhilfeleistungen. Im Bereich der Zuständigkeits- und Kostenerstattungsvorschriften und der Vorschriften über die Heranziehung Unterhaltspflichtiger ergaben sich bei der Umsetzung des KJHG schon frühzeitig Schwierigkeiten und Unstimmigkeiten (vgl. Deutscher Verein, Stellungnahme zum Referentenentwurf eines Ersten Gesetzes zur Änderung des KJHG, NDV 1991, S. 401).
Deshalb ist der Gesetzgeber bereits tätig geworden und hat in diesen Punkten das KJHG geändert.

7.5.1 Die öffentlichen Träger der Jugendhilfe

7.5.1.1 Das Jugendamt

örtliche Träger

Örtliche Träger der Jugendhilfe: § 69 Abs. 1 KJHG unterscheidet zwischen örtlichen und überörtlichen Trägern der Jugendhilfe. Örtliche Träger sind die Kreise und kreisfreien Städte. Landesrecht kann auch bestimmen, daß kreisangehörige Gemeinden örtliche Träger der Jugendhilfe werden, wenn ihre Leistungsfähigkeit zur Erfüllung der Jugendhilfeaufgaben gewährleistet ist und sie dies beantragen (§ 69 Abs. 2 KJHG). Die öffentliche Jugendhilfe gehört zu den Selbstverwaltungsaufgaben der Kreise, Städte und Gemeinden (*Schellhorn,* Jugendhilferecht, S. 35). Nach § 69 Abs. 3 KJHG errichtet der örtliche Träger das Jugendamt »für die Wahrnehmung der Aufgaben nach diesem Buch«. Damit ist erneut klargestellt, daß die Wahrnehmung der Jugendhilfeaufgaben durch ein selbständiges Jugendamt erfolgen muß. Die Organisationshoheit der örtlichen Träger ist insoweit eingeschränkt. Eine Übertragung der Jugendhilfeaufgaben auf andere Organisationseinheiten des örtlichen Trägers (etwa Sozialamt, Gesundheitsamt) ist nur möglich, wenn die abschließende Verantwortung und die fachliche Aufsicht beim Jugendamt bleiben. Unter dieser Bedingung ist sie aber auch zulässig.

Selbständiges Jugendamt

Organisation des Jugendamtes: Das Jugendamt ist anders organisiert, als dies in der Behördenstruktur üblich ist. Nach § 70 KJHG ist es eine zweigliedrige Behörde, die aus der Verwaltung des Jugendamts und dem Jugendhilfeausschuß besteht. Aufgabe der Verwaltung ist es, die laufenden Geschäfte zu erledigen. Der Jugendhilfeausschuß befaßt sich mit allen

Zweigliedriges Jugendamt

grundsätzlichen Angelegenheiten der Jugendhilfe, insbesondere mit der Erörterung aktueller Problemlagen und der Weiterentwicklung der Jugendhilfe, der Jugendhilfeplanung und der Förderung der freien Jugendhilfe (§ 71 Abs. 2 KJHG).

Der Jugendhilfeausschuß hat das Recht, im Rahmen der vom Gemeinderat, Stadtrat oder Kreistag (also von der gesamten Vertretungskörperschaft) festgelegten Mittel und Grundsätze eigene Beschlüsse zu fassen (§ 71 Abs. 3 KJHG). Die Zusammensetzung des Jugendhilfeausschusses war im Gesetzgebungsverfahren heftig umstritten. Dabei war nicht streitig, daß ihm mit drei Fünftel der Stimmanteile Mitglieder des Rates oder Kreistages oder von diesen gewählte Frauen und Männer, die in der Jugendhilfe erfahren sind, angehören. Intensiv diskutiert wurde die Struktur der anderen zwei Fünftel der Stimmanteile, die auf Vorschlag der freien Träger gewählt werden. Hier hatten nach altem Recht die Jugendverbände und Wohlfahrtsverbände ein Vorschlagsrecht für diese Stimmanteile; nach dem KJHG sind ihre Vorschläge nur noch innerhalb des Anteils der anerkannten freien Träger angemessen zu berücksichtigen. Das Nähere zur Besetzung des Jugendhilfeausschusses regelt das Landesrecht.

Jugendhilfeausschuß

Gewöhnlicher Aufenthalt der Eltern

Örtliche Zuständigkeit: Die Regeln des KJHG über die örtliche Zuständigkeit wurden mit dem 1.ÄndKJHG einer grundsätzlichen Reform unterzogen. Das KJHG hatte als Anknüpfungspunkt für die örtliche Zuständigkeit grundsätzlich den »gewöhnlichen Aufenthalt« der Eltern und nicht – wie früher – den des Kindes gewählt. Diese Änderung lag in der Konzeption des KJHG, denn Adressaten der Leistung sind die Eltern und nicht das Kind. Die Änderung führte jedoch in der Praxis zu erheblichen Unklarheiten und Schwierigkeiten, die sich nicht unwesentlich zu Lasten der Jugendhilfeangebote auswirkten. Der Gesetzgeber entschied sich deshalb mit der Neuregelung der §§ 86–87e KJHG dafür, die örtliche Zuständigkeit differenziert nach einzelnen Fallgruppen zu systematisieren, um so den Bedürfnissen der Praxis entgegenzukommen (vgl. ausführlich *Reisch*, Novelliertes Kinder- und Jugendhilferecht, ZfJ, 1993, S. 157 ff.). Anknüpfungspunkt für die örtliche Zuständigkeit ist nunmehr (nach *Kiehl*, ZfJ, 1993, S. 230)

Zuständigkeitswechsel

Novellierung

Zuständigkeit nach Fallgruppen

- vorrangig der gewöhnliche Aufenthalt der Eltern, Elternteile oder sorgeberechtigten Personen oder des jungen Volljährigen,
- in zweiter Linie der gewöhnliche Aufenthalt von Kindern und Jugendlichen und
- subsidiär der tatsächliche Aufenthalt der Personen, wobei Eltern vor Kindern rangieren, sowie schließlich
- der Aufenthalt vor Inanspruchnahme des Jugendhilfeange-

bots, wenn dieses mit Formen der Unterbringung oder des Wohnens verbunden ist (»Schutz der Einrichtungsorte«). Hinzu kommen Sonderregelungen für Pflegekinder, junge Volljährige und für Leistungen in gemeinsamen Wohnformen für Mütter/Väter und Kinder nach § 19 KJHG. Die örtliche Zuständigkeit für besondere Aufgaben ist in den §§ 87–87e KJHG geregelt. Die Vorschriften über die örtliche Zuständigkeit werden ergänzt und vervollständigt durch die Regelungen über die Kostenerstattung zwischen den Jugendhilfeträgern. Auch hier war es vor Inkrafttreten des 1. ÄndKJHG zu Problemen in der Praxis gekommen. Gem. den §§ 89–89e KJHG ist nun prinzipiell der Herkunftskommune des Leistungsempfängers erstattungspflichtiger Träger und nicht diejenige Kommune, die letztlich die Leistung erbringt. Dadurch werden diejenigen Jugendämter entlastet, die durch ein attraktives Leistungsangebot viele Empfänger von Jugendhilfeleistungen »an sich ziehen« (vgl. zum ganzen *Kiehl*, ZfJ, 1993, S. 230).

Kostenerstattung

Sachliche Zuständigkeit: Die sachliche Zuständigkeit für alle Aufgaben der Jugendhilfe liegt nach § 85 Abs. 1, KJHG beim örtlichen Jugendamt, soweit nicht das Landesjugendamt zuständig ist. Die örtlichen Träger der Jugendhilfe haben also die »Vermutung der Allzuständigkeit« (*Schellhorn*, Jugendhilferecht, S. 37) für sich. Dem Landesjugendamt bleiben nur die im Gesetz ausdrücklich aufgeführten Aufgaben (§ 85 Abs. 2 KJHG). Für die Hilfen zur Erziehung gilt bis zum 31. 12. 1994 eine Übergangsregelung.

7.5.1.2 Das Landesjugendamt

Überörtliche Träger der Jugendhilfe: Wer überörtlicher Träger der Jugendhilfe ist, regelt das Landesrecht (§ 69 Abs. 1 KJHG). Hier gibt es unterschiedliche Traditionen. Zum Teil sind überörtliche Träger die Ministerien für Arbeit und Sozialordnung, andere Länder haben eigene Landesoberbehörden für diese Aufgabe geschaffen, in Nordrhein-Westfalen sind die Landschaftsverbände überörtliche Träger. Die überörtlichen Träger errichten das Landesjugendamt.

Landesrecht

Organisation des Landesjugendamts: Das Landesjugendamt ist wie das Jugendamt eine zweigliedrige Behörde mit der Verwaltung des Landesjugendamtes und dem Landesjugendhilfeausschuß. Aufgabenstellung und Zusammensetzung dieser Organisationsteile entsprechen in ihrer Grundstruktur den Regelungen beim Jugendamt. Einzelheiten regelt das Landesrecht.

zweigliedrige Behörde

Sachliche Zuständigkeit: Das Landesjugendamt hat Zuständigkeiten nur, soweit dies ausdrücklich gesetzlich aufgeführt

Ausdrückliche Nennung

ist. Die wichtigsten sachlichen Zuständigkeiten liegen im Bereich der Beratung, Förderung und Unterstützung von Initiativen, Mitarbeiterfortbildung und der Aufsicht über Pflegefamilien und Heime (vgl. § 85 Abs. 2 KJHG).

7.5.2 Datenschutz in der Jugendhilfe

Bedeutung umstritten

In den §§ 61 bis 68 KJHG ist im Jugendhilferecht der Schutz personenbezogener Daten geregelt worden. Die Bedeutung dieser jugendhilfespezifischen Vorschriften über die Erhebung, Speicherung und Verwendung personenbezogener Informationen ist umstritten.

So meint *Kunkel*: »Für die Praxis der Jugendhilfe ist mit der Regelung des Datenschutzes nichts gewonnen, für Kommentatoren und Fortbildungsreisende um so mehr« (ZfJ, 1991, S. 111, 114).
Demgegenüber ist *Mörsberger* der Auffassung, daß die »Bedeutung und Auswirkung... (dieser Regelungen)... nicht hoch genug eingeschätzt werden« können und spricht von »einer wirklichen Neuorientierung der Jugendhilfe«..., von einer »Perspektive ›Neues Jugendamt‹« (ZfJ, 1990, 365).

Unsicherheit der Praxis

Diesem Meinungsstreit, für den die beiden Autoren nur beispielhaft stehen, entspricht eine weitverbreitete Unsicherheit in der Praxis der sozialen Arbeit, wenn es um die Datenschutzproblematik geht. Angesichts der Komplexität der Materie neigen manche Mitarbeiter dazu, unter Berufung auf »den Datenschutz« die Weitergabe jeder, auch sinnvoller und zulässiger Informationen zu verweigern. Die Kehrseite dieser Verhaltensweise ist die Nutzung des »kleinen Dienstweges«, in dem Bekanntschaftsgrad und Vertrauenswürdigkeit des Informationspartners entscheidende Kriterien für die Weitergabe oder Nichtweitergabe von Informationen sind.

Ängste sozialer Fachkräfte

Beide Haltungen sind unreflektiert und unprofessionell, spiegeln aber die latenten Ängste und Abwehrmechanismen vieler sozialer Fachkräfte gegenüber einem ungeliebten Problemgebiet wider. Gefördert wird diese Abwehrhaltung bereits durch den Begriff »Datenschutz«, der Assoziationen an Datenschutzgesetze, Datenverarbeitung in elektronischen Anlagen und ähnliche, eher technisch geprägte Aspekte erweckt. Allenfalls wird dann unter Datenschutz die Art der Aktenaufbewahrung und -versendung subsumiert.
So wird denn Datenschutz in der sozialen Arbeit eher mit Unbehagen gesehen, verbunden mit dem schlechten Gefühl, sich eventuell rechtswidrig zu verhalten. Aber auch Angst vor Kontrolle durch Vorgesetzte, Gerichte und Aufsichtsbehörden prägt den Zugang zu diesem Thema.
Andererseits ist die Schweigepflicht eines der konstituierenden

Elemente der Vertrauensbeziehung in der sozialen Arbeit. Die hohe Bedeutung dieser Verpflichtung für das berufliche Ethos, aber auch für die hierarchische Einordnung von Sozialarbeitern/Sozialpädagogen in die sozialen Berufe (Psychologen, aber auch Ärzte, Pfarrer etc.) ist den sozialen Fachkräften durchaus bewußt. Der langjährige Kampf um das Zeugnisverweigerungsrecht, aber auch die häufige Berufung auf die Schweigepflicht gegenüber anderen Berufsgruppen (etwa Polizei, Rechnungsprüfungsämter) zeigen, daß die berufsethische und berufspolitische Komponente der Schweigepflicht genutzt und in der Auseinandersetzung mit konkurrierenden Berufen und Funktionen eingesetzt wird.

Schweigepflicht

Das Dilemma ist offensichtlich: Ein Beruf, der seinem Wesen nach auf Vertrauen gegründet ist, aber in wesentlichen Teilen in der Notwendigkeit steht, erhaltene Informationen in Berichten und Stellungnahmen weiterzugeben, ist auf eine klare Leitlinie angewiesen, wenn es um die Lösung des Spannungsverhältnisses zwischen persönlicher Beziehung und beruflichem Auftrag geht.

Vertrauen und Informationsweitergabe

Hier liegt auch die eigentliche Bedeutung des Datenschutzes in der sozialen Arbeit: die Macht, die der Umgang mit Informationen über Menschen mit sich bringt, zu thematisieren, sie in Bezug zu setzen zu der Vertrauensbeziehung einerseits und den gesellschaftlichen Notwendigkeiten andererseits. Datenschutz stellt in diesem Verständnis die Frage danach, wie ernst soziale Fachkräfte die Beteiligung der Betroffenen meinen, ob es ihnen gelingt, nicht nur in der Entscheidung, sondern auch in dem entscheidungsvorbereitenden Verfahren die Menschen nicht als Objekte zu betrachten, sondern in ihrer Selbstbestimmung und Subjekthaftigkeit zu akzeptieren.

Informationsmacht

Dies bedingt ein Aufbrechen nicht mehr hinterfragter Routinen, die Unterbindung gewohnter innerbehördlicher Zugriffe auf Akten (haben wir über die Familie XY schon etwas vorliegen?) und unreflektierter Verhaltensweisen etwa in Teambesprechungen oder auch Supervision. Datenschutz bedeutet die ständige Bemühung um Beteiligung der Betroffenen, um Transparenz behördlichen und karitativen Handelns, um Aufklärung über Bearbeitungsschritte, Entscheidungsprozesse und Weitergabenotwendigkeiten. Aus dieser Sicht ist Datenschutz ein wichtiges Bindeglied zwischen rechtlichen und professionell-fachlichen Denk- und Arbeitsansätzen in der sozialen Arbeit.

Beteiligung der Betroffenen

Grundwerte wie Selbstbestimmung des Betroffenen, Beratung und Kooperation als primäre Handlungsformen sozialer Tätigkeit, ernst nehmen der Klienten in ihrer Situation und deren Stärkung und Unterstützung finden in diesen Vorschriften ihre rechtliche Form.

Selbstbestimmung

Insofern knüpfen die Datenschutzvorschriften im KJHG an die

konzeptionellen Grundvorstellungen des Gesetzgebers an, vertiefen und verdeutlichen diese an einer überraschenden Stelle des Gesetzes. Dies gilt insbesondere für den Charakter des KJHG als eines Sozialleistungsgesetzes, das auf Freiwilligkeit und Einverständnis bei der Leistungserbringung angewiesen ist.

Freiwilligkeit

Dieser Zugang zum Datenschutz ermöglicht es auch, angstbesetzte Fragestellungen (was darf ich weitergeben? was muß ich weitergeben? mache ich mich strafbar?) zu vermeiden. Konstruktive handlungsleitende Fragen sind dann fachlicher Natur und auch für soziale Fachkräfte, die sich in Rechtsfragen nicht sicher fühlen, gut zu bearbeiten. Sie lauten z. B.:

Handlungsleitende Fragen

- wie kann ich meine Aufgabe unter größtmöglicher Respektierung des Willens der Betroffenen erfüllen?
- wann muß ich Informationen weitergeben, ohne die Betroffenen zu beteiligen?
- welche Informationen brauche ich, um meine Aufgabe zu erfüllen?
- was ist meine Aufgabe? etc.

Viele dieser Fragen lassen sich nicht aus dem Recht heraus beantworten, sondern verweisen zurück auf ethische Grundprobleme sozialer Berufe. Die Datenschutzvorschriften in ihrem Gesamtzusammenhang geben in diesen Grundkonflikten Zielwerte an.

ethische Grundprobleme

Diese Werte manifestieren sich in dem Grundrecht auf informationelle Selbstbestimmung. Deshalb soll im folgenden die Datenschutzthematik von diesem Grundrecht ausgehend systematisiert werden.

7.5.2.1 Grundrecht auf informationelle Selbstbestimmung

»Freie Entfaltung der Persönlichkeit setzt unter den modernen Bedingungen der Datenverarbeitung den Schutz des einzelnen gegen unbegrenzte Erhebung, Speicherung, Verwendung und Weitergabe seiner persönlichen Daten voraus... Wer nicht mit hinreichender Sicherheit überschauen kann, welche ihn betreffenden Informationen in bestimmten Bereichen seiner sozialen Umwelt bekannt sind, und wer das Wissen möglicher Kommunikationspartner nicht einigermaßen abzuschätzen vermag, kann in seiner Freiheit wesentlich gehemmt werden, aus eigener Selbstbestimmung zu planen oder zu entscheiden« (BVerfG, Urteil vom 15. 12. 1983, BVerfGE 65, 1 (43)).

Mit diesen Worten beschreibt das Bundesverfassungsgericht die Gefahren, die von der modernen Informationsgesellschaft für den Freiheitsraum der Bürger ausgehen. Es leitet deshalb das Grundrecht auf informationelle Selbstbestimmung aus dem Recht auf freie Entfaltung der Persönlichkeit (Art. 2 GG) und dem Recht auf Menschenwürde (Art. 1 GG) ab. Inhalt des Selbstbestimmungsrechts ist, daß der einzelne grundsätzlich selbst über die Preisgabe und Verwendung seiner persönlichen

Menschenwürde und freie Entfaltung der Persönlichkeit

Daten bestimmen kann. Er selber kann entscheiden, wann und innerhalb welcher Grenzen persönliche Lebenssachverhalte offenbart werden (BVerfG E 65, 43). Jede Erhebung und Verwendung persönlicher Daten, die nicht von dem Betroffenen gewünscht oder zumindest gebilligt wird, ist ein Eingriff in dessen freies Selbstbestimmungsrecht, der einer besonderen gesetzlichen Legitimation bedarf.

Aus diesem Spannungsverhältnis zwischen dem grundrechtichen Individualschutz und der gesetzlich formuierten Gemeinschaftsbindung ergeben sich für die Verarbeitung personenbezogener Daten folgende Grundsätze:

Grundsätze im Datenschutz

- Es ist alles verboten, was nicht im Einverständnis des Betroffenen geschieht oder gesetzlich erlaubt ist (Verbot mit Erlaubnisvorbehalt);
- Daten dürfen nur erhoben werden, wenn dies einem gesetzlichen Zweck dient, ihre weitere Verwendung ist nur zu diesem Zweck möglich. Soweit davon abgewichen werden soll, bedarf es präziser gesetzlicher Regeln oder der Einwilligung des Betroffenen (Zweckbindungsprinzip);
- Die von der Datenerhebung Betroffenen müssen nachvollziehen können, was mit ihren Angaben geschieht, wenn sie in deren Verwendung einwilligen (Prinzip der Nachvollziehbarkeit);
- Daten dürfen nur erhoben oder gesammelt werden, wenn dies zur rechtmäßigen Aufgabenerfüllung der erhebenden Stelle erforderlich ist (Prinzip der Erforderlichkeit);
- Die Betroffenen müssen die Möglichkeit haben, zu erfahren, was mit ihren Daten geschieht und Mißbrauch ihrer Daten zu verhindern (Recht auf Aufklärung, Auskunft und Kontrolle der Daten);
- Die Datenverarbeiter müssen in ihrer Arbeit von unabhängigen Institutionen kontrolliert werden, die jederzeitigen Zugang zu den Daten haben (Kontrolle durch Datenschutzbeauftragte).

Diese Grundsätze gelten für jede Datenverarbeitung im öffentlichen und privaten Bereich. Sie beziehen sich auf alle Einzelangaben über persönliche und sachliche Verhältnisse einer bestimmten oder bestimmbaren Person, d. h. auf alle personenbezogenen Daten.

7.5.2.2 Sozialdatenschutz und KJHG

Bereits vor dem Volkszählungsurteil des Bundesverfassungsgerichts regelte das Sozialgesetzbuch I und X Grundsätze des Datenschutzes im sozialen Bereich. Wesentlichen Änderungen wurden diese Vorschriften durch das »Zweite Gesetz zur Änderung von Vorschriften des Sozialgesetzbuches über den Schutz der Sozialdaten« vom 13.6.1994 (BGBl. I, S. 1229) unterzogen.

Geheimhaltungspflicht für alle Sozialdaten

In §35 SGB-I wird dabei die grundsätzliche Geheimhaltungspflicht für alle Sozialdaten statuiert. Danach hat jeder einen Anspruch darauf, daß Einzelangaben über seine persönlichen und sachlichen Verhältnisse von den Leistungsträgern als Sozialgeheimnis gewahrt und nicht unbefugt offenbart werden. Damit ist zunächst gesetzlich definiert, daß unter persönlichen Daten jede persönliche Information zu verstehen ist (vgl. auch oben). Der Anwendungsbereich des Sozialgeheimnisses ist also sehr weit gespannt und betrifft alle Aspekte des Kontakts zwischen den Betroffenen und der Sozialverwaltung. Auch of fenkundige Tatsachen, wie etwa der Aufenthalt eines Sozialhilfeempfängers im Sozialamt, unterliegen diesem Geheimnisschutz.

gesetzliche Befugnis

Die Geheimhaltungspflicht kann nur mit einer gesetzlichen Befugnis durchbrochen werden. Diese Offenbarungsbefugnisse sind ausschließlich in den §§67 bis 85a SGB-X enthalten. Im sozialen Bereich bedeutet dies, daß jede Verwendung von Informationen auf eine dieser Vorschriften gestützt werden muß. Soweit eine Offenbarung nach diesen Vorschriften nicht zulässig ist, besteht keine Auskunftspflicht, keine Zeugnispflicht und keine Pflicht zur Vorlegung oder Auslieferung von Schriftstücken, Akten und sonstigen Datenträgern (§35 Abs. 3 SGB-I).

Offenbarungsbefugnisse

In den §§67 bis 78 SGB-X sind Offenbarungsbefugnisse geregelt, die für alle Informationen gelten, die die Sozialverwaltung hat, unabhängig davon, in welchem Datenträger die Daten enthalten sind oder ob sie überhaupt aufgezeichnet worden sind (vgl. *Maas*, NDV, 1990, 215). Die für die Praxis wichtigste Offenbarungsbefugnis neben der Einwilligung (§67b SGB-X) ist die Offenbarung zur Erfüllung der gesetzlichen Aufgabe der Stelle (§69 SGB-X).

Aufgabenerfüllung

Diese Vorschrift bedeutet, daß Informationen immer dann weitergegeben werden dürfen, wenn dies zur Aufgabenerfüllung erforderlich ist. Ohne hier näher auf Einzelheiten einzugehen, kann gesagt werden, daß die Auswirkungen dieser Befugnis im sozialen Bereich beträchtlich sind. Angesichts der weitgespannten und oft schwer definierbaren Aufgabenstellungen in sozialen Diensten zwingt §69 SGB-X zu einer (Rück-)Besinnung auf die konkrete Aufgabe und die zu ihrer Erfüllung notwendigen Informationen. Soweit Informationen in Dateien (= gleichartig aufgebaute Sammlung von Daten, die nach bestimmten Merkmalen geordnet und ausgewertet werden kann, z.B. Karteien etc., vgl. *Louis*, Grundzüge des Datenschutzrechts, 1981, S. 27) enthalten sind, gelten für sie die §§79 bis 85 SGB-X.

Ergänzung durch das KJHG

Dieser Regelungsbestand des Sozialdatenschutzes wird in §61 KJHG aufgenommen und durch die »nachfolgenden Vorschriften« (das sind die §§62 bis 68 KJHG) ergänzt.

Es ist umstritten, ob dieses Verfahren mit § 37 SGB-I, der Abweichungen von den allgemeinen Regeln des Sozialdatenschutzes für unzulässig erklärt, vereinbar ist (vgl. *Mörsberger*, ZfJ, 1991, 114 einerseits und *Kunkel*, ZfJ, 1991, S 111 andererseits).
Festzuhalten bleibt in jedem Fall, daß in der Jugendhilfe nunmehr für die Erhebung, Verarbeitung und Verwendung von personenbezogenen Daten als berichsspezifische Sonderregelungen die §§ 62 bis 68 KJHG gelten. Soweit diese Vorschriften nichts Gegenteiliges beinhalten, sind daneben die Regeln des allgemeinen Sozialdatenschutzes (SGB-I und X) anwendbar.

7.5.2.3 Erhebung und Speicherung von Daten in der Jugendhilfe

Die Erhebung von Daten: Personenbezogene Daten dürfen in der Jugendhilfe nur erhoben werden, »soweit ihre Kenntnis zur Erfüllung der jeweiligen Aufgabe erforderlich ist« (§ 62 Abs. 1 KJHG). Unter Erhebung ist »jede Form gezielt betriebener Gewinnung personenbezogener Daten durch Befragung oder zweckgerichtete Beobachtung« (vgl. *Mörsberger*, ZfJ, 1990, S 369) zu verstehen. Die so »erhobenen« Informationen müssen notwendig sein, um eine Aufgabe des Jugendhilfeträgers zu erfüllen. Hier drückt das KJHG noch einmal das (für das Datenschutzrecht insgesamt grundlegende, vgl. oben 7.5.2.1) Erforderlichkeitsprinzip aus. Es dürfen keine »Vorratssammlungen« von Informationen angelegt, sondern nur diejenigen Daten erhoben werden, die im Einzelfall zur Aufgabenerfüllung benötigt werden. § 62 Abs. 1 KJHG verweist also den Jugendhilfeträger auf die Rechtsgrundlage, die ihn im jeweiligen Einzelfall zum Handeln ermächtigt oder veranlaßt. Diese Rechtsgrundlagen sind nun in der Jugendhilfe zum großen Teil sehr offen formuliert. So hängt die Gewährung erzieherischer Hilfen davon ab, ob »eine dem Wohl des Kindes... entsprechende Erziehung nicht gewährleistet ist und die Hilfe für seine Entwicklung geeignet und notwendig ist« (§ 27 Abs. 1 KJHG).

Erforderlichkeitsprinzip

Vorratssammlung

Wenn der Jugendhilfeträger im Einzelfall prüft, ob Erziehungshilfe zu gewähren ist, ist er also berechtigt, diejenigen Informationen zu erheben, die zur Ausfüllung dieser Begriffe notwendig sind. Damit ist jedoch ein sehr weiter Rahmen gesteckt. Es hängt entscheidend vom fachlichen Verständnis der einzelnen sozialen Fachkraft ab, welche Informationen sie braucht, um die Erziehungsdefizite in einer Familie zu ermitteln und fachgerecht zu würdigen.

Erhebung beim Betroffenen

Nach der Grundkonzeption des KJHG kann diese Entscheidung nicht der einzelne Mitarbeiter allein treffen. Er ist vielmehr auf die Mitwirkung der Empfänger der Jugendhilfeleistung angewiesen. Deshalb normiert der Gesetzgeber in § 62 Abs. 2 KJHG, daß »personenbezogene Daten beim Betroffenen zu erheben« sind. Der einzelne hat es also in der Hand, über seine Informationen zu verfügen. Damit er dieses Verfügungsrecht sinnvoll ausüben kann, ist der Jugendhilfeträger verpflichtet, »ihn über die Rechtsgrundlage der Erhebung und den Verwendungszweck aufzuklären« (§ 62 Abs. 2 KJHG). Damit ist das Transparenzgebot im Jugendhilfebereich ausdrücklich normiert.

Grundkomponenten modernen Datenschutzes

Im Zusammenspiel von § 62 Abs. 1 und 2 KJHG werden die Grundkomponenten modernen Datenschutzrechts deutlich: Es sollen nur die für die Aufgabenerfüllung unverzichtbaren Daten erhoben werden. Was unverzichtbar ist, unterliegt zuallererst der Definitionsmacht des Leistungsempfängers. Er soll entscheiden können, was er von sich preisgibt, um eine Hilfe zu erhalten. Der Jugendhilfeträger muß ihm diese Entscheidung dadurch ermöglichen, daß er seine Berechtigung und Handlungsziele transparent macht.

In den Termini sozialer Arbeit finden sich diese rechtlichen Anforderungen wieder in Begriffen wie Respektierung des Willens der Betroffenen, Rollenklärung, Befähigung von Menschen zur Selbstbestimmung etc. Datenschutzrecht ist damit eine Anfrage an die fachlichen Standards sozialer Arbeit, die in bürokratischen Routinen häufig unterzugehen drohen. Es veranlaßt soziale Fachkräfte zu einer Reflektion des eigenen Verständnisses von der zu erfüllenden Aufgabe und des Verhältnisses zu den betroffenen Menschen.

Ausnahmeregelung

Dieser Grundgedanke findet auch seinen Ausdruck in den Ausnahmeregelungen, die eine Datenerhebung auch ohne Mitwirkung des Betroffenen zulassen (§ 62 Abs. 3 und 4 KJHG). Diese lassen sich in drei Fallgruppen zusammenfassen (vgl. zum folgenden *Maas* NDV 90, 217):

1. Fallgruppe: Gesetzliche Vorschriften erlauben einen Eingriff in die Rechte des Betroffenen oder schreiben diesen vor (§ 62 Abs. 3 Ziff. 1 KJHG). Es wäre nicht sinnvoll, auf der einen Seite einen Eingriff zuzulassen (z. B. Sorgerechtsentzug), dessen Verwirklichung aber andererseits von der Mitwirkung des Betroffenen abhängig zu machen. Hier zeigt sich, daß das Datenschutzrecht nicht die notwendigen Ermittlungen verhindert, wie oft behauptet wird (»Datenschutz ist Täterschutz«). Da wo die Gesellschaft durch gesetzliche Normierungen in die Rechte der Bürger eingreift, ist auch notwendigerweise deren Verfügungsrecht über ihre persönlichen Daten eingeschränkt.

2. Fallgruppe: Die Erhebung beim Betroffenen ist nicht möglich, die Information aber notwendig für die Erfüllung bestimmter Leistungen und Aufgaben nach dem KJHG, bzw. die Erhebung würde einen unverhältnismäßigen Aufwand erfordern. Diese Ausnahmevorschrift, die recht mißglückt ist, soll offensichtlich verhindern, daß der Jugendhilfeträger bei schwierigen persönlichen Konstellationen seine Aufgabe nicht erfüllen kann.

3. Fallgruppe: Der datenschutzrechtlich »Betroffene« und der »Klient« als Leistungsempfänger sind nicht identisch. Dann dürfen Daten über den Betroffenen auch ohne dessen Mitwirkung erhoben werden.
Beispiel: Ein Jugendlicher erzählt über seine Geschwister, um die Schwierigkeiten in seiner Familie zu verdeutlichen. Er ist Klient, die Geschwister datenschutzrechtlich die Betroffenen. Diese in der sozialen Arbeit übliche Konstellation ist nun ausdrücklich gesetzlich geregelt und abgesichert.

In diesen Ausnahmevorschriften zeigt sich, daß es guter Gründe bedarf, um die grundsätzliche Orientierung der Datenerhebung am Betroffenen zu durchbrechen. Dessen Mitwirkung sollte deshalb die Regel bleiben, von den Ausnahmen sowenig Gebrauch wie möglich gemacht werden.
Die Speicherung von Daten: In § 63 KJHG erstreckt der Gesetzgeber das Erforderlichkeitsprinzip über die Datenerhebung hinaus in den Bereich der Speicherung von Informationen. Wie alle modernen Datenschutzgesetze macht das KJHG dabei keinen Unterschied mehr zwischen Dateien und Akten, so daß die Form der Informationsspeicherung für die Anwendung des KJHG unerheblich ist.

Aktenführung

Entscheidende Impulse setzt das neue Jugendhilferecht jedoch bei der Aktenführung (§ 63 Abs. 2 KJHG). Ausgehend vom Prinzip der Einzelfallakte (vgl. *Maas*, NDV, 1990, 217) regelt § 63 Abs. 2 KJHG, unter welchen Bedingungen Daten aus verschiedenen Aufgabenbereichen der öffentlichen Jugendhilfe in einer Akte zusammengefaßt werden können. Dies ist besonders wichtig in Allgemeinen Sozialen Diensten, die ja eine Reihe von Aufgaben in einer Organisationseinheit bündeln. Nach § 63 Abs. 2 KJHG dürfen Informationen aus verschiedenen Aufgabenfeldern nur bei einem »unmittelbaren Sachzusammenhang« zusammengeführt werden. Sollen Daten, die zu Leistungszwecken und solche, die für andere, hoheitliche Aufgaben erhoben worden sind, in einer Akte geführt werden, so ist dies nur zulässig, »soweit dies zur Erfüllung der jeweiligen Aufgabe erforderlich ist«. Dies bedeutet z. B., daß die Trennungs- und Scheidungsberatung nach § 17 KJHG bei der Aktenführung von der Familien- und Vormundschaftsgerichtshilfe nach § 50 KJHG grundsätzlich getrennt werden muß. Sicher muß darüber hinaus das gesamte Verhältnis von Eingriffs- und Leistungsverwaltung in der Jugendhilfe organisatorisch neu durchdacht werden (vgl. *Lakies*, Das neue Kinder- und Jugendhilferecht, ZfJ, 1991, 32). Die weiteren Anforderungen an die Aktenführung, die sich aus § 65 KJHG ergeben, werden dort näher ausgeführt.

Unmittelbarer Sachzusammenhang

7.5.2.4 *Verwendung und Offenbarung von Daten in der Jugendhilfe*

Zweckbindung

Nach § 64 Abs. 1 KJHG dürfen personenbezogene Daten nur zu dem Zweck verwendet werden, zu dem sie erhoben sind. Damit wird ein verfassungsrechtliches Grundprinzip des Datenschutzes, die Zweckbindung, auch für den Bereich der Jugendhilfe ausgedrückt.

Wenn die Betroffenen Informationen preisgeben, so tun sie das zu einem bestimmten Zweck, etwa um eine Leistung zu erhalten oder eine bestimmte Einschätzung des Mitarbeiters, z. B. in Sorgerechtsverfahren, zu beeinflussen. In diesem Verwendungszusammenhang können diese Informationen ohne weitere organisatorische Schranken weitergegeben werden, denn die Betroffenen haben sie ja gerade für eine solche Bearbeitung freigegeben. Sie sind und bleiben also »Herr« Ihrer Informationen, solange diese im Rahmen der Fallbearbeitung in der Behörde verwendet werden. Das bedeutet, daß eine Weitergabe von Informationen in der vertikalen Bearbeitungskette (also von der Schreibkraft bis zum Behördenleiter) von der Ermächtigung des § 64 Abs. 1 KJHG gedeckt ist und keiner weiteren Befugnis bedarf. Beispiel: Im Rahmen einer Sorgerechtsregelung offenbart eine Mutter der Jugendamtsmitarbeiterin, daß sie bereits einen neuen Freund hat und sich mit dessen Unterstützung gut um die Kinder kümmern kann. Diese Information kann im weiteren Sorgerechtsverfahren ohne weiteres verwendet werden. Sie kann in die Stellungnahme zum Sorgerecht aufgenommen werden, Abteilungsleiter und Amtsleiter können in diese Stellungnahme Einsicht nehmen, sie kann zum Familiengericht geschickt werden. All das bleibt im ursprünglichen Verwendungszweck und kann ohne weiteres geschehen, denn die betroffene Mutter wollte ja gerade diese Weitergabe erreichen.

Fallbearbeitung

Folgerichtig erstreckt das KJHG in § 64 Abs. 3 diese Verwendung bis in den Bereich der Aufsichts- und Kontrollbehörden und der Rechnungsprüfung, soweit es zu deren Aufgabenerfüllung erforderlich ist. Aufsicht und Kontrolle des Verwaltungshandelns sowie dessen zweckmäßige Organisation sind kein Selbstzweck, sondern integraler Bestandteil qualifizierter Fallbearbeitung. Insofern ist die Verwendung von Informationen für diese Organisationszwecke nicht vom ursprünglichen Zweck abweichend. Diese Zweckidentität stellt § 64 Abs. 3 KJHG klar, indem er auch hier den Begriff der Verwendung benutzt.

Aufsicht und Kontrolle

Zweckidentität

Es ist die Aufgabe sozialer Fachkräfte, diese Zusammenhänge deutlich zu machen, um ihre institutionelle Einbindung transparent werden zu lassen. Damit ermöglichen sie den Betroffe-

nen eine fundierte Entscheidung darüber, was sie von sich preisgeben und was nicht.
Die Bedeutung des Verwendungsbegriffs in § 64 Abs. 1 KJHG liegt über die Ermächtigung zur zweckgerichteten Verarbeitung von personenbezogenen Daten hinaus in der Abgrenzung zum Begriff der Offenbarung. Wenn die Identität von Datenerhebung und Datenverwendung aufgehoben, wenn also der Zweck, zu dem die Information gebraucht wird, verändert wird, dann handelt es sich um eine Offenbarung.

Offenbarung ist Zweckänderung

Die Offenbarung ist also definiert durch die Zweckänderung: Immer dann, wenn der Jugendhilfeträger die erhaltene Information zu einem anderen als dem ursprünglichen Zweck verwenden will, offenbart er diese Information. Dazu bedarf er einer Legitimation, denn die Offenbarung stellt einen Eingriff in das Recht auf informationelle Selbstbestimmung dar.
Das Kriterium der Zweckänderung ist im Jugendhilferecht sinnvoll, um Offenbarung und Verwendung voneinander abzugrenzen. In der Jugendhilfe sind einer Organisationseinheit, dem Jugendamt, eine Reihe von verschiedenen Aufgaben übertragen (z. B. im ASD). Andererseits werden manche Aufgaben von mehreren Stellen gemeinsam erfüllt (z. B. bei der Zusammenarbeit mit freien Trägern).
»Nicht der Datentransport von einer Stelle zur anderen berührt deshalb die informationelle Selbstbestimmung des Bürgers, sondern die Entscheidung darüber, zu welchen Zwecken die einmal erhobenen Daten verwendet werden. Von daher ist es richtig, die Zweckorientierung zum entscheidenden Kriterium zu machen ... « (*Maas*, NDV, 1990, 218).

Legitimation

Wenn also im Beispiel der Sorgerechtsregelung die Information über den Freund der Mutter für eine andere Aufgabe der Jugendhilfe oder der Sozialhilfe, etwa einer Heimunterbringung oder einer Einkommensermittlung im BSHG verwendet werden soll, handelt es sich um eine Offenbarung, die besonders legitimiert werden muß. Dies ist auch nötig, denn in diesem Zusammenhang bekommt diese Information eine völlig andere Bedeutung.

Einwilligung oder Offenbarungsbefugnis

Die Offenbarung ist zulässig, wenn entweder der Betroffene in die Zweckänderung im Einzelfall (also nicht pauschal) wirksam einwilligt (vgl. § 67 b SGB-X) oder eine gesetzliche Offenbarungsbefugnis vorliegt, In der Jugendhilfe gelten die Offenbarungsbefugnisse der §§ 68 bis 78 SGB-X. Die wichtigste Offenbarungsbefugnis von diesen Vorschriften ist § 69 SGB-X, der in einer sehr weiten Fassung die Offenbarung zur Erfüllung der gesetzlichen Aufgaben der Stelle legitimiert (vgl. oben 7.5.2.2). Diese Vorschrift ist durch § 64 Abs. 2 KJHG entscheidend eingeschränkt. Danach ist eine Offenbarung im Sinne von § 69 SGB-X nur zulässig, soweit dadurch der Erfolg einer

Einschränkung der Offenbarung

zu gewährenden Leistung nicht in Frage gestellt wird. Zu Recht weist *Mörsberger* daraufhin, daß damit eine »klare Vorrangregelung« (ZfJ, 1991, 115) zugunsten der Leistungen der Jugendhilfe (§ 2 Abs. 2 KJHG) gegenüber den anderen, hoheitlichen Aufgaben (§ 2 Abs. 3 KJHG) getroffen worden ist. Besonders bedeutsam ist dieser Vorrang im Verhältnis von Beratungsleistungen (etwa § 17 KJHG) und Gerichtshilfen (z. B. Familien- und Vormundschaftsgerichtshilfe, § 50 KJHG).

Beratung und Gerichtshilfe

Der Erfolg der Beratung in Trennungskrisen hängt davon ab, daß die Betroffenen die Unterstützung des Jugendamtes bei der Klärung ihrer eigenen Rolle bekommen. Nur so können sie in die Lage versetzt werden, ein einvernehmliches Konzept für die Wahrnehmung der elterlichen Sorge zu entwickeln. Dieses Beratungsziel setzt Freiwilligkeit und Kooperation voraus. Die Notwendigkeit der Berichterstattung gegenüber dem Familien- und Vormundschaftsgericht kann nur dann nicht störend in das für den Beratungserfolg notwendige Vertrauensverhältnis eingreifen, wenn die Berichte ebenfalls vom Grundsatz der Freiwilligkeit getragen werden. Gutachtliche Stellungnahmen, die ohne Beteiligung der Betroffenen erstellt und diesen dann erst über ihre Anwälte bekannt werden, gefährden in aller Regel den Erfolg der Beratungsleistung (seien sie nun negativ oder positiv).

Stellungnahmen nicht ohne Einverständnis

Aus § 64 Abs. 2 KJHG ist deshalb zwingend zu folgern, daß Stellungnahmen an die Gerichte nicht ohne Beteiligung und Einverständnis der Betroffenen erstellt werden dürfen. Dies erfordert eine methodische Neuorientierung der Jugendämter bei der Familien- und Vormundschaftsgerichtshilfe, aber auch bei Fremdplacierungen. Erst wenn eine Leistung nicht mehr in Betracht kommt und zum Schutz des Kindes hoheitlich in die Familie eingegriffen werden muß (§ 1666 BGB), kann auch die Stellungnahme gegen und auch ohne den Willen der Betroffenen erfolgen. Unterhalb dieser Grenze jedoch findet der Grundgedanke der Kooperation und Unterstützung der Betroffenen, der das ganze KJHG prägt, auch seinen Ausdruck in der Datenschutzregelung, indem »faktisch das Freiwilligkeitsgebot des Leistungsbereichs nunmehr auch auf den Bereich der ›anderen Aufgaben‹ übertragen wird« (*Mörsberger*, a. a. O.).

Kooperation

5.7.2.5 Besonderer Vertrauensschutz nach § 65 KJHG und § 203 StGB

Schweigepflicht und Sozialdatenschutz

Für die staatlich anerkannten Sozialarbeiter/Sozialpädagogen gilt seit 1975 die strafrechtliche Schweigepflicht nach § 203 StGB. Die Abgrenzung dieser Schweigepflicht vom Sozialdatenschutz bereitet einige Schwierigkeiten, ist aber vor allem innerorganisatorisch von hoher Bedeutung. Informationen,

die der strafrechtlichen Schweigepflicht unterliegen, dürfen nämlich nicht nach den Offenbarungsbefugnissen des SGB-X (insbes. § 69 SGB-X) weitergegeben werden, sondern unterliegen den andersgearteten Weitergabebefugnissen, die das Strafrecht zu § 203 StGB entwickelt hat.
Danach ist eine Weitergabe nur befugt, wenn
- der Betroffene wirksam einwilligt,
- eine gesetzliche Mitteilungspflicht (§ 138 StGB, BSeuchG etc.) vorliegt oder
- die Voraussetzungen des übergesetzlichen Notstands nach § 34 StGB gegeben sind.

Innerbehördliche Weisungsbefugnisse rechtfertigen eine Weitergabe nicht.

Sozialgeheimnisse und Berufsgeheimnisse

Staatlich anerkannte Sozialarbeiter/Sozialpädagogen stehen also vor der schwierigen und verantwortungsvollen Aufgabe, zwischen Sozialgeheimnissen nach SGB-X und Berufsgeheimnissen nach § 203 StGB unterscheiden zu müssen (vgl. dazu Grundsatzthesen des Deutschen Vereins zum Schutz der Sozialdaten, Sozialgeheimnis und Schweigepflicht, NDV 86, 227). Sozialgeheimnisse nach SGB-X sind alle personenbezogenen Daten, Berufsgeheimnisse nach § 203 StGB nur diejenigen Informationen, die ihrem Wesen nach geheimhaltungsbedürftig und persönlich anvertraut oder bekanntgeworden sind.
Die Konsequenzen der unterschiedlichen Zuordnung sind beträchtlich: Berufsgeheimnisse dürfen auch in der Behörde nur unter den Bedingungen des § 203 StGB weitergegeben werden, sie sind in besonderen Akten aufzubewahren (doppelte Aktenführung, vgl. Empfehlungen des Deutschen Vereins zur Aktenführung in der Kommunalverwaltung, NDV, 1990, S. 335).

Ausweitung des § 203

Für die Jugendhilfe wird der Schutzzweck des § 203 StGB durch § 65 KJHG übernommen. Nach dieser Vorschrift dürfen personenbezogene Daten, die dem Mitarbeiter eines Trägers der öffentlichen Jugendhilfe zum Zweck persönlicher und erzieherischer Hilfe anvertraut worden sind, nur unter engen Voraussetzungen offenbart werden.
Damit wird zunächst der Anwendungsbereich des § 203 StGB auch auf Mitarbeiter in der Jugendhilfe ausgedehnt, die nicht staatlich anerkannte Sozialarbeiter/Sozialpädagogen sind. Neben Diplompädagogen sind davon besonders die Mitarbeiter in der Sozialpädagogischen Familienhilfe, aber auch in Kindertageseinrichtungen in öffentlicher Trägerschaft betroffen. Inhaltlich dürften Informationen, die »zum Zweck persönlicher und erzieherischer Hilfe« anvertraut wurden, weiter reichen als die Berufsgeheimnisse des § 203 StGB. In der Jugendhilfe muß über den Einzelfall hinaus konzeptionell geklärt

werden, welche Informationen (z. B. alle aus Beratungsgesprächen?) dem § 65 KJHG unterfallen. Die oben angesprochene Empfehlung des Deutschen Vereins dürfte dabei hilfreich sein (vgl. auch *Mörsberger* ZfJ 90, 371).

Offenbarungsbefugnisse

Die Offenbarungsbefugnisse des § 65 KJHG entsprechen in den Ziff. 1 und 3 denen des § 203 StGB. In § 65 Abs. 2 Ziff. 2 KJHG sind sie erweitert um die Offenbarungsbefugnis zur Ermöglichung vormundschaftsgerichtlicher Entscheidungen insbesondere nach § 1666 BGB.

Konsequenzen hat § 65 KJHG insbesondere für die Aktenführung in den sozialen Diensten. Informationen, die nach § 65 KJHG anvertraut wurden, sind in besonderen Akten zu führen. Sowohl der Zugang zu diesen Akten, als auch die Weitergabe von Informationen aus diesem Bereich sind (auch innerbehördlich) eng begrenzt.

7.5.2.6 Datenschutz bei freien Trägern

Nach § 61 Abs. 3 KJHG ist sicherzustellen, daß der Datenschutz »in entsprechender Weise« wie im KJHG zu gewährleisten ist, wenn freie Träger Jugendhilfeleistungen erbringen.

vertragliche Vereinbarung

Damit ist der öffentliche Träger verpflichtet, entweder durch vertragliche Vereinbarungen oder durch Selbstverpflichtungen der freien Träger die Einhaltung der Datenschutzbestimmungen sicherzustellen. Angesichts der vielen ungeklärten Fragen im Bereich der freien Jugendhilfe ist zu hoffen, daß durch diese Vorschrift die Regelungen des KJHG auch in diesem Bereich Geltung bekommen.

7.5.3 Heranziehung zu den Kosten der Jugendhilfeleistungen

Die Beteiligung von Eltern, Minderjährigen und jungen Volljährigen an den Kosten der Jugendhilfeleistungen war einer der Schwerpunkte der Novellierung des Jugendhilferechts. Die ursprüngliche Regelung im KJHG war in großer Hektik am Ende des Gesetzgebungsverfahrens zustande gekommen und hatte sich schnell als untauglich erwiesen.

komplexe Materie

Die Materie ist komplex und nur schwer verständlich, weil eine stringente Linie bei der Kostengestaltung nicht erkennbar ist (Frankfurter Kommentar, 1993, Rdn. 2 der Vorbemerkung zu Kap. 8). Ohne auf Einzelheiten einzugehen, können folgende Formen von Beteiligung an den Kosten der Jugendhilfe unterschieden werden (vgl. zum folgenden *Reisch*, ZfJ, 1993, S. 232):

- Leistungen ohne Beteiligung der Betroffenen (vor allem Beratungsangebote wie die §§ 17, 18, 28 KJHG);
- Leistungen, deren Erbringung von der Entrichtung von

Teilnahmebeiträgen oder Gebühren (zumindest prinzipiell) abhängt (§ 90 KJHG; hierhin gehört vor allem der Besuch von Kindertageseinrichtungen);

- Leistungen, bei denen Minderjährige oder ihre Eltern nachträglich zu den Kosten herangezogen werden, wobei dies entweder durch einen Kostenbeitrag, einen gesetzlichen Forderungsübergang oder durch eine Überleitung von Unterhaltsansprüchen geschehen kann (§§ 91–96 KJHG)

Vor allem diese letzte Gruppe ist rechtssystematisch und für die Praxis problematisch. Sie ist aber von hoher Bedeutung, weil es hier insbesondere um die Beteiligung der Eltern an den kostenintensiven außerfamilialen Hilfen zur Erziehung (Heimunterbringung, Pflegefamilie) geht. Der Deutsche Verein für öffentliche und private Fürsorge hat »Empfehlungen zur Heranziehung zu den Kosten und zur Überleitung von Ansprüchen« herausgegeben, auf die hier zu verweisen ist (NDV, 1993, S. 46).

Empfehlungen des Deutschen Vereins

8. Wirtschaftliche Absicherung der Familie im System sozialer Leistungen

Gegenstand der Darstellung ist die wirtschaftliche Unterstützung familiarer Lebensformen durch die Gewährung von Sozialleistungen i. S. d. § 11 Satz 1 SGB I im System der sozialen Rechte (§ 2 SGB I), wie sie in der Übersicht der Wegweisernormen der §§ 18–29 SGB I aufgeführt sind. Dies bedeutet, daß der Bereich privater Vorsorge gegen Lebensrisiken, die staatliche Förderung solcher privaten Vorsorge, die Leistungen von Trägern privater Wohlfahrt und die Sozialkomponenten von Arbeitslohn nicht behandelt werden. Ferner werden andere staatliche Sicherungssysteme für bestimmte Personengruppen (z. B. Beamte) nicht in die Betrachtung einbezogen.

verfassungsrechtliche Grundlagen

Jede Darstellung des Systems sozialer Rechte unter Berücksichtigung familiarer Strukturen hat zunächst von den verfassungsrechtlichen Grundlagen auszugehen. Dabei handelt es sich einmal um das sog. Sozialstaatsprinzip des Art. 20 Abs. 1 GG, wie es in seinen wesentlichen Elementen auch in § 1 SGB I beschrieben wird. Darüber hinaus ist Gestaltungsnorm familienpolitischer Leistungen Art. 6 GG. Im Rahmen der Erörterung des Art. 6 GG wird dabei der Begriff von Ehe und Familie erläutert, wobei sich die Schwierigkeit zeigen wird, für den Bereich des Rechtes der Sozialleistungen einen einheitlichen Familienbegriff zugrunde zu legen.

System der soz. Sicherung

Anknüpfungspunkt für die systematische Darstellung des Rechtes der sozialen Sicherheit als Kernbereich des Sozialrechtes sollen dabei die Gestaltungsprinzipien sozialer Sicherung sein. Dabei ist darauf hinzuweisen, daß Systematisierungsversuche eher von didaktischer und rechtswissenschaftlicher Bedeutung sind. Die praktische Bedeutung aller Systematisierungsversuche ist gering, weil der Gesetzgeber immer mehr dazu übergeht, einzelne Sozialleistungsbereiche gleichrangig nebeneinander zu stellen, wie dies auch exemplarisch in den Wegweisernormen der §§ 18–29 SGB X erfolgt ist. Im folgenden wird eine Systematisierung der Darstellung anhand der auf Zacher zurückgehenden Einteilung vorgenommen.

Danach sind zu unterscheiden,

- soziale Vorsorgesysteme
- soziale Entschädigungssysteme
- soziale Hilfs- und Förderungssysteme.

Vorsorge

Soziale Vorsorgesysteme zielen darauf ab, einen gesetzlich abgegrenzten Kreis von grundsätzlich beitragspflichtigen Personen gegen typische soziale Risiken zu versichern. Solche typischen Risiken sind z. B. Krankheit, Mutterschaft, Arbeitsunfall, Alter, Tod und Zurücklassung Unterhaltsabhängiger, Invalidität, Arbeitslosigkeit. Angesprochen ist hier das Recht der Sozialversicherung, nämlich der gesetzlichen Kranken-, Unfall-, Renten- und Arbeitslosenversicherung.

Entschädigung

Die sozialen Entschädigungssysteme dienen der Sicherung gegen schädigende Ereignisse, gegen die die Vorsorge nicht möglich oder doch nicht zumutbar ist und die im Verantwortungsbereich und Risikobereich des Gemeinwesens liegen. Hierzu zählt das Recht der Kriegsopfer- und Soldatenversorgung, der Entschädigung für Impfschäden und der Opfer von Gewalttaten. Dieser Bereich ist jedoch nicht Gegenstand unserer Betrachtung und soll an dieser Stelle nur zur Verdeutlichung der Systematik genannt sein.

Hilfe und Förderung

Die sozialen Hilfs- und Förderungssysteme bezwecken einen sozialen Ausgleich durch Hilfe und Förderung zur Garantie einer menschenwürdigen sozialen Existenz und der Angleichung der sozialen Entfaltungsmöglichkeiten des einzelnen an seine Bedürfnisse. Hier ist zwischen besonderen und allgemeinen Hilfs- und Förderungssystemen zu unterscheiden. Zu den besonderen Systemen in diesem Sinne zählt z. B. das Recht der Ausbildungsförderung, des Wohn- und Kindergelds, das Recht der Jugendhilfe. Als allgemeines System ist hier das Sozialhilferecht angesprochen.

Systematisierung dient nur der Übersichtlichkeit

Zur Verdeutlichung darf nochmals betont werden, daß eine solche Systematisierung im wesentlichen einer übersichtlichen Darstellung des Systems der sozialen Sicherheit dient. Die Zuordnung eines bestimmten Rechtsgebietes zu einem bestimmten System in o. g. Sinne sagt dabei weder über seine tatsächliche Bedeutung noch über seine Funktion etwas aus. So sind zwar typische soziale Risiken grundsätzlich im Bereich der klassischen Sozialversicherung geregelt. Am Beispiel der Sozialhilfe zeigt sich jedoch, daß dieses soziale Hilfs- und Förderungssystem bei der sich nunmehr seit vielen Jahren auf einem hohen Niveau stabilisierenden Arbeitslosigkeit immer mehr die soziale Absicherung für den eigentlich der klassischen Sozialversicherung zugeordneten Versicherungsfall übernehmen muß. Vollends gilt dies für das Risiko der Pflegebedürftigkeit, das nach allgemeiner Einschätzung zum allgemeinen Lebensrisiko zählt, dessen sinnvolle soziale Bewältigung in einem System der sozialen Zwangsversicherung, also der Sozialversicherung zu erfolgen hat. Tatsächlich sind die Leistungen für dieses Lebensrisiko im Bereich der Sozialversicherung in §§ 53 ff. SGB V höchst unvollständig ausgebildet, so daß die Sozialhilfeträger mittlerweile ein allgemeines Lebensrisiko absichern müssen, obwohl sie als »Ausfallbürge im Ausnahmefall« nur die außergewöhnlichen Risiken abdecken sollen, die von der Sozialversicherung und den übrigen Sozialleistungssystemen nicht erfaßt werden. Eine Abhilfe wird hier erst durch das Pflegeversicherungsgesetz v. 26.5.1994 (BGBl. S. 1014) geschaffen werden, das in Stufen ab 1.1.1995 in Kraft tritt.

Nach Darstellung der verfassungsrechtlichen Grundlagen wird zwar in Berücksichtigung, jedoch in Abweichung des o.g. Einteilungsschemas zunächst der sog. Familienlastenausgleich dargestellt. Hierbei handelt es sich um staatl. Leistungen, die unter Berücksichtigung von Kindern allgemein, d.h. ohne die Anknüpfung an eine konkrete Bedarfslage, wie z.B. Ausbildung, gewährt werden. Angesprochen sind hier die Berücksichtigung von Kindern im Steuerrecht und die Leistungen nach dem BKGG. Die Frage des Familienlastenausgleichs, der besser als Kinderlastenausgleich bezeichnet werden sollte, ist in jüngster Zeit durch zwei Entscheidungen des BVerfG (abgedruckt z.B. in FuR 1990, S. 218ff. und S. 227ff.; NJW 1990, S. 2869ff. und S. 2876ff.) in den Mittelpunkt der politischen, aber auch rechtlichen Diskussion gerückt. Trotz gewisser systematischer Bedenken soll in diesem Zusammenhang auch das Erziehungsgeld nach dem BErzGG erörtert werden, das jedenfalls Teil der mit Bezug auf Ehe und Elternschaft durch den Staat vorgesehenen Transferleistungen ist, auch wenn es sich in Zielrichtung und Struktur wesentlich vom BKGG unterscheidet. Im Anschluß daran wird der Bereich der klassischen Sozialversicherung unter familienpolitischen Gesichtspunkten dargestellt. Daran anschließend folgen die besonderen Hilfs- und Förderungssysteme, die an die besonderen Bedarfssituationen für Ausbildung und Wohnen anknüpfen. Hier werden die Leistungen nach dem BAföG-, dem WohnGG und dem UVG behandelt werden. Abschließend wird als allgemeines Hilfs- und Förderungssystem das Sozialhilferecht in bezug auf familienpolitische Leistungen behandelt werden.

Familienlastenausgleich

8.1 Verfassungsrechtliche Grundlagen

8.1.1 Sozialstaatsprinzip

Zentraler Anspruch des aus Art. 20 Abs. 1 GG hergeleiteten Sozialstaatsprinzipes ist die Herstellung einer gerechten Sozialordnung. So hat der Staat die Pflicht, für einen Ausgleich der sozialen Gegensätze und damit für eine gerechte Sozialordnung zu sorgen (BVerfGE 22, 180, 204). Nach allgemeiner Meinung ist die Bezeichnung der Bundesrepublik Deutschland als sozialer Staat mehr als eine bloße Beschreibung ohne

Rechtsfolgen. Das Sozialstaatpsrinzip ist vielmehr ein verbindlicher Rechtssatz (BVerfG seit BVerfGE 1, 97, 105). Damit ist allerdings weder über den Inhalt noch den Grad der Verbindlichkeit oder gar die Nutzbarmachung des Sozialstaatsprinzips für die Geltendmachung konkreter Leistungsansprüche etwas ausgesagt. So hat das BVerfG weiter erklärt, das Wesentliche zur Verwirklichung des Sozialstaatsprinzips könne nur der Gesetzgeber tun, der verfassungsrechtlich zur sozialen Aktivität verpflichtet sei. Die Verletzung des Sozialstaatsprinzips kann aber von niemand mit dem Ziel geltend gemacht werden, ein bestimmtes sozialstaatsgemäßes Verhalten einzuklagen. Zwar deutet das BVerfG an, daß ein einklagbarer Anspruch möglich sei, wenn der Gesetzgeber seine Pflicht willkürlich, d. h. ohne sachlichen Grund versäumt. Für den Regelfall gilt jedoch, daß das Sozialstaatsprinzip ein der konkreten Ausgestaltung in hohem Maße fähiges und bedürftiges Prinzip ist, was bedeutet, daß in ständiger Auseinandersetzung aller an der Gestaltung des sozialen Lebens beteiligten Menschen und Gruppen ermittelt werden muß, was jeweils praktisch zu geschehen hat (BVerfGE 5, 85, 198).

kein Anspruch auf bestimmte Leistung

Keine rechtliche, jedoch eine faktisch um so wirksamere Grenze des Sozialstaatsprinzips ist die jeweilige wirtschaftliche Leistungskraft der Volkswirtschaft. Dabei weist Kittner (AK-GG, Art. 20, Rz. 73) mit Recht darauf hin, daß die Binsenweisheit, der Sozialstaat könne nicht umverteilen, was nicht zuvor erwirtschaftet worden sei, in Zeiten wirtschaftlicher Rezession zum Schlachtruf gegen die Höhe des Staatsanteils im allgemeinen und von Sozialleistungen im besonderen umgemünzt wird. Gerade in der »Stunde der Not« verlangt Art. 20 Abs. 1 GG aber die Bewährung des Sozialstaates. Keinesfalls ist der Sozialstaat lediglich ein Anhängsel der wirtschaftlichen Entwicklung. Auch wenn die Reduzierung staatlicher Leistung zur Diskussion steht, erfordert dies die unbedingte Beachtung einer materiellen Gleichheit bei der Lastenverteilung. Dies bedeutet, daß es verfassungsrechtlich durchaus zulässig ist, nicht nur das, was erwirtschaftet wird, gerecht zu verteilen, der Gesetzgeber ist auch berechtigt, in die Besitzstände sozial stärkerer Personen zugunsten sozial schwächerer Personen einzugreifen, also auch eine Umverteilung des Bestandes vorzunehmen. Soweit dem die Eigentumsgarantie des Art. 14 Abs. 1 Satz 1 GG entgegensteht, ist auf Satz 2 dieser Vorschrift zu verweisen, nach welcher Inhalt und Schranken des Eigentums durch die Gesetze bestimmt werden. Für die politische Tagesarbeit bedeutet dies, daß auch in Zeiten nachlassender wirtschaftlicher Konjunktur die Forderung nach der Verbesserung sozialer Leistungen auf die Tagesordnung zu setzen ist.

Leistungskraft der Volkswirtschaft

Umverteilung zwischen Arm und Reich

Andererseits garantiert das Sozialstaatsprinzip nicht die Festschreibung eines vorhandenen Systems nach Struktur, Höhe und Organisation. Der Gesetzgeber hat vielmehr die Möglichkeit, auf neue Situationen adäquat zu reagieren, insbesondere finanziellen Entwicklungen Rechnung zu tragen (BVerfGE 36, 73, 84; 40, 65, 79). Dabei besteht allerdings die Garantie eines historisch überkommenen sozialen Standards. Historisch überkommene Kernbereiche unterliegen dem Verbot des sozialen Rückschritts vor ersatzloser Demontage. So kann sicher das System der gesetzlichen Sozialversicherung als solches nicht abgeschafft werden (vgl. BVerfGE 28, 324, 348 ff.). Wenn auch konkrete Sozialleistungen der Disposition des Gesetzgebers in der Weise unterliegen, daß sie eingeschränkt oder abgeschafft werden können, ist die Schranke des Art. 14 GG zu beachten. Hat nämlich der ein subjektiv-öffentliches Recht begründende Sachverhalt dem einzelnen eine Rechtsposition verschafft, die derjenigen eines Eigentümers entspricht, so muß er wie ein Eigentümer vor deren Entzug geschützt sein (dies gilt z. B. für Ansprüche aus der gesetzlichen Rentenversicherung – BVerfGE 53, 257, 289 f.). Dabei ist allerdings darauf hinzuweisen, daß das Eigentumsrecht nach Maßgabe der Sozialbindung zur Disposition steht.

keine schrankenlose Deregulierung

Von Bedeutung für die aktuelle sozialpolitische Diskussion ist ferner die Tatsache, daß der Gedanke der Abhilfe aus eigener Kraft verfassungsrechtlich zulässig ist (BVerfGE 17, 38, 57). Dies ergibt sich aus der dem Sozialstaatsprinzip innewohnenden »Verpflichtungskomponente«. So hat das BVerfG ausgeführt, daß die Pflicht, einen Verlust, dessen Ersatz die Gemeinschaft zu tragen hat, selbst zu mildern, soweit dies zumutbar ist, geradezu als ein Ausfluß des Prinzips der Sozialstaatlichkeit bezeichnet werden kann (BVerfGE 39, 258, 56).

Selbsthilfe kann verlangt werden

Aus der Pflicht staatlicher Organe zur Verwirklichung des Sozialstaates folgt die Notwendigkeit entsprechender staatlicher Handlungsmöglichkeiten. Dabei entsteht ein Spannungsverhältnis zwischen dieser »Staatshilfe« und der »aktiven Selbsthilfe« durch das Handeln der Bürger. Aus der Würde des Menschen (Art. 1 Abs. 1 Satz 1 GG) ergibt sich die Verpflichtung zur Sicherung der möglichst weitgehenden Entfaltung der Persönlichkeit. Für den politisch-sozialen Bereich bedeutet dies nach Auffassung des BVerfGs, daß es nicht genügt, wenn eine Obrigkeit sich bemüht, noch so gut für das Wohl von Untertanen zu sorgen, der einzelne soll vielmehr in möglichst weitem Umfang verantwortlich auch an den Entscheidungen für die Gesamtheit mitwirken, wofür ihm der Staat den Weg zu eröffnen hat (BVerfGE 5, 85, 204 ff.). Dies bedeutet, daß auch der Sozialstaat nicht nur durch staatliches Handeln, sondern auch durch das Handeln der Bürger in aktiver Selbsthilfe verwirklicht werden muß. Daß zwischen einem solchen »Selbsthilfepostulat« und der Pflicht des Staates zur Verwirklichung des Sozialstaatsprinzips ein Spannungsverhältnis besteht und sich in diesem Bereich in der konkreten politischen Auseinandersetzung auch Grundanschauungen und Ideologien brechen, beweist die aktuelle tagespolitische Diskussion.

»Subsidiaritätsprinzip« ist politischer Kampfbegriff

Hierbei wird immer wieder das Subsidiaritätsprinzip bemüht. Soweit damit gemeint ist, daß das Handeln des Individuums Vorrang zur Sicherung seiner Existenz gegenüber staatlichem Handeln hat, kommt darin das Gedankengut liberaler Staats- und Gesellschaftstheorien zur Geltung. Dieses eher inhaltliche Prinzip hat durch die katholische Soziallehre ein eher formales Zuständigkeitsprinzip zur Verteidigung des Vorrangs kirchlicher Einrichtungen vor Aktivitäten des Staates erfahren. Daran anknüpfend wurde dieses Prinzip in der politischen Auseinandersetzung zu einer Vorleistungspflicht der jeweils kleineren und schwächeren Sozialkörper zur Zurückdrängung des Staates aus einer sozialstaatlichen Schutz- und Gestaltungspflicht benutzt. Jedenfalls kann nicht deutlich genug darauf hingewiesen werden, daß es sich bei dem immer wieder bemühten Subsidiaritätsprinzip keinesfalls um ein gleichsam überverfassungsrechtliches Prinzip, sondern um einen politischen Kampfbegriff handelt. Das Selbsthilfepostulat jedenfalls bedeutet keinesfalls eine Option für private Unternehmen als Ersatz für den Staat. Das Sozialstaatsprinzip bildet vielmehr eine Schranke gegen den Abbau und die Verschlechterung öffentlicher Leistungen bzw. gegen die Überantwortung der Versorgung der Bevölkerung mit lebensnotwendigen Gütern an privates Gewinnstreben (*Kittner*, AK-GG, Art. 20 Rz. 83). Um diese eher abstrakten Ausführungen anhand konkreter sozialpolitischer Auseinandersetzungen verständlicher zu machen, kann nicht genug betont werden, daß das Grundgesetz die Einbeziehung von Pflegebedürftigkeit in eine gesetzliche Zwangsversicherung, in welchem organisatorischen Rahmen auch immer, keinesfalls verbietet, sondern angesichts der enormen wirtschaftlichen Belastung der Familien geradezu gebietet.

Pflegeversicherung verfassungsrechtlich zulässig

8.1.2 Der besondere Schutz von Ehe und Familie (Art. 6 GG)

Nach allgemeiner Meinung und ständiger Rechtsprechung des BVerfG folgt aus Art. 6 als »wertentscheidender Grundsatznorm« nicht nur, daß Ehe und Familie durch den staatlichen Gesetzgeber gegenüber vergleichbaren Lebensgemeinschaften nicht benachteiligt werden dürfen, der Staat ist vielmehr zu einer aktiven Förderung von Ehe und Familie dem Grunde nach verpflichtet. Dieser Verfassungsauftrag zur Förderung

Pflicht des Staates zur aktiven Förderung

der Familie ist aber nur in seiner Zielsetzung rechtlich bindend. Der Gesetzgeber kann dabei die ihm geeignet erscheinenden Maßnahmen zur Erreichung dieses Zieles ergreifen (BVerfGE 21, 1, 6; 34, 121, 127; 43, 108, 123f.). Aus Art. 6 Abs. 1 des Grundgesetzes kann somit kein subjektiv-öffentliches Recht, also ein Anspruch auf eine konkrete Sozialleistung, abgeleitet werden. Auch wenn in der aktuellen sozialpolitischen Diskussion um den Familienlastenausgleich nach einer verstärkten Förderung von Eheschließung und Familiengründung erhoben wird, z. B. eine stärkere soziale Sicherung von verheirateten Frauen durch Erhöhung des Erziehungsgeldes und eine Verbesserung der Wohnversorgung für die Familie, hat der Gesetzgeber jedenfalls bis jetzt den Verfassungsauftrag aus Art. 6 GG nicht in so eindeutiger Weise verletzt, daß eine Verpflichtung zum Handeln im Klagewege durchgesetzt werden könnte (Richter, AK-GG Art. 6, Rz. 20). Diese Auffassung ist jedoch nicht unbestritten, so spricht *von Campenhausen* (Verfassungsgarantie und sozialer Wandel – das Beispiel von Ehe und Familie, VVdStRL 45, 1987, S. 47) angesichts der konkreten Förderung von Ehe und Familie von einer »schreienden Mißachtung« des Art. 6 GG.

Verfassung schützt vor Sozialabbau nur unzulänglich

Zwar bindet Art. 6 GG den Gesetzgeber, das Verfassungsrecht gewährleistet aber nicht den einmal erreichten sozialen Bestand (Richter, AK-GG Art. 6, Rz. 21). Dies bedeutet, daß der Gesetzgeber nicht gehindert ist, soziale Leistungen und damit auch Leistungen für Ehe und Familie von der jeweiligen Finanzlage abhängig zu machen. Daß dies in der konkreten Politik bedeutet, daß politisch für erforderlich gehaltene Einsparungen oder Umverteilungen im Haushalt zu drastischen Einschnitten im System der sozialen Leistungen führen, muß an dieser Stelle als allgemein bekannte Tatsache nicht näher erläutert werden. Wenigstens eine gewisse Besitzstandssicherung für Sozialleistungen erkennt das Bundesverfassungsgericht im Bereich der Sozialversicherung an. Hier wird ein gewisser Bestandsschutz von Sozialleistungen mit der Eigentumsgarantie des Art. 14 Abs. 1 Satz 1 GG begründet, weil im Bereich der Sozialversicherung Ansprüche auf Sozialleistungen – auch – durch eine eigene Beitragsleistung erlangt werden. Die Eigentumsgarantie steht aber unter einem sog. einfachen Gesetzesvorbehalt (Art. 14 Abs. 1 Satz 2 GG), was bedeutet, daß hier Grundrechtseinschränkungen durch den Gesetzgeber zugunsten nicht näher bestimmter öffentlicher Interessen – Finanzlage – zulässig sind.

Ehe nur nach BGB

Der Schutzbereich des Art. 6 GG umfaßt Ehe und Familie. Dabei geht das Grundgesetz von Ehe und Familie als Begriffen des bürgerlichen Rechtes aus (BVerfGE 6, 55, 82).
Danach ist die Ehe eine nach den Vorschriften des Ehegesetzes

eingegangene Verbindung eines Mannes mit einer Frau, die miteinander nicht verwandt sind. Wenn auch das Grundgesetz nicht auf die jeweilige begriffliche Konkretisierung des bürgerlichen Rechtes festgelegt ist, so hält die völlig herrschende Meinung jedoch an traditionellen Strukturprinzipien fest, so daß alle anderen Verbindungen von Männern und Frauen keine Ehen im Sinne des Grundgesetzes sind. In einer unterschiedlichen Behandlung von ehelichen und nichtehelichen Lebensgemeinschaften liegt deshalb kein Verstoß gegen das Grundgesetz (BVerfG 56, 363) vor.

eheähnliche Gemeinschaft

Die Rechtstatsache, daß immer mehr insbesondere jüngere Personen andere familiare Formen des Zusammenlebens wählen als die Form der Ehe nach den Vorschriften des Bürgerlichen Rechtes, zwingt aber allein wegen des in Art. 6 Abs. 1 GG normierten Schutzes der »traditionellen« Ehe auch zu einer verfassungsrechtlichen Auseinandersetzung über die Behandlung solcher »nichtehelicher Lebensgemeinschaften«. Art. 6 Abs. 1 GG gewährt zwar der Ehe einen besonderen Schutz. Dieser Schutz darf jedoch nicht dadurch verwirklicht werden, daß den Partnern nichtehelicher Lebensgemeinschaften der rechtliche Schutz versagt wird. Zwar wird immer wieder versucht, einen Konkurrenzschutz von Ehe und Familie im traditionellen Sinne rechtlich zu sanktionieren. So vertritt *von Campenhausen* (a. a. O. S. 16 ff.) die Auffassung, daß der Gesetzgeber der Ehe Flankenschutz zu gewähren und deshalb den Rechtsschutz nichtehelicher Lebensgemeinschaften auf den Notfall beschränken muß. Begründet wird diese Auffassung damit, daß die Partner der nichtehelichen Lebensgemeinschaft das Risiko der Rechtlosigkeit selber gewählt haben. Diese Auffassung ist jedoch unhaltbar. Art. 2 Abs. 1 GG gewährt das Grundrecht auf die freie Entfaltung der Persönlichkeit, und zwar auch in einer nichtehelichen Lebensgemeinschaft. Die Freiheit, die Form der Ehe als Lebensgemeinschaft zu wählen, setzt voraus, daß auch alternative Formen einer Lebensgemeinschaft gewählt werden können. Soweit nichteheliche Kinder in einer nichtehelichen Lebensgemeinschaft leben, ist darüber hinaus Art. 6 Abs. 5 GG zu beachten. Als Ergebnis bleibt deshalb festzuhalten, daß der Gesetzgeber zwar gehindert wird, die nichteheliche Lebensgemeinschaft insgesamt in die Formentypen des bürgerlichen Rechtes einzuordnen, da auf diese Weise die sich aus Art. 2 Abs. 1 GG ergebende Gestaltungsfreiheit persönlicher Lebensverhältnisse durch deren zwangsweise rechtliche Reglementierung ausgehebelt wird. Es hindert jedoch nicht, partielle Rechtsbeziehungen innerhalb einer nichtehelichen Lebensgemeinschaft auch in den Formen abzuwickeln, die z. B. das Zivilrecht vorgibt (*v. Münch*, S. 79). Dies muß erst recht für den Bereich des

kein Schutz der Ehe durch Diskriminierung anderer Lebensformen

Eheähnliche Gemeinschaften mit Kindern sind zu fördern

Sozialrechts gelten, welches in erster Linie an Schutzbedürftigkeit und Risikovorsorge, nicht aber an den Familienverband als solchen anknüpft.

Familie auch mit Stiefkindern etc.

Wenn das BVerfG auch den Schutzbereich des Art. 6 des Grundgesetzes auf die sog. Kleinfamilie von Eltern und Kindern festlegt, so hat es in einer Reihe von Entscheidungen selbst die Anwendung von Art. 6 GG auf das Verhältnis von Eltern zu Stief-, Adoptiv- und Pflegekindern festgestellt. Darüber hinaus fallen unter dem Begriff »Familie« nach verfassungsrechtlicher Rechtsprechung auch das Verhältnis des nichtehelichen Kindes zu seiner Mutter (BVerfGE 18, 97, 105 f.) und zu seinem Vater (BVerfGE 56, 363). Interessant ist deshalb in diesem Zusammenhang insbesondere auch für eine Nutzbarmachung des Begriffs »Familie« als Anknüpfungspunkt für soziale Leistungen der Versuch von Richter (AK-GG, Art. 6, Rz. 15 a), den Begriff der Familie entgegen der herrschenden Meinung nicht auf die sog. Kleinfamilie, sondern auf eine Sozialverwandtschaft festzulegen und somit auch tatsächliche Lebensgemeinschaften auf der Basis des Verwandtschaftsprinzipes in diesen Begriff und damit auch in die Förderungspflicht des Staates einzubeziehen. In dieser Erweiterung des verfassungsrechtlichen Familienbegriffes findet tatsächlich einerseits die Vielfalt der modernen Lebensformen Ausdruck, andererseits läßt sich der Familienbegriff durch das Verwandtschaftsprinzip von sonstigen Lebensgemeinschaften, wie z. B. von sog. Wohngemeinschaften, abgrenzen. Dieser Frage braucht indessen nicht weiter nachgegangen zu werden, da jedenfalls im Bereich der sozialen Sicherung auch andere Lebensformen unter dem Gesichtspunkt der Schutzbedürftigkeit einzelner Mitglieder für die Gewährung sozialer Leistungen sein können. Dem entspricht z. B. nach geltendem Recht, daß auch Großeltern Anspruch auf Kindergeld nach den Vorschriften des BKGG haben, wenn sie ein Enkelkind in ihren Haushalt aufgenommen haben und überwiegend unterhalten (§ 2 Abs. 1 Satz 1 Ziff. 3 BKGG), wobei die Großeltern den leiblichen Eltern gem. § 3 Abs. 2 Satz 1 Ziff. 1 BKGG im Range vorgehen. Gleiches gilt für die Geschwister eines Berechtigten. Diese Vorschrift dient dazu, Großeltern und Geschwister von elternlosen Kindern zu begünstigen, wenn diese Kinder nicht in den Haushalt aufgenommen werden können, aber für sie anstelle der Eltern die notwendige Familienbetreuung durch Gewährung des Unterhaltes erbracht wird. Anknüpfungspunkt für die Leistung ist somit eine konkrete sozialrechtliche Bedarfssituation und nicht etwa eine, wenn auch als solche zweiten Grades, enge verwandtschaftliche Beziehung an sich.

Sozialverwandtschaft

8.2. Minderung des Familienaufwandes durch den sog. Familienlastenausgleich

8.2.1 Allgemeines

Zu den sozialen Rechten im Sinne des § 2 SGB I zählt auch die Minderung des Familienaufwandes nach § 6 SGB I. Wer Kindern Unterhalt zu leisten hat oder leistet, hat danach ein Recht auf Minderung der dadurch entstehenden wirtschaftlichen Belastungen. Als Sozialleistungen kommen hierbei Kindergeld nach den Vorschriften des BKGG und Erziehungsgeld nach den Vorschriften des BErzGG in Betracht. Darüber hinaus kennt aber auch das Steuerrecht eine Reihe von Vorschriften, die die Funktion einer Minderung des Familienaufwands haben sollen. Hierzu zählen insbesondere Freibeträge für Kinder. Bei Einbeziehung des Steuerrechtes in die Betrachtung kann man deshalb nach wie vor mit Recht von einem »dualen« Familienlastenausgleich sprechen. Ob in diesem Zusammenhang besser von Kinderlastenausgleich gesprochen werden sollte, ist für die rechtliche Qualifizierung unerheblich.
Die Frage des staatlichen Familienlastenausgleiches in der hier verstandenen Form ist in jüngster Zeit durch die zwei Entscheidungen des BVerfG nicht nur in den Mittelpunkt der rechtlichen, sondern auch der politischen Diskussion gerückt. Die Entscheidungen des BVerfG sind dabei einmal von besonderer Bedeutung für das Steuerrecht, zum anderen hat das Gericht einen in dieser Form bisher noch nicht bekannten Zusammenhang zwischen Kindergeld- und Steuerrecht hergestellt, aus denen sich wichtige Folgerungen für die verfassungsrechtliche Beurteilung des geltenden Rechts, für die Handlungsmöglichkeiten des Gesetzgebers und letztlich auch für die Existenzberechtigung des sozialrechtlichen Familienlastenausgleiches durch das Kindergeld ergeben (vgl. hierzu *Seewald/Felix*, S. 157 ff.).

8.2.2 Der Familienlastenausgleich im Steuerrecht

8.2.2.1 Der Kinderfreibetrag nach § 32 Abs. 6 EStG

Kinderbegriff Kinder im Sinne des Steuerrechts sind gem. § 32 Abs. 1 EStG einmal Kinder, die in erstem Grade mit dem Steuerpflichtigen verwandt sind, und Pflegekinder.
Im ersten Grad verwandte Kinder (§ 32 Abs. 1 Satz 1 Ziff. 1 EStG) sind eheliche Kinder, einschließlich der Adoptivkinder, für ehelich erklärte und nichteheliche Kinder.

Pflegekinder Ein Pflegekindschaftsverhältnis setzt nach § 32 Abs. 1 Nr. 2

EStG in Übereinstimmung mit dem kindergeldrechtlichen Pflegekindbegriff nach § 2 Abs. 1 Nr. 6 BKGG voraus, daß mit dem Steuerpflichtigen ein familienähnliches, auf längere Dauer berechnetes Band vorhanden ist und das Pflegekind in den Haushalt aufgenommen worden ist. Dabei darf ein Obhuts- und Pflegeverhältnis zu den Eltern nicht mehr bestehen. Darüber hinaus muß der Steuerpflichtige das Kind mindestens zu einem nicht unwesentlichen Teil auf seine Kosten unterhalten. Dabei kann ein Pflegekindschaftsverhältnis auch zu jüngeren Geschwistern, z. B. Waisen, oder zu Geschwistern, die wegen einer Behinderung dauernd erwerbsunfähig sind, gegeben sein. Keine Kinder in steuerrechtlichem Sinne sind die sog. Stiefkinder (die allerdings gem. § 2 Abs. 1 Satz 1 BKGG im Kindergeldrecht berücksichtigt werden).

Wohnsitz oder

Voraussetzung für die steuerrechtliche Berücksichtigung von Kindern ist, daß das Kind im Inland einen Wohnsitz oder seinen gewöhnlichen Aufenthalt hat (§ 1 Abs. 1 EStG), das Kind selbst also unbeschränkt einkommensteuerpflichtig ist. Im Steuerrecht gilt bei der Berücksichtigung von Kindern das sog. Jahresprinzip. Gem. § 32 Abs. 2 und 3 EStG wird deshalb ein Kind, für das auch nur an einem Tage im Kalenderjahr die Voraussetzungen vorliegen, mit dem vollen Kinderfreibetrag berücksichtigt. Im Kindergeldrecht gilt dagegen das Monatsprinzip (§ 9 Abs. 1 BKGG).

Jahresprinzip

Altersgrenzen

Kinder bis zur Vollendung des 16. Lebensjahres werden stets, Kinder, die zu Beginn des Kalenderjahres das 16. Lebensjahr, aber noch nicht das 27. Lebensjahr vollendet haben, werden berücksichtigt, wenn sie
- für einen Beruf ausgebildet werden
- eine Berufsausbildung mangels Ausbildungsplatzes nicht beginnen oder fortsetzen können
- den gesetzlichen Grundwehrdienst oder Zivildienst leisten, wenn eine Schul- und Berufsausbildung unterbrochen wird
- freiwillig für eine Dauer von nicht mehr als drei Jahren Wehr- oder Polizeivollzugsdienst leisten, der anstelle des gesetzlichen Grundwehrdienstes oder Zivildienstes abgeleistet wird
- eine vom gesetzlichen Grundwehrdienst oder Zivildienst befreiende Tätigkeit als Entwicklungshelfer ausüben
- ein freiwilliges soziales Jahr im Sinn des Gesetzes zur Förderung eines solchen leisten
- wegen körperlicher, geistiger oder seelischer Behinderung außerstande sind, sich selbst zu unterhalten.

eigenes Einkommen d. Kinder unerheblich

Eigenes Einkommen von Kindern ist grundsätzlich nicht zu berücksichtigen. Dies gilt nicht für behinderte Kinder, wenn sie imstande sind, sich selbst zu unterhalten (§ 32 Abs. 5 Satz 1

EStG). Verheiratete oder geschiedene Kinder werden nur berücksichtigt, wenn der – frühere – Ehegatte keinen ausreichenden Unterhalt leisten kann oder nicht unterhaltspflichtig ist (§ 32 Abs. 5 Satz 2 EStG).

Höhe des Freibetrags

Der Kinderfreibetrag beträgt gem. § 32 Abs. 6 Satz 2 EStG 4104,– DM. Bei Ehegatten die nicht zusammen zur Einkommensteuer veranlagt werden, beträgt der Freibetrag für jeden Elternteil 2052,– DM. Kommt jedoch ein Elternteil nicht oder nur unwesentlich seiner Unterhaltsverpflichtung nach, so kann der andere Elternteil die Übertragung von dessen Anteil auf sich beantragen. Die Übertragung erfolgt auch dann, wenn der andere Elternteil zustimmt (§ 32 Abs. 6 Satz 4 EStG). Einem Elternteil wird der volle Freibetrag auch dann gewährt, wenn der andere Elternteil vor Beginn des Kalenderjahres verstorben ist, sein Wohnsitz oder gewöhnlicher Aufenthalt nicht zu ermitteln ist, wenn der Vater eines Kindes amtlich nicht feststellbar ist, wenn der andere Elternteil während des ganzen Kalenderjahres nicht unbeschränkt steuerpflichtig ist, wenn ein Steuerpflichtiger ein Kind allein adoptiert hat oder wenn es sich um ein Pflegekind handelt und das Pflegekindverhältnis nur zu einem Steuerpflichtigen besteht.

Übertragung auf einen Elternteil

Achtung: Übertragung des KFB hat weit. Auswirkungen

In diesem Zusammenhang muß darauf hingewiesen werden, daß die Übertragung des Kinderfreibetrages auf einen Elternteil nicht nur den Wegfall des Freibetrages bei dem übertragenen Elternteil zur Folge hat, sondern eine Reihe von steuerlichen Vergünstigungen, die an den Kinderfreibetrag geknüpft sind, ebenfalls wegfallen. Hierbei handelt es sich insbesondere um den sog. Haushaltsfreibetrag (§ 32 Abs. 7 EStG und den Ausbildungsfreibetrag nach § 33 a Abs. 1 EStG).

8.2.2.2 Der Haushaltsfreibetrag (§ 32 Abs. 7 EStG)

Höhe des HFB

Nach dieser Bestimmung erhält ein alleinstehender Steuerpflichtiger mit Kindern ohne Nachweis von Kosten einen Haushaltsfreibetrag von 5616,– DM. In diesem Haushaltsfreibetrag soll den besonderen finanziellen Belastungen, die gerade bei Alleinstehenden mit Kindern durch die Unterhaltung eines eigenen Hausstandes typischerweise eintreten, Rechnung getragen werden.

Zuordnung der Kinder!

Ist auch der andere Elternteil unbeschränkt steuerpflichtig, so erhält der Steuerpflichtige den Haushaltsfreibetrag nur, wenn das Kind, für das ein Kinderfreibetrag berücksichtigt wird, ihm zuzuordnen ist. Dabei kann die Zuordnung eines Kindes nicht hälftig erfolgen, auch dann nicht, wenn eine Bescheinigung der zuständigen Behörde diesen Inhalt hat. Voraussetzung für die Zuordnung ist, daß das Kind in der Wohnung des Steuerpflichtigen gemeldet ist. Sind Kinder bei beiden Elternteilen gemeldet, so werden sie dem Elternteil zugeordnet, in dessen Wohnung sie im Kalenderjahr zuerst gemeldet waren, im übrigen der Mutter oder mit deren Zustimmung dem Vater.

8.2.3 Das Kindergeldrecht

Rechtsgrundlage für die Gewährung von Kindergeld und Kindergeldzuschlag ist das BKGG. Darüber hinaus sind eine ganze Reihe von überstaatlichen Rechtsvorschriften (EG-Recht) und zwischenstaatliche Vereinbarungen (Abkommen mit anderen Staaten über die soziale Sicherheit) zu beachten. Auf eine Darstellung dieser Vorschriften wird jedoch verzichtet. Zur näheren Information wird hier auf *Igl*, S. 114 ff. verwiesen.

8.2.3.1 Voraussetzungen

Wer ist Kind im Sinne des BKGG?

Der Kinderbegriff nach dem BKGG (§ 2) knüpft einmal an die Rechtsstellung der Kinder, also an die Zuordnung nach den Vorschriften des BGB an, zum anderen sind für den Kinderbegriff neben der Rechtsstellung auch das Alter und weitere – soziale – Kriterien bedeutsam. Die Berücksichtigungsfähigkeit von Kindern bedeutet dabei einmal, daß Kinder bei dem Elternteil, zu dem ein Kindschaftsverhältnis besteht, einen Anspruch auf Kindergeld begründen (Zahlkinder). Darüber hinaus können Kinder aber auch als sog. Zählkinder einen solchen Anspruch erhöhen. Die Zählkindereigenschaft ist deswegen bedeutsam, weil die Höhe des Kindergeldes sich nach § 10 Abs. 1 BKGG nach der Ordnungszahl der Kinder als erstes, zweites usw. Kind richtet.

Von der Rechtsstellung her sind gem. § 2 BKGG einmal die eigenen Kinder des Berechtigten und weitere Kinder zu berücksichtigen:

- leibliche Kinder (eheliche, für ehelich erklärte, nichteheliche und Adoptivkinder)
- Stiefkinder
- Pflegekinder
- Enkel und Geschwister.

»eigene« Kinder

Eigene Kinder des Berechtigten sind die ehelichen (§§ 1593, 1719 f. BGB), seine für ehelich erklärten Kinder (§§ 1723 ff. BGB), seine Adoptivkinder (§§ 1741 ff. BGB) und die nichtehelichen Kinder (§§ 1599, 1593 ff. BGB).

Stiefkinder

Kinder, die nicht vom Berechtigten, sondern von seinem Ehegatten abstammen (§ 1590 BGB: Schwägerschaft 1. Grades in gerader Linie) sind zu berücksichtigen, wenn sie der Berechtigte in seinen Haushalt aufgenommen hat. Dabei muß das Kind nicht dauernd im Haushalt des Berechtigten leben. Es reicht, wenn das Kind trotz auswärtiger Unterbringung beim Stiefelternteil »zu Hause« ist.

Pflegekinder

Kinder, mit denen der Betroffene durch ein familienähnliches, auf längere Dauer geplantes Band verbunden ist, sofern er sie in seinen Haushalt aufgenommen hat, sind als Pflegekinder zu berücksichtigen (§ 2 Abs. 1 Satz 2 Nr. 2 BKGG). Pflegeelternteil ist nicht, wer mit einem Lebensgefährten und dessen Kindern in einem gemeinsamen Haushalt lebt (BGB, Urteil vom 6.8.1992 – 10 RK 7/91). Nach Meinung des Gerichts liegt kein Verstoß gegen Art. 3 Abs. 1 und 3 GG vor, wenn bei Verheirateten das Kind der Ehegatten bei dem anderen Ehegatten als Stiefkind berücksichtigt wird. Ein Pflegekindschaftsverhältnis nach dem KJHG (§§ 44 ff.) spricht zwar für die Annahme eines familienähnlichen Bandes. Entscheidend für die Beurteilung dieser Fälle ist jedoch nicht die Pflegeerlaubnis des Jugendamtes (§ 44 KJHG), sondern die Tatsache, ob der betreffende Erwachsene das Kind pflegt, erzieht und beaufsichtigt. Voraussetzung ist aber, daß – wie im Steuerrecht – ein Obhuts- und Pflegeverhältnis zu den – leiblichen – Eltern nicht mehr besteht. Zu den Pflegekindern gehören auch die sog. Adoptivpflegekinder.

Enkel und Geschwister

Das BKGG beschränkt den Kinderbegriff aber nicht auf die Zugehörigkeit zur sog. Kleinfamilie, sondern berücksichtigt mit den Enkeln und Geschwistern, die der Berechtigte in seinen Haushalt aufgenommen hat oder überwiegend unterhält (§ 1 Satz 2 Nr. 3 BKGG), auch Verwandte zweiten Grades. Eine Einschränkung hinsichtlich der Ausgestaltung der familiären Lebensverhältnisse liegt jedoch darin, daß über das Erfordernis der Aufnahme in den Haushalt nach der Rechtsprechung des BSG (BSGE 30, 28) verlangt wird, daß es sich nicht um einen gemeinsamen Haushalt von Großeltern und Geschwistern mit einem Elternteil des Kindes handeln darf.

Altersgrenze

Während Kinder unter 16 Jahren gem. § 2 Abs. 2 BKGG ohne Einschränkung berücksichtigt werden, enthält das BKGG in § 2 in wenig übersichtlicher Weise Einschränkungen, die an das Alter und weiter gehende soziale Gesichtspunkte anknüpfen.

Erhebliche Verschlechterung bei der 750-DM-Grenze

So werden Kinder zwischen dem 16. und dem 27. Lebensjahr nur berücksichtigt, wenn sie sich in Schul- oder Berufsausbildung befinden und weder aus dem Ausbildungsverhältnis noch aus einer Erwerbstätigkeit (Das ist neu seit 1.1.1994!) Bruttobezüge von 750 DM erhalten (= Übergangsgeld oder Unterhaltsgeld von 610 DM netto). Außer Ansatz bleiben Bruttobezüge von Schülern allgemeinbildender Schulen, die während der Schulferien erzielt werden. Bei der Höhe der Bruttobezüge werden Ehegatten- und Kinderzuschläge, einmalige Leistungen und vermögenswirksame Leistungen nicht berücksichtigt (§ 2 Abs. 2 Satz 2 und 3 BKGG). Ein Verzicht auf Teile der Vergütung wie bisher ist nicht mehr möglich. Diese Neuregelung ab 1.1.1994 bedeutet eine erhebliche Verschlechterung zu Lasten der Familie. Bisher bezog sich 750-DM-Grenze nur auf die Ausbildungsvergütung, wobei die (Tarifvertrags-) Parteien einen Verzicht vereinbaren konnten, um unter die Grenze zu kommen. Steigt jetzt z.B. die Ausbildungsvergütung von 749 DM auf 760 DM, so fällt das Kindergeld für dieses Kind, das z.B. 240 DM betragen kann, vollständig weg. Bei Studierenden, die zu regelmäßiger Werkarbeit zur Finanzierung des Studiums gezwungen sind, weil sie z.B. kein oder kein ausreichendes BAföG beziehen, können sich die Eltern nunmehr beim Gesetzgeber für den Wegfall des Kindergeldes bedanken. Ein echter Beitrag zur Förderung der Familie!

Unterbrechung der Ausbildung

Die Unterbrechung einer Ausbildung wegen Mutterschaft ist in den zeitlichen Grenzen des § 4 BErzGG unschädlich (§ 2 Abs. 6 BKGG). Das gleiche gilt für eine Unterbrechung der Ausbildung wegen Schwangerschaft während der Schutzfrist nach § 3 Abs. 2 und § 6 Abs. 1 MuSchG. Die Beurlaubung einer Studierenden wegen Schwangerschaft für die Dauer des Semesters, in dem die Entbindung zu erwarten ist und die Beurlaubung für ein weiteres Semester längstens bis zu dem Monat, in dem das Kind sechs Monate alt wird, ist ebenfalls unschädlich.

Arbeitslose Kinder

Kinder zwischen dem 16. und 21. Lebensjahr, die mangels Ausbildungsplatz eine Berufsausbildung nicht beginnen oder fortsetzen können oder die als Arbeitslose der Arbeitsvermittlung zur Verfügung stehen, d.h. sich wenigstens arbeitssuchend gemeldet haben, werden ebenfalls berücksichtigt, wenn sie nicht wenigstens monatlich 400,– DM an laufenden Geldleistungen nach § 2 Abs. 4 Satz 2 Ziff. 1–3 BKGG beziehen (§ 2 Abs. 4 BKGG).

behinderte Kinder

Eine gesonderte Regelung besteht für behinderte Kinder, die nicht selbst für ihren Unterhalt sorgen können. Diese werden ohne Rücksicht auf ihr Alter berücksichtigt, wobei allerdings die Behinderung vor Vollendung des 27. Lebensjahres eingetreten sein muß (§ 2 Abs. 2 Nr. 3 BKGG). Berücksichtigt werden weiter Kinder, die ein freiwilliges soziales Jahr im Sinne des entsprechenden Gesetzes ableisten (§ 2 Abs. 2 Satz 1 Ziff. 2 BKGG).

mithelfende Kinder

Darüber hinaus enthält das BKGG Bestimmungen, die auf eine besondere familiäre Belastung abstellen. Gehören einem Haushalt mindestens vier weitere zu berücksichtigende Kinder an, so wird auch ein Kind berücksichtigt, das das 27. Lebensjahr noch nicht vollendet hat, wenn es die einzige Hilfe des Haushaltsführenden im Haushalt des Berechtigten darstellt (§ 2 Abs. 2 Satz 1 Nr. 4 BKGG). Dabei muß das Kind allerdings die ganze Arbeitskraft der Familie zur Verfügung stellen und auf eine eigene Erwerbstätigkeit oder eine Schul- oder Berufsausbildung verzichten. Führt ein Kind anstelle des länger als 90 Tage arbeitsunfähig erkrankten Haushaltsführenden den Haushalt des Berechtigten weiter, dem mindestens ein weiteres Kind angehört, so wird es gem. § 2 Abs. 2 Satz 1 Ziff. 5 BKGG ebenfalls berücksichtigt. Dabei steht der Berücksichtigung des haushaltsführenden Kindes eine seinen Lebensunterhalt sichernde Erwerbstätigkeit nicht entgegen.

8.2.3.2 Kreis der Anspruchsberechtigten

Wer erhält Kindergeld

Anspruchsberechtigt ist gem. § 1 Abs. 1 Satz 1 BKGG diejenige Person, bei der ein Kind nach § 2 BKGG zu berücksichtigen ist. Der Anspruchsteller muß seinen Wohnsitz oder gewöhnlichen Aufenthalt (§ 30 SGB I) im Geltungsbereich des BKGG haben, wobei das Gesetz in § 1 Abs. 1 Satz 1 Ziff. 2 Ausnahmen vom »Territorialprinzip« vorsieht.

Ausländer

Bei Ausländern ist die Berechtigung nach dem BKGG ferner an den ausländerrechtlichen Status geknüpft (§ 1 Abs. 3 BKGG). Gefordert wird der Besitz einer Aufenthaltsberechtigung oder -erlaubnis (§§ 15 ff. und 27 AuslG). Aufenthaltsbefugnis und Aufenthaltsbewilligung (§§ 28 ff. AuslG) reichen nicht aus, so daß z. B. Asylbewerber und Bürgerkriegsflüchtlinge keinen Anspruch haben. Hier liegt eine verfassungsrechtliche Problematik darin, daß nach Ansicht des BVerfG Kindergeld und Kinderfreibeträge eine Einheit bilden, die letztgenannten Ausländer aber – wenn auch sehr erschwert – eine Arbeitserlaubnis erhalten und damit eine steuerpflichtige Beschäftigung aufnehmen dürfen, sie aber hinsichtlich ihrer Kinder durch den Steuerfreibetrag nach dem EStG allein, also ohne Kindergeldgewährung, gegenüber vergleichbaren Inländern geringer entlastet werden.

Rangverhältnis bei mehreren Berechtigten

Für jedes Kind wird nur einer Person Kindergeld gewährt (§ 3 Abs. 1 BKGG). Da für ein Kind mehrere Personen die Anspruchsvoraussetzungen erfüllen können, sieht das Gesetz in § 3 Abs. 2 BKGG eine Rangfolge vor. Diese Rangfolge geht davon aus, daß derjenige Elternteil vorrangig Anspruch auf Kindergeld hat, der das Kind in seinen Haushalt aufgenommen hat oder es versorgt. Dem entspricht folgender Rang in der Bezugsberechtigung:

- Pflegeeltern, Großeltern und Geschwister
- Ehegatten von Eltern
- Eltern.

Lebt dabei ein Kind im gemeinsamen Haushalt seiner leiblichen Eltern mit vorrangig genannten Personen, so wird das Kindergeld abweichend von der Rangfolge dem Elternteil gewährt, wenn dieser nicht gegenüber der zuständigen Stelle auf seinen Vorrang schriftlich verzichtet. Da sich die Höhe des

Kindergeldes gem. § 10 Abs. 1 BKGG nach der Ordnungszahl des Kindes richtet, besteht damit die Möglichkeit, für das Kind ein höheres Kindergeld zu erhalten.

Seit dem 1.1.1994 haben nur noch nicht getrennt lebende Ehegatten ein Wahlrecht, wen sie zum Berechtigten bestimmen wollen. Dies bedeutet für nicht »normale« Familien eine erhebliche Verschlechterung. Dies soll an einem Beispiel erläutert werden:

Eltern können wählen

Herr A hatte aus erster Ehe zwei Kinder A und B (geb. 1989 und 1990), die er in die zweite Ehe eingebracht hat. Aus der zweiten Ehe hatte er ein Kind C (geb. 1992). In dieser Ehe hatte Frau A ihrem Mann zum Berechtigten bestimmt, so daß C für Herrn A Drittes Kind war, für das es 240 DM Kindergeld gab. Nach Scheitern der 2. Ehe erhält Frau A das Sorgerecht für C.

Bisher konnten die geschiedenen Eheleute bestimmen, daß C weiterhin bei Herrn A berücksichtigt werden sollte. Daß Herr A 240 DM Kindergeld erhielt, konnte bei der Regelung über den Unterhalt ausgeglichen werden. Nunmehr wird C bei Frau A als Erstes Kind berücksichtigt, wofür es 70 DM gibt. Obwohl also durch das Auseinanderfallen der Familie mehr Kosten entstehen, spart der Staat durch die Scheidung hier 170 DM ein. Wiederum ein aktueller Beitrag zur Förderung von Ehe und Familie!

Wird eine solche Bestimmung nicht getroffen, so steht das Kindergeld demjenigen Elternteil zu, der das Kind überwiegend unterhält, es wird jedoch dem Elternteil gewährt, dem die Sorge für die Person des Kindes oder das elterliche Erziehungsrecht für das Kind allein zusteht.

Darüber hinaus sieht das Gesetz in § 3 Abs. 4 BKGG die Bestimmung des Berechtigten durch das Vormundschaftsgericht zu. Dies betrifft allerdings nur seltene Fälle, eine Anspruchskonkurrenz, die durch § 3 Abs. 2 und 3 BKGG nicht erfaßt ist. (Beispiel: Die Großeltern tragen den überwiegenden Unterhalt eines Kindes, das in den Haushalt von Pflegeeltern aufgenommen ist.) Neben den Anspruchsinhabern sind antragsberechtigt auch das Jugendamt und Personen, die ein berechtigtes Interesse nachweisen.

8.2.3.3 Höhe des Kindergeldes

Höhe bestimmt sich nach Ordnungszahl

Die Höhe des Kindergeldes bemißt sich einmal nach der Ordnungszahl des Kindes und bei Kindergeld für das zweite und weitere Kinder nach dem Jahreseinkommen des Berechtigten und seines nicht dauernd von ihm getrennt lebenden Ehegatten. Dabei gelten seit dem 1. 1. 1992 folgende Kindergeldsätze:

– für das erste Kind: 70,– DM
– für das zweite Kind: 70,– bis 130,– DM

- für das dritte Kind: 140,– bis 220,– DM
- für jedes weitere Kind: 140,– bis 240,– DM

Hat eine für sich selbst berechtigte Waise (§ 1 Abs. 2 BKGG), die zum Haushalt der verstorbenen Eltern gehörenden Kinder in ihren eigenen Haushalt übernommen, so wird durch § 10 Abs. 1 Satz 2 BKGG sichergestellt, daß die haushaltsführende Waise für diese Kinder Kindergeld in der Höhe bekommt, als seien sie ihr zweites oder weiteres Kind.

Kindergeld ab 2. Kind einkommensabhängig

Während das Kindergeld für das erste Kind von derzeit 70,– DM von einer Minderung ausgenommen wird, also einkommensunabhängig gewährt wird, wird das Kindergeld für das zweite und jedes weitere Kind unter Berücksichtigung des Jahreseinkommens stufenweise bis auf die Sockelbeträge von 70,– DM für das zweite und 140,– DM für jedes weitere Kind gemindert. Diese Minderung kann sich bei Berechtigten mit zwei und mehr Zahlkindern sowie bei Berechtigten mit einem Zählkind und weiteren Kindern ergeben.

System der Minderung des Kindergeldes

Die Berechnung der Minderung erfolgt dabei entsprechend § 10 Abs. 2 BKGG wie folgt:

- Feststellung des Jahreseinkommens nach § 11 BKGG
- Errechnung des maßgeblichen Freibetrages (26 600,– DM für Verheiratete und von ihrem Ehegatten nicht dauernd getrennt lebende Berechtigte, für sonstige Berechtigte 19 000,– DM, sowie 9200,– DM für jedes Kind, für das dem Berechtigten Kindergeld zusteht)
- Das den Freibetrag übersteigende Jahreseinkommen ist durch 480,– DM zu teilen, dies ergibt die Minderungs-stufen.
- Für je 480,– DM, um die das Jahreseinkommen den Freibetrag übersteigt, wird das Kindergeld um 20,– DM monatlich gemindert.

Seit dem 1.1.1994 hat sich der Gesetzgeber auch hier etwas zu Lasten der Familie einfallen lassen. Der Sockelbetrag für das 3. und jedes weitere Kind wird nämlich auf 70 DM abgesenkt, wenn das Jahreseinkommen einen maßgeblichen Freibetrag übersteigt (§ 10 Abs. 3 BKGG). Der Freibetrag beträgt 100 000 DM für nicht dauernd getrennt lebende Verheiratete und 75 000 DM für Sonstige, zuzüglich 9200 DM für 4. und jedes weitere Kind, für das ein Anspruch auf Kindergeld besteht.

Jahreseinkommen

Das Jahreseinkommen bestimmt sich nach § 11 Abs. 1 und 2 BKGG. Als Jahreseinkommen gilt die Summe der erzielten positiven Einkünfte im Sinne des § 2 Abs. 1 und 2 ESTG. Ein Ausgleich aus Verlusten aus anderen Einkunftsarten und mit Verlusten des Ehegatten ist nicht zulässig (§ 11 Abs. 1 Satz 2 BKGG). Von der Summe der positiven Einkünfte werden die Einkommensteuer, die Kirchensteuer, die steuerlich anerkannten Vorsorgeaufwendungen und bestimmte Unterhaltsleistungen abgezogen.

Berechnungsjahr

Berechnungsjahr zur Feststellung des maßgeblichen Einkommens (§ 11 Abs. 3 BKGG) ist das vorletzte Kalenderjahr vor dem Leistungsjahr. Der Nachweis über das Einkommen im Berechnungsjahr ist grundsätzlich durch Vorlage des verbindlichen Bescheides über die Steuerfestsetzung zu führen. Wenn die Steuerfestsetzung noch aussteht, werden nur die Sockelbeträge gezahlt. Bei Berechtigten, denen für den Dezember des vorigen Jahres mehr als Sockelbeträge zustanden, werden die Sockelbeträge und das übersteigende Kindergeld nach dem für diesen Monat maßgeblichen Einkommen bis einschließlich Juni unter dem Vorbehalt der Rückforderung gezahlt (§ 11 Abs. 3 Satz 3 BKGG). Änderungen der wirtschaftlichen Verhältnisse sind im Rahmen des § 11 Abs. 4 BKGG zu berücksichtigen.

vorläufige Zahlung

Macht der Berechtigte vor Ablauf des Leistungsjahres glaubhaft, daß sein Einkommen in diesem Jahr voraussichtlich so gering sein wird, daß bei seiner Berücksichtigung das Kindergeld nicht nur in Höhe des Sockelbetrages zu leisten wäre, so wird dieses Einkommen zugrunde gelegt und Kindergeld in Höhe des den Sockelbetrag übersteigenden Betrages unter dem Vorbehalt der Rückforderung gezahlt. Nach endgültiger Feststellung des Einkommens im Leistungsjahr wird abschließend entschieden, wobei der überzahlte Betrag zurückzuzahlen ist.

8.2.3.4 Kindergeldzuschlag (§ 11 a BKGG)

Diese Vorschrift, die mit Wirkung zum 1. 1. 1986 in das BKGG eingefügt worden ist, enthält eine neuartige Regelung, als sie eine Verbindung von Kindergeldzahlung mit den Möglichkeiten der Anerkennung von Kindern im Einkommensteuerrecht herstellt. Der steuerliche Kinderfreibetrag nach § 32 Abs. 6 EStG kommt nur demjenigen voll zugute, der ein entsprechendes Einkommen erzielt. Die steuerliche Entlastung, deren absoluter Betrag sich aus dem Steuersatz des Berechtigten ergibt, kann in vollem Umfang nur verwirklicht werden, wenn das Einkommen im Sinne des § 2 Abs. 4 EStG, von dem gem. § 2 Abs. 5 EStG der Kinderfreibetrag abzuziehen ist, den Grundfreibetrag (§ 32 a EStG) um wenigstens den Kinderfreibetrag von 4104,– DM übersteigt, da nur dann der gesamte Kinderfreibetrag sich steuermindernd auswirkt. Die Regelung des § 11 a BKGG bewirkt somit, daß der Berechtigte im Ergebnis den Betrag erhält, den § 32 Abs. 6 EStG bei ausreichendem Einkommen an tatsächlicher Einkommensteuerersparnis bewirken würde. Diese Vorschrift ist somit eine Ausprägung des dual angelegten Familienlastenausgleiches. Gleichwohl ist § 11 a BKGG als Sozialleistung anzusehen, da die Vorschrift ausschließlich von sozialen Gesichtspunkten geprägt wird. Der Kindergeldzuschlag dient nicht dazu, das kindbezogene steuerliche Existenzminimum zu garantieren, sondern knüpft an die Deckung einer Bedarfslage bei niedrigem verfügbarem Familieneinkommen an.

Anspruch nur, wenn Kinder nach § 2 BKGG vorhanden

Anspruch auf den Zuschlag zum Kindergeld haben Berechtigte nur für Kinder, die nach § 2 BKGG zu berücksichtigen sind. Dies bedeutet, daß die Regelung nicht an den steuerrechtlichen Kindesbegriff anknüpft. Von Bedeutung ist dies z. B. für Berechtigte, deren Kinder Wehr- oder zivilen Ersatzdienst leisten müssen. Für diese Kinder wird zwar der Kinderfreibetrag, nicht jedoch Kindergeld gewährt, so daß für diesen Personenkreis trotz niedrigen Einkommens ein sozialer Ausgleich nach § 11 a BKGG nicht erfolgt.

Höhe

Nach Erhöhung des Kinderfreibetrages aufgrund des Steueränderungsgesetzes 1992 beträgt der volle Kinderzuschlag nunmehr DM 65.

8.2.3.5 Anspruchskonkurrenz zu anderen Leistungen für Kinder (§ 8 BKGG)

Zu den kindergeldähnlichen Leistungen im Sinne des § 8 Abs. 1 BKGG gehören die Kinderzulagen aus der gesetzlichen Unfallversicherung und Kinderzuschüsse aus der gesetzlichen Rentenversicherung. Dies betrifft jedoch nur noch solche Leistungen, die aufgrund der vor dem 1. 1. 1984 herrschenden Rechtslage begründet worden sind, da seit dem 1. 1. 1984 bei sog. Neurenten keine entsprechenden Leistungen mehr gewährt werden. Bei Leistungen, die außerhalb des Geltungsbereiches des BKGG gewährt werden, sind die entsprechenden EG-Verordnungen und die Abkommen über soziale Sicherheit mit einzelnen Ländern zu beachten.

8.2.3.6 Zuständiger Träger und Verfahren

Träger

Zuständig für die Durchführung des BKGG ist die Bundesanstalt für Arbeit als Kindergeldkasse (§ 15 BKGG). Für Angehörige des öffentlichen Dienstes ist der jeweilige Dienstherr zuständig (§ 45 BKGG).

Verfahren

Kindergeld wird vom Beginn des Monats an gewährt, in dem die Anspruchsvorausetzungen erfüllt sind, und zwar bis zum Ende des Monats, in dem die Anspruchsvoraussetzungen wegfallen (§ 9 Abs. 1 BKGG). Von besonderer Bedeutung ist § 9 Abs. 2 BKGG. Das Kindergeld wird rückwirkend nur für die letzten sechs Monate vor Beginn des Monats geleistet, in dem der Antrag auf Kindergeld eingegangen ist. Bei dieser Bestimmung handelt es sich um eine Ausschlußfrist. Für die Einhaltung der Frist ist bei der tatsächliche Eingang beim zuständigen Leistungsträger oder bei einer der in § 16 SGB I genannten

Ausschlußfrist von 6 Monaten nicht versäumen!

Stellen maßgebend. Für die rückwirkende Kindergeldleistung bei Berücksichtigung nichtehelicher Kinder bei ihrem Vater enthält § 9 Abs. 3 BKGG eine Sonderregelung, die an die Anerkennung oder rechtskräftige Feststellung der Vaterschaft anknüpft. Hat ein Anspruchsberechtigter von der Stellung eines Antrages auf Kindergeld abgesehen, weil er für das Kind einen Anspruch auf eine der in § 8 Abs. 1 bezeichneten Leistungen geltend gemacht hat, und wird diese Leistung versagt, so gilt für die rückwirkende Leistung des Kindergeldes die Grundregel des Abs. 2 nicht, wenn der Antrag innerhalb der ersten sechs Monate nach Ablauf des Monats gestellt wird, in dem die Ablehnung der anderen Leistung bindend geworden ist (§ 9 Abs. 4 BKGG).

schriftlicher Antrag

Das Kindergeld ist schriftlich zu beantragen, wobei einen solchen Antrag außer dem Berechtigten auch stellen kann, wer ein berechtigtes Interesse an der Leistung des Kindergeldes hat (§ 17 Abs. 1 BKGG). Dies sind Personen, die einem zu berücksichtigenden Kind gegenüber nach den Vorschriften des BGB unterhaltsverpflichtet sind oder zu deren Gunsten eine Auszahlung, Übertragung und Verpfändung oder Pfändung des Kindergeldes erfolgen kann (vgl. §§ 48 ff. SGB I). Wer das 15. Lebensjahr vollendet hat, kann auch ohne Einwilligung seines gesetzlichen Vertreters einen Antrag für sein Kind stellen (§ 36 Abs. 1 SGB I). Vollendet ein Kind das 16. Lebensjahr, so wird es nur weiter berücksichtigt, wenn der Berechtigte anzeigt, daß die Voraussetzungen des § 2 Abs. 2 oder 4 BKGG vorliegen (§ 17 Abs. 3 Satz 1 BKGG). Dem entspricht § 25 Abs. 2 Ziff. 2 BKGG, wonach die grundsätzlich schriftlich zu erfolgende Entziehung (§ 25 Abs. 1 BKGG) in diesem Fall auch ohne Erteilung eines Bescheides eingestellt werden kann. Hierbei ist zu beachten, daß für die Gewährung des Kindergeldes eine erneute Antragstellung zu erfolgen hat, wobei § 9 Abs. 2 BKGG zu beachten ist.

8.2.4 Kritische Würdigung des geltenden Familienlastenausgleiches

Die Diskussion um den »dualen« Familienlastenausgleich hat durch die oben genannten Entscheidungen des Bundesverfassungsgerichtes eine besondere Aktualität gewonnen. Wesentlicher Inhalt der oben genannten Entscheidung ist einmal die Feststellung des BVerfG, daß bei der Einkommensbesteuerung stets ein Betrag in Höhe des tatsächlichen Existenzminimums der gesamten Familie steuerfrei bleiben muß. Diese in der Literatur seit langem erhobene Forderung leitet das Gericht aus Art. 1 Abs. 1 GG in Verbindung mit dem Sozialstaatsprinzip des Art. 20 Abs. 1 GG ab. Aus der Würde des Menschen in Zusammenschau mit dem Sozialstaatsgrundsatz ergibt sich,

BVerfG: Leistungen im BKGG und Steuerrecht sind Einheit

daß der Staat dem Steuerpflichtigen sein Einkommen insoweit steuerfrei belassen muß, als es zur Schaffung der Mindestvoraussetzungen für ein menschenwürdiges Dasein benötigt wird. Aus Art. 1 Abs. 1 GG unter Einbeziehung von Art. 6 Abs. 1 GG folgert das Gericht weiter, daß bei der Besteuerung der Familie auch das Existenzminimum sämtlicher Familienmitglieder steuerfrei bleiben müsse. Dies gelte auch dann, wenn nur einzelne Familienmitglieder ein Einkommen erzielten, diese aber aufgrund gesetzlicher Verpflichtung für den Unterhalt der weiteren Familienmitglieder aufkommen müssen. Unterhaltsaufwendungen für Kinder dürfen danach nicht als Aufwendungen des privaten Bereiches im Sinne des § 12 Nr. 1 EStG eingestuft werden. Vielmehr müsse der Staat die Entscheidung der Eltern zugunsten von Kindern achten und dürfe ihnen im Steuerrecht nicht die Vermeidbarkeit von Kindern in gleicher Weise entgegenhalten, wie die Vermeidbarkeit sonstiger Lebensführungskosten. Der aus Art. 3 Abs. 1 GG folgende Grundsatz der sog. horizontalen Steuergerechtigkeit verlangt unabhängig von der Höhe des Einkommens eine Besserstellung von Familien gegenüber kinderlosen Steuerpflichtigen gleicher Einkommensstufe.

Kindergeld als steuerentlastende Maßnahme?

Darüber hinaus interpretiert das BVerfG das Kindergeld auch als steuerentlastende Maßnahme, wobei es das Kindergeld in einen Steuerfreibetrag umrechnet. Da das Kindergeld aber in festen Beträgen ausbezahlt wird, hängt die Höhe als fiktiver Freibetrag vom Steuersatz des Betroffenen ab, das bedeutet, je höher der Steuersatz, um so geringer ist der durch das Kindergeld bewirkte fiktive Steuerfreibetrag. Als Existenzminimum, das der Besteuerung nicht unterliegen darf, legt das Gericht den Betrag zugrunde, der pro Jahr an Sozialhilfeleistungen durchschnittlich für Kinder gezahlt wird. Geht man von durchschnittlichen Sozialleistungen pro Kind von ca. 500,– DM aus (Anmerkung: die tatsächlichen Kosten dürften für viele Kinder erheblich höher liegen), so bedeutet dies, daß sich bei der Zusammenrechnung von steuerrechtlichem Freibetrag und dem aus dem Kindergeld herausgerechneten Freibetrag eine Summe von mindestens 6000,– DM pro Kind und Jahr ergeben müßte, und zwar unabhängig von den Einkommensverhältnissen der betreffenden Familie. Bei einem Ehepaar mit einem Kind und einem Steuersatz von 30 % entspricht das Kindergeld von 600,– DM im Jahr einem fiktiven Freibetrag von 2000,– DM, zuzüglich des Kinderfreibetrages von 4104 DM ergibt sich also ein Betrag von 6904 DM, der das Existenzminimum von etwa 6000,– DM nach der geltenden Rechtslage nicht unterschreitet. Der Leser möge selbst entscheiden, ob hier noch von einer Förderung der Familie gesprochen werden kann, und er möge die Kosten für seine eigenen Kinder in das Rechenbeispiel einsetzen!

Kritik verdient die Entscheidung des Gerichtes aber in der Ansicht der grundsätzlichen Doppelnatur des Kindergeldes. Einmal bestehen systembedingte Unterschiede zwischen Kindergeld- und Steuerrecht. So gibt es Unterschiede im Kinderbegriff und in der Berücksichtigungsfähigkeit von Kindern. Darüber hinaus gilt im Steuerrecht das sog. Jahresprinzip, im Kindergeldrecht aber das sog. Monatsprinzip. Außerdem ist das Kindergeld von der Ordnungszahl des Kindes abhängig, so daß sich bei einer fiktiven Umrechnung in einen Freibetrag für das erste Kind ein geringerer Freibetrag als für die weiteren Kinder ergibt (vgl. hierzu *Seewald/ Felix*, S. 176 f.).

Kritik an Doppelnatur des Kindergeldes

Während es im Steuerrecht darum geht, im Rahmen der allgemeinen Steuergerechtigkeit den Steuerpflichtigen im Rahmen seiner Leistungsfähigkeit heranzuziehen, was beinhaltet, daß ihm das Existenzminimum nicht besteuert werden darf, hat das Kindergeld als Sozialleistung die Funktion, ein soziales Defizit auszugleichen. Art. 6 Abs. 1 GG verpflichtet den Staat zu einer tatsächlichen Entlastung der Familie, eine Aufgabe, die mit einer steuerrechtlichen Lösung allein gerade nicht erreicht werden kann. Ein Ausgleich zwischen »armen« und »reichen« Eltern läßt sich deshalb nur auf dem Wege des Sozialrechts erreichen, da die steuerrechtliche Lösung die insoweit mögliche Ungleichheit der Startchancen noch verstärkt (BVerfG 43, 125). Ergibt aber eine Zusammenschau von Steuerrecht und Kindergeldrecht, daß der Familie gerade das Existenzminimum steuerfrei belassen wird, so kann dies beim besten Willen nicht als eine Förderung der Familie im Sinne des Art. 6 Abs. 1 GG bezeichnet werden. Dem entspricht die Forderung des Deutschen Gewerkschaftsbundes, den Familienlastenausgleich durch eine deutliche Anhebung des Kindergeldes auf mindestens 200,– DM pro Kind mit einem Familienzuschlag für kinderreiche Familien anzuheben und dafür die steuerlichen Kinderfreibeträge zu streichen (vgl. hierzu: Der Familienlastenausgleich muß reformiert werden – ohne Verfasser –, in: Soziale Sicherheit 1991, S. 17 ff.).

Wo bleibt die aktive Förderung der Familie?

In die kritische Würdigung des dualen Systems des Familienlastenausgleichs mit einbezogen werden muß die durch das Ehegattensplitting erfolgende Privilegierung der Ehe als solcher gegenüber der Familie, also einer familiaren Lebensgemeinschaft mit Kindern. Etwas plakativ, aber in der Sache durchaus richtig kann davon gesprochen werden, daß »der Ehestatus eines Millionärs und seiner nicht berufstätigen Ehefrau dem Staat mehr wert ist als der eines verheirateten Durchschnittsverdieners« (*Tofaute*, S. 331 ff.).

fragwürdiges Ehegattensplitting

8.2.5 Bundeserziehungsgeld nach dem BErzGG

Neben den Kinderfreibeträgen und dem Kindergeld ist das Erziehungsgeld Teil von Transferleistungen, die mit Bezug auf Ehe und Elternschaft durch den Staat vorgesehen sind. Während die Leistungen des dualen Familienlastenausgleichs die Zielrichtung haben, die Familie in ihrer wirtschaftlichen Funktion zu stärken, läßt sich das Erziehungsgeld von seiner gesetzlichen Ausgestaltung her nicht einer bestimmten Funktion der Familie ohne weiteres zuordnen (zu den einzelnen Funktionen der Familie vgl.: Die Lage der Familien in der Bundesrepublik Deutschland – 3. Familienbericht – Bericht der Sachverständigenkommission der Bundesregierung [1979, BT-Dr. 8/3121, S. 16 f.]. So knüpft das Gesetz einmal an eine bestimmte Phase des Familienzyklus (zu diesem familiensoziologischen Begriff vgl. *M. R. Textor,* Erziehung im Familienzyklus, in *R. M. Textor* [Hrsg.], Die Familie, 1984, S. 129 ff.) an, nämlich an die Betreuung und Erziehung eines Kindes in den ersten Lebensmonaten. Weiter verlangt das Gesetz, daß der Anspruchsteller keine oder keine volle Erwerbstätigkeit ausübt, zum anderen beträgt das Erziehungsgeld lediglich 600,– DM, so daß von einem berufstätigen Elternteil ein vorübergehender Verzicht auf eine existenzsichernde Erwerbstätigkeit verlangt wird, weshalb mit Recht gesagt werden kann, »das Erziehungsgeld wirke in erster Linie als Geburtenprämie, es könne die tatsächlichen Konflikte zwischen Familie und Erwerbstätigkeit nicht lösen« (so *Münch,* S. 63). Nicht uninteressant ist in diesem Zusammenhang, daß von 521 400 Empfängern von Erziehungsgeld im Jahr 1987 nur 7500 Männer waren (Presse- und Informationsamt der Bundesregierung [Hrsg.]: Sozialpolitische Umschau, Nr. 130 vom 18. 4. 1988). Ob allerdings eine alleinstehende Mutter eine ihre Exisenz sichernde Erwerbstätigkeit gegen den Status einer Sozialhilfeempfängerin zuzüglich 600,– DM Erziehungsgeld eintauscht, darf füglich bezweifelt werden.

Geburtenprämie

Aufbau des Gesetzes

Das Gesetz enthält einmal in §§ 1 bis 9 Regelungen über Umfang und Voraussetzungen der Gewährung von Erziehungsgeld. Dabei ist ferner das Verhältnis des Erziehungsgeldes zu anderen Sozialleistungen geregelt (§§ 7, 8 BErzGG), ferner trifft es eine Bestimmung, die in das Unterhaltsrecht nach den Vorschriften des BGB eingreift (§ 9 BErzGG). Darüber hinaus enthält es in den §§ 15 ff. BErzGG Regelungen über einen Anspruch auf Erziehungsurlaub für Arbeitnehmer, also Regelungen, die in das Arbeitsrecht eingreifen.

Darüber hinaus sind Zeiten des Bezuges von Erziehungsgeld von Bedeutung für die Mitgliedschaft in der gesetzlichen Kranken- und Arbeitslosenversicherung.

8.2.5.1 Erziehungsgeld

Grundvoraussetzungen für einen Anspruch auf Erziehungsgeld sind:
- ein Wohnsitz oder gewöhnlicher Aufenthalt im Geltungsbereich des Gesetzes
- das Vorhandensein eines Kindes
- die Betreuung und Erziehung des Kindes durch den Anspruchsteller selbst
- keine oder keine volle Erwerbstätigkeit

Weitere Anspruchsvoraussetzung ist bei Ausländern ein bestimmter Status nach den Vorschriften des AuslG (§ 1 Abs. 1a BErzGG). Auf die entsprechenden Ausführungen beim Kindergeld wird Bezug genommen.

Hinsichtlich der Eigenschaft eines zu berücksichtigenden Kindes knüpft das Gesetz dabei einmal an eine besondere rechtliche Beziehung zu dem Kind, nämlich an die Personensorge an (§ 1 Abs. 1 Satz 1 Ziff. 2 BKGG). Der Inhalt der Personensorge ist in § 1631 Abs. 1 BGB geregelt. Sie umfaßt insbesondere das Recht und die Pflicht, das Kind zu pflegen, zu erziehen, zu beaufsichtigen und seinen Aufenthalt zu bestimmen. Neben den Eltern können Großeltern, Adoptiveltern, Pflegeeltern oder andere Personen zur Personensorge berechtigt sein. Für das nichteheliche Kind steht der Mutter die Personensorge zu (§ 1705 BGB). Der nichteheliche Vater hat kein Personensorgerecht, außer ihm wird das Personensorgerecht durch Bestimmung als Vormund (§§ 1800 ff. BGB) übertragen. Dies bedeutete bis zum 31.12. 1991, daß in einer sog. nichtehelichen Lebensgemeinschaft mit einem gemeinsamen Kind den Eltern die Bestimmung, wer von ihnen die Leistung in Anspruch nehmen wollte, verwehrt war. Diese Regelung begegnete wegen Art. 6 Abs. 5 GG erheblichen verfassungsrechtlichen Bedenken. Dem hat der Gesetzgeber nunmehr dadurch Rechnung getragen, daß gem. § 1 Abs. 3 Nr. 3 BErzGG ein nach dem 31.12. 1991 geborenes leibliches Kind des nicht sorgeberechtigten Antragstellers berücksichtigt werden kann. Damit hat der Gesetzgeber endlich einmal positiv, d. h. leistungsbegründend die familiäre Lebensform einer nichtehelichen Lebensgemeinschaft anerkannt und damit – neben verfassungsrechtlichen Bedenken – einem familiensoziologischen Ansatz im Bereich des Sozialrechts Rechnung getragen.

Leistung grundsätzlich nur an Personensorgeberechtigte!

nichtehelicher Vater

Den leiblichen Kindern stehen gem. § 1 Abs. 3 Ziff. 1 und 2 BKGG Kinder, die mit dem Ziel der Annahme als Kind in die Obhut des Annehmenden aufgenommen worden sind, und Stiefkinder gleich. Neben der rechtlichen Zuordnung stellt das Gesetz weiter mit dem Erfordernis der Aufnahme in den Haushalt oder des Lebens des Kindes in einem Haushalt auf eine bestimmte familiale Lebenssituation ab.

Neben dem Wohnsitz oder gewöhnlichen Aufenthalt im Geltungsbereich dieses Gesetzes (vgl. § 30 SGB I) verlangt das Gesetz, daß der Anspruchsteller das Kind selbst betreut und erzieht, wobei in § 1 Abs. 7 BKGG in Fällen besonderer Härte, insbesondere bei Tod eines Elternteils, von diesem Erfordernis abgesehen werden kann. Kann der Antragsteller aus einem wichtigen Grund die Betreuung und Erziehung des Kindes nicht sofort aufnehmen oder muß er sie unterbrechen, weil er sich z. B. im Krankenhaus einer stationären Behandlung unterziehen muß, so ist dies ebenfalls unschädlich.

Kind muß selbst betreut werden

nur eingeschränkte Erwerbstätigkeit

Das Erfordernis der nicht vollen Erwerbstätigkeit soll sicherstellen, daß entsprechend der Zielrichtung des Gesetzes sich die Betreuungsperson jedenfalls im wesentlichen der Betreuung und Erziehung des Kindes widmen kann. Eine nicht volle Erwerbstätigkeit im Sinne des Gesetzes liegt vor, wenn die wöchentliche Arbeitszeit 19 Stunden nicht übersteigt (§ 2 Abs. 1 Ziff. 1 BErzGG); diese zeitliche Beschränkung gilt nicht bei einer Beschäftigung, die zur Berufsausbildung ausgeübt wird (§ 2 Abs. 1 Ziff. 3 BErzGG). Für teilzeitbeschäftigte Beamte (§ 79 a Abs. 1 Nr. 1 Bundesbeamtengesetz) gilt die Sonderregelung des § 2 Abs. 1 Nr. 2 BErzGG, da wegen der beamtenrechtlichen Bestimmung, daß die Arbeitszeit nur bis zur Hälfte der regelmäßigen Arbeitszeit ermäßigt werden kann, die 19-Stunden-Grenze überschritten wird.

Sozialleistungen können Anspruch ausschließen

Der Bezug bestimmter Sozialleistungen wie Arbeitslosengeld und Eingliederungsgeld steht einer vollen Erwerbstätigkeit gleich (§ 2 Abs. 2 Ziff. 1 BErzGG). Liegt bei Bezug von Lohnersatzleistungen (z. B. Krankengeld) der Bemessung dieser Leistung ein Arbeitsentgelt für eine Beschäftigung von mehr als 19 Stunden in der Woche oder ein entsprechendes Arbeitseinkommen zugrunde, so steht dies einer vollen Erwerbstätigkeit ebenfalls gleich.

Verhältnis zum Bezug von Mutterschaftsgeld

Der Bezug von Mutterschaftsgeld nach den §§ 200, 200 a RVO wirkt nicht anspruchsausschließend, er wird jedoch im Rahmen des § 7 BErzGG berücksichtigt. Ebenso wirkt der Bezug von Arbeitslosenhilfe gem. §§ 134 ff. AFG nicht anspruchsausschließend. Da aber ein Bezieher von Arbeitslosenhilfe der Arbeitsvermittlung objektiv und subjektiv im Sinne des § 103 Abs. 1 Satz 1 Ziff. 1 und 2 AFG zur Verfügung sehen muß, trifft § 2 Abs. 4 BErzGG eine Bestimmung des Inhalts, daß der Anspruch auf Arbeitslosenhilfe nicht dadurch ausgeschlossen wird, daß der Arbeitnehmer wegen der Betreuung und Erziehung eines Kindes diese Voraussetzungen nicht erfüllt.

Eltern können wählen

Da mehrere Personen die Voraussetzungen der Betreuung und Erziehung eines Kindes erfüllen können, bestimmt § 3 Abs. 1 Satz 1 BErzGG, daß nur einer Person Erziehungsgeld gewährt wird. Werden in einem Haushalt mehrere Kinder betreut und

erzogen (Mehrlingsgeburt), so wird für jedes nach dem 30.6. 1989 geborene Kind Erziehungsgeld gewährt. Erfüllen beide Ehegatten die Anspruchsvoraussetzungen, so können sie den Berechtigten bestimmen, wird eine solche Bestimmung nicht getroffen, ist die Ehefrau die Berechtigte. Die Bestimmung kann geändert werden, allerdings nur, wenn die Betreuung und Erziehung des Kindes nicht mehr sichergestellt werden kann. Der Wechsel in der Anspruchsberechtigung wird dabei mit Beginn des folgenden Lebensmonats des Kindes wirksam (§ 3 Abs. 2 bis 4 BErzGG).
Erziehungsgeld wird vom Tage der Geburt bis zur Vollendung des 24. Lebensmonats gewährt. Für Adoptivkinder und Adoptivpflegekinder wird Erziehungsgeld von der Inobhutnahme für die jeweils geltende Bezugsdauer längstens bis zur Vollendung des 3. Lebensjahres gewährt, wenn das Kind nach dem 30.6. 1989 geboren worden ist, und längstens bis zur Vollendung des 7. Lebensmonats, wenn das Kind nach dem 31.12. 1991 geboren ist.

8.2.5.2 Höhe und Dauer der Leistung, Verfahren

Höhe vom Einkommen abhängig

Das Erziehungsgeld beträgt monatlich 600 DM (§ 5 Abs. 1 BErzGG). Es ist nunmehr (1.1.1994) von Anfang an einkommensabhängig. Neu ist ebenfalls, daß Eltern in nichtehelicher Lebensgemeinschaft wie nicht getrennt lebende Ehegatten behandelt werden, und zwar sowohl hinsichtlich der Einkommensgrenzen als auch hinsichtlich der Anrechnung überhaupt (§§ 5 Abs. 2, 6 Abs. 3 BErzGG). Die nichteheliche Lebensgemeinschaft ist damit im Bereich des BErzGG der Ehe völlig gleichgestellt, hinsichtlich der Einkommenanrechnung ist dies allerdings eine Verschlechterung.

Gleichstellung der eheähnlichen Gemeinschaft

Einkommensgrenzen

In den ersten sechs Lebensmonaten wird das Erziehungsgeld gemindert, wenn das Einkommen bei nicht getrennt lebenden Verheirateten und Partnern in eheähnlicher Gemeinschaft 100000 DM, sonst 75000 DM nicht übersteigt (§ 5 Abs. 2 Satz 1 BErzGG). Vom Beginn des 7. Lebensmonats an belaufen sich die Beträge auf 29400 DM bzw. 23700 DM. Hinzu kommen bei allen Beträgen 4200 DM für jedes weitere kindergeldberechtigte Kind des Berechtigten und des nicht dauernd getrennt lebenden Ehegatten und des Partners in eheähnlicher Gemeinschaft (§ 5 Abs. 2 Sätze 2, 3 und 5 BErzGG). Maßgeblich sind die Verhältnisse bei Antragstellung (§ 5 Abs. 2 Satz 4 BErzGG).
Übersteigt das Einkommen die Grenze, mindert sich das Erziehungsgeld um den 12. Teil von 40 v. H. des die Grenze übersteigenden Betrages (§ 5 Abs. 3 BErzGG).

Einkommen

Was Einkommen ist, bestimmt sich nach § 2 Abs. 1 und 2 EStG, wobei nur positive Einkünfte berücksichtigt werden.

Abgesetzt werden können die in § 6 Abs. 1 Ziffer 1–3 BErzGG genannten Beträge.

Berechnungsjahr

Das Einkommen wird nunmehr zeitnäher berücksichtigt. Für das erste Lebensjahr ist das voraussichtliche Einkommen im Kalenderjahr der Geburt, für das zweite Lebensjahr das im Folgejahr maßgebend (§ 6 Abs. 2 BErzGG).

Benachteiligung der erwerbstätigen Mutter

Mutterschaftsgeld und entsprechende Bezüge während der Schutzfristen der §§ 3, 6 MuSchG werden grundsätzlich angerechnet. Dies bedeutet eine erhebliche Benachteiligung einer voll erwerbstätigen Mutter und damit zumindestens eine politische Diskriminierung dieses Pesonenkreises. Der Verdacht, daß angesichts der Höhe der Leistung von 600,00 DM und gerade auch dieser Regelung, die vollerwerbstätige Mütter benachteiligt, die sog. »Hausfrauenehe« gleichsam durch eine Geburtenprämie prämiert werden soll, ist nicht von der Hand zu weisen. Mutterschaftsgeld, das die Mutter aufgrund einer Teilzeitarbeit oder anstelle von Arbeitslosenhilfe erhält, wird dagegen gem. § 7 Satz 3 BErzGG nicht angerechnet.

Antrag

Erziehungsgeld ist schriftlich jeweils für ein Lebensjahr zu beantragen. Der Antrag wirkt nur für 6 Monate zurück. Für die ersten sechs Lebensmonate kann Erziehungsgeld unter dem Vorbehalt der Rückforderung gewährt werden, wenn das Einkommen nach Angaben des Berechtigten unter der Einkommensgrenze liegt und die voraussichtlichen Einkünfte im Jahr der Geburt nicht ohne weitere Prüfung abschließend ermittelt werden können (§ 4 Abs. 2 BErzGG). Entfallen die Anspruchsvoraussetzungen vor Erreichen des 24. Lebensmonats des Kindes, wird Erziehungsgeld noch für den laufenden Monat gezahlt (§ 4 Abs. 3 BErzGG).

Auf eine Darstellung des Anspruchs auf Erziehungsurlaub soll in diesem Zusammenhang verzichtet werden, da die Vorschriften zwar den Entschluß, sich der Betreuung und Erziehung eines Kindes in der ersten Lebensphase zu widmen, erleichtern und arbeitsrechtlich absichern, diese Regelungen jedoch keine Sozialleistung im Sinne des § 11 SGB I sind.

8.3 Familienpolitische Leistungen im Bereich der »gehobenen« sozialen Sicherung (Sozialversicherung)

8.3.1 Allgemeines

Beitragsregelungen als Familienlastenausgleich

Die Finanzierung in der gesetzlichen Sozialversicherung erfolgt durch Beiträge, wobei diese in der gesetzlichen Unfallversicherung vom Arbeitgeber allein getragen werden. Die

Beiträge richten sich dabei nicht nach dem Individualrisiko, sondern nach der wirtschaftlichen Leistungsfähigkeit des einzelnen Mitglieds. Grundsätzlich erhalten alle Versicherten bei gleichem Bedarf die gleichen Leistungen, während Beiträge nur nach einem bestimmten Prozentsatz von den beitragspflichtigen Einkommen des Versicherten erhoben werden. Für den Bereich der gesetzlichen Krankenversicherung wird diese Art der Finanzierung ausdrücklich als »solidarische Finanzierung« bezeichnet (§ 3 SGB V). Auf diese Weise findet einmal ein Ausgleich zwischen leistungsfähigen und weniger leistungsfähigen Versicherten statt. So entrichtet in der gesetzlichen Rentenversicherung ein Versicherter mit Angehörigen, die im Falle seines Ablebens einen Anspruch auf Hinterbliebenenrente haben, bei gleichem Einkommen den gleichen Beitrag wie ein lediger Versicherter, der für die Rentenversicherung insoweit ein günstigeres Risiko darstellt. Die Höhe des beitragspflichtigen Einkommens korrespondiert allerdings bei allen Lohnersatzleistungen (wie Krankengeld in der gesetzlichen Krankenversicherung, Renten in der gesetzlichen Rentenversicherung und Arbeitslosengeld/-hilfe) mit der Höhe des beitragspflichtigen Einkommens, wobei Versicherte mit Familienangehörigen allerdings ein höheres Arbeitslosengeld (§ 111 Abs. 1 Ziff. 1 AFG) und eine höhere Arbeitslosenhilfe (§ 136 Abs. 1 Ziff. 1 AFG) erhalten. In der gesetzlichen Krankenversicherung findet dabei hinsichtlich der Beitragsentrichtung ein sog. Familienlastenausgleich in der Weise statt, daß für versicherte Familienangehörige (§ 10 SGB V) Beiträge nicht erhoben werden (§ 3 Satz 3 SGB V). In der sozialpolitischen Diskussion wird in diesem Zusammenhang gefordert, die Aufwendungen für die Familienhilfe als eine Aufgabe des allgemeinen Familienlastenausgleichs nicht durch ledige und kinderlose Versicherte, sondern durch den Bund durch Zuschüsse tragen zu lassen. Gegen diese Auffassung wendet sich vehement *Borchert* (a.a.O., S. 64 ff.) indem er vorbringt, die durchschnittlichen Gesundheitskosten für einen kinderlosen Rentner würden vom Eintritt in den Ruhestand bis zum Tode rund das Siebenfache der Kosten, die ein Kind vom ersten Tag bis zur Vollendung des 20. Lebensjahres für die Solidargemeinschaft an Gesundheitskosten mit sich bringt, betragen. Im Lebenslängsschnitt würden also nicht die Familien bei den Kinderlosen »in der Kreide, sondern ganz im Gegenteil die Kinderlosen in der Schuld der Familien stehen«. Auf die hier angesprochene sozialpolitische Problematik der Berücksichtigung und Bewertung von familiaren Leistungen im System der gesetzlichen Sozialversicherung soll jedoch im Abschnitt über die gesetzliche Rentenversicherung näher eingegangen werden.

8.3.2 Leistungen im Bereich der gesetzlichen Krankenversicherung

Im Bereich der gesetzlichen Krankenversicherung erfolgt eine Berücksichtigung von Familie und familiaren Situationen durch folgende Leistungen:
- Familienhilfe (§ 10 SGB V)
- Haushaltshilfe (§ 38 SGB V)
- Krankengeld bei Erkrankung eines Kindes (§ 45 SGB V)
- Leistungen bei Schwerpflegebedürftigkeit (§§ 53 ff. SGB V)
- (beitragsfreies) Fortbestehen der Mitgliedschaft (§§ 192, 224 SGB V)
- Leistungen bei Mutterschaft nach RVO und MuSchG
- Vorsorge- und Genesungskosten (§§ 24, 41 SGB VI).

8.3.2.1 Familienhilfe (§ 10 SGB V)

Diese Vorschrift verschafft Familienangehörigen von Versicherten unter bestimmten Voraussetzungen einen Zugang zur gesetzlichen Krankenversicherung. Dabei wird in einer einigermaßen komplizierten Vorschrift eine Reihe von Voraussetzungen aufgestellt, die der Abgrenzung derjenigen Angehörigen dient, die zu Lasten der Solidargemeinschaft beitragsfrei versichert werden sollen und nach Auffassung des Gesetzgebers dieses Schutzes bedürfen. Die Einbeziehung der Familienangehörigen macht das Gesetz dabei einmal von persönlichen Voraussetzungen, nämlich eine bestimmte familiärer Beziehung zum Stammversicherten und weiteren sachlichen Voraussetzungen abhängig.

Ehegatte nur nach BGB

Persönliche Voraussetzungen: Nach § 10 Abs. 1 gehören zum Kreis der Familienangehörigen der Ehegatte und die Kinder von Mitgliedern. Ehegatte ist dabei nur, wer mit dem Stammversicherten verheiratet ist. Eine entsprechende Anwendung auf Partner in eheähnlicher Gemeinschaft wird von der Rechtsprechung ausdrücklich verneint (BSGE 67, 46 = NJW 1991, 447). Die Nichteinbeziehung eines Partners in eheähnlicher Gemeinschaft in den Schutz der gesetzlichen Krankenversicherung ist sozialpolitisch jedenfalls dann unverständlich, wenn aus dieser eheähnlichen Gemeinschaft gemeinsame Kinder hervorgegangen sind und ein Partner gerade wegen der Erziehung und Betreuung des Kindes einer Erwerbstätigkeit nicht nachgeht. Daß eine vorher bestehende Mitgliedschaft dieses Partners aus eigener Versicherung gem. § 192 Abs. 1 Ziff. 2 SGB V so lange beitragsfrei weiterbesteht, wie Mutterschaftsgeld oder Erziehungsgeld bezogen werden (§§ 192 Abs. 1 Ziff. 2, 224 Satz 1 SGB V), vermag einem Schutzbedürfnis nur unzureichend nachzukommen. Demgegenüber wird eine Ehefrau auch dan in die Familienversicherung einbezogen, wenn sie durchaus in der Lage wäre, durch die Aufnahme einer versicherungspflichtigen Tätigkeit den Schutz in der gesetzlichen Krankenversicherung durch eine eigene Mitgliedschaft zu verwirklichen.

Kinder

In den Schutzbereich des § 10 SGB V einbezogene Kinder sind einmal die leiblichen Kinder des Stammitgliedes. Als Kinder gelten weiter gem. § 10 Abs. 4 Satz 1 SGB V Stiefkinder und Enkel, die das Mitglied überwiegend unterhält, sowie Pflegekinder im Sinne des § 56 Abs. 2 Nr. 2 SGB I. Stiefkinder und Enkel werden dabei als Kinder nur dann berücksichtigt, wenn der Stammversicherte ihnen überwiegenden Unterhalt gewährt. Dabei kommt es nur auf die tatsächliche Gewährung von Unterhalt, nicht aber auf eine Unterhaltsberechtigung oder -verpflichtung nach den Vorschriften des BGB an. Leisten für Stiefkinder und Enkel mehrere Personen Unterhalt, so bereitet die Feststellung, ob der Stammversicherte den überwiegenden Unterhalt leistet, in der Praxis erhebliche Schwierigkeiten. Ob die Kinder eines Partners in eheähnlicher Gemeinschaft Pflegekinder im Sinne dieser Vorschrift sein können, war in der Rechtsprechung umstritten, ist aber mittlerweile vom BSG im Urteil v. 6.8.1992 – Az. 10 RKg 7/91, abgedruckt in SozR 3-5870- Nr. 19 zu § 2 BKGG) ablehnend entschieden worden.

keine sonstigen Angehörigen mehr

Die Möglichkeit, durch eine entsprechende Satzungsbestimmung auch sonstige Angehörige des Stammversicherten in die Familienversicherung einzubeziehen, wie sie gem. § 205 Abs. 3 Satz 1 RVO nach altem Recht bestanden hat, ist weggefallen. Dies ist ein sozialpolitischer Rückschritt, weil hier ein sozialversicherungsrechlticher Ansatz, familiäre Lebensformen, die über die sog. Kleinfamilie hinausgehen, zu fördern, wieder zurückgenommen worden ist.

Sachliche Voraussetzungen: In § 10 Abs. 1 SGB V werden die Voraussetzungen aufgeführt, die für den Ehegatten und die Kinder in gleicher Weise gelten. Darüber hinaus enthält das Gesetz in § 10 Abs. 2 und 3 für Kinder weitere Voraussetzungen.
Die gemeinsamen Voraussetzungen für Ehegatte und Kinder sind:

- Wohnsitz oder gewöhnlicher Aufenthalt (§ 30 SGB I) im Geltungsbereich des SGB V
- keine eigene Pflichtversicherung oder freiwillige Versicherung
- keine Versicherungsfreiheit oder Befreiung von der Versicherungspflicht, ausgenommen die Versicherungsfreiheit wegen geringfügiger Beschäftigung (§ 7 SGB V)
- keine hauptberuflich selbständige Erwerbstätigkeit
- kein Gesamteinkommen, das regelmäßig im Monat ein Sieb-

tel der monatlichen Bezugsgröße nach § 18 SGB IV überschreitet.

keine Unterhaltsberechtigung

Anders als der frühere § 205 Abs. 1 Satz 1 HS 1 RVO verlangt § 10 Abs. 1 SGB V keine Unterhaltsberechtigung des Familienangehörigen gegenüber dem Stammversicherten mehr.

Wohnsitz

Erforderlich ist dabei einmal, daß der Angehörige seinen Wohnsitz oder gewöhnlichen Aufenthalt im Inland hat (Ziff. 1). Hierzu wird auf § 30 SGB I verwiesen.

Eigene Versicherung geht vor!

Die Familienversicherung ist ferner subsidiär. Eine Versicherung aus eigener Pflicht- oder freiwilliger Versicherung schließt die Versicherung aus, anders jedoch bei Versicherungspflicht als Student oder Praktikant. Gem. § 5 Abs. 7 Satz 1 SGB V schließt hier die Familienversicherung die Versicherungspflicht aus, es sei denn, Ehegatte oder Kinder des Studierenden oder Praktikanten sind bei Vorgehen der Familienversicherung nicht versichert.

Frw. Versicherung muß nicht abgeschlossen werden!

Befreiung schließt Anspruch aus!

Die Versicherung als Angehöriger wird auch durch eine freiwillige Versicherung ausgeschlossen, wobei es nur darauf ankommt, daß eine solche Versicherung besteht. Die Möglichkeit, der Versicherung nach § 9 SGB V freiwillig beizutreten, schließt die Familienversicherung nicht aus. Allerdings soll verhindert werden, daß ein Familienangehöriger beitragsfrei Mitglied in der gesetzlichen Krankenversicherung wird, der nach § 6 SGB V oder anderen vergleichbaren Bestimmungen in der gesetzlichen Krankenversicherung versicherungsfrei ist. Der Gesetzgeber geht bei dem Personenkreis nach § 6 SGB V davon aus, daß er nicht schutzwürdig ist, und überträgt diesen Gedanken für diesen Personenkreis auch in den Bereich der Familienversicherung.

Ausgeschlossen sind ferner Personen, die einer hauptberuflichen selbständigen Erwerbstätigkeit nachgehen, wobei diese Personen auch dann ausgeschlossen sind, wenn sie aus der selbständigen Tätigkeit keine oder nur geringe Einkommen erzielen. Allerdings macht das Gesetz hier auch bei Ehegatten von sog. Nebenerwerbslandwirten eine Ausnahme.

Eigenes Einkommen schließt Vers. aus

Ausgeschlossen ist die Familienversicherung weiter, wenn der Angehörige ein eigenes Gesamteinkommen hat, das regelmäßig im Monat ein siebtel der monatlichen Bezugsgröße überschreitet. Dies Grenze entspricht der geringfügigen Beschäftigung nach § 8 Abs. 1 Ziff. 1 b SGB IV und beträgt für das Jahr 1994 in den alten Bundesländern 560,– DM, in den neuen Bundesländern 440,– DM. Zum Gesamteinkommen zählen dabei nicht nur die Einnahmen zum Lebensunterhalt, Gesamteinkommen ist vielmehr die Summe der Einkünfte im Sinne des Einkommensteuerrechts (§ 16 SGB IV), wozu auch z. B. Zinsen aus Kapitaleinkommen gehören.

Übersteigt das Gesamteinkommen diese Grenze von vornherein, also im Zeitpunkt der Begründung der Angehörigeneigenschaft im Verhältnis zum Stammversicherten, so haben diese Angehörigen auch nicht die Möglichkeit, der Versicherung nach § 9 SGB V freiwillig beizutreten. Übersteigt dagegen bei Bestehen der Familienversicherung das Gesamteinkommen diese Grenze, so erlischt zwar die Familienversicherung, der Angehörige hat aber gem. § 9 Abs. 1 Ziff. 2 SGB V die Möglichkeit, der Versicherung als freiwilliges Mitglied beizutreten. Er muß aber, wie alle freiwilligen Mitglieder, seine Beiträge selbst tragen, wobei die Beitragsbemessung gem. § 240 Abs. 1 Satz 1 SGB V durch die Satzung geregelt wird. Dabei ist auf die gesamte wirtschaftliche Leistungsfähigkeit des freiwilligen Mitgliedes abzustellen, wobei allerdings gem. § 240 Abs. 4 SGB V als beitragspflichtiges Mindesteinkommen für den Kalendertag mindestens der 90. Teil der monatlichen Bezugsgröße gilt, und zwar auch dann, wenn das freiwillige Mitglied ein solches Einkommen tatsächlich nicht hat. Für das Jahr 1994 bedeutet dies, daß das freiwillige Mitglied einen Beitrag von mindestens ca. 165,– DM zu entrichten hat. Hier wird deutlich, daß der sog. Familienlastenausgleich bereits bei relativ geringen eigenen Einkünften des Familienmitgliedes nicht mehr greift und zu einer erheblichen finanziellen Belastung führen kann.

frw. Beitritt bei Ausschluß oder Erlöschen d. Fam. V.

Für Kinder enthält das Gesetz darüber hinaus in § 10 Abs. 2 SBG V weitere Voraussetzungen. So erfolgt eine Staffelung nach Altersgrenzen. Bis zur Vollendung des 18. Lebensjahres (§ 10 Abs. 2 Nr. 1 SGB V) sind Kinder grundsätzlich in die Familienversicherung einbezogen. Ist das Kind nicht erwerbstätig, besteht die Versicherung bis zur Vollendung des 23. Lebensjahrs (§ 10 Abs. 2 Nr. 2 SGB V). Befindet sich das Kind über das 23. Lebensjahr hinaus in Schul- oder Berufsausbildung oder leistet es ein freiwilliges Jahr, kann die Versicherung bis zur Vollendung des 25. Lebensjahres dauern (§ 10 Abs. 2 Ziff. 3 SGB V), wobei sich dieser Zeitraum bei einer Unterbrechung der Schul- oder Berufsausbildung durch Erfüllung einer gesetzlichen Dienstpflicht um die Dauer des Dienstes verlängert. Schließlich ist ein Kind ohne Altersgrenze versichert, wenn es durch eine Behinderung außestande ist, sich selbst zu unterhalten (§ 10 Abs. 2 Ziff. 4 SGB V), wobei die Altersgrenze jedoch nur dann entfällt, wenn die Behinderung schon vor Erreichen der in Betracht kommenden Altersgrenze und vor Ende einer Versicherung nach § 10 SGB V vorlag.

Altersgrenzen bei Kindern

Für Kinder enthält das Gesetz in § 10 Abs. 3 SGB V einen weiteren Ausschlußtatbestand. Sie sind nämlich nicht versichert, wenn der mit den Kindern verwandte Ehegatte des Mitglieds nicht Mitglied einer Krankenversicherung ist und sein Gesamteinkommen regelmäßig im Monat ein Zwölftel der

keine Fam.V. für Kinder bei besser verdienendem Elternteil

Jahresarbeitsentgeltgrenze (= die Versicherungspflichtgrenze in der gesetzlichen Krankenversicherung) übersteigt und regelmäßig höher als das Gesamteinkommen des Mitglieds ist. Das Gesetz geht in diesen Fällen davon aus, daß die wirtschaftliche Grundlage der Familie und damit auch der Unterhalt des Kindes nicht von den Einkünften der Stammversicherten, sondern von den hohen Einkünften des nicht in der gesetzlichen Krankenversicherung versicherten Ehegatten geprägt wird, in diesem Falle also auch der Krankenversicherungsschutz des Kindes durch das hohe Einkommen des nichtversicherten Ehegatten bestritten werden kann. Das Kind kann aber der Versicherung freiwillig beitreten (§ 9 Abs. 1 Ziff. 2 SGB V).

Fortsetzung der Versicherung

Entfallen die sachlichen und persönlichen Voraussetzungen nach § 10 Abs. 1 bis 4 SGB V, so endet die Versicherung des Angehörigen auch für laufende Versicherungsfälle. Dies gilt auch dann, wenn ein anderweitiger Schutz nicht oder noch nicht vorhanden ist. In diesem Fall hat der Familienangehörige aber die Möglichkeit, der Versicherung gem. § 9 Abs. 1 Ziff. 2 freiwillig beizutreten, wobei allerdings der Beitritt der Krankenkasse innerhalb von drei Monaten nach Beendigung der Versicherung anzuzeigen ist (§ 9 Abs. 2 Ziff. 2 SGB V).
Die Familienversicherung erlischt wegen ihrer Akzessorietät zur Versicherung des Stammversicherten mit dem Ende der Versicherung des Stammversicherten. Nur wenn die Mitgliedschaft des Stammversicherten durch Tod endet, bestehen Leistungsansprüche des Angehörigen längstens für einen Monat nach dem Tod des Mitglieds (§ 19 Abs. 3 SGB V).
Die Kassenzuständigkeit richtet sich wegen der Akzessorietät der Versicherung des Angehörigen zu der des Stammversicherten nach dessen Krankenkasse. Bei mehrfacher Erfüllung der Voraussetzungen des § 10 Abs. 1 bis 4 SGB V gibt § 10 Abs. 5 SGB V dem Stammversicherten ein Wahlrecht. Dabei ist eine Wiederholbarkeit des Wahlrechtes zu bejahen, jedenfalls dann, wenn eine neue Stammversicherung hinzutritt.

8.3.2.2 Haushaltshilfe (§ 38 SGB V)

Zweck dieser Bestimmung ist es, auch den Versicherten die notwendige stationäre oder ambulante Behandlung zu sichern, die daran wegen der Versorgung von Kindern im eigenen Haushalt gehindert sind. Bei dieser Leistung handelt es sich um eine begleitende Maßnahme. Anspruchsvoraussetzungen für die Haushaltshilfe sind:
- Versicherteneigenschaft des Anspruchstellers
- Krankenhausbehandlung, ambulante Vorsorgekur (§ 23 Abs. 2 SGB V), Behandlung mit Unterkunft und Verpflegung in einer Vorsorgeeinrichtung (§ 23 Abs. 4 SGB V),

Vorsorgekuren für Mütter (§ 24 SGB V), häusliche Krankenpflege (§ 37 SGB V), ambulante oder stationäre Reha-Kur (§ 40 SGB V), Müttergenesungskur (§ 41 SGB V)
- Unmöglichkeit der Weiterführung des Haushaltes
- ein im Haushalt lebendes Kind, das bei Beginn der Haushaltshilfe das 12. Lebensjahr noch nicht vollendet oder das behindert und auf Hilfe angewiesen ist
- eine im Haushalt lebende Person kann den Haushalt nicht weiterführen.

Der Anspruch auf Haushaltshilfe steht nur Versicherten zu. Zwischen einer Krankenhausbehandlung (§ 39 Abs. 1 SGB V) oder den anderen im Gesetz genannten Leistungen und der Unmöglichkeit, den Haushalt weiterzuführen, muß ein ursächlicher Zusammenhang bestehen. Dabei muß dem Versicherten die Weiterführung des Haushalts nicht möglich sein. Unter Haushalt ist dabei die private Wirtschafts- und Lebensführung zu verstehen, mit der zumindestens in der Wohnung oder von dort aus Grundbedürfnisse wie Ernährung, Kleidung, Körperpflege und Hygiene, Ruhe und Schlaf befriedigt werden. Erforderlich ist, daß der Versicherte vor der Krankenhausbehandlung oder anderen Leistungen den Haushalt geführt hat. Zur Führung des Haushalts gehören alle Arbeiten, die der konkrete Haushalt des Versicherten erfordert. Eine Haushaltsführung liegt auch dann vor, wenn Ehegatten den gemeinsamen Haushalt im gleichen Umfang führen, eine überwiegende Haushaltsführung wird nicht verlangt. Die Führung des Haushalts durch Dritte, z. B. Hausangestellte, genügt nicht. Ausgeschlossen ist der Anspruch, wenn eine im Haushalt lebende Person den Haushalt weiter führen kann. Damit wird von den Mitgliedern einer häuslichen Gemeinschaft die indirekte Mitwirkung bei Behandlungsmaßnahmen verlangt. Im Haushalt eines Versicherten lebt eine Person, wenn sie in die häusliche Gemeinschaft aufgenommen wurde, d. h. in einer Wohn- und Lebensgemeinschaft, die über bloßes gemeinsames Wohnen hinausgeht. Auf eheliche, verwandtschaftliche oder schwägerschaftliche Beziehungen kommt es nicht an, so daß hier auch ein Partner in eheähnlicher Gemeinschaft zu berücksichtigen ist. Bei der Prüfung der Zumutbarkeit ist vom Zweck der Haushaltshilfe auszugehen und eine Interessenabwägung vorzunehmen. Nicht zumutbar ist die Weiterführung des Haushaltes, wenn sie dem Haushaltsmitglied nur unter Schädigung eigener gerechtfertigter Interessen möglich wäre. So ist zu verlangen, daß das Haushaltsmitglied den Haushalt an den Tagen, an denen es tatsächlich arbeitsfrei hat, führt. Dagegen kann nicht verlangt werden, daß die Haushaltsangehörigen ihre eigene berufliche Tätigkeit vorübergehend aufgeben, um einen ausgefallenen Haushaltsführer zu ersetzen. Von den Mit-

Haushalt

kein Anspruch, wenn Haushaltsführung anderweitig gesichert

gliedern der Haushaltsgemeinschaft kann deshalb auch nicht verlangt werden, daß sie ihren Erholungsurlaub für die Führung des Haushaltes einsetzen. Das im Haushalt lebende Kind darf bei Beginn der Haushaltshilfe das 12. Lebensjahr noch nicht vollendet haben, oder es muß behindert und auf Hilfe angewiesen sein. Mit dem Versicherten muß es nicht verwandt oder verschwägert sein, ferner muß das Kind selbst nicht krankenversichert sein. Es muß aber im Haushalt leben, also selbst eine häusliche Gemeinschaft mit dem Versicherten bilden. Für behinderte und hilfebedürftige Kinder sieht § 38 keine Altersgrenze vor. Nach herrschender Meinung sind aber die Grundsätze entsprechend anzuwenden, nach denen Kinder in die Familienversicherung einbezogen werden.

Altersgrenze

§ 38 Abs. 2 SGB V gibt den Krankenkassen die Möglichkeit, durch eine Satzungsbestimmung auch in anderen als den oben genannten Fällen Haushaltshilfe zu erbringen, z. B. wenn sich kranke Versicherte zu Hause aufhalten, aber keinen Anspruch auf häusliche Krankenpflege haben. Im Rahmen der Satzungsbestimmungen können die Krankenkassen auf die Schwere der Kranken, auf familiäre Belastungen und ähnliche Umstände abstellen. Stets muß aber Krankheit die Weiterführung des Haushalts unmöglich machen.

Sachleistungen durch Stellung einer Aushilfe

Inhalt des Anspruches: Die Krankenkasse hat die Haushaltshilfe grundsätzlich als sog. Sachleistung zu gewähren. Dies geschieht, indem sie eine Haushaltshilfe stellt. Eine Kostenbeteiligung des Versicherten ist nicht vorgesehen. Zur Gewährung von Haushaltshilfe können die Krankenkassen entweder eigene Haushaltshilfen einstellen oder andere geeignete Personen, Einrichtungen oder Unternehmen in Anspruch nehmen, mit denen sie Verträge abschließen (§ 132 SGB V). Die Haushaltshilfe umfaßt alle zur Weiterführung des Haushalts notwendigen Dienstleistungen. In Betracht kommen vor allem das Beschaffen von Lebensmitteln, das Zubereiten der Mahlzeiten, die Pflege von Kleidung und Wohnräumen und die Betreuung von Kindern. Dabei ist das Wirtschaftlichkeitsgebot (§ 12 SGB V) zu beachten. Die Haushalhilfe ist ferner grundsätzlich nicht auf acht Stunden täglich und auf die Versorgung der in § 38 Abs. 1 Satz 2 genannten Kinder beschränkt. Sie erstreckt sich z. B. auch auf andere im Haushalt lebende Kinder. Maßgeblich für die Bestimmung des notwendigen Leistungsumfangs ist die konkrete Situation im Haushalt des Versicherten. Eine mögliche Mithilfe von Haushaltsangehörigen (z. B. von älteren Geschwistern) ist ggf. leistungsmindernd zu berücksichtigen. Die Dauer der Haushaltshilfe richtet sich nach der Dauer der Maßnahme nach § 38 Abs. 1 Satz 1 SGB V.

Kostenerstattung

Kann die Krankenkasse keine Haushaltshilfe stellen oder liegt ein Grund vor, von der Stellung einer Haushaltshilfe abzusehen, weil die selbstbeschaffte Haushaltshilfe geringere Kosten verursacht und rechtliche oder wirtschaftliche Gesichtspunkte den Einsatz der Vertragskräfte nicht erforderlich machen, so besteht nach §38 Abs. 4 SGB V ein Kostenerstattungsanspruch. Die selbstbeschaffte Haushaltshilfe muß aber geeignet sein, wobei eine bestimmte Ausbildung oder Qualifikation nicht gefordert werden kann. Der Erstattungsanspruch setzt ferner voraus, daß der Krankenkasse vorher Gelegenheit gegeben wurde, eigene Haushaltshilfen einzusetzen. Die Kosten sind in angemessener Höhe zu erstatten. Voraussetzung ist deshalb, daß tatsächlich Kosten entstanden sind. Führt z. B. eine dritte Person den Haushalt ohne Vergütung, so erfolgt eine Kostenerstattung nicht. Bei der Feststellung der angemessenen Kosten müssen alle Umstände berücksichtigt werden. Die wirtschaftliche Lage des Versicherten ist dabei nicht zu berücksichtigen.

Höhe der Kostenerstattung

Die angemessene Höhe der Kosten wird nach dem tariflichen oder üblichen Entgelt einer Haushaltshilfe bestimmt, das die Krankenkasse unter Berücksichtigung regionaler Unterschiede auf dem allgemeinen Arbeitsmarkt hätte aufwenden müssen. Hier haben die Versicherungsträger aus Gründen der Zweckmäßigkeit feste Sätze festgelegt, die allerdings im Streitfall für die Gerichte nicht bindend sind. Von verwandten oder verschwägerten Ersatzkräften wird dabei erwartet, daß sie bei der Bemessung ihrer Vergütung eine besondere Zurückhaltung üben. Für Verwandte oder Verschwägerte bis zum zweiten Grade, also für Kinder, Enkel, Eltern, Großeltern, Geschwister, Schwiegereltern, Schwiegerkinder, Geschwister, des Ehegatten und Ehegatten von Geschwistern werden grundsätzlich keine Kosten erstattet (§38 Abs. 4 Satz 2 1. HS SGB V). Die Krankenkasse kann jedoch die erforderlichen Fahrtkosten und den Verdienstausfall erstatten, wenn die Erstattung in einem angemessenen Verhältnis zu den sonst für eine Ersatzkraft entstehenden Kosten steht. Bei engeren familiären Beziehungen geht der Gesetzgeber davon aus, daß in solchen Fällen die Hilfe grundsätzlich unentgeltlich geleistet wird.

Einschränkungen bei Verwandten

8.3.2.3 Krankengeld bei Erkrankung eines Kindes (§ 45 SGB V)

Diese Vorschrift gibt Versicherten mit Anspruch auf Krankengeld, also im wesentlichen pflichtversicherten Arbeitnehmern, einen zeitlich begrenzten Anspruch auf sog. Pflegekrankengeld, wenn sie der Arbeit fernbleiben müssen, um ihr erkranktes Kind zu betreuen. Die Leistung hat wie das Krankengeld Lohnersatzfunktion, es soll das wegen der Betreuung des

Kindes entgangene Arbeitsentgelt ersetzen. Mit diesem Anspruch korrespondiert §45 Abs. 3 Satz 1 SGB V, der dem Versicherten für die Dauer des Anspruchs gegen den Arbeitgeber einen Anspruch auf unbezahlte Freistellung von der Arbeitsleistung gibt, soweit nicht aus dem gleichen Grund nacheinzelvertraglichen oder tarifvertraglichen Bestimmungen Anspruch auf bezahlte Freistellung besteht. Dieser Freistellungsanspruch kann weder ausgeschlossen noch beschränkt werden (§45 Abs. 3 Satz 3 SGB V). Diese insbesondere der Situation alleinerziehender Mütter Rechnung tragende Vorschrift ist allerdings an eine Reihe von einschränkenden Bedingungen geknüpft und zudem zeitlich begrenzt.

Anspruchsvoraussetzungen sind:
- Versicherung mit Krankengeldberechtigung
- Vorhandensein eines Kindes, das selbst gegen Krankheit versichert ist
- das versicherte Kind darf das 12. Lebensjahr nicht vollendet haben
- das Kind muß im Haushalt des Versicherten leben
- das Kind muß erkrankt sein
- Notwendigkeit von Beaufsichtigung, Betreuung und Pflege
- ärztliches Zeugnis
- keine Betreuung durch eine im Haushalt lebende Person.

Kind muß versichert sein

Im Gegensatz zum bisherigen Recht muß das zu berücksichtigende Kind selbst gegen Krankheit versichert sein. Es muß sich dabei um ein leibliches Kind handeln, wobei die in §10 Abs. 4 SGB V genannten Stiefkinder, Enkel, Pflegekinder und Adoptiv-Pflegekinder ausdrücklich mit einbezogen sind (§45 Abs. 1 Satz 2 SGB V). Der Anspruch besteht nur dann und so lange, als das Kind das 12. Lebensjahr nicht vollendet hat. Bei Vollendung des 12. Lebensjahres entfällt der Anspruch auch bei laufendem Bezug. Das Kind muß in den Haushalt des Versicherten aufgenommen sein. Die Notwendigkeit von Beaufsichtigung, Betreuung oder Pflege muß durch die Krankheit des Kindes verursacht und durch ein ärztliches Zeugnis belegt sein. Die Krankheit und die Betreuungsbedürftigkeit des Kindes müssen ein Fernbleiben des Versicherten von der Arbeit erforderlich machen. Kann der Versicherte seine Arbeit zu Hause verrichten, so genügt es, wenn Krankheit und Betreuungsbedürftigkeit des Kindes eine Arbeitsleistung verhindern. Wie in §38 Abs. 3 SGB V wird ferner verlangt, daß eine andere im Haushalt lebende Person das Kind nicht beaufsichtigen, betreuen und pflegen kann. Insoweit wird auf die Ausführungen zur Haushaltshilfe verwiesen.

Kinderbegriff

Altersgrenze

Höhe und Dauer der Leistung: Das Pflegekrankengeld wird für Arbeitstage gewährt, also nur für solche Tage, an denen der

Versicherte ohne die Verhinderung durch die Krankheit seines Kindes gearbeitet hätte. Dies bedeutet, daß an arbeitsfreien Tagen, die zwischen sowie unmittelbar vor oder nach den Arbeitstagen liegen, kein Anspruch besteht. Der Anspruch auf Pflegekrankengeld beginnt mit dem ersten Tag des Fernbleibens von der Arbeit. An welchen Tagen er der Arbeit fernbleiben will, kann der Versicherte wählen. Die Leistung wird nur für längstens zehn Arbeitstage je Kind im Kalenderjahr gewährt. Der besonderen Situation von Alleinerziehenden wird nunmehr dadurch Rechnung getragen, daß sich der Anspruch auf 20 Tage erhöht. Der Anspruch ist aber auf 25, bei Alleinerziehenden auf 50 Arbeitstage im Kalenderjahr beschränkt. Erkranken mehrere Kinder, auch gleichzeitig, so erhöht sich der Anspruch entsprechend. Sind beide Elternteile versichert, so steht jedem ein Anspruch für zehn Arbeitstage zu. Die Leistung kann jedoch nicht für denselben Tag bewilligt werden, da jeder Elternteil eine andere im Haushalt lebende Person darstellt. Die Leistung wird grundsätzlich nach Maßgabe des § 47 SGB V berechnet. Für Bezieher von Arbeitslosengeld, Arbeitslosenhilfe oder Unterhaltsgeld enthält das AFG entsprechende Regelungen (§ 105 b Abs. 1 Satz 2 in Verbindung mit § 134 Abs. 4 Satz 1 und § 44 Abs. 7 AFG). Die im Gebiet der ehemaligen DDR geltenden weiter gehenden Regelungen über die Unterstützung zur Pflege erkrankter Kinder sind ab 1. 7. 1991 außer Kraft getreten.

Beschränkung im Kalenderjahr

8.3.2.4 Leistungen bei Schwerpflegebedürftigkeit (§§ 53 ff. SGB V)

Die Leistungen nach §§ 53 ff. SGB V, die im wesentlichen ab 1. 1. 1991 gewährt werden, betreffen nur die häusliche Pflegehilfe; der gesamte Bereich der Heimunterbringung (stationäre Pflegehilfe) wird in diesen Vorschriften nicht geregelt. Die Pflegebedürftigkeit muß deshalb nach derzeitiger Rechtslage in der weitaus größten Zahl der Fälle weiter als privates Risiko bewältigt werden. Dies bedeutet, daß der Pflegebedürftige und seine nach dem BGB zum Unterhalt verpflichteten Angehörigen die außerordentlich hohen Aufwendungen für die Heimunterbringung zu tragen haben. Dem entspricht, daß die Träger der Sozialhilfe im Rahmen der Hilfe in besonderen Lebenslagen nach Maßgabe der §§ 68, 69 BSHG in seigendem Maße zum eigentlichen Träger von Sozialleistungenim Falle der Pflegebedürftigkeit geworden sind. Entsprechend dem Bgriff der Krankheit in der gesetzlichen Krankenversicherung (vgl. hierzu *Kass-Komm, Niesel,* § 27 SGB V Rz. 9) liegen die Voraussetzungen für eine Krankenhausbehandlung nur vor, wenn nach Beurteilung des Arztes eine Behandlung des Versicherten nur mit der technisch-apparativen Mindestausstattung und der je-

stationäre Pflegehilfe ausgeschlossen

Sozialhilfe

Abgrenzung zur Krankenhilfe

derzeitigen Betreuungsmöglichkeit durch einen Arzt gewährleistet ist. Es kommt also nicht darauf an, ob die ärztlichen Betreuungsanteile überwiegen, sondern ob die Pflege im Rahmen einer ärztlichen Behandlung auf Heilung, Besserung, Verhütung einer Verschlimmerung bzw. auf Linderung von Krankheitsbeschwerden abzielt. Ziel der §§ 53 ff. SGB V ist es weiter, durch Leistungen im Rahmen der häuslichen Pflege, die im allgemeinen kostengünstiger ist als eine stationäre Betreuung, einen Rückgang bei der Fehlbelegung von Krankenhausbetten mit Pflegebedürftigen zu erreichen (vgl. RegE-GRG S. 145, 182, Begründung zum 6. Abschnitt, S. 184, Begründung zu § 54).

Anspruchsberechtigter Personenkreis: Wegen der hohen Kostenbelastung der Krankenkasse durch diese Leistung hat der Gesetzgeber in § 54 SGB versicherungsrechtliche Hürden geschaffen, die sicherstellen sollen, daß nur solche Versicherte die Leistung erhalten, die vorher eine Mindestzeit der Versichertengemeinschaft angehört haben und sich grundsätzlich durch Beitragszahlung an der Solidargemeinschaft beteiligt haben. Danach erhalten nur solche Versicherte Pflegehilfe, die seit der erstmaligen Aufnahme einer Erwerbstätigkeit bis zum Eintritt des Versicherungsfalles der Schwerpflegebedürftigkeit mindestens $^{9}/_{10}$ der zweiten Hälfte dieses Zeitraums oder mindestens 180 Kalendermonate und zusätzlich in den letzten 60 Kalendermonaten 36 Kalendermonate Mitglied einer gesetzlichen Krankenkasse oder Versicherter nach § 10 SGB V gewesen sind (§ 54 Abs. 1 Satz 1 Ziffer 1 SGB V). Zeiten der Versicherung in der ehemaligen DDR sind gleichgestellt. Den Mitglieds- und Versichertenzeiten stehen Zeiten der Ehe mit Mitgliedern bis 31. 12. 1988 gleich, wenn der mit dem Mitglied Verheiratete nur eine geringfügige Beschäftigung oder selbständige Erwerbstätigkeit ausgeübt hat (§ 54 Abs. 1 Satz 2 SGB V).

Mindestversicherungszeit

Sonderregelungen

Eine besondere Regelung ist für Versicherte ohne Erwerbstätigkeit und für Kinder getroffen. Bei ersteren beginnt die Rahmenfrist ab Geburt, bei letzteren genügt es, wenn ein Elternteil die Voraussetzungen nach Abs. 1 erfüllt (§ 54 Abs. 2).

Hilflosigkeit: Voraussetzung ist weiter, daß der Versicherte nach ärztlicher Feststellung wegen einer Krankheit oder Behinderung so hilflos ist, daß er für die gewöhnlichen und regelmäßig wiederkehrenden Verrichtungen im Ablauf des täglichen Lebens auf Dauer in sehr hohem Maße der Hilfe bedarf. Zwischen Krankheit und Behinderung und der Hilflosigkeit muß ein ursächlicher Zusammenhang bestehen. Hilflosigkeit liegt vor, wenn der Betroffene für die gewöhnlichen und regelmäßig wiederkehrenden Verrichtungen im Ablauf des täglichen Lebens, also nicht nur für einzelne Tätigkeiten, ganz

Hilflosigkeit

oder in erheblichem Umfang fremder Hilfe bedarf. Zu den Verrichtungen zählen alle Tätigkeiten, die zur Erhaltung der Existenz im höchstpersönlichen Lebensbereich erforderlich sind. Dies sind z.B. hauswirtschaftliche Arbeiten, das selbständige Reinigen der Wohnung, die selbständige Zubereitung der Nahrung, das Beschaffen der Nahrungsmittel, das Spülen des Geschirrs und die Besorgung der Wäsche. Durch die Formulierung »in sehr hohem Maße« werden die Leistungsansprüche nur auf schwere Fälle beschränkt. Nach der Begründung im Regierungsentwurf (RegE-GRG, S. 183 – Begründung zu § 52 Abs. 1) sind die Voraussetzungen nur erfüllt, wenn der Behinderte in nahezu allen Bereichen sich nicht selbst versorgen kann. Hierzu hat die Rechtsprechung des BSG mittlerweile nähere Gestalt angenommen. Nach dem Urteil v. 9.2.1994–3/1 RK 45/92 (NZS 1994, S. 367ff.) ist ein Hilfebedarf sehr hoch, wenn der Versicherte bei 14 oder mehr Verrichtungen des täglichen Lebens aus einem Katalog von derzeit 18 Verrichtungen der Hilfe einer anderen Person bedarf. – Dasselbe gilt, wenn ein Hilfebedarf nur bei 9–13 Verrichtungen besteht, aber insgesamt bei Berücksichtigung von zeitlichem Umfang und Belastung der Pflegeperson dem Bedarf entspricht, der üblicherweise mit einem Hilfebedarf bei 14 oder mehr Verrichtungen verbunden ist.
Bei geistig Behinderten, die zwar eine Reihe von Verrichtungen selbständig vornehmen können, die aber hierbei der ständigen Aufsicht und Anleitung bedürfen, kann der Aufwand hierfür den Minderaufwand im eigentlichen pflegerischen Bereich kompensieren. Zu denken ist hier insbesondere an Personen mit dem Downsyndrom (Mongolismus). Da hier die Dinge in der Rechtsprechung noch im Fluß sind, die Krankenkassen aber auf den eigentlichen Pflegebedarf abheben, muß in Fällen dieser Art dringend zu einer Antragstellung und ggf. zu einer Klage vor den Sozialgerichten geraten werden (vgl. hierzu Urteil des BSG v. 8.6.1993 – Az: 1 RK 43/92).

Sachleistungen

Inhalt der Leistungen (§§ 55, 56 SGB V): Die häusliche Pflegehilfe ist eine Sachleistung. Sie soll die Pflege und Versorgung im eigenen Haushalt oder Familie ergänzen. Sie ist darauf auszurichten, daß der Pflegebedürftige möglichst im häuslichen Bereich verbleiben kann und somit stationäre Pflege vermieden wird. Sie umfaßt die notwendige Grundpflege und hauswirtschaftliche Versorgung bis zu einer Stunde je Pflegeeinsatz und bis zu 25 Pflegeeinsätzen je Kalendermonat. Die Aufwendungen sind dabei auf 750 DM je Kalendermonat begrenzt.

auf Antrag Geldleistung

Auf Antrag kann die Krankenkasse anstelle der häuslichen Pflegehilfe einen Geldbetrag von 400 DM je Kalendermonat zahlen, wenn die Pflege durch eine Pflegeperson und in geeigneter Weise und in ausreichendem Umfang durch den Pflegebedürftigen selbst sichergestellt wird (§ 57 Abs. 1 SGB V). Diese Leistung wird jedoch nur gezahlt, wenn die Pflegeperson auch bei Ausübung einer Erwerbstätigkeit zu einer ausreichenden Pflege in der Lage ist. Im Rahmen des § 57 SGB V tritt also an die Stelle der Sachleistung eine Geldleistung in Form eines pauschalen Erstattungsanspruchs. Sinn dieser Regelung ist es, für pflegebereite Angehörige einen – wahrlich bescheidenen – finanziellen Anreiz zu schaffen.

Urlaub der Pflegepersonen

Bei Urlaub oder Verhinderung der Pflegeperson besteht über § 55 SGB V hinaus ein Anspruch für längstens vier Wochen je Kalenderjahr, wenn die Pflegeperson den Schwerpflegebedürftigen vor der Verhinderung mindestens zwölf Monate gepflegt hat (§ 56 Satz 1 SGB V). Mit dieser Leistung soll der Personenkreis entlastet werden, der insbesondere im Rahmen eines familiären Verbandes die körperlich und psychisch anstrengende Aufgabe der Pflege eines Schwerstpflegebedürftigen übernommen hat. Die Leistung unterscheidet sich in ihrer Art grundsätzlich nicht von der Leistung nach § 55 SGB V; gemäß § 56 SGB V übernimmt die Krankenkasse aber auch Kosten, die bei einer Pflege außerhalb der Familie oder des Haushalts entstehen. Im Rahmen des § 56 SGB V ist also auch eine Unterbringung z. B. in einem Pflegeheim oder in der Pflegeabteilung einer anderen Einrichtung möglich. Leistungen nach § 56 SGB V werden für längstens vier Wochen je Kalenderjahr erbracht. § 56 Satz 2 SGB V setzt eine gegenüber § 55 SGB V deutlich erhöhte Obergrenze von 1800 DM. Die Leistungen nach § 56 SGB V sind zusätzlich zu erbringen.

Geldleistung nach § 57 SGB V

Können die Schwerpflegebedürftigen ihre Pflege in geeigneter Weise und in ausreichendem Umfang selbst sicherstellen, so kann ihnen anstatt der Sachleistungen nach §§ 55, 56, SGB V eine Geldleistung von 400 DM gezahlt werden (§ 57 SGB V). Die Pflegeperson muß dabei trotz eigener Erwerbstätigkeit zu einer ausreichenden Pflege in der Lage sein. Eine fachliche Qualifikation der Pflegeperson wird nicht verlangt. Daß mit diesen 400 DM die tatsächlichen Aufwendungen und Kosten nicht annähernd abgedeckt sind, liegt auf der Hand. Letztlich ist die Leistung nur eine Art finanzieller Anerkennung für die äußerst intensive Pflege durch Angehörige, in der Regel also Frauen.

8.3.2.5 Die neue Pflegeversicherung

Die Regelungen der §§ 53–57 SGB V werden ab 1.4.1995 durch die Vorschriften des Gesetzes zur sozialen Absicherung des Risikos der Pflegebedürftigkeit (Pflege-Versicherungsgesetz-PflegeVG) vom 26.5.1994 (BGBl. 1994 I S. 1014) ersetzt. Damit ist es nach jahrzehntelangem Streit gelungen, das Pflegerisiko in erheblichem Umfang über eine gesetzliche Pflichtversicherung abzudecken.

Träger

Träger der sozialen Pflegeversicherung sind die Pflegekassen, die bei den gesetzlichen Krankenkassen errichtet werden (§§ 1 Abs. 3, 46 PflegeVG).

Soziale Pflichtversicherung

Versicherungspflichtig in der sozialen Pflegeversicherung sind die versicherungspflichtigen Mitglieder der gesetzlichen Krankenversicherung (§ 20 PflegeVG) und deren Familienangehörige nach Maßgabe des § 25 PflegeVG. Darüber sind weitere Personengruppen nach Maßgabe des § 21 PflegeVG in die Versicherungspflicht einbezogen. Eine Befreiung von der Versicherungspflicht ist nach § 22 PflegeVG möglich.

Private Pflichtversicherung

Privat gegen Krankheit versicherte Personen sowie Beamte sind nach § 23 PflegeVG verpflichtet, einen entsprechenden privatrechtlichen Vertrag bei einem privaten Krankenversicherungsunternehmen abzuschließen. Diese Unternehmen müssen entsprechende Tarife anbieten.

Beiträge

Die Beiträge sind bei den versicherungspflichtigen Mitgliedern je zur Hälfte von den Mitgliedern und den Arbeitgebern (oder Einrichtungen anstelle von Arbeitgebern) zu tragen (§ 58 Abs. 1 PflegeVG). Als Kompensation für die Arbeitgeber sollen die Bundesländer einen Feiertag streichen. Geschieht dies nicht, tragen die Versicherungspflichtigen den Beitrag allein (§ 58 Abs. 2 und 3 PflegeVG).

Häusliche Pflege

Ab 1.4.1995 werden Leistungen bei häuslicher Pflege eingeführt. Diese Leistungen sind nach Stufen der Pflegebedürftigkeit gestaffelt.

Pflegebedürftigkeit

Pflegebedürftig sind Personen, die wegen einer körperlichen, geistigen und seelischen Krankheit oder Behinderung für die gewöhnlichen und regelmäßig wiederkehrenden Verrichtungen im Ablauf des täglichen Lebens auf Dauer (= voraussichtlich für mindestens 6 Monate) in erheblichem oder höherem Maße der Hilfe bedürfen (§ 14 Abs. 1 PflegeVG). Dabei werden die Begriffe »Krankheit und Behinderung« in § 14 Abs. 2 PflegeVG, »Hilfe« in § 14 Abs. 3 PflegeVG und »gewöhnliche und regelmäßig wiederkehrende Verrichtungen« in § 14 Abs. 3 PflegeVG im Gesetz selbst definiert.

Stufen

Für die Gewährung von Leistungen sind die Pflegebedürftigen gem. § 15 PflegeVG drei Stufen zuzuordnen:

Stufe I: Personen, die bei der Körperpflege, der Ernährung oder der Mobilität für wenigstens zwei Verrichtungen aus einem oder mehreren Bereichen mindestens einmal täglich der Hilfe bedürfen und zusätzlich mehrfach in der Woche Hilfen bei hauswirtschaftlichen Verrichtungen benötigen.

Stufe II: Personen, die bei der Körperpflege, der Ernährung oder der Mobilität mindestens dreimal zu verschiedenen Tageszeiten der Hilfe bedürfen und zusätzlich mehrfach in der Woche Hilfen bei hauswirtschaftlichen Verrichtungen benötigen.

Stufe III: Personen, die bei der Körperpflege, der Ernährung oder der Mobilität täglich rund um die Uhr, auch nachts, der Hilfe bedürfen und zusätzlich mehrfach in der Woche Hilfen bei der hauswirtschaftlichen Versorgung benötigen.

Sachleistungen Gewährt werden Pflegesachleistungen nach § 36 PflegeVG im Wert von bis zu 750 DM (Stufe I), 1800 DM (Stufe II) und 2800 DM (Stufe III). In besonders schweren Fällen, z.B. Krebs im letzten Stadium mit mehrfacher Hilfe auch nachts, können die Leistungen einen Wert von bis zu 3750 DM haben (§ 15 Abs. 3 und 4 PflegeVG). Diese Regelung entspricht der bisherigen Regelung in § 56 SGB V.

Geldleistung Der Leistung nach § 57 SGB V entspricht nunmehr § 37 PflegeVG. Für selbstbeschaffte Pflegehilfen wird ein Pflegegeld von 400 DM (Stufe I), 800 DM (Stufe II) und 1200 DM (Stufe III) gewährt. Dabei dürfen Personen, die bisher die Leistung nach § 56 SGB V erhielten, den Stufen II und III zuzuordnen sein.

Kombination Neu ist die Möglichkeit, Sachleistung nach § 36 PflegeVG und Geldleistung nach § 37 PflegeVG zu kombinieren, wenn die Sachleistung nur teilweise in Anspruch genommen wird (§ 38 PflegeVG).

Verhinderung der Pflegeperson Ist eine Pflegeperson wegen Krankheit oder Urlaub an der Pflege gehindert, übernimmt die Pflegekasse die Kosten für eine Ersatzkraft bis zu vier Wochen im Kalenderjahr in einer Höhe von bis zu 2800 DM (§ 39 PflegeVG).

(Teil-) Stationäre Pflege Ab 1.7.1996 werden auch Leistungen bei Tages- und Nachtpflege (§ 41 PflegeVG) im Wert von bis zu 750 DM (Stufe I), 1500 DM (Stufe II) und 2000 DM (Stufe III) im Kalendermonat übernommen. Leistungen für Kurzzeitpflege (§ 42 PflegeVG) belaufen sich auf bis zu 2800 DM im Monat. Für vollstationäre Pflege (§ 43 PflegeVG) werden Leistungen von monatlich bis zu 2800 (begrenzt auf 30000 DM im Jahr), in Ausnahmefällen von bis zu 3300 DM im Monat übernommen.

Familien bleiben finanziell belastet Angesichts der Höhe der tatsächlichen Kosten, insbesondere bei stationärer Unterbringung, werden nach wie vor in vielen Fällen die eigenen Mittel (Rente) nicht zur vollen Kostendeckung ausreichen, so daß das Risiko der Pflegebedürftigkeit auch finanziell von unterhaltsverpflichteten Mitgliedern der Familie getragen werden muß.

8.3.2.6 *Fortbestehen der Mitgliedschaft bei Bezug von Mutterschaftsgeld und Erziehungsgeld (§§ 192, 224 SGB V)*

Der Bezug dieser Leistungen begründet keine eigene Mitgliedschaft, ist also kein Pflichtversicherungsgrund. Eine vor Einsetzen dieser Leistungen bestehende Pflichtmitgliedschaft bleibt aber als solche erhalten. – Die Regelung ist von besonderer Bedeutung für Alleinerziehende. Unerheblich ist, worauf die Pflichtmitgliedschaft beruht. Eine freiwillige Mitgliedschaft kann nicht – beitragsfrei – fortgesetzt werden. Während beim Bezug von Mutterschaftsgeld das Bestehen eines Anspruchs genügt, ist beim Erziehungsgeld der tatsächliche Bezug der Leistung erforderlich. Mit § 192 SGB V korrespondiert im Beitragsrecht § 224 SGB V. Danach wird die Mitgliedschaft beitragsfrei aufrechterhalten, wobei sich die Beitragsfreiheit nur auf diese Leistungen erstreckt. Soweit daneben andere Einnahmen gem. § 226 SGB V beitragspflichtig sind, bleiben diese auch beim Bezug der Leistungen beitragspflichtig.

8.3.2.7 *Leistungen bei Mutterschaft*

Die Betreuungsbedürftigkeit und die Arbeitsunfähigkeit wegen Mutterschaft stellen einen eigenen Versicherungsfall dar. Mit den Leistungen nach §§ 195 ff. RVO wird das Ziel verfolgt, versicherten Frauen bei Schwangerschaft und Mutterschaft eine medizinisch sachgerechte Betreuung zukommen zu lassen, zum anderen soll mit Leistungen des Arbeitgebers und des Bundes die wirtschaftliche Versorgung einer – werdenen – Mutter sichergestellt werden. Der Anspruch auf medizinische Leistungen steht dabei allen Frauen, also auch Familien versicherten (§ 10 SGB V) und freiwilligen Mitgliedern zu.

Der Sicherstellung der wirtschaftlichen Versorgung dient das Mutterschaftsgeld nach § 200 RVO und der gem. § 14 MuSchG bestehende Anspruch gegen den Arbeitgeber oder den Bund auf Zahlung der Differenz zum Nettoarbeitsentgelt. Die finanziellen Lasten sind dabei auf mehrere Kostenträger verteilt. Sie werden im wesentlichen durch die Solidargemeinschaft aller Versicherten der gesetzlichen Krankenversicherung getragen. Darüber hinaus hat der Bund den Krankenkassen gem. § 200 a RVO für jeden Leistungsfall nach § 200 RVO einen Pauschbetrag von DM 400 zu zahlen. Da der Anspruch auf das kalendertägliche Mutterschaftsgeld auf DM 25 (= DM 750 im Monat) begrenzt ist, hat der Arbeitgeber gem. § 14 Abs. 1 MuSchG die Differenz zum kalendertäglichen Nettoentgelt zu tragen.

Für Frauen, deren Arbeitsverhältnis während ihrer Schwangerschaft oder während der Schutzfrist des § 6 Abs. 1 MuSchG

vom Arbeitgeber zulässig aufgelöst worden ist, hat der Bund diesen Zuschuß zu leisten (§ 13 Abs. 2 MuSchG).
Die für den Bereich der gesetzlichen Sozialversicherung ungewöhnliche Teilung der finanziellen Lasten spiegelt die erheblichen gesellschaftspolitischen Auseinandersetzungen um die Tragung der Kosten wider, eine Diskussion, die auch im Zusammenhang mit den Leistungen nach dem BErzGG stets aktuelle Bedeutung hat.

Leistungen nach der RVO: Sie umfassen entsprechend dem Leistungskatalog nach § 195 Abs. 1 Ziff. 1–5 RVO die ärztliche Betreuung und Hebammenhilfe, die Versorgung mit Arznei-, Verbands- und Heilmitteln (§ 196 RVO), die stationäre Entbindung (§ 197 RVO), die häusliche Pflege nach § 198 RVO und die Haushaltshilfe nach § 199 RVO. Letztere entspricht der Haushaltshilfe nach § 38 SGB V, so daß auf die Ausführungen hierzu verwiesen wird. Die häusliche Pflege wird dabei im Gesetz nicht im einzelnen beschrieben. Sie umfaßt einmal die erforderliche Grundpflege. Hierzu gehören z. B. Leistungen nichtmedizinischer Art, also vor allem die Krankenbeobachtung durch Tag- und Nachtwachen. Da die häusliche Pflege die stationäre ersetzt, umfaßt sie grundsätzlich auch die Versorgung mit Nahrung, Wäsche und anderen Bestandteilen der hauswirtschaftlichen Versorgung. Die Behandlungspflege umfaßt die Verabreichung von Medikamenten, Anlegen von Verbänden, Injektionen usw.

Anspruchsvoraussetzungen für Mutterschaftsgeld:
- Mitgliedschaft in einer gesetzl. Krankenkasse
- Anspruch auf Krankengeld oder keine Zahlung von Arbeitsentgelt wegen der Schutzfristen
- Erfüllung der Wartezeit von zwölf Wochen Mitgliedschaft oder Bestehen eines Arbeitsverhältnisses.

Anspruch nur für Frauen

Der Anspruch steht nur weiblichen Mitgliedern zu; familienversicherte Frauen sind nicht Mitglied. Für sie kommt nur Entbindungsgeld (DM 150) gem. § 200 b RVO in Frage. Die Mitgliedschaft muß in dem Zeitpunkt vorliegen, in dem die besondere Schutzbedürftigkeit der werdenden Mutter einsetzt, d. h. sechs Wochen vor der Entbindung mit Beginn der Schutzfrist des § 3 Abs. 2 MuSchG.

Frauen mit Anspruch auf Krankengeld

Mitglieder mit Anspruch auf Krankengeld sind Frauen, die bei Beginn der Schutzfrist nicht in einem Arbeitsverhältnis stehen, oder gleichgestellt sind, z. B. versicherungspflichtige Selbständige, Leistungsempfänger nach dem AFG oder freiwillig Versicherte jeweils mit Anspruch auf Krankengeld bei Arbeitsunfähigkeit. Diese Personen erhalten während der besonderen Schutzbedürftigkeit ebenso Mutterschaftsgeld wie Krankengeld bei Arbeitsunfähigkeit.

Ferner erfüllen Mitglieder, denen wegen der Schutzfristen kein Arbeitsentgelt gezahlt wird, die Voraussetzungen. Hier sind Frauen gemeint, die bei Beginn der Schutzfrist in einem Arbeitsverhältnis stehen oder gleichzustellen sind. Die Schutzfrist beginnt sechs Wochen vor der Entbindung. In dieser Zeit besteht ein arbeitsrechtliches Beschäftigungsverbot, soweit die werdende Mutter nicht ausdrücklich zur Arbeitsleistung bereit ist. Die Berechnung der Frist erfolgt auf der Grundlage des Zeugnisses eines Arztes oder einer Hebamme, in dem der mutmaßliche Termin anzugeben ist (§ 5 Abs. 2 MuSchG).

zulässige Auflösung des Arbeitsverhältnis

Die Voraussetzungen erfüllen ferner Frauen, deren Arbeitsverhältnis zulässig aufgelöst worden ist. Eine Kündigung während der Schwangerschaft und vier Monate nach der Geburt ist unzulässig (§ 9 Abs. 1 Satz 1 MuSchG). Diese Vorschrift gilt nicht für Frauen, die von demselben Arbeitgeber im Familienhaushalt mit hauswirtschaftlichen, erzieherischen oder pflegerischen Arbeiten beschäftigt werden, nach Abläuf des 5. Monats der Schwangerschaft. Darüber hinaus kann die für den Arbeitsschutz zuständige oberste Landesbehörde oder eine von ihr bestimmte Stelle in besonderen Fällen die Kündigung ausnahmsweise für zulässig erklären (§ 9 Abs. 1 Satz 2 MuSchG).

Wartezeit

Voraussetzung ist ferner die Erfüllung der Wartezeit. Innerhalb der Rahmenfrist vom Beginn des 10. bis zum Ende des 4. Monats vor der Entbindung muß die Frau mindestens 12 Wochen Mitglied gewesen sein oder in einem Arbeitsverhältnis gestanden haben. Mit dieser Regelung soll verindert werden, daß Mutterschaftsgeld lediglich aufgrund einer kurzen Beschäftigung, möglicherweise nur mit Ziel der Leistung begründet, gezahlt wird. Ob diese Befürchtung jedoch die Wartezeit rechtfertigt, darf bezweifelt werden.

Höhe und Dauer der Leistung

Einmalig gezahltes Arbeitsentgelt (§ 227 SGB V) bleibt dabei außer Betracht (§ 200 Abs. 2 Satz 3 RVO). Läßt sich eine Berechnung nach § 200 Abs. 2 Satz 1 bis 3 RVO nicht durchführen, so ist gem. § 200 Abs. 2 Satz 4 RVO das Arbeitsentgelt einer gleichartig Beschäftigten zugrunde zu legen. Bei anderen Mitgliedern, also Frauen, die nicht zum Personenkreis nach § 200 Abs. 2 Satz 1 bis 4 RVO gehören (dies sind Personen, die nicht in einem Arbeitsverhältnis stehen und nicht gleichgestellt sind, obwohl sie einen Anspruch auf Krankengeld haben), ist gem. § 200 Abs. 2 Satz 6 RVO Mutterschaftsgeld in Höhe des Krankengeldes zu zahlen. Die Berechnung erfolgt dabei nach § 47 SGB V). Bezieherinnen von Arbeitslosengeld oder Arbeitslosenhilfe erhalten Mutterschaftsgeld in Höhe der zuletzt bezogenen Leistung. Das Mutterschaftgeld wird für die letzten sechs Wochen vor der Entbindung, den Entbindungstag und für die ersten acht Wochen, bei Mehrlings- und Frühgeburten für die ersten zwölf Wochen nach der Entbindung gezahlt (§ 200 Abs. 3 Satz 1 RVO). Auszugehen ist bei der Berechnung der Bezugsdauer grundsätzlich vom mutmaßlichen Tag der Entbindung, den Arzt oder Hebamme in einem Zeugnis angeben. Das Zeugnis über den mutmaßlichen Entbindungstag, das mit dem Zeugnis über den Beginn der Schutzfrist (§ 5 Abs. 2 MuSchG) nicht identisch ist, darf nicht früher als eine Woche vor dem Beginn der Schutzfrist ausgestellt sein, tritt die Entbindung später ein, als in dem Zeugnis angegeben, so verlängert sich die Bezugsdauer bis zum Tag der Entbindung (§ 200 Abs. 3 Satz 4 RVO). Findet die Entbindung früher statt, als in dem Zeugnis bescheinigt worden ist, so verkürzt sich die Bezugsdauer nicht.

Anspruch auf Zuschuß durch Arb.G oder Bund

Leistungen nach dem MuSchG: Frauen mit einem Anspruch auf ein kalendertägliches Mutterschaftsgeld nach § 200 RVO haben gegen den Arbeitgeber einen Anspruch auf Zuschuß in Höhe des Unterschiedsbetrages zwischen dem Mutterschaftsgeld und dem um die gesetzlichen Abzüge verminderten durchschnittlichen kalendertäglichen Arbeitsentgelt (§ 14 Abs. 1 Satz 1 MuSchG). Frauen, die nicht in der gesetzlichen Krankenversicherung versichert sind, also z. B. geringfügig beschäftigte Frauen, erhalten, wenn sie bei Beginn der Schutzfrist nach § 3 Abs. 2 MuSchG in einem Arbeitsverhältnis stehen oder in Heimarbeit beschäftigt sind oder ihr Arbeitsverhältnis während der Schwangerschaft zulässig aufgelöst worden ist, während der Schutzfrist nach § 3 Abs. 2 und § 6 Abs. 1 MuSchG Mutterschaftsgeld zu Lasten des Bundes in entsprechender Anwendung der Vorschriften der RVO über das Mutterschaftsgeld. Diese Leistung wird von der AOK des Wohnortes gezahlt. Diese Aufwendungen hat der Bund den Kassen zu ersetzen (§ 13 Abs. 2 Satz 3 MuSchG). Auch diesen Frauen steht ein Zuschuß zum Mutterschaftsgeld nach § 14 Abs. 1 Satz 2 MuSchG zu.

Verhältnis anderer Leistungen

Der Anspruch auf Mutterschaftsgeld ruht, soweit und solange das Mitglied beitragspflichtiges Arbeitsentgelt oder Arbeitseinkommen erhält (§ 200 Abs. 4 Satz 1 RVO). Der Bezug von Mutterschaftsgeld verdrängt das Bundeserziehungsgeld (§ 7 BErzGG). Es geht ferner dem Arbeitslosengeld, der Arbeitslosenhilfe und dem Unterhaltsgeld vor (§§ 118 Abs. 1 Nr. 2, 44 Abs. 7, 134 Abs. 4 AFG).

8.3.2.8 Vorsorgekuren (§ 24 SGB V) und Müttergenesungskuren (§ 41 SGB V)

Bei diesen Leistungen handelt es sich um Sonderleistungen nur für Mütter. Ziel dieser Bestimmungen ist es, die Weiterführung der Mütterkuren, insbesondere des Müttergenesungswerkes zu sichern. Die Vorsorgekuren für Mütter nach § 24 sind eine Mischform, die Elemente ambulanter und stationärer Maßnahmen enthält. Dabei sind die Kuren nach § 24 SGB V darauf gerichtet, Krankheit oder Pflegebedürftigkeit zu verhindern, während die Genesungskuren nach § 41 auf die Behandlung bereits bestehender Krankheiten ausgerichtet sind. Die Vorsorgekuren nach § 24 SGB V sollen dabei grundsätzlich längstens 4 Wochen dauern. Gem. § 24 Abs. 1 Satz 2 kann die Krankenkasse in ihrer Satzung bestimen, ob sie die vollen Kosten der Kur übernimmt oder einen Zuschuß zahlt. Gleiches gilt für die Müttergenesungskuren (§ 41 Abs. 1 Satz 2 SGB V).

8.3.3 Die gesetzliche Unfallversicherung (§ 537 ff. RVO)

8.3.3.1 Allgemeines

Aufgabe der gesetzlichen Unfallversicherung ist die Verhütung von Arbeitsunfällen und nach Eintritt eines Arbeitsunfalls die Entschädigung des Verletzten, seiner Angehörigen und Hinterbliebenen (§ 537 RVO). Im Vordergrund der Aufgaben steht dabei nach wie vor der Schutz der Arbeitnehmer vor und bei Arbeitsunfällen. Wie ein Blick in § 539 Abs. 1 RVO zeigt, ist der Schutz der gesetzlichen Unfallversicherung aber im Laufe der Zeit auf eine Vielzahl anderer Personen ausgedehnt worden, unter anderem auch auf Kinder während des Besuchs von Kindergärten, Schüler während des Besuchs allgemeinbildender Schulen und Studierende an einer Hochschule (§ 539 Abs. 1 Ziff. 14 RVO). Entschädigungen sind dabei zu leisten für die gesundheitlichen Folgen eines Arbeitsunfalles. Arbeitsunfall ist entsprechend der Definition des § 548 Abs. 1 Satz 1 RVO ein Unfall, den ein Versicherter bei einer der in den Vorschriften der RVO genannten Tätigkeiten erleidet. Als Arbeitsunfall gilt dabei auch der sog. Wegeunfall, also ein Unfall auf einem mit einer der in den Vorschriften der RVO genannten Tätigkeiten zusammenhängenden Weg nach und von dem Ort der Tätigkeit (§ 550 Abs. 1 RVO). Neben den sog. Restitutionsleistungen wie Heilbehandlung und Berufshilfe (§§ 656 Abs. 1, 757 bis 759, 567 RVO) werden für gesundheitliche Dauerschäden Renten an Verletzte (§§ 580 ff. RVO) und im Falle des Todes eines Versicherten an dessen Hinterbliebene Hinterbliebenenrenten gezahlt. Die Höhe dieser Renten bestimmt sich einmal nach der Minderung der Erwerbsfähigkeit und nach dem Jahresarbeitsverdienst (§§ 581 Abs. 1, 570 RVO). Dieser Jahresarbeitsverdienst wird nach den Vorschriften §§ 570 ff. RVO berechnet. Bei Arbeitnehmern ist der Jahresarbeitsverdienst grundsätz-

Unfall

lich der Gesamtbetrag aller Arbeitsentgelte und Arbeitseinkommen in den zwölf Kalendermonaten vor dem Monat, in dem der Arbeitsunfall eingetreten ist. Darüber hinaus enthält das Gesetz eine Fülle von Sonderbestimmungen für die Berechnung des Jahresarbeitsverdienstes, z. B. für Personen ohne Einkommen, wie Kindergartenkinder usw.

Höhe der Unfallrente

Die Vollrente beträgt dabei $^2/_3$ des Jahresarbeitsverdienstes. Die Teilrente richtet sich nach dem Grad der MdE. So wird z. B. der Verlust eines Auges mit einer MdE von 30 v. H. bewertet. Die Unfallversicherung wird entsprechend den versicherten Personen von einer Vielzahl von Versicherungsträgern durchgeführt, wobei die Versicherten keine Beiträge zu entrichten haben.

Die familiäre Situation von Versicherten wird dabei einmal dadurch berücksichtigt, daß die Angehörigen eines durch einen Arbeitsunfall ums Leben gekommenen Versicherten einen Anspruch auf Hinterbliebenenrente haben. Zum anderen bezieht das Gesetz in § 539 Abs. 1 Ziff. 14 Kinder in Kindergärten und in Ausbildung in den Schutzbereich der Unfallversicherung ein.

8.3.3.2 Leistungen an Hinterbliebene

Witwen/Witwerrente (§ 590 RVO): Die Witwe und der Witwer eines Versicherten erhalten bis zu ihrem Tode oder zur Wiederverheiratung eine Witwenrente oder Witwerrente (§ 590 RVO). Diese Rente beträgt grundsätzlich $^3/_{10}$ des Jahresarbeitsverdienstes. Sie beträgt $^2/_5$ des Jahresarbeitsverdienstes, wenn der Berechtigte das 45. Lebensjahr vollendet hat oder wenn er berufsunfähig oder erwerbsunfähig im Sinne der Vorschriften über die gesetzliche Rentenversicherung ist oder solange er ein nach § 595 RVO waisenberechtigtes Kind erzieht oder für ein Kind sorgt, das wegen körperlicher, geistiger und seelischer Behinderung Waisenrente erhält oder nur deswegen nicht erhält, weil es das 27. Lebensjahr vollendet hat (§ 590 Abs. 2 RVO). Einkommen im Sinne der §§ 18 a bis 18 SGB IV wird dabei auf die Rente angerechnet, soweit es einen bestimmten Betrag übersteigt (vgl. hierzu § 590 Abs. 3 RVO). Hat der überlebende Ehegatte wieder geheiratet und ist deswegen die Rente weggefallen, so lebt diese Rente gem. § 590 Abs. 4 Satz 1 wieder auf, wenn die erneute Ehe aufgelöst oder für nichtig erklärt worden ist und der Hinterbliebene im Zeitpunkt der Wiederheirat einen Anspruch auf die Hinterbliebenenrente nach dem – ersten – Ehegatten hatte (§ 590 Abs. 4 Satz 1 RVO). während der ersten drei Monate nach demn Tode des Versicherten wird die Rente in Höhe der Vollrente gewährt (§§ 591 Satz 1, 581 Abs. 1 Nr. 1 RVO). Der Anspruch auf Hinterbliebenenrente ist jedoch ausgeschlossen, wenn die Ehe erst nach dem Arbeitsunfall geschlossen ist und der Tod innerhalb des ersten Jahres der Ehe eingetreten ist, es sei denn, daß nach den besonderen Umständen des Falles die Annahme nicht gerechtfertigt ist, daß es der alleinige und überwiegende Zweck der Heirat gewesen ist, der Witwe oder dem Witwer eine Versorgung zu verschaffen (§ 594 RVO). Bei dieser Bestimmung handelt es sich um eine Vermutung, die der Hinterbliebene widerlegen kann. Hat die Witwe eines Schwerverletzten, also eines Versicherten mit Anspruch auf Rente nach einer MdE von 50 v. H. (vgl. § 583 Abs. 1 RVO) keinen Anspruch auf Witwenrente, weil der Tod nicht Folge des Arbeitsunfalls war, so erhält sie eine einmalige Witwenbeihilfe in Höhe von $^2/_5$ des Jahresarbeitsverdienstes (§ 600 Abs. 1 RVO). Hat der Verletzte länger als 10 Jahre Renten nach einer MdE von 80 oder mehr v. H. bezogen und ist er nicht an den Folgen eines Unfalls gestorben, so kann in Härtefällen anstelle der einmaligen Beihilfe eine laufende Beihilfe gewährt werden (§ 602 RVO). Hier soll ein Ausgleich stattfinden, wenn ein Verletzter mit einer derartig hohen MdE nicht in der Lage gewesen ist, anderweitig, z. B. durch Leistungen in die gesetzliche Rentenversicherung, eine ausreichende Versorgung seiner Witwe sicherzustellen.

Rente darf nicht »erheiratet« werden!

Rente an die frühere Ehefrau (§ 592 RVO): Anknüpfend an die Unterhaltsansprüche des BGB unter geschiedenen Ehegatten wird an die frühere Ehefrau eines durch Arbeitsunfall verstorbenen Versicherten in die Hinterbliebenenversorgung einbezogen, wenn der Verletzte seiner geschiedenen Ehefrau entweder während des letzten Jahres vor seinem Tode Unterhalt geleistet hat oder der geschiedenen Ehefrau im letzten wirtschaftlichen Dauerzustand vor dem Tode des Versicherten ein Unterhaltsanspruch zustand. Sind dabei mehrere Berechtigte, also mehrere frühere Ehefrauen oder die frühere Ehefrau und eine Witwe des verstorbenen Versicherten vorhanden, so erfolgt eine Aufteilung der Rente im Verhältnis der Dauer der Ehe mit dem Verletzten (§ 592 Abs. 2 RVO).

Waisenrente

Waisenrente (§ 595 RVO): Hinterbliebenenrente erhalten auch die Kinder eines Versicherten. Neben den leiblichen Kindern werden auch die in den Haushalt aufgenommenen Stiefkinder, die Pflegekinder des Verstorbenen im Sinne des § 2 Abs. 1 Satz 1 Nr. 2 BKGG sowie die Enkel und Geschwister, die er in seinen Haushalt aufgenommen oder überwiegend unterhalten hat, einbezogen (§ 595 Abs. 1 Satz 2 RVO). Wie in der gesetzlichen Rentenversicherung erweitert der Gesetzgeber hier den Kreis der in die Versorgung einzubeziehenden Personen über den Bereich der Kernfamilie hinaus auf Enkel und Geschwister des Versicherten.

Lebensalter

Anknüpfungspunkt für die Gewährung von Leistungen ist ferner das Lebensalter des Kindes. So wird entsprechend einer zeitlichen Abstufung die Rente bis zur Vollendung des 18. Lebensjahres stets, nach Vollendung des 18. Lebensjahres bis zur Vollendung des 27. Lebensjahres nur gewährt, wenn sich der Hinterbliebene in Schulausbildung oder Berufsausbildung befindet oder ein freiwilliges soziales Jahr leistet, wobei der Zeitraum um die Dauer des gesetzlichen Grundwehrdienstes oder Zivildienstes entsprechend hinausgeschoben wird. Die Rente beträgt bei Vollwaisen 3/10 des Jahresarbeitsverdienstes, bei Halbwaisen 1/5. Liegen dabei die Voraussetzungen für mehrere Waisenrenten aus der gesetzlichen Unfallversicherung vor, so wird nur die höchste Rente gewährt (§ 595 Abs. 3 RVO).

Anrechnung eigenen Einkommens!

Einkommen (§§ 18 a bis 18 e SGB IV) einer über 18 Jahre alten Waise wird auf die Rente angerechnet, soweit es einen Freibetrag übersteigt (§ 595 Abs. 2 Satz 3 und 4 RVO).

Im Falle des nicht unfallbedingten Todes eines Schwerverletzten erhalten Vollwaisen, die für den Fall, daß der Tod Folge eines Arbeitsunfalls gewesen wäre, einen Rentenanspruch hätten, eine Waisenbeihilfe (§ 601 RVO), wenn zur Zeit des Todes eine Witwe oder ein Witwer nicht vorhanden sind und die Vollwaise mit dem verstorbenen Elternteil in häuslicher Gemeinschaft gelebt hat und von diesem überwiegend unterhalten worden ist. Sind mehere Waisen vorhanden, so ist die Waisenbeihilfe gleichmäßig aufzuteilen.

Elternrente (§ 596 RVO): Abweichend zur gesetzlichen Rentenversicherung bezieht das Gesetz in der gesetzlichen Unfallversicherung über den Bereich der Kernfamilie hinaus weitere Personen in die Hinterbliebenenversorgung ein. Hinsichtlich der Verwandten der aufsteigenden Linie (Eltern, Großeltern) knüpft das Gesetz dabei an die Regelungen des BGB über die Gewährung von Verwandtenunterhalt an. Darüber hinaus werden weitere Personen einbezogen, denen zwar nach den Vorschriften des BGB ein Unterhaltsanspruch gegen den Versicherten nicht zugestanden hat, die aber von dem Versicherten wesentlich unterhalten worden sind. Dabei handelt es sich um Stief- oder Pflegeeltern des Versicherten. Hier berücksichtigt das Gesetz über sonstige Regelungen im Bereich der gehobenen sozialen Sicherung hinaus einen tatsächlichen familiaren Verbund.

Voraussetzung für die Gewährung von Elternrente ist einmal, daß der Verstorbene die genannten Personen aus seinem Arbeitsverdienst wesentlich tatsächlich unterhalten hat oder sie ohne den Arbeitsunfall wesentlich unterhalten hätte. Die Leistung wird dabei gewährt, solange ohne den Arbeitsunfall gegen den Verstorbenen ein Anspruch auf Unterhalt hätte geltend gemacht werden können. Die Aufbringung von Mitteln aus anderen Quellen, wie z. B. Kapitalerträgen oder Kapitalvermögen, genügt dabei nicht. Der Unterhalt muß aus dem Arbeitsverdienst tatsächlich oder hypothetisch bestritten worden sein. Dabei ist eine Leistung in Geld nicht erforderlich. So reichen auch aus dem Arbeitsverdienst finanzierte Sachleistungen, aber auch eine nicht oder nicht angegemessen entlohnte Arbeit im Unternehmen der Eltern. Die Leistung wird auch nicht unbegrenzt gewährt, sondern nur so lange, wie eine unterhaltsanspruchsbegründende Bedürftigkeit der Eltern vorhanden ist. Da Stief- und Pflegeeltern keinen gesetzlichen Unterhaltsanspruch haben, werden sie insoweit wie leibliche Eltern behandelt.

8.3.3.3 Die Einbeziehung von Kindern einer bestimmten Sozialisationsphase in den Schutzbereich der gesetzlichen Unfallversicherung

Die Einbeziehung von Kindergartenkindern, Schülern, Studierenden und Lernenden, soweit sie nicht nach anderen Vorschriften versichert sind, in die gesetzliche Unfallversicherung bedeutet die kostenlose Absicherung gegen das allgemeine Lebensrisiko eines Unfalls, gegen das sich die Personen sonst selbst privat versichern müßten.

Kindergartenkinder

Kindergärten sind unabhängig von der Bezeichnung Einrichtungen gemeinschaftlicher vorschulischer Erziehung mit pädagogischen Bildungsangeboten. Einrichtungen zur pflegerischen oder bewahrenden Betreuung (Kinderkrippen, Kinderhorte) sind davon nicht erfaßt. Gefordert wird von der Rechtsprechung ein Mindestmaß der fachlichen Qualifikation des Personals. Krabbelgruppen oder Kinderspielkreise mit Leitung durch Personen ohne Ausbildung sind deshalb ebenfalls kein Kindergarten im Sinne des Gesetzes. Die Zuständigkeit des Unfallversicherungsträgers richtet sich nach der Trägerschaft des Kindergartens (vgl. hierzu §§ 653 Abs. 1 Nr. 1, Nr. 7, 655 Abs. 1 Nr. 1 und 4, 657 Abs. 1 Nr. 1 und 5 RVO).

Schüler

Schüler allgemeinbildender Schulen stehen ebenfalls unter Unfallversicherungsschutz. Allgemeinbildende Schulen sind Schulen der allgemeinen Schulpflicht sowie zur Hochschulreife weiterführende Schulen jeder Art. Schulen mit einem anderen Schulziel (z. B. Musikschulen, Volkshochschulen) zählen nicht hierzu. Die Zuständigkeit des Unfallversicherungsträgers richtet sich ebenfalls nach der Trägerschaft der Schule (vgl. hierzu §§ 653 Abs. 1 Nr. 5, 655 Abs. 1, 657 Abs. 1 Nr. 1 und 5, Abs. 2 Nr. 5 RVO).

beruflich Lernende

Versicherungsschutz genießen ferner beruflich Lernende und ehrenamtlich Lehrende in der beruflichen Bildung. Erfaßt werden hierbei alle Bildungsmaßnahmen einschließlich der Prüfungen zur Vermittlung berufsnützlicher Kenntnis und Fähigkeiten jeder Art und in jedem Umfang. Hierzu zählen z. B. kaufmännische Fortbildungslehrgänge, Fortbildungsveranstaltungen von Berufsorganisationen, die Teilnahme an einem berufspraktischen Jahr. Die berufliche Bildung muß dabei in Betriebsstätten, Lehrwerkstätten, berufsbildenden Schulen, Schulungskursen und ähnlichen Einrichtungen erfolgen.

Studierende

Zuletzt sind Studierende an Hochschulen öffentlicher oder privater Art ebenfalls gegen Unfall versichert. Ein beruflicher Bildungszweck wird dabei nach allgemeiner Meinung nicht verlangt. Zuständige Unfallversicherungsträger sind der Bund (§ 653 Abs. 1 Nr. 5), die Länder (§ 655 Abs. 1), auch für private Hochschulen (§ 655 Abs. 2 Nr. 6 RVO), die Gemeinden oder Gemeindeunfallversicherungsverbände (§ 657 Abs. 1 Nr. 5 RVO).

8.3.4 Gesetzliche Rentenversicherung

8.3.4.1 Allgemeines

In der gesetzlichen Rentenversicherung ist die Familie in mehrfacher Hinsicht Anknüpfungspunkt für die Gewährung von Leistungen. Zu den traditionellen Leistungen gehören dabei die Renten an Hinterbliebene des Versicherten, also insbesondere die Witwen- und Witwerrente (§ 46 SGB VI) und die Waisenrente (§ 48 SGB VI). Hinzu kommt die sog. Erziehungsrente (§ 47 SGB VI) für den geschiedenen Ehegatten, wenn dieser ein eigenes Kind zu erziehen hat. Die Witwenrente und Witwerrente an geschiedene Ehegatten (§ 243 SGB VI) hat nur noch Bedeutung für Scheidungen nach dem vor dem 1. 7. 1977 geltenden Recht.

Leistungen in der Familie als Beitragszeiten

Darüber hinaus enthält das geltende Rentenrecht erste Regelungen, die die Leistungen in und für die Familie renterechtlich einer Berufstätigkeit (mit Zahlung von Beiträgen) gleichstellen. Dabei handelt es sich um die Kindererziehungszeiten (§ 56 SGB VI), die 1986 erstmals durch das HEZG eingeführt und in der Rentenreform 1992 verlängert wurden. Darüber hinaus wurden erstmals ins geltende Rentenrecht sog. Berücksichtigungszeiten (§ 57 SGB VI) eingeführt, durch die insbesondere Frauen für Leistungen in der Familie begünstigt werden sollen. Zu diesen Berücksichtigungszeiten zählen die Zeiten der Erziehung eines Kindes bis zum 10. Lebensjahre, und die Zeit der nicht erwerbsmäßigen Pflege eines Pflegebedürftigen in der Familie, eine Regelung, die nahezu ausnahmslos Frauen betreffen dürfte. Zur Breücksichtigung und Bewertung familiarer Leistungen soll im Anschluß an die Darstellung des geltenden Rechts – kritisch – Stellung genommen werden.

8.3.4.2 *Das System der Hinterbliebenenversorgung*

Versicherungsrechtliche Voraussetzung für die Gewährung aller Renten für Hinterbliebene ist, daß der verstorbene Versicherte eine bestimmte Mindestversicherungszeit in der gesetzlichen Rentenversicherung (Wartezeit) zurückgelegt hat. Dabei ist für Renten wegen Todes die allgemeine Wartezeit von 5 Jahren zu erfüllen (§ 50 Abs. 1 Satz 1 Ziff. 3 SGB IV). Hat der verstorbene Versicherte bis zu seinem Tode Rente bezogen, so gilt diese allgemeine Wartezeit als erfüllt (§ 50 Abs. 1 Satz 2 Ziff. 2 SGB VI). Auf diese allgemeine Wartezeit werden gem. § 51 Abs. 1 SGB VI Kalendermonate mit Beitragszeiten angerechnet. Beitragszeiten sind Zeiten, für die nach Bundesrecht Pflichtbeiträge oder freiwillige Beiträge gezahlt worden sind (§ 55 Satz 1 SGB VI). Für die Zeiten der Erziehung eines Kindes in dessen ersten drei Lebensjahren gelten dabei Pflichtbeiträge als gezahlt (§ 56 Abs. 1 Satz 1 SGB VI). Für die Witwenrente, die Witwerrente, die Erziehungsrente und die Waisenrente an ein über 18 Jahre altes Kind erfolgt eine Anrechnung des Einkommens (§§ 18 a bis 18 e SGB IV) des Berechtigten, wobei gem. § 97 Abs. 2 Satz 1 Ziff. 1 und 2 ein unterschiedlicher Freibetrag für die Witwen-, Witwer-, Erziehungsrenten und die Waisenrente eingeräumt wird. Diese Einkommensanrechnung ist in der sozialpolitischen Diskussion nicht unumstriten. So bedeutet die Anrechnung von eigenem Einkommen der Witwe, daß deren selbst erworbene Rente als anzurechnendes Einkommen gem. § 18 a Abs. 3 Satz 1 Ziff. 2 SGB IV möglicherweise gekürzt wird, so daß gerade eine durch Haushalt und Berufstätigkeit doppelbelastete Ehefrau bei wirtschaftlicher Betrachtungsweise auch zur Finanzierung von Renten an eine nicht erwerbstätige Ehefrau herangezogen wird.

Wartezeit

Anrechnung eigenen Einkommens

Witwen-/Witwerrente (§ 46 SGB VI): Voraussetzung für die Gewährung dieser Leistung ist, daß im Zeitpunkt des Todes eine rechtsgültige Ehe bestanden hat und der überlebende Ehegatte nicht wieder geheiratet hat. Überlebende Ehegatten, die wieder geheiratet haben, haben Anspruch auf die Rente, wenn die erneute Ehe aufgelöst oder für nichtig erklärt ist (§ 46 Abs. 3 SGB VI). Diese Vorschrift hat den Sinn, überlebende Ehegatten davon abzuhalten, wegen des befürchteten Verlustes einer einmal erreichten Versorgung von der Eingehung einer neuen Ehe Abstand zu nehmen. Allerdings werden Ansprüche aus der »neuen« Ehe angerechnet (§ 90 Abs. 1 SGB VI).

rechtsgültige Ehe

Zu unterscheiden ist zwischen der kleinen oder großen Witwen-/Witwerrente. Die kleine Witwen-/Witwerrente beträgt dabei $^{1}/_{4}$ der Vollrente (§ 67 Z 5 SGB VI), die große Witwen-

große und kleine Renten

rente $^{6}/_{10}$ der Rente wegen Erwerbsunfähigkeit mit Zurechnungszeit. Voraussetzung für die große Witwenrente ist zusätzlich:
- Erziehung eines eigenen Kindes oder eines Kindes des Versicherten bis zum vollendeten 18. Lebensjahr oder
- Vollendung des 45. Lebensjahres oder
- Berufs-/Erwerbsunfähigkeit

Begriff der Kinder Kinder, die Voraussetzungen für einen Anspruch auf die große Witwen-/Witwerrente erfüllen, sind auch Stiefkinder und Pflegekinder sowie Enkel und Geschwister, die in den Haushalt der Witwe oder des Witwers aufgenommen worden sind. Für Enkel und Geschwister ist zusätzlich erforderlich, daß sie von dem Hinterbliebenen überwiegend unterhalten werden. Der Erziehung steht in häuslicher Gemeinschaft ausgeübte Sorge für ein eigenes Kind oder ein Kind des versicherten Ehegatten, das wegen körperlicher, geistiger oder seelischer Behinderung außerstande ist, sich selbst zu unterhalten, auch nach dessen vollendetem 18. Lebensjahr gleich (§ 46 Abs. 2 Satz 2 und 3 SGB VI). Darauf hinzuweisen ist in diesem Zusammenhang, daß auch ein eigenes Kind des Hinterbliebenen, das nicht von dem verstorbenen Versicherten stammt, den Anspruch begründet. Hier wird rentenrechtlich also nicht nur ein zum Zeitpunkt des Todes des Versicherten bestehender familiarer Verbund gefördert, sondern darüber hinaus auch die Begründung eines von dem verstorbenen Versicherten unabhängigen familiären Verbundes. Geht also der Hinterbliebene eine neue Verbindung in nichtehelicher Lebensgemeinschaft ein, aus der ein Kind hervorgeht, hat dies für einen jüngeren Hinterbliebenen eine günstige Auswirkung.

Erziehungsrente (§ 47 SGB VI): Der Gesetzgeber rechnet die Erziehungsrenten zu den Hinterbliebenenrenten. Auch diese Rente ist vom Tod des geschiedenen Ehegatten abhängig. Sie steht zwischen den abgeleiteten Hinterbliebenenrenten und den Renten aus eigener Versicherung aufgrund von Rentenanwartschaft, die aus einem Versorgungsausgleich übertragen worden sind. Durch die Zuordnung als Hinterbliebenenrente wird auch die Erziehungsrente nunmehr in die Einkommensanrechnung nach § 97 SGB VI einbezogen. Voraussetzungen für den Bezug einer solchen Rente sind:
- Auflösung der Ehe nach dem 30. 6. 1977
- Tod des geschiedenen Ehegatten
- Erziehung eines eigenen Kindes oder eines Kindes des geschiedenen und verstorbenen Ehegatten (Zitat: Verweisung auf Witwen-/Witwerrente)
- keine Wiederheirat
- Erfüllung der allgemeinen Wartezeit bis zum Tode des geschiedenen Ehegatten.

Die letztgenannte Voraussetzung kann der geschiedene Ehegatte auch durch Beiträge zur Begründung von Anwartschaften auf Rente im Rahmen des Versorgungsausgleiches (§ 187 Abs. 1 Ziffer 2 SGB VI) erfüllen. Die Erziehungsrente wird als Vollrente gewährt (§ 67 Ziffer 4 SGB VI).

Waisenrente (§ 48 SGB VI): Kinder im Sinne des § 48 SGB VI sind neben den leiblichen Kindern auch Stiefkinder, Pflegekinder, Enkel und Geschwister, die in den Haushalt des Verstorbenen aufgenommen waren. Für Enkel und Geschwister ist auch hier erforderlich, daß sie von dem Verstorbenen überwiegend unterhalten wurden (§ 48 Abs. 3 SGB VI). Zu unterscheiden ist zwischen der Halb- und Vollwaisenrente, Halbwaisenrente erhalten Kinder nach dem Tode eines Elternteils, wenn sie noch einen Elternteil haben, der unbeschadet der wirtschaftlichen Verhältnisse unterhaltspflichtig ist; Vollwaisenrente, wenn ein solcher Elternteil nicht mehr vorhanden ist. Die Halbwaisenrente beträgt $^1/_{10}$, die Vollwaisenrente $^2/_{10}$ der Vollrente des Versicherten (§ 67 Ziff. 7 und 8 SGB VI). Besteht für denselben Zeitraum Anspruch auf mehrere Waisenrenten, wird nur die höchste Waisenrente geleistet (§ 89 Abs. 3 Satz 1 SGB VI). Dabei ist aber § 66 Abs. 2 Nr. 3 SGB VI zu beachten, wonach die Vollwaisenrente aus den Renten beider Elternteile berechnet wird.

Halb- und Vollwaisenrente

8.3.4.3 Berücksichtigung und Bewertung familiarer Leistungen

Kindererziehungszeiten (§ 56 SGB VI): Mit Wirkung vom 1. 1. 1986 wurde erstmals durch Art. 1 Nr. 12 HEZG vom 11. 7. 1985 (BGBl. I 145) mit § 1227 a RVO (= § 2 a AVG) die Erziehungsleistung in der Familie als einer Erwerbstätigkeit gleichwertig anerkannt; diese »beitragslose Beitragszeit« steht hinsichtlich der Rechtswirkungen uneingeschränkt einer versicherungspflichtigen Beschäftigung oder Tätigkeit gleich. Dabei war die Zeit der Kindererziehung für jedes Kind auf 12 Kalendermonate nach Ablauf der Geburt beschränkt. Die Gleichstellung mit Pflichtbeitragszeiten bedeutet dabei, daß diese Zeiten einmal für die Erfüllung der Anwartschaftszeit, zum anderen im Rahmen der anrechnungsfähigen Versicherungsjahre auch für die Höhe der Rente von Bedeutung sind. Mit dem Rentenreformgesetz von 1992 hat § 56 Abs. 1 Satz 1 SGB VI mit Wirkung ab 1. 1. 1992 diesen Zeitraum auf die ersten drei Lebensjahre des Kindes erweitert. Für vor dem 1. 1. 1992 geborene Kinder beträgt die Kindererziehungszeit gem. § 249 Abs. 1 SGB VI weiterhin nur 1 Jahr. Bei der Ermittlung der persönlichen Entgeltpunkte, die nach der Rentenformel

Beitragszeit

Bewertung mit 75 v. H.

des § 64 SGB VI maßgeblich die Höhe der individuellen Rente bestimmen, erhalten Kindererziehungszeiten für jeden Kalendermonat den Wert von 0,0625. Dies entspricht 75 v. H. des Durchschnittsentgelts aller in der gesetzlichen Rentenversicherung versicherten Personen. Für jeden Kalendermonat, in dem eine Kindererziehungszeit mit Beitragszeiten (Pflichtbeiträgen oder freiwilligen Beiträgen) zusammentrifft, erhalten die Kindererziehungszeiten mindestens den Wert von 0,0625. Sind die Entgeltpunkte für die Beitragszeit niedriger als dieser Wert, verbleibt es für die betreffenden Monate bei dem Wert von 0,0625. Der niedrigere Wert wird also nicht zu dem Wert von 0,0625 für die Kindererziehungszeiten hinzuaddiert. Er kann auch nicht anderen Zeiten zugeordnet werden, die nicht mit Beiträgen belegt sind. Wird also z. B. während der Kindererziehungszeit ein höherer Wert als 0,0625 erzielt, wirken sich die Kindererziehungszeiten im Ergebnis nicht aus.

Zuordnung der Zeiten

Die Erziehungszeit ist dem Elternteil zuzuordnen, der das Kind erzogen hat. Haben mehrere Elternteile das Kind gemeinsam erzogen, so wird die Erziehungszeit einem Elternteil zugeordnet. Bei gemeinsamer Erziehung können die Eltern durch übereinstimmende Erklärung bestimmen, welchem Elternteil sie zuzuordnen ist. Die Zuordnung kann dabei auf einen Teil der Erziehungszeit beschränkt werden. Geben die Eltern eine übereinstimmende Erklärung nicht ab, so wird die Erziehungszeit der Mutter zugeordnet. Haben mehrere Elternteile das Kind erzogen, so ist die Erziehungszeit demjenigen zuzuordnen, der das Kind überwiegend erzogen hat (§ 56 Abs. 2 SGB VI).

Wer sind Eltern?

Eltern im Sinne dieser Bestimmung sind auch die Stiefeltern und die Pflegeeltern (§ 56 Abs. 1 Satz 2 SGB VI in Verbindung mit § 56 Abs. 3 Ziff. 2 und 3 SGB I). Nicht aufgeführt im Gesetz sind ausdrücklich die Adoptiveltern. Da aber ein Kind mit seiner Adoption durch ein Ehepaar die rechtliche Stellung eines gemeinschaftlichen ehelichen Kindes, im übrigen die rechtliche Stellung eines ehelichen Kindes des Annehmenden erlangt (§ 1754 BGB), sind die Adoptiveltern wie leibliche Eltern zu behandeln.

Als Ort der Erziehung wird im Gesetz das Gebiet der Bundesrepublik Deutschland genannt. Auf die Staatsangehörigkeit des Kindes oder der Eltern kommt es nicht an. Erforderlich ist aber ein gewöhnlicher Aufenthalt oder Wohnsitz der Eltern und des Kindes im Bundesgebiet. Im Fall der sog. Einstrahlung (§ 5 SGB IV) und bei Regelungen zwischen- und überstaatlichen Rechtes, die bei einer Beschäftigung im Bundesgebiet eine Versicherungspflicht ausschließen, werden inländische Kindererziehungszeiten nicht einbezogen. Dagegen werden ausländische Kindererziehungszeiten berücksichtigt, wenn sich Erzieher und Kind gemeinsam außerhalb der Bundesrepublik Deutschland aufhalten und das Kind dort erzogen wird, wenn unmittelbar zuvor von dem Erziehenden oder seinem Ehegatten Pflichtbeitragszeiten nach innerstaatlichem Recht zurückgelegt worden sind. Eine weitere Einbeziehung in diesen Personenkreis erfolgt nach § 28 b Abs. 1 FRG für anerkannte Vertriebene.

Leistungen wegen Kindererziehung (Art. 2 § 62 ArVNG ff., Art. 2 § 61 ArVNG): Die Einführung von Kindererziehungszeiten durch das HEZG betraf nur Mütter und Väter, die nach dem 31. 12. 1920 geboren waren. Um den sozialpolitischen verfassungsrechtlichen Bedenken, die gegen den Ausschluß von vor dem 1. 1. 1921 geborenen Eltern bei den Kindererziehungszeiten erhoben worden sind, zu begegnen, hat der Gesetzgeber mit Art. 2 Nr. 2 des KLG vom 12. 7. 1987 (BGBl. I 1585) mit Wirkung ab 17. 7. 1987 eine völlig neuartige Leistung im System der gesetzlichen Rentenversicherung geregelt. Danach erhielten gestaffelt nach Geburtsjahrgängen vom 1. Oktober 1987 ff. an Mütter, die vor dem 1. 1. 1921 geboren sind, für jedes Kind, das sie im Geltungsbereich des Gesetzes lebend geboren haben, eine Leistung für Kindererziehung (Art. 2 § 62 Abs. 1 Satz 1 ArVNG). Die Leistung beträgt dabei jährlich 1,125 v. H. der jeweils für die Berechnung von Renten geltenden allgemeinen Bemessungsgrundlage (nunmehr: aktueller Rentenwert gem. § 68 SGB VI). Dies ergab z. B. für das Kalenderjahr 1989 einen monatlichen Betrag von 28,80 DM. Durch die Bindung an den aktuellen Rentenwert ist diese Leistung ebenfalls wie eine Rente dynamisiert.
Bezugsberechtigt sind ausschließlich vor dem 1. 1. 1921 geborene leibliche Mütter. Dies ergibt sich aus dem Erfordernis der »Lebendgeburt« eines Kindes (Art. 2 § 62 Abs. 1 Satz 1 ArVNG). Dabei gehören anders als bei der Berücksichtigung von Kindererziehungszeiten Adoptiv-, Stief- und Pflegemütter sowie Väter nicht zum begünstigten Personenkreis, selbst wenn sie ein Kind während der ersten 12 Kalendermonate nach Ablauf des Monats seiner Geburt erzogen haben. Diese Regelung begegnet verfassungsrechtlichen Bedenken (vgl. hierzu *von Einem*, SGb 1988, 56, 60 f.). Die Versicherteneigenschaft in der gesetzlichen Rentenversicherung ist für den Bezug dieser Leistung nicht erforderlich. Die Staatsangehörigkeit ist unerheblich. Voraussetzung ist aber grundsätzlich, daß die anspruchsberechtigte Mutter ihren Wohnsitz oder gewöhnlichen Aufenthalt im Gebiet der Bundesrepublik Deutschland hat. Ausnahmen können sich für bestimmte Personenkreise nach Sondergesetz, z. B. dem WGSVG, aus zweiseitigen Sozialversicherungsabkommen und aus EG-Recht (Art. 10 EWG-VO 1408/71) ergeben.

Berücksichtigungszeiten (§ 57 SGB VI): Bei diesen Zeiten handelt es sich um eine neu eingeführte rentenrechtliche Zeit, die sich nur im Rahmen sonstiger rentenrechtlicher Regelung auswirken kann. Berücksichtigungszeiten haben dabei folgende Wirkungen:

- Verlängerung des Zeitraums von 5 Jahren zur Erhaltung der Anwartschaft bei Renten wegen verminderter Erwerbsfähigkeit (§ 43 Abs. 3 Nr. 2 SGB VI)
- Erhaltung der Anwartschaftszeit bei Renten wegen verminderter Erwerbsfähigkeit (§ 214 Abs. 2 Nr. 4 SGB VI)
- Berücksichtigung im Rahmen der Gesamtleistungsbewertung von beitragsfreien und beitragsgeminderten Zeiten (§ 71 Abs. 3 SGB VI)
- Anrechnung auf die Wartezeit von 35 Jahren für Altersrenten für langjährig Versicherte, Schwerbehinderte, Berufsunfähige oder Erwerbsunfähige (§§ 50 Abs. 5, 51 Abs. 3 SGB VI)
- Berücksichtigung bei der Ermittlung der erforderlichen 35 Jahre für die Rentenberechnung bei geringem Arbeitsentgelt (§ 262 SGB VI)
- Berechnung des Zuschlags bei der Waisenrente (§ 78 Abs. 1 Satz 3 SGB VI).

Berücksichtigungszeit wegen Kindererziehung (§ 57 Abs. 1 SGB VI): Berücksichtigungszeit ist die Zeit der Erziehung eines Kindes bis zu dessen vollendetem 10. Lebensjahr bei dem Elternteil, bei dem die Voraussetzungen für die Anrechnung einer Kindererziehungszeit nach § 56 SGB VI auch in dieser Zeit vorliegen. Anders als die Kindererziehungszeit verlängert sich die Berücksichtigungszeit jedoch nicht, wenn mehrere Kinder gleichzeitig erzogen werden. Die Zeit endet vielmehr immer mit dem Ende des 10-Jahres-Zeitraums für das zuletzt geborene Kind. Die Zeit, in der mehrere Kinder erzogen werden, kann demnach nur einmal berücksichtigt werden. Es ist aber gem. § 56 Abs. 2 Satz 3 SGB VI möglich, durch übereinstimmende Erklärung jedem Elternteil für ein Kind eine Berücksichtigungszeit zuzuordnen. Bei der Erziehung von Zwillingen ist dadurch z. B. bei jedem Elternteil eine 10jährige Berechnungszeit anrechenbar. Die Zuordnung der Berücksichtigungszeit richtet sich nach § 56 Abs. 2 SGB VI.

Pflegling muß nicht Angehöriger sein

Berücksichtigungszeit der Pflege (§ 57 Abs. 2 SGB VI): Mit dieser Bestimmung wird erstmals im Rentenrecht auch die häusliche Pflege berücksichtigt, wobei der Pflegling kein Angehöriger sein muß. Diese Bestimmung betrifft zwar sicherlich in erster Linie die Pflege im engeren Familienverbund, z. B. die Pflege der Eltern. Sie ist aber nicht auf diesen Personenkreis beschränkt. Erforderlich ist aber, daß es sich um eine nicht erwerbsmäßige häusliche Pflege handelt. Durch die Bezugnahme auf § 177 SGB VI wird ein bestimmtes Maß an Pflegebedürftigkeit und Pflegeaufwand verlangt. Danach muß der Pflegebedürftige nicht nur vorübergehend hilflos sein, daß er für die gewöhnlich und regelmäßig wiederkehrenden Verrichtungen im Ablauf des täglichen Lebens in erheblichem Umfang fremder Hilfe dauernd bedarf, und für die Pflege müssen regelmäßig wöchentlich mind. 10 Stunden aufgewendet werden (§ 177 Abs. 1 SGB VI). Ausgeschlossen ist gem. § 57 Abs. 2 Satz 1 Ziff. 2 SGB VI der in § 56 Abs. 4 SGB VI genannte Personenkreis.

Hilflosigkeit und zeitl. Aufwand

Die Berücksichtigungszeit der Pflege hat gem. § 177 Abs. 1 SGB VI auch insoweit eine Bedeutung, als Pflegepersonen für die Zeiten der nicht erwerbsmäßigen häuslichen Pflege im Inland gezahlte freiwillige Beiträge auf Antrag zu Pflichtbeiträgen werden lassen können. Dies hat z. B. Bedeutung für die Gewährung von Rente wegen verminderter Erwerbsfähigkeit.

Umwandlung in Pflichtbeiträge

Ferner können Versicherte, die wegen der Pflege nur eine Teilzeitbeschäftigung ausüben, auf Antrag für jeden Betrag zwischen dem tatsächlich erzielten Arbeitsentgelt und dem Doppelten dieses Arbeitsentgeltes, höchstens jedoch bis zur Beitragsbemessungsgrenze Pflichtbeiträge zahlen. Sie können also ihre Pflichtbeiträge aufstocken und damit über die persönlichen Entgeltpunkte eine höhere Rente erreichen.

Aufstockung bei Teilzeitbeschäftigung

Von besonderer Bedeutung sind die Berücksichtigungszeiten im Rahmen der Gesamtleistungsbewertung, wo es um die Höhe der Rente geht. Dabei werden die günstigeren Entgeltpunkte aus der Grundbewertung (§ 72 SGB VI) und der Vergleichsbewertung (§ 73 SGB VI) durch die Zahl der Monate im belegungsfähigen Zeitraum, also vor dem 60. Lebensjahr bis zum Rentenfall, dividiert. Dies bedeutet, daß grundsätzlich nur bei lückenloser Versicherungsbiografie der Gesamtleistungswert dem durchschnittlichen Beitragswert entspricht. Bei diesem als Beitragsdichtem-Modell bezeichneten Bewertungssystem erhöhen deshalb die Beitragszeiten die Beitragsdichte und verhindern damit zumindestens ein allzu starkes Absinken der persönlichen Entgeltpunkte.

Gesamtleistungsbewertung

8.3.4.4 Zur Kritik des geltenden Rentenrechts

Fundamentale und in ihrer Vehemenz sogar fundamentalistische Kritik am geltenden System der Rentenversicherung kommt insbesondere von *Borchert.* Er geht von der Gleichwertigkeit der degenerativen Leistung der Familie und der monetären Leistung der Beitragszahler aus (S. 120 ff.). Dementsprechend fordert er eine Vollversorgung für Elternpaare mit einem vollerwerbstätigen Partner ab zwei Kindern und eine Grundversorgung für kinderlose Erwerbstätige sowie eine eigenständige Versorgung für Kindererziehende, womit die Hinterbliebenenversorgung entbehrlich wird. Das System der beitragsbezogenen Rente soll aufrechterhalten werden, wobei alle auf monetären Leistungen beruhenden Rentenansprüche in der Höhe halbiert werden sollen, womit Mittel für die Errichtung eines Elternrentensystems frei wären. Im Ergebnis läuft *Borcherts* Vorschlag somit im wesentlichen auf eine erhebliche Umverteilung der vorhandenen Rentenleistungen von Rentenbeziehern ohne Kinder auf solche mit Kindern hinaus. Die Forderung geht allerdings ohne Begründung davon aus, daß Kinder stets und ohne jede Einschränkung ein für die Rentenversicherung nur positiver Faktor sind, so daß als Kurzformel entweder übrigbleibt »je weniger Kinder, desto weniger Rente« oder andersherum »je mehr Kinder, desto sicherer Renten«. Gegen diese »dramatischen Banalitäten« wendet sich u. a. *Bamberg*, S. 367, und weist mit Recht darauf hin, daß das Überleben der Menschen der Erde überhaupt ganz offensichtlich von der zu begrenzenden Reproduktion abhängt. Daß die Erde – ggf. ohne Rücksicht auf die Deutsche Rentenversicherung – letztlich nur überleben kann, wenn neben anderen Begrenzungen auch die Zahl der Menschen auf ihr begrenzt bleibt, scheint mir jedenfalls ein nicht zu widerlegendes Argument gegen die o. g. Kurzformeln zu sein. Außerdem verkürzt *Borchert* das Problem der gesetzlichen Rentenversicherung, wenn er die rentenversicherungsrechtliche Lage von Eltern mit Kindern offensichtlich ausschließlich zu Lasten von Personen ohne Kinder verbessern will, wobei durch alle Argumente unterschwellig immer der Vorwurf leichtlebiger Verantwortungslosigkeit und Versessenheit auf materielle Güter gegen kinderlose Personen erhoben wird. Im übrigen weisen *Bäcker/Breil*, S. 376, mit Recht darauf hin, daß es für die gesamtwirtschaftliche Finanzierbarkeit des Lebensunterhalts der Nichterwerbstätigen gleichgültig ist, ob die Finanzierung über Steuern oder Beiträge erfolgt. Für die Höhe des Volkseinkommens, das letztlich die zu verteilende Masse ist, ist aber die Zahl der Bevölkerung im erwerbstätigen Alter nur eine Nebenbedingung. Viel entscheidender ist die Entwicklung der Produktivität. Es bedarf keiner sonderlichen ökonomischen Kenntnisse, um bereits bei oberflächlicher Lektüre des Wirtschaftsteils von Tageszeitungen einen Eindruck über die Dynamik der Technisierung und Rationalisierung des Arbeitsprozesses zu gewinnen.

Umverteilung an Vers. mit Kindern?

Anrechnung eigenen Einkommens als Benachteiligung der erwerbstätigen Frauen

Gleichwohl bietet das geltende Rentenversicherungssystem selbstverständlich allen Anlaß für die Kritik. Diese Kritik richtet sich einmal gegen das System der einkommensabhängigen Hinterbliebenenrente und zum anderen gegen die Bewertung von Kindererziehungszeiten. Dadurch, daß die eigene Rente

eines Versicherten Einkommen ist, das bei Überschreiten des Freibetrages zu einer Kürzung der Hinterbliebenenrente aus der Versicherung des verstorbenen Ehepartners führt, finanzieren im Ergebnis erwerbstätige Versicherte, die neben ihrer Erwerbstätigkeit auch noch die Belastung der Kindererziehung zu tragen haben, also insbesondere Frauen, die Verbesserungen für Partner in einer neuen Hausfrauenehe, wo mangels eines eigenen Anspruchs auf Rentenversicherung insoweit auch keine Kürzung des Anspruchs auf Hinterbliebenenrente erfolgen kann.
Wesentlicher Kritikpunkt am Konzept der Kindererziehungszeiten ist, daß ein Zusammentreffen von Kindererziehungszeiten mit Beitragszeiten, also die Berufstätigkeit einer durch Haushalt und Kinder zusätzlich belasteten Frau, nicht oder nur unzureichend honoriert wird, wohingegen die reine Hausfrauenehe durch die Kindererziehungszeiten gegenüber der jetzigen Regelung eine deutliche Besserstellung erfährt. So weisen *Rank* u. a., S. 44, darauf hin, daß das Kind der Hausfrau eines materiell gut gestellten Mannes in etwa einen Rentenwert von 30,00 DM pro Monat ergibt, während das Kind einer alleinerziehenden und zur Erwerbstätigkeit gezwungenen Frau rentenwertlos bleibt. Daran hat auch die Verlängerung der Kindererziehungszeiten auf 3 Jahre nichts geändert. Frauen, die sich gezwungen sehen, im ersten Lebensjahr ihres Kindes einer Erwerbstätigkeit nachzugehen, werden dies im zweiten und dritten Jahr erst recht so sehen. Außerdem fehlt hier die entsprechende flankierende Maßnahme durch eine deutliche Erhöhung und Verlängerung des Erziehungsgeldes in einer Weise, die eine echte Alternative zu einer sonst erforderlichen Erwerbstätigkeit darstellt.

Privilegierung der Hausfrauenehe

8.3.5 Die gesetzliche Arbeitslosenversicherung

8.3.5.1 Allgemeines

In diesem Bereich ist die Berücksichtigung von Familie oder familiärer Leistungen am wenigsten ausgeprägt. Bei den Lohn ersatzleistungen nach dem AFG, also im wesentlichen Arbeitslosengeld (Alg), Arbeitslosenhilfe (Alhi) und Unterhaltsgeld (bei Besuch einer beruflichen Bildungsmaßnahme), erfolgt die Berücksichtigung der Familie in der Weise, daß der Leistungssatz für Leistungsempfänger mit Kindern geringfügig höher ist. Das gleiche gilt auch für das Kurzarbeitergeld und das Schlechtwettergeld. Leistungen in und für die Familie wirken aber grundsätzlich nur in bescheidenen Ansätzen anspruchsbegründend. Im Recht der beruflichen Fortbildung und Umschulung wird dabei die Tätigkeit als Hausfrau/-mann zwar als berufliche Vortätigkeit, nicht jedoch als versicherungsrechtliche Voraussetzung für den Bezug von Unterhaltsgeld anerkannt.

Fam. als leistungshemmender Faktor

Als Besonderheit im System der sozialen Sicherung enthält das Gesetz aber bei der Alhi auch einen Tatbestand, der die Familie als leistungseinschränkendes oder ausschließendes Moment kennt. So sind im Rahmen der Bedürftigkeit bei der Alhi bürgerlich-rechtliche Unterhaltsansprüche gegen Verwandte ersten Grades zu berücksichtigen. Darüber hinaus erfolgt bei einem Zusammenleben von Ehegatten und minderjährigen Kindern in einem Haushalt eine rigorose Anrechnung unabhängig von den Vorschriften des BGB. Ferner nimmt der Gesetzgeber hier die soziologische Tatsache von traditionellen Vorschriften abweichender familiärer Gestaltung zum Anlaß für Leistungskürzungen (nichteheliche Lebensgemeinschaft). Ferner kennt das AFG in den §§ 14 ff. die Förderung einer bestimmten Phase in der familiären Sozialisation, nämlich der Ausbildung, in Form sog. Berufsausbildungsbeihilfe (BAB).

8.3.5.2 Die Berücksichtigung von Familie bei den leistungsrechtlichen Voraussetzungen

Eine wesentliche Hürde für einen Anspruch auf Alg gem. §§ 100 Abs. 1 ff. AFG ist das Erfordernis der sog. Anwartschaftszeit. Die Anwartschaftszeit hat grundsätzlich nur erfüllt, wer in einer Rahmenfrist von 3 Jahren 360 Kalendertage in einer die Beitragspflicht begründenden Beschäftigung gestanden hat (§ 104 Abs. 1 Satz 1 AFG). Bestimmte Zeiten sind mit Beschäftigungszeiten gleichgestellt. Hierzu zählen gem. § 107 Ziff. 5 b und c AFG Zeiten des Bezuges von Sonderunterstützung nach dem MuSchG oder von Mutterschaftsgeld, wenn durch Schwangerschaft oder Mutterschaft eine die Beitragspflicht begründende Beschäftigung oder der Bezug einer laufenden Lohnersatzleistung nach diesem Gesetz unterbrochen worden, ferner für Zeiten, für die der Arbeitslose Erziehungsgeld oder eine entsprechende Leistung der Länder bezogen oder nur wegen Berücksichtigung von Einkommen nicht bezogen hat, wenn durch die Betreuung und Erziehung des Kindes eine die Beitragspflicht begründende Beschäftigung oder der Bezug einer laufenden Lohnersatzleistung nach diesem Gesetz unterbrochen worden ist. Eine solche Unterbrechung liegt also nur vor, wenn der/die Arbeitslose unmittelbar vor Bezug dieser Zeiten in einer beitragspflichtigen Beschäftigung als Arbeitnehmer gestanden hat. Einer die Beitragspflicht begründenden Beschäftigung steht dabei der Bezug einer laufenden Lohnersatzleistung gleich. Laufende Lohnersatzleistungen sind dabei die in § 107 Ziffer 5 AFG genannten Lei-

stungen, wobei diese Leistungen aber selbst wiederum eine beitragspflichtige Beschäftigung voraussetzen. Es kann also ein Arbeitsloser die Anwartschaftszeit nicht ausschließlich mit Leistungen in und für die Familie erfüllen. Gleiches gilt für die Erfüllung der Anwartschaftszeit von Alhi (§ 134 Abs. 1 Satz 1 Ziff. 4, Abs. 4 Satz 1 AFG), wobei hier 150 Kalendertage innerhalb der Vorfrist von 1 Jahr verlangt werden.
Unterhaltsgeld wird gem. § 46 Abs. 1 Satz 1 AFG nur gewährt, wenn der Antragsteller innerhalb der letzten 3 Jahre vor Beginn der Maßnahme mindestens 2 Jahre lang eine die Beitragspflicht begründende Beschäftigung ausgeübt oder Alg aufgrund eines Anspruches von einer Dauer von mind. 156 Tagen und im Anschluß daran Arbeitslosenhilfe bezogen hat. Zeiten der Betreuung und Erziehung des Kindes stehen dabei einer die Beitragspflicht begründenden Beschäftigung nicht gleich. Allerdings verlängert sich die Frist von 3 Jahren um höchstens 5 Jahre für jedes Kind, soweit wegen der Betreuung und Erziehung keine Erwerbstätigkeit ausgeübt wurde. Dies bedeutet, daß z. B. bei einem Antragsteller mit einem Kind das Erfordernis einer mindestens 2 Jahre langen Beitragspflicht begründenden Beschäftigung nicht innerhalb von drei, sondern innerhalb von 8 Jahren erfüllt sein muß.

8.3.5.3 Die Berücksichtigung von Familie bei der Leistungshöhe

Die Lohnersatzleistungen nach dem AFG sind in ihrer Höhe einmal abhängig vom beitragspflichtigen Entgelt. Zum anderen sind die Leistungssätze für Leistungsempfänger, die mindestens 1 Kind im Sinn des § 32 Abs. 1, 4 und 5 des EStG haben oder deren Ehegatte mindestens ein solches Kind hat, wenn beide Ehegatten unbeschränkt einkommensteuerpflichtig sind und nicht dauernd getrennt leben, jeweils höher. So richtet sich das Alg nach einem Satz von 67 v. H. (§ 111 Abs. 1 Ziff. 1 AFG), während es für die übrigen Arbeitslosen 60 v. H. beträgt. Bei der Alhi beläuft sich der Satz für Arbeitslose mit Kindern auf 57 v. H., für die übrigen Arbeitslosen 53 v. H. (§ 136 Abs. 1 Ziff. 1 und 2 AFG). In gleicher Weise erfolgt eine Differenzierung beim Unterhaltsgeld, wobei hier als weiterer Tatbestand für eine Erhöhung des Leistungssatzes ein Ehegatte, mit dem der Teilnehmer an der Maßnahme in häuslicher Gemeinschaft lebt, in Betracht kommt, wenn der Ehegatte eine Erwerbstätigkeit nicht ausüben kann, weil er der Pflege bedarf. In diesem Fall beträgt das Unterhaltsgeld 67 v. H., im übrigen 60 v. H. des zu berücksichtigenden Arbeitsentgeltes (§ 44 Abs. 2 Satz 1 Ziff. 1 und 2 AFG). Diese Regelung betrifft allerdings nur das Unterhaltsgeld als Zuschuß. Die Leistungssätze beim Kurzarbeitergeld und beim Schlechtwettergeld entsprechen denen beim Alg (§§ 68 Abs. 4 Satz 1, 86 Abs. 1 AFG).

Während die übrigen Lohnersatzleistungen nach dem AFG, also insbesondere das Alg und das Unterhaltsgeld unabhängig von der Bedürftigkeit zu gewähren sind, erhält gem. § 134 Abs. 4 Satz 1 Ziff. 3 AFG Alhi nur, wer bedürftig ist.

Nach wie vor: Rigorose Anrechnung bei Ehegatten

Bei der Bedürftigkeit trifft § 138 AFG eine unterschiedliche Regelung. Gem. § 138 Abs. 1 Satz 1 Ziffer 2 AFG ist Einkommen des von Arbeitslosen nicht dauernd getrennt lebenden Ehegatten, soweit es den Freibetrag nicht übersteigt, anzurechnen. Auch die aufgrund der Entscheidung des BVerfG v. 17.11.1992 – 1 BvL 8/87 –, abgedruckt in info also 1992, S. 173 ff., erfolgte Neuregelung hält an der Struktur der alten für verfassungswidrig erklärten Vorschrift fest und stellt eine von den Vorschriften des BGB losgelöste reine Berechnungsvorschrift dar, bei welcher lediglich anstelle des alten starren Freibetrages von 650 DM im Monat ein variabler Freibetrag tritt. Freibetrag ist nämlich nunmehr eine fiktive Alhi, nämlich die Alhi, die dem Einkommen des Ehegatten entspricht, wobei als Mindestfreibetrag im Monat $^1/_{12}$ des Grundfreibetrages nach § 32 d Abs. 1 Satz 1 EStG anzusetzen ist (= DM 922,43). Dieser Freibetrag erhöht sich um Unterhaltsleistungen, die der Ehegatte aufgrund einer rechtlichen Pflicht zu erbringen hat (§ 138 Abs. 1 Sätze 2 und 3 AFG). Als Grund für diese Regelung wird angegeben, daß Ehegatten nach den Vorschriften des BGB unbedingt, also gesteigert füreinander einstehen müssen. Die Benachteiligung insbesondere der erwerbstätigen Frau wird also – gemildert – aufrechterhalten. Beziehen allerdings beide Ehegatten Alhi, so erfolgt keine Anrechnung (§ 138 Abs. 3 Ziffer 9 AFG).

Anrechnung von Ansprüchen nach BGB

Bürgerlich-rechtliche Unterhaltsansprüche sind gemäß § 138 Abs. 1 Satz 1 AFG als Einkommen zu berücksichtigen. Dies gilt für getrennt lebende oder geschiedene Ehegatten. Bei Kindern ist zwischen minderjährigen nicht Verheirateten und Volljährigen zu unterscheiden.

Volljährige Kinder

Bei Volljährigen werden nur realisierte Ansprüche berücksichtigt (§ 138 Abs. 3 Ziffer 10 AFG). Dies hat seinen Grund darin, daß volljährige Kinder, die einen Unterhaltsanspruch geltend machen, von den Eltern auf den Einsatz der eigenen Arbeitskraft verwiesen werden können, wobei das BGB keine Zumutbarkeitsgrenze kennt.

Minderjährige Kinder

Minderjährige unverheiratete Arbeitslose trifft dagegen – in der Regel – keine Erwerbsobliegenheit, so daß die Arbeitsämter stets von einer Unterhaltsberechtigung ausgehen. Leisten die Eltern aber tatsächlich nicht, so kann das Arbeitsamt nach § 140 AFG verfahren, die Alhi also ohne Anrechnung gewähren, den Unterhaltsanspruch aber auf sich überleiten.

Problematisch ist die Regelung des § 138 Abs. 1 Satz 1 Ziffer 2

Eheähnliche Gemeinschaft

AFG auch deswegen, weil sie sich nach wie vor auch auf Partner in eheähnlicher Gemeinschaft erstreckt (§ 137 Abs. 2a AFG). In der oben zitierten Entscheidung v. 17.11.1992 hat das BVerfG die Bestimmung »gehalten«, allerdings Vorgaben für eine verfassungskonforme Auslegung getroffen. Die Arbeitsverwaltung hatte bis dahin nahezu jedes Zusammenleben von zwei Personen unterschiedlichen Geschlechts als eheähnlich definiert und hatte vor den Gerichten der Sozialgerichtsbarkeit jedenfalls außerhalb der ersten Instanz nahezu immer Recht bekommen. Das BVerfG hat dankenswerterweise klargestellt, daß eine Gleichstellung von Ehe und eheähnlicher Gemeinschaft verfassungsrechtlich nicht geboten ist. Dies bedeutet, daß der politische Kampf um die Streichung des § 137 Abs. 2a AFG fortgesetzt werden kann. Die Gleichstellung erfolgt nämlich nur bei Anrechnung des Einkommens, nämlich zu Lasten der Arbeitslosen, nicht jedoch auch zugunsten bei der Höhe der Leistungssätze! Eine eheähnliche Gemeinschaft liegt nach Auffassung des BVerfG nur vor, wenn sich die Partner so sehr füreinander verantwortlich fühlen, daß sie zunächst den gemeinsamen Lebensunterhalt sicherstellen, bevor sie ihr persönliches Einkommen zur Befriedigung eigener Bedürfnisse verwenden. Für die Verwaltungspraxis werden als Hinweistatsachen die lange Dauer des Zusammenlebens, die Versorgung von Kindern und Angehörigen im gemeinsamen Haushalt und die Befugnis, über Einkommen und Vermögen des Partners verfügen zu können, genannt.

8.3.5.4 Förderung der Berufsausbildung (§ 40 AFG)

In Parallele zu den Vorschriften des Bundesausbildungsförderungsgesetzes, das an die Sozialisationsphase schulischer Ausbildung anknüpft, gewährt die Bundesanstalt für Arbeit gem. § 40 Abs. 1 Satz 1 AFG Auszubildenden BAB für eine berufliche Ausbildung in Betrieben oder überbetrieblichen Ausbildungsstätten und für die Teilnahme an berufsvorbereitenden Bildungsmaßnahmen. Von der Förderung ausgeschlossen sind aber Auszubildende, die im elterlichen Haushalt wohnen. Unverheiratete Auszubildende unter 18 Jahren werden nur gefördert, wenn eine Unterbringung im elterlichen Haushalt zumutbar ist. Damit wird der Kreis der zu fördernden Auszubildenden wesentlich eingeschränkt. BAB wird deshalb nur gewährt, wenn der Auszubildende das 18. Lebensjahr vollendet hat, verheiratet ist oder war, mit mindestens einem Kind zusammenlebt oder seine Verweisung auf die Wohnung der Eltern aus schwerwiegenden sozialen Gründen unzumutbar ist (§ 40 Abs. 1 Satz 3 AFG). Ferner wird BAB bei einer Unterbringung außerhalb des Haushaltes der Eltern gewährt, wenn die Ausbildungsstätte von der Wohnung der Eltern nicht in angemessener Zeit erreicht werden kann (§ 40 Abs. 1 Satz 2 AFG).

Liegen die Voraussetzungen für die Gewährung von BAB vor, so ist zu prüfen, ob der Auszubildende dieser Leistung bedarf. Hierzu bestimmen §§ 11 ff. der Anordnung des Verwaltungsrats der Bundesanstalt für Arbeit über die individuelle Förderung der beruflichen Ausbildung in der Fassung der 29. Änderungsanordnung vom 6.7. 1990 (ANBA, 1990, S. 1142) zunächst den Bedarf des Auszubildenden, wobei zwischen einem unverheirateten Auszubildenden, der das 21. Lebensjahr noch nicht vollendet hat (§ 11 A-Ausbildung), und einem solchen, der verheiratet ist oder das 21. Lebensjahr vollendet hat (§ 12 A-Ausbildung), unterschieden wird. Ferner enthält § 13 A-Ausbildung eine Regelung über den Bedarf für die Ausbildung oder die Teilnahme an einer berufsvorbereitenden Bildungsmaßnahme.

Bedarf

Anzunehmendes Einkommen

Dabei ist gem. § 10 A-Ausbildung
- das Einkommen des Auszubildenden selbst (§ 15 A-Ausbildung)
- der Eltern (§ 16 A-Ausbildung)
- des Ehegatten (§ 17 A-Ausbildung)

anzurechnen, wobei § 18 A-Ausbildung den Begriff des Einkommens definiert.

Arbeitslose etc.

In §§ 40 a bis c AFG enthält das Gesetz Sonderregelungen über die BAB für Arbeitslose (§ 40 a AFG), Teilnehmer an Vorbereitungslehrgängen zum nachträglichen Erwerb des Hauptschulabschlusses und allgemeinbildenden Kursen zum Abbau von beruflich schwerwiegenden Bildungsdefiziten (§ 40 b AFG) sowie von ausländischen Lernbeeinträchtigten und sozial benachteiligten Auszubildenden (§ 40 c AFG). Dabei ist die Förderung für Arbeitslose einkommensunabhängig. Voraussetzung ist, daß der Antragsteller mindestens ein Jahr lang eine die Beitragspflicht begründende Beschäftigung ausgeübt hat und arbeitslos ist. Die Förderung nach § 40 b AFG setzt voraus, daß der Arbeitslose bei Beginn der Maßnahme das 25. Lebensjahr noch nicht vollendet hat und mindestens 3 Monate beim Arbeitsamt arbeitslos gemeldet gewesen ist. Die Förderung von ausländischen Jugendlichen nach Maßgabe des § 40 c AFG hat zur Voraussetzung, daß nach der Teilnahme an berufsvorbereitenden Bildungsmaßnahmen eine weitere Förderung notwendig ist, um in eine Ausbildungsstelle in einem anerkannten Ausbildungsberuf vermittelt zu werden.

8.3.5.5 Berufliche Fortbildung und Umschulung

Da sich für Teilnehmer an einer Maßnahme der beruflichen Fortbildung und Umschulung (berufliche Fortbildung im Sinne der §§ 41 ff. AFG) bei einer Maßnahme mit ganztägigem Unterricht, aber auch mit Teilzeitunterricht, neben der Frage, in welchem Umfang die notwendigen Kosten, wie Lehrgangskosten, Kosten für Lernmittel, Fahrtkosten, Kosten der Arbeitskleidung usw. (vgl. § 45 AFG), insbesondere auch die Notwendigkeit der Sicherung des Lebensunterhalts stellt, kommt dem Unterhaltsgeld (§ 44 AFG) eine besondere Bedeutung zu. Hier stellt das Gesetz in § 46 Abs. 1 Satz 1 AFG versicherungsrechtliche Voraussetzungen auf, die eine Mindestzeit an Entrichtung von Beiträgen zur Bundesanstalt für Arbeit verlangen. So wird Unterhaltsgeld nur gewährt, wenn der Antragsteller innerhalb der letzten 3 Jahre vor Beginn der Maßnahme mindestens 2 Jahre lang eine die Beitragspflicht begründende Beschäftigung ausgeübt oder Arbeitslosengeld aufgrund eines Mindestanspruches von 156 Tagen oder im Anschluß daran sog. Anschluß-Arbeitslosenhilfe bezogen hat. In diesem Bereich werden wegen der Verweisung auf § 107 AFG (§ 46 Abs. 1 Satz 4 AFG) Leistungen in und für die Familie im gleichen Umfang berücksichtigt, wie dies auch beim Arbeitslosengeld der Fall ist.

Tätigkeit in der Familie erfüllt nicht versicherungsrecht. Voraussetzungen für Bezug v. UHG

Neben den versicherungsrechtlichen Voraussetzungen verlangt das Gesetz ferner Mindestzeiten an beruflicher Tätigkeit, wobei zwischen Antragstellern mit einer abgeschlossenen Berufsausbildung und solchen ohne abgeschlossene Berufsausbildung unterschieden wird (§ 42 Abs. 1 Satz 1 AFG). Berufliche Tätigkeit im Sinne dieser Vorschrift ist auch die Tätigkeit als Hausfrau (§ 7 Abs. 3 AFuU). Hier werden also Leistungen im generativen Bereich den Leistungen im monetären Bereich gleichgestellt.

UHG gibt es grundsätzlich nur bei Vollzeitunterricht. Bei einer notwendigen Teilnahme (§ 42 a Abs. 1 Nr. 2 Buchstabe a–c AFG) wird aber die eine besondere familiare Situation (Betreuung aufsichtsbedürftiger Kinder oder pflegebedürftiger Personen) dahingehend berücksichtigt, daß UHG auch bei deswegen bedingter Beschränkung auf Teilzeitunterricht gewährt werden kann.

8.4 Familienpolitische Leistungen im Bereich der sozialen Hilfs- und Förderungssysteme

In diesem Bereich sind besondere Systeme geregelt, wie das Recht der Ausbildungsförderung nach dem BAföG, das Wohngeld nach dem WoGG und die Leistungen nach dem Unterhaltsvorsorgegesetz (UVG). Allgemeines Hilfs- und Förderungssystem ist das Recht der Sozialhilfe nach dem BSHG.

8.4.1 Besondere Hilfs- und Förderungssysteme

8.4.1.1 Leistungen nach dem UVG

Zielsetzung des Gesetzes ist es, alleinstehenden Elternteilen und ihren Kindern durch staatliche Leistungen zu helfen, wenn der andere Elternteil, bei dem das Kind nicht lebt, sich seiner aus den Vorschriften des BGB (§§ 1601 ff. BGB) ergebenden Pflicht zur Zahlung von Unterhalt ganz oder teilweise entzieht oder hierzu nicht oder nicht in hinreichendem Maße in der Lage ist. Dabei soll nicht nur die finanzielle Situation eines alleinstehenden Elternteils verbessert werden, das Gesetz dient auch dazu, dem alleinstehenden Elternteil die Rechtsverfolgung eines Unterhaltsanspruches seines Kindes vor den Zivilgerichten abzunehmen (vgl. § 7 UVG).

anspruchsberechtigte Kinder

Anspruchsberechtigt sind nur leibliche Kinder, also eheliche, nichteheliche und Adoptivkinder, die das 12. Lebensjahr noch nicht vollendet haben (§ 1 Abs. 1 Ziff. 1 UVG). Diese Verbesserung erfolgte im Zusammenhang mit der Vereinheitlichung der Rechtsvorschriften in den alten und neuen Bundesländern, da in den neuen Bundesländern nach der Unterhaltssicherungsverordnung günstigere Regelungen als in den alten Bundesländern nach dem bisherigen UVG getroffen waren.

Ausschluß v. Stiefkindern

Mit der Beschränkung auf leibliche Kinder ist ein Anspruch ausgeschlossen, wenn der alleinstehende Elternteil wiederverheiratet ist. Begründung für diese unter verfassungsrechtlichen Gesichtspunkten nicht unbedenkliche Regelung ist, daß Stiefkinder, auch wenn ihnen gegenüber dem Stiefelternteil kein Unterhaltsanspruch zusteht, in eine vollständige Familie eingebettet sind und der Stiefelternteil zumindestens an der persönlichen Betreuung teilnimmt (*Scholz*, UVG § 1 Rz. 11).

eheähnliches Zusammenleben

Während sonst im gesamten Recht der Gesetzgeber ein eheähliches Zusammenleben zum Anlaß nimmt, um zu einer Leistungskürzung zu kommen, wird die eheähnliche Gemeinschaft nach dem Recht des UVG begünstigt. Lebt ein Elternteil mit Kind in einer eheähnlichen Gemeinschaft, erfolgt nach allgemeiner Meinung kein Ausschluß (*Scholz*, § 1 Rz 11).

Ein Anspruch des Kindes ist ebenfalls ausgeschlossen, wenn es nicht in einer Kleinfamilie, sondern etwa bei Pflegeeltern, Großeltern oder älteren Geschwistern lebt, auch wenn derjenige Elternteil, der zum Unterhalt Barleistungen beizutragen hat, seinen Verpflichtungen nicht nachkommt.

kein Anspruch, wenn Kind in anderem Haushalt lebt

Der Anspruch auf Unterhaltsvorschuß knüpft zwar unmittelbar an die Regelungen des BGB an, für die Inanspruchnahme von Unterhaltsvorschuß kommt es aber nicht darauf an, ob das Kind bedürftig im Sinne der §§ 1601 ff. BGB ist und deshalb nach den Vorschriften des BGB überhaupt einen Unterhaltsanspruch gegen den Elternteil hätte. Da der Alleinerziehende seinen Unterhalt durch die Pflege und Erziehung des Kindes erbringt (§ 1600 Abs. 3 Satz 2 BGB), ist er in der Regel nicht zu Unterhaltsleistungen verpflichtet. Dem entspricht, daß der Anspruch auf Unterhaltsvorschuß auch dann besteht, wenn der alleinerziehende Elternteil wegen seines Einkommens oder Vermögens das Kind ohne weiteres allein unterhalten könnte.

keine Bedürftigkeit nach BGB erforderlich

Erhält das Kind Unterhalt von einem Verwandten, der nachrangig verpflichtet ist (z. B. die Großeltern gem. § 1607 BGB), so besteht der Anspruch auf die Unterhaltsleistung ebenfalls.

Das Erfordernis eines vollstreckbaren Titels ist nach neuem Recht ebenfalls nicht erforderlich. Auch diese Regelung steht im Zusammenhang mit der Rechtsangleichung.

kein vollstreckbarer Titel erforderlich

Voraussetzung für den Anspruch ist weiter, wie bereits ausgeführt, daß es sich nicht nur um einen alleinstehenden, sondern auch um einen alleinerziehenden Elternteil, also um einen Elternteil, der ledig, verwitwet oder geschieden ist oder von seinem Ehegatten dauernd getrennt lebt, handelt (§ 1 Ziff. 2 UVG).

Alleinerziehung

Die Unterhaltsleistung wird höchstens für insgesamt 72 Monate gezahlt (§ 3 UVG). Der Umfang der Unterhaltsleistung richtet sich gem. § 2 Abs. 1 UVG nach der Höhe des Regelbedarfs für nichteheliche Kinder (§ 2 Abs. 1 UVG in Verb. mit § 1 Nr. 1 der Regelunterhalt-Verordnung). Von diesem Betrag sind aber gem. § 2 Abs. 2 UVG wegen der Bezugnahme auf die Hälfte des für ein erstes Kind zu zahlenden Kindergeldes nach § 10 BKGG jeweils 25,– DM abzuziehen. Darüber hinaus wird die Leistung gekürzt, soweit das Kind von dem anderen Elternteil Unterhaltszahlungen erhält oder Waisenbezüge, einschließlich entsprechender Schadensersatzleistungen, die wegen des Todes dieses Elternteils oder, ab 1. 1. 1993, des Stiefelternteils gezahlt werden.

Dauer und Höhe der Leistung

Die Leistungen nach dem UVG sind Ersatz für den privaten Unterhalt des Kindes. Sie zählen zu dessen Einkommen und werden deshalb bei einkommensabhängigen Sozialleistungen im Rahmen des eigenen oder des Familieneinkommens, also insbesondere bei der Sozialhilfe, berücksichtigt.

Antrag: Frist beachten!

Die Unterhaltsleistung wird nur auf schriftlichen Antrag gewährt. Antragsberechtigt ist der Elternteil, bei dem das Kind lebt oder der gesetzliche Vertreter (§ 9 Abs. 1 UVG). Zu beachten ist, daß die Unterhaltsleistung rückwirkend längstens für die letzten 3 Monate vor dem Monat gezahlt wird, in dem der Antrag bei der zuständigen Stelle oder bei einer anderen in § 16 Abs. 2 Satz 1 SGB I bezeichneten Stelle eingegangen ist (§ 4 UVG). Bei dieser Frist handelt es sich um eine gesetzliche Ausschlußfrist, von der grundsätzlich keine Ausnahme gemacht werden kann (*Scholz*, a. a. O. Rdnr. 4 zu § 4 UVG). Die Rückwirkung wird allerdings für Zeiten ausgeschlossen, in denen sich das Kind nicht in zumutbarer Weise bemüht hat, den anderen Elternteil zu Unterhaltszahlungen zu veranlassen. Dabei hat sich das Kind nach allgemeinen Grundsätzen das Handeln des gesetzlichen Vertreters zurechnen zu lassen.

Übergang der Unterhaltsforderung auf das Land

Der nach den Vorschriften des BGB tatsächlich zum Unterhalt verpflichtete andere Elternteil entgeht durch die Leistung des zuständigen Jugendamtes seiner Verpflichtung nicht. § 7 Abs. 1 UVG bestimmt nämlich, daß ein Unterhaltsanspruch, wie auch eine Leistung, die bei rechtzeitiger Gewährung nach § 2 Abs. 3 UVG als Einkommen anzurechnen wäre, in Höhe der gezahlten Unterhaltsleistung auf das Land übergeht. Dieser Übergang kann auch für Ansprüche für die Vergangenheit geltend gemacht werden, wenn dem verpflichteten Elternteil die Bewilligung der Unterhaltsleistung unverzüglich schriftlich mitgeteilt worden ist (§ 7 Abs. 2 UVG).

8.4.1.2 Wohngeld

Ziel

Rechtsgrundlage für die finanzielle Unterstützung für eine angemessene Wohnung als soziales Recht (§ 7 SGB I) ist das WoGG in Verbindung mit der Wohngeldverordnung (WOGV) und der allgemeinen Verwaltungsvorschrift zum Wohngeldgesetz (WoGVwV). Die Zielsetzung des Gesetzes ergibt sich aus § 1 WoGG. Danach dient Wohngeld der wirtschaftlichen Sicherung angemessenen und familiengerechten Wohnens.

Arten der Leistung

An Leistungen kennt das Gesetz dabei Miet- und Lastenzuschüsse (§ 2 WoGG). Miete im Sinne des Gesetzes ist dabei das Entgelt für die Gebrauchsüberlassung von Wohnraum aufgrund von Mietverträgen oder ähnlichen Nutzungsverhältnissen einschl. Umlagen, Zuschlägen und Vergütungen, wobei allerdings gewisse Aufwendungen des Mieters außer Betracht bleiben (§ 5 Abs. 1, Abs. 2 WoGG). Zuschußfähige Belastung nach dem Gesetz ist nach § 6 WoGG die Belastung aus dem

Kapitaldienst und aus der Bewirtschaftung für Eigentümer oder eigentümerähnliche Personen.

Anspruchsvoraussetzungen
- Antragsberechtigung
- Zahl der Familienmitglieder
- tatsächlicher Aufwand für den Wohnraum
- Familieneinkommen
- Fehlen von Ausschlußgründen.

Die Antragsberechtigung richtet sich nach § 3 WoGG, je nachdem ob ein Mietzuschuß oder ein Lastenzuschuß beantragt wird. Mieter von Wohnraum sind dabei auch Untermieter. Haben mehrere Personen, die nicht Familienmitglieder im Sinn des § 4 WoGG sind, eine Wohnung gemeinsam gemietet, so ist jeder von ihnen Mieter, so daß nur getrennt Wohngeld beantragt werden kann.

Zahl der Familienmitglieder

Die Zahl der Familienmitglieder spielt für die Höhe des Anspruchs eine erhebliche Rolle, da sich die Höchstbeträge für Miete und Belastung nach § 8 WoGG unter anderem wesentlich nach den Familienmitgliedern in einem Haushalt richten.

weiter Familienbegriff

Der Familienbegriff nach dem WoGG hat sich dabei von der traditionellen Kleinfamilie weit gelöst. So gehören zu den Familienmitgliedern nicht nur der Ehegatte und Verwandte in gerader Linie, also auch Enkel und Großeltern, sondern darüber hinaus auch Verwandte zweiten und dritten Grades in der Seitenlinie, also Geschwister, Onkel, Tanten, Nichten und Neffen. Ferner Verschwägerte in gerader Linie, also Schwiegereltern und Stiefkinder, sowie Verschwägerte zweiten und dritten Grades in der Seitenlinie, also Schwager und Schwägerin. Ferner sind Pflegekinder ohne Rücksicht auf ihr Alter und Pflegeeltern Familienmitglieder im Sinne des Gesetzes. Erforderlich ist in jedem Fall das Bestehen einer Wohn- und Wirtschaftsgemeinschaft (Haushalt). Eine solche Gemeinschaft liegt vor, wenn der Wohnraum gemeinsam bewohnt wird und die Familie sich ganz oder teilweise gemeinsam mit dem täglichen Lebensbedarf versorgt. Familienmitglieder, die vorübergehend abwesend sind, also den Familienhaushalt als Mittelpunkt der Lebensbeziehung aufrecht erhalten, rechnen ebenfalls zum Haushalt (§ 4 Abs. 3 Satz 1, Satz 2 WoGG).

tatsächliche Aufwendungen

Die Wohngeldgewährung knüpft weiter an die tatsächlichen Aufwendungen für den Wohnraum an. Hierbei ist zwischen dem Mietzuschuß und dem Lastenzuschuß zu unterscheiden. Mietzuschuß ist der Mietzins im Sinne von § 535 BGB einschließlich der Mietnebenkosten, soweit sie nicht nach § 5 Abs. 2 WoGG ausgeschlossen sind. Beim Lastenzuschuß wird von der Belastung ausgegangen, die sich aus dem finanziellen Aufwand für den Kapitaldienst und die Bewirtschaftung ergibt (§ 7 WoGG). Die Berücksichtigung der tatsächlichen Aufwendungen unterliegt weiteren Beschränkungen (§§ 7, 8 WoGG). So sind einmal Aufwendungen, die auf ausschließlich gewerblich oder beruflich genutzten Wohnraum, auf Wohnraum, der einem anderen unentgeltlich oder entgeltlich zum Gebrauch überlassen ist, und solche Aufwendungen, denen Beiträge Dritter zur Bezahlung der Miete oder Aufbringung der Belastung gegenüber stehen, ausgeschlossen. Wird der Wohnraum von Personen mitbewohnt, die keine Familienmitglieder und nicht antragsberechtigt sind, ist bei der Gewährung von Wohngeld nur der Anteil der Miete oder die Belastung zu berücksichtigen, der dem Anteil der Familienmitglieder an der Gesamtzahl der Bewohner entspricht. Zudem erfolgt im Rahmen des § 8 eine Begrenzung der berücksichtigungsfähigen Aufwendungen für Miete und Belastung, die sich nach der Zahl der Familienmitglieder, der Stufe der Miethöhe der Wohngemeinde, der Bezgusfertigkeit des Wohnraums und der Ausstattung der Wohnung richtet. Gem. § 2 Abs. 2 WoGG in Verbindung mit der Anlage 1 ff. zu dieser Bestimmung richtet sich die Höhe des Wohngeldes ferner nach dem Familieneinkommen. Familieneinkommen ist der Gesamtbetrag des Jahreseinkommens des Antragstellers und der Familienmitglieder (§ 9 Abs. 1 WoGG). Zum Jahreseinkommen zählen alle Einnahmen in Geld oder Geldeswert ohne Rücksicht auf ihre Quelle und ohne Rücksicht darauf, ob sie als Einkünfte im Sinne des EStG steuerpflichtig sind oder nicht, abzüglich nicht zu berücksichtigender Beträge (§ 10 Abs. 1 WoGG). Für Sachbezüge sind dabei die nach § 8 Abs. 1 EStG anzusetzenden Werte maßgebend. Als Einnahme gilt bei eigengenutztem Wohnraum der Mietwert der eigenen Wohnung (§ 10 Abs. 3 WoGG). Das maßgebliche Jahreseinkommen ist dabei in der Weise zu ermitteln, daß zunächst das Bruttoeinkommen (§ 10 WoGG) festzustellen ist. Davon sind abzusetzen:

Begrenzung der zu berücksichtigenden Aufwendungen

Familieneinkommen

Ermittlung des Jahreseinkommens

- Einnahmen im Sinne der §§ 13, 14
- Werbungskosten/Betriebsausgaben (§ 12 WoGG)
- Aufwendungen zur Erfüllung gesetzlicher Unterhaltsverpflichtungen (§ 12 a WoGG)
- ein pauschaler Freibetrag (§§ 15, 16 WoGG)
- Freibeträge (§ 17 WoGG).

besondere Berücksichtigung der fam. Situation

Familienpolitische Ziele verfolgt dabei der Freibetrag nach § 15 WoGG. Nach § 15 Abs. 1 WoGG ist das nach dem BKGG gezahlte Kindergeld abzusetzen, wodurch erreicht wird, daß das nach § 10 WoGG als Einkommen zu bewertende Kindergeld nicht zu einer Reduzierung des Wohngeldes führt. § 15 Abs. 2 WoGG berücksichtigt die Situation alleinerziehender Erwerbstätiger. Wohnt nämlich ein Antragsberechtigter allein mit Kindern zusammen, wird bei der Ermittlung des Jahreseinkommens für jedes Kind unter 12 Jahren, für das Leistungen nach dem BKGG gewährt werden, ein Freibetrag in Höhe von 1200,00 DM abgesetzt. Von Bedeutung ist, daß es bei diesem Freibetrag nicht darauf ankommt, daß der Antragsberechtigte das Kind allein erzieht, sondern nur, daß er allein mit dem Kind zusammenwohnt.

»Altersfreibetrag«

Ferner versucht das Gesetz, das Zusammenleben mehrerer Generationen zu fördern, wenn es in § 15 Abs. 4 WoGG Familienmitgliedern, die das 65. Lebensjahr vollendet haben, einen Freibetag von 2400,00 DM einräumt, solange sie mit Verwandten oder Verschwägerten in gerader absteigender Linie, von denen einer das 25. Lebensjahr vollendet hat, einen Familienhaushalt führen.

nichteheliche Lebensgemeinschaften

Auch die nichteheliche Lebensgemeinschaft findet, wie nicht anders zu erwarten, in § 18 Abs. 2 WoGG ihre Berücksichtigung. Wohngeld wird nämlich nicht gewährt, soweit ein Antragsberechtigter, der mit Personen, die keine Familienmitglieder im Sinne des § 4 sind, eine Wohn- und Wirtschaftsgemeinschaft führt, besser gestellt wäre als im Rahmen eines Familienhaushalts entsprechender Größe. Das Bestehen einer solchen als Wirtschaftsgemeinschaft bezeichneten Lebensgemeinschaft wird vermutet, wenn der Antragsberechtigte und die Person Wohnraum gemeinsam bewohnen. Es muß somit eine Vergleichsberechnung angestellt werden, bei der zu prüfen ist, ob der Wohngeldanspruch niedriger wäre, wenn beide Partner als Mitglied eines Familienhaushaltes (Berücksichtigung des beiderseitigen Einkommens!) zu betrachten wären.

Verfahren

Für Empfänger von Sozialhilfe enthält das Gesetz in § 31 WoGG eine Sonderbestimmung. Danach erhalten Bezieher laufender Leistungen der Hilfe zum Lebensunterhalt nach dem BSHG auch ohne Antrag Wohngeld nach § 32 WoGG. Sonst wird Wohngeld gem. § 23 Abs. 1 Satz 1 WoGG nur auf Antrag des Antragsberechtigten gewährt. Welche Stelle für den Antrag zuständig ist, richtet sich nach Landesrecht. Die Entscheidung über den Antrag erfolgt schriftlich (§ 26 Abs. 3 WoGG). Personengeld wird dabei in der Regel für 12 Monate bewilligt (§ 27 Abs. 1 WoGG). Der Bewilligungszeitraum beginnt am 1. des Monats, in dem der Antrag gestellt worden ist (§ 27 Abs. 2 Satz 1 WoGG). Da der Antrag zu den gesetzlichen Voraussetzungen für die Entstehung des Anspruches gehört, entsteht er frühestens mit Antragstellung (§ 40 Abs. 1 SGB I). Eine rückwirkende Gewährung ist nur unter den Voraussetzungen des § 29 Abs. 2 WoGG möglich, wenn nämlich die zum Haushalt rechnenden Familienmitglieder die rückwirkende Erhöhung der Miete oder Belastung um mehr als 15 v. H. nicht zu vertreten haben. Bei einer wesentlichen Änderung (Erhöhung der Zahl der zum Haushalt rechnenden Familienmitglieder, Erhöhung der zu berücksichtigenden Miete oder Belastung um

mehr als 15 v. H., Verringerung des Familieneinkommens um mehr als 15 v. H.), wird das Wohngeld auf Antrag neu bewilligt, wenn dies zu einer Erhöhung führt (§ 29 Abs. 1 Satz 1 WoGG).
Für Rechtsstreitigkeiten ist der Weg zu den Verwaltungsgerichten gegeben.

8.4.1.3 Leistungen nach dem BAföG

Im Recht der beruflichen Bildungsförderung ist zwischen der betrieblichen oder überbetrieblichen Ausbildung und einer schulischen Ausbildung zu unterscheiden. Während erstere nach den Vorschriften des AFG und der auf diesem Gesetz beruhenden Bestimmungen gefördert wird, richtet sich die schulische – oder besser: schulisch geprägte Ausbildung – nach dem BAföG. Sozialpolitisches Ziel ist neben der wirtschaftlichen Unterstützung der Familie in einer wichtigen Sozialisationsphase der Kinder auch der bildungspolitisch gewünschte Abbau ungleicher Chancenverteilung im Bildungswesen. Diese unterschiedliche Zielsetzung kommt im Gesetz darin zum Ausdruck, daß einmal die Förderung einkommensabhängig ist, zum anderen Neigung, Eignung und Leistung Anknüpfungspunkte sind § 1 BAföG). An allgemeinen Förderungsvoraussetzungen müssen erfüllt sein:

- die Ausbildung muß förderungsfähig sein
- die persönlichen Förderungsvoraussetzungen müssen erfüllt sein
- für bestimmte Formen von Schulausbildung müssen besondere Schülerförderungsvoraussetzungen vorliegen
- der maßgebliche Bedarf darf nicht durch anzurechnendes Einkommen und Vermögen von Angehörigen gedeckt sein.

Ausbildungsstätten

In den Förderungsbereich des Gesetzes sind unmittelbar nur solche Ausbildungsstätten einbezogen, die nach dem jeweiligen Landesrecht Schulen oder Hochschulen sind. Für andere Ausbildungsstätten wird die Förderung nur geleistet, soweit sie durch eine Rechtsverordnung nach § 2 Abs. 3 BAföG in den Förderungsbereich einbezogen sind (VwV 2.1.1 zu § 2 Abs. 1).

Schülerförderung nur ausnahmsweise

Dabei erfolgt eine Förderung des Besuchs weiterführender allgemeiner Schulen und Berufsfachschulen, einschließlich der Klassen aller Formen der beruflichen Grundbildung, ab Klasse 10 sowie von Fach- und Fachoberschulklassen, deren Besuch eine abgeschlossene Berufsausbildung nicht voraussetzt, nur unter den Voraussetzungen des § 2 Abs. 1 a BAföG, wenn nämlich der Auszubildende nicht bei seinen Eltern wohnt und von der Wohnung der Eltern aus eine entsprechende zumutbare Ausbildungsstätte nicht erreichbar ist oder er einen eigenen Haushalt führt und entweder verheiratet ist oder war oder mit mindestens einem Kind zusammenlebt. Damit ist der Bereich der sog. Schülerfördeurng wesentlich eingeschränkt. Gefördert wird danach der Besuch von Berufsfachschulklassen und Fachschulklassen, deren Besuch eine abgeschlossene Berufsausbildung nicht voraussetzt, sofern sie in einem zumindest zweijährigen Bildungsgang einen berufsqualifizierenden Abschluß vermitteln, von Fach- und Fachoberklassen, deren Besuch eine abgeschlossene Berufsausbildung voraussetzt, von A- und Hauptschulen, Berufsaufbauschulen, Abendrealschulen, Abendgymnasien und Kollegs, also schulischen Einrichtungen des sog. zweiten Bildungsweges, von höheren Fachschulen und Akademien und von Hochschulen (§ 2 Abs. 1 Satz 1 Ziff. 2 bis 6 BAföG). Erforderlich ist ferner eine Mindestdauer der Ausbildung (§ 2 Abs. 5 BAföG). Weiter werden nur solche Ausbildungen gefördert, die die Arbeitskraft des Auszubildenden im allgemeinen voll in Anspruch nehmen. Deshalb ist der Besuch von Abendrealschulen und Abendgymnasien in den ersten Abschnitten nicht förderungsfähig, da von der Ausbildungstätte selbst eine Berufstätigkeit neben der Ausbildung gefordert und erwartet wird.

Mindestdauer der Ausbildung

In den Förderungsbereich einbezogen sind ferner aufgrund der Verordnung nach § 2 Abs. 3 BAföG Ausbildungen in Heilberufen, der Besuch von Vorkursen, die der Vorbereitung des Besuchs von Kollges und Hochschulen dienen, landwirtschaftlich orientierte Berufsausbildungen, kirchliche Berufsausbildungen sowie pädagogisch ausgerichtete und sozial ausgerichtete Berufsausbildungen. Unter den Voraussetzungen des § 3 BAföG ist auch die Teilnahme an Fernunterrichtslehrgängen förderungsfähig. Förderungsfähig ist ferner die fachpraktische Ausbildung außerhalb derjenigen Ausbildungsstätte, an der die Ausbildung schwerpunktmäßig an sich stattfindet. Die berufspraktische Tätigkeit muß aber nach Art und Ausmaß die für die gesamte Ausbildung prägende Bedeutung der Ausbildungsstätte nicht beseitigen.

Heilberufe u. ä.

Förderungsfähige Personen sind neben Deutschen auch Asylberechtigte und aufgenommene Flüchtlinge und Heimatlose, ferner Ausländer und Ausländerinnen mit einem deutschen Elternteil (§ 8 BAföG). Von besonderer Bedeutung ist § 8 Abs. 1 Ziff. 5 und 6, der grundsätzlich EG-Ausländer mit inländischem Wohnsitz in den Förderungsbereich einbezieht. Hier sind die Dinge wegen der Rechtsprechung des Europ. Gerichtshofes jedoch ständig im Fluß.

Staatsangehörigkeit

Förderungsfähig ist grundsätzlich nur die Erstausbildung (§ 7 Abs. 1 BAföG). Eine weitere Ausbildung wird nach Maßgabe von § 7 Abs. 2 und 3 BAföG gefördert. Dabei handelt es sich einmal um eine weitere Ausbildung zur fachlichen Wei-

Zweitausbildung wird nur ausnahmsweise gefördert

terführung einer vorhergehenden Hochschulausbildung oder um ein in besonderem Maße förderliches ergänzendes Studium (vgl. hierzu VwV 7.2.8 a zu § 7 BAföG). Ferner nennt das Gesetz in § 7 Abs. 2 Satz 1 Ziff. 4 und 5 Zweitausbildungen, die im Zusammenhang mit dem sog. zweiten Bildungsweg in weiterem Sinne stehen. Von besonderer praktischer Bedeutung ist § 7 Abs. 3 BAföG, der regelt, ob Ausbildungsförderung auch dann geleistet wird, wenn der Auszubildende die Ausbildung abgebrochen oder die Fachrichtung gewechselt hat. Hier verlangt das Gesetz in einer Generalklausel einen »wichtigen Grund«.

Eignung Zu den persönlichen Voraussetzungen gehören ferner die Eignung des Auszubildenden. Dabei wird grundsätzlich nach § 9 Abs. 2 BAföG von einer Eignung ausgegangen, wobei allerdings nach Maßgabe des § 48 BAföG entsprechende Leistungsnachweise der Ausbildungsstätte vorzulegen sind. Hinsichtlich des Alters der zu fördernden Personen enthält das Gesetz in § 10 Abs. 3 Satz 1 BAföG eine Altersgrenze, die auf die Vollendung des 30. Lebensjahres abhebt. Hiervon sind nach weiterer Maßgabe des Gesetzes (§ 10 Abs. 3 Satz 2 Ziff. 1 bis 4 BAföG) eine Reihe von Tatbeständen aufgeführt, die eine Förderung über diese Altersgrenze hinaus zulassen. Dabei sind insbesondere Personen des sog. zweiten Bildungsweges genannt. Eine Berücksichtigung von Leistungen in der Familie erfolgt im Rahmen des § 10 Abs. 3 Satz 2 Ziff. 3 BAföG, wo die Altersgrenze unbeachtlich ist, wenn der Auszubildende insbesondere wegen der Erziehung von Kindern bis zu 10 Jahren gehindert war, den Ausbildungsabschnitt rechtzeitig zu beginnen.

Altersgrenze

Begrenzung Einen – indirekten – Zwang zu einem ordnungsgemäßen Absolvieren einer Ausbildung enthält das Gesetz in § 15 BAföG, der Regelungen über die Förderungsdauer und eine Ermächtigung zum Erlaß einer entsprechenden Verordnung enthält.

Bedürftigkeit Die Leistung ist von der Bedürftigkeit, nämlich von den Einkommens- und Vermögensverhältnissen nicht nur des Auszubildenden, sondern auch des Ehegatten und seiner Eltern, abhängig. Die Reihenfolge orientiert sich dabei an der unterhaltsrechtlichen Haftungsfolge und hat Bedeutung für den Fall der Vorleistungen nach § 36 BAföG.

Die Höhe der Förderung richtet sich dabei einmal nach dem Bedarf, zum anderen nach den Anrechnungsbeträgen. Der monatliche Bedarf ist dabei je nach Art der Ausbildung unterschiedlich. Ferner wird in der Höhe der Leistung zwischen alten und neuen Bundesländern unterschieden. Der Bedarf für Schüler ist in § 12 BAföG, der Bedarf für Studierende in § 13 BAföG geregelt. In der Höhe der Leistungen wird ferner danach unterschieden, ob der Auszubildende bei seinen Eltern

Bedarf

wohnt oder nicht. Auszubildende an Hochschulen, die nach § 5 Abs. 1 Nr. 9 oder 10 SGB V versichert sind, der gesetzlichen Krankenversicherung freiwillig beigetreten sind oder bei einem privaten Krankenversicherungsunternehmen mit Anspruch auf vergleichbare Leistungen versichert sind, erhalten einen monatlichen Zuschuß zur Krankenversicherung von derzeit 65 DM.

anzurechnendes Einkommen und Vermögen

Auf den Bedarf sind Einkommen und Vermögen des Auszubildenden, des Ehegatten und der Eltern anzurechnen. Dabei enthält das Gesetz in § 21 BAföG einen eigenständigen Einkommensbegriff, der sich an die Vorschriften des EStG anlehnt. Von Bedeutung ist, daß ein Ausgleich mit Verlusten aus anderen Einkommensarten und mit Verlusten des zusammen veranlagten Ehegatten nicht zulässig ist (§ 21 Abs. 1 Satz 2 BAföG). Hinsichtlich der einzelnen Einkommensarten enthält § 21 BAföG eine Reihe von Besonderheiten. Ferner sind dem Auszubildenden, den Eltern und dem Ehegatten besondere Freibeträge eingeräumt (§§ 23, 25, 25 a BAföG). Die Vorschriften über die Anrechnung von Vermögen finden sich in §§ 26 ff. BAföG.

Förderung durch Zuschuß und Darlehen

Die Förderung von Ausbildung an sämtlichen Ausbildungsstätten, die nicht den höheren Fachschulen, Akademien und Berufsschulen anzurechnen sind, erfolgt durch Zuschuß. Die Förderung von Ausbildungen an höheren Fachschulen, Akademien und Hochschulen zur einen Hälfte durch Zuschuß, zur anderen durch ein unverzinsliches Darlehen, das nach dem Abschluß des Studiums ratenweise zurückzuzahlen ist. Die Rückzahlung ist dabei einkommensabhängig (§ 18 a BAföG), wobei der Familienstand und die Kinderzahl berücksichtigt werden. Außerdem sieht § 18 BAföG den Teilerlaß des Darlehens bei einem besonders guten Ausbildungsabschluß vor.

Vorleistungspflicht

Das BAföG-Amt ist gem. § 36 BAföG vorleistungspflichtig. Macht der Auszubildende nämlich glaubhaft, daß seine Eltern den angerechneten Unterhaltsbetrag nicht leisten, und ist die Ausbildung gefährdet, so wird Ausbildung auch ohne Anrechnung geleistet (§ 36 Abs. 1 Satz 1 BAföG). Bürgerlich-rechtliche Unterhaltsansprüche und andere Ansprüche gehen gem. §§ 37 und 38 BAföG auf das Land über. Der Übergang erfolgt allerdings nur in der Höhe, soweit das Einkommen und Vermögen der Eltern nach dem BAföG anzurechnen ist. Gem. § 37 Abs. 1 Satz 2 BAföG ist die Vorausleistung aber auf eine erstmalige Ausbildung beschränkt, wobei Satz 3 dieser Vorschrift einen Vertrauenstatbestand für Auszubildende enthält, die für den Monat Juni 1990 Vorausleistungen erhalten haben.

Sozialhilfe grunds. ausgeschlossen

Nach § 26 Satz 1 BSHG sind grundsätzlich Sozialhilfeleistungen für Personen ausgeschlossen, die eine nach dem BAföG förderungsfähige Ausbildung betreiben. Für die Zeit bis zum

Einsetzen des Anspruchs auf Vorschußzahlungen oder zwischen dem Ende der Vorschußzahlungen und der Fälligkeit des Anspruchs auf reguläre Förderungsleistung können Auszubildende aber überbrückende Sozialhilfe beanspruchen, soweit sie mittellos sind und keine Möglichkeiten der Selbsthilfe im Sinne des § 2 Abs. 1 BSHG haben. Abweichend von der Grundregel erfolgt die Förderung nach dem BAföG gem. § 11 Abs. 2 a und 3 elternunabhängig, nicht jedoch ehegattenunabhängig! Die elternunabhängige Förderung erfolgt einmal, wenn der Aufenthalt der Eltern unbekannt ist oder sich die Eltern im Ausland befinden und rechtlich oder tatsächlich gehindert sind, Unterhalt im Geltungsbereich des BAföG zu leisten. In diesen Fällen müßte das Amt für Ausbildung sonst nach schwierigen Ermittlungsversuchen letztlich Leistungen im Wege der Vorausleistung erbringen, ohne Aussicht zu haben, dadurch übergehende Unterhaltsansprüche jemals zu realisieren. Die genannten Bestimmungen dienen deshalb der Verfahrenserleichterung.

Elternunabhängige Förderung

§ 11 Abs. 3 BAföG erhält darüber hinaus weitere Regelungen, die stärker dem Unterhaltsrecht (§§ 1601 ff. BGB) entsprechen. Hier werden einmal Bildungseinrichtungen des zweiten Bildungsweges angesprochen (§ 3 Abs. 1 Satz 1 Ziff. 1 bis 4 BAföG), zum anderen der Fall, daß der Auszubildende eine selbständige Ausbildung beginnt, nachdem seine Eltern ihm gegenüber ihre Unterhaltspflicht dadurch erfüllt haben, daß sie ihm bereits eine angemessene Ausbildung finanziert haben.
Die elternunabhängige Förderung begegnet der Kritik, so weisen *Ramsauer/Stallbaum* (Rnr. 6.57 b) darauf hin, daß Kindern wohlhabender, jedoch nicht leistungsverpflichteter und auch nicht freiwillig leistungsbereiter Eltern unter Umständen eine Zweitausbildung aus wirtschaftlichen Gründen verschlossen bleibt, die Kindern einkommensschwächerer Eltern durch die Förderung nach dem BAföG offensteht. Ob dies allerdings ein statistisch auch nur entfernt bedeutsamer sozialer Sachverhalt ist, kann füglich bezweifelt werden. Von größerer sozialpolitischer Bedeutung scheint mir die Fallage zu sein, daß die Anhebung der Freibeträge keinesfalls den gestiegenen Lebenshaltungskosten entspricht und so Familien, insbesondere bei einer qualifizierten Ausbildung mehrerer Kinder, ganz erheblich finanziell belastet werden. So bleiben vom Einkommen der Eltern nach § 25 Abs. 1 Satz 1 BAföG 1800 DM anrechnungsfrei, ein Betrag, der sich für jedes Kind des Einkommensbeziehers und des Ehegatten nur um 150 bzw. 100 DM erhöht. Auch die Bedarfssätze für Studierende sind keinesfalls so hoch, daß bei einer Vollförderung der gesamte Bedarf durch die Ausbildungsförderung gedeckt wird. Wenn sich derzeit der Bedarf bei auswärtiger Unterbringung um 210 DM erhöht, so dürfte

es nicht ganz leicht sein, einen Hochschulort zu finden, in dem ein Studierender noch ein menschenwürdiges Zimmer für diesen Preis erhält.

8.4.1.4 Familienpolitische Leistungen im Bereich des BSHG

Im Rahmen der sozialhilferechtlichen Grundsatznorm bestimmt § 7 BSHG, daß bei der Gewährung der Sozialhilfe die besonderen Verhältnisse in der Familie des Hilfesuchenden berücksichtigt werden. Die Sozialhilfe soll die Kräfte der Familie zur Selbsthilfe anregen und den Zusammenhalt der Familie festigen.

kein einheitl. Familienbegriff nach BSHG

Das BSHG enthält keinen einheitlichen Familienbegriff. Mit den Einsatzgemeinschaften (§ 11 Abs. 1 Satz 2 bei der Hilfe zum laufenden Lebensunterhalt und § 28 BSHG bei der Hilfe in besonderen Lebenslagen) wird nur die Kernfamilie, also ein Elternpaar oder ein Elternteil mit einem oder mehreren Kindern, erfaßt. Einbezogen in diese Gemeinschaft sind nur die unverheirateten, minderjährigen Kinder, die im Haushalt der Eltern bzw. des Elternteils leben und ihren notwendigen Lebensunterhalt nicht aus eigenen Einkommen und Vermögen bestreiten können. Im Rahmen des § 91 Abs. 1 BSHG (Überleitung zu Unterhaltsansprüchen nach bürgerlichem Recht) werden auch Eltern und erwachsene Kinder einbezogen. Bei den Kostenersatzansprüchen bei schuldhaftem Verhalten (§ 92 a BSHG) und beim Kostenersatz durch Erben (§ 92 c BSHG) werden familiäre Formen erfaßt, die den Bereich der Kernfamilie ganz erheblich erweitern. In § 2 Abs. 1 BSHG, also beim Nachrangprinzip, werden auch Leistungen von Angehörigen, also auch von Verlobten, Pflegeeltern und Adoptiveltern, angesprochen. Im Rahmen des § 16 BSHG, einer gesetzlichen Vermutung, daß die in einer Haushaltsgemeinschaft lebenden Verwandten und Verschwägerten sich bei entsprechendem Einkommen und Vermögen gegenseitig unterstützen, ist ein außerordentlich weiter familiärer Verband angesprochen.

Soweit das Gesetz in § 25 Abs. 3 BSHG von den in der Haushaltsgemeinschaft lebenden anderen Hilfeempfängern und in §§ 69 Abs. 3, 70 Abs. 3 BSHG von nachstehenden Personen spricht, ist Anknüpfungspunkt für eine Regelung nicht nur ein rechtlicher, sondern ein sozialer Familienverbund. Aus alledem folgt, daß das BSHG keine einheitliche Definition des Begriffs Familie enthält (LPK-BSHG § 7 Rnr. 3).

Vor dem Träger der JH und Familie belastet

Die familiengerechte Hilfe unter Beachtung des § 7 BSHG kann nur insoweit erfolgen, als die Familie selbst nicht leistungshemmender oder leistungseinschränkender Faktor im Recht des BSHG ist. Soweit deshalb bürgerlich-rechtliche

Unterhaltsansprüche bei Verwandten ersten Grades zu berücksichtigen sind, wird die Familie noch vor dem Träger der Sozialhilfe zur Bewältigung sozialer Lasten herangezogen, wobei diese bei außerordentlich kostenintensiven Bedarfssituationen, wie bei der Hilfe zur Pflege (§§ 68 ff. BSHG), zu einer erheblichen Belastung nicht nur des Bedürftigen, sondern auch seiner Familie führt.

Mehrbedarf für Familien

Zu den positiven Leistungen für die Familienmitglieder zählen dabei insbesondere die Anerkennung eines Mehrbedarfs für bestimmte Personengruppen, insbesondere für Eltern (Teile) mit einem Kind unter 7 Jahren oder mit mehreren Kindern unter 16 Jahren (§ 23 Abs. 2 BSHG).

Absenkung der Regelsätze ausgerechnet für kinderreiche Familien

Für kinderreiche Familien hat sich der Gesetzgeber ungeachtet aller verfassungsrechtlichen Vorgaben und der Aufforderung des BVerfG, die Benachteiligung von Familien auszugleichen, eine Neuregelung ausgedacht. § 22 Abs. 3 Satz 4 BSHG in der Fassung des FKPG v. 23.6.1993 (BGBl. I S. 944) bestimmt nämlich, daß bei größeren Haushaltsgemeinschaften mit vier oder mehr Personen, also bei einer Familie mit zwei Kindern, die Regelsätze in ihrem jeweiligen Geltungsbereich zusammen mit den Durchschnittsbeträgen für die Kosten der Unterkunft und Heizung und unter Berücksichtigung des abzusetzenden Betrages nach § 76 Abs. 2 a Nr 1 BSHG (Beträge in angemessener Höhe für Erwerbstätige) unter den jeweils erzielten monatlichen durchschnittlichen Nettoarbeitsentgelten unterer Lohn- und Gehaltsgruppen zuzüglich Kindergeld bleiben. Hier ist in der Tat zweifelhaft, ob das Minimum eines menschenwürdigen Lebens noch gewährleistet wird (vgl. hierzu *Rüfner* in seinem Gutachten für den Deutschen Verein in NDV 1993, Heft 10, S. 363–370).

Positiv wirken sich ferner Familienzuschläge bei der Ermittlung der allgemeinen Einkommensgrenze bei der Hilfe in besonderen Lebenslagen (§ 79 Abs. 1 Ziff. 3, Abs. 2 Ziff. 3 BSHG) aus. Dabei werden auch ferner Verwandte oder familienfremde Personen, denen auch ohne Rechtspflicht Unterhalt gezahlt wird, einbezogen.

Darüber hinaus ist § 7 BSHG grundsätzlich bei allen Entscheidungen der Sozialhilfeträger zu berücksichtigen. So sind im Rahmen des § 84 Abs. 1 Satz 2 BSHG Unterhaltszahlungen an nicht im Haushalt lebende Verwandte, Pflegekosten für Angehörige usw. als besondere Belastungen von den Sozialhilfeträgern in ihren Richtlinien anerkannt, so daß sich der Anteil des die Einkommensgrenze übersteigenden Einkommens verringert, den die Hilfesuchenden zur Bedarfsdeckung im Rahmen der Hilfe in besonderen Lebenslagen einzusetzen haben. Dem entspricht weiter, daß nach den Sozialhilferichtlinien auch bei der Berechnung zur Unterhaltsüberleitung nach

§§ 90, 91 Freibeträge angesetzt werden, die die Rückgriffsmöglichkeiten der Sozialbehörden gegenüber den unterhaltsverpflichteten Familienangehörigen mindern.

Hilfe zur Pflege: SHT als eigentl. Träger einer Grundversorgung

Von besonderer familienpolitischen Bedeutung ist die Hilfe zur Pflege nach dem 10. Unterabschnitt des BSHG. Angesichts der nur unvollständigen Regelung von Leistungen im Bereich der gehobenen sozialen Sicherung übernehmen die Träger der Sozialhilfe in steigendem Umfang Aufgaben zur Abdeckung eines mittlerweile allgemeinen Lebensrisikos, nämlich der Pflegebedürftigkeit. Wenn somit die Träger der Sozialhilfe wegen der steigenden Belastung immer drängender die Einführung einer Pflegeversicherung in welcher rechtlichen Form auch immer fordern, so darf keinesfalls übersehen werden, daß vor den Sozialhilfeträgern wegen des Nachrangprinzips immer die Familien belastet sind. Wenn der Aufwand für stationäre Hilfe zur Pflege im Sinne des § 68 BSHG im Jahre 1982 insgesamt 5,2 Millliarden betrug, von denen 3 Milliarden auf die Sozialhilfeträger entfallen , so errechnet sich daraus unschwer eine Belastung der Familien in Höhe von 2,2 Milliarden Mark.

Sozialpolitisch von Bedeutung ist ferner, daß angesichts der außerordentlichen Höhe der Pflegekosten, insbesondere bei stationärer Pflege, auch eine gehobene eigene Hinterbliebenenversorgung in der Regel nicht mehr ausreicht, um die Kosten in vollem Umfang zu decken. Dies bedeutet, daß immer mehr pflegebedürftige Personen zu einem Pflegefall, der »deklassierte Form der Pflegebedürftigkeit«ein LPK-BSHG, Vorbem. v. § 68, Rz. 1) werden und ihnen als verfügbares Einkommen nur noch der Barbetrag nach § 21 Abs. 3 BSHG verbleibt.

Arten der Pflege

Hilfe zur Pflege wird gewährt bei häuslicher Pflege (§ 69 BSHG), teilstationärer Pflege und Heimpflege, wobei der Träger der Sozialhilfe darauf hinwirken soll, daß die Wartung und Pflege durch Personen, die dem Pflegebedürftigen nahestehen, oder im Wege der Nachbarschaftshilfe übernommen werden (§ 69 Abs. 2 Satz 1 BSHG). Zielrichtung des Gesetzes ist es somit eindeutig, den Pflegebedürftigen möglichst im häuslichen Bereich seiner bisherigen Lebensbezüge zu belassen. In der Praxis bedeutet dies allerdings, daß die Angehörigen, und hier wiederum vorwiegend Frauen, in einem Maße belastet werden, das die Kräfte der Familie sicherlich vielfach übersteigen dürfte.

Nach seiner Systematik unterscheidet das Gesetz zwischen der häuslichen, der teilstationären und der Heimpflege. Ferner kennt es in § 69 BSHG verschiedene Grade der Pflegebedürftigkeit:

- einfache Pflegebedürftigkeit
- erhebliche Pflegebedürftigkeit
- außergewöhnliche Pflegebedürftigkeit
- Schwerstbehinderten-Pflegebedürftigkeit.

Grundvoraussetzung für die Leistung nach §§ 68, 69 BSHG ist, daß der Anspruchsteller infolge von Krankheit oder Behinderung so hilflos ist, daß er nicht ohne Wartung und Pflege bleiben kann.

einfache Pflegebedürftigkeit

Einfache Pflegebedürftigkeit liegt vor, wenn der Hilfesuchende die notwendigen täglichen Verrichtungen wie Waschen, Essen, Verrichten der Notdurft usw. nicht allein ausführen kann und deshalb nicht nur geringfügig auf Hilfeleistungen anderer angewiesen ist.

erhebliche Pflegebedürftigkeit

Erheblich pflegebedürftig im Sinne von § 69 Abs. 3 Satz 1 BSHG ist jemand, der die normalen täglichen Verrichtungen allein nicht durchführen kann und deshalb bei fast allen Verrichtungen der Hilfe bedarf.

außergewöhnliche Pflegebedürftigkeit

Die Pflegebedürftigkeit ist außergewöhnlich, wenn besonders hohe Anforderungen an die Pflegeperson bei der Hilfe zu den Verrichtungen, die in § 69 Abs. 3 BSHG genannt werden, gestellt werden. Vergleichbare Personen sind hierbei dauernd bettlägrig Kranke, Gelähmte nach Unfällen oder Kinderlähmung oder Personen mit einem schweren Mongolismus. Zu berücksichtigen sind dabei auch eine besondere seelische Anspannung, z. B. bei Aggressivität des Pflegebedürftigen, die Notwendigkeit durchgehender Beaufsichtigung und besondere Unannehmlichkeiten bei der Hilfestellung (z. B. häufiges Einnässen und Einkoten des Pfleglings).

Schwerstpflegebedürftigkeit

Schwerstbehinderte-Pflegebedürftigkeit liegt gem. § 69 Abs. 4 Satz 2, Abs. 3 in Verbindung mit § 24 Abs. 2 BSHG vor, wenn die Behinderung so schwer ist, daß sie die Voraussetzungen für eine Pflegezulage nach den Stufen III bis VI nach § 35 Abs. 1 Satz 2 BVG erhalten würden. Näheres hierzu bestimmt die Verordnung zur Durchführung des § 24 Abs. 2 Satz 1 BSHG, wo z. B. Personen mit Verlust beider Beine im Oberschenkel, bei denen eine prothetische Versorgung nicht möglich ist oder die eine weitere wesentliche Behinderung haben, Ohnhänder, Hirnbeschädigte mit schweren körperlichen und schweren geistigen oder seelischen Störungen und Gebrauchsbehinderung mehrerer Gliedmaßen und andere Personen genannt werden. Bei Vorliegen dieser Voraussetzung findet keine umfangreiche Einzelfallprüfung der Pflegebedürftigkeit statt. Teilstationäre Pflege ist Pflege, Unterkunft und Verpflegung in teilstationären Einrichtungen. In der Regel zuzüglich der häuslichen Pflegehilfe.

Heimpflege

Bei der Heimpflege ist ein Pflegebedürftigkeitsgrad, der Heimaufenthalt erfordert, notwendig, wobei zwischen Heimpflege für kürzere oder längere Zeit unterschieden wird. Bei der einfachen Pflegebedürftigkeit sind dem Pflegebedürftigen die angemessenen Aufwendungen der Pflegeperson zu erstatten. Auch können angemessene Beihilfen gewährt und Beiträge der

Pflegeperson für eine angemessene Alterssicherung übernommen werden, wenn diese nicht anderweitig sichergestellt ist. Unter angemessenen Aufwendungen werden dabei Fahrtkosten, Kleiderbeschaffung und -reinigung, Mehraufwendungen für Verpflegung, Unterbringungskosten für Kinder u. ä. verstanden. Auf die angemessenen Aufwendungen besteht ein Rechtsanspruch, während angemessene Beihilfen (z. B. ein Taschengeld oder eine anteilige Entschädigung für Verdienstausfall) im Ermessen des Sozialhilfeträgers stehen. Ferner besteht ein Rechtsanspruch auf angemessene Kosten einer besonderen Pflegekraft, also einer entlohnten Fachkraft, wobei sich die Angemessenheit nach der ortsüblichen Entlohnung dieser Kräfte richtet. Bei den gesteigerten Formen der Pflegebedürftigkeit wird ein gestaffeltes Pflegegeld gewährt. Bei einer teilstationären Pflege ist eine Pflegegeldkürzung möglich. Auch die Einkommensgrenzen knüpfen an den Grad der Pflegebedürftigkeit an.

Anzurechnende Leistungen

Auf das Pflegegeld sind Leistungen der Blindenhilfe und gleichartige Leistungen nach anderen Rechtsvorschriften zu 70 %, die Geldleistung nach § 57 SGB V mit 200 DM, also zur Hälfte anzurechnen.

weitere Leistungen nach BSHG

Darüber hinaus enthält das BSHG subsidiär eine Reihe von Leistungen, die mit denen in der gesetzlichen Krankenversicherung vergleichbar sind. So erhalten werdende Mütter und Wöchnerinnen Leistungen nach § 38 BSHG, die Leistungen im Bereich der vorbeugenden Gesundheitshilfe (§ 36 BSHG) und der Krankenhilfe (§ 37 BSHG) entsprechen in Struktur und Umfang den Leistungen nach dem SGB V, wobei zu den Leistungen auch häusliche Krankenpflege und Haushaltshilfe entsprechend §§ 27 Satz 2 Nr. 4, 37, 38 SGB V zählen.

9. Grundprinzipien des Sozialrechts in Europa

Ab 1.1. 1993 wird es in Europa den EG-Binnenmarkt geben, den größten einheitlichen Wirtschaftsraum der Welt. Der Integrationsprozeß wurde bisher vom wirtschaftlichen Teil des Binnenmarktprogramms beherrscht. Schwerpunkt war und ist die Gewährleistung der für das wirtschaftliche Zusammenwachsen erforderlichen Freiheiten des Personenverkehrs, des Warenverkehrs, der Dienstleistungen und des Geldtransfers. Die soziale Dimension des Binnenmarkts ist demgegenüber eher nachrangig, sie flankiert die wirtschaftliche Entwicklung und sichert sie ab. Im Kern ist die Sozialpolitik dabei Sache der Mitgliedstaaten geblieben, der EG wurden nur begrenzt Kompetenzen übertragen.

Kernstück des Sozialrechts in der EG sind die Artt. 117ff. EWG-Vertrag. Darin wird zunächst in Art. 117 die sozialpolitische Philosophie der EG umrissen, indem die Mitgliedstaaten sich verpflichten, »auf eine Verbesserung der Lebens- und Arbeitsbedingungen der Arbeitskräfte hinzuwirken und damit im Wege des Fortschritts ihre Angleichung zu ermöglichen«. In den folgenden Vorschriften wird die Kommission ermächtigt, Richtlinien zur Förderung der Zusammenarbeit zwischen den Mitgliedstaaten in sozialen Fragen zu erlassen.

Von besonderer Bedeutung ist dabei Art. 119, der den Grundsatz des gleichen Entgelts für Männer und Frauen bei gleicher Arbeit statuiert und durch mittlerweile fünf Richtlinien des Rates und die Rechtsprechung des Europäischen Gerichtshofs zu einem echten Gemeinschaftsgrundrecht geworden ist.

Daneben ist der europäische Sozialfonds ein praktisch bedeutsames Instrument der EG-Sozialpolitik. Er ist neben Agrar- und Regionalfonds einer der Strukturfonds, die den wirtschaftlichen und sozialen Zusammenhalt innerhalb der EG fördern sollen.

Diese Regelungen sind Teil des EWG-Vertrages und für alle Mitgliedstaaten verbindlich. Allerdings waren die Mitgliedstaaten im Gemeinschaftssozialrecht nicht bereit, vom Prinzip der Einstimmigkeit abzurücken. Damit hat das Sozialrecht kaum Anteil an der Beschleunigung und Erleichterung des Rechtsangleichungsprozesses in der EG. Zudem unterliegt das Gemeinschaftssozialrecht dem Prinzip der Subsidiarität in besonderer Weise: die EG darf nur das einheitlich regeln, was nicht seiner Natur nach von den Mitgliedstaaten allein geregelt werden kann. Damit ist das gemeinschaftliche Sozialrecht reduziert auf eine koordinierende Funktion für einzelne Sozialleistungsbereiche. Insbesondere geht es dabei um die soziale Abstützung der Freizügigkeit der Arbeitnehmer, die von den VOen Nr. 1408/71 und 574/72 ausformuliert ist.

Demgegenüber ist das harmonisierende Sozialrecht, das auf Vereinheitlichung, Angleichung oder Annäherung der nationalen Sozialrechtsordnung zielt, von geringer Bedeutung. Harmonisierendes Gemeinschaftssozialrecht gibt es praktisch nur bei den Richtlinien zur Gleichstellung von Mann und Frau. Dort hat es allerdings erhebliche Auswirkungen (vgl. die Aufhebung des Nachtarbeitsverbotes für Frauen allein aufgrund EG-Rechts, BVerfG FuR 1992, S. 101).

Eine solche Harmonisierung würde auch auf erhebliche Schwierigkeiten stoßen. Zu groß sind die gewachsenen Unterschiede in den einzelnen Sozialleistungssystemen hinsichtlich Strukturen und Leistungsumfang. Hinzu kommt das Problem der Finanzierung bei einer – allein erstrebenswerten – Harmonisierung nch oben, also einer Angleichung auf einem hohen Sozialleistungsniveau. Dem steht die Angst vor einem »Sozialdumping« gegenüber, also die Befürchtung, daß Arbeitnehmer in »Billiglohnländern« ohne gesicherten sozialen Standard gegen die hochentwickelten Produktionsstandorte ausgespielt werden.

Bereits 1989 wurde von der EG eine Gemeinschaftscharta der sozialen Grundrechte verabschiedet. In dieser Charta waren erste Ansätze einer kohärenten Sozialpolitik enthalten. Sie gewährte das »Recht auf sozialen Schutz« für alle Gemeinschaftsbürger und differenzierte dieses Recht für die Bereiche der Sozialversicherung und der Sozialhilfe aus. Diese Charta stieß auf Widerstand Großbritanniens und konnte deshalb keine rechtliche Verbindlichkeit erlangen.

Im Vertrag von Maastricht, der die stufenweise Entwicklung zu einer Europäischen Union festlegte, wurden Elemente dieser Charta in ein Abkommen zur Sozialpolitik übernommen. Dieses Abkommen über die Sozialpolitik wurde von elf Mitgliedstaaten, nicht aber von Großbritannien geschlossen. Es führt in wesentlichen Fragen der Sozialpolitik die qualifizierte Mehrheitsentscheidung ein und ist damit ein wichtiger Schritt zu einer Dynamisierung des Sozialrechts. Inhaltlich wird die Gemeinschaft ermächtigt, in folgenden Bereichen tätig zu werden:

- Verbesserung der Arbeitsumwelt zum Schutz der Gesundheit und der Sicherheit der Arbeitnehmer;
- Arbeitsbedingungen;
- Unterrichtung und Anhörung der Arbeitnehmer;

- Chancengleichheit von Männern und Frauen auf dem Arbeitsmarkt und Gleichbehandlung am Arbeitsplatz;
- berufliche Eingliederung.

Von der Mehrheitsentscheidung ausgenommen bleiben aber nach wie vor die zentralen Bereiche der sozialen Sicherungssysteme.

Literaturverzeichnis

Abel, K., 1993: Erlaubnis zum Betrieb einer Einrichtung, in: *Gernert, W.* (Hg.), Das Kinder- und Jugendhilfegesetz 1993, Anspruch und praktische Umsetzung, Stuttgart u. a.

Allert, T./Bieback-Diel, L./Oberle, H./Seyfarth, E., 1994: Familie, Milieu und sozialpädagogische Intervention. Münster.

Alternativkommentare, 1981: Kommentar zum BGB, Band 5: Familienrecht, Neuwied.

Alternativkommentare, 1989: Kommentar zum Grundgesetz, 2. Aufl., Neuwied.

Arbeitsgemeinschaft für Jugendhilfe – AGJ – (Hg.), 1992: Lebenswelten gestalten – Beiträge vom 9. Deutschen Jugendhilfetag 1992 in Hamburg, Münster.

Arbeitsgemeinschaft für Jugendhilfe/Deutsches Jugendinstitut (Hg.), 1991: Der Jugend eine Zukunft sichern – Jugendhilfe im Nachkriegsdeutschland zwischen Anpassung und Parteilichkeit –, Münster.

Aries, Ph., 1976: Geschichte der Kindheit, München.

Arndt, J./Oberloskamp, H./Balloff R., 1993: Gutachtliche Stellungnahmen in der sozialen Arbeit, 5. Auflage, Neuwied.

Bäcker-Breil, B./Buchholz, W./Stolz-Willig, B.: Kindeswohl oder Männerwohl?, in: Soziale Sicherung 89, S. 371 ff.

Balloff, R., 1991: Alleinerziehende Eltern, in: ZfJ 91, S. 256 ff.

Balloff, R./Walter, E., 1991: Konzeptionelle Gedanken zur Trennungs- und Scheidungsberatung, in: FuR 91, S. 63.

Balloff, R., 1992: Kinder vor Gericht, Opfer, Täter, Zeugen, München.

Balloff, R./Walter, E., 1993: Möglichkeiten und Grenzen beratender Interventionen am Beispiel der Mediation nach §§ 17, 28, 18 Abs. 4 KJHG, in: ZfJ 93, S. 65.

Bamberg, H.-D., Zur politischen Funktionalisierung des Kindeswohls, in: Soziale Sicherung 89, S. 365 ff.

Bank/Brachmann/Kreikebohm/Schmidt, 1990: Rentenreform 1992. Was ändert sich in der Rentenversicherung?, Stuttgart.

Barth, K., 1990: Möglichkeiten und Grenzen sozialpädagogischer Beratung im ASD, in: *Brunner/Schönig*, Theorie und Praxis von Beratung. Pädagogische und psychologische Konzepte, Freiburg.

Battes, R., 1993: Zu den Unterhaltsansprüchen volljähriger Kinder – Entwicklungen im Ausland als Indiz für Reformbedürfnisse, in: FuR 93, S. 253 ff.

Bauer, J., 1987: Familienrecht, in: *Eyferth/Otto/Thiersch* (Hg.), Handbuch der Sozialarbeit/Sozialpädagogik, Neuwied.

Bauer, J., 1986: Mit Gürtel und Hosenträger? Sicherheit im Erziehungsalltag: Das Spannungsverhältnis zwischen Erziehungsauftrag und Aufsichtspflichten, in: Welt des Kindes, 1986, S. 188 ff., Freiburg.

Beck, U., 1986: Risikogesellschaft. Auf dem Weg in eine andere Moderne, Frankfurt/M.

Beck, U., 1993: Die Erfindung des Politischen, Frankfurt/M.

Beitzke, G., 1992: Familienrecht, 26. Aufl., München.

Belling, D./Eberl, Ch./Michlik, F., 1994: Das Selbstbestimmungsrecht Minderjähriger bei medizinischen Eingriffen, Schriftenreihe Familie und Recht: Band 6, Neuwied.

Bergmann, H., 1993: Vorläufige Maßnahmen zum Schutz von Kindern und Jugendlichen, in: *Gernert, W.* (Hg.), Das Kinder- und Jugendhilfegesetz 1993, Anspruch und praktische Umsetzung, Stuttgart u. a.

Bernzen, Ch., 1991: Zukunft der Jugendarbeit, in: *Wiesner, R./Zarbock, W.*, Das neue Kinder- und Jugendhilfegesetz, seine Anwendung und Umsetzung, Köln.

Bertram, H. (Hg.), 1991: Die Familie in Westdeutschland – Stabilität und Wandel familialer Lebensformen, DJI Familiensurvey 1, Opladen.

Beuster, H./Marburger, H., 1988: Soziales Familienrecht – Ehe und Familie im Sozialrecht –, Regensburg.

Bienwald, W., 1992: Vormundschafts-, Pflegschafts- und Betreuungsrecht in der sozialen Arbeit, 3. Aufl., Heidelberg/Neuwied.

Biermann, B. u. a. (Hg.), 1992: Soziologie. Gesellschaftliche Probleme und sozialberufliches Handeln, Neuwied.

Biermann, B., 1992: Familien und familiale Alternativen – Prozesse, Institutionen und Instanzen der primären Sozialisation, in: *Biermann, B.* u. a. (Hg.): Soziologie, Neuwied.

Blanke, H./Hovenga, B./Wawrziczny, S., 1993: Handbuch Kommunale Kinderpolitik. – Ansätze, Anregungen und Erfahrungen konkreter Kinderpolitik, Münster.

Bock, T., 1993: Stichwort: Sozialarbeit/Sozialpädagogik und Sozialarbeiter/innen – Sozialpädagog/innen, in: *Deutscher Verein für öffentliche und private Fürsorge* (Hg.), Fachlexikon der sozialen Arbeit, 3. Aufl., Frankfurt/M.

Bohleber, W., 1989: Jugend – Ausgang der Sozialisation: Narziß?, in: *Markefka/Nave-Herz,* Handbuch der Familien- und Jugendforschung, Band II, Jugendforschung, Neuwied.

Bonstedt, Chr., 1972: Organisierte Verfestigung abweichenden Verhaltens, DJI Materialien, München.

Böttcher, H.-E., 1988: Recht für die Menschen, nicht für den Staat (Richard Schmid), in: *Kritische Justiz* (Hg.), Streitbare Juristen, Baden-Baden.

Borchert, J., 1989: Innenweltzerstörung. Sozialreform in die Katastrophe, Frankfurt/M.

Brötel, A., 1991: Die gesetzliche Amtspflegschaft für nichteheliche Kinder im Kontext einer gemein-europäischen Grundrechtsentwicklung, in: FamRZ 91, S. 775 ff.

Brudermüller, G./Klattenhoff, R., 1993: Tabellen zum Familienrecht (TzFamR), 9. Aufl., Neuwied.

Brüggemann, D., 1990: Besonderheiten bei der Amtsvormundschaft, Amtspflegschaft, Amtsbeistandschaft, in: *Oberloskamp, H.* (Hg.), Vormundschaft, Pflegschaft und Vermögenssorge bei Minderjährigen, Nachtrag, München.

Brühl, A., 1993: Mein Recht auf Sozialhilfe, 10. Aufl., München.

Brühl, A., 1993: Sozialhilfe von A–Z, 3. Aufl., München.

Bücher, P./Krüger, H./Chisholm, L., 1990: Kindheit und Jugend im interkulturellen Vergleich, Opladen.

Büter, D./Schimke, H., 1993: Anleitung zur Bescheidtechnik, 2. Aufl., Regensburg.

Bundesminister für Jugend, Familie, Frauen und Gesundheit (Hg.), 1986: Siebter Jugendbericht, Bonn.
Bundesminister für Jugend, Familie, Frauen und Gesundheit (Hg.), 1990: Achter Jugendbericht, Bonn.
Bundesminister für Jugend, Familie und Gesundheit (Hg.), 1968: Erster Familienbericht vom 25. 1. 1968, Bonn.
Bundesminister für Jugend, Familie und Gesundheit, (Hg.), 1985: Nichteheliche Lebensgemeinschaften in der Bundesrepublik Deutschland, Stuttgart.
Bundeszentrale für politische Bildung (Hg.), 1987: »Recht«, Heft 216, Bonn.
Busch, M./Hartmann, G., 1983: Soziale Trainingskurse im Rahmen des Jugendgerichtsgesetzes, Bonn.

Claessens, D./Millhoffer, P. (Hg.), 1973: Familiensoziologie, Frankfurt/M.
Clausen, H./Vent, H., 1987: Aufsichtspflicht und Aufsichtspflichtverletzung unter besonderer Berücksichtigung der Situation im Heim, 2. Aufl., Hannover.
Coester, M./Zubke, F. (Hg.), 1991: Das nichteheliche Kind und seine Eltern-rechtliche und sozialwissenschaftliche Aspekte, Schriftenreihe Familie und Recht, Neuwied.
Coester, M., 1991: Die Bedeutung des Kinder- und Jugendhilfegesetzes für das Familienrecht, FamRZ 91, S. 253.
Coester, M., 1991: Neue Aspekte zur gemeinsamen elterlichen Verantwortung nach Trennung und Scheidung, FuR 91, S. 70.
Coester, M., 1992: Sorgerecht bei Elternscheidung und KJHG, FamRZ 92, S. 617.
Coester, M./Hansen, P. K., 1994: Das UN-Übereinkommen über die Rechte des Kindes und das KJHG: Impulse für die Kindeswohlverwirklichung, in: *Steindorff, C.* (Hg.), Vom Kindeswohl zu den Kindesrechten, Schriftenreihe Familie und Recht, Neuwied.
Colla, H., 1973: Der Fall Frank, Neuwied.

De Mause, L. (Hg.), 1977: Hört ihr die Kinder weinen. Eine psychogenetische Geschichte der Kindheit. Frankfurt/M.
Deichfuß, H./Pawlowski, H.-M., 1991: Gemeinsames Sorgerecht unverheirateter Eltern, in: FuR 91, S. 205 ff.
Derleder, P., 1991: Unterhaltsrecht versus Sozialhilferecht, Rechtsgrundsätze zur Überwindung der Divergenzen von Unterhaltsrecht und Sozialhilferecht durch die Familiengerichtsbarkeit, in: FuR 91, S. 1 ff.
Derleder, P., 1992: Kind, Familie, Ehe – eine Wertedegression –, in: FuR 92, S. 273 ff.
Derleder, P., 1993: Familienzusammenhang und Familienrecht, in: FuR 93, S. 207 ff.
Deutscher Bundesjugendring, 1993: Positionspapier »Kinderpolitik«, in: *Blanke* u. a. (Hg.), Handbuch Kommunale Kinderpolitik, Münster.
Deutscher Familiengerichtstag (Sorgerechtskommission), 1993: Thesen zur Reform des Kindschaftsrechts, in: FamRZ 93, S. 1164.
Deutscher Juristentag, 1992: Beschlüsse des 59. DJT in Hannover: Empfiehlt es sich, das Kindschaftsrecht neu zu regeln?, in: FuR 92, S. 278.
Deutscher Verein für öffentliche und private Fürsorge, 1983: Anforderungen an eine berufsqualifizierende Ausbildung der Sozialarbeiter/Sozialpädagogen – Stellungnahme des DV vom 17. März 1983, Frankfurt/M.

Deutscher Verein für öffentliche und private Fürsorge, 1986: Grundsatzthesen zum Schutz der Sozialdaten, Sozialgeheimnis und Schweigepflicht, in: NDV 86, S. 227.

Deutscher Verein für öffentliche und private Fürsorge, 1990: Aktenführung in der kommunalen Sozialverwaltung, in: NDV 90, S. 335.

Deutscher Verein für öffentliche und private Fürsorge, 1992: Empfehlungen des Deutschen Vereins zur Beratung in Fragen der Trennung und Scheidung und zur Mitwirkung der Jugendhilfe im familiengerichtlichen Verfahren, in: NDV 92, S. 148.

Deutscher Verein für öffentliche und private Fürsorge, 1993: Empfehlungen zur Heranziehung zu den Kosten und zur Überleitung von Ansprüchen, in: NDV 93, S. 46.

Deutsches Jugendinstitut, 1987: Handbuch Beratung im Pflegekinderbereich, München.

Deutsches Jugendinstitut, 1988: Wie geht's der Familie?, München.

Dickmeis, F., 1991: Gefahren für das Kindeswohl ehelicher Kinder, in: ZfJ 91, S. 169.

Dickmeis, F., 1993: »Situation der Familie heute«, Thesen zur Anhörung vor dem Deutschen Bundestag, in: ZfJ 93, S. 1.

Dickmeis, F., 1993: Ausgewählte Verfahrensfragen des derzeitigen und künftigen Jugendhilferechts, in: ZfJ 93, S. 166 und 217.

Doehlemann, M., 1992: Junge und ältere Menschen: Soziologie der Altersphasen, in: *Biermann,* u. a. (Hg.), Soziologie, Neuwied.

Dreier, R., 1985: Recht und Gerechtigkeit, in: *Grimm, D.* (Hg.), Einführung in das Recht, Heidelberg.

Driehaus, H.-J./Frank, N., 1990: Einführung in das Allgemeine Verwaltungsrecht. München.

Ebertz, B., 1987: Adoption als Identitätsproblem, Freiburg.

Ellscheid, G., 1994: Das Naturrechtsproblem in der neueren Rechtsphilosophie, in: *Kaufmann, A./Hassemer, W.* (Hg.), Einführung in Rechtsphilosophie und Rechtstheorie der Gegenwart, 6. Aufl., Heidelberg.

Enders, U. (Hg.), 1990: Zart war ich – bitter war's. Sexueller Mißbrauch an Mädchen und Jungen, Köln.

Engelke, E., 1992: Soziale Arbeit als Wissenschaft, Freiburg.

Engfer, A., 1993: Kindesmißhandlung und sexueller Mißbrauch, in: *Markefka/Nauck (Hg.),* Handbuch der Kindheitsforschung, Neuwied.

Engisch, K., 1989: Einführung in das juristische Denken, 3. Aufl., Stuttgart.

Eser, A., 1994: Schwangerschaftsabbruch: Auf dem verfassungsgerichtlichen Prüfstand, Baden-Baden.

Esser, J., 1972: Vorverständnis und Methodenwahl in der Rechtsfindung, Frankfurt/M.

Faltermeier, J., 1993: Stichwort Kindesmißhandlung, in: *Deutscher Verein für öffentliche und private Fürsorge,* Fachlexikon der sozialen Arbeit, Frankfurt/M.

Faltermeier, J./Fuchs, P., 1992: Trennungs- und Scheidungsberatung durch die Jugendhilfe, Schriften des Deutschen Vereins, Heft 30, Frankfurt/M.

Fieseler, G./Herborth, R., 1994: Recht der Familie und Jugendhilfe – Arbeitsplatz Jugendamt/Sozialer Dienst, 3. Aufl., Neuwied.

Flitner, A., 1987: Kindheit, in: *Eyferth* u. a. (Hg.), Handbuch zur Sozialarbeit/Sozialpädagogik, Neuwied.

Foth, H., 1986: Ehe- und Familienrecht, kommentiert für die soziale Praxis, Band 1: Eherecht; Band 2: Kindschaftsrecht, Frankfurt/M.

Frank, W., 1990: Versicherung des Pflegerisikos – Sicherung der Menschenwürde im Alter, in: *Roos* (Hg.), Miteinander älter werden. Stuttgart.

Frank, W., 1993: Stichwort – gesetzliche Pflegeversicherung, in: *Deutscher Verein für öffentliche und private Fürsorge,* Fachlexikon der sozialen Arbeit, 3. Aufl., Frankfurt/M.

Friedrichs, H.-J., 1991: Erziehungshilfen und Inobhutnahme nach dem KJHG, in: ZfSH/SGB 91, S. 17.

Fthenakis, W., 1990: Systemorientierte Intervention vor, während und nach der Scheidung, in: *Proksch, R.* (Hg.), Wohl des Kindes, Nürnberg.

Fülbier, P./Schnapka, M., 1991: Jugendsozialarbeit im KJHG – Neue Rechtsgrundlage für bewährte Praxis, in: *Wiesner, R./Zarbock, W.*, Das neue Kinder- und Jugendhilfegesetz, seine Anwendung und Umsetzung, Köln.

Gastiger, S., 1974: Die Funktion des Rechts in der Sozialarbeit/Sozialpädagogik, Stuttgart.

Gernert, W., 1990: Die Heimerziehung nach der Jugendhilferechtsreform, in: Jugendwohl 90, S. 4.

Gernert, W. (Hg.), 1993: Das Kinder- und Jugendhilfegesetz 1993, Anspruch und praktische Umsetzung, Stuttgart u. a.

Gernhuber, J., 1971 und 1980: Lehrbuch des Familienrechts, 2. und 3. Aufl., München.

Geulen, D., 1987: Sozialisationstheorie, in: *Eyferth* u. a. (Hg.), Handbuch zur Sozialarbeit/Sozialpädagogik, Neuwied.

Giesen, D., 1993: Der Familienname aus rechtshistorischer, rechtsvergleichender und rechtspolitischer Sicht, in: FuR 93, S. 65 ff.

Gilles, P., 1985: Der Prozeß als Mittel zur rechtlichen Konfliktlösung, in: *Grimm, D.* (Hg.), Einführung in das Recht, Heidelberg.

Goldstein, J. u. a., 1988: Das Wohl des Kindes, Frankfurt/M.

Grimm, D. (Hg.), 1985: Einführung in das Recht, Heidelberg.

Gutjahr, K./Schrader A., 1990: Sexueller Mädchenmißbrauch, Köln.

Habermann, B./Tries, Ch., 1990: Das neue Kinder- und Jugendhilfegesetz, in: NDV 90, S. 205 (Teil 1).

Habermas, J., 1981: Theorie des kommunikativen Handelns, Band II, Frankfurt/M.

Haft, F., o. J.: Aus der Waagschale der Justitia, München.

Hansen, K. P., 1993: Das Recht der elterlichen Sorge nach Trennung und Scheidung, Schriftenreihe Familie und Recht, Band 4, Neuwied.

Happe, G., 1993: Zum Recht des Kindes und Jugendlichen auf Förderung und Erziehung, in: *Gernert, W.* (Hg.), Das Kinder- und Jugendhilfegesetz 1993, Anspruch und praktische Umsetzung, Stuttgart u. a.

Harms, S. u. a. (Hg.), 1987: Handbuch für Erzieherinnen, Berlin.
Heinle, J., 1993: Die Unterhaltspflicht erwachsener Kinder gegenüber hilfebedürftigen Eltern, in: FuR 93, S. 331 ff.
Heiß, B./Heiß, H., 1991: Die Höhe des Unterhalts von A–Z, 4. Aufl., München.
Herz, Th. A., 1989: Einstellung zu Beruf und Postmaterialismus unter Jugendlichen, in: *Markefka* u. a. (Hg.), Handbuch der Familien und Jugendforschung, Band 2, Neuwied.
Hofacker, S., Soziale Gruppenarbeit, in: *Gernert, W.* (Hg.), Das Kinder- und Jugendhilfegesetz 1993, Anspruch und praktische Umsetzung, Stuttgart u. a.
Honig, S., 1993: Sozialgeschichte der Kindheit im 20. Jahrhundert, in: *Markefka* u. a. (Hg.), Handbuch der Kindheitsforschung, Neuwied.
Hornstein, W., 1987: Jugend – Strukturwandel und Problemlagen, in: *Eyferth* u. a. (Hg.), Handbuch zur Sozialarbeit/Sozialpädagogik, Neuwied.
Huhn, D., 1977: Der Fall Familie – Recht und Unrecht einer bürgerlichen Einrichtung, Neuwied.
Hurrlemann, K./Rosewitz, B./Wolf, H. K., 1985: Lebensphase Jugend. Eine Einführung in die sozialwissenschaftliche Jugendforschung, Weinheim.

Igl, G., 1993: Kindergeld und Erziehungsgeld, 3. Aufl., München.

Jung, Ch., 1993: Hilfe für junge Volljährige, in: *Gernert, W.* (Hg.), Das Kinder- und Jugendhilfegesetz 1993, Anspruch und praktische Umsetzung, Stuttgart u. a.
Junge, H./Lendermann, H., 1990: Das Kinder- und Jugendhilfegesetz, Freiburg.

Kasseler Kommentar, 1991: Kasseler Kommentar zum Sozialversicherungsrecht, München.
Kaufmann, A., 1971: Rechtstheorie, Heidelberg.
Kaufmann, F., 1991: Das Jugendamt: Helfer für die Betroffenen oder Helfer für das Gericht? – Aspekte der Anwendung des § 17 KJHG, in: ZfJ 91, S. 18.
Kaufmann, F. X., 1992: Familienpolitische Herausforderungen in der 12. Legislaturperiode aus der Sicht der Sozialwissenschaften, in: FuR 92, S. 70 ff.
Kaufmann, A./Hassemer, W. (Hg.), 1994: Einführung in Rechtsphilosophie und Rechtstheorie der Gegenwart, 6. Aufl., Heidelberg.
Kausch, E., 1985: Die gesellschaftliche Funktion des Rechts, in: *Grimm D.* (Hg.), Einführung in das Recht, Heidelberg.
Key, E., 1902: Das Jahrhundert des Kindes, Berlin.
Kiehl, W., 1993: Das Erste KJHG-Änderungsgesetz: Verbesserungen und Verschlimmbesserungen, in: ZfJ 93, S. 226.
Kiehl, W., 1990: Die Rechtsstellung Minderjähriger und Sorgeberechtigter im neuen KJHG, in: ZRP 90, S. 94.
Kiehl, W., 1991: Jugendgerichtshilfe – Soziale Arbeit im Spannungsfeld zwischen Jugendhilfe und Jugendstrafgericht, in: *Wiesner, R./Zarbock, W.*, Das neue Kinder- und Jugendhilfegesetz, seine Anwendung und Umsetzung, Köln.
Kiehn, E., 1990: Sozialpädagogisch betreute Wohnformen, Freiburg.
Knapp, R., 1994: Erziehung und Sozialisation, in: *Badry* u. a. (Hg.), Pädagogik, 2. Aufl., Neuwied.

Knapp, W. (Hg.), 1980: Die wissenschaftlichen Grundlagen der Sozialarbeit/Sozialpädagogik, Stuttgart.

Knieper, R., 1992: Zwischen Scylla der Erziehung und Charybdis des Kindesunterhalts, in: FuR 92, S. 74 ff.

Kowalewski, H., 1990: Neue Perspektiven für die Jugendhilfeplanung, in: Blätter der Wohlfahrtspflege 90, S. 326.

Krähenbühl, V./Jellouschek, H./Jellouschek-Kohaus, M./Weber, R., 1987: Stieffamilien – Struktur – Entwicklung – Therapie, 2. Aufl., Freiburg.

Krause, P., 1986: Der Schutz von Ehe und Familie in der Rechtsprechung des BVerfG, in: Archiv für Wissenschaft und Praxis der sozialen Arbeit, Frankfurt/M.

Kreft, D./Münder, J., 1990: Soziale Arbeit und Recht, 3. Aufl., Weinheim.

Kreutz, H., 1989: Neuere Theorien zum Jugendverhalten, in *Markefka* u. a. (Hg.), Handbuch der Familien- und Jugendforschung – Band 2, Neuwied.

Kriele, M., 1985: Recht und Macht, in: *Grimm, D.* (Hg.), Einführung in das Recht, Heidelberg.

Kritische Justiz (Hg.), 1988: Streitbare Juristen, Baden-Baden.

Kühnel, R. u. a. (Hg.), 1985: Dienstrecht für die soziale Arbeit, Weinheim.

Kunkel, P.-Ch., 1990: Der Kostenbeitrag in der Jugend- (und Sozial-)hilfe, in: RdJB 90, S. 80.

Kunkel, P.-Ch., 1991: Die zusätzlichen Regelungen des Sozialdatenschutzes im KJHG, in: ZfJ 91, S. 111.

Kunkel, P.-Ch., 1991: Leistungsverpflichtungen und Rechtsansprüche im KJHG, insbesondere die Hilfe zur Erziehung, in: ZfJ 91, S. 145.

Kunkel, P.-Ch., 1993: Der Datenschutz in der Jugendhilfe nach der Reparatur-Novelle, in: ZfJ 93, S. 274.

Lakies, Th., 1990: Tagespflege und Vollzeitpflege im KJHG, in: ZfJ 90, S. 545.

Lakies, Th., 1991: Das neue KJHG – ein Überblick, in: ZfJ 91, S. 22.

Landschaftsverband Westfalen-Lippe (Hg.), 1989: Empfehlungen zum Sozialhilferecht, Münster.

Lange, D., 1992: Der überforderte Staat, der geforderte Sozialstaat, in: *Lange/Weth* (Hg.), Politik – Politische Beteiligung im Sozialstaat, Neuwied.

Lehr- und Praxiskommentar, 1991: Lehr- und Praxiskommentar zum BSHG, 3. Aufl., Baden-Baden.

Lemke, M./Glockner, R., 1994: Tabellen zum Familienrecht, 10. Aufl., Neuwied.

Lempp, R., 1993: Die seelische Behinderung und die Jugendhilfe, in: *Gernert, W.* (Hg.), Das Kinder- und Jugendhilfegesetz 1993, Anspruch und praktische Umsetzung, Stuttgart u. a.

Liegle, L., 1987: Familie/Familienerziehung, in: *Eyferth* u. a. (Hg.), Handbuch der Sozialarbeit/Sozialpädagogik, Neuwied.

Limbach, J., 1989: Die gemeinsame Sorge geschiedener Eltern in der Rechtspraxis, Köln.

Louis, Ch., 1994: Lesbische Mütter, in: EMMA, Sept./Okt. 94, S. 100 ff.

Louis, H.-W., 1981: Grundzüge des Datenschutzrechtes, Köln.

Lowy, L., 1983: Sozialarbeit/Sozialpädagogik als Wissenschaft im angloamerikanischen und deutschsprachigen Raum, Freiburg.

Luckey, A., 1991: Eheähnliche und sonstige Wohn- und Wirtschaftsgemeinschaften im Recht der Sozial- und Arbeitslosenhilfe, – Schriftenreihe Familie und Recht, Band 2, Neuwied.
Luckey, A., 1993: Ehe, eheähnliche Gemeinschaft und Arbeitslosenhilfe, in: FuR 93, S. 22ff.
Ludemann, P., 1991: Jugendhilfeausschuß und Arbeitsgemeinschaften, in: Jugendwohl 91, S. 240 und 293.

Maas, U., 1990: Die Regelungen zum Schutz personenbezogener Daten im KJHG, in: NDV 90, S. 215.
Maas, U., 1992: Soziale Arbeit als Verwaltungshandeln, Weinheim.
Maas, U., 1994: Auswirkungen des 1. ÄndKJHG auf die Arbeit der Jugendgerichtshilfe, in: ZfJ 94, S. 68.
Markefka, M.,1993: Kinder: Objekt der Politik, in: Handbuch der Kindheitsforschung, Neuwied.
Markefka, M./Nauck, B. (Hg.), 1993: Handbuch der Kindheitsforschung, Neuwied.
von Maydell, B., 1993: Stichwort: Alterssicherung, in: *Deutscher Verein für öffentliche und private Fürsorge,* Fachlexikon der sozialen Arbeit, 3. Aufl., Frankfurt/M.
Mayer-Maly, Th., 1987: Das Jura-Studium, in: JURA 87, S. 1.
Meder, St., 1993: Der Unterhaltsverzicht im Spannungsfeld von Privatautonomie und öffentlichem Interesse, in: FuR 93, S. 12ff.
Mehl, H.-P., 1990: Was Jugendämter tun müssen, in: Blätter der Wohlfahrtspflege 90, S. 329.
Menne, K., 1992: Zwischen Beratung und Gericht, in: ZfJ 92, S. 66.
Merchel, J., 1990: Das neue KJHG: Hat offensive Jugendhilfe noch eine Chance?, in: Blätter der Wohlfahrtspflege 90, S. 313.
Meyer, B., Gleichberechtigung ohne Wenn und Aber (E. Selbert), in: *Kritische Justiz* (Hg.), Streitbare Juristen, Baden-Baden.
Mielenz, I., 1992: Jugendhilfe als Querschnittspolitik – Jugendhilfe im Widerstreit von Abgrenzung und Einmischung, in: *AGJ* (Hg.), Lebenswelten gestalten – Beiträge vom 9. Deutschen Jugendhilfetag 1992 in Hamburg, Münster.
Mollenhauer, P., 1990: Jugendsozialarbeit zwischen Jugendarbeit und Erziehungshilfen, in: Jugendwohl 90, S. 64.
Möller, W./Nix, Ch., 1991: Kurzkommentar zum Kinder- und Jugendhilfegesetz, Weinheim.
Mörsberger, Th., 1990: Perspektive »Neues Jugendamt«. Zur Bedeutung der Datenschutzbestimmungen im neuen KJHG, in: ZfJ 90, S. 365.
Mörsberger, Th., 1991: Datenschutz kontrovers, in: ZfJ 91, S. 114.
Mörsberger, Th., 1991: Die Datenschutzbestimmungen des Kinder- und Jugendhilfegesetzes, in: *Wiesner, R./Zarbock, W.*, Das neue Kinder- und Jugendhilfegesetz, seine Anwendung und Umsetzung, Köln.
Mrozynski, P., 1991: Das neue Kinder- und Jugendhilfegesetz (SGB-VIII), München.
Müllensiefen, D., 1993: Stichwort Psychosoziale Diagnose, in: Deutscher Verein für öffentliche und private Fürsorge, Fachlexikon der sozialen Arbeit, 3. Aufl., Frankfurt/M.

Müller, I., 1987: Furchtbare Juristen, München.
Müller, U., 1988: Die Arbeitspflicht getrennt lebender oder geschiedener Ehegatten, in: ZfJ 88, S. 169ff.
Müller-Alten, L., 1992: Sozialhilfe in der Beratung, Neuwied.
von Münch, E. M., 1990: Die Scheidung nach neuem Recht, 7. Aufl., München.
von Münch, E. M., 1991: Zusammenleben ohne Trauschein, 4. Aufl., München.
von Münch, E. M., 1992: Ehe- und Familienrecht von A–Z, 12. Aufl., München.
von Münch, I., 1985: Art. 6 GG, der Wandel familiärer Lebensmuster und das Familien- und Sozialrecht, in: Schriftenreihe des Deutschen Sozialgerichtsverbands, Bd. XXVII, Wiesbaden.
Münch, U., 1990: Familienpolitik in der Bundesrepublik Deutschland, Freiburg.
Münder, J., 1980: Familien- und Jugendrecht, 1. Aufl., Weinheim.
Münder, J., 1990: Das neue Kinder- und Jugendhilfegesetz, in: Soziale Arbeit 90, S. 206.
Münder, J., 1990: Das Verhältnis Minderjähriger – Eltern – Jugendhilfe, in: ZfJ 90, S. 488.
Münder, J., 1991: Ansprüche auf Leistungen im Jugendhilferecht, in: ZfJ 91, S. 285.
Münder, J., 1991: Beratung, Betreuung, Erziehung und Recht, 2. Aufl., Münster.
Münder, J., 1992: Vom vorgegebenen gesetzlichen Leitbild zur autonomen Gestaltung bei nichtehelicher Kindschaft, in: FuR 92, S. 191 ff.
Münder, J., 1993: Familien- und Jugendrecht. Eine sozialwissenschaftlich orientierte Darstellung des Rechts der Sozialisation, Band 1: Familienrecht. Band 2: Jugendhilferecht, Weinheim.
Münder, J. u. a. 1993: Frankfurter Lehr- und Praxiskommentar zum KJHG, 2. Aufl., Münster.
Münder, J., 1994: Alleinerziehende im Recht – Ein Rechts- und Praxisratgeber, Münster.
Münstermann, K., 1993: Hilfen zur Erziehung, in: *Gernert, W.* (Hg.), Das Kinder- und Jugendhilfegesetz 1993, Anspruch und praktische Umsetzung, Stuttgart u. a.

Nauck, B., 1989: Demographische Entwicklung der Jugend in der Bundesrepublik Deutschland, in: *Markefka* u. a. (Hg.), Handbuch der Familien- und Jugendforschung, Band 2, Neuwied.
Nave-Herz, R. (Hg.), 1988: Wandel und Kontinuität der Familie in der Bundesrepublik Deutschland, in: *Schneeewind/Vaskovics/Wurzbacher* (Hg.), Der Mensch als soziales Wesen, Band 8, Stuttgart.
Nave-Herz, R., 1992: Die Pluralität von Familienformen: Ideologie oder Realität?, in: FuR 92, S. 186ff.
Neubauer, G./Emmerich, I./Achterwinter, D., 1993: Gefährdungslagen in verinselten Lebensräumen: Sexueller Mißbrauch, in: *Zentrum für Kindheitsforschung* (Hg.), Wandlungen der Kindheit, Opladen.
Nickel, H./Petzhold, M., 1993: Sozialisationstheorien unter ökologisch-psychologischer Perspektive, in: *Markefka/Nauck* (Hg.), Handbuch der Kindheitsforschung, Neuwied.
Niemeyer, G., 1993: Art. 6 GG auf dem Prüfstand, in: FuR 93, S. 29ff.
Nienstedt, M./Westermann, A., 1989: Pflegekinder, Münster.
Nix, Ch., 1994: Kurzkommentar zum JGG, Weinheim.

Oberloskamp, H., 1990: Die rechtliche Stellung von Kindern und Jugendlichen nach dem Regierungsentwurf eines Gesetzes zur Neuordnung des Kinder- und Jugendhilferechtes, in: ZfJ 90, S. 260.

Oberloskamp, H., 1990: Vormundschaft, Pflegschaft und Vermögenssorge bei Minderjährigen, München.

Oberloskamp, H., 1991: Das Recht des Kindes auf Kenntnis seiner eigenen Abstammung, in: FuR 91, S. 263 ff.

Oberloskamp, H., 1992: Die Zusammenarbeit von Vormundschafts-/Familiengericht und Jugendamt, in: FamRZ 92, S. 1241.

Oberloskamp, H., 1993: Ich erziehe mein Kind allein, 3. Aufl., München.

Oberloskamp, H., 1993: Wie adoptiere ich ein Kind? Wie bekomme ich ein Pflegekind?, 3. Aufl., München.

Oberloskamp, H., 1994: Kindschaftsrechtliche Fälle für Studium und Praxis, 4. Aufl., Neuwied.

Oberloskamp, H./Adams, U., 1994: Jugendhilferechtliche Fälle für Studium und Praxis, 8. völlig neu bearbeitete Aufl., Neuwied.

Oberloskamp, H., 1994: Kindschaftsrechtliche Fälle für Studium und Praxis, 4. Aufl., Neuwied.

Oppermann, Th., 1991: Europarecht, München.

Palandt/Bearbeiter, 1992: Kurzkommentar zum Bürgerlichen Gesetzbuch, 51. Aufl., München.

Papenheim, H./Baltes, J., 1993: Verwaltungsrecht für die soziale Praxis, 10. Aufl., Frechen.

Postman, N., 1983: Das Verschwinden der Kindheit, Frankfurt/M.

Preis, U., 1990: Eine notwendige Reform ohne sozialpolitischen Fortschritt, in: ZRP 90, S. 90.

Preis, U., 1990: Perspektivenwechsel – grundsätzliche Anmerkungen zum KJHG, in: Schriftenreihe des Deutschen Bundesjugendrings 90, S. 14.

Prestien, H.-Ch., 1990: Die Rolle der Richter(innen) am Familiengericht, in: *Proksch, R.*, Wohl des Kindes, Nürnberg.

Proksch, R., 1989: Scheidungsfolgenvermittlung (divorce mediation), ein Instrument integrierter familiengerichtlicher Hilfe, in: FamRZ 1989, S. 916 ff.

Proksch, R., 1990: Hilfe zur Selbsthilfe, in: Blätter der Wohlfahrtspflege 90, S. 323.

Proksch, R., 1990: Wohl des Kindes, Berichte und Materialien aus der sozialen und kulturellen Arbeit, Nürnberg.

Ramm, Th., 1985: Familienrecht, Band I: Recht der Ehe, München.

Ramm, Th., 1990: Jugendrecht, München.

Ramsauer/Stallbaum, 1991: Mein Recht auf BAföG, 2. Aufl., München.

Rauschenbach, Th., 1990: Zur Ausbildungssituation für soziale Berufe in der Bundesrepublik Deutschland, in: NDV 90, S. 270 ff.

Rehbinder, M., 1988: Einführung in die Rechtswissenschaft, 6. Aufl., Berlin.

Reinicke, P., 1993: Stichwort Soziale Berufe, in: *Deutscher Verein für öffentliche und private Fürsorge*, Fachlexikon der sozialen Arbeit, 3. Aufl., Frankfurt/M.

Reis, C./Wienand, M., 1990: Zur sozialen Dimension des EG-Binnenmarkts, Frankfurt/M.

Reisch, H., 1993: Novelliertes Kinder- und Jugendhilferecht, in: ZfJ 93, S. 157 und 232.
Rerrich, M., 1988: Balanceakt Familie, Freiburg.
Rolland, W. (Hg.), 1993: Familienrecht – Kommentar, Neuwied.
Roscher, F., 1990: Außergerichtliche und gerichtliche Rechtsverwirklichung, in: *Kreft/Münder*, Soziale Arbeit und Recht, 3. Aufl., Weinheim.
Rosenbaum, H., 1973: Familie als Gegenstruktur zur Gesellschaft. – Kritik grundlegender theoretischer Ansätze in der westdeutschen Familiensoziologie, Stuttgart.
Rummel, C., 1989: Der § 8 SGB-I des Regierungsentwurfs zur Jugendhilfereform oder wie man die Jugendhilfe hinter dem Elternrecht versteckt, in: Forum Jugendhilfe.
Rummel, C., 1990: Bescheidenheit statt Eigenständigkeit, in: ZfJ 90, S. 294.

Sahlinger, U., 1992: Aufsichtspflicht in der Kinder- und Jugendarbeit, 2. Aufl., Münster.
Sahlinger, U., 1994: Die Aufsichtspflicht im Kindergarten, Münster.
Salgo, L., 1993: Der Anwalt des Kindes, Köln.
Salgo, L., 1991: Die Regelung der Familienpflege im KJHG, in: *Wiesner, R./Zarbock, W.*, Das neue Kinder- und Jugendhilfegesetz, seine Anwendung und Umsetzung, Köln.
Scheffen, E., 1993: Vorschläge zur Änderung des § 828 Abs. 1 und 2 BGB. Ist die Delikthaftung Minderjähriger ab Vollendung des 7. Lebensjahres und ohne Rücksicht auf ihre »Steuerungsfähigkeit« noch gerechtfertigt, in: FuR 93, S. 82 ff.
Schellhorn, W., 1992: Reform des Nichtehelichenrechts, in: FuR 92, S. 37 ff.
Schellhorn, W., 1990: Jugendhilferecht, Neuwied.
Schellhorn, W./Wienand, M., 1991: Kommentar zum Kinder- und Jugendhilfegesetz, Neuwied.
Schellhorn, W./Schellhorn, H., 1993: Die Neuregelung des Übergangs von Unterhaltsansprüchen auf den Sozialhilfeträger, in: FuR 93, S. 261 ff.
Schimke, H.-J., 1994: Der Hilfeplan als Teil eines rechtsstaatlichen Entscheidungsprozesses, in: *ISA* (Hg.), Hilfeplanung und Betroffenenbeteiligung, Münster.
Schleicher, H., 1991: Jugend- und Familienrecht, 7. Aufl., Köln.
Schlüter, W./Kemper, R., 1993: Verwandtenunterhalt im Wandel, in: FuR 93, S. 245 ff.
Schmid, R., 1975: Das Unbehagen an der Justiz, München.
Schnabel, R., 1993: Pflegekindschaft, Pflegeerlaubnis, in: *Gernert, W.* (Hg.), Das Kinder- und Jugendhilfegesetz 1993, Anspruch und praktische Umsetzung, Stuttgart u. a.
Schnabel, Th., 1989: Die Gesellschaft braucht Familien. Das Kind braucht Vater und Mutter, in: Soziale Sicherung 89, S. 237 ff.
Schoch, D./Brühl, A./Schmidtbauer, M., 1991: Sozialhilferecht – Fälle mit Lösungen, Baden-Baden.
Scholz, R., 1992: Unterhaltsvorschußgesetz, 2. Aufl., Köln u. a.
Schrapper, Ch., 1993: Intensive sozialpädagogische Einzelbetreuung, in: *Gernert, W.* (Hg.), Das Kinder- und Jugendhilfegesetz 1993, Anspruch und praktische Umsetzung, Stuttgart u. a.

Schroth, U., 1994: Philosophische und juristische Hermeneutik, in: *Kaufmann, A./Hassemer, W.* (Hg.), 1994: Einführung in Rechtsphilosophie und Rechtstheorie der Gegenwart, 6. Aufl., Heidelberg.

Schulte, B./Trenk-Hinterberger, P., 1986: Sozialhilfe. Eine Einführung, 2. Aufl., Heidelberg.

Schulte, B., 1990: Europäisches und nationales Sozialrecht, EuropaRecht, Beiheft 1.

Schwenkel-Omar, J., 1990: Die Jugendgerichtshilfe zwischen Jugendhilfe und Justiz, in: ZfJ 90, S. 493.

Seipp, P./Fuchs, K., 1992: Rechts-ABC für den Jugendgruppenleiter, 22. Aufl., Neuwied.

Sembdner, F., 1982: Deutsches Staatsrecht, München.

Sengling, D., 1990: Geschichte der Jugendhilferechtsreform, in: Blätter der Wohlfahrtspflege 90, S. 311.

Seewald, F. O./Felix, D., 1991: Kindergeld – Sozialleistung mit steuerlicher Entlastungsfunktion, in: VSSR 91, S. 157 ff.

Simitis, S. u. a., 1979: Kindeswohl, Frankfurt/M.

Späth, K., 1991: Die Hilfen zur Erziehung – Vom Eingriffsinstrumentarium zum praeventiv orientierten Leistungsangebot, in: *Wiesner, R./Zarbock, W.*, Das neue Kinder- und Jugendhilfegesetz, seine Anwendung und Umsetzung, Köln.

Späth, K., 1991: Weiterhin Almosen statt angemessene Honorierung für Pflegeeltern, in: ZfJ 91, S. 293.

Steindorff, C., 1991: Die UN-Kinderkonvention als Legitimationsgrundlage für Elternrechte?, in: FuR 91, S. 214.

Steindorff, C. (Hg.), 1994: Vom Kindeswohl zu den Kindesrechten – Schriftenreihe Familie und Recht, Band 5, Neuwied.

Strömholm, S., 1976: Allgemeine Rechtslehre, Heidelberg.

Struck, J., 1991: Jugendhilfe und Pluralisierung der Familienformen, in: *Wiesner, R./Zarbock, W.*, Das neue Kinder- und Jugendhilfegesetz, seine Anwendung und Umsetzung, Köln.

Textor, M., 1991: Familien: Soziologie, Psychologie. Eine Einführung für soziale Berufe.

Textor, M., 1992: Praxis der Kinder- und Jugendhilfe, Weinheim.

Thiersch, H., 1992: Lebensweltorientierte soziale Arbeit, Weinheim.

Thiersch, H./Rauschenbach, Th., 1984: Sozialpädagogik/Sozialarbeit: Theorie und Entwicklung, in: *Eyferth* u. a. (Hg.), Handbuch Sozialarbeit/Sozialpädagogik, Neuwied.

Thofern, H., 1993: Die nichteheliche Lebensgemeinschaft im deutschen und italienischen Mietrecht, Schriftenreihe Familie und Recht, Band 7, Neuwied.

Tillmann, K. J., 1989: Sozialisationstheorie – Eine Einführung in den Zusammenhang von Gesellschaft, Institutionen und Subjektwerdung, Hamburg.

Timmermann, D./Melzer, W., 1993: Wandel von Kindheit und öffentlicher Erziehung. (Selbst) Kritische Reflexionen über Ansätze der Kindheitsforschung, in: *Zentrum für Kindheitsforschung* (Hg.), Wandlungen der Kindheit, Opladen.

Tofaute, H., 1985: Splitting, Kinderfreibeträge, sozialer Familienlastenausgleich. Ein harmonischer Dreiklang?, in: Soziale Sicherung 85, S. 332 ff.

v. Uslar, G., 1990: Zusammenarbeit öffentlicher und freier Träger in der Jugendhilfe, in: Blätter der Wohlfahrtspflege 90, S. 318.

Wagner, H., 1992: Einführung in das Recht für Sozialarbeiter und Sozialpädagogen, 3. Aufl.
Wagner, K., 1991: Jugendhilfe und Familienpflege aus verfassungsrechtlicher Sicht, in: FuR 91, S. 208.
Wawrziczny, S., 1993: Braucht Kinderpolitik neue Strukturen? Zum Streit über Kinderbeauftragte, Kinderkommissionen, Kinderbüros und KinderanwältInnen, in: *Blanke* u. a. (Hg.), Handbuch kommunale Kinderpolitik, Münster.
von der Weiden, K., 1991: Vorschläge zur Neuregelung der Rechtsstellung des Stiefkindes im Familienrecht, in: FuR 91, S. 249ff.
von der Weiden, K., 1991: Vertragliche Regelungen stiefelterlicher Unterhalts- und Betreuungspflichten, in: FuR 3/91.
Weiß, P., 1991: Ursprünge der Verselbständigung der Jugendhilfe – Reformpädagogische Ausarbeitung des Erziehungsgedankens, in: *AGJ/DJI* (Hg.), Der Jugend eine Zukunft sichern, Münster.
Wiedau, R., 1993: Sozialpädagogische Familienhilfe, in: *Gernert, W. (Hg.),* Das Kinder- und Jugendhilfegesetz 1993, Anspruch und praktische Umsetzung, Stuttgart u. a.
Wiesner, R., 1990: Der mühsame Weg zu einem neuen Jugendhilfegesetz, in: RdJB 90, S. 112.
Wiesner, R./Zarbock, W., Das neue Kinder- und Jugendhilfegesetz, seine Anwendung und Umsetzung, Köln.
Wissenschaftlicher Beirat für Familienfragen beim Bundesministerium für Familie und Senioren, 1991: Gutachten: Leitsätze und Empfehlungen zur Familienpolitik im vereinten Deutschland.

Zarbock, W., 1991: Das KJHG und die Neuerungen im Recht der Amtsvormundschaft/Amtspflegschaft, in: *Wiesner, R./Zarbock, W.*, Das neue Kinder- und Jugendhilfegesetz, seine Anwendung und Umsetzung, Köln.
Zentrum für Kindheits- und Jugendforschung, (Hg.), 1993: Wandlungen der Kindheit, Opladen.
Zenz, G., 1981: Kindesmißhandlung und Kindesrechte, Erfahrungswissen, Normstruktur und Entscheidungsrationalität, Frankfurt/M.
Ziehe, Th., 1975: Pubertät und Narzismus, Frankfurt/M.

Abkürzungsverzeichnis

a.a.O.	am angegebenen Ort
Abs.	Absatz
AdVermG	Gesetz über die Vermittlung der Annahme als Kind
AdVermVO	Verordnung zum Adoptionsvermittlungsgesetz
1. ÄndKJHG	Erstes Gesetz zur Änderung des Kinder- und Jugendhilfegesetzes
AFG	Arbeitsförderungsgesetz
AGJ	Arbeitsgemeinschaft für Jugendhilfe, Bonn
AK-BGB	Kommentar zum Bürgerlichen Gesetzbuch (Reihe Alternativkommentare)
AK-GG	Kommentar zum Grundgesetz (Reihe Alternativkommentare)
Alg	Arbeitslosengeld
Alhi	Arbeitslosenhilfe
ALR	Allgemeines Landrecht für die preußischen Staaten von 1794
ANBA	Amtliche Nachrichten der Bundesanstalt für Arbeit
AOK	Allgemeine Ortskrankenkassen
ArbGG	Arbeitsgerichtsgesetz
ArVNG	Arbeiterrentenversicherungs-Neuregelungsgesetz
ASD	Allgemeiner Sozialer Dienst
AVG	Angestelltenversicherungsgesetz
AWO	Arbeiterwohlfahrt
BAB	Berufsausbildungsbeihilfe
BAföG	Bundesausbildungsförderungsgesetz
Bayr. Verf.	Bayerische Verfassung
BErzGG	Gesetz über die Gewährung von Erziehungsgeld und Erziehungsurlaub
BeurkG	Beurkundungsgesetz
BGB	Bürgerliches Gesetzbuch
BGBl.	Bundesgesetzblatt
BGH	Bundesgerichtshof
BHG	Gesetz über Rechtsberatung und Vertretung für Bürger mit geringem Einkommen (Beratungshilfegesetz)
BKGG	Bundeskindergeldgesetz
BMFJ	Bundesministerium für Frauen und Jugend
BMJFFG	Bundesministerium für Jugend, Familie, Frauen und Gesundheit
BMJFG	Bundesministerium für Jugend, Familie und Gesundheit
BSeuchG	Bundesseuchengesetz
BSG	Bundessozialgericht
BSG E	Entscheidungen des Bundessozialgerichts (Amtliche Sammlung)
BSHG	Bundessozialhilfegesetz
BT-Drucksache	Bundestags-Drucksache

BVerfG	Bundesverfassungsgericht
BVerfGE	Entscheidungen des Bundesverfassungsgerichts (Amtliche Sammlung)
BVerfGG	Bundesverfassungsgerichtsgesetz
BVerwG	Bundesverwaltungsgericht
BVG	Bundesversorgungsgesetz
bzw.	beziehungsweise
DJI	Deutsches Jugendinstitut
DJT	Deutscher Juristentag
DPWV	Deutscher Paritätischer Wohlfahrtsverband
DV	Deutscher Verein für öffentliche und private Fürsorge
DVO	Durchführungsverordnung
EG	Europäische Gemeinschaft
EGBGB	Einführungsgesetz zum Bürgerlichen Gesetzbuch
EheG	Ehegesetz
EMRK	Europäische Menschenrechtskonvention
EStG	Einkommensteuergesetz
EWG-VO	Verordnung der Europäischen Wirtschaftsgemeinschaft (altes Recht)
EzFamRZ	Entscheidungssammlung zum Familienrecht
f.	die folgende Seite
FamG	Familiengericht
FamRZ	Zeitschrift für das gesamte Familienrecht
ff.	die folgenden Seiten
FGB-DDR	Familiengesetzbuch DDR
FGG	Gesetz über die Angelegenheiten der Freiwilligen Gerichtsbarkeit
FRG	Fremdrentengesetz
FuR	Familie und Recht
GewO	Gewerbeordnung
GG	Grundgesetz
GRG	Gesundheitsreformgesetz
GVBl.	Gesetzes- und Verordnungsblatt
GVG	Gerichtsverfassungsgesetz
h. M.	herrschende Meinung
HEZG	Hinterbliebenenrenten- u. Erziehungszeiten-Gesetz
Hg.	Herausgeber
HGB	Handelsgesetzbuch
IPR	Internationales Privatrecht
ISA	Institut für soziale Arbeit e. V., Münster
ISKA	Institut für soziale und kulturelle Arbeit

JA	Jugendamt
JArbSchG	Jugendarbeitsschutzgesetz
JGG	Jugendgerichtsgesetz
JGH	Jugendgerichtshilfe
JSchöG	Gesetz zum Schutz der Jugend in der Öffentlichkeit
JWG	Jugendwohlfahrtsgesetz
KGSt	Kommunale Gemeinschaftsstelle für Verwaltungsvereinfachung
KJHG	Kinder- und Jugendhilfegesetz
KLG	Kindererziehungsleistungsgesetz
LG	Landgericht
LJA	Landesjugendamt
LPK-BSHG	Lehr- und Praxiskommentar zum Bundessozialhilfegesetz
LWL	Landschaftsverband Westfalen-Lippe
m. w. N.	mit weiteren Nachweisen
MdE	Minderung der Erwerbsfähigkeit
MuSchG	Mutterschutzgesetz
n. e.	nicht ehelich
NDV	Nachrichtendienst des Deutschen Vereins für öffentliche und private Fürsorge
NJW	Neue Juristische Wochenschrift
o. J.	ohne Jahrgang
OLG	Oberlandesgericht
PaßG	Paßgesetz
PSD	Psycho-soziale Diagnose
PStG	Personenstandsgesetz
PStG AVO	Ausführungsverordnung zum Personenstandsgesetz
RBG	Rechtsberatungsgesetz
RdJB	Recht der Jugend und des Bildungswesens
Rdn.	Randnummer
Reg-E	Regierungsentwurf
Regu-VO	Regelunterhaltsverordnung
RelKErzG	Gesetz über religiöse Kindererziehung
RJWG	Reichsjugendwohlfahrtsgesetz
RuStAG	Reichs- und Staatsangehörigkeitsgesetz
RVO	Reichsversicherungsordnung
SGB-AT	Sozialgesetzbuch – Allgemeiner Teil
SGB-IV	Sozialgesetzbuch – Sozialversicherung Gemeinsame Vorschriften
SGB-V	Sozialgesetzbuch – Krankenversicherung
SGB-VI	Sozialgesetzbuch – Rentenversicherung

SGB-VIII (KJHG)	Sozialgesetzbuch – Kinder- und Jugendhilfe
SGB-X	Sozialgesetzbuch – Verwaltungsverfahren; Schutz der Sozialdaten
SGG	Sozialgerichtsgesetz
StabG	Stabilitätsgesetz
StGB	Strafgesetzbuch
StPO	Strafprozeßordnung
StVG	Straßenverkehrsgesetz
TzFamR	Tabellen zum Familienrecht
UN	Vereinte Nationen
UVG	Unterhaltsvorschußgesetz
VG/VormG	Vormundschaftsgericht
VSSR	Vierteljahresschrift für Sozialrecht
VVdStRL	Veröffentlichungen der Vereinigung deutscher Staatsrechtslehrer
VwGO	Verwaltungsgerichtsordnung
VwV	Verwaltungsvorschrift
VwVfG	Verwaltungsverfahrensgesetz
WoGVO	Verordnung zum Wohngeldgesetz
WoGVwV	Verwaltungsvorschrift zum Wohngeldgesetz
WoGG	Wohngeldgesetz
WRV	Weimarer Reichsverfassung
ZfJ	Zentralblatt für Jugendrecht
ZfSH/SGB	Zeitschrift für Sozialhilfe/Sozialgesetzbuch
Ziff.	Ziffer
ZPO	Zivilprozeßordnung
ZRP	Zeitschrift für Rechtspolitik

Stichwortverzeichnis

A

B

D

E

F

G

H

I

J

K

L

M

S

T

U

V

W

Z